訴訟における
裁判所手数料の算定

訴額算定の理論と実務

松本博之[著]

日本加除出版株式会社

は し が き

　（1）　訴訟における訴額（訴訟物の価額）は，民事訴訟においては，簡易裁判所と地方裁判所との間の管轄を配分する基準として，また，当事者が裁判所（第一審裁判所および上訴裁判所）に支払うべき手数料額を決める基準として，さらに少額訴訟制度の利用を許す基準として機能する。また，民事訴訟法と民事訴訟費用等に関する法律による訴額の規律は，人事訴訟や行政訴訟にも適用される。訴額のうち，とくに裁判所の手数料訴額は当事者が国家に納付すべき金銭に関するものであるので，訴額をどのように算定すべきか，その基準が法律に明記されていることが必要であろう。しかし，日本では大正15年の民事訴訟法の改正以来今日まで，ある程度具体性のある訴額算定基準を定める法律規定は存在せず，裁判実務の必要に対応するために最高裁判所の民事局長通知（いわゆる「訴額通知」）が訴状や上訴状の受付事務の円滑および各裁判所による取扱いの違いを防ぐという名目で発せられ，法律でも裁判所規則でもないこの事務通知が裁判実務を事実上支配しているといっても過言ではあるまい。しかも，この訴額通知にすら定めのない事項が多いうえ，それは社会の複雑化と争訟の多様化に伴い著しく増加しているのであるが，実務では訴額通知の定めを，その定めのない他の事項に類推することが行われ，この見地から最高裁判所によって実施された裁判官会同における実務関係者による訴額についての議論や裁判所書記官等による著作が刊行されてきた。手数料を支払うのは訴訟当事者であるが，訴額算定基準は若干の例外を除き国会においても殆ど取り上げられなかった。しかも，一部を除き，このような事態が異常とも感じられてこなかった。また，賃貸借事件，労働事件，環境訴訟など事件の社会的性質によっては，当事者（原告のみならず，敗訴の場合に訴訟費用の償還義務を負う被告）の負担を考慮して，訴額を減額することも必要であり，これは喫緊の課題である。

　民事訴訟法は，金銭の支払請求訴訟を除き，訴額の算定について，具体的な事件の審理を担当する裁判官が個別的に訴額を算定するという原則を採用している。訴額の算定が困難な事件について，裁判所に訴額の算定を申し立てることができ，その算定に不服がある場合には不服申立てができ

2　はしがき

ることが望ましい。日本の民訴費用法の母法国であるドイツでは，そのような制度が採用され，裁判官による訴額算定の実務が定着し，多数の決定例が出されている。決定に対して，申立人も相手方も不服を申し立てることができる。ところが，日本では訴状が裁判所に提出されると，訴状の受付段階で事実上の手数料納付の審査が行われ，不足があると判断されるとその段階で収入印紙の追貼が求められる。これに納得できない場合に裁判長の訴状補正命令を受けることができるはずであるが，訴訟の迅速な進行を望む当事者にとっては，時間を失いたくないという心理が働き，手数料納付に不足があると指摘されると，止むを得ず追貼することが多いのではないかと思われる。また，知的財産権訴訟を管轄する東京地方裁判所および大阪地方裁判所のように，裁判所が知的財産権訴訟の訴額算定式を示し，原告にこの算定式に従った計算により訴額を算定して手数料を納付するよう求めている裁判所もある（後掲参照）。ここでは，裁判所が決めた算定式が法律であるかのようにその遵守が求められている。

　(2)　訴額は金銭の給付を求める訴訟においては，原告は勝訴するとその額の権利の実現に近づくことができるので，給付を求める金額が訴額であり，訴額算定の問題は将来の給付請求（民訴135条）を除きここでは殆ど生じない。問題は，金銭の給付請求訴訟以外の訴訟の訴額について生ずる。前述の訴額通知の考え方は，確認の訴えを中心に据え，確認訴訟で訴訟物となる権利（所有権，占有権，地上権，永小作権，賃借権，地役権，知的財産権等）の価額を決め，これを確認訴訟の訴額とし，所有権，占有権，地上権，永小作権，地上権および賃借権に基づく引渡（明渡）請求については，目的物の価額の2分の1を訴額とみなしている（これらの権利に基づく妨害排除請求についての定めはない）。知的財産権訴訟の訴額の算定も，基本的に，このような方法で行われている。これはいわゆる確認訴訟原型観に基づく訴額算定の捉え方ということができるが，民事訴訟の原型が確認訴訟であるという考え方自体はすでに過去のものである。給付訴訟，確認訴訟，形成訴訟の訴訟類型は，それぞれ固有の制度機能を有する。訴えの類型によって原告（攻撃者）の受ける利益も，当然に異なるものである。給付判決，すなわち給付訴訟の請求認容判決は，給付請求権の存在について既判力を有するのみならず，執行力をも有するので，その効力は確認判決よりもはるかに強力である。それは，訴訟費用の裁判を除き，既判力しかもた

ない確認判決との大きな違いである。それにもかかわらず，当然のこととして，確認訴訟の訴額が同一権利に基づく給付訴訟の訴額の２倍ということはどこから出てくるのであろうか。給付訴訟における原告の利益は，このような判決効をも考慮に入れて算定されなければならないと考えられる。むしろ，確認判決は既判力しか有しないのであるから，訴額の算定のさいも，所有権その他の権利の確認が求められている目的物の価額からの減額が逆に必要なのではないかという問題が生ずる。類似の問題は，東京地裁と大阪地裁により現在行われている知的財産権訴訟の訴額算定にも存在する。多くの知的財産権訴訟において，競争業者間において知的財産権侵害訴訟が行われる。ところが実務では，たとえば侵害差止訴訟の訴額の算定にあたり競争業者間の訴訟であることを全く考慮せず，将来の損害の回避の観点から，しかも大幅な減額を行う訴額算定基準が示され，これによる訴額算定を行い訴えを提起するよう求められている。差止訴訟の請求認容の確定判決の効力が確認訴訟の請求認容判決の効力よりも遥かに強力であるにもかかわらず，権利の確認訴訟の訴額よりも遥かに低額になる算定式が裁判所によって定められている。

　また，裁判実務では，所有権に基づく物の返還請求訴訟の係属中に，原告が同一物の所有権確認の訴え（中間確認の訴え）を提起すると，原告は相当額の手数料の追加納付が必要になる。同様に，被告が同一物の所有権確認の反訴を提起すると，反訴と本訴の手数料の差額を納付しなければならなくなる。しかし，中間確認の訴えは，給付訴訟の請求を認容する確定判決が前提事項である先決的法律関係について既判力を生じないという民訴法114条１項の補完のための制度として，先決的法律関係の存否の判断に既判力が生ずることを望む当事者のために，これを実現する措置として導入された制度であるので，中間確認の訴えによって新たに手数料の支払義務が発生するということは，訴訟物についての訴額算定基準の不合理さを窺わせるに十分である。

　そのほか，現在行われている訴額に関する法律規定の解釈には，不合理ではないかと疑われるものがある。たとえば，賃貸借終了のさいに併合訴訟として家屋の明渡と未払い賃料の支払いが請求される場合，未払い賃料請求は家屋明渡請求に従属する請求ではないにもかかわらず，法定果実であることを理由に訴額の合算をせず，附帯請求（民訴９条２項）として

訴額の算定から除外するのが実務の一致した扱いである。しかし，未払賃料請求は，本文で詳述するように，民訴法9条2項にいう附帯請求の要件を具備しないので，訴額の合算がなされるべきである。このことは，認定司法書士の簡裁訴訟代理権の限界付けにとっても重要な帰結を生ずる。未払い賃料請求と建物明渡請求の訴額の合計額が140万円を超える場合には，認定司法書士の簡裁訴訟代理権が否定されるという帰結である。

　上訴の手数料訴額についても，多くの問題が生じている。上訴の手数料訴額は，上訴人の不服申立ての対象を基礎に算定されなければならない。不服が生じるのは判決が言渡された時であり，上訴は上訴状を提出してするのであるから，不服申立て対象の額の算定基準時は上訴の提起時でなければならない。ところが，事物管轄を定める基準である管轄訴額の算定基準時が訴え提起時であることから（ただし，このことも，現行民訴法は明文規定によって定めているのではない），実務では，上訴の手数料訴額の算定基準時は訴え提起時とされている。判決の言渡しによって生じた不服の額を算定する基準時がそれ以前の訴え提起であるとは一体どういうことであろうか。また，原告の不服と被告の不服は，事件と判決の内容によっては異なることがありうるが，控訴人たる被告の不服の価額を算定するのに，原告の訴え提起時を基準時として算定することが可能なのであろうか。もちろん，上訴の手数料訴額が訴え提起の手数料訴額を上回ることは不合理であるから，上訴の手数料訴額が訴え提起の手数料訴額によって上限を画されることが必要であるが，このことは上訴の手数料訴額算定の基準時が訴え提起時であることを意味するものではない。いずれにせよ，上訴の手数料訴額についても本格的な検討が必要である。

　(3)　本書は，訴額の算定に関して現在まで生じていると思われる諸問題につき，従来の諸家の研究成果を紹介しつつ，これを基礎に若干の考察を行うものである。従来の見解と著者の見解が一致しない場合にも，従来の見解の内容を明らかにし説明を行っているので，実務に役立てていただけるものと確信する。

　叙述にあたっては，これまで訴額について決定的な役割を果たしてこられた実務家諸氏の研究成果を参照させていただいた。また，母法であるドイツ民訴法およびドイツ裁判費用法についての文献およびドイツの裁判所の判例をも参照した。ドイツでは日本と異なり，弁護士費用が訴訟費用に

なり，敗訴当事者は自分が選任した弁護士の費用のみならず，相手方のための弁護士の費用をも支払わなければならないこともあって，訴額を含め訴訟費用の問題は大変関心の大きな重大な問題領域である。また，法律の改正も頻繁に行われ，訴額や訴訟費用に関する実務書の新しい版もしばしば刊行されている。本書においては，可能な限り最新の文献を参照した。ドイツの立法をみても，問題の解決のためには，認定司法書士が簡裁民事訴訟の代理人になることができるようになった現在，事物管轄を含め，訴額の算定基準はやはり立法で基本を定める必要があると考えられる。これは大正15年の民訴法改正のさいの起草者の考えでもあったが，その後は全く放置されてきた。その意味でも，本書が近い将来における手数料訴額の検討のための問題提起になることを希求するものである。

　(4)　本書の執筆の依頼を受けてから，早や5年以上の歳月が過ぎ去った。本書の出版は，日本加除出版の編集者，金塚万由美さんの熱心な薦めによる。著者がまだ京都にある龍谷大学法学部に勤務していた頃，研究室にお越しになりお話を伺った。理論的な面から訴額問題を明らかにしてほしいということであった。筆者も教科書で簡単にしか叙述していない問題であり，検討の必要を感じていたこともあって，お引受けすることにした。しかしながら，訴額算定基準については法律規定がなく，また扱う範囲が刑事訴訟を除く広範な分野に及ぶこともあって，執筆は遅々として進捗せず，他の仕事を優先させざるを得ないこともあった。そのような次第で，金塚さんにはいろいろと迷惑をかけてしまった。ここにようやく宿題を果たし，肩の荷を降ろすことができる。本書の制作は，都合で，日本加除出版株式会社企画部・真壁耕作さん，編集第二部・宮崎貴之さんが担当された。記して皆様方に衷心よりお礼申し上げたい。

　2017年1月吉日

　　　　　　　　　　　　　　　　松　本　博　之

目　次

序章　民事手続法における裁判費用 ——————————— *1*

1　裁判費用 ·· *1*
(1)　概　要 ·· *1*
(2)　敗訴者負担主義 ·· *2*
2　手数料とそれ以外の裁判費用 ··· *2*
(1)　手数料 ·· *2*
(a)　手数料の納入 ·· *2*
(b)　裁判長の訴状審査と補正命令 ·· *3*
(2)　手数料以外の裁判費用 ·· *3*
3　手数料支払義務と手数料額の確定 ··· *4*
(1)　手数料支払義務と手数料の納付を要する申立て ····························· *4*
(2)　納付義務の発生と確定 ·· *4*
(3)　手数料の徴収確保 ·· *5*
(4)　手数料額を決める機関 ·· *6*
(5)　納付方法 ·· *6*
(6)　過納手数料の還付 ·· *6*
4　訴額法の役割とその重要性 ·· *7*
(1)　手数料と国家の権利保護義務 ··· *7*
(2)　訴額算定基準の重要性 ·· *8*

第 *1* 章　訴額に関する一般原則 ——————————— *11*

第 **1** 節　訴額の意義と種類 ·· *11*

第 1 款　訴額の意義 ··· *11*
第 2 款　訴額の種類 ··· *12*
1　事物管轄の基準としての訴額（管轄訴額） ····························· *12*
2　手数料額算出の基礎としての訴額（手数料訴額） ····················· *15*
3　上訴の手数料訴額 ·· *16*
(1)　上　訴 ·· *16*
####### (a)　控　訴 ·· *16*
####### (b)　上　告 ·· *17*
####### (c)　上告受理申立て ·· *17*
####### (d)　抗　告 ·· *17*

（2）　上訴の効力‥‥‥‥‥‥‥‥‥‥‥‥‥‥‥‥‥‥‥‥‥‥‥‥‥‥‥‥*18*

　　　（a）　確定遮断効‥‥‥‥‥‥‥‥‥‥‥‥‥‥‥‥‥‥‥‥‥‥‥*18*

　　　（b）　移審的効力‥‥‥‥‥‥‥‥‥‥‥‥‥‥‥‥‥‥‥‥‥‥‥*19*

　　（3）　上訴の手数料訴額‥‥‥‥‥‥‥‥‥‥‥‥‥‥‥‥‥‥‥‥‥‥*19*

　4　少額訴訟の基準としての訴額（少額訴訟訴額）‥‥‥‥‥‥‥‥‥‥*20*

第2節　訴訟物と訴額の算定の原則‥‥‥‥‥‥‥‥‥‥‥‥*20*

第1款　財産権上の争訟と非財産権上の争訟‥‥‥‥‥‥‥‥‥‥‥*20*

　1　財産権上の争訟‥‥‥‥‥‥‥‥‥‥‥‥‥‥‥‥‥‥‥‥‥‥‥‥*21*

　　（1）　概　念‥‥‥‥‥‥‥‥‥‥‥‥‥‥‥‥‥‥‥‥‥‥‥‥‥‥*21*

　　（2）　訴額の算定‥‥‥‥‥‥‥‥‥‥‥‥‥‥‥‥‥‥‥‥‥‥‥‥*21*

　　　（a）　金銭請求‥‥‥‥‥‥‥‥‥‥‥‥‥‥‥‥‥‥‥‥‥‥‥‥*21*

　　　（b）　金銭請求以外の請求‥‥‥‥‥‥‥‥‥‥‥‥‥‥‥‥‥‥*21*

　　　（c）　訴額の算定が極めて困難なもの‥‥‥‥‥‥‥‥‥‥‥‥‥*22*

　2　非財産権上の争訟‥‥‥‥‥‥‥‥‥‥‥‥‥‥‥‥‥‥‥‥‥‥‥*22*

　　（1）　概　念‥‥‥‥‥‥‥‥‥‥‥‥‥‥‥‥‥‥‥‥‥‥‥‥‥‥*22*

　　（2）　訴額の算定‥‥‥‥‥‥‥‥‥‥‥‥‥‥‥‥‥‥‥‥‥‥‥‥*24*

　3　非財産権上の請求と財産権上の請求の併合‥‥‥‥‥‥‥‥‥‥‥‥*24*

第2款　訴訟物‥‥‥‥‥‥‥‥‥‥‥‥‥‥‥‥‥‥‥‥‥‥‥‥*25*

　1　訴訟物の意義‥‥‥‥‥‥‥‥‥‥‥‥‥‥‥‥‥‥‥‥‥‥‥‥‥*25*

　2　訴訟物の特定‥‥‥‥‥‥‥‥‥‥‥‥‥‥‥‥‥‥‥‥‥‥‥‥‥*26*

　　（1）　申立ての内容‥‥‥‥‥‥‥‥‥‥‥‥‥‥‥‥‥‥‥‥‥‥‥*26*

　　（2）　訴訟物の特定について考慮されない事由‥‥‥‥‥‥‥‥‥‥*27*

　3　訴訟物の限界‥‥‥‥‥‥‥‥‥‥‥‥‥‥‥‥‥‥‥‥‥‥‥‥‥*28*

　　（1）　申立てによる訴訟物の限定‥‥‥‥‥‥‥‥‥‥‥‥‥‥‥‥*28*

　　（2）　一部請求訴訟‥‥‥‥‥‥‥‥‥‥‥‥‥‥‥‥‥‥‥‥‥‥‥*29*

　　（3）　先決的法律関係‥‥‥‥‥‥‥‥‥‥‥‥‥‥‥‥‥‥‥‥‥‥*30*

　4　訴訟物の変更‥‥‥‥‥‥‥‥‥‥‥‥‥‥‥‥‥‥‥‥‥‥‥‥‥*30*

　　（1）　訴えの変更‥‥‥‥‥‥‥‥‥‥‥‥‥‥‥‥‥‥‥‥‥‥‥‥*30*

　　（2）　訴　額‥‥‥‥‥‥‥‥‥‥‥‥‥‥‥‥‥‥‥‥‥‥‥‥‥‥*31*

第3款　訴額に関する民事訴訟法規定の沿革‥‥‥‥‥‥‥‥‥‥‥*31*

　1　明治23年民事訴訟法‥‥‥‥‥‥‥‥‥‥‥‥‥‥‥‥‥‥‥‥‥‥*32*

　2　大正15年改正民訴法‥‥‥‥‥‥‥‥‥‥‥‥‥‥‥‥‥‥‥‥‥‥*32*

　3　大正15年改正民訴法における訴額の算定基準について‥‥‥‥‥‥*34*

　4　最高裁判所の民事局長通知‥‥‥‥‥‥‥‥‥‥‥‥‥‥‥‥‥‥‥*37*

　　（1）　昭和31年12月12日付け民事局長通知‥‥‥‥‥‥‥‥‥‥‥‥*37*

　　（2）　平成6年3月28日民二79民事局長通知「土地を目的とする訴
　　　訟の訴訟物の価額の算定基準について」（3月24日付け民庶第

365号に対する回答)··41
　　5　最判昭和49年2月5日民集28巻1号27頁······························43
　　(1)　事　案··43
　　(2)　問題点··47
　　6　民事訴訟費用等に関する法律··49
　　(1)　民事訴訟用印紙法··49
　　(2)　民事訴訟費用等に関する法律（民訴費用法）··························50
第4款　経済的訴額説と規範的訴額説··51
　1　経済的訴額説··51
　2　規範的訴額説··55
　3　本書の立場··57
第5款　訴額の算定と攻撃者の利益··60
　1　攻撃者の利益··60
　2　攻撃者の利益と相手方の利益の合算の禁止··································60
第6款　訴訟物の経済的一体性··60

第3節　各種の訴えにおける訴訟物と訴額····································61

第1款　給付の訴え··61
　1　現在の給付の訴え··61
　　(1)　意　義··61
　　(2)　訴　額··62
　2　将来の給付の訴え··63
　　(1)　意　義··63
　　(2)　訴　額··64
　　　(a)　将来の給付の訴えの訴額算定··64
　　　(b)　条件付き給付請求権と期限付き給付請求権··························65
　　　(c)　反復的給付を求める訴え··66
　3　金額不特定請求の訴え··67
　4　一部請求訴訟··68
　　(1)　意　義··68
　　(2)　訴　額··69
第2款　確認の訴え··71
　1　意義と対象··71
　　(1)　意　義··71
　　(2)　対　象··71
　2　管轄訴額··72
　　(1)　積極的確認の訴え··72
　　　(a)　原　則··72

(b)　例　　外‥‥‥‥‥‥‥‥‥‥‥‥‥‥‥‥‥‥‥‥‥‥‥‥‥‥‥‥‥ 73
　　(2)　消極的確認の訴え‥‥‥‥‥‥‥‥‥‥‥‥‥‥‥‥‥‥‥‥‥‥‥‥‥ 74
　　　(a)　意　　義‥‥‥‥‥‥‥‥‥‥‥‥‥‥‥‥‥‥‥‥‥‥‥‥‥‥‥‥‥ 74
　　　(b)　訴　　額‥‥‥‥‥‥‥‥‥‥‥‥‥‥‥‥‥‥‥‥‥‥‥‥‥‥‥‥‥ 74
第3款　形成訴訟‥‥‥‥‥‥‥‥‥‥‥‥‥‥‥‥‥‥‥‥‥‥‥‥‥‥‥‥‥ 76
　1　形成の訴え‥‥‥‥‥‥‥‥‥‥‥‥‥‥‥‥‥‥‥‥‥‥‥‥‥‥‥‥‥ 76
　2　訴　　額‥‥‥‥‥‥‥‥‥‥‥‥‥‥‥‥‥‥‥‥‥‥‥‥‥‥‥‥‥‥ 77
第4款　共同訴訟‥‥‥‥‥‥‥‥‥‥‥‥‥‥‥‥‥‥‥‥‥‥‥‥‥‥‥‥‥ 78
　1　意　　義‥‥‥‥‥‥‥‥‥‥‥‥‥‥‥‥‥‥‥‥‥‥‥‥‥‥‥‥‥‥ 78
　2　共同訴訟の種類‥‥‥‥‥‥‥‥‥‥‥‥‥‥‥‥‥‥‥‥‥‥‥‥‥‥‥ 78
　　(1)　通常共同訴訟‥‥‥‥‥‥‥‥‥‥‥‥‥‥‥‥‥‥‥‥‥‥‥‥‥‥ 79
　　(2)　必要的共同訴訟‥‥‥‥‥‥‥‥‥‥‥‥‥‥‥‥‥‥‥‥‥‥‥‥‥ 79
　3　共同訴訟における訴額‥‥‥‥‥‥‥‥‥‥‥‥‥‥‥‥‥‥‥‥‥‥‥ 80
　　(1)　管轄訴額‥‥‥‥‥‥‥‥‥‥‥‥‥‥‥‥‥‥‥‥‥‥‥‥‥‥‥‥ 80
　　(2)　手数料訴額‥‥‥‥‥‥‥‥‥‥‥‥‥‥‥‥‥‥‥‥‥‥‥‥‥‥‥ 83
第5款　訴えの客観的併合‥‥‥‥‥‥‥‥‥‥‥‥‥‥‥‥‥‥‥‥‥‥‥‥ 83
　1　はじめに‥‥‥‥‥‥‥‥‥‥‥‥‥‥‥‥‥‥‥‥‥‥‥‥‥‥‥‥‥ 83
　2　訴えの客観的併合の態様‥‥‥‥‥‥‥‥‥‥‥‥‥‥‥‥‥‥‥‥‥‥ 83
　　(1)　訴えの単純併合‥‥‥‥‥‥‥‥‥‥‥‥‥‥‥‥‥‥‥‥‥‥‥‥ 83
　　(2)　訴えの予備的併合‥‥‥‥‥‥‥‥‥‥‥‥‥‥‥‥‥‥‥‥‥‥‥ 84
　　(3)　訴えの選択的併合‥‥‥‥‥‥‥‥‥‥‥‥‥‥‥‥‥‥‥‥‥‥‥ 84
　3　訴えの客観的併合における訴額の算定‥‥‥‥‥‥‥‥‥‥‥‥‥‥‥ 85
　　(1)　訴額合算の原則‥‥‥‥‥‥‥‥‥‥‥‥‥‥‥‥‥‥‥‥‥‥‥‥ 86
　　　(a)　経済的に一体でない複数の請求の存在‥‥‥‥‥‥‥‥‥‥‥‥ 87
　　　(b)　経済的に固有の利益を伴わない請求の併合‥‥‥‥‥‥‥‥‥‥ 88
　　　(c)　数個の請求の並行主張‥‥‥‥‥‥‥‥‥‥‥‥‥‥‥‥‥‥‥ 88
　　　(d)　請求の併合が不適法な場合‥‥‥‥‥‥‥‥‥‥‥‥‥‥‥‥‥ 88
　　(2)　例外としての合算の禁止‥‥‥‥‥‥‥‥‥‥‥‥‥‥‥‥‥‥‥‥ 89
　　　(a)　経済的一体性‥‥‥‥‥‥‥‥‥‥‥‥‥‥‥‥‥‥‥‥‥‥‥ 89
　　　(b)　経済的一体性が肯定されるいくつかの例‥‥‥‥‥‥‥‥‥‥ 89
　　(3)　非財産権上の争訟における特殊性‥‥‥‥‥‥‥‥‥‥‥‥‥‥‥ 92
　　(4)　附帯請求の訴額不算入‥‥‥‥‥‥‥‥‥‥‥‥‥‥‥‥‥‥‥‥‥ 92
　　　(a)　附帯請求‥‥‥‥‥‥‥‥‥‥‥‥‥‥‥‥‥‥‥‥‥‥‥‥‥ 92
　　　(b)　附帯請求の訴額不算入‥‥‥‥‥‥‥‥‥‥‥‥‥‥‥‥‥‥‥ 95
　　　(c)　民訴法9条2項にあげられていない附帯債権‥‥‥‥‥‥‥‥ 97
　　　(d)　上訴との関係‥‥‥‥‥‥‥‥‥‥‥‥‥‥‥‥‥‥‥‥‥‥‥ 98

第4節　訴額の算定機関，算定の基準時および算定手続‥‥‥‥‥‥‥‥‥‥ 99

目　次　11

第1款　訴額の算定機関··99
第2款　訴額算定の基準時···100
　1　管轄訴額···100
　2　手数料訴額··101
　⑴　訴額一定の原則··101
　⑵　上訴の手数料訴額算定の基準時···102
第3款　訴額の算定手続···103
　1　訴状における訴額の表示···103
　2　裁判所書記官による訴額の調査···104
　3　裁判長または裁判所の裁量による訴額の算定···································105
　4　訴え提起の手数料の算出···106
　⑴　訴状の提出による訴えの提起···106
　⑵　他の手続から通常訴訟への移行等···106
　　⒜　督促異議後の通常訴訟··106
　　⒝　労働審判事件から通常訴訟への移行··107
　　⒞　調停手続が先行した場合の訴え提起の手数料····························107
　　⒟　離婚訴訟または婚姻取消訴訟において附帯請求または附帯
　　　　申立てが行われる場合··108
　　⒠　手形訴訟・小切手訴訟から通常訴訟への移行···························108
　　⒡　起訴前の和解の不成立後の通常訴訟への移行···························108

第5節　上訴要件としての不服と不服対象····································108
　1　上訴要件としての不服···108
　2　上訴の手数料と手数料訴額···110
　⑴　上訴の手数料···110
　⑵　上訴手数料の納付の時期··111
　⑶　控訴と上告・上告受理申立ての手数料訴額と手数料······················113
　　⒜　手数料訴額の算定基準···113
　　⒝　不服額と不服対象額の区別の必要性·······································113
　　⒞　控　訴··114
　　⒟　附帯控訴··115
　　⒠　上告および上告受理申立て···116
　⑷　主たる請求と附帯請求··117
　3　個別事例··119
　⑴　反　訴··119
　　⒜　原告と被告が各々上訴を提起する場合····································119
　　⒝　本訴と反訴の双方につき敗訴した当事者の上訴·······················119
　　⒞　本訴と反訴の部分的同一性···120

(2)	留置権	121
(3)	引換給付判決	123
(4)	予備的相殺の抗弁	124
	(a) 原告の敗訴	124
	(b) 被告の敗訴	124
	(c) 反対債権が判断されていない場合	125
(5)	反復的給付	126
	(a) 問題点	126
	(b) 見解の対立	126
	(c) 請求の一部認容の場合	128
	(d) 将来請求の部分の却下の場合	128
(6)	訴えの単純併合	130
(7)	訴えの予備的併合	131

(a) 予備的併合において，裁判所が主位的申立てを棄却し，予備的申立てを認容した場合 ………… 131

(b) 裁判所が主位的申立てを認容し，予備的申立てについて裁判しない（できない）場合 ………… 131

(c) 原告の主位的申立ては認容されたが，不真正予備的申立ては棄却された場合 ………… 131

(d) 主位的申立ても予備的申立てもともに棄却された場合 ……… 131

(e) 被告が主位的申立てと不真正予備的申立ての双方につき敗訴判決を受け，両者に対して控訴を提起する場合 ………… 132

(8)	請求の選択的併合	132
(9)	共同訴訟	132
	(a) 通常共同訴訟	132
	(b) 必要的共同訴訟	133
(10)	利　息	134
(11)	控訴審における訴えの変更	134
(12)	その他	135
	(a) 請求に対して本案判決をしなかった場合の控訴の手数料 ……	135

(b) 手数料の納付がないことを理由に訴えを却下した判決に対する控訴の手数料 ………… 135

4	抗告と裁判所手数料	135
(1)	抗　告	135
(2)	抗告および抗告の許可の申立ての手数料	136
	(a) 民訴費用法3条1項別表第1の18の項(1)に定めるもの ………	136
	(b) 民訴費用法3条1項別表第1の18の項(2)に定めるもの ………	137
	(c) 民訴費用法3条1項別表第1の18の項(3)に定めるもの ………	137

(d)　民訴費用法3条1項別表第1の18の項(4)に定めるもの………*138*

第6節　その他の手数料………………………………………………………*138*

第1款　再審の訴え…………………………………………………………*138*

　1　再審の意義……………………………………………………………*138*

　2　再審申立ての手数料…………………………………………………*138*

　　(1)　再審手続の二段階……………………………………………………*138*

　　(2)　再審の訴えについての裁判に対する不服申立て………………*139*

　3　準再審…………………………………………………………………*140*

第2款　起訴前の和解………………………………………………………*140*

　1　起訴前の和解…………………………………………………………*140*

　2　申立手数料……………………………………………………………*140*

第3款　支払督促の申立て…………………………………………………*141*

　1　支払督促………………………………………………………………*141*

　2　申立手数料……………………………………………………………*141*

第4款　執行申立て…………………………………………………………*142*

　1　不動産の強制競売または担保権の実行としての競売申立て………*142*

　　(1)　管轄執行機関…………………………………………………………*142*

　　(2)　申立手数料……………………………………………………………*142*

　2　債権執行………………………………………………………………*142*

　　(1)　管轄執行機関…………………………………………………………*142*

　　(2)　申立手数料……………………………………………………………*143*

　3　その他裁判所による強制執行または競売もしくは収益執行の申

　　立て……………………………………………………………………*143*

　4　少額訴訟債権執行の申立て…………………………………………*143*

　　(1)　意　義…………………………………………………………………*143*

　　(2)　申立手数料……………………………………………………………*144*

　5　強制管理の方法による仮差押えの執行……………………………*144*

　6　代替執行または間接強制の申立て…………………………………*145*

　　(1)　代替執行と間接強制…………………………………………………*145*

　　(2)　申立手数料……………………………………………………………*146*

　7　財産開示手続実施の申立て…………………………………………*146*

　　(1)　財産開示手続…………………………………………………………*146*

　　(2)　申立手数料……………………………………………………………*146*

第5款　民事保全法上の保全命令の申立て等……………………………*146*

　1　民事保全………………………………………………………………*146*

　2　保全命令の申立手数料………………………………………………*147*

　　(1)　申立ての客観的併合…………………………………………………*147*

(a)　仮差押命令の申立て·····································147
　　　(b)　仮処分の場合···147
　　(2)　申立ての主観的併合·····································148
　3　その他の申立ての手数料·····································148
　4　仮登記を命ずる処分の申立てその他の仮登記または仮登録の仮
　　処分命令の申立てまたは申請·································149
第6款　倒産手続等の申立て·······································149
　1　各種の倒産手続···149
　2　申立手数料···149
第7款　借地非訟事件における申立て·······························150
　1　はじめに···150
　2　申立手数料···150
　(1)　手数料算出の基礎となる土地の価額·······················150
　(2)　民事調停先行の場合の手数料の減額·······················151
第8款　民事調停の申立て···152
　1　民事調停の申立手数料·······································152
　2　調停を申し立てる事項の価額·································152
　(1)　債務弁済協定調停·······································153
　(2)　特定調停事件···153
　(3)　相当額の金銭支払請求事件·································153
　(4)　賃料改訂事件···154
　(5)　賃借人の調停申立·······································154
　(6)　売渡請求事件···155
　(7)　債務の履行猶予事件·····································155
第9款　人身保護法に基づく請求···································156
　1　人身保護請求···156
　2　申立手数料···157
第10款　家事調停・家事審判·······································157
　1　家事事件の意義···157
　2　家事事件の種類···158
　(1)　家事審判に関する事件·····································158
　(2)　家事調停に関する事件·····································158
　(3)　家事事件についての管轄·································158
　3　家事事件の申立手数料·······································159
　(1)　家事調停···159
　(2)　家事審判···159
第11款　公示催告···159
第12款　労働審判···159

目 次 *15*

第13款　その他の手数料を要する申立て………………………………… *159*
　　1　意思表示の公示の申立て……………………………………………… *160*
　　2　行政事件訴訟法による執行停止の申立て（行訴25条２項）………… *160*
　　3　民事調停規則６条の定める強制執行停止または続行の申立て…… *160*
　　4　補助参加の申立て（民訴43条）………………………………………… *160*
　　5　執行文付与に対する異議申立て（民執32条）………………………… *160*
　　6　その他………………………………………………………………………… *161*

第 *2* 章　債権法 ——————————————————— *163*

第 *1* 節　債権法総則 …………………………………………………………… *163*

第１款　契約の締結，改定および無効確認を求める訴えの訴額………… *163*
　　1　契約の締結を求める訴え…………………………………………………… *163*
　　2　契約の改訂を求める訴え…………………………………………………… *164*
　　3　契約の無効の確認を求める訴え………………………………………… *164*
第２款　債権につき担保設定を求める訴えの訴額……………………………… *165*
第３款　供託をめぐる訴えの訴額……………………………………………………… *165*
　　1　供託の実施を求める訴え…………………………………………………… *165*
　　2　払渡しまたは取戻しへの同意を求める訴え………………………… *166*
第４款　債務の免責を求める訴えの訴額………………………………………… *167*
　　1　債務の免責を求める訴え…………………………………………………… *167*
　　2　訴額の算定……………………………………………………………………… *167*
第５款　債権譲渡または譲渡の差止めを求める訴えの訴額……………… *168*
　　1　債権譲渡を求める訴え……………………………………………………… *168*
　　2　債権の処分（譲渡）の差止めを求める訴え………………………… *168*
第６款　情報請求の訴えの訴額…………………………………………………… *169*
　　1　情報請求，報告請求………………………………………………………… *169*
　　2　情報請求，計算報告請求の訴額………………………………………… *169*
　　3　上訴と不服……………………………………………………………………… *170*
第７款　詐害行為取消訴訟………………………………………………………… *171*
　　1　はじめに………………………………………………………………………… *171*
　　2　管轄訴額/手数料訴額……………………………………………………… *171*
　　（1）原　則………………………………………………………………………… *171*
　　（2）詐害行為取消請求の訴額……………………………………………… *172*
　　（3）所有権移転登記の抹消登記を求める場合……………………… *172*
　　（4）債務者に対する債務履行請求を併合する場合………………… *173*
第８款　債権者代位訴訟……………………………………………………………… *174*

16　目　次

　　　1　債権者代位··174
　　　2　訴額の算定··174
　　第9款　連帯債務··175
　　　1　はじめに··175
　　　2　管轄訴額/手数料訴額··175
　　　3　上訴と不服··176

第2節　各種の契約··177

　第1款　売買契約··177
　　　1　はじめに··177
　　　2　管轄／手数料訴額··177
　　　(1)　売買代金の支払請求訴訟··177
　　　(2)　売買目的物の引渡しまたは引取りを求める訴え··············177
　　　(3)　確認訴訟··178
　　　(4)　請求の併合··178
　　　(5)　上　訴··179
　　第2款　交換契約··179
　　第3款　賃貸借··179
　　　1　はじめに··179
　　　2　賃借権確認の訴えの訴額··180
　　　3　増減額賃料確認訴訟の訴額··181
　　　(1)　増減額賃料確認の訴え··181
　　　　(a)　賃料増減請求··181
　　　　(b)　賃料増減額確認の訴えの性質··································181
　　　(2)　訴額の算定··183
　　　(3)　上訴の手数料訴額··185
　　　4　賃貸借契約の終了による明渡請求····································186
　　　(1)　従来の実務··186
　　　(2)　問題点··186
　　　5　賃貸借目的物の修繕請求··187
　　　(1)　はじめに··187
　　　(2)　訴　額··187
　　　　(a)　管轄訴額/手数料訴額··187
　　　　(b)　上訴の手数料訴額··189
　　第4款　使用貸借··189
　　第5款　消費貸借··189
　　　1　消費貸借の予約に基づく消費貸借契約の締結を求める訴えの訴
　　　　額··189

目　次　*17*

　　2　貸金の交付を求める訴えの訴額……………………………………… *190*
　　3　消費貸借契約の確認の訴えの訴額…………………………………… *190*
　　4　貸金の返済を求める訴えの訴額……………………………………… *190*
　　5　費用と手数料…………………………………………………………… *191*
　　6　上訴の不服……………………………………………………………… *191*
　第6款　請負契約……………………………………………………………… *192*
　　1　はじめに………………………………………………………………… *192*
　　2　管轄訴額／手数料訴額………………………………………………… *192*
　　⑴　物の製作と引渡しを求める注文者の訴え………………………… *192*
　　⑵　請負代金の支払いを求める訴え…………………………………… *192*
　　⑶　瑕疵の修補を求める訴え…………………………………………… *192*
　　⑷　製作された物の引取りを求める訴え……………………………… *193*
　第7款　保　証………………………………………………………………… *193*
　　1　はじめに………………………………………………………………… *193*
　　2　管轄訴額／手数料訴額………………………………………………… *193*
　　⑴　保証人の設定を求める訴え，保証義務からの解放および保証
　　　義務の存否の確認を求める訴え…………………………………… *193*
　　⑵　債権者の保証人に対する保証債務の履行を求める訴え………… *194*
　　⑶　保証人の主たる債務者に対する求償請求………………………… *194*
　　⑷　保証証書の返還請求の訴え………………………………………… *194*
　　3　請求の併合……………………………………………………………… *195*
　第8款　和　解………………………………………………………………… *195*
　　1　はじめに………………………………………………………………… *195*
　　2　訴　額…………………………………………………………………… *195*

第**3**節　契約外債権関係……………………………………………………… *197*
　第1款　不法行為……………………………………………………………… *197*
　　1　金銭賠償請求…………………………………………………………… *197*
　　2　名誉毀損の差止め請求………………………………………………… *197*
　　⑴　非財産権上の請求…………………………………………………… *197*
　　⑵　謝罪広告請求………………………………………………………… *197*
　　⑶　請求の併合…………………………………………………………… *198*
　　⑷　上訴の手数料訴額…………………………………………………… *199*
　　3　定期金賠償方式による損賠賠償請求………………………………… *199*
　　⑴　定期金賠償請求……………………………………………………… *199*
　　⑵　訴　額………………………………………………………………… *199*
　第2款　特定適格消費者団体による集団的損害賠償請求訴訟…………… *200*
　　1　意　義…………………………………………………………………… *200*

18　目　次

　　　(1)　共通義務確認の訴え‥‥‥‥‥‥‥‥‥‥‥‥‥‥‥‥‥‥‥‥‥ *201*
　　　(2)　対象債権確定手続‥‥‥‥‥‥‥‥‥‥‥‥‥‥‥‥‥‥‥‥‥‥ *201*
　　2　管轄裁判所と手数料‥‥‥‥‥‥‥‥‥‥‥‥‥‥‥‥‥‥‥‥‥‥ *203*
　　　(1)　共通義務確認の訴え‥‥‥‥‥‥‥‥‥‥‥‥‥‥‥‥‥‥‥‥‥ *203*
　　　(2)　簡易確定手続‥‥‥‥‥‥‥‥‥‥‥‥‥‥‥‥‥‥‥‥‥‥‥‥ *203*
　　　(3)　対象債権確定手続における債権の届出‥‥‥‥‥‥‥‥‥‥‥‥‥ *203*

第4節　種々の差止請求‥‥‥‥‥‥‥‥‥‥‥‥‥‥‥‥‥‥‥‥‥‥ *203*

第1款　はじめに‥‥‥‥‥‥‥‥‥‥‥‥‥‥‥‥‥‥‥‥‥‥‥‥‥ *203*
第2款　適格消費者団体による差止請求訴訟‥‥‥‥‥‥‥‥‥‥‥‥ *204*
　　1　意　義‥‥‥‥‥‥‥‥‥‥‥‥‥‥‥‥‥‥‥‥‥‥‥‥‥‥‥‥ *204*
　　2　訴　額‥‥‥‥‥‥‥‥‥‥‥‥‥‥‥‥‥‥‥‥‥‥‥‥‥‥‥‥ *204*
第3款　環境民事訴訟‥‥‥‥‥‥‥‥‥‥‥‥‥‥‥‥‥‥‥‥‥‥‥ *205*
　　1　はじめに‥‥‥‥‥‥‥‥‥‥‥‥‥‥‥‥‥‥‥‥‥‥‥‥‥‥‥ *205*
　　2　訴額評価原則‥‥‥‥‥‥‥‥‥‥‥‥‥‥‥‥‥‥‥‥‥‥‥‥‥ *206*
　　　(1)　所有権その他の物権に基づく妨害排除請求‥‥‥‥‥‥‥‥‥‥ *206*
　　　(2)　賃貸人の賃借人に対する妨害排除請求‥‥‥‥‥‥‥‥‥‥‥‥ *208*
第4款　ファックスの送付の差止請求，スパンメールの差止請求‥‥‥ *208*

第3章　物権法 ──────────────────── *211*

第1節　占有権‥‥‥‥‥‥‥‥‥‥‥‥‥‥‥‥‥‥‥‥‥‥‥‥‥‥ *211*

第1款　占有権の価額‥‥‥‥‥‥‥‥‥‥‥‥‥‥‥‥‥‥‥‥‥‥‥ *211*
第2款　占有権に基づく物の引渡（明渡）請求の訴額‥‥‥‥‥‥‥‥ *212*
　　1　占有の取得‥‥‥‥‥‥‥‥‥‥‥‥‥‥‥‥‥‥‥‥‥‥‥‥‥‥ *212*
　　2　不動産および動産‥‥‥‥‥‥‥‥‥‥‥‥‥‥‥‥‥‥‥‥‥‥‥ *213*
　　　(1)　不動産の価額‥‥‥‥‥‥‥‥‥‥‥‥‥‥‥‥‥‥‥‥‥‥‥‥ *213*
　　　(2)　動　産‥‥‥‥‥‥‥‥‥‥‥‥‥‥‥‥‥‥‥‥‥‥‥‥‥‥‥‥ *213*
　　3　証書の引渡請求‥‥‥‥‥‥‥‥‥‥‥‥‥‥‥‥‥‥‥‥‥‥‥‥ *214*
　　　(1)　有価証券‥‥‥‥‥‥‥‥‥‥‥‥‥‥‥‥‥‥‥‥‥‥‥‥‥‥ *214*
　　　(2)　記名証券・免責証券‥‥‥‥‥‥‥‥‥‥‥‥‥‥‥‥‥‥‥‥ *215*
　　　(3)　証拠証書その他‥‥‥‥‥‥‥‥‥‥‥‥‥‥‥‥‥‥‥‥‥‥ *215*
　　　(4)　固有の取引価額のある文書‥‥‥‥‥‥‥‥‥‥‥‥‥‥‥‥‥ *217*
　　4　印　章‥‥‥‥‥‥‥‥‥‥‥‥‥‥‥‥‥‥‥‥‥‥‥‥‥‥‥‥ *218*
第3款　妨害排除請求の訴え‥‥‥‥‥‥‥‥‥‥‥‥‥‥‥‥‥‥‥‥ *218*

第2節　所有権‥‥‥‥‥‥‥‥‥‥‥‥‥‥‥‥‥‥‥‥‥‥‥‥‥‥ *219*

第1款　所有権をめぐる訴訟‥‥‥‥‥‥‥‥‥‥‥‥‥‥‥‥‥‥‥‥‥‥‥ *219*
　1　はじめに‥‥‥‥‥‥‥‥‥‥‥‥‥‥‥‥‥‥‥‥‥‥‥‥‥‥‥‥‥ *219*
　2　目的物の価額‥‥‥‥‥‥‥‥‥‥‥‥‥‥‥‥‥‥‥‥‥‥‥‥‥‥‥ *219*
第2款　所有物返還請求および所有権確認訴訟‥‥‥‥‥‥‥‥‥‥‥‥‥‥ *221*
　1　所有権に基づく返還請求訴訟‥‥‥‥‥‥‥‥‥‥‥‥‥‥‥‥‥‥‥ *221*
　　⑴　訴　　額‥‥‥‥‥‥‥‥‥‥‥‥‥‥‥‥‥‥‥‥‥‥‥‥‥‥‥ *221*
　　⑵　賃貸借契約の終了をも理由とする場合‥‥‥‥‥‥‥‥‥‥‥‥ *222*
　2　所有権確認の訴え‥‥‥‥‥‥‥‥‥‥‥‥‥‥‥‥‥‥‥‥‥‥‥‥ *223*
　3　請求の併合‥‥‥‥‥‥‥‥‥‥‥‥‥‥‥‥‥‥‥‥‥‥‥‥‥‥‥ *223*
　　⑴　訴えの客観的併合‥‥‥‥‥‥‥‥‥‥‥‥‥‥‥‥‥‥‥‥‥ *223*
　　⑵　請求の追加的併合‥‥‥‥‥‥‥‥‥‥‥‥‥‥‥‥‥‥‥‥‥ *224*
　4　反　　訴‥‥‥‥‥‥‥‥‥‥‥‥‥‥‥‥‥‥‥‥‥‥‥‥‥‥‥‥ *225*
　5　上訴の手数料訴額‥‥‥‥‥‥‥‥‥‥‥‥‥‥‥‥‥‥‥‥‥‥‥‥ *227*
　　⑴　全部認容判決に対する被告の控訴‥‥‥‥‥‥‥‥‥‥‥‥‥‥ *227*
　　⑵　一部認容判決に対する原告の控訴‥‥‥‥‥‥‥‥‥‥‥‥‥‥ *229*
第3款　所有権に基づく妨害排除請求‥‥‥‥‥‥‥‥‥‥‥‥‥‥‥‥‥‥ *229*
　1　意　　義‥‥‥‥‥‥‥‥‥‥‥‥‥‥‥‥‥‥‥‥‥‥‥‥‥‥‥‥ *229*
　2　訴　　額‥‥‥‥‥‥‥‥‥‥‥‥‥‥‥‥‥‥‥‥‥‥‥‥‥‥‥‥ *230*
　　⑴　妨害排除請求‥‥‥‥‥‥‥‥‥‥‥‥‥‥‥‥‥‥‥‥‥‥‥ *230*
　　⑵　越境建築‥‥‥‥‥‥‥‥‥‥‥‥‥‥‥‥‥‥‥‥‥‥‥‥‥ *231*
第4款　所有権留保‥‥‥‥‥‥‥‥‥‥‥‥‥‥‥‥‥‥‥‥‥‥‥‥‥‥ *232*
　1　留保所有権に基づく返還請求‥‥‥‥‥‥‥‥‥‥‥‥‥‥‥‥‥‥ *232*
　2　留保所有権の確認の訴え‥‥‥‥‥‥‥‥‥‥‥‥‥‥‥‥‥‥‥‥ *232*
第5款　共有権確認訴訟と共有物分割訴訟‥‥‥‥‥‥‥‥‥‥‥‥‥‥‥‥ *233*
　1　共有権確認訴訟‥‥‥‥‥‥‥‥‥‥‥‥‥‥‥‥‥‥‥‥‥‥‥‥‥ *233*
　　⑴　意　　義‥‥‥‥‥‥‥‥‥‥‥‥‥‥‥‥‥‥‥‥‥‥‥‥‥ *233*
　　⑵　訴　　額‥‥‥‥‥‥‥‥‥‥‥‥‥‥‥‥‥‥‥‥‥‥‥‥‥ *233*
　2　共有物分割訴訟‥‥‥‥‥‥‥‥‥‥‥‥‥‥‥‥‥‥‥‥‥‥‥‥‥ *233*
　　⑴　意　　義‥‥‥‥‥‥‥‥‥‥‥‥‥‥‥‥‥‥‥‥‥‥‥‥‥ *233*
　　⑵　訴　　額‥‥‥‥‥‥‥‥‥‥‥‥‥‥‥‥‥‥‥‥‥‥‥‥‥ *234*
　3　請求の併合‥‥‥‥‥‥‥‥‥‥‥‥‥‥‥‥‥‥‥‥‥‥‥‥‥‥‥ *235*
　　⑴　共有物分割訴訟と共有関係確認の訴えの併合‥‥‥‥‥‥‥‥ *235*
　　⑵　共有物分割訴訟と共有物分割を理由とする持分移転登記請求
　　　の併合‥‥‥‥‥‥‥‥‥‥‥‥‥‥‥‥‥‥‥‥‥‥‥‥‥‥‥ *235*

第**3**節　地上権，永小作権，賃借権‥‥‥‥‥‥‥‥‥‥‥‥‥‥‥‥‥‥ *236*
　第1款　地上権，永小作権，賃借権の価額‥‥‥‥‥‥‥‥‥‥‥‥‥‥ *236*
　第2款　不動産の引渡請求‥‥‥‥‥‥‥‥‥‥‥‥‥‥‥‥‥‥‥‥‥‥ *237*

第3款　地上権に基づく妨害排除請求···················· 237
第4款　賃貸借契約の解除等の場合······················ 238
第5款　法定地上権の地代の確定························ 238
　　1　法定地上権······························· 238
　　2　管轄訴額／手数料訴額························· 239

第4節　地役権 ································· 239

第1款　はじめに····························· 239
第2款　管轄訴額／手数料訴額····················· 240

第5節　抵当権，質権 ··························· 241

第1款　確認の訴え····························· 241
　　1　原　則······························· 241
　　2　優先順位の担保権························· 241
第2款　抵当権の設定登記を求める訴え················ 242
第3款　抵当権の譲渡を求める訴え··················· 242

第6節　その他の権利 ··························· 242

第1款　水利権······························· 242
第2款　温泉権······························· 244
第3款　漁業権・入漁権························· 244
　　1　漁業権······························· 244
　　2　入漁権······························· 245
第4款　鉱業権······························· 245
第5款　租鉱権······························· 246
第6款　採石権······························· 246

第7節　相隣関係等 ···························· 247

第1款　隣地使用請求··························· 247
第2款　囲繞地通行権··························· 247
　　1　囲繞地通行権訴訟························· 247
　　2　管轄訴額/手数料訴額······················ 248
第3款　余水排泄権····························· 249
第4款　排水設備設置の承諾請求··················· 250
第5款　竹木の枝の剪除請求······················ 250
第6款　建物建築の中止・変更請求················· 251
　　1　境界線付近の建築の中止・変更請求············· 251
　　2　建築の中止・変更請求の訴額················· 251

第7款　井戸等の廃止・変更請求等··252
　　1　井戸等の廃止・変更請求の訴額···252
　　2　土砂崩落等の防止請求···253
第8款　目隠し設置請求···253
　　1　目隠し設置請求···253
　　2　目隠し設置請求の訴額···254
第9款　土地境界確定訴訟···255
　　1　意　義···255
　　2　管轄訴額／手数料訴額···256
　　⑴　係争地域が明らかな場合···256
　　⑵　当事者の主張する境界線が明確ではない場合またはその面積
　　　　が不明な場合···256
　　⑶　係争地域が存在しない場合···257
　　3　請求の併合···258
　　4　上訴の手数料訴額···259

第8節　登記請求訴訟···259

第1款　所有権移転登記請求···259
　　1　通常の所有権移転登記請求···259
　　2　抹消登記に代わる所有権移転登記請求·································260
　　3　所有権移転登記の引取請求···261
第2款　所有権移転登記の抹消登記請求·······································262
　　1　従来の見解···262
　　2　私　見···262
第3款　用益物権等に関する登記請求·······································263
　　1　用益物権等の設定・移転登記請求·····································263
　　2　用益物権等に関する登記の抹消請求·································264
第4款　担保物権の設定登記または移転登記を求める訴え·················265
　　1　手数料訴額···265
　　2　先順位担保権の被担保債権額の不控除·································266
第5款　担保物権の設定登記・移転登記の抹消を求める訴えの訴額·······267
　　1　従来の見解···267
　　2　検　討···267
第6款　仮登記に基づく本登記請求···270
　　1　従来の見解···270
　　2　検　討···270
第7款　仮登記の抹消登記手続請求···271
　　1　従来の見解···271

22　目　次

　　2　検　討‥‥‥‥‥‥‥‥‥‥‥‥‥‥‥‥‥‥‥‥‥‥‥‥‥‥‥‥‥‥‥‥‥‥ *271*
　第8款　抹消された仮登記の回復請求‥‥‥‥‥‥‥‥‥‥‥‥‥‥‥‥‥‥ *272*
　　1　従来の見解‥‥‥‥‥‥‥‥‥‥‥‥‥‥‥‥‥‥‥‥‥‥‥‥‥‥‥‥‥ *272*
　　2　検　討‥‥‥‥‥‥‥‥‥‥‥‥‥‥‥‥‥‥‥‥‥‥‥‥‥‥‥‥‥‥‥‥ *273*
　第9款　本登記承諾請求‥‥‥‥‥‥‥‥‥‥‥‥‥‥‥‥‥‥‥‥‥‥‥‥ *273*
　　1　本登記承諾請求‥‥‥‥‥‥‥‥‥‥‥‥‥‥‥‥‥‥‥‥‥‥‥‥‥‥ *273*
　　2　手数料訴額‥‥‥‥‥‥‥‥‥‥‥‥‥‥‥‥‥‥‥‥‥‥‥‥‥‥‥‥‥ *274*
　　3　請求の併合‥‥‥‥‥‥‥‥‥‥‥‥‥‥‥‥‥‥‥‥‥‥‥‥‥‥‥‥‥ *275*
　第10款　農地の所有権移転登記‥‥‥‥‥‥‥‥‥‥‥‥‥‥‥‥‥‥‥‥ *275*
　　1　農地の所有権移転と農地法3条による農業委員会の許可の必要‥‥ *275*
　　2　管轄訴額／手数料訴額‥‥‥‥‥‥‥‥‥‥‥‥‥‥‥‥‥‥‥‥‥‥ *276*
　　⑴　従来の見解‥‥‥‥‥‥‥‥‥‥‥‥‥‥‥‥‥‥‥‥‥‥‥‥‥‥‥ *276*
　　⑵　検　討‥‥‥‥‥‥‥‥‥‥‥‥‥‥‥‥‥‥‥‥‥‥‥‥‥‥‥‥‥‥ *276*
　　3　農地法5条の規定による許可申請手続請求の訴額‥‥‥‥‥‥‥‥ *277*

第4章　親族法・相続法 ──────────── *279*

第1節　人事訴訟と附帯申立て ‥‥‥‥‥‥‥‥‥‥‥‥‥‥‥‥‥‥‥‥ *279*

　第1款　はじめに‥‥‥‥‥‥‥‥‥‥‥‥‥‥‥‥‥‥‥‥‥‥‥‥‥‥ *279*
　　1　人事訴訟の種類‥‥‥‥‥‥‥‥‥‥‥‥‥‥‥‥‥‥‥‥‥‥‥‥‥ *279*
　　⑴　人事訴訟の類別‥‥‥‥‥‥‥‥‥‥‥‥‥‥‥‥‥‥‥‥‥‥‥‥ *279*
　　⑵　失権効ないし判決確定後の関連訴訟の原則禁止‥‥‥‥‥‥‥‥ *279*
　　⑶　人事訴訟と関連損害賠償請求の併合‥‥‥‥‥‥‥‥‥‥‥‥‥‥ *281*
　　⑷　附帯処分の申立て‥‥‥‥‥‥‥‥‥‥‥‥‥‥‥‥‥‥‥‥‥‥‥ *281*
　　2　非財産権上の請求‥‥‥‥‥‥‥‥‥‥‥‥‥‥‥‥‥‥‥‥‥‥‥‥ *282*
　第2款　異なる類別に属する人事訴訟上の請求の併合‥‥‥‥‥‥‥‥ *282*
　第3款　同じ類型に属する人事訴訟上の請求の併合‥‥‥‥‥‥‥‥‥ *283*
　第4款　婚姻無効，婚姻取消し，離婚，離婚取消しの訴えと財産権上
　　　　　の訴えまたは附帯処分の申立ての併合‥‥‥‥‥‥‥‥‥‥‥ *284*
　　1　財産権上の訴えの併合と反訴‥‥‥‥‥‥‥‥‥‥‥‥‥‥‥‥‥‥ *284*
　　⒜　請求の併合‥‥‥‥‥‥‥‥‥‥‥‥‥‥‥‥‥‥‥‥‥‥‥‥‥‥ *284*
　　⒝　離婚の反訴‥‥‥‥‥‥‥‥‥‥‥‥‥‥‥‥‥‥‥‥‥‥‥‥‥‥ *284*
　　⒞　請求の併合を伴う離婚の反訴‥‥‥‥‥‥‥‥‥‥‥‥‥‥‥‥ *285*
　　2　附帯処分の申立ての併合‥‥‥‥‥‥‥‥‥‥‥‥‥‥‥‥‥‥‥‥ *286*
　第5款　養子縁組事件と附帯申立て‥‥‥‥‥‥‥‥‥‥‥‥‥‥‥‥‥ *288*
　　1　養子縁組事件‥‥‥‥‥‥‥‥‥‥‥‥‥‥‥‥‥‥‥‥‥‥‥‥‥‥ *288*
　　2　養親双方が養子に対して養子縁組無効の訴えを提起する場合‥‥ *288*

目次　23

　　3　養親の双方が原告となって養子に対して離縁無効の訴えを提起
　　　する場合··290
　　　⑴　協議上の離縁の無効の訴え··290
　　　⑵　当事者··291
　　　⑶　訴　　額··292
　　4　第三者が養親と養子に対して養子縁組無効の訴え，離縁無効の
　　　訴えを提起する場合··292
　　5　養子が養親双方に対して養子縁組無効の訴えを提起する場合·······292
　　6　養親が養子に対し離縁の訴えを提起し，同時に養親の娘が養子
　　　に対して離婚の訴えを提起する場合···293
　　7　養親子関係存否確認の訴え··293
第6款　実親子関係事件と附帯申立て···294
　　1　実親子関係事件··294
　　2　手数料訴額··296
　　　⑴　数人の子が同一被告に対して共同で提起する認知の訴え·········296
　　　⑵　第三者が父と子に対して提起する認知無効の訴え·····················296
　　　⑶　親子関係不存在確認の訴え··296
　　　⑷　非財産権上の請求とその原因である事実から生ずる財産権上
　　　　の請求の併合··297
第7款　人事訴訟における上訴と上訴の手数料···297
　　1　不　　服··297
　　　⑴　形式的不服の原則··297
　　　⑵　形式的不服の原則に対する例外···297
　　2　上訴の手数料··299
　　　⑴　原　　則··299
　　　⑵　人事訴訟と関連損害賠償請求の併合の場合·····························300
　　　⑶　人事訴訟と附帯申立ての併合の場合···300

第2節　相続関係訴訟···301

第1款　相続回復請求··301
　　1　相続回復請求権··301
　　2　相続回復請求の訴えの訴額··301
第2款　相続放棄無効確認···302
　　1　相続放棄無効確認の訴え··302
　　2　管轄訴額/手数料訴額··302
第3款　遺言無効確認··303
　　1　遺言無効確認の訴え··303
　　　⑴　遺言無効の意義··303

24 目　次

　　(2)　遺言無効確認の訴え･･････････････････････････････････････ *304*
　2　管轄訴額／手数料訴額 ････････････････････････････････････ *305*
　　(1)　原　　則 ･･･ *305*
　　(2)　遺　　贈 ･･･ *305*
　　(3)　相続人の廃除または廃除の取消しを内容とする遺言････････ *307*
　　(4)　遺産分割の禁止を内容とする遺言････････････････････････ *307*
　　(5)　相続人の担保責任の指定を内容とする遺言･･････････････ *307*
　　(6)　相続分の指定を内容とする遺言･･･････････････････････････ *308*
　　(7)　減殺方法の指定を内容とする遺言････････････････････････ *308*
第4款　遺産分割協議の無効確認････････････････････････････････ *308*
　1　遺産分割協議 ･･ *308*
　2　管轄訴額/手数料訴額 ･･･････････････････････････････････ *308*
第5款　遺留分の減殺 ･･･ *309*
　1　遺留分減殺請求権 ･･･････････････････････････････････････ *309*
　2　管轄訴額／手数料訴額 ･･･････････････････････････････････ *310*

第5章　民事手続法 ———————————————— *313*

第1節　中間確認の訴え ･･････････････････････････････････････ *313*

第1款　意　　義 ･･ *313*
第2款　管轄訴額／手数料訴額 ･･････････････････････････････････ *314*
　1　管轄訴額 ･･ *314*
　2　手数料訴額 ･･ *314*

第2節　証書真否確認の訴え ･･････････････････････････････････ *314*

第1款　意　　義 ･･ *314*
第2款　管轄訴額／手数料訴額 ･･････････････････････････････････ *315*

第3節　引換給付判決（反対給付）･･････････････････････････････ *316*

第1款　はじめに ･･ *316*
第2款　管轄訴額と手数料訴額 ･･････････････････････････････････ *316*
　1　反対給付の控除禁止の原則 ･････････････････････････････････ *316*
　2　反対給付義務のみに争いが存する場合 ･････････････････････ *317*
第3款　上訴と不服 ･･ *317*
　1　留置権の抗弁 ･･ *317*
　　(1)　原告の上訴 ･･･ *317*
　　(2)　敗訴被告の上訴 ･･････････････････････････････････････ *318*

2 同時履行の抗弁··· 319

第4節 反 訴·· 319

第1款 反訴の意義·· 319
1 反 訴·· 319
2 地方裁判所の管轄に属する反訴······································· 320

第2款 手数料訴額·· 322
1 民訴費用法上の訴訟の「目的」概念·································· 322
2 本訴と反訴の目的が同一の場合·· 324
3 本訴と反訴の目的が異なる場合·· 325
4 予備的反訴··· 325
5 控訴審における反訴の提起·· 325
6 控訴の手数料訴額·· 326

第5節 第三者の訴訟参加·· 326

第1款 はじめに·· 326
第2款 独立当事者参加·· 326
1 意 義·· 326
2 訴 額·· 328
第3款 係争物の譲渡／訴訟承継·· 329
1 係争物の譲渡··· 329
2 手数料訴額··· 329
　(1) 参加承継··· 329
　(2) 引受承継··· 330
第4款 共同訴訟参加·· 331
1 意 義·· 331
2 手数料訴額··· 332
　(1) 原告側の共同訴訟参加·· 332
　(2) 被告側の共同訴訟参加·· 333
3 上訴の手数料訴額··· 333
第5款 仮執行宣言の失効に伴う原状回復の申立て··············· 333
1 意 義·· 333
2 手数料··· 334
第6款 補助参加·· 334
1 申立手数料··· 334
2 補助参加人の控訴の手数料·· 334

第6節 訴訟上の和解，調停の無効・取消し····················· 335

第1款　訴訟上の和解……………………………………………………………… *335*
第2款　訴訟上の和解の無効・取消しの主張の方法…………………………… *336*
　　1　実体法上の無効原因と訴訟法上の無効原因……………………………… *336*
　　2　期日指定申立て説，新訴提起説（和解無効確認訴訟・請求異議
　　　訴訟）および競合説………………………………………………………… *336*
　　3　訴訟上の和解の手数料……………………………………………………… *337*
　　4　期日指定の申立ておよび和解無効確認訴訟の手数料訴額………… *338*
　　⑴　期日指定申立てによる和解無効主張の手数料訴額…………………… *338*
　　⑵　和解無効確認の訴えの管轄訴額/手数料訴額………………………… *339*
　　⑶　和解無効を理由とする請求異議の訴え………………………………… *340*
　　5　起訴前の和解………………………………………………………………… *341*
　　⑴　起訴前の和解……………………………………………………………… *341*
　　⑵　和解無効確認の訴え……………………………………………………… *341*
　　6　民事調停……………………………………………………………………… *341*
　　⑴　民事調停の効力…………………………………………………………… *341*
　　⑵　調停無効確認の訴え……………………………………………………… *341*

第7節　確定判決変更の訴え…………………………………………………… *342*

第1款　意　義………………………………………………………………………… *342*
第2款　訴えの法的性質と訴訟物………………………………………………… *342*
　　1　法的性質……………………………………………………………………… *342*
　　2　訴訟物………………………………………………………………………… *343*
第3款　申立てと裁判……………………………………………………………… *343*
　　1　申立て………………………………………………………………………… *343*
　　2　裁　判………………………………………………………………………… *344*
第4款　管轄訴額および手数料訴額……………………………………………… *345*
　　1　管轄訴額……………………………………………………………………… *345*
　　2　手数料訴額…………………………………………………………………… *345*

第8節　執行関係訴訟………………………………………………………………… *345*

第1款　執行文をめぐる争い……………………………………………………… *345*
　　1　執行文………………………………………………………………………… *345*
　　2　執行文付与の訴え…………………………………………………………… *347*
　　⑴　意　義……………………………………………………………………… *347*
　　⑵　手数料訴額………………………………………………………………… *347*
　　3　執行文付与に対する異議の訴え………………………………………… *349*
　　⑴　意　義……………………………………………………………………… *349*
　　⑵　手数料訴額………………………………………………………………… *349*

第2款　請求異議の訴え……………………………………………………… 350
　1　意　義………………………………………………………………… 350
　2　手数料訴額の算定…………………………………………………… 351
　　(1)　総　説…………………………………………………………… 351
　　(2)　手数料訴額……………………………………………………… 351
　　(3)　執行力排除の範囲……………………………………………… 352
　　　(a)　執行力の永久的な排除を求める場合…………………… 352
　　　(b)　執行力の一時的な排除を求める場合…………………… 353
　　(4)　価値のない債権………………………………………………… 354
　　(5)　請求の併合……………………………………………………… 354
　　(6)　具体的執行の不許を求める請求異議の訴え……………… 355
　3　不服申立額…………………………………………………………… 356
第3款　第三者異議の訴え……………………………………………………… 356
　1　第三者異議の訴えの制度目的……………………………………… 356
　2　管轄訴額と手数料訴額……………………………………………… 358
　　(1)　管轄訴額………………………………………………………… 358
　　(2)　手数料訴額……………………………………………………… 358
　　　(a)　従来の実務…………………………………………………… 358
　　　(b)　執行債権の価額…………………………………………… 360
　　　(c)　執行目的物の価額………………………………………… 361
　　(3)　複数の債権者…………………………………………………… 362
　　　(a)　同一物の差押え……………………………………………… 362
　　　(b)　異なる目的物の差押え…………………………………… 362
　　(4)　第三者異議の訴えと所有権確認の訴えの併合…………… 362
　　(5)　上訴と不服……………………………………………………… 363
第4款　配当異議の訴え………………………………………………………… 363
　1　配当異議の訴えの目的……………………………………………… 363
　2　配当異議の訴えの管轄訴額と手数料訴額………………………… 363
　　(1)　管轄訴額………………………………………………………… 363
　　(2)　手数料訴額……………………………………………………… 363
　　　(a)　債権者の配当異議の訴え………………………………… 363
　　　(b)　債務者（または所有者）の配当異議の訴え…………… 364

第9節　倒産手続…………………………………………………………… 365

第1款　はじめに……………………………………………………………… 365
第2款　倒産債権の確定……………………………………………………… 365
　1　破産債権の確定手続………………………………………………… 365
　2　破産債権査定申立てについての決定に対する異議の訴え………… 367

28　目　次

```
    3　手数料訴額‥‥‥‥‥‥‥‥‥‥‥‥‥‥‥‥‥‥‥‥‥‥‥‥‥‥‥‥‥ 367
    4　再生債権，更生債権・担保権の査定異議の訴えの手数料訴額‥‥‥‥ 368
第3款　取戻権の行使‥‥‥‥‥‥‥‥‥‥‥‥‥‥‥‥‥‥‥‥‥‥‥‥‥‥ 370
    1　取戻権‥‥‥‥‥‥‥‥‥‥‥‥‥‥‥‥‥‥‥‥‥‥‥‥‥‥‥‥‥‥ 370
    2　管轄訴額／手数料訴額‥‥‥‥‥‥‥‥‥‥‥‥‥‥‥‥‥‥‥‥‥‥ 370
第4款　別除権の行使‥‥‥‥‥‥‥‥‥‥‥‥‥‥‥‥‥‥‥‥‥‥‥‥‥‥ 370
    1　別除権‥‥‥‥‥‥‥‥‥‥‥‥‥‥‥‥‥‥‥‥‥‥‥‥‥‥‥‥‥‥ 370
    2　訴　額‥‥‥‥‥‥‥‥‥‥‥‥‥‥‥‥‥‥‥‥‥‥‥‥‥‥‥‥‥‥ 371
第5款　否認権行使訴訟‥‥‥‥‥‥‥‥‥‥‥‥‥‥‥‥‥‥‥‥‥‥‥‥‥ 372
    1　否認権行使訴訟‥‥‥‥‥‥‥‥‥‥‥‥‥‥‥‥‥‥‥‥‥‥‥‥‥ 372
    2　管轄訴額/手数料訴額‥‥‥‥‥‥‥‥‥‥‥‥‥‥‥‥‥‥‥‥‥‥ 372
```

第6章　会社法，保険法，手形法・小切手法 ——————— 373

第1節　会社法 ‥‥‥‥‥‥‥‥‥‥‥‥‥‥‥‥‥‥‥‥‥‥‥‥‥‥‥‥ 373

```
第1款　株式会社の決議取消しまたは無効確認訴訟‥‥‥‥‥‥‥‥‥‥‥ 373
    1　会社訴訟‥‥‥‥‥‥‥‥‥‥‥‥‥‥‥‥‥‥‥‥‥‥‥‥‥‥‥‥ 373
    2　手数料訴額‥‥‥‥‥‥‥‥‥‥‥‥‥‥‥‥‥‥‥‥‥‥‥‥‥‥‥ 373
第2款　取締役の地位の存否確認‥‥‥‥‥‥‥‥‥‥‥‥‥‥‥‥‥‥‥‥ 375
    1　取締役の地位の存否の確認を求める訴え‥‥‥‥‥‥‥‥‥‥‥‥‥ 375
    2　手数料訴額‥‥‥‥‥‥‥‥‥‥‥‥‥‥‥‥‥‥‥‥‥‥‥‥‥‥‥ 375
    3　従業員たる地位に基づく訴え‥‥‥‥‥‥‥‥‥‥‥‥‥‥‥‥‥‥ 376
第3款　株主代表訴訟‥‥‥‥‥‥‥‥‥‥‥‥‥‥‥‥‥‥‥‥‥‥‥‥‥ 377
第4款　取締役等の違法行為差止めの訴え‥‥‥‥‥‥‥‥‥‥‥‥‥‥‥ 378
    1　意　義‥‥‥‥‥‥‥‥‥‥‥‥‥‥‥‥‥‥‥‥‥‥‥‥‥‥‥‥‥ 378
    2　訴　額‥‥‥‥‥‥‥‥‥‥‥‥‥‥‥‥‥‥‥‥‥‥‥‥‥‥‥‥‥ 378
第5款　株主権の確認と株主名簿の書換え‥‥‥‥‥‥‥‥‥‥‥‥‥‥‥ 379
    1　株主権確認の訴え‥‥‥‥‥‥‥‥‥‥‥‥‥‥‥‥‥‥‥‥‥‥‥ 379
    2　訴額の算定‥‥‥‥‥‥‥‥‥‥‥‥‥‥‥‥‥‥‥‥‥‥‥‥‥‥‥ 379
    ⑴　株主権確認の訴え‥‥‥‥‥‥‥‥‥‥‥‥‥‥‥‥‥‥‥‥‥‥ 379
    ⑵　株主名簿の書換請求の訴え‥‥‥‥‥‥‥‥‥‥‥‥‥‥‥‥‥‥ 380
    ⑶　併合訴訟‥‥‥‥‥‥‥‥‥‥‥‥‥‥‥‥‥‥‥‥‥‥‥‥‥‥ 380
第6款　株主名簿等の閲覧等‥‥‥‥‥‥‥‥‥‥‥‥‥‥‥‥‥‥‥‥‥‥ 380
    1　株主名簿等の閲覧，謄写請求の訴え‥‥‥‥‥‥‥‥‥‥‥‥‥‥‥ 380
    2　株主名簿等の閲覧・謄写請求の訴えについての訴額の算定‥‥‥‥ 381
    3　株主名簿等の閲覧・謄写請求，計算書類・事業報告書・付属明
      細書・監査報告書，会社帳簿・書類の閲覧・謄写請求の併合の場
```

目次　29

　　　合の訴額⋯⋯⋯⋯⋯⋯⋯⋯⋯⋯⋯⋯⋯⋯⋯⋯⋯⋯⋯⋯⋯⋯⋯⋯⋯⋯⋯　383
　第7款　ゴルフクラブ会員権をめぐる訴訟⋯⋯⋯⋯⋯⋯⋯⋯⋯⋯⋯　383
　　1　ゴルフクラブ会員権⋯⋯⋯⋯⋯⋯⋯⋯⋯⋯⋯⋯⋯⋯⋯⋯⋯⋯　383
　　2　ゴルフクラブ会員権確認の訴え⋯⋯⋯⋯⋯⋯⋯⋯⋯⋯⋯⋯⋯　383
　　3　名義書換請求訴訟の訴額⋯⋯⋯⋯⋯⋯⋯⋯⋯⋯⋯⋯⋯⋯⋯⋯　384
　　4　会員証交付請求訴訟の訴額⋯⋯⋯⋯⋯⋯⋯⋯⋯⋯⋯⋯⋯⋯　385
　　5　請求の併合⋯⋯⋯⋯⋯⋯⋯⋯⋯⋯⋯⋯⋯⋯⋯⋯⋯⋯⋯⋯⋯⋯　385

第2節　保険法⋯⋯⋯⋯⋯⋯⋯⋯⋯⋯⋯⋯⋯⋯⋯⋯⋯⋯⋯⋯⋯⋯⋯⋯　385

　第1款　保険契約法⋯⋯⋯⋯⋯⋯⋯⋯⋯⋯⋯⋯⋯⋯⋯⋯⋯⋯⋯⋯　385
　　1　保険契約の存在の確認を求める訴え等の訴額⋯⋯⋯⋯⋯⋯　385
　　2　保険契約の不存在の確認を求める訴えの訴額⋯⋯⋯⋯⋯⋯　387
　　3　生命保険契約の締結を求める訴えの訴額⋯⋯⋯⋯⋯⋯⋯⋯　387
　　4　生命保険の保険金または保険料の支払いを求める訴えの訴額⋯⋯　387
　　　(1)　保険金の支払いを求める訴え⋯⋯⋯⋯⋯⋯⋯⋯⋯⋯⋯⋯　387
　　　(2)　保険料の支払いを求める訴え⋯⋯⋯⋯⋯⋯⋯⋯⋯⋯⋯⋯　388
　　　(3)　保険契約の無効確認を求める反訴⋯⋯⋯⋯⋯⋯⋯⋯⋯⋯　388

第3節　手形法⋯⋯⋯⋯⋯⋯⋯⋯⋯⋯⋯⋯⋯⋯⋯⋯⋯⋯⋯⋯⋯⋯⋯⋯　388

　第1款　手形金支払請求⋯⋯⋯⋯⋯⋯⋯⋯⋯⋯⋯⋯⋯⋯⋯⋯⋯⋯　388
　第2款　手形返還請求⋯⋯⋯⋯⋯⋯⋯⋯⋯⋯⋯⋯⋯⋯⋯⋯⋯⋯⋯　388
　第3款　通常訴訟⋯⋯⋯⋯⋯⋯⋯⋯⋯⋯⋯⋯⋯⋯⋯⋯⋯⋯⋯⋯⋯　389
　　1　手形訴訟の請求適格を欠くとの理由で訴えが却下された場合の
　　　通常訴訟の提起⋯⋯⋯⋯⋯⋯⋯⋯⋯⋯⋯⋯⋯⋯⋯⋯⋯⋯⋯　389
　　2　異議後の通常訴訟の訴額⋯⋯⋯⋯⋯⋯⋯⋯⋯⋯⋯⋯⋯⋯⋯　389
　第4款　手形不渡処分取止請求の訴え⋯⋯⋯⋯⋯⋯⋯⋯⋯⋯⋯　389
　　1　手形不渡処分⋯⋯⋯⋯⋯⋯⋯⋯⋯⋯⋯⋯⋯⋯⋯⋯⋯⋯⋯⋯　389
　　2　手形不渡処分取止請求の訴えの訴額⋯⋯⋯⋯⋯⋯⋯⋯⋯　390

第4節　小切手法⋯⋯⋯⋯⋯⋯⋯⋯⋯⋯⋯⋯⋯⋯⋯⋯⋯⋯⋯⋯⋯⋯⋯　391

第7章　知的財産権関係 ——————————　393

第1節　知的財産権訴訟の管轄⋯⋯⋯⋯⋯⋯⋯⋯⋯⋯⋯⋯⋯⋯⋯⋯　393

　第1款　知的財産権訴訟⋯⋯⋯⋯⋯⋯⋯⋯⋯⋯⋯⋯⋯⋯⋯⋯⋯⋯　393
　第2款　知的財産民事訴訟の管轄⋯⋯⋯⋯⋯⋯⋯⋯⋯⋯⋯⋯⋯　394
　　1　管轄集中⋯⋯⋯⋯⋯⋯⋯⋯⋯⋯⋯⋯⋯⋯⋯⋯⋯⋯⋯⋯⋯⋯　394

2　特許権等に関する訴えの管轄集中······························ *394*
　　3　その他の知的財産権訴訟の管轄集中···························· *395*

第**2**節　手数料訴額 ··· *395*

第1款　手数料訴額の算定の困難 ······························ *395*
　　1　差止請求訴訟や権利確認訴訟の訴額 ······················· *395*
　　2　東京地方裁判所・大阪地方裁判所の訴額算定式 ········· *396*
　　⑴　訴額算定式の特徴 ··· *396*
　　⑵　この訴額算定式の基本的な問題点 ····················· *397*
　　　⒜　競業者間の差止請求訴訟の捉え方 ················ *397*
　　　⒝　個々の問題点 ··· *398*

第2款　特許権，実用新案権，意匠権 ······················· *402*
　　1　権利の帰属の確認訴訟および移転登録請求訴訟········· *402*
　　2　実施権の確認請求，設定登録手続請求および移転登録手続請求···· *406*
　　3　抹消登録手続請求 ··· *406*
　　4　質権の設定・移転・変更・消滅に関する登録手続請求·············· *407*
　　5　差止請求訴訟 ·· *407*
　　⑴　特許権者等の差止請求権 ································· *407*
　　⑵　訴額の算定 ·· *408*
　　6　差止請求権の不存在確認請求 ······························ *409*
　　⑴　差止請求権不存在確認の訴え ·························· *409*
　　⑵　訴額の算定 ·· *409*
　　⑶　問題点 ··· *410*
　　7　信用回復措置請求 ·· *411*

第3款　商標権 ·· *412*
　　1　権利の帰属の確認請求，移転登録手続請求 ·············· *412*
　　2　使用権の確認請求，設定登録手続請求，移転登録手続請求········· *413*
　　3　抹消登録手続請求 ··· *414*
　　4　質権の設定・移転・変更・消滅に関する登録手続請求·············· *414*
　　5　差止請求 ··· *414*
　　⑴　商標権侵害差止請求 ······································ *414*
　　⑵　問題点 ··· *415*
　　6　差止請求権の不存在確認請求 ······························ *416*
　　7　信用回復措置の請求 ·· *417*

第4款　不正競争防止法に基づく請求 ·························· *417*
　　1　不正競争防止法2条1項1号，2号，16号の不正競争行為の差
　　　止請求 ·· *417*
　　⑴　商品等表示に関する不正競争行為 ····················· *417*

⑵　東京地裁の訴額算定式‥‥‥‥‥‥‥‥‥‥‥‥‥‥‥‥‥‥‥ *418*
　⑶　問題点‥‥‥‥‥‥‥‥‥‥‥‥‥‥‥‥‥‥‥‥‥‥‥‥‥‥‥‥ *419*
　2　不正競争防止法2条1項3号の不正競争行為の差止請求‥‥‥‥‥ *420*
　⑴　模倣商品‥‥‥‥‥‥‥‥‥‥‥‥‥‥‥‥‥‥‥‥‥‥‥‥‥‥ *420*
　⑵　東京地裁の訴額算定式‥‥‥‥‥‥‥‥‥‥‥‥‥‥‥‥‥‥‥ *420*
　3　不正競争防止法2条1項4号ないし10号の不正競争行為の差止
　　請求‥‥‥‥‥‥‥‥‥‥‥‥‥‥‥‥‥‥‥‥‥‥‥‥‥‥‥‥‥‥ *421*
　⑴　営業秘密‥‥‥‥‥‥‥‥‥‥‥‥‥‥‥‥‥‥‥‥‥‥‥‥‥‥ *421*
　⑵　東京地裁の訴額算定式‥‥‥‥‥‥‥‥‥‥‥‥‥‥‥‥‥‥‥ *422*
　⑶　問題点‥‥‥‥‥‥‥‥‥‥‥‥‥‥‥‥‥‥‥‥‥‥‥‥‥‥‥‥ *423*
　4　不正競争防止法2条1項11号，12号の不正競争行為の差止請求‥‥ *424*
　⑴　技術的制限手段に対する不正競争行為‥‥‥‥‥‥‥‥‥‥‥‥ *424*
　⑵　東京地裁の訴額算定式‥‥‥‥‥‥‥‥‥‥‥‥‥‥‥‥‥‥‥ *425*
　⑶　問題点‥‥‥‥‥‥‥‥‥‥‥‥‥‥‥‥‥‥‥‥‥‥‥‥‥‥‥‥ *425*
　5　不正競争防止法2条1項13号の不正競争行為の差止請求‥‥‥‥‥ *425*
　⑴　ドメイン名の不正取得行為‥‥‥‥‥‥‥‥‥‥‥‥‥‥‥‥‥ *425*
　⑵　東京地裁の訴額算定式‥‥‥‥‥‥‥‥‥‥‥‥‥‥‥‥‥‥‥ *425*
　⑶　問題点‥‥‥‥‥‥‥‥‥‥‥‥‥‥‥‥‥‥‥‥‥‥‥‥‥‥‥‥ *426*
　6　不正競争防止法2条1項14号の不正競争行為の差止請求‥‥‥‥‥ *427*
　⑴　誤認惹起行為‥‥‥‥‥‥‥‥‥‥‥‥‥‥‥‥‥‥‥‥‥‥‥‥ *427*
　⑵　東京地裁の訴額算定式‥‥‥‥‥‥‥‥‥‥‥‥‥‥‥‥‥‥‥ *427*
　⑶　問題点‥‥‥‥‥‥‥‥‥‥‥‥‥‥‥‥‥‥‥‥‥‥‥‥‥‥‥‥ *428*
　7　不正競争防止法2条1項15号の不正競争行為の差止請求‥‥‥‥‥ *428*
　⑴　信用毀損行為‥‥‥‥‥‥‥‥‥‥‥‥‥‥‥‥‥‥‥‥‥‥‥‥ *428*
　⑵　東京地裁の訴額算定式と問題点‥‥‥‥‥‥‥‥‥‥‥‥‥‥‥ *428*
　8　不正競争防止法14条に定める信用回復措置の請求‥‥‥‥‥‥‥‥ *430*
　9　不正競争防止法19条2項に定める請求‥‥‥‥‥‥‥‥‥‥‥‥‥‥ *430*
第5款　商号権‥‥‥‥‥‥‥‥‥‥‥‥‥‥‥‥‥‥‥‥‥‥‥‥‥‥‥‥ *430*
　1　商　　号‥‥‥‥‥‥‥‥‥‥‥‥‥‥‥‥‥‥‥‥‥‥‥‥‥‥‥‥ *430*
　2　商号権侵害の差止請求と訴額‥‥‥‥‥‥‥‥‥‥‥‥‥‥‥‥‥‥ *431*
　⑴　東京地裁の訴額算定基準‥‥‥‥‥‥‥‥‥‥‥‥‥‥‥‥‥‥ *431*
　⑵　問題点‥‥‥‥‥‥‥‥‥‥‥‥‥‥‥‥‥‥‥‥‥‥‥‥‥‥‥‥ *432*
　3　商号登記の抹消登記手続請求‥‥‥‥‥‥‥‥‥‥‥‥‥‥‥‥‥‥ *433*
第6款　併合訴訟‥‥‥‥‥‥‥‥‥‥‥‥‥‥‥‥‥‥‥‥‥‥‥‥‥‥‥ *433*
　1　差止請求と侵害行為を組成する物の廃棄等の請求の併合‥‥‥‥ *433*
　2　差止請求と損害賠償請求の併合‥‥‥‥‥‥‥‥‥‥‥‥‥‥‥‥‥ *434*
　3　差止請求と権利確認の訴えの併合‥‥‥‥‥‥‥‥‥‥‥‥‥‥‥‥ *434*

32 目 次

第 **8** 章　労働訴訟 ——————————————— *435*

第 **1** 節　はじめに …………………………………………………… *435*

第 1 款　労働事件……………………………………………………… *435*
第 2 款　労働審判手続の登場………………………………………… *436*
第 3 款　管轄訴額……………………………………………………… *436*

第 **2** 節　賃金支払請求 …………………………………………… *436*

第 1 款　未払い賃金と判決確定までの賃金を請求する場合……… *436*
第 2 款　解雇予告手当てを請求する場合…………………………… *437*

第 **3** 節　解雇無効確認，従業員の地位確認または雇用関係の確認 ……… *438*

第 1 款　解雇無効確認の訴え………………………………………… *438*
第 2 款　解雇無効確認の訴えと賃金支払請求の併合…………… *440*

第 **4** 節　配転命令，出向命令の無効確認 ……………………… *441*

第 1 款　配転命令・出向命令……………………………………… *441*
　　1　配転命令……………………………………………………… *441*
　　2　出向命令……………………………………………………… *442*
第 2 款　手数料訴額………………………………………………… *443*

第 **5** 節　制裁処分の無効確認 …………………………………… *443*

第 1 款　制裁処分…………………………………………………… *443*
第 2 款　管轄訴額／手数料訴額…………………………………… *443*
　　1　出勤停止処分の無効確認の訴えの訴額………………… *443*
　　2　減給処分の無効確認の訴えの訴額……………………… *444*
　　3　訓戒処分の無効確認の訴えの訴額……………………… *444*
　　4　出勤停止処分，減給処分および訓戒処分の無効確認を求める併
　　　合訴訟…………………………………………………………… *444*

第 **6** 節　労働審判手続の申立て ………………………………… *445*

第 1 款　労働審判手続の申立て手数料…………………………… *445*
第 2 款　通常手続への移行のさいの手数料の追加納付………… *446*

第 **7** 節　不当労働行為の救済命令および救済申立棄却命令の取消訴訟 …… *446*

第 1 款　不当労働行為の救済命令………………………………… *446*
第 2 款　訴　額……………………………………………………… *447*

1　救済命令取消訴訟･･･ 447
　　⑴　複数の救済方法と訴額･･･ 447
　　⑵　従来の見解･･･ 448
　　⑶　検　討･･･ 449
　　2　救済申立棄却命令の取消訴訟･･･････････････････････････････････ 451

第8節　労働者災害補償保険法による遺族年金不支給処分の取消訴訟 ････ 451

第1款　労災保険制度･･ 451
第2款　訴額の算定･･･ 452
　　1　審査請求前置･･･ 452
　　2　遺族補償年金不支給処分の取消訴訟の訴額･････････････････････ 452
　　⑴　種々の解決案･･･ 452
　　⑵　問題点･･･ 453
　　3　葬祭料の算定方法･･･ 454
　　4　併合訴訟･･･ 454

第9章　行政訴訟 ──────────── 455

第1節　総　説･･･ 455

第1款　行政訴訟･･･ 455
第2款　行政訴訟における訴額･･･････････････････････････････････ 456
　　1　訴額算定の基礎･･･ 457
　　⑴　原告の利益･･･ 457
　　⑵　事件の意味･･･ 457
　　　⒜　行政処分取消しの訴え･･･････････････････････････････････ 457
　　　⒝　無効等確認の訴え･･･････････････････････････････････････ 459
　　　⒞　不作為の違法確認の訴え･････････････････････････････････ 459
　　　⒟　義務付けの訴え･･･ 459
　　　⒠　差止めの訴え･･･ 460
　　2　裁判所の裁量･･･ 460
第3款　行政訴訟における訴えの併合と訴額･････････････････････ 461
　　1　関連請求の併合･･･ 461
　　⑴　行政訴訟における訴えの併合･････････････････････････････ 461
　　⑵　関連請求･･･ 461
　　⑶　関連請求の要件を具備しない場合･････････････････････････ 462
　　2　訴えの客観的併合･･･ 463
　　⑴　意　義･･･ 463

34 目 次

　　　⑵　手数料訴額‥‥‥‥‥‥‥‥‥‥‥‥‥‥‥‥‥‥‥‥‥‥‥‥‥‥‥ 463
　　3　訴えの主観的併合（共同訴訟）‥‥‥‥‥‥‥‥‥‥‥‥‥‥‥ 464
　　　⑴　意　義‥‥‥‥‥‥‥‥‥‥‥‥‥‥‥‥‥‥‥‥‥‥‥‥‥‥‥‥‥‥ 464
　　　⑵　手数料訴額‥‥‥‥‥‥‥‥‥‥‥‥‥‥‥‥‥‥‥‥‥‥‥‥‥‥‥ 464
　　4　第三者による請求の追加的併合‥‥‥‥‥‥‥‥‥‥‥‥‥‥‥ 464
　　　⑴　意　義‥‥‥‥‥‥‥‥‥‥‥‥‥‥‥‥‥‥‥‥‥‥‥‥‥‥‥‥‥‥ 464
　　　⑵　訴　額‥‥‥‥‥‥‥‥‥‥‥‥‥‥‥‥‥‥‥‥‥‥‥‥‥‥‥‥‥‥ 465
　　5　原告による請求の追加的併合‥‥‥‥‥‥‥‥‥‥‥‥‥‥‥‥ 465
　　　⑴　意　義‥‥‥‥‥‥‥‥‥‥‥‥‥‥‥‥‥‥‥‥‥‥‥‥‥‥‥‥‥‥ 465
　　　⑵　訴　額‥‥‥‥‥‥‥‥‥‥‥‥‥‥‥‥‥‥‥‥‥‥‥‥‥‥‥‥‥‥ 465
　第4款　行政訴訟における訴えの変更‥‥‥‥‥‥‥‥‥‥‥‥‥‥ 466
　第5款　第三者または行政主体の訴訟参加‥‥‥‥‥‥‥‥‥‥‥ 466
　　1　第三者の訴訟参加‥‥‥‥‥‥‥‥‥‥‥‥‥‥‥‥‥‥‥‥‥‥‥ 467
　　2　行政庁の訴訟参加‥‥‥‥‥‥‥‥‥‥‥‥‥‥‥‥‥‥‥‥‥‥‥ 467

第2節　税務訴訟‥‥‥‥‥‥‥‥‥‥‥‥‥‥‥‥‥‥‥‥‥‥‥‥‥‥‥‥ 467

　第1款　賦課決定処分（変更決定処分を含む）および更正処分の取消
　　　　　しを求める訴え‥‥‥‥‥‥‥‥‥‥‥‥‥‥‥‥‥‥‥‥‥‥‥ 467
　第2款　滞納処分の取消しを求める訴え‥‥‥‥‥‥‥‥‥‥‥‥‥ 469
　　1　滞納処分取消しの訴え‥‥‥‥‥‥‥‥‥‥‥‥‥‥‥‥‥‥‥‥ 469
　　2　手数料訴額‥‥‥‥‥‥‥‥‥‥‥‥‥‥‥‥‥‥‥‥‥‥‥‥‥‥‥ 469
　　　⑴　債務者が提起する滞納処分取消しの訴え‥‥‥‥‥‥‥‥ 469
　　　⑵　第三者が提起する滞納処分取消しの訴え‥‥‥‥‥‥‥‥ 471
　第3款　青色申告承認取消処分の取消しの訴え‥‥‥‥‥‥‥‥‥ 472
　第4款　固定資産評価額に関する審査決定の取消しの訴え‥‥‥ 473
　　1　固定資産評価額に関する審査決定の取消し‥‥‥‥‥‥‥‥ 473
　　2　審査決定の取消しの訴えの訴額‥‥‥‥‥‥‥‥‥‥‥‥‥‥ 473

第3節　地方自治関係‥‥‥‥‥‥‥‥‥‥‥‥‥‥‥‥‥‥‥‥‥‥‥‥‥ 475

　第1款　住民訴訟‥‥‥‥‥‥‥‥‥‥‥‥‥‥‥‥‥‥‥‥‥‥‥‥‥‥‥ 475
　　1　住民訴訟‥‥‥‥‥‥‥‥‥‥‥‥‥‥‥‥‥‥‥‥‥‥‥‥‥‥‥‥ 475
　　2　住民訴訟の手数料訴額‥‥‥‥‥‥‥‥‥‥‥‥‥‥‥‥‥‥‥‥ 475
　　3　地方自治法242条の2第7項に基づく訴え‥‥‥‥‥‥‥‥‥ 477
　第2款　情報公開，個人情報保護‥‥‥‥‥‥‥‥‥‥‥‥‥‥‥‥‥ 477
　　1　情報公開‥‥‥‥‥‥‥‥‥‥‥‥‥‥‥‥‥‥‥‥‥‥‥‥‥‥‥‥ 477
　　2　個人情報保護‥‥‥‥‥‥‥‥‥‥‥‥‥‥‥‥‥‥‥‥‥‥‥‥‥ 478
　第3款　その他‥‥‥‥‥‥‥‥‥‥‥‥‥‥‥‥‥‥‥‥‥‥‥‥‥‥‥‥ 479

目　次　35

第4節　公用負担関係　･･ *479*

第1款　公用収用 ･･ *479*
　1　損失補償に関する訴え ･･･････････････････････････････････････ *480*
　⑴　原告が土地所有者または関係人である場合 ･･････････････････ *480*
　⑵　起業者が原告の場合 ･･･････････････････････････････････････ *481*
　2　土地収用裁決または事業認定処分の取消しの訴え ････････････ *482*
第2款　土地区画整理関係 ･･ *484*
　1　土地区画整理 ･･･ *484*
　⑴　意　義 ･･･ *484*
　⑵　換地処分 ･･･ *484*
　⑶　仮換地の指定 ･･･ *485*
　2　換地処分の取消し・無効確認の訴えの訴額 ････････････････････ *486*
　3　仮換地指定処分の取消しまたは無効確認の訴えの訴額 ････････ *487*
　4　換地計画認可の取消し・無効確認の訴えの訴額 ････････････････ *488*
　5　土地区画整理事業計画の無効確認の訴えの訴額 ････････････ *489*

第5節　農地関係　･･ *490*

第1款　農地所有権移転不許可処分の取消しの訴え ････････････････ *490*
第2款　農地転用不許可処分の取消しの訴え ･･････････････････････ *491*
第3款　転用のための所有権移転不許可処分の取消しの訴え ･･･････ *491*
第4款　所有権移転許可処分の取消しの訴え ･･･････････････････････ *492*
第5款　買収処分 ･･ *493*
　1　農地買収処分の取消しまたは無効確認の訴え ･･･････････････ *493*
　2　対価等の額の増減（農地55条） ･･････････････････････････････ *494*
　⑴　対価等の増減請求の訴え ･････････････････････････････････ *494*
　⑵　訴　額 ･･･ *494*
第6款　農地競買適格者証明書交付申請に対する却下処分の取消しの
　　　　訴え ･･ *494*

第6節　公務員関係　･･ *495*

第1款　懲戒処分の取消し・無効確認の訴え ･･･････････････････････ *495*
　1　財産権上の訴えか，非財産権上の訴えか ･･････････････････････ *495*
　2　検　討 ･･･ *497*
　3　取消しを求める処分または原告が複数の場合 ･････････････････ *498*
第2款　分限処分の取消し・無効確認 ･････････････････････････････ *498*
第3款　その他の処分の取消しの訴え ･･･････････････････････････････ *499*
　1　配置転換，専従休暇不承認，出勤停止の各処分の取消し ･･･････ *499*

2　給与の減額処分，超過勤務手当不支給処分の取消し·················· *499*
　3　災害補償·· *499*

第7節　環境行政訴訟 ··· *499*

第1款　環境行政訴訟 ·· *500*
第2款　環境行政訴訟の訴額 ·· *500*
　1　裁判例と学説 ··· *500*
　⑴　財産権上の訴え ·· *500*
　⑵　裁判例と学説 ··· *501*
　　⒜　私法上の権利の侵害を主張して抗告訴訟を提起する場合······· *501*
　　⒝　人格権または環境権の侵害を主張して抗告訴訟を提起する
　　　　場合··· *501*
　　⒞　共同訴訟の場合 ··· *502*
　2　検　討 ··· *502*
　⑴　私法上の権利の侵害を主張して抗告訴訟を提起する場合········· *502*
　⑵　物権，人格権または環境権の侵害を主張して抗告訴訟を提起
　　　する場合··· *505*

第8節　その他 ··· *507*

第1款　営業許可に関する処分 ·· *507*
　1　営業許可に関する処分の効力を争う抗告訴訟 ························· *507*
　2　訴　額 ··· *507*
　⑴　競業者による訴え ·· *507*
　⑵　営業許可取消処分の取消訴訟 ··· *508*
　⑶　申請却下処分の取消訴訟 ··· *508*
第2款　不作為の違法確認訴訟 ·· *508*

付　録 ··· *511*
凡　例 ··· *526*
事項索引 ··· *533*
判例索引 ··· *541*
著者紹介 ··· *545*

序　章
民事手続法における裁判費用

1　裁判費用
⑴　概　要

　国家は，司法を独占し，私人による自力救済を禁止する。私人による実[1]
力行使またはその威嚇は，社会の法的平和を害し，人間社会の存立を危う
くするからである。しかし，自力救済の禁止だけでは私人の権利は実現さ
れず，権利を有する者は泣き寝入りを余儀なくされるので，国家は自力救
済の禁止に対応して，私人の権利の保護の役割を引き受け，そのために裁
判所を設置する。私人の申立てがあれば，一定の要件のもとに，国家は市
民に裁判所による権利保護を付与しなければならない（国家の権利保護義
務）。

　しかし，民事訴訟は原則として私人の私的な利益の実現のために実施さ
れるので，国家はその設置運営する裁判所を私人に無料で利用させてはい
ない。もちろん社会政策的な見地から，訴訟制度の利用を無料にすること
は理論的には十分検討に値する法政策であるけれども，現実には，国家は，
裁判制度の運営に要する費用をできるだけ賄うため，裁判制度の利用者に
裁判費用（民訴83条1項1号参照）の支払いを求めている。

　ここにいう**裁判費用**には，いわゆる手数料（民訴費3条1項）と手数料[2]
以外の裁判費用が属する。後者は，証拠調べに必要な費用（たとえば証人，
鑑定人および通訳人の旅費・日当・宿泊料，鑑定料，通訳料など）および書類
の送達費用などである。手数料以外の裁判費用の支出は，当事者が裁判所
に予納した金銭によって行われるのであり（同法11条），**受益者負担の原
則**が採用されている。これに対し，訴状・準備書面などの書類の作成費用
（書記料）や，当事者および訴訟代理人が裁判所に出頭するために必要な
旅費・日当・宿泊料は，訴訟追行のために当事者が支払う費用であり，**当
事者費用**と呼ばれる。

〔3〕　　なお，日本では弁護士を訴訟代理人に選任しなければ訴訟を追行することができないという弁護士強制主義は採用されておらず，当事者本人が弁護士を訴訟代理人に選任せず自分で訴訟行為をすることができるため，弁護士が訴訟代理人として訴訟に関与した場合の弁護士費用は，当事者に弁論能力がないため，裁判所が弁護士の付添いを命じた場合（民訴155条2項）を除き，訴訟費用には含まれない。そのため，当事者は，訴訟に勝訴しても，自己の弁護士に支払う弁護士費用を償還するよう相手方に求めることはできない。不法行為による損害賠償訴訟において弁護士費用が相当因果関係内の損害と認められる限りでのみ，弁護士費用は不法行為によって生じた損害として敗訴当事者にその支払いが命じられるにすぎない。

　　裁判費用と当事者費用が，法律が定める訴訟費用である。

(2) 敗訴者負担主義

〔4〕　　訴訟費用を最終的に誰が，いくら負担しなければならないかは，裁判所の裁判により決められる。裁判所は，この訴訟費用の裁判を，事件を完結する裁判において職権で（民訴67条1項），民訴法61条以下の規定に従って行う。民訴法61条の規定によれば，訴訟費用は，権利の伸張または防御に必要であった限り，敗訴当事者の負担となる（**敗訴者負担主義**）。原告の一部勝訴，一部敗訴のときは，裁判所は，各当事者の訴訟費用の負担をその裁量によって定めるが（同法64条本文），事情によっては当事者の一方に訴訟費用の全額を負担させることもできる（同条ただし書）。

2　手数料とそれ以外の裁判費用

(1) 手数料

〔5〕　　上述にように，手数料とそれ以外の裁判費用を裁判費用という。

〔6〕　　(a)　**手数料の納入**　　手数料は，当事者が訴えや上訴の提起（行政訴訟の訴え，上訴を含む），借地非訟事件の申立て，民事調停，家事審判・家事調停，労働審判など裁判所に一定の申立てや申出をするさい，裁判所（国庫）に納入すべき費用である。どのような申立てにつき手数料の納入が必要であるかは，法律に定められている（民訴費3条・別表第1，民訴費7条・別表第2，民訴費規4条；人身保護規9条）。これは制限列挙であり，手数料についての定めがない申立てや申出については手数料の納入を要しない。

序　章　民事手続法における裁判費用　*3*

　手数料は，**訴額**（訴訟物の価額。詳しくは→〔17〕）などを基準に，その額を算定すべきこととされており（民訴費3条以下），原則として訴状等に収入印紙を貼付して納入する（同法8条。ただし納付額が100万円を超えるときは，現金で納付することができる。同条ただし書：民訴費規4条の2）。

　　（b）　**裁判長の訴状審査と補正命令**　　訴えの提起（原則として訴状の〔7〕提出）があると，事件は予め定められている事務分配の定めに従って各裁判所（裁判機関としての裁判所）に配布され，裁判長または単独制裁判所の裁判官は訴状が必要的記載事項（民訴133条2項）を具備しているかどうか，また必要な手数料額の収入印紙が貼付されているかどうかを審査する（同法137条，**裁判長による訴状審査**）。不備が見つかれば，期間を定めて不備を補正するよう原告に命じ（同条1項前段，**訴状の補正命令**），原告が裁判長の補正命令にもかかわらず，なお訴状を補正せずまたは必要な手数料を納付しないときは，裁判長は命令によって訴状を却下しなければならない（同法137条2項：民訴費6条）。裁判長の訴状却下命令に対し，原告は即時抗告をし，その違法を争うことができる（民訴137条3項）。そうでなければ，請求の当否について判断することなく訴訟手続は終了してしまい，原告には訴状却下の違法を主張する機会がなくなるからである。訴状の補正命令および訴状却下命令は，訴状が被告に送達されるまでの間に限って出すことができる。収入印紙の追貼による補正の効果は，訴状提出時に遡り生ずる[1]。

（2）　**手数料以外の裁判費用**

　手数料以外の裁判費用は，裁判所が手続上の行為（証拠調べ，書類の送〔8〕達など）を行うにつき必要な支出に当てるために，当事者が支払うべき費用である。たとえば，当事者間に争いのある事実につき証拠調べを実施する場合，証人，鑑定人および通訳人は旅費・日当・宿泊料を請求することができ（民訴費18条1項），鑑定人および通訳人は鑑定料または通訳料を請求し，および鑑定または通訳に必要な費用の支払いまたは償還を受けることができる（同条2項）。裁判所は，調査嘱託をして一定の事項につき報告を求め，または鑑定もしくは専門的な知識経験に基づく意見の陳述を嘱託したときは，請求により，報酬および必要な費用を支給する（同法20条

1）　最判昭和31・4・10民集10巻4号367頁。

4 序　章　民事手続法における裁判費用

1項）。裁判所は，文書の送付嘱託をしたときは，請求により，当該文書の写しの作成に必要な費用を支給する（同条2項）。これらの費用は，当事者が裁判所に予納した金銭から支払われる（同法12条1項）。

なお，費用の予納は，郵便料金または信書便の料金については，郵便切手または最高裁の定める証票を納付する方法により，他は現金を納付する方法による（同法13条）。裁判所は，費用の予納を命じた場合において当事者がこれを予納しないときは，当該費用を要する手続上の行為をしないことができる（同法12条2項）。

3　手数料支払義務と手数料額の確定

(1)　手数料支払義務と手数料の納付を要する申立て

〔9〕　判例によれば，手数料は，当事者等が裁判所に対して行う一定の訴訟行為の要求に対し裁判所（国家）が行う公の役務の提供に対する報償として支払いが求められるものであるが，[2] 当事者等が申立権を有するすべての場合に手数料の納付が求められているのではない。訴訟手続中に提起される付随的または中間的な申立てについても手数料の支払いを求めた明治23年民事訴訟用印紙法とは異なり，現行民訴費用法は，手数料徴収事務の能率化のため，性質上本来，手続開始申立ての申立手数料に当然に含まれているとみることができる申立て（期日の続行・変更の申立てや証拠申出等），裁判所が職権でもすることのできる訴訟行為の申立て（たとえば事件の移送申立てや裁判の更正決定の申立て）および手数料を徴求しないことが申立ての内容上適切と判断される申立て（たとえば訴訟救助の申立て，管轄指定の申立て）等の付随的，中間的申立てについて手数料を徴求しないことにした。民訴費用法は，裁判所に手数料を納付しなければならない申立ておよび申出を同法別表第1および第2に列挙された事項に限定した。

(2)　納付義務の発生と確定

〔10〕　手数料の納付義務は，原則として，民訴費用法別表第1，第2所定の申立等については当事者等が裁判所に対して申立書を提出し，または裁判所書記官の面前で申立てを陳述することによって発生する。手数料納付義務

2）最判昭和41・4・19裁判集民事83号225頁（民訴用印紙法5条について）。もっとも，学説においては，手数料は租税法律主義が適用される，国民が裁判所を利用するさいの強制的賦課金だとする見解が主張されている。金子・訴訟費用68頁以下。

は，申立て時にその履行期が到来する（民訴費8条1項本文は「手数料は，訴状その他の申立書又は申立ての趣意を記載した調書に収入印紙をはって納めなければならない」と規定している）。裁判所が申立てどおりの訴訟行為をするかどうかは必ずしも明らかではないが，このことは当事者等の手数料支払義務に影響を及ぼさないとされる[3]。条件付き申立ての条件が成就するかどうかが未定の場合にも，納付義務は発生するとされる[4]。同じことは，反訴被告の同意を要する反訴について，反訴被告の同意の有無が明らかでない場合にも妥当する。これは，手数料納付義務が裁判所の訴訟行為の実施と同時履行の関係にあるのではなく，先履行義務があることを意味する。ただし，後にみるように手数料算定の基礎となる訴額の算定基準が法律上具体的に明らかにされていない以上，訴訟係属中に訴額の再算定が必要になることがあり，その場合には，過納付が明らかになることを否定すべきではない。

これに対し，別表第2上段に掲げる事項（事件記録の閲覧・謄写・複製，事件記録の正本・謄本または抄本の交付，事件に関する事項の証明書の交付，および執行文の付与）については，性質上手数料の先払いは適切ではないので，手数料支払義務は役務の提供がなされるときに生ずると解される[5]。

(3) 手数料の徴収確保

上記のように申立て時に手数料を納付しなければならない場合には，当事者等は申立書を裁判所に提出するさい（また口頭による申立ての場合はその申述のさい）手数料を納付しなければならない。手数料納付義務者が手数料の納付を怠る場合には，申立ては不適法な申立てとして扱われることにより（民訴費6条），間接的に納付が強制される。 〔11〕

当事者が手数料以外の費用（→〔2〕）を予納しない場合には，裁判所は原則として費用を要する行為をしないことができるので（民訴費12条2項），ここでも間接的に費用の納付が強制される。もっとも，事件の公益性が重視される一部の裁判手続においては，当事者が費用の予納を怠る場合にも，例外的に，事実の調査，証拠調べ，呼出し，告知その他の非訟事件の手続に必要な行為に要する費用を国庫において立て替えることができる（非訟

3）最判昭和41・10・25判時465号44頁＝裁判集民事84号733頁。

4）最判昭和41・4・22民集20巻4号783頁。

5）民事訴訟費用研究187頁参照。

6 序　章　民事手続法における裁判費用

27条：家事手続30条）[6]。

(4)　手数料額を決める機関

〔12〕　手数料額を決定する権限を有するのは，民訴費用法別表第１の上段の申立てに関しては，訴状，上訴状の送達前は，訴状または上訴状の形式的審査を担当する裁判長であり，訴状送達後は受訴裁判所である。もちろん，受訴裁判所は，裁判長が適正と認めた手数料額に拘束されないし，上訴裁判所は原裁判所の判断に拘束されない[7]。

　手数料の納付を要する申立書は，通常，裁判所書記官に提出されるが，申立書を接受した裁判所書記官は，訴額の算定および訴額に応じた手数料額の収入印紙の貼付があるかどうかを調査し，過誤があると判断するさいは原告に補正を促すとされている。裁判所書記官と原告の見解が異なり，原告が補正に応じない場合には，迅速に裁判長の見解を示す措置が執られるべきである。収入印紙の過貼が明らかなときはこれを書類から剥ぎ取って納付者に返還し，その箇所に受領印を求めることとされている[8]。

(5)　納付方法

〔13〕　手数料の納付の方法は，訴状その他の申立書または申立ての趣意を記載した調書に収入印紙を貼付してする方法である（民訴費８条本文）。ただし，最高裁規則で定めるところにより現金をもって納付することができる（同条ただし書。民訴費規４条の２第１項は，現金納付ができるのは納付する手数料額が100万円を超える場合と定めている）。

　収入印紙は郵便局，郵便切手類売りさばき所において売り渡されると，印紙額相当の金員が国に支払われたことになるが，それのみでは，手数料の納付があったことにはならず，収入印紙を貼付した申立書が裁判所に提出されたとき，または申立ての趣意を記載した調書に収入印紙を貼付したときに手数料の納付が行われたことになる。

(6)　過納手数料の還付

〔14〕　手数料が過大に納められたときは，裁判所は，申立てにより決定で，過

---

6) これらの法律が国庫において立て替えるという場合，これは当事者がすべき給付を国が当事者に代わって立て替えるというものではなく，本来裁判所がその名においてすべき給付である。内田編・解説197頁注(3)参照。

7) 大判大正８・10・９民録25輯1777頁参照。

8) 民事訴訟費用研究190頁。

大に納められた手数料の額に相当する金額を金銭で還付しなければならない（民訴費9条1項）。

　民訴費用法別表第1，第2に掲げる場合ではないのに手数料名下のものが納められ，またはこれらの各条に定める額を超えて手数料名下で納められた場合，過大に納付された手数料に相当する額は法律上の原因を欠くものであるので，裁判所は過大納付となった事情のいかんを問わず，申立てにより過納手数料を還付しなければならない。

　民訴費用法9条3項は，同項1号から5号に掲げる申立てについてそれぞれ当該各号に定める事由が生じた場合，裁判所は申立てにより，決定で，原則として，納められた手数料の額から納めるべき手数料の額の2分の1の額（その額が4千円に満たないときは4千円）を控除した金額の金銭を還付しなければならないことを定める。たとえば，訴えに対し，裁判長による訴状の却下命令，不適法でその不備を補正することができない訴えを却下する判決（民訴140条），手形訴訟によることができない請求について提起された手形訴訟の訴えを却下する判決が確定した場合，原告は手数料の一部の還付を申し立てることができる。最初にすべき口頭弁論の期日の終結前に訴えが取り下げられた場合にも，同じように還付申立てをすることができる。

4　訴額法の役割とその重要性
⑴　手数料と国家の権利保護義務

　以上のように，当事者が訴えや上訴の提起など裁判所に一定の申立てや　〔15〕
申出をする場合に，裁判所は無料で手続を開始するのではなく，一定の手数料の納付を当事者に求める。したがって，当事者としては，手数料をいくら支払うべきかを事前に確実に知ることができなければならない。手数料の額が法律により定額で定められている場合には，納入すべき額は明確であり，当事者はその額を納入すればよい。また，訴えや各種の申立て・申出のさい納入すべき手数料を**訴額**を基準に算定すべきものと定められている場合にも，一定額の金銭支払請求のように具体的に訴額が明確である場合には，訴額の算定においてさほど問題は生じない。しかし，金銭支払請求以外の訴訟においては，訴えや申立てを提起し，または申出をしようとする当事者にとって，裁判所に納入すべき手数料額が明確にならないこ

とがある。それは，訴額を算定すべき基準が後述のように法律上明確に定められていない場合である。

　手数料の問題は，法治国家において，市民が憲法上保障されている裁判を受ける権利の行使と密接に関係する。憲法は裁判を受ける権利を保障しているが（憲32条），これは国家に対する市民の権利保護請求権を憲法が承認したものと解することができる[9]。憲法上の権利保護請求権を承認しない見解も，国家の権利保護義務を承認するのであるから，[10]不適正な手数料の支払いが要求されることによって，この市民の権利保護請求権を害しまたは国家の権利保護義務が履行されない事態が生じてはならないことは明らかである。すなわち，手続対象の経済的価値と均衡のとれない手数料負担を権利主張者に求めることは，この権利保護請求権または国家の権利保護義務と相容れないであろう。

　立法論的には，国家の権利保護任務を基礎にした，手数料の低額化・定額化が早急に検討され，実施されるべきである[11]。

(2) 訴額算定基準の重要性

〔16〕　後述のように，裁判所の事物管轄や訴えおよび上訴の提起のさいの裁判所手数料を決める基準としても，訴額が種々の役割を果たしている。そこで，訴額とは何で，具体的な訴訟等においていかなる基準によって算定さ

---

9) 松本・立法史と解釈学192頁以下，536頁以下参照。

10) 兼子一・実体法と訴訟法（1957年・有斐閣）109頁以下は，一方において「権利保護請求権は法治国家における法による裁判の保障を強調し，国民の信頼を深める実践的な意義に外ならないというべきである」と述べるが，他方で「裁判官が法規を忠実に適用すべきことは，その一般的職責であって，個々の訴訟事件の当事者に対して義務づけられ，したがって当事者がこれを請求する権利があることに基くものでない」という。これは法治国家における裁判を受ける権利の意味を理解しない見解である。松本・立法史と解釈学193頁以下，535頁以下参照。

11) 平成8年の現行民訴法制定のさいの法案作成の開始段階においては，訴額算定は裁判所の裁量により行うことを法文上明確にすること，知的財産権に基づく差止請求等の訴訟，賃料増減額訴訟，債務不存在確認訴訟等の訴額算定につき準則を定めることが検討事項としてとりあげられ，また手数料の低額化・定額化も検討されていたようである（法務省民事局参事官室・民事訴訟手続に関する検討事項（1991年）第一　裁判所　一　管轄　㊂　訴訟物の価額の算定：　法務省民事局参事官室・民事訴訟手続に関する検討事項補足説明5頁以下）。しかし，訴額算定についての裁判所の裁量を明文化することについては，各界に対する意見照会において賛成意見が多数あった反面，反対意見も相当数あったため明文化は見送られた。訴え提起の手数料の低額化は1992年の民訴費用法の改正により訴額1000万円を超える訴訟の手数料の引下げが図られたこともあり，訴え提起の手数料の全面的な低額化・定額化も見送られた。塩崎勤編・注解民事訴訟法(1)（2002年・青林書院）134頁以下〔小田敬美〕参照。なお，服部敬「訴額の算定」滝井／田原／清水編・論点18頁以下も参照。

れるかが重要な意味をもつ。本書は，主として実務の便宜の観点から行われている従来の訴額をめぐる解釈論[12]に問題はないのか，看過できない問題があり，早急に是正されなければならないのか，そしてそれはどのような方向でなされるべきであるかについて検討し，解釈論として問題の解決を求めるとともに，立法的にも対処されるべき重要な課題であることを明らかにしようとするものである。

　訴額について解釈論として論ずる場合，当事者が憲法によって保障されている裁判を受ける権利（憲32条）を害さないように解釈されなければならないことに留意する必要がある。それは，裁判所の恣意的な判断によって裁判を受ける権利が影響を受けるような訴額決定の実務が行われてはならないことを意味する。況してや，訴状受付事務の段階でこれを担当する裁判所書記官によって実務の扱いの名の下に，根拠の十分でない訴額算定による手数料の支払いが事実上強いられることがあってはならない。同時に，原告が支払った手数料の額は，被告が敗訴する場合に被告が償還を命じられる訴訟費用額に影響を及ぼすので，訴額がいくらであるかは，権利保護を求める原告のみならず，相手方である被告の利害にも重大な関係を有する事項である。また，第一審で敗訴した当事者は，控訴を提起し原判決の取消しまたは変更を求める場合，不服申立ての限度で，第一審の訴額算定の方法で算定した控訴の手数料訴額を基礎に算出された第一審の手数料額の1.5倍の控訴手数料を支払わなければならないので，訴額算定基準は原告の問題にとどまらないからである。また，すでに述べたように（→〔3〕）日本では，弁護士費用は訴訟費用に算入されず，相当因果関係に立つ損害と認められるものを除き，敗訴者負担原則は妥当しないが，訴額は弁護士の報酬の算定のさいにも考慮されており，弁護士報酬の算定にも影響を及ぼす。

　以下では，第1章において訴額に関する現行法上の一般原則を説明し，第2章以下において個々の法領域の訴額算定問題を個別に検討する。

---

12) 兼子／畔上／古関・判例民訴(上)20頁は，「とかく，受付事務上，訴状貼用印紙の関係で紛議が生じ，しかも直ちに受訴裁判所の判断を得る実務の便宜が得難いところから，最高裁判所において，必ずしも合理的且妥当なものであるかどうかは疑問があるが，次の基準（後述の「訴額通知」——引用者）がたてられ，現在原則としてこれによって実務上の取扱がなされている」といい，疑問があることを表明していた。

第1節　訴額の意義と種類　*11*

第**1**章
訴額に関する一般原則

第1節　訴額の意義と種類
第2節　訴訟物と訴額の算定の原則
第3節　各種の訴えにおける訴訟物と訴額
第4節　訴額の算定機関，算定の基準時および算定手続
第5節　上訴要件としての不服と不服対象
第6節　その他の手数料

第1節　訴額の意義と種類

第1款　訴額の意義

　前述のとおり，訴えや上訴を提起する者その他裁判所に一定の申立てや　〔17〕
申出をする者は，裁判所に手数料を納付しなければならないが，手数料額
は，訴訟物の価額（訴額）を基準に算定することとされ，または法律が定
額の形で法定している。定額の定めのある手数料はその額の収入印紙を貼
り納付すればよいから，あまり問題は生じない。問題が生ずるのは，訴額
を基準とした手数料額の算定である。また，訴額は，手数料のみならず，
種々の事項を規律するための基準となる。

　訴訟物の価額（訴額）は，金銭に評価された訴訟物（訴訟対象）の価値
である。それは，原則として，原告または反訴原告が訴えまたは反訴を
もって主張する権利または法律関係について有する利益（価値）である。

　日本法においては，訴額は4つの意味を有する。第1に，事物管轄の決
定基準としての意味であり，第2に，少額訴訟（民訴368条以下）の管轄限
度額としての意味であり，第3に，当事者が裁判所に納入すべき裁判手数
料額の算定基準としての意味である。第4に，簡易裁判所において訴訟代
理をすることを許された，いわゆる認定司法書士が具体的な事件において
訴訟代理をすることができるかどうかを決するのも訴額である。すなわち，
認定司法書士は，訴額が140万円以下の事件に限って訴訟代理人として活
動することができる。第5に，訴訟代理人である弁護士の報酬の算定基礎

12 第1章 訴額に関する一般原則

とされることがある。さらに仮差押え命令, 仮処分命令または仮執行宣言
のさいの担保額の基準とされることがあるが, これは訴額の本来の規律目
的ではない。

第2款 訴額の種類

1 事物管轄の基準としての訴額 (管轄訴額)

〔18〕 第一審裁判所として, 地方裁判所と簡易裁判所が設置されているので,
第一審の訴訟事件 (ただし人事訴訟を除く) を地方裁判所と簡易裁判所に
配分して担当させる管轄の定めが必要となる。これは, 事件の規模による
両裁判所への管轄の配分であり, **事物管轄**と呼ばれる。この場合, 事件の
配分の基準は「訴訟の目的」(民訴8条1項) すなわち, 訴訟物 (→〔40〕)
の価額 (訴額) である。民訴法は, 訴訟物を示す用語を統一的に用いてお
らず, 本条のように「訴訟の目的」といったり, 「事件」(民訴142条) と
呼んだり, 「請求」(同法133条2項2号, 136条, 143条~146条) と呼んだり
しているが, いずれも訴訟物を指している。

現行法上は, 訴額が140万円を超えない事件 (行政事件訴訟に係る請求を
除く) は, 簡易裁判所の管轄に属し, それ以外の事件および訴額が140万
円を超えない請求に係る事件のうち不動産に関する訴訟 (→〔19〕参照) は
地方裁判所の管轄に属する (裁24条1号・33条1項1号)[1]。**不動産に関する
訴訟は訴額が90万円以下であっても地方裁判所の管轄に属する**とされたの
は, 昭和57年の裁判所法および民訴法の改正からである。この時, 簡易裁
判所の事物管轄が大幅に (30万円から90万円に) 増額されたので, 重要な
財産である不動産に関する訴訟について地方裁判所の管轄を確保するため
に, この規律が採用された。その結果, 不動産に関する訴訟の管轄訴額の
算定の問題は, その限りにおいて重要性を失った。裁判所は, 管轄訴額が
重要であり, 原告の申立てからおのずから明らかにならない限り, これを
職権により算定しなければならない (職権調査事項)。

このように, 訴額は先ず簡易裁判所と地方裁判所との間の事物管轄の限
界づけにとって意味を有するのであるが, 訴額の決定は民訴法8条および

---

1) 不動産の売買代金請求, 賃料または損害金の支払請求, 建築代金, 修理代金等の支払い請
求, 相隣関係に基づく償金請求 (民209条2項, 12条等), 工作物の設置瑕疵による損害賠償
請求のような, 不動産に関する金銭請求訴訟は, 「不動産に関する訴訟」に含まれない。

第1節　訴額の意義と種類　*13*

9条による。なお，この**管轄訴額**は，必ずしも厳格な算定を必要とせず，140万円を超えるかどうかが明らかになれば足りる時代が長らく続いたが，今日では，法務大臣から「簡裁訴訟代理関係業務」を行うのに必要な能力を有することの認定を受けた，司法書士会の会員である司法書士（認定司法書士）は，簡易裁判所の事物管轄（現行法では140万円）を超えない事件について，訴訟代理権，民事調停における代理権，相談業務等を行うことができるので，その関係では，管轄訴額も厳密に算定されなければならない。その他，次に述べる手数料額の算出の基礎としての訴額（手数料訴額）も民訴法8条および9条により算定され，これと連動することになっているので（民訴費4条1項），その関係では正確な訴額の算定が依然として必要である[2]。

不動産に関する訴訟の範囲（昭和57年8月20日総三執務参考資料）　　　〔19〕

番号	区　分	主要類型	備　考
1	不動産上の物権の確認訴訟	1　所有権確認 2　共有権確認 3　占有権確認 4　地上権確認 5　永小作権確認 6　地役権確認 7　入会権確認 8　水利権確認 9　温泉権確認 10　採石権確認 11　抵当権確認 12　不動産質権確認 13　不動産先取特権確認 14　留置権確認	11〜14　担保物権
2	明渡訴訟，引渡訴訟 （注）　不動産の使用収益を内容とする物権に基づくほか，売買契約，賃貸借契約等の履行を求める場合及び契約	1　建物明渡，建物引渡 2　土地明渡，土地引渡 3　建物収去土地明渡 4　建物退去土地明渡 5　占有回収	

---

2)　Vgl. *Stein/Jonas/Roth*, §2 Rn.66 aE.; MünchKommZPO/*Wöstmann*, §2 Rn.18.

14　第1章　訴額に関する一般原則

	の解除又は解約に基づいて返還を求める場合を含む。		
3	不動産の使用収益を目的とする債権 （注）　不存在確認を含む。	1　賃借権確認 2　使用借権確認 3　その他不動産の使用収益を目的とする債権の確認	賃料確認及び賃借期間確認を含む
4	不動産上の物権に基づく妨害の排除又は予防の請求訴訟	1　工作物除去請求 2　立入禁止請求 3　建築禁止（建築差止め）請求	
5	相隣関係に基づく訴訟 （注）　償金請求を除く	1　隣地使用請求 2　囲繞地通行権に基づく請求 3　排水又は通水の施設設置の請求 4　竹木の枝の剪除請求 5　建築の廃止又は変更の請求 6　目隠設置の請求 7　井戸等穿掘物の廃止又は変更の請求	民法209条1項 民法210条 民法215条 民法233条1項 民法234条2項 民法235条1項 民法237条
6	詐害行為取消訴訟 （注）　直接に不動産又は登記を目的とする場合に限る。	1　明渡請求，引渡請求 2　抹消登記請求	民法424条
7	否認権行使訴訟 （注）　6に同じ	同上	
8	共有物分割訴訟		民法258条
9	境界確定訴訟		
10	登記に関する訴訟 （注）　登記の対象となる権利は，次のとおりである。 1　所有権 2　地上権 3　永小作権 4　地役権 5　先取特権	1　移転登記請求 2　保存登記請求 3　設定登記請求 4　更正登記請求 5　変更登記請求 6　抹消登記請求 7　回復登記請求 8　仮登記請求 9　仮登記に基づく本	

		登記請求	
6 質権		10 第三者に対する承	不動産登記法66条,
7 抵当権		諾請求	68条, 72条, 74条2
8 賃借権			項, 109条1項
9 採石権			
(不動産登記法3条)			

不動産の範囲 〔20〕

不動産および法律上不動産として扱われるものは次の表のとおりである。

区　分	対　象	根拠条文
不動産	土地とその定着物	民法86条1項
不動産とみなされるもの	1 工場財団 2 立木 3 道路交通事業財団 4 観光施設財団 5 鉱業財団 6 漁業財団 7 港湾運送事業財団	工場抵当法86条1項 立木ニ関スル法律2条1項 道路交通事業抵当法8条 観光施設財団抵当法8条 鉱業抵当法3条 漁業財団抵当法 港湾運送事業法26条
不動産に関する規定が準用されるもの	1 鉱業権 2 租鉱権 3 ダム使用権 4 特定鉱業権	鉱業法12条 鉱業法71条 特定多目的ダム法20条 日本国と大韓民国との間の両国に隣接する大陸棚の南部の共同開発に関する協定の実施に伴う石油及び可燃性天然ガス資源の開発に関する特別措置法6条
土地に関する規定が準用されるもの	漁業権	漁業法23条1項
地上権に関する規定が準用されるもの	採石権	採石法4条3項

2 手数料額算出の基礎としての訴額 （手数料訴額）

民訴費用法が訴額を手数料額算出の基礎にしている場合には，訴額の算 〔21〕
定は事物管轄の限界づけの場合と同様，民訴法8条1項および9条による
と定められている（民訴費4条1項）。

財産権上の請求でない請求に係る訴え，および財産権上の請求に係る訴

えであって訴額の算定が極めて困難なものについては，手数料訴額は160万円とみなされる（同条2項）。

　1つの訴えで財産権上の請求でない請求とその原因である事実から生ずる財産権上の請求を併合するときは，額のより大きい訴訟の目的の価額が訴額とされる（同条3項）。たとえば，原告が離婚請求と離婚原因たる事実から生ずる財産権上の請求である損害賠償（慰謝料）300万円の請求を併合する場合には，離婚訴訟の手数料訴額は非財産権上の請求として160万円であるが，これより額の大きい慰謝料請求の訴額がこの訴訟の訴額となる（実務では，一方が他方を吸収するとみて，比喩的に**吸収法則**とも呼ばれるが，利益の共通する部分の**二重算定の禁止**を意味する）。

　反訴の手数料訴額は，本訴請求の訴額算定基準によって算定した額であるが，反訴請求が本訴と目的を同じくする場合には，訴額の二重算定は許されないので，本訴の手数料訴額との差額が反訴の手数料訴額である（**差額主義**と呼ばれる。民訴費別表第1の6の項下欄）。したがって，いかなる基準で反訴と本訴の目的の同一性または異別性を判断すべきかが重要な課題となる（詳しくは→〔529〕以下）。

3　上訴の手数料訴額

⑴　上　訴

〔22〕　　**上訴**は，不服の申し立てられる原裁判が確定する前に，不利な裁判を受けた当事者が原裁判を自己に有利な裁判に変更するよう求めて上訴裁判所に対して提起する不服申立てである。これは，原裁判所の裁判の確定前にのみ提起することができる。裁判の確定とは，その裁判が上訴による取消しの余地がなくなったことをいう。上訴には，控訴，上告および抗告がある。

〔23〕　　　⑻　**控　訴**　　控訴は，地方裁判所，家庭裁判所または簡易裁判所の第一審の終局判決に対する上訴である（民訴281条1項本文・297条）。一部判決も終局判決とされているので，これに対して独立して上訴を提起することができる。

　第一審の終局判決に対してのみ控訴ができるので，中間判決その他の中間的裁判に対しては，独立した控訴はできないが，もともと不服申立てが排除される裁判および抗告によって不服を申し立てることができる裁判を

除き，終局判決に対する控訴のさいに控訴裁判所の判断を受ける（民訴283条）。ただし，中間判決をすべき場合に誤ってなされた終局判決や，逆に終局判決をすべき場合に誤ってなされた中間判決（これらを違式の裁判と呼ぶ）に対しては，控訴によって不服を申し立てることができる[3]。

(b) **上　告**　　上告は，原則として控訴裁判所の終局判決に対して，　〔24〕
法令の解釈適用の誤りを主張して行われる第2の上訴である（ただし，最高裁判所が上告裁判所であるときは，判決に憲法違反があること，およびいわゆる絶対的上告理由のみを上告理由として主張することができる（民訴312条）。例外的に，高等裁判所が法律の規定に基づき第一審裁判所としてした終局判決（たとえば，公選203条・204条；農委11条・14条6項；自治85条；独禁85条・86条；特許178条1項；中協109条；海難審判53条1項；最高裁判所裁判官国民審査36条・38条；電波97条；弁護16条・61条）に対しては，控訴はできず，最高裁判所に上告することができる（民訴311条1項）。飛越上告の合意（民訴281条1項ただし書）がある場合には，地方裁判所の判決に対しては最高裁判所に，簡易裁判所の判決に対しては高等裁判所に上告を提起することができる（民訴311条2項）。

　事実の確定の方法とその手続に違法がある場合を除き，上告裁判所は原裁判所が適法に確定した事実に拘束されるので（民訴321条1項），上告審は，原則として事実審理をせず，原判決の法令違反の有無のみについて審査する。それゆえ，上告審は法律審と呼ばれる。

(c) **上告受理申立て**　　現行民訴法は，高等裁判所への上告の理由を　〔25〕
「判決に影響を及ぼすことが明らかな法令の違反」（民訴312条3項）とするが，最高裁判所への上告については，「判決に影響を及ぼすことが明らかな法令の違反」を上告理由とは認めず，補完措置として最高裁判所への上告受理申立て制度（民訴316条）を設けている。最高裁判所への上告受理申立ては，上告と同様，原判決の確定を遮断する（民訴116条2項）。そして，最高裁判所が上告受理申立事由があると判断して上告を受理する旨の決定をすれば，上告があったものと見なされるので（民訴318条4項），上告受理申立ては上告に準ずる訴訟行為ということができる。

(d) **抗　告**　　抗告は，決定または命令に対して独立してする上訴で　〔26〕

---

3) 大判昭和3・8・8民集7巻891頁。

ある（民訴328条1項）。終局判決前の中間的判決，とりわけ中間判決は，終局判決に対する上訴があれば上訴裁判所の判断を受けるが，このような形で上訴裁判所の裁判を受ける機会のない裁判（たとえば，訴状却下命令;第三者に対する文書提出命令など）や，本案との関係が薄く，また迅速な決着が合理的と考えられる事項についての裁判（たとえば，移送の裁判，忌避申立て却下の裁判）については，独立して不服申立てを許すのが適切であるので，抗告制度が設けられている。

　抗告には，最初の抗告と再抗告がある。抗告裁判所の決定に対する再度の抗告を**再抗告**と呼ぶ。抗告については控訴に関する規定が，再抗告については上告に関する規定が，それぞれ原則として準用される（民訴331条）。なお，即時抗告は，訴訟法が特に定める場合に申し立てることができ，抗告期間の制限がある。高等裁判所が最初の抗告に対してした決定・命令は，最高裁判所への再抗告はできない（裁7条参照）。最高裁判所は，裁判所法の規定により，訴訟法に特に定めた抗告事件（特別抗告）に限って裁判することができるからである（裁7条2号）。その結果，重要な法律問題について各高等裁判所が決定で裁判を行い，その判断に不統一が生じるという事態が生じた。そこで現行民訴法は，高等裁判所の決定または命令が判例違反その他法令の解釈に関する重要な事項を含むと認められる場合に，当該決定または命令をした高等裁判所の許可により特に最高裁判所に抗告することができることとした（民訴337条1項）。これを**許可抗告**と呼ぶ。許可抗告は，判例統一のために重大な機能を果たしている。

(2)　上訴の効力

〔27〕　　(a)　**確定遮断効**　　原裁判に対して上訴が提起されると，上訴審手続の完結までは，原裁判の確定が遮断される。これを上訴の**確定遮断効**（Suspensiveffekt）と呼ぶ（民訴116条2項参照）。逆にいうと，**裁判の確定**とは，ある裁判に対して上訴による不服申立ての方法が尽き，その変更可能性がなくなった状態をいう。上訴手続は，上級裁判所による原裁判の審査のために，確定前の裁判に対する不服申立手続として民訴法が当初から予定している手続であり，その意味で通常の不服申立てである。

　上訴人が上訴申立てを原裁判の一部に限定する場合，この制限は通常上訴権の一部放棄とはみられないので，上訴によって原裁判の全体の確定が遮断される（これは，学説において「**上訴不可分の原則**」と呼ばれているが，

これが妥当しない通常共同訴訟（→〔99〕）についても妥当するかのような印象を与え，誤解を招きうるので，必ずしも適切な呼称であるとは言い難い）。この場合，上訴人は，上訴審の審理中に不服を申し立てられていない部分に上訴を拡張し，相手方は附帯上訴を申し立て，自分が上訴をしなかった原裁判の部分について原裁判の変更を求め，または控訴審の段階になって反訴により自己の請求につき裁判を求めることが可能である。

(b)　**移審的効力**　　上訴は，事件を上級裁判所へ移審し，上訴裁判所　〔28〕の管轄権を起訴づける効力を有する。この効力を上訴の**移審的効力**（Devolutiveffekt）と呼ぶ。この点で，同一審級内での不服申立てである異議とは異なる。したがって，**上訴のメルクマール**は，まさに確定遮断効と移審的効力である。このように，民訴法にいう上訴の概念は，裁判に対する不服申立てよりも狭い範囲のものであり，裁判に対する当事者の権利保護の申立てのすべてを包含するものではない。この意味での上訴には，控訴，上告および抗告がある。

上訴は移審的効力を有するが，1つの上訴によって**移審的効力が生ずる範囲**については議論がある。判例と通説は，通常共同訴訟を除き，請求の客観的併合の場合を含め1つの判決によって裁判された事項のすべてが上訴審に移審するとみる。したがって，上訴人が不服を申し立てていない部分も，上訴審に移審する。その結果，上訴人は後に不服申立てを拡張することができ，被上訴人は附帯上訴の方法で訴えを変更し，または反訴を提起することができる。

(3)　**上訴の手数料訴額**

具体的な事件において，どの裁判所が控訴裁判所として管轄権を有する　〔29〕かは，原則として，第一審裁判所の所在地を管轄する地方裁判所または高等裁判所が管轄するという形で定まり（例外は「特許権等に関する訴え」について大阪地方裁判所が管轄権を有する場合，控訴裁判所は東京高等裁判所〔その特別支部としての知財高裁〕であることである。民訴6条3項。ただし，民訴20条の2第1項の規定により移送された訴訟に係る訴えについての終局判決に対する控訴を除く），かつ，日本では不服額が一定額に達する場合に限り上訴を許すという，金額による上訴制限は全く行われていないので，上訴審の管轄訴額の問題は原則として生じない。

どの裁判所が上告裁判所として事件を管轄するかについても，高等裁判

20 第1章 訴額に関する一般原則

所への上告の場合には控訴裁判所である地方裁判所の所在地を管轄する高等裁判所が上告裁判所として事件を管轄するという形で定まる。最高裁判所への上告の場合は，当然，上告裁判所は最高裁判所だけである。

しかし，民訴費用法は上訴の提起について裁判所の手数料を定めているので（3条1項，別表第1の2の項，3の項），上訴の手数料算出との関係で，上訴対象（不服申立部分）の訴額の算定が必要となる。この意味での訴額を，**上訴の手数料訴額**と呼ぶことができる（→〔160〕以下）。

4 少額訴訟の基準としての訴額（少額訴訟訴額）

〔30〕 訴訟の目的の価額が60万円以下の金銭支払請求権については，当事者は簡易裁判所に少額訴訟による審理裁判を求めることができる（民訴368条1項本文）。この場合の訴額を**少額訴訟訴額**と呼ぶことができる。

少額訴訟は，訴額が60万円以下の金銭の支払請求に限って，小規模な請求に見合った負担で，迅速かつ効果的な事件の解決を図ることを目的とする。すなわち，原則として一回の口頭弁論期日において審理を完了することとされ（同法370条1項。続行期日は，特別の事情があるときに限り許される），それゆえ，当事者は例外的に続行期日が開かれる場合を除き，すべての攻撃防御方法を口頭弁論期日の前または当該期日において提出しなければならない（同条2項）。

少額訴訟訴額は，事物管轄に関するものではなく，特殊な手続内容に関する要件である。この訴額は，管轄訴額に関する準則に従って定まる。

第2節　訴訟物と訴額の算定の原則

第1款　財産権上の争訟と非財産権上の争訟

〔31〕 民事訴訟において，その存否が争われる権利または法律関係が財産権上のものであるか，そうでないかによって，財産権上の争訟と非財産権上の争訟が区別される。前者は財産的利益を目的とする権利または法律関係に関する争訟であり，それ以外のものが非財産権上の争訟である。

1　財産権上の争訟

（1）　概　　念

　財産権上の争訟は，請求が金銭または金銭的価値のある対象に向けられ　〔32〕
た争訟である。金銭または金銭価値のある請求が，財産権上の基本的関係
に由来するのか，すなわち経済的価値の分配のために創設された権利に基
づくのか，それとも非財産権上の基本的関係に端を発するかどうかは重要
ではない。

　金銭の支払請求，物の引渡請求，作為・不作為請求，登記請求，扶養料
請求の訴え，会社の設立無効の訴え，株主総会決議取消し・無効確認の訴
え，会社の帳簿閲覧請求，人格権侵害による損害賠償請求などは，財産権
上の請求である。親族間の扶養請求のように非財産権上の基本的関係に基
づく請求であっても，金銭または財産的価値のある給付を対象とする請求
は，財産権上の請求である。

（2）　訴額の算定

　財産権上の請求の管轄訴額の算定は，民訴法8条1項および9条の規定　〔33〕
により行われ，手数料訴額の算定も同じである（民訴費4条1項）。

　（a）　**金銭請求**　　内国通貨による金銭の支払いを求める訴えの訴額に　〔34〕
ついては，請求権の名目額が基準になる。これについては，裁判長または
受訴裁判所の裁量による訴額算定の余地はない。

　この関係で問題になるのは，条件または期限付きの請求権であるため現
在の給付請求は法律上理由がないけれども，現在すでに訴えを提起する必
要性がある場合に提起することができる将来の給付請求（民訴135条）であ
る。将来の給付の訴えの訴額の算定について，履行期までの中間利息の控
除がなされるべきかどうかが問題とされている。後述のように実務では，
訴額の算定の基準時が訴え提起時であることを理由に，この基準時におけ
る将来の給付請求権の価額は履行期までの中間利息を控除した請求権の現
在価額でなければならないという見解が主張されているが，検討を要する
（詳しくは→〔77〕以下）。

　（b）　**金銭請求以外の請求**　　金銭請求以外の請求の訴額は，客観的な　〔35〕
基準により算定されなければならない。法律により特別の定めがない限り，
当事者の個人的事情，家庭事情または経済的事情は，原則として考慮され
ない。ここでは，訴訟物の取引価額，または，いずれにせよ訴訟物が個別

22　第1章　訴額に関する一般原則

事案の事情の下において万人に対して有する価額が基準となる[4]。

〔36〕　　(c)　**訴額の算定が極めて困難なもの**　　財産権上の請求であっても，その算定が極めて困難な場合には，管轄訴額は，民訴法により非財産権上の争訟と同じく140万円を超えるものとみなされ（民訴8条2項），手数料訴額は民訴費用法により160万円とみなされる（民訴費4条2項後段）。訴額の算定が極めて困難な場合も，それが不可能な場合と同じ扱いをすることは，1996年制定の現行民訴法が明文規定によって規定したが，これはそれまでの解釈を明文化したものである。もっとも，訴額の算定は裁判長または裁判所が合理的な裁量により行うというのが法律の大前提であり，裁量により算定できない場合は殆どないはずであるから，たいていの場合は理論上，算定は「極めて困難」といえないはずである。それゆえ，手数料訴額が非財産権上の請求と同じように160万円とみなされるのは，裁量権行使の手がかりが全くないような稀な場合に限られるべきであろう。このような見方に対し，訴額の算定のために膨大な資料が必要な場合，資料の入手や訴額の計算に過大な労力や費用を要する場合等も「訴額の算定が極めて困難であるときに」あたると解釈すべきだとの見解[4a]が対立している。しかし，とりわけ訴え提起のさい訴状の受付を担当する書記官事務の立場から，訴額の算定が「極めて」困難かどうかを判断できるというのは妥当でない。160万円の価値がないことが明らかな場合にも訴額の算定が極めて困難として160万円の訴額が擬制されることがあってはならないであろう。

2　非財産権上の争訟

(1)　概　念

〔37〕　　非財産権上の争訟は，金銭または金銭価値のある対象に向けられておらず，かつ金銭請求権に転換することができない請求に関する争訟である。人事法上または家族法上の事件に関する請求の多くは，非財産権上の請求である。

　　人訴法2条の規定する人事訴訟（婚姻・養子縁組の無効・取消しの訴え，

---

4)　*Hillach/Rohs*, S.40.

4a)　服部敬「訴額の算定」滝井／田原／清水編・論点18頁，24頁以下：塩崎勤編・注解民事訴訟法(1)（2002年・判例タイムズ社）140頁［小田敬美］。

離婚・離縁の訴え，離婚・離縁の無効・取消しの訴え，嫡出子の否認の訴え，認知の訴え，認知の取消し・無効の訴え，親子関係存否確認の訴え），幼児の引渡請求，系譜・祭具・墳墓に関する請求，日記帳の返還請求，人事記録の閲覧請求，氏名権・肖像権の侵害の差止請求，名誉毀損行為の差止請求，迷惑電話の差止請求のような人の人格または人格事項を対象とする争訟が非財産権上の争訟であることに争いはない。

　非財産権上の争訟と財産権上の争訟を区別するさい，関係する法律関係の性質だけに照準を合わせることはできず，個別事案においてどのような内容の訴えの申立てが提起されるか（金銭または金銭価値のある給付が追求されているか）が重要である。たとえば身分関係や人格権が争われる場合であっても，その侵害によって生ずる精神的損害についての慰謝料請求や親族関係に基づく扶養料請求，婚約不履行に基づく慰謝料請求などの訴えは，金銭請求であり，経済的利益を追求するものであるから，財産権上の請求に属する。

　会社の設立無効の訴え，株主総会決議取消し・無効確認の訴えは，後述の最高裁判所民事局長名による訴額通知がその備考(1)において「財産権上の請求でない訴えとして，取り扱う」よう通知している（→〔56〕）ことの影響を受けて，実務では非財産権上の訴えとみなされている。文献においても，これらの訴えを非財産権上の訴えとみる見解が多い[5]。これは，団体の意思決定を自然人の意思決定と同列にみて，社団の設立や社員総会の決議の効力に関する争訟は，会社かどうかを問わず，非財産権上の争訟とみる見解であるが[6]，これらの訴えは財産的利益を内容とする株主権に基づく訴えであり，したがって，訴額の算定は原告の所有する株式の価額等によって算定することができるので，性質上，非財産権上の争訟ということはできない（→〔613〕）[7]。訴額通知も，これらを性質上，非財産権上の争訟とみているのでなく，実務の便宜の観点から「財産権上の請求でない訴え」として扱うというものであろう。

5）兼子・体系76頁；注釈民訴(1)220頁〔佐藤〕。
6）兼子・体系76頁；菊井／村松・全訂 I 126頁。
7）通説を疑問とするものに，村松俊夫「訴訟物の価額(2)」曹時7巻5号（1955年）569頁，587頁；金子35頁以下がある。中田淳一・民事訴訟法判例百選（別冊ジュリ5号，1965年）13頁は，株主総会決議取消の訴えについて決議内容を問わず一律に非財産権上の請求として扱うことに対しては当然に異見がありうるという。

24　第1章　訴額に関する一般原則

(2)　訴額の算定

〔38〕　非財産権上の争訟は，経済的利益を目的とする請求に関しないので，訴額を算定することはできないとされ，この請求の管轄訴額は法律上140万円を超えるものとみなされ（民訴8条2項），その結果，この請求は地方裁判所の事物管轄に属する。手数料訴額は，160万円とみなされる（民訴費4条2項前段）。

　　もっとも，非財産権上の請求は論理必然的に訴額の算定ができないのではない。訴額は，算定が困難な場合にも，裁判所が合理的な裁量により算定すべきものだからである。たとえばドイツでは非財産権上の請求の訴額の算定につき，裁判費用法（Gerichtskostengesetz v.5.5.2014）48条2項は「非財産権上の争訟においては，訴額は個別事案のすべての事情，とくに事件の範囲と意味および当事者の財産と収入状況を考慮に入れて裁量により決定される。額は100万ユーロを超えて認められてはならない」と規定する。ドイツでは，このように非財産権上の請求についても裁判所が訴額を裁量により算定するのであり，裁量による以上，訴額の算定は不可能ではない。したがって，日本で非財産権上の争訟の訴額が一律に擬制的に法定されている（それがどんどん高額化し，現行法では第一審の手数料訴額は160万円である。民訴費4条2項前段）のは，裁判所の裁量権行為の結果により訴額が区々に算定されることを避けるためであり，それは後述の規範的訴額の考え方に基づくものであるが，手数料訴額の算定に関しては問題なしとしない。

3　非財産権上の請求と財産権上の請求の併合

〔39〕　非財産権上の請求と，その原因である事実から生ずる財産権上の請求とが併合して審理裁判される場合には，手数料訴額の合算は禁止され，多額である請求の目的の価額がその訴訟の訴額となる（民訴費4条3項）。これは，財産権上の請求が非財産権上の請求と同一の基礎に立つため，後者の当否を判断することによって前者の基本的部分の審理を了したことになることを考慮して，この併合を手数料訴額の算定上優遇するものである[8]。離婚請求と離婚原因たる事実から生じた慰謝料請求を併合する場合や，子の

8）内田編・解説135頁。

認知請求と養育費の請求を併合する場合は，その典型例である（詳しくは，→〔466〕〔490〕）。

　以上の要件を満たさない場合には，訴額の合算が必要である。たとえば，人格権に基づく差止請求（非財産権上の請求）とこの請求の原因である事実から生じた人格権侵害による損害賠償請求（または謝罪広告請求）が併合される場合，各請求の訴額は合算され，合算された訴額を基準に手続料が算出されなければならない。この場合に，損害賠償請求または謝罪広告請求は過去の名誉侵害を償うものであり，これに対し，差止請求は将来における名誉侵害の継続を防ごうとするのであるが，両者は訴訟物を異にし，原告の異なる利益が存在するので，訴額の合算が行われる。

第2款　訴訟物

1　訴訟物の意義

　複数の実体法上の請求権が主張される訴えの管轄訴額/手数料訴額を算定する場合，複数の訴訟物が存在するのか，それとも複数の実体法上の請求権は同一の訴訟物を根拠づける法的観点（法的攻撃方法）にすぎないのかが，まず明らかにされる必要がある。　〔40〕

　日本の民事訴訟では依然として，同一の事実関係から競合する実体法上の複数の請求権が発生する場合，給付訴訟の訴訟物はこれらの異なる請求権ごとに異なり，同一の訴訟でこれらの競合する請求権が主張されると，請求の併合（民訴136条）が存在し，訴訟係属中に競合する別個の実体法上の請求権が主張される場合には訴えの変更（同法143条）となり，訴訟係属中に競合する請求権について別訴が提起されても重複訴訟（同法142条）とはならず，確定判決の既判力（同法114条）は競合する別個の請求権の事後的行使を排斥しないとする**旧実体法説（旧訴訟物理論）**[9]と呼ばれる考え方が裁判実務において支配的であり，判例も今日なおこれを維持しているとみられている。たとえば賃貸家屋の明渡しを求める貸主が同時に家屋の所有者でもある場合，旧実体法説によれば，賃貸借終了に基づく請求権の主張と所有権に基づく返還請求権の主張という2つの別個の訴訟物が存在す

---

9) 兼子・体系166頁；木川統一郎・民事訴訟法重要問題講義（中）（1992年・成文堂）280頁以下；伊藤205頁以下。

26 第1章 訴額に関する一般原則

る。

〔41〕　これに対し，給付訴訟の訴訟物を実体法上の請求権ごとに捉えるのでな
く，訴訟法的考察により訴訟物を理解する学説に，新訴訟物理論および二
分肢説がある。**新訴訟物理論**は，実体法上請求権が競合している場合，請
求権ごとに給付訴訟の訴訟物が異なるのではなく，給付を求める法的地位
または受給権が同一であれば訴訟物は異ならないとみ，[10]これを基準にして，
請求の併合の有無，重複訴訟の成否，訴えの変更の成否，既判力の及ぶ範
囲を判断する学説である。**二分肢説**によれば，原告の主張する事実関係に
基づく一定内容の給付判決の申立てが給付訴訟の訴訟物であり，この事実
関係から生ずる複数の実体法上の請求権は，それが同一の目標を目指して
いる限り別個の訴訟物を構成しない。[11]

　　新訴訟物理論は，旧実体法説が給付訴訟および形成訴訟の訴訟物の把握
にもたらす種々の難点を指摘して合理的な訴訟物の理解を求めて主張され
た学説であるが，給付訴訟について原告の「給付を求める法的地位」また
は「受給権」という実体法上の抽象的な地位または権利が具体的な事実関
係と切り離して存在するかのように主張されたため，事実関係なしには殆
ど特定され得ない訴訟対象を観念するという難点が存在する。二分肢説は
このような難点を避け，原告の主張する一定の事実関係と訴えの申立てに
よって訴訟物が決まると説く学説である。[12]

2　訴訟物の特定

(1)　申立ての内容

〔42〕　裁判所は当事者が申し立てていない事項について裁判してはならないの
で（民訴249条），当事者は訴状提出の段階においていかなる事項について
裁判所の裁判を求めるか，その求める裁判を特定しなければならない。そ
のさい，いかなる請求権が原告に帰属しているかは重要ではない。重要な
のはむしろ，原告によっていかなる請求権が主張されているかである。

〔43〕　**金銭支払請求の訴え**においては，原告が申立てにおいて被告に対して支
払いを命ずることを裁判所に求める，その金額が訴額である。金銭支払い

---

10) 三ケ月・双書108頁以下頁；新堂311頁。松本／上野〔241〕［松本］参照。

11) 二分肢説については，松本／上野〔251〕以下［松本］参照。

12) 訴訟物理論について詳しくは，松本／上野〔235〕以下［松本］参照。

第2節　訴訟物と訴額の算定の原則　*27*

請求の場合，攻撃者の利益はこの請求額に端的に現われているからである。訴えに勝訴の見込みがあるかどうかは重要ではない。この主張された債権の実現可能性が現実に高いか低いか，または実現の見込みがあるかどうかは，訴額の算定にとって重要ではないし，訴訟が複雑な審理を必要とするか否かも，訴額の算定にとって全く重要ではない。相手方の抗弁や請求棄却に対して相手方の有する利益は，管轄訴額や手数料訴額の算定に全く影響を及ぼさない。訴訟物は原告の申立てによって定まるので，留置権のような反対権が主張される場合にも，反対権は訴額にとっては重要ではない。反対権についてのみ争いがある場合ですら，反対権は訴額の算定にとって重要ではない。訴訟物は原告の申立てによって特定され，相手方の抗弁や抗弁権によって特定されるのではないから，反対債権の額を控除しない請求額が基準となる。[13] ただし，上訴の手数料訴額については問題がある（詳しくは→〔524〕以下）。条件付き債権または期限付き債権については，停止条件付き債権を除きその債権の名目額が基準となる[14]（詳しくは→〔76〕）。破産債権の確定に関する訴訟の訴額は「配当の予定額」を標準として受訴裁判所が定め（破産規45条），他の倒産関係法にも同種の規定があるが（→〔603〕），これは名目額の原則に対する例外規定であり，それゆえ，他の債権についての訴額算定にこれを類推することはできない。[15]

(2)　訴訟物の特定について考慮されない事由

　次のような事由は，訴訟物の特定，したがって訴額の算定について考慮　〔44〕されない。

　　—— 裁判所に管轄権がないために，訴えが不適法であるかどうか。

　　—— 訴えが十分性（有理性）を有しているかどうか。すなわち，原告の主張する事実からその主張する法律効果がそもそも成立しうるかどうか。

　　—— 請求権が，訴え提起の時点においてすでに履行されているかどうか。

　　—— 原告の主張した権利や請求権が，当事者間において争われるかどうか。

---

13) BGHZ NJW 1982, 1048, 1049; OLG Hamm MDR 2002, 1458; *Rosenberg/Schwab/Gottwald*, 17. Aufl., §32 Rdnr. 26.

14) *Rosenberg/Schwab/Gottwald*, 17. Aufl., §32 Rdnr. 26; *Stein/Jonas/Roth*, §2 Rn. 16.

15) *Stein/Jonas/Roth*, §2 Rn. 16.

28　第 1 章　訴額に関する一般原則

—— 被告の応訴。被告が時効の抗弁を援用するかどうか，相続人の限定
承認の抗弁を提出するかどうかも，訴訟物の特定には影響を与えな
い。被告が同時履行の抗弁や留置権の抗弁を提出するかどうかも，
訴訟物には意味を有しない。原告が被告に負っている反対債務につ
き履行の提供をしても，訴額は減額されない[16]。

—— 被告が争いのある反対債権により予備的に相殺を主張し，これにつ
いて既判力のある裁判が言渡される場合にも，反対債権の額は第一
審の訴額を増加させない（→〔180〕）。

3　訴訟物の限界
(1)　申立てによる訴訟物の限定

〔45〕　訴訟物の限界を画するのは，当事者の申立てである。裁判所は，当事者
が申し立てた以上のものを認容することは許されない（民訴246条）。裁判
所が誤って当事者の申し立てたもの以上に認容した場合，それにもかかわ
らず，原告の提起した申立てだけが決定的な意味をもつ[17]。

裁判所が誤って当事者の申立て以上に有利な判決をした場合だけでなく，
第一審裁判所が一部判決によって原告に有利な裁判を行い，または差止請
求と損害賠償請求の併合訴訟において差止請求だけを認容し，上訴裁判所
が一部判決に対する被告の上訴に基づき原告に不利な裁判を行うさいに，
併せて原審に係属している残部の請求を，これに対する上訴がないのにも
かかわらず，訴訟経済を理由に棄却する場合には，申立ての基準性はその
ような場合にも当てはまる[18]。

人事訴訟において離婚原因たる事実によって生じた損害賠償請求または
附帯処分の申立ては通常の民事訴訟または家事審判の申立てによりするこ
とができるから，これらを追加するためだけに第一審で勝訴判決を得た当
事者が附帯控訴を提起することができるかどうかが問題となる。判例はこ
の問題を肯定に解している。すなわち，判例は，離婚訴訟において全部勝

16）以上につき，*Hillach/Rohs*, S.7f. これについて異論を唱える阿倍泰隆「基本科目としての行
政法・行政救済法の意義(5)」自治研究77巻 9 号（2001年） 3 頁， 9 頁は，反対給付との差額
が訴額をなすとする。

17）BGH NJW 1973, 2206; OLG Frankfurt, JurBüro 1962, 479.

18）*Hillach/Rohs*, S.17.

訴の判決を受けた当事者も控訴審において附帯控訴の方式により新たに財産分与の申立てをすることを許す。[19] 離婚請求を認容する判決に対して控訴を提起する被告が控訴審においてさらに離婚請求が認容される場合のために予備的に離婚の訴えの原因たる事実によって生じた損害の賠償等を求める反訴と財産分与を求める申立てを提起した場合に，相手方の同意がないことを理由に反訴および附帯処分の申立てを不適法として却下した控訴審判決に対する上告につき，最高裁は，控訴審における関連損害賠償請求の反訴および附帯処分の申立ては相手方の同意を要しないとして原判決を破棄したが，そのさい，離婚請求を認容した原審の判断に違法がない場合であっても，附帯処分の申立てに係る部分のみならず離婚請求に係る部分をも破棄し，ともに原審に差し戻すべきだとした。[20] しかし，上告人が附帯申立てに係る部分の控訴裁判所の裁判にのみ不服を申し立てている場合に，離婚請求に係る控訴裁判所の裁判をも取り消すのは当事者の不服申立てのない事項につき裁判したものであり，申立ての基準性を否定するものであって，問題である。

(2) 一部請求訴訟

金銭債権の一部について支払いを命ずる判決を求める**一部請求訴訟**（数 〔46〕量的に可分な1個の債権の一部について給付を命ずる判決を求める訴え）の訴訟物の捉え方については，学説上見解の対立がある。一部の学説は，いわゆる公然の一部請求訴訟の場合（すなわち，原告が一部請求訴訟であることを明示し残部請求を留保しているか，または一部請求訴訟であることが事情から明確である場合）にも，訴訟物は債権の一部につき判決を求める原告の申立てに限られるのでなく，債権の全体に及ぶけれども，裁判所は請求を認容することができるのは原告がその認容を求める申立ての範囲によって制限を受けると解している（いわゆる**一部請求否定説**）。[21] この見解によれば，債権の全体が訴訟物であるので，訴額は原告の債権の全体を基準に算定されざるを得ないと思われるが，原告が給付を求めているのが債権の一部であるので，申立てを基準に訴額を決定するとすることも可能かもしれない。

判例は，公然の一部請求訴訟の訴訟物は，原告が被告に対する訴えに

---

19) 最判昭和58・3・10家月36巻5号63頁＝判時1075号113頁＝判タ495号77頁。

20) 最判平成16・6・3家月57巻1号123頁＝判時1869号33頁＝判タ1159号138頁。

21) 新堂337頁；高橋・重点講義(上)107頁。

30 第1章 訴額に関する一般原則

よって給付判決を求めるその債権の一部の額に限定され，したがって訴額もこの請求額が基準になると解し，学説にもこの見解に立つものが多い。一部請求の訴えは，種々の理由からその適法性が肯定される訴えである[22]。管轄訴額および手数料訴額の算定は，原告の利益が基準になるから，原告がそれについて判決を申し立てる債権の一部を基準にするのが正しい（詳しくは→〔82〕以下）。

(3) 先決的法律関係

〔47〕　給付訴訟の訴訟上の請求を条件づける法律関係（先決的法律関係）の存否は，訴訟上の請求の当否を判断するために裁判所によって調査され，判断される。しかし，先決的法律関係の存否に関する判断それ自体は判決理由中の判断であり，判決理由自体は法律の定める例外を除き，それ自体としては既判力の対象とはならない（民訴114条1項）。先決的法律関係は，訴訟物ではなく，訴額の算定においても考慮されない。相殺に供された反対債権（相殺債権）についての裁判所の判断には既判力が生ずるが（同条2項），相殺債権は訴額の算定にとって考慮の対象外である。

先決的法律関係につき同一の訴訟手続において裁判が求められる場合，先決的法律関係に関する確認の訴えまたは中間確認の訴えは訴額を増加させない。両者の間に経済的一体性があるため，訴額の合算は行われてはならないからである（民訴9条1項ただし書。→〔121〕以下）。

4　訴訟物の変更

(1) 訴えの変更

〔48〕　原告は訴訟係属中に請求を変更することができる。請求の変更となるかどうかは，訴訟物理論によって異なる。給付訴訟に関し実務において行われている**旧実体法説**によれば個々の実体法上の請求権ごとに訴訟物は異なるので，原告が同一事実関係のもとで競合する複数の請求権を同時に主張して訴えを提起すると，訴え（請求）の併合が存在するが，先に一方が主張され訴訟係属が生じた後に同一訴訟手続において他方が主張されると，訴えの変更が存在することになる。たとえば，原告が請求の趣旨として「被告は原告に○○を引き渡せ」との判決を求める場合に，請求原因とし

---

22) 松本博之・訴訟における相殺（2008年・商事法務）153頁以下および同書引用の文献参照。

て占有権が主張されているときは，後に所有権に基づく返還請求権を主張するのは，訴えの変更になる。また，この説では単なる請求額の変更は，訴訟物の変更にならないが，民訴費用法別表第1の5の項にいう「請求の変更」との関係では請求の変更になるとされる。

二分肢説によると，訴訟物は申立てと事実関係によって特定されるので，訴訟物の変更は，申立ての変更がある場合または事実関係に変更がある場合に生じる。占有権に基づく物の返還請求と所有権に基づく返還請求においては，訴訟物は異ならない。請求を量的に拡張する場合には，申立ての変更であり，訴訟物の変更になる。

(2) **訴 額**

訴訟物の変更は係属中の訴訟手続において生ずるので，管轄訴額の問題は生じない。管轄訴額は，訴え提起時点を基準とするからである。しかし，手数料訴額の問題は別である。訴訟物の変更がある場合，手数料額は，変更後の請求（変更後の請求の全体）につき訴え提起の場合の手数料算定方法（民訴費別表第1の1の項の下欄）により算出した手数料額から変更前の請求についての手数料額を控除した額である（**差額主義**。民訴費別表第1の5の項の下欄）。 〔49〕

たとえば，原告が1000万円の損害賠償を求める訴訟の係属中，賠償を求める請求額を1500万円に増額する場合，訴え変更後の手数料額65,000円から訴え変更前の手数料額50,000円を控除した差額15,000円が追加の手数料額である。

第3款　訴額に関する民事訴訟法規定の沿革

以上のように民訴法および民訴費用法においては，訴額の算定は管轄訴額についても，少額訴訟訴額についても，さらに手数料訴額についても，民訴法8条および9条の規定が基本規定であるかのように定められており，また，従来そのように解釈されている。 〔50〕

しかし，民事訴訟にとって不可欠である訴額算定に関する民訴法の規定は，明らかに，困難な訴額算定問題に対処するには，全く不十分である。なぜ，訴額の算定に関する規定が僅か2か条だけしか存在しないのか，もともと2か条しかなかったのか，ここで，訴額の算定に関する法律規定の変遷を振り返り，その問題点を指摘しよう。

32　第1章　訴額に関する一般原則

1　明治23年民事訴訟法

〔51〕　　1877年のドイツ民訴法をモデルとして制定された明治23年民訴法は，訴
額に関し，次の規定を定めていた。
　　　「第2条　訴訟物ノ価額ニ依リ管轄ノ定マルトキハ以下数条ノ規定ニ従
　　　　　　フ
　　　　第3条　①　訴訟物ノ価額ハ起訴ノ日時ニ於ケル価額ニ依リ之ヲ算定
　　　　　　　　ス
　　　　　　　　②　果実，損害賠償及ヒ訴訟費用ハ法律上相牽連スル主タル
　　　　　　　　請求ニ附帯シ一ノ訴ヲ以テ請求スルトキハ之ヲ算入セス
　　　　第4条　①　一ノ訴ヲ以テ数個ノ請求ヲ為ストキハ前条第二項ニ掲ク
　　　　　　　　ルモノヲ除ク外其額ヲ合算ス
　　　　　　　　②　本訴ト反訴トノ訴訟物ノ価額ハ之ヲ合算セス
　　　　第5条　訴訟物ノ価額ハ左ノ方法ニ依リ之ヲ定ム
　　　　　第1　債権ノ担保又ハ債権ノ担保ヲ為ス従タル物権カ訴訟物ナルト
　　　　　　キハ其債権ノ額ニ依ル但物権ノ目的物ノ価額寡キトキハ其額ニ
　　　　　　依ル
　　　　　第2　地役カ訴訟物ナルトキハ要役地ノ地役ニ依リ得ル所ノ価額ニ
　　　　　　依ル但地役ノ為メ承役地ノ価額ノ減シタル額カ要役地ノ地役ニ
　　　　　　依リ得ル所ノ価額ヨリ多キトキハ其減額ニ依ル
　　　　　第3　賃貸借又ハ永貸借ノ契約ノ有無又ハ其時期カ訴訟物ナルトキ
　　　　　　ハ争アル時期ニ当ル借賃ノ額ニ依ル但一ケ年借賃ノ二十倍ノ額
　　　　　　カ右ノ額ヨリ寡キトキハ其二十倍ノ額ニ依ル
　　　　　第4　定時ノ供給又ハ収益ニ付テノ権利カ訴訟物ナルトキハ一ケ年
　　　　　　収入ノ二十倍ノ額ニ依ル但収入権ノ期限定マリタルモノニ付テ
　　　　　　ハ其将来ノ収入ノ総額カ二十倍ノ額ヨリ寡キトキハ其額ニ依ル
　　　　第6条　訴訟物ノ価額ハ必要ナル場合ニ於テハ第三条乃至第五条ノ規
　　　　　　定ニ従ヒ裁判所ノ意見ヲ以テ之ヲ定ム
　　　　　　　　②　裁判所ハ申立ニ因リ証拠調ヲ命シ又ハ職権ヲ以テ検証若
　　　　　　　　クハ鑑定ヲ命スルコトヲ得」

2　大正15年改正民訴法

〔52〕　　以上の明治23年民訴法の訴額算定の具体的基準に関する5条および6条

の規定は，大正15年に行われた民訴法の改正（以下では「大正15年改正民訴法」という）によって削除された。大正15年改正民訴法22条は，「①裁判所構成法ニ依リ管轄カ訴訟ノ目的ノ価額ニ依リ定ルトキハ其ノ価額ハ訴ヲ以テ主張スル利益ニ依リテ之ヲ算定ス，②前項ノ価額ヲ算定スルコト能ハサルトキハ其ノ価額ハ千円ヲ超過スルモノト看做ス」と規定し，管轄訴額について訴額算定基準を全く示さない抽象的な定めをした。その結果，少しは具体的な訴額算定基準を定めていた明治23年民訴法の規定すら削除されてしまい，訴額算定基準に関する法律規定は全く存在しないという異常な法状態が生じた。

　なぜ，このような改正が安易に行われたのであろうか。明治23年民訴法の改正草案を準備するためにいくつかの委員会が設けられ活動したのち廃止され，最後に司法省内に設置された民事訴訟法改正調査委員会[23]が大正11年1月24日に開いた委員総会（第4回）において，起草委員・松岡義正は訴額算定に関する詳しい規定は「余リ実際上必要はないと思ひまして此案では削除になった次第」と述べ，[24] また，民事訴訟法中改正法律案理由書は「現行法第2条乃至第5条は此の点詳細なる規定を設くとは雖，或は当然にして規定を俟たざるものあり，又は実際上適切ならざるものあるを以て，本条は概括的に訴訟の目的の価額は訴を以て主張する利益に依りて之を算定するものと為し」[25] たとのみ説明した。しかし，当然のこととして規定を要しないと見られたのは，6条の規定くらいであって，どのような理由で明治23年民訴法の規定がすべて適切でないとされたのか，とくに明治23年民訴法5条のどれが実際上適切でないと判断されたのか，改正作業上全く明らかにされず，また，法案の帝国議会の審議においても問題にされなかった。逆にいうと，明治23年民訴法5条に定める事件が提起された場合には，立法者または起草者はどのような基準により訴額を算定すべきであると考えていたかすら，明らかでないのである。民事訴訟法改正調査委員であった山内確三郎は，民事訴訟法改正調査委員会の総会において「此の二十一條（大正15年改正民訴法では，二十二條——引用者）ですが，之

23）この委員会の設置の経緯については，松本・立法史と解釈学67頁以下参照。
24）「民事訴訟法改正調査委員会議事速記録」松本博之／河野正憲／徳田和幸編著・日本立法資料全集12　民事訴訟法〔大正改正編〕(3)（1993年・信山社）33頁。
25）「民事訴訟法改正調査委員会議事速記録」松本／河野／徳田編著・前掲注(24)33頁。

34 第1章 訴額に関する一般原則

は現行法には細かい規定があるのを理由なしとして之を止めた訳ではない。あの規定が働くのは主として訴訟印紙額を定むるために働く規定である，管轄に関してはそう精細なる計算の方法を定むる必要はなかろう，而して訴訟用印紙法に付いてはあれよりもっと細かい規定を置きたいと考えて居る，随って訴訟用印紙法に依る価額の定め方は必ずしも管轄を定める趣意ではない，自から夫が標準として困難なる場合は二十一條を助くることになるだろうと云ふ考えであります」と述べた。[26]

　ここでは，松岡義正の説明と山内確三郎の説明には，重点の置き方に違いがある。山内がいうように，管轄訴額の関係では，たしかに，訴額が1,000円を超えるかどうかを判断すれば足り，あまり厳格な算定は必要でない。しかし，手数料訴額については，これでは全く不十分である。山内は，このことを気に掛けていたのであり，手数料訴額に関しては訴訟用印紙法でもっと細かい規定を用意すると表明したのである。それなら，なぜ同時に民訴法と関連する訴訟用印紙法の必要な改正提案をしなかったのであろうか。いずれにせよ，その後も訴訟用印紙法に必要な規定は定められなかった。それはともかく，山内は，明治23年民訴法の訴額算定規定を全く「理由のない」規定だというのではなく，もっと詳細な規定を訴訟用印紙法に定めるべきだとするのであるから，明治23年民訴法の定めた訴額算定基準の内容的不当性を問題にしたのでないことを確認することができる。

3　大正15年改正民訴法における訴額の算定基準について

〔53〕　以上のとおり訴額算定基準を定める規定は削除されてしまったのであるが，大正15年改正民訴法のもとでどのようにして訴額は算定されたのであろうか。

　大正15年改正民訴法の起草委員であった松岡義正は，大正15年改正民訴法のコンメンタールにおいて，民事訴訟法改正調査委員会総会における説明と同じく，民事訴訟印紙の数額を定めるために詳しい訴額算定規定を定める必要があるが，事物管轄を定めるためには「適切ニ訴訟ノ目的ノ価額ヲ定ムル基準ヲ規定シ以テ目的ノ価額ノ算定区々ニ出ツルコトヲ防止スルヲ実際上適当ナリトス」と述べ，「訴ヲ以テ主張スル利益ニ依リテ之ヲ算

---

26)「民事訴訟法改正調査委員会議事速記録」松本／河野／徳田編著・前掲注(24)33頁。

定ス」と定めるのが裁判所による訴額の算定が区々になるのを防ぐ実際上適当な方法だ[27]と説明した。しかし，裁判所がこのような抽象的な基準により個々の訴訟について裁判官の裁量によって訴額を算定する方がよほど不統一な訴額算定になり得るのであるから，この説明は不可解というほかない。

　大正15年改正民訴法についての文献は，訴額は理論により定めるほかない状況になったとしたが，大正15年改正民訴法によって削除された明治23年民訴法５条所定の場合については，かなりの範囲において旧法と同じまたはこれに近い解釈を示した。第１に，明治23年民訴法５条１号所定の場合，すなわち債権につき担保の設定・追加，または担保物権の存否が訴訟物である訴えについて，大正15年改正民訴法について浩瀚な体系書を著した細野長良は，「保証人又ハ担保物権ノミヲ以テ弁済ヲ受クルノ真意ノ存スヘキモノナレハ特別ノ事情ノ存セサル限リ担保スル効能ハ債権全部ノ額ニ及フモノト為スヘシ然ラハ旧法ノ如ク主タル債権ノ額ニ依リ之ヲ定メ若シ物権ノ目的物ノ価額カ債権額ヨリ少ナルトキハ其価額以上ノ弁済即チ確保ハ之ヲ得テ望ムヘカラサルヲ以テ其物体ノ価額ニ依ルヘキモノトス」[28]とした。

　第２に，明治23年民訴法５条２号の場合，すなわち地役権が訴訟物である場合には，細野は，要役地が地役権によって受ける利益が地役権の価額をなすとし，ただ承役地が地役権により蒙る損害が要役地の受ける利益より大きい場合には，自己の蒙る損害額以下で地役権を設定する者はいないので，この額により地役権の価額を定めざるを得ないとし，明治23年民訴法５条２号と同じように訴額を算定すべきだと主張した[29]。

　第３に，明治23年民訴法５条３号の場合，すなわち永小作権，地上権，賃借権の存在または不存在についての争いおよびその期間についての争いに関しては，山田正三と菰淵清雄は，訴額は借賃と存続期間によって定めることができるとし，明治23年民訴法５条３号と同様に解すべきだと主張したが[30]，細野は，これらの権利の存否確認の訴えの訴額は全期間内に得ら

[54]

27）松岡義正・新民事訴訟法註釈第２巻（1929年・清水書店）256頁以下。
28）細野・要義Ｉ143頁。
29）細野・要義Ｉ144頁以下。
30）菰淵清雄・改正民事訴訟法註解（1929年・清水書店）36頁；　山田・日本民事訴訟法論(1)

36　第1章　訴額に関する一般原則

れる利益によって定めざるを得ないが，将来の収入にかかる利益について
は将来の法定果実清算額中より1か年5分の利息に相当する部分を控除し
た額を訴訟物の価額（訴額）とすべきだとし，明治23年民訴法5条3号の
基本を維持しつつ，将来の債権であることを考慮して中間利息の控除を主
張した。[31]

　第4に，明治23年民訴法5条4号の場合，すなわち扶養料債権や定期金
債権のように，定時の供給や収益についての権利が訴訟物である場合には，
細野長良は，原告が将来の供給によって得んとする利益（積極的確認の訴
えの場合）または被告が免れようとする負担（消極的確認の訴えの場合）を
基準に訴額を定めるべきであるが，中間利息を控除すべきであるとし，[32]こ
れに対し，山田正三は明治23年民訴法はこの場合について特別の規定を定
めたことを指摘している。[33]

　もともと明治23年民訴法5条に訴額算定基準が定められていなかった訴
訟の訴額について，次のような見解が主張された。所有権その他の絶対権
またはこれらの物の給付請求権が訴訟物であるときは，訴額は，細野によ
れば，所有権または絶対権の客観的価額であるが，目的物に担保物権が存
在するときは，物上負担を斟酌して所有権その他の権利の価額を定めなけ
ればならないとした。[34]これに対し，菰淵清雄と山田正三は，物の引渡請求
権が訴訟物であるときは物権的請求権であると債権的請求権であるとを問
わず，目的物の価額もって訴額とすべきものとした。[35]細野は条件付き債権
または期限付き債権の帰属を争う訴訟の訴額は，債権の名目額によって算
定すべきではなく，むしろより少額である一般取引上の交換価額によって
定めるべきだとし，[36]菰淵清雄および山田正三は，将来の給付請求権が訴訟
物であるときは，訴額は訴訟物の時価によるので，利息の有無および利率

　　119頁。

31）細野・要義I146頁以下。ただし，期間のみに争いがあるときは，争いのある期間の法定果
　　実を基礎に中間利息の控除をすべきだとする。

32）細野・要義I147頁以下。

33）山田・日本民事訴訟法論(1)126頁。

34）細野・要義I141頁。なお，細野は所有権移転登記請求訴訟については，登記のない所有権
　　も財産上の価額を有するとして物の価額よりこの価額を控除した残額が訴額であると主張し
　　た（同・要義I139頁）。

35）菰淵・前掲注(30)36頁；山田・日本民事訴訟法論(1)124頁。

36）細野・要義I138頁。

によって異なるとした。[37)]

　以上の大正15年改正民訴法のもとでの有力学説には，担保権に関する訴訟の訴額を被担保債権の額を基本に算定し，将来の給付請求や反復的給付請求において履行期までの中間利息を控除すべきとの主張にみられるように，次に述べる最高裁民事局長通知（訴額通知）に一定の影響を与えたと思われるものがある。もっとも，中間利息の控除を主張する根拠として細野が挙げた20世紀初頭のドイツ・ライヒ裁判所の判例は停止条件つき債権に関するものであり，純然たる期限付き債権に関するものでないこと，およびライヒ裁判所は裁判官の裁量による訴額の算定のさい条件成就の蓋然性を斟酌すべきことを判示したのであり，決して細野のいうように債権の取引上の交換価額によって訴額を算定すべきことを判示したのでないことを確認しておく必要がある。[38)]

4　最高裁判所の民事局長通知
(1)　昭和31年12月12日付け民事局長通知
　訴額の算定基準について，民訴法にも，裁判所手数料を定める民訴費用法にも全く規定がない。このことは，当事者および裁判実務に当然大きな困難をもたらした。そのためであろうが，最高裁判所が民事局長名で高等裁判所長官および地方裁判所長宛に次のような「訴訟物の価額の算定基準について」と題する通知（以下では「訴額通知」という）を発したのは，ようやく昭和31年12月12日付けの文書によってである。しかも，それは訴状等の受付事務を担当する裁判所書記官が訴状等に必要な額の収入印紙の貼付があるかどうかをチェックするさいの参考資料として作成されたもので，訴訟物の価額において争いがあるとき等の基準になるものではない，みずからと断っている。訴額の算定につき争いがある場合には裁判長または（訴状送達後は）受訴裁判所が判断するという建前は維持されている。〔55〕

　そして，この訴額通知によって実務の必要は満たされたと感じられたのであろうか，その後は民訴費用法においても訴額算定基準に関する規定を

---

37)　菰淵・前掲注(30)37頁；山田・日本民事訴訟法論(1)126頁。
38)　細野・要義Ⅰ138頁が引用したライヒ裁判所の判例（RGZ, 22. 411; RG JW 1908, 13）は，停止条件や不確定期限付きの債権に関するものであり，単純な履行期未到来の債権に関するものではなかった。

38 第1章 訴額に関する一般原則

整備しようとする動きは現われなかった。

〔56〕 **訴額通知**

> ### 訴訟物の価額の算定基準について（昭和31年12月12日民事甲第412号高等裁判所長官，地方裁判所長あて民事局長通知）
>
> 　表記について，今般，別紙の基準を作成しましたから，執務の参考資料として送付します。
> 　なお，右に関して，次のとおり申し添えます。
> 　1　この基準は，従来，各裁判所における受付事務の取扱が分かれていた実情にかんがみ，参考資料として作成したもので，訴訟物の価額に争いがあるとき等の基準となるものではない。
> 　2　この基準は，先般当局において作成した案（昭和31年6月21日付当庁民事甲185号照会参照）に対する当庁の意見を参しゃくして作成したもので，日本弁護士連合会においても，了承ずみである。
> 　3　各簡易裁判所に対しては，所管の地方裁判所から通知されたい。
>
> （別紙）
>
> ### 訴訟物の価額の算定基準
>
> 1　所有権
> 　目的たる物の価格
> 　地方税法（昭和25年法律第226号）第349条の規定による固定資産税の課税標準となる価格のあるものについては，その価格とし，その他のものについては，取引価格とすること（以下「物の価格」とある場合は，同様とする）。
> 2　占有権
> 　目的たる物の価格の3分の1。
> 3　地上権，永小作権，賃借権
> 　目的たる物の価格の2分の1。
> 4　地役権
> 　承役地の物の価格の3分の1。
> 5　担保物権
> （1）優先順位の担保物権がない場合
> 　　被担保債権の金額。目的たる物の価格が被担保債権の金額に達しないときは，物の価格。
> （2）優先順位の担保物権がある場合

被担保債権の金額。目的たる物の価格に優先順位の担保権を考慮して修正を加えた金額が被担保債権額の金額に達しないときは，右の修正金額。

6　金銭支払請求権

請求金額。将来の給付を求めるものは，請求金額から中間利息を控除した金額。

7　物の引渡（明渡）請求権

(1)　所有権にもとづく場合

目的たる物の価格の2分の1。

(2)　(2)占有権にもとづく場合

目的たる物の価格の3分の1。

(3)　地上権，永小作権，賃借権にもとづく場合

目的たる物の価格の2分の1。

(4)　賃貸借契約の解除等による場合

目的たる物の価格の2分の1。

8　所有権移転登記請求権

目的たる物の価格。

9　詐害行為取消

原告の債権の金額。取り消される法律行為の目的の価格が原告の債権の金額に達しないときは，法律行為の目的の価格。

10　境界確定

係争地域の物の価格。

備考

(1)　上訴の場合は，不服を申し出た限度で訴訟物の価額を算定することとし，附帯上訴の場合も，同様とすること。

(2)　会社設立無効，株主総会の決議の取消・無効確認の訴は，財産権上の請求でない訴えとして，取り扱うこと。

(3)　価格の認定に関しては，固定資産税の課税標準となる価格について所管公署のこれを証する書面を提出させる等の方法により，適宜当事者に証明させること。

しかし，この最高裁判所民事局長の訴額通知はいかなる法的根拠に基づ〔57〕き，またいかなる手続によって訴額の算定基準が定められているのか，全く明らかにされていない。その合理性を判断することは極めて困難である。裁判所の実務では，直接訴額通知に規定がない場合にも，訴額通知の定めを類推して訴額算定基準を示そうとする試みもみられるが，恣意的基準を避け，しかも説得力のある一義的な結論を得ることは極めて困難である。

40 第1章 訴額に関する一般原則

　しかも，後述のように最高裁判所の判例によって，正当に，これらの訴額通知の示す基準の法的拘束力は明確に否定されているが[39]，なお，訴額の具体的算定を容易とする特段の事情の存しない限り，訴額は訴額通知の示す基準に従って算定するのを相当とするという判例における判示[40]を手がかりに，実務においては訴額通知の基準性を承認するのみならず，訴額通知が何らの示唆をもしていない事項についても訴額通知の個々の基準を類推して訴額を算定しようとする傾向が強い。

　内容的には，訴額通知は，確認訴訟原型観に従ったのであろうが，所有権，占有権，地上権，永小作権，賃借権，地役権というように実体権の価額を定め，これらの権利から派生する請求権の価額は実体権の価額の2分の1，3分の1というように定める。しかし，所有権確認訴訟の訴額が目的物の価額であり，所有権に基づく物の返還請求権の価額は目的物の価額の2分の1といえるかという問題がある。所有権に基づく物の返還請求を認容する判決は所有権に基づく返還請求権の存在について既判力（民訴114条1項）を有し，かつ執行力を有するので，あるべき物権法状態を事実的に実現することができるが，所有権確認判決は口頭弁論終結時の原告の所有権の存在を確認し，この点に既判力を生ずるが，執行力を有しない。所有権に基づく物の返還請求訴訟の係属中に原告が所有権確認を求める確認申立て（中間確認の申立て）を提起すると，訴額通知によれば，原告は確認訴訟の手数料額と給付訴訟の手数料額の差額を納付しなけれならない。中間確認の訴えは，給付訴訟の請求認容判決が先決的法律関係の判断に既判力を生じないことの埋め合わせとして導入された制度である[41]。それにもかかわらず，先決的法律関係についての中間確認訴訟の訴額の方が給付訴訟の訴額より多額であることは，中間確認の申立てを躊躇させる方向に作用する。このようなことは妥当な訴額の算定とはいえないであろう（→〔375〕以下）。

　また，訴額通知の中には，地役権の訴額を地役権者の利益ではなく，地役権によって不利益を蒙る承役地の価額の3分の1の額とし，(6)の将来の金銭給付を求める訴えにつき履行期までの中間利息を控除し現在化された

39）最判昭和47・12・26判時722号62頁。
40）最判昭和44・6・24民集23巻7号1109頁。
41）松本／上野〔221〕〔松本〕参照。

将来の給付請求権の価額を訴額とするなど，私見によれば不合理な定めも含まれている[42]（詳しくは，→〔401〕〔78〕以下）。

(2)　平成6年3月28日民二79民事局長通知「土地を目的とする訴訟の訴訟物の価額の算定基準について」（3月24日付け民庶第365号に対する回答）

最高裁判所は，平成6年3月28日付けで，次の東京地裁の照会に対して　〔58〕後記の回答を出した。

「固定資産税評価額は，平成6年度の評価替えにより，宅地については，全国平均で約3倍程度上昇するといわれていますが，近時，全国的に地価が下落する傾向にあり，一部の土地については，新評価額が実勢価格を超えることもあるとされており，更に引き続き地価が下落することも予想されています。このような状況にかんがみると，固定資産税評価額をそのまま土地を目的とする訴訟の訴訟物の価額の算定基準とすると，目的物の価額以上の金額を受付の際の訴訟物の価額とすることになるという不合理な結果を生じることも考えられます。また，当事者が，訴訟の目的である土地の価格は固定資産税評価額以下だとして，固定資産税評価額に満たない金額を基準として申立手数料の額を算定してくることも考えられます。そこで，受付事務の取扱としては，新評価額に基づく固定資産評価証明書が交付される平成6年4月1日から当分の間，土地を目的とする訴訟について，受付の段階で手数料が過大に納められることがないように，新評価額に2分の1を乗じて計算した金額を基準として訴訟物の価額を算定し，その額に応じた印紙を貼付されていれば，訴状を受理したいと考えますが，この取扱いの是非については，前期の民事局長通知との関係上疑義がありますので，貴局の見解を得たく，照会します」

> 「標記の算定基準については，新評価額に基づく固定資産評価証明書が交付される平成6年4月1日から当分の間，受付事務の取扱いとしては，固定資産税評価額に2分の1を乗じて得た金額を基準とすることが妥当であると考えますので，貴職から紹介のあった受付事務の取扱いについては，貴見のとおりで差し支えないと考えます。

---

[42]　文献では従来から「必ずしも合理的且妥当なものであるかどうかは疑問がある」というコメントがなされている。兼子／畔上／古関編・判例民訴（上）20頁。

なお，この基準は，受付事務に関するものであり，訴訟物の価額について
争いのある場合の基準となるものではありませんから，念のため申し添えま
す（昭和31年12月12日付け最高裁判所民事甲第412号民事局長通知「訴訟物
の価額の算定基準について」参照）。
　おって，この取扱については，日本弁護士連合会も了解しています。」

　この通知は，バブル経済の結果として平成6年の固定資産の評価替えに
より宅地の評価が増大するけれども，現実には地価の下落傾向によって評
価額の方が公示価格より高いという逆転現象が起っていることに対する対
策であった。この問題は平成6年3月25日の第129回国会衆議院法務委員
会においても取り上げられ，委員の側から激変緩和措置への支持があった
が，同時に次のような疑問が提起された。

　「これ（＝激変緩和措置）を決定する経過及び決定は非常にわかりにくい。
そして，理屈で考えれば無理があることは否めません。そこで，ある程度
この難しい点やらその理屈に合わないところをちょっと指摘させていただ
きます。

　例えば，裁判官がその訴訟費用，貼用印紙額をそれぞれ決めるという，
それは何となく国民感情からすると，これも公共料金じゃないか，そんな
もの裁判官一人一人が決めるなんておかしいじゃないか，僕はその疑問は
当たり前だと思うのですが，その点について。そして，昭和三十一年には
裁判官が一人一人決めると言っておきながら，民一事局長，それこそ今井
さんの通知のようなもので，結局全国の窓口，貼用印紙を全部決めてし
まった。これも，裁判官がそんなもの決めるということは一つも実益ない
じゃないか，こうなるわけですが，この点についてお聞かせください」[43]
と。この発言は，裁判長または裁判所が訴額を算定するとされているにも
かかわらず，そしてそのことを認めながら，訴額算定の統一性および平等
性を強調して全国統一の訴額算定でなければ衡平を害するとして，窓口事
務の基準を最高裁の事務方が決めるというシステムの不合理さを述べた
もっともな指摘であったけれども，その後も抜本的な対策は何ひとつ講じ
られなかった。

43）第129回国会　衆議院法務委員会　第1号。

第2節　訴訟物と訴額の算定の原則　*43*

5　最判昭和49年2月5日民集28巻1号27頁[44]

　その後，最高裁判所は，昭和49年に1つの重要な判例を出した。この判　〔59〕
例は，以後の継続的契約関係についての訴訟の訴額や知的財産権侵害差止
請求訴訟の訴額の算定に重大な影響を与えているので，やや詳しく検討し
ておこう。この判例は次のような事案についてのものであった。

⑴　事　案

　訴外Aは，Y_1との間で昭和33年12月18日，Hホテルの営業に関し，次　〔60〕
のような内容を含む営業委託契約および補足契約を締結した。

① 　Y_1はHホテルの営業をAに委託する。同契約の期間は，Hホテル
　　の営業開始日から昭和57年12月31日とする。Y_1は，右期間中Aに対
　　し所定の委託手数料および報酬金を支払う。

② 　昭和37年に至りAとY_1の間でAがHホテルの営業を行ううえで，
　　その総支配人はY_1によって雇用される形をとる旨の合意が成立した。
　　その後，AはX_1を，Y_1はY_2をそれぞれ子会社として設立したうえ，
　　この4社間において昭和38年4月23日，Y_1は前記契約をY_2に譲渡す
　　るとともにY_2の契約上の義務の履行を保証する旨，Aは前記契約中
　　日本において遂行されるに適する役務に関する部分のみをX_1に譲割
　　し，X_1の契約上の義務の履行を保証する旨の合意が行われた。

③ 　Xら（X_1〜X_3）は，Y_1，Y_2に対し，
　⒜　X_1，X_2がHホテルの営業受託者であることの確認
　⒝　X_1の代表取締役CがY₂雇用のHホテルの総支配人であることの
　　　確認
　⒞　Y_1，Y_2は，CがHホテルの総支配人としてなす一切の営業活動
　　　を妨害してはならない。
　⒟　Y_1，Y_2は，新聞，雑誌その他の出版物，ラジオ，テレビ等を通
　　　じ又はその他の方法をもって，Xらの本件委託契約に基づく営業受
　　　託者としての地位が消滅した旨を標榜，表示してはならない
　⒠　Y_1，Y_2が⒞の不作為義務に違反してCの営業活動を妨害し又は
　　　⒟の不作為義務に違反してXらの本件委託契約に基づく営業受託者

44）解説として，柴田保幸・判例解説民事法昭和49年度17事件。評釈として，山内敏彦・民商
　71巻6号（1975年）1118頁以下；服部栄三・ジュリ477号（1971年）149頁以下。

としての地位が消滅した旨を標榜，表示したときは，Y1，Y2は，
いずれもX1，X2に対し，右妨害又は標榜，表示をした日以降右行
為の中止に至るまで1日につき金905万7,676円を支払え

との判決を求めて訴えを提起した。ところが，Xらは訴額の算定不能を
主張して，訴状には500円の収入印紙を貼付したのみであった。

この訴えに対し，裁判長は訴状審査の段階で印紙の追貼を命じず，口頭
弁論を開いた後，裁判所がXらに対し500万800円の印紙の追貼を命ずる旨
の決定をし，Xらがこれに応じなかったので訴えを不適法として却下した。
第一審裁判所は，Xらが営業受託者として支払いを受ける委託手数料に
よって本件訴訟の訴額を定めるべきであるとしたうえ，Xらが本件委託契
約に基づき本訴提起後に支払いを受けうる委託手数料を基礎に次のように
訴額を算定した。

「㈠　Xら主張のホテルの営業委託契約では，営業受託者の受領する委託
　　手数料の算出方法として次のとおり定めていること。(1)，ホテル開業
　　後第1会計年度から第5会計年度までの間の委託の手数料は，㈤ホテ
　　ル営業の正味売上高（ただし，当事者間の合意によりショップ・レンタル，
　　電報サービスの手数料および切手類の販売手数料を除く）の5パーセント
　　相当額，㈥各年度の営業差益（ショップ・レンタル，電報サービスの手
　　数料および切手類の販売手数料を含むが，委託者が立替支弁した創業時の
　　宣伝広告等の諸費用を控除する）が，㈤によって算出した委託手数料に
　　約5億9400万円を加えた額を超えた場合に，その超えた額の2分の1
　　相当額（特別手数料，いわゆるボーナス）の合算額。(2)，第6会計年度
　　以降の委託手数料は，営業差益の3分の1に相当する金額。ただし営
　　業差益の3分の2に相当する金額が約6億3000万円に満たない場合に
　　は，右金額との差額に相当する金額を控除して得た金額。

㈡　昭和38年度から，昭和42年5月（本訴提起の月）分までの委託手数
　　料として，営業受託者に支払われた金額は次のとおりであること。(1)，
　　昭和38年度　3145万4643円，(2)，昭和39年度　8206万5010円，(3)，昭
　　和40年度　8102万2667円，(4)，昭和41年度　1億6045万9233円，(5)，
　　昭和42年度のうち5月分まで　9348万3874円

　　　　以上の推移をみれば，右ホテルの営業受託者が受領すべき委託手数
　　料，したがって，これが算定の基礎となる右ホテルの営業収益は，昭

和40年度においてやや伸び悩んだもののその後は順調に増加していく傾向にあることが認められる。また原告らが本訴を提起した昭和42年5月29日当時，右の傾向を予測することは充分可能であったといわなければならない。

㈢　昭和42年度のうち6月以降分および，昭和43年度のうち6月分までの各委託手数料として支払われた金額は次のとおりであること。⑴昭和42年度のうち6月以降分　8103万6792円　⑵，昭和43年度のうち6月分まで　1億7494万7982円

㈣　なお，昭和43年度の右ホテル営業計画上，右㈠の算出方法にしたがって営業受託者に対して支払われるべき同年度の委託手数料として，3億3478万7979円が計上されており，これを基礎とすれば，昭和44年度以降，本件契約が終了する昭和57年（1982年）までの14年間に，営業受託者に対して支払われるべき委託手数料は，合計46億8703万1706円と見込まれること。

　　右㈢の⑴，および㈣記載各金額合計は，51億0285万6477円となり，営業成績の推移からして本件訴提起当時少くとも合計金50億円の手数料収入が見込まれたとみるべく，本件訴訟の目的の価額は営業収益の変動を考慮し，さらに中間利息相当額を控除してその5分の1である金10億円を下廻るものではないと認められる。また，被告らが業務の妨害をした場合1日につき金905万7676円の支払を求めていることに照しても右認定が相当であると認めるのほかはない。

　　したがって，民事訴訟用印紙法第2条により計算した訴額金10億円に対する印紙額500万1300円より，既に貼用されている500円を控除した金500万0800円相当の印紙を原告らは共同して追貼すべきものであるから，主文のとおり決定する。」

訴え却下判決に対するＸらの控訴に対し，控訴裁判所は第一審裁判所の訴え却下判決を是認し，控訴を棄却した。なお，控訴裁判所は控訴の手数料は訴状貼付の500円の1.5倍の額（750円）の収入印紙の貼付で足りるとした。Ｘらは，上告を提起し，上告理由として，とりわけ次の点を主張した。第1に，「本件訴訟がいわゆる財産権上の訴であることを前提として，本訴の訴額は起訴当時における本件契約の残存期間（残存期間全部を考えるのが正しいかどうかの問題については後に論ずるが，ここでは一応原判決の立

場に立って議論を進める。）及びこの間に支払われるべき委託手数料その他を参酌してこれを算定すべきものであることも，原則論としては原判決の説くとおりである」としたうえで，「本契約によれば，Ｘが委託手数料を受けるか否かは営業収益の有無によって左右され，かつ，その額は営業収益の額如何によって決まるのであり，なんらの最低保証額もないのであって，本件契約の残存期間である14年間に右Ｘが受けるであろう委託手数料の額を合理的に予測し算定し，そのうえで，その現在価値を算出することは理論上も実際上も不可能である」こと。第2に，労働者の労働契約上の地位確認を求める訴訟において訴額算定不能として扱うのが通例であるが，このように扱われる理由が賃金収入源たる地位すらも将来の昇給その他不確定要因があまりにも多いため算定できないからに他ならないから，同じことは本件営業受託者についても妥当すること，である。これらの理由により民訴法旧22条1項，民訴印紙法2条1項および3条1項の解釈を誤った原判決の違法を主張した上告に対し，最高裁判所は，次のように判示して，上告を棄却した。

「財産権上の請求であって，その価額の算定が著しく困難なものについては，裁判長又は裁判所は，その価額の算定にとって重要な諸要因を確定し，これを基礎とし，裁量によって右請求の価額を評価算定しうるものと解するのが相当である。そして，訴額が特定企業の将来の営業収益を基礎として算定すべき場合においては，営業利益が，好，不況等の一般的経済界の状況，当該企業の属する特定の業界内の条件，あるいは経営者の交替等の当該企業内の事情によって影響を受け，変動を免れないものであるから，将来の営業利益の正確な予測，したがってまた，これを基礎とする訴額の算定も著しく困難というべきであり，右の場合，起訴時を基準とした特定の企業の営業収益は，起訴時以前の期間であって将来存在しえないような異常な事情の存する期間を除いた過去すくなくとも3年間の期間の収益等に準拠して，将来の収益の現在価額を求めたうえ，営業収益に及ぼす前記の諸要因を考慮して定めるべきであり，かくして得られた営業収益を基礎とし，裁判長又は裁判所の裁量によって訴額を算定すべきである。

本件において，委託手数料はＨホテルの営業収益を基礎として本件委託契約所定の方法に従い算定されることが明らかであるから，本件委託手数料の額，したがって本件訴額は叙上の見地に従って評価算定すべきもので

あり，このような見地に立って本件委託手数料を算定した当裁判所の判断
は，原判決理由㈡及び原判決引用の一審決定理由㈠ないし㈢記載と同一で
あるから，ここにこれを引用する。

　したがって，本件の訴額は金10億円と認められるから，上告状には右に
対応する金1000万2600円の印紙を貼用すべきであることが明らかである」。

(2)　問題点

　この最高裁判所の判例は，重要な意味を有するとともに，多くの問題を　　〔61〕
含んでいるように思われる。

　第1に，最高裁判所は，本件の長期の営業委託契約の受託者たる地位の
確認の訴えの訴額の算定基準を定める法律規定がない場合に，類似の請求
についての議論を参考にしたとされるが，[45] この類推が果たして適切であっ
たかどうかである。類似の請求とされるのは，賃借権，地上権，永小作権
等の存否の確認訴訟である。この訴訟については，有力説は係争期間につ
いての全賃料の合計額を訴額とし，[46] 小作料または賃料で将来の収入に係る
ものについて中間利息を控除すべきとし，[47] 定時の供給または収益について
の権利が訴訟物である場合にも，有力説は賃借権，地上権等が訴訟物であ
る場合と同様に解していた。[48] 最高裁判所は，将来の収益を訴額算定に算入
する手がかりを，この賃借権，地上権等の確認訴訟についての訴額算定の
見解に求めたようである。[49] それに対し，本件原告が主張した，実務におい
て算定が極めて困難とされている労働者たる地位の確認訴訟の訴額との比
較については，最高裁判所は，この訴訟の訴額には労働者保護の配慮があ
るとして，これを参考に長期の営業委託契約の受託者たる地位の確認訴訟
の訴額を算定することを拒否したようである。[50]

　しかし，本件は，被告が営業委託契約の解除（失効）を主張して委託料
の支払いを拒否している事案であり，争いの中心は契約の解除の有無とそ
の効力であり，長期にわたる契約の存在またはその期間が争われているも
のではない。それゆえ，賃借権，地上権の存否の確認の訴えの訴額の算定

45）　調査官解説である，判解民昭和49年度17事件解説［柴田］147頁，153頁。
46）　細野・要義Ⅰ146頁：村松・前掲注⑺572頁。
47）　細野・要義Ⅰ146頁。
48）　細野・要義Ⅰ146頁。
49）　判解民昭和49年度17事件解説［柴田］154頁参照。
50）　判解民昭和49年度17事件解説［柴田］154頁参照。

方法に準じて，将来の（残存期間である14年間分の）委託手数料の合計額を本件訴額の算定に取り込み，その基礎とすることはそもそも疑問である。

　第2に，本件のように実質的に営業委託契約の終了の有無が争いとなっている営業受託者たる地位の確認の訴えは，継続的または反復的給付義務について給付判決を求める訴訟でないにもかかわらず，継続的または反復的給付義務についての給付訴訟の訴額の算定と同じ方法で算定することの当否が問題にされなければならない。本件訴訟は営業委託契約の終了をめぐる争いによって受託者の地位に不安が生じているため，確認判決の既判力によって原告の営業受託者たる地位の存在を明確にし法的地位の安定を図ることが目的であり，原告勝訴の判決が確定した場合，判決の既判力は事実審の最終口頭弁論終結時における原告の営業受託者たる地位の存在にのみ及ぶのであり，この訴訟の請求認容判決の取得によって契約期間全部にわたり委託手数料の給付を命ずる判決（執行力）を取得できるわけではないし，営業受託者たる地位の契約期間全部にわたる存在が既判力により確定するのでもない。それゆえ，本件のような確認の訴えについて将来の給付請求の訴額の算定に準じて訴額を算定すること自体，確認訴訟の意義に即した扱いとはいえない。営業受託者の地位をめぐる争いが行われている期間の委託手数料支払義務の額を基準に訴額を算定するのが妥当と考えられる。そしてこの期間は訴え提起から判決までの期間ということになるが，規範的観点から第一審訴訟の審理期間とされる1年間の受託料を訴額とするのが適切であったように思われる。

　第3に，本件最高裁判決は継続的または反復的給付請求権の履行請求の訴額の算定についての判示としても問題を含む。この判例は，訴額算定の基礎となる要因である営業利益が「好，不況等の一般的経済界の状況，当該企業の属する特定の業界内の条件，あるいは経営者の交替等の当該企業内の事情によって影響を受け，変動を免れないものであるから，将来の営業利益の正確な予測，したがってまた，これを基礎とする訴額の算定も著しく困難というべきで」あっても，原則として過去3年間の営業収益等により将来利益の現在価額を算定し，これを基礎に将来の変動要因を考慮すべきだというのであるが，まず，将来利益を過去3年間の収益の平均値を基礎に算定することが合理的なのかどうかが問題となる。過去の3年の平均収益が将来もそのまま存続する保障など初めからないからである。次に，

一般には経済状況の変化とくに不況が襲ってくると忽ちに，企業収益は大幅に減少しうるのであり，また逆の場合もありうる。また将来の収益の変動要因をどのように，かつどの程度考慮するかが重要な問題であるが，この判例はこの点について具体的な基準等を示さず，下級審裁判所のした訴額の算定（14年分の委託手数料を算定し，景気変動，当該企業の業界内での地位の変動，経営者の交替等による営業収益の変動の可能性の考慮や，中間利息の控除により，その5分の1を訴額とする）を是認したにすぎない。

第4に，長期にわたる法律関係であって委託手数料の額が一定額ではなく企業収益の一定の割合と定められているので，変動する企業収益に応じて委託手数料も変動するため，訴え提起時点においてこれを正確に算定することができない場合にも，裁判長または裁判所は安易に訴額算定不能とすることができず，自由な裁量により訴額を算定すべきだとの本判例の考え方は，今日，知的財産権侵害差止訴訟の訴額の算定基準に大きな影響を与えていること，ことに将来発生する損害の賠償の観点から差止訴訟の訴額を算定するという方向に大きな影響を与えたことが指摘されるべきである。

第5に，この判例は，訴額の算定が著しく困難な事案についてのみ裁判長または裁判所の裁量権を容認するかのような印象を与える説示になっているが，民訴法は一般的に訴額の算定について裁判長または裁判所に自由な裁量権を与えていることを否定するものと理解されてはならない[51]。

6　民事訴訟費用等に関する法律
(1)　民事訴訟用印紙法

訴え提起を含む各種の裁判上の申立てについての裁判所手数料について　〔62〕
規律するのは，今日，「民事訴訟費用等に関する法律」である。この法律は，〔刑事訴訟費用等に関する法律〕等とともに第65回国会において昭和46年3月6日に法律として成立し，同年6月6日に法律第40号として公布され，同年7月1日から施行された（なお，民事訴訟費用等に関する法律中手数料に関する規定は手数料の還付に関する規定を除き同年10月1日から施行

51）中野貞一郎「訴訟物の価額」同・民事訴訟法の論点Ⅰ（1994年・判例タイムズ社）56頁，65頁以下が強調するところである。

50　第1章　訴額に関する一般原則

された）。

　それまでは民事訴訟等の費用についての基本を定めたのは，明治23年制定の「民事訴訟費用法」「民事訴訟用印紙法」および「商事非訟事件印紙法」ならびに昭和19年制定の「訴訟費用臨時措置法」であった。これらの法律は，内容上の改善がなされることなく昭和48年まで長らく適用された。そのため，多くの不備があり，社会状況に適合しない点が目立つものであった。申立て，申出，申請のすべてに何がしかの手数料を徴求することとしたのは「民事訴訟用印紙法」であるが，この法律は，手数料という言葉を用いずに，法律の定める所定の額の印紙を貼用することを求めた。この法律の内容は，ドイツの裁判費用法を継受したものとされ，訴状，控訴状，上告状等に貼用すべき印紙額は訴訟の目的（訴訟物）の価額に応じて所定の率によって算定された。

　また，印紙を貼用しなければならない申立てや申出は多岐にわたり，手続中に行われる種々の行為について手数料の支払いが求められた。

(2)　民事訴訟費用等に関する法律（民訴費用法）

〔63〕　　民訴費用法は，このような状況を改善すべく，手数料を要する訴訟行為を大幅に整理し，一部は定額化した。たとえば再審の訴えは訴えであるけれども，その提訴手数料は簡易裁判所に提起するものは500円（現在は2,000円），簡易裁判所以外の裁判所に提起するものは1,000円（現在は4,000円）とされた（民訴費別表第1の8の項）。その理由は，再審の訴えは「新規の請求を問題に供してその当否の判断を求めるものでないので，通常の訴えとは著しくその性質を異に」し，「再審事由があるとされた場合には，旧訴が復活してその訴訟手続が進められてゆくのであるから，再審の訴えの手数料は，いわば，再審の訴えの要件の審査料に相当する」という理由からである。民訴法（現在は民事保全法）による保全命令の申立手数料は1件につき500円（現在は2,000円）とされた（民訴費別表第1の11の2の項ロ）。証拠調べの申立てや訴訟係属中の付随的な申立てについては手数料を徴求しないことなど，改善が行われた。

　民訴費用法がそれ以前の法状態に対して改善をもたらしたことは，確かである。しかし，重要な事項の規律が行われず，または十分検討されたかどうか明らかでない。第1に，民訴法の大正15年改正のさい，改正法律の起草者が訴額算定基準に関する明治23年民訴法の規定を削除し，民訴印紙

法の中で具体的に規定する所存だとした訴額算定基準に関する規定は，民訴費用法制定のさいにも全く定められなかった。この法律の制定時にはすでに前述の訴額通知（昭和31年最高裁民事局長通知）が出されていたので，その内容が適正なものであれば，これを法律化することもできたはずであるが，どういう訳か，それは行われなかった。その結果，訴額算定基準が殆ど法定されず，原告は基準のないところで訴額を申告する形で手数料を納付して訴えを提起しなければならないという状況は相変わらず存続するという事態になった。第２に，訴額の算定権限を有するのは裁判長または裁判所であるから，訴額が明確でない事件は裁判所に訴額算定を求め，裁判所による訴額算定に不服のある当事者にこれを争うことを可能にすることが法治国家の裁判手続として必要であるが，このような制度の導入は検討すらされなかったようである。

　民訴費用法は，民事執行法，民事保全法，新民事訴訟法の制定に伴って一部改正がなされた。とくに平成８年の新民訴法（現行民訴法）の制定に伴う改正のさいに，財産権上の請求であっても訴額の算定が極めて困難なときは手数料訴額を160万円とみなす旨が定められた。その後も，仲裁法，人事訴訟法，新破産法，新会社更生法，民事再生法，労働審判法，非訟事件手続法，家事事件手続法，配偶者からの暴力の防止及び被害者の保護に関する法律，国際的な子の奪取の民事上の側面に関する条約の実施に関する法律，消費者の財産的被害の集団的な回復のための民事の裁判手続の特例に関する法律（消費者裁判手続特例法）などの法律の制定に伴い改正されているが，いずれも形式的な改正に留まっている。

第４款　経済的訴額説と規範的訴額説

1　経済的訴額説

　民訴法は，訴額の算定について，「裁判所法の規定により管轄が訴訟の　〔64〕
目的の価額により定まるときは，その価額は，訴えで主張する利益によって算定する」と定めている（民訴８条）。そして，この「訴えで主張する利益」とは，訴え等を提起した者が全部勝訴の判決を受け，請求の内容が実現したときにもたらされる「経済的利益」のことであり，その算定は原告の主観的な基準ではなく，客観的に金銭評価する方法で行われるとする

見解が支配的である[52]。このような見解は，**経済的訴額説**と呼ばれている。

〔65〕　第1に，この見解は，初めからいくつかの疑問を惹き起こす。たとえば訴えについては，原告の経済的利益を基礎に算定すべきであるとされるが，むしろ「攻撃者利益」を基礎に算定すべきである。なぜなら，反訴（民訴146条）の訴額については，原告ではなく被告（反訴原告）の利益が問題になるのであり，上訴の手数料訴額については原判決に対する攻撃者である上訴人の利益が問題になるのであり，決して第一審原告の利益だけが重要なのではないからである[53]。

　　第2に，たしかに攻撃者の利益が問題になる場合，自己の請求を裁判に供する攻撃者の経済的利益は重要である。金額の特定された給付訴訟では，請求の趣旨において表示された金額を訴額とすることは重要な原則になっている。しかし，たとえば訴えを提起する原告の経済的利益を問題にするとすれば，それは被告の防御の仕方によって影響を受ける。たとえば同時履行の抗弁や留置権の抗弁が主張される場合には，請求の趣旨に表示された経済的利益が得られるとは限らない。また，被告の資力も，原告の経済的利益に関わる。しかし，訴額の算定においては，前述のように（→〔43〕以下），攻撃者の関係のみが考慮されるのであり，相手方の資力などの事情は考慮の外に置かれるのであるから，必ずしも真に攻撃者の具体的な経済的利益が重視されているともいえず，これはすでに後述の規範的訴額の観点を含むということができる[54]。

〔66〕　第3に，たとえば**所有権に基づく物の引渡しまたは明渡請求の訴えの訴額**を目的物の価額の2分の1とするのが前述の最高裁判所の訴額通知7(1)であり，実務はこれに従っているが，これは，第三者が目的物を占有している場合にも所有権者はなお目的物の何割かの価値を保有しているので，この訴えによって原告が得る経済的利益は物の使用収益権能のような所有権権能のうちの部分的権能にすぎず，この部分的権能が所有権権能の何割

---

52)　兼子・体系76頁；注釈民訴(1)218頁〔佐藤歳二〕；佐藤歳二「訴訟物の価額の算定」三ヶ月章／青山善充編・民事訴訟法の争点〔新版〕（1988年・有斐閣）48頁；小川／宗宮／佐藤編・手引3頁。

53)　Vgl. *Ekkehard Schumann*, Grundsätze des Streitwertrechts, NJW 1982, 1257, 1258.

54)　*Stein/Jonas/Roth*, §3 Rn.4 は，請求される金額が訴えの申立てにおいてあげられている場合にも，原告の具体的な経済的利益が重要なのではないから，このような場合にも実質的には訴額は規範的なものだという。

に相当するかの算出は困難であるから，簡易迅速に訴額算定を行う必要上，目的物の価額の２分の１を訴額としたものと説明されている[55]。この理由づけによれば，所有権存在の確認訴訟においては，原告は目的物の価値を保有しているので，訴額はないということになりそうである。このことは，所有権に基づく返還請求の訴額を一律に目的物の２分の１とすることの不明確さを示している。

　しかし，攻撃者（原告，反訴原告または上訴人）の経済的利益を問題にするのであれば，所有物の占有が不当に奪われていることによって個々の攻撃者の被る経済的不利益の額を訴額とすべきであるから，そのようにしないで単純に目的物の価額の２分の１を訴額と擬制するのは，もはや攻撃者の経済的利益のみを顧慮しようとするものとはいえないであろう。むしろ，それは当事者間の衡平を図りかつ訴額算定の簡明化を目指す，次に述べる規範的訴額説の立場であるとみなければならない。

　文献においては，簡易，明確，公平に訴額を算定するためには経済的利益を基礎にするのが適切だと主張する論者があるが[56]，経済的利益を算定するのが困難な場合が問題になっているのであり，そのような場合に経済的利益の算定は簡易ではないし，また明確でもない。したがって，経済的訴額説に立ちながら，訴額算定の便宜により画一的に目的物の価額の２分の１を経済的訴額とみなすのは明らかに矛盾である。しかも，規範的訴額を基準にするのであれば，目的物の価額の２分の１というような固定的な数字がどうして出てくるのかも疑問となる。たとえば，同じ所有権が訴訟上主張される場合に，所有権確認の訴えでは目的物の価額が訴額をなすが，所有権に基づく物の返還請求では目的物の価額の２分の１が一律に訴額であるとすることは規範的に見て合理的ではないであろう（詳しくは→〔371〕）。

　所有権に基づく物の返還請求の訴訟状況には，多様なものがある。被告が家屋を所有して，その敷地である土地を占有しているとして，原告が被告所有の家屋の収去と原告の土地の明渡しを求めている場合，実際には原告の土地所有権には争いがなく，争いがあるのは土地についての被告の占有権原，とくに賃借権の有無であり，裁判所は被告の占有権原を審理すれ

55）藤田／小川・不動産訴訟99頁；小川／宗宮／佐藤編・手引70頁参照。
56）佐藤裕義「訴訟物の価値の算定」伊藤眞／山本和彦編・民事訴訟法の争点（2009年・有斐閣）44頁；小川／宗宮／佐藤編・手引３頁。

ば足りる場合もあれば，原告への土地の所有権の帰属についても，当事者間に争いがあり，裁判所は土地の所有権の帰属についても審理しなければならない場合もある。前者の場合には争いの中心は被告の占有権原（賃借権）の有無であるので，賃貸借の社会的性質を考慮して，賃貸借契約の終了の場合の建物収去土地明渡請求の訴額と同じように賃料を基準に訴額を算定すべきではないかと思われる（→〔306〕）。それに対し，後者の場合，裁判所は目的物の所有権についても実質的な審理判断をしなければならないのであるから，訴額も目的物の価額の2分の1ではなく，規範的な観点から目的物の価額そのものを訴額と見ることが妥当な解釈であろう。なぜなら，原告には所有権機能のうち使用収益権能を所有権の2分の1と捉える見解は所有権の帰属をめぐる争いの有無とは無関係に論ずるのであるが，当事者間において原告への所有権の帰属が訴訟において争われる場合には裁判所のこの点についての審理判断が非常に重要であるから，所有権の帰属に争いがある場合には，使用収益部分だけを基礎に訴額を算定すべきだとはいえないからである。

　確認判決は執行力を有せず，これに基づき権利の強制的実現を図ることはできないから，所有権確認の訴えの訴額は，原告の利益から見ても，所有権に基づく物の返還請求の訴額よりも低額に算定されるべきではないかと思われる。このように規範的観点から訴額を考える場合には，単に訴額算定の統一性および平等性の観点を重視するだけでは十分でなく，いわば本来の規範的な観点に基づく訴額の算定が必要であると思われる。

〔67〕　第4に，地役権について，明治23年民訴法5条2号は「地役カ訴訟物ナルトキハ要役地ノ地役ニ依リ得ル所ノ価額ニ依ル但地役ノ為メ承役地ノ価額ノ減シタル額カ要役地ノ地役ニ依リ得ル所ノ価額ヨリ多キトキハ其減額ニ依ル」と定めていたが，これは攻撃者（原告）の利益によって訴額を定めるという原則から完全に離れ，原告，被告という当事者の役割と無関係に，要役地の利益と承役地の損失の大きいほうを訴額とする，規範的訴額の考え方に立脚するものであった。

　これに対し，訴額通知4は，被告（承役地の所有者）が被る不利益をもって訴額を定め，しかも承役地の価額の3分の1を訴額としている。これは，具体的な事案における原告の経済的利益をもはや全く問題にしていないのみならず，要役地の利益が承役地の価額の3分の1よりも大きい場合にも，

訴額は承役地の価額の３分の１とされるのである。それゆえ，訴額通知４は，単に訴額算定の容易さを重視した全く便宜的な，基準の根拠の明確でない算定方法であり，攻撃者（原告）の利益を決定的なものとしている民訴法８条１項に反するものである。同じ疑問は，訴額通知のほぼすべてについて妥当する。したがって，訴額通知は，経済的訴額説の立場に立っているとはいえず，法律の基礎なしに規範的訴額の立場またはこれに近い考え方に立つものということができるが[57] そのような観点は，法律がこれを指示していない現行法において全面的に採用する余地があるのか，あるとすればどのような判断枠組みにおいてであるかが明らかにされなければならない。その前に，以下において規範的訴額説を先ず紹介しよう。

2　規範的訴額説

　経済的訴額説に対して，**規範的訴額説**(die normative Streitwerttheorie)　〔68〕と呼ばれる見解がある。これによれば，原告が請求認容判決によって受ける経済的利益は訴額算定にあたり考慮されるべき重要な要素ではあるが，この原告の経済的利益が直ちに訴額を決定するのではなく，訴額は規範的な観点により決まるべきものであり，法の規範的解釈に基づき，最終的には裁判所の裁量によって算定されるべきものである[58]

　ドイツにおいて規範的訴額説を早い時点で提唱したエッケハルト・シューマン（Ekkehard Schumann）によれば，ドイツ民訴法３条は「訴額は自由な裁量により裁判所によって定められる。裁判所は申し立てられた証拠調べを行いかつ職権により検証の実施及び鑑定人による鑑定を命ずることができる」と定めるが，同法４条，６～９条は多数の争訟について，どのようにして訴額が算定されるべきかを定めており，原告の利益は（または被告の利益もまた）決定的には重要とされていないことを指摘し，これを規範的訴額と呼ぶ。規範的訴額は，しばしば評価が困難で，事案ごとにまた裁判所ごとに区々に評価されうる攻撃者の個別利益によるのではなく，法的安定性と訴訟上の平等扱いに仕えるものである。たとえばドイツ

57）注56の論者は，実際は規範的訴額の観点を重視しながら，「訴額算定の基礎は，その経済的利益に求めるのが相当」だとして，規範的訴額説を退けている。

58）ドイツにおいて規範的訴額説を初めて主張したのは，*E.Schumann*, a.a.O.（Fn. 53），1257 ff. である。この主張は今日基本的に支持されている。Vgl. *Stein/Jonas/Roth*, §3 Rn.1 ff.

56　第1章　訴額に関する一般原則

民訴法6条は，「①訴額は占有が問題となる場合には物の価値により，担
保または質権が問題になる場合には債権の額により定められる。②質権の
目的物がより少ない価値を有する場合には，これが基準となる」と定めて
おり，攻撃者の個別利益に照準を合わせてはいない。その他の訴額に関す
る規定も，このような規範的観点によって定められており，原告の利益が
基準となるのは，規範的な訴額に関する規定がそれを許容している場合に
限られる。その意味で，規範的訴額が訴額算定の出発点であり，それに対
して，原告の利益は拾遺規定（Auffangsvorschrift）であると，シューマン
は主張する。

〔69〕　日本において早い時点でこの問題を取り上げ，規範的訴額概念に注目し
た中野貞一郎によれば，訴額は「訴えで主張する利益」により算定される
が，その算定は訴額を規定する法の規範的解釈に従うべきである。具体的
には，法が一定種類の訴訟について訴額として一定の金額を定めている場
合には裁判所の裁量的算定の余地はないが，財産権上の請求について法が
一定の種類の訴訟について明文規定をもって一定の基準による裁判所の裁
量的算定に委ねている場合には，原告が訴えをもって主張する経済的利益
を基準として，受訴裁判所の裁量によってこれを算定すべきであるが，そ
のさい，原告が請求の認容によって受ける経済的利益の客観的な計算にと
どまることなく．裁判を受ける権利および訴訟制度利用者の平等に配慮し
て，事物管轄の適正な配分および手数料額の迅速妥当な決定が図られなけ
ればならないと主張し，訴額の裁量的算定において規範的観点をも顧慮す
る必要性があることを強調する[59]。この観点から，中野説は，訴額通知は訴
額算定における裁判所の裁量の基準として受容できるとし，また明治23年
民訴法5条の規定も手数料訴額に関する限り，今日も実質的に生きている
とする[60]。

　中野貞一郎によれば，すでに実定法上，訴額が攻撃者の経済的利益に
よってではなく規範的考慮に基づき定められているものがある。たとえば，

---

59) 中野・前掲注(51)68頁以下；梶村太市「訴訟額の算定」新堂幸司／青山善充／髙橋宏志編・
　民事訴訟法判例百選Ⅰ［新法対応補正版］（別冊ジュリ145号・1998年）60頁。なお，畑郁
　夫・私法判例リマークス19号（1999年）119頁，122頁も参照。
60) 中野・前掲注(51)70頁。塩崎勤編・注解民事訴訟法Ⅰ（2002年・青林書院）137頁［小田敬
　美］も，明治23年民訴法の訴額規定は現行法においても妥当するという。

第2節　訴訟物と訴額の算定の原則　57

破産債権の確定に関する訴訟の訴額は「配当の予定額」を標準として受訴裁判所が定める（破産規45条）。同様に，民事再生手続における再生債権の確定に関する訴訟の訴額，会社更生手続における更生債権・更生担保権（以下，更生債権等という）の確定に関する訴訟の訴額は，それぞれ「再生計画によって受ける利益の予定額」，「更生計画によって受ける利益の予定額」を標準として受訴裁判所が定める（民事再生規46条；会社更生規47条による民事再生規46条の準用）。ここでは，債権自体の名目額ではなく，破産債権，再生債権，更生債権等の配当予定額という債権の実価が算定される。通常の経済的訴額説では，債務者の資力は訴額の算定に当たって考慮されないので，配当予定額を基礎とするというのはすでに裁判所の裁量の中での規範的観点の重視であると強調されている[61]。

　中野論文による規範的観点の顧慮の必要性の強調は，シューマン論文が規範的訴額の考え方を前面に出すのと異なり，攻撃者の経済的利益を出発点としつつ，経済的利益の算定の中での規範的観点の考慮の必要性を説くものである。すなわち，中野説にあっては，裁判所の裁量による経済的利益の算定と，その中での規範的観点の考慮の重視が車の両輪となって，裁判を受ける権利および訴訟制度利用者の平等および手数料額の迅速妥当な決定を図るというものである。

3　本書の立場

　訴額の算定に当たり，自己の請求を裁判に供する者（通常は原告）の経済的利益に照準を合わせるのは，意味のあることである。そうはいっても，訴額の算定にとって経済的利益だけが重要なのではない。攻撃者の個別利益を基本とすると，事案ごとに，または裁判所ごとに，訴額の算定が区々になる可能性がある。最高裁判所の**訴額通知**は法規でなく，受付事務の参考資料にとどまるけれども，それが合理的な範囲のものである限りにおいても，そこでは攻撃者の経済的利益が専ら重視されているのではなく，種々の裁判所の行う訴額の算定の統一性および平等性を重視する規範的訴額の考え方に立脚していることはすでに述べたとおりである。ただし，規範的訴額の考え方に立つ場合，訴額通知のように統一性や平等性のみを重

〔70〕

61）中野・前掲注(51)69頁。

視するだけで足りるのかどうかが問題となる。規範的訴額という場合，訴えの提起の必要性や，たとえば家屋の賃貸借関係や労働関係をめぐる訴訟のように，事件が当事者の生存の基盤に直接にかかわる性格を有する場合に，このような社会的要素を顧慮しないで訴額を算定することは妥当なのかどうかという問題があり，このような考慮を巡らせていない訴額通知は，その意味で，中野説による評価とは異なり，全く不十分であると考えられる。

　問題は，攻撃者（通常は訴えについては原告）の経済的利益と規範的観点がどのような関係に立つかということである。ドイツ法について，シューマンは，経済的訴額は，原告の利益を基準として，「訴額は裁判所の自由な裁量によって定められる」旨規定するドイツ民訴法3条前段の枠内で意味をもつ「拾遺原則（Auffangsprinzip）」と呼ぶ[62]。つまり，原告の利益を基準に裁判所が裁量により訴額を決めるのは，規範的観点による訴額の算定が機能しない場合の算定方法だとするのである。ドイツのようにドイツ民訴法4条，6〜9条が規範的な観点から訴額算定基準を定めているのとは異なり，日本法のように，法律が訴額算定基準を全く定めず，その算定を裁判所の裁量に委ねているところでは，規範的訴額が原則であり，経済的訴額について定める民訴法8条1項は裁判所の裁量により経済的利益を算定すべきことを定める拾遺規定であるということはできない。民訴法は，攻撃者（訴えについては原告）の経済的利益を出発点としているというべきである。とはいえ，民訴法は，経済的利益を全面的に訴額とするのではなく，訴額算定の統一性および平等性の観点をも考慮に入れて訴額を定めるべきものとしていると解すべきである。財産権上の争訟（→〔32〕）であっても訴額の算定が極めて困難な場合には，管轄訴額は140万円を超えるものとみなし，手数料訴額は160万円とみなす（→〔38〕）のはすでに規範的訴額説の立場であるし，また，遅延損害金や権利行使費用などの附帯請求を訴額に算入しないという民訴法9条2項の定める原則（→〔124〕以下）も，規範的訴額説から導かれるものである。

　最高裁民事局長の訴額通知（→〔56〕）は，専ら原告または攻撃者の経済的利益に照準を合わせているのではなく，すでに規範的訴額説の立場に

---

62) *Schumann*, a.a.O.(53), 1258; *Anders/Gehle/Kunze*, S.1.

立った訴額算定基準の通知とみることができる。問題は，これを法律規定と同じような拘束力を有するものとして扱うことができるかどうかである。加えて，これが規範的訴額の観点から見ても具体的に適正なのかどうかも問題であり，当然のこととして訴額通知の内容を受容することができるものではない。訴額の算定を論じるさいには，これを法規範のように扱うのではなく，この観点から十分な検討を加えることが必要である。

　規範的訴額の観念に注目する中野説の問題提起は，大いに注目されるべきである。法律が経済的訴額説ではなくむしろ規範的訴額説に立っていると思われる場合もある。問題は，そのような法律の規律がない場合である。法律上の規律がない場合は，民訴法の原則に従わざるを得ないが，民訴法は攻撃者の経済的利益を基本とし，これが明瞭でない場合には裁判所の裁量によって定めるべきものとしていると解される。このことは，大正15年改正民訴法によって削除されてしまった明治23年民訴法6条が明文規定で定めていたことであり，当然の規定として削除されたのであり，その規律内容は規定の削除後も妥当していると見ることができる。そして，裁判所が具体的な個別事件について合理的裁量で訴額を算定する場合にも，裁量権の行使の基準として規範的観点をも一定程度考慮に入れることが重要であろう。これによって恣意的な算定を避けることができるとともに，事件の社会的な性格や判決の効力の内容などを考慮に入れた算定が可能になる。もちろん，そのような規範的観点の考慮ではなく，純然たる攻撃者の経済的利益に照準を合わせるべき事件においては，裁判所は経済的利益の算定を重視しなければならないことは当然である。このように本書は，裁判長または受訴裁判所が訴額を合理的裁量により算定すべきだという立場に立っている。もっとも日本の民訴法においては，原告が訴え提起前に裁判所に訴額の算定を申し立てる制度が用意されていない。例外的には，破産債権の確定に関する訴訟の訴額は「配当の予定額」を標準として受訴裁判所が定めるなど，倒産手続においては配当予定額等を基本に受訴裁判所によって決められる。このような規律は，他の訴額の算定が困難な事件においても認められてよいのではなかろうか。訴額の算定が困難であり，裁判長または受訴裁判所が訴額を合理的裁量により決める権限を有する場合，訴状審査に伴う補正命令を待たなければならないというのは不合理だからである。原告が訴額の決定の申立てをし，裁判所が訴額を定めるという実

60　第1章　訴額に関する一般原則

務慣行の確立が求められる。

　以上のような理解により，学説の側からも，訴額算定基準の確立に寄与することができるようになる。

第5款　訴額の算定と攻撃者の利益

1　攻撃者の利益

〔71〕　攻撃者の利益が算定される限り，相手方が攻撃に対してどのような態度をとるか，すなわち，いかなる形式のいかなる内容の応訴をするかは，訴額の算定のさい考慮されない。相手方の利益，すなわち，相手方がたとえば反訴を提起して原告を攻撃するか，その他の防御を行うか（たとえば相殺の抗弁を提出するか）は，訴額の算定にとって重要ではない。あくまで攻撃者の利益が問題である。したがって，訴額通知のように地役権についての訴えの訴額を専ら承役地の不利益を基礎に算定すること，知的財産権の侵害差止訴訟において被告の年間売上推定額と推定利益率および権利の残存期間を基礎に，不確定要素による調整をして訴額を算定できるとするのは，この原則に反しており問題である（詳しくは→〔654〕以下）。

　攻撃者の利益が重要であるので，訴訟法上不適法と評価される申立てについても，適法な申立てと同じく，訴額の算定は必要である。

2　攻撃者の利益と相手方の利益の合算の禁止

〔72〕　訴額の算定によって重要なのは攻撃者の利益であるから，個々の訴額の算定のさいに相手方利益を考慮することが禁止されるのと同様に，攻撃者利益と相手方利益を合算することも当然禁止される。

第6款　訴訟物の経済的一体性

〔73〕　異なる訴訟物を併合して裁判所の裁判を求める場合にも，複数の訴訟物によって原告が得ようとしている利益が経済的に一体である場合には，訴額の合算は不合理であるので，合算は禁止され，より高額の方の訴額が管轄訴額および手数料訴額の基準になる。

　この点で，訴訟物に関する旧実体法説（旧訴訟物理論）によると，実体法上請求権が競合している場合には，訴訟物は複数存在するが，経済的一体性により訴額の合算が許されないことから，その限りで，訴額の点では

新訴訟物理論や二分肢説と同じ結果になる。経済的一体性の判断基準については，→〔120〕以下。ただし，経済的一体性のある複数の訴訟物を別個の訴訟で主張した場合には，手数料訴額は各別に算定されざるを得ない。

第3節　各種の訴えにおける訴訟物と訴額

第1款　給付の訴え

　給付の訴えは，原告が被告に対する給付請求権を主張して，被告に対して一定内容の給付を命ずる判決を求める訴えである。給付の内容は多様であり，金銭の支払い，物の引渡し，土地や建物の引渡し・明渡し，意思表示その他の作為または不作為などが給付請求の対象となる。したがって，訴額も個々の給付の訴えの内容に応じて検討することが必要となる。 〔74〕

　原告が被告に対していかなる法的原因により給付を要求するのか，たとえば一定内容の契約の成立を主張するのか，不法行為による損害賠償請求権を主張するのか，あるいは物権法上もしくは相続法上の法的原因を主張するのかは，訴額の算定にとっては重要ではない。財産の一時的な移動が求められるのか（たとえば賃貸借や使用貸借），終局的な財産の移動が請求されるのか（所有権の移転，金銭の支払い），さらに他の行為（たとえば供託）が請求されるのかも，重要ではない。原告が自分の権利を主張して訴えを提起するのか，職務上の当事者としてまたは訴訟担当者として他人に帰属する権利または法律関係について訴えを提起するのかも重要ではない。

1　現在の給付の訴え

(1)　意　義

　これは，原告が被告に対する履行期の到来した（正確には，当該訴訟の事実審の最終口頭弁論終結時までに履行期の到来する），行為（金銭の支払い，物の引渡し・明渡し，意思表示，担保の提供）または不作為に向けられた給付請求権を主張して一定の給付を命ずる判決を求める訴えである。 〔75〕

　確定した請求認容判決は，原告の具体的な給付請求権の存在を既判力により確定し，併せて執行力を有する。たとえば，不法行為による損害賠償請求権を主張して一定額の金銭の支払いを求める訴えを認容する確定判決により，原告は強制執行によってこの請求権を実現することができるとと

62　第1章　訴額に関する一般原則

もに，原告が被告に対し不法行為に基づく損害賠償請求権を有することを
既判力により確定する。

(2)　訴　　額

〔76〕　　一定額の金銭の支払請求訴訟の訴額は，その請求額である。ここでは，
原告は請求認容判決を得ることによってその請求権の金額を実現できる債
務名義を取得することになるからである。

　その他の給付訴訟においては，訴額算定において困難が生ずるものがあ
る。

　「金銭に見積もることができない債権」（民399条）も，訴求することが
でき，不履行の場合に損害賠償請求をすることができるので，財産権上の
請求とみられるが，当然，訴額の算定のさいに困難が生ずる。算定が著し
く困難として民訴費用法4条2項後段の規定の適用によって訴額を160万
円とみなす見解[63]があるが，裁判所の裁量によって算定することができる
ので，妥当とは思われない。裁量権行使の手がかりは，原告が債務不履行
の場合に請求することを意図する損害賠償額であろう。

　不代替的作為債務の履行請求の訴額についても，問題がある。これは，
債務の本旨に従った履行を第三者によって代替的にすることができず，か
つ債務者が履行の意思をもてば，第三者の協力が必要であれ，履行しうる
債務である。代替執行（民執171条）ができる債務ついては，その履行を求
める請求の訴額はこの債務について定められた反対給付の額をもって算定
することができる。これに対し，債務の履行に債務者の特別の芸術的また
は学問的能力を必要とする給付や特別の設備を必要とする給付は，間接強
制もできない。たとえばコンサートで演奏したり絵画を描く債務のように
芸術家が負担した債務について，その履行を求める訴えの訴額の算定は困
難である。この場合，算定が極めて困難な請求として160万円を訴額とみ
なす見解と，当事者間で定められている債務の対価の額は原告の経済的利
益と必ずしも一致しないにしても，他に手がかりがない以上，これを訴額
とすることは不合理でないとする見解[64]が主張されている。しかし，この
ような請求権は間接強制もできない以上，反対給付の額は不代替的作為請

63）小川／宗宮／佐藤編・手引117頁。

64）小川／宗宮／佐藤編・手引118頁。

求権の価額と一致しないであろう。この訴訟についての原告の利益は，債務の不履行の場合に想定される損害賠償請求の額を基礎に算定するのが妥当ではないかと思われる。

　住居の賃貸借契約の終了による建物の明渡請求訴訟の訴額の算定基準は，明渡しを求められた建物の価額の2分の1なのか（訴額通知7⑷の適用を主張する見解はこのように主張する[65]），それとも訴訟による権利保護を容易にし費用危険をより小さくするという法治国家的，社会国家的な見地から，また住居が生活の基盤にかかわることを重視して，とりわけ手数料訴額について訴額の引下げ，当事者の手数料負担を軽減する必要性がないかどうかが問題となる（→〔306〕）。

　担保権の設定登記・移転登記の抹消を求める訴えの訴額の算定基準は，所有権の妨害排除請求の訴えのように所有権に関する訴訟と捉えて所有権に基づく返還請求と同じく，目的不動産の価額の2分の1なのか，それとも，残存しないと主張されている被担保債権の額であるかについて争いがあるが（→〔442〕），攻撃者の経済的利益は必ずしも明確でないので，規範的訴額説の見地から訴額を算定すべき場合に，実務上しばしば主張されるように，担保権に関する登記訴訟について，所有権に基づく妨害排除請求と同じように目的不動産の価額の2分の1を訴額とみなす合理性があるのかどうかである。これらの問題は，当該箇所において検討しなければならない（→〔442〕以下）。

2　将来の給付の訴え

⑴　意　義

　将来の給付の訴えは，原告が口頭弁論の終結時に履行期の到来していない給付請求権を主張して，将来履行期が到来したときに給付をなすべき旨あらかじめ被告に命じる判決を裁判所に対して求める訴えである。民訴法は，あらかじめ請求する必要がある場合に限り，この訴えを適法とする（民訴135条）。〔77〕

　反復的または回帰的給付請求も，口頭弁論終結後に履行期が到来する給付請求の部分は，将来の給付の訴えに属する。これは，年金給付請求権，

65）たとえば，訴額算定研究64頁。

64　第1章　訴額に関する一般原則

賃料請求権のように，個々の請求権が1つの統一的な法的原因に基づいており，ほぼ等間隔に反復的に履行期が訪れる請求権である。

(2)　訴　額

〔78〕　　　(a)　**将来の給付の訴えの訴額算定**については，①訴訟物の価額である請求額が基準になるとする見解と，②請求金額から中間利息を控除した金額が訴額となるとする見解（中間利息控除説）がある。**中間利息控除説**は，訴額の算定基準時が訴え提起時であることを理由に，履行期までの中間利息相当額を控除した額が将来の給付請求権の現在価格だとする。そして，その中で，③訴え提起から履行期までの利息分を中間利息として控除する見解[66]と，④訴え提起後，平均審理期間の経過時点から履行期到来時点までの利息分を控除するのが適切だとする見解[67]とが対立する。④の見解は，将来の給付の訴えであるかどうかは，口頭弁論終結時に履行期が到来しているかどうかが基準となるから，平均審理期間経過時を最終口頭弁論終結時とみなし，この時点における給付請求権の額（債権の全額からこの時点での履行期到来債権の額を差し引いた額）について中間利息を算出し，これを債権の全額から控除すべきだとする。

　中間利息控除説は，訴額通知6に依拠するものであり，訴額算定時の将来の給付請求権の現在価格を訴額とするものである。しかし，この訴額通知6の定めは明治23年民訴法にもないものであり，なぜ中間利息を控除しなければならないのか，その理由はこの訴額通知には全く示されていない。学説の有力説[68]はこれに従っているが，その合理性は全く明らかでない。なぜなら，原告は将来履行期の到来する債権の現在価値において給付（現在の給付判決）を求めているのではないし（原告が求めているのは，将来の請求権の全額の給付をあらかじめ命ずる給付判決である），そのような現在価値による（現在の）給付請求は実体法上許されていないから，このような履行期までの中間利息を控除すべき根拠はなく，訴額の低減化を図るという政策的理由以外には考えられない。そして，その政策的理由が重要だというのであれば，なぜ将来の給付請求権についてのみ訴額の低減化を目指

---

66)　民事訴訟印紙研究59頁；注釈民訴(1)218頁〔佐藤〕。
67)　民事訴訟費用研究240頁；民事実務講義案I 48頁；訴額算定研究61頁。
68)　菊井／村松・全訂I 127頁；注解民訴(1)325頁〔小室／松山〕；菊井／村松・新コンメI 161頁。

すのかの説明が必要であろう。たとえば，債務者の資力が不足して支払不能に近い状態にある場合に，このような債務者に対して給付の訴えを提起する債権者が債権の名目額全額について履行を得ることができないことは明らかであるが，原告の経済的利益に照準を合わせ中間利息の控除を主張する見解が，このような場合に経済的な観点から訴額の減額を主張しないのは不整合であろう。④の見解については，法的な意味で平均審理期間というものがあるかどうか，疑問があるのみならず，訴え提起時点での訴訟物の現在価額に照準を合わせるという出発点に反し，平均審理期間経過時に訴訟審理が終結していない場合に，その後の履行期までの期間について利息相当分を控除するというのは全く理に合わない。

　(b)　条件付き給付請求権と期限付き給付請求権　　問題の解明のため　〔79〕には，将来の給付を求める訴えについて，条件付き給付請求権と期限付き給付請求権の区別が必要である。条件付き給付請求権のうち，停止条件付き給付請求権は条件が成就するかどうかが不確定な請求権であるから，請求権の名目額を訴額とすることは全く不合理である。この債権については，条件が成就する蓋然性を考慮して裁判長または裁判所が裁量により算定せざるを得ない。[69]　そのさい，訴額は通常は，主張されている請求権額のごく一部であるが，事案によっては請求権の全額にもなりうる。[70]　これに対し，解除条件付き請求権はすでに存在しており，通常，請求権の全額を訴額として問題はない。[71]

　前述のように，通常の債権でも経済的にみれば名目額の価値を有しないものでも名目額によって訴額が算定されるのであるから，単純に履行期が将来到来する期限付き請求権について，中間利息を控除することはできない。[72]

---

69)　RGZ 26, 409; OLG Nürnberg Beschl.v.4.7.1961, Rpfleger 1963, 217; *Thomas/Putzo/ Hüßtege*, §3 Rn. 27 Stichwort „Bedingte Rechte"; *Stein/Jonas/Roth*, §3 Rn. 48 Stichwort „Bedingte Rechte"; *Schneider/Herget/Kurpat/Monschau*, Rn.1547; *Hartmann*, Kostengesetze, 43. Aufl., 2013, GKG Anh Ⅰ§48（§3 ZPO), Rn. 27.

70)　BGH MDR 1982, 36; *Schneider/Herget/Kurpat/Monschau*, Rn.1547.

71)　*Anders/Gehle/Kunze*, S.76 Stichwort „Bedingte Ansprüche" Rn.3; *Stein/Jonas/Roth*, §3 Rn. 48 Stichwort „Bedingte Rechte"; Rn. 3; *Schneider/Herget/Kurpat/Monschau*, Rn.1550.

72)　もっとも，*Schneider/Herget/Kurpat/Monschau*, Rn.1548は，債権の全額を訴額とすることができるのは，債務名義化される債権が近々現実化されることから出発できる場合に限られるという。

66　第1章　訴額に関する一般原則

〔80〕　　(c)　**反復的給付を求める訴え**については，別の特有の問題がある。将
来支払われるべき給付の合計額を訴額として管轄訴額を算定することは全
く合理性がないとはいえないが，これに基づき裁判所手数料を算定すると
不当に高額な裁判所手数料をもたらすことになる。ことに，請求権の社会
的性格によっては，社会的に著しく不当な裁判所手数料といえる場合が生
じうる。たとえば将来の年金についての支払い請求や定期金賠償方式によ
る損害賠償請求の訴額については，生活資金や介護費用などの調達が問題
になっていることに鑑みて，将来の請求権の名目額の合計額を手数料訴額
とするのは，この訴訟が人の生存権に関わるほか，終期が明確でないとい
う点で，妥当ではない。

　従来の議論では，終期を明らかにしないで反復的給付請求がなされる場
合，口頭弁論の終結時までに履行期が到来する額をもって，原告勝訴の場
合の原告の経済的利益とみてよいとする見解が有力である。そして，この
見解は，訴え提起から口頭弁論終結までの期間は具体的な訴訟のそれでは
なく，第一審訴訟手続における平均審理期間であるとし，さらに平均審理
期間を12か月とする。したがって，反復的給付を求める訴えの訴額は，訴
え提起時に履行期にある請求権と訴え提起後12か月以内に履行期の到来す
る請求権の合計額であるとされる。また，原告がいつまで給付を求めるか，
その終期を明らかにしている場合または終期が解除条件にかかる場合にも，
終期が明らかにされない場合の扱いと同じ扱いをするのが妥当であると主
張されている[73]。

　この見解は，この訴訟の判決によって確定されるのは，口頭弁論終結時
の権利関係であり，それ以降は新たに生じた事由により請求権が消滅する
可能性があることを理由とする。しかし，この見解およびその理由づけは
妥当とは思われない。反復的給付を命ずる判決は，事実審の最終口頭弁論
終結の時点を基準時として将来に向けて作用する既判力を生ずるし，将来
（すなわち事実審最終口頭弁論期日の後に）履行期の到来する給付請求権につ
き執行力を生ずるからである。それゆえ，すでに履行期の到来している給
付請求権と口頭弁論終結時までに履行期の到来する請求権の価額の合計額
を訴額とすることは，口頭弁論終結時後の（将来の）請求権の部分につい

---

73)　民事訴訟費用研究240頁；訴額算定研究59頁；民事実務講義案Ⅰ48頁。

ては裁判所手数料を全く徴求しないことを意味するが，現在の給付請求の訴えと同じように訴額を算定するのは，妥当とはいえないであろう。将来に及ぶ判決の効力，とくに執行力が無視されているからである。また，この説が反復性という点で共通性を有する増減額賃料確定訴訟の訴額算定方法（→〔302〕）との統一性の確保を理由として平均審理期間を12か月として訴額を算定するというが，[74]増減額賃料確定訴訟は給付訴訟ではないがゆえに，訴額の算定において両者において扱いが異なっても，決して異とするに足らない。それゆえ，訴額は裁判所の裁量によって算定されるべきである。裁量権の行使にあたり，裁判所は，将来の給付請求であるということを踏まえ，将来の給付の総額が３年分の請求権額より少ないのでない限り，訴え提起時にすでに履行期の到来している請求権の額と３年間の請求権の額の合計額を訴額とすることが妥当であろう。[75]因みに，ドイツの現行裁判費用法42条１項が，将来の給付の総額が3.5年分の金額より少ないのでない限り，3.5年分の回帰的給付の合計額を手数料訴額とすべき旨定めていることも参考になる（反復的給付における上訴の手数料訴額の算定については，→〔184〕以下，反復的給付を命ずる判決に対する請求異議の訴えの訴額については→〔577〕）。

3　金額不特定請求の訴え

　日本では**金額不特定請求**は不適法とされているので，請求額を特定せず　〔81〕
裁判所が相当と認める金額の給付を被告に命ずることを求める訴えは不適法であり，原告は訴状において裁判所が被告に支払いを命ずるよう求める一定額の金額を記載しなければならない。[76]ところが，慰謝料請求のように，原告が後に裁判所が裁量で決定した金額より多額の請求をした場合には，その限りで敗訴判決を受け，訴訟費用をも負担しなければならないので，

74）訴額算定研究58頁。
75）終期を明らかにしない賃金請求について，将来の分を含めて裁判所の裁量により，たとえば３年分の賃金を訴額と定めるべきだという解釈に対して，この説は「受付事務において簡易・迅速に訴額を算定するという観点からは，画一的な基準を設ける必要がある」と批判するが（訴額算定研究61頁），この反論は的外れである。訴額算定機関は裁判長または受訴裁判所であり，受付係りの裁判所書記官ではないから，訴状受付事務の観点から都合のよい訴額を定めるのは本末顛倒である。
76）最判昭和27・12・25民集６巻12号1282頁。

68　第1章　訴額に関する一般原則

このような事態は法治国家の観点から問題ではないかと感じられる。

　この点は，金額不特定の訴えを適法と認めているドイツ法と比較して問題があるところである。ドイツでは，損害賠償請求，とくに慰謝料請求のように賠償されるべき損害額が裁判を経なければ明らかにならない請求について訴えの提起時に原告に賠償請求額を明らかにするよう求めることは期待不可能であるという理由から，すでにライヒ裁判所の判例以来，金額不特定請求の訴え（Klage auf Zahlung eines unbezifferten Geldbetrages）が適法と解されている。そこから金額不特定請求において，原告が原告に認容されるべき金額を裁判所の裁量に委ねる場合（すなわち，裁判所が相当と認める金額の支払いを被告に命ずることを求める場合），訴額をどのように算定するかが問題となる。もっとも，原告の陳述が裁判所が確定すべき損害額のための十分な事実基礎を述べていることが金額不特定請求の要件であり，したがって裁判所に正当な請求権額の確定を可能にする事実を原告が陳述することが要求される[77]。そして原告の事実陳述に基づき適切と思われる額が，訴額とされる。原告が最低これだけは認容して貰いたいと申し立てている場合には，この額が訴額の下限を画することになる。

4　一部請求訴訟

(1)　意　義

〔82〕　金銭債権のように数量的に可分な請求権の一部のみを残部と切り離して別個に訴求する訴えを一部請求訴訟と呼ぶ。これには，2つの態様がある。1つは，原告が一部請求であることを明示し，残部請求を留保しているか，または一部請求であることが事情から明らかになる場合である。これは公然の一部請求訴訟と呼ぶべきである。他は一部請求であることが事情から明らかにならない場合であり，隠れた一部請求と呼ぶことができる。また，公然の一部請求訴訟にも，1つの法律関係から一定の法的基準（たとえば物的担保権の有無，履行期の違い）により区別される複数の請求権または請求権部分が生じ，その一部が訴求される場合（特定的一部請求訴訟）と，原因と法的内容の点で一体的な請求権の単なる数量的一部が訴求される場合（非特定的一部請求訴訟）を区別することができる。

---

77) *Hilalch/Rohs*, S. 22.

第3節　各種の訴えにおける訴訟物と訴額　69

　一部請求の訴えを一般的に不適法とみる見解は，今日では存在しない。主として争われるのは，公然の一部請求訴訟の本案判決，とくに一部棄却を含め請求棄却判決が確定した後に，敗訴原告は残部債権について改めて訴えを提起し，その履行を求めることができるかどうか，すなわち一部請求訴訟を認容または棄却する確定判決が残部債権についての後訴にいかなる影響を及ぼすかという問題である。[78]

(2)　訴　額

　一部請求訴訟の訴額は，原告がそれについて給付判決を求める債権部分　〔83〕である。したがって，その訴額は請求額によって画される。請求額が140万円を超えない場合には，簡易裁判所の事物管轄に属する。認定司法書士は，簡易裁判所の事物管轄（現行法では140万円）を超えない事件について，訴訟代理権，民事調停における代理権，相談業務等を行うことができる。認定司法書士が訴訟代理人として一部請求の訴えを提起する場合，請求額が140万円を超えない限り，訴訟行為の効力が否定されるわけではない。問題は，認定司法書士が訴訟代理人として140万円を超える１個の債権について140万円を超えない一部請求の訴えを提起することが司法書士の品位保持義務（司法書士２条）に違反するかどうかである。１個の債権の額が140万円を超える場合に，認定司法書士が自己の訴訟代理権を維持するために，品位保持義務に違反することなく，その一部（140万円以下）の支払いを求める訴えを提起することができるかどうかという問題である。立法担当者は，例外的に一部請求をする合理的な理由がある場合を除き，認定司法書士による一部請求の訴えの提起が品位保持義務に反するのみならず，このような債権について相談を受けること自体も司法書士法３条１項７号に違反するという見解を示している。[79] そこでは，一部請求訴訟が例外的にのみ許される訴訟形態であるかのごとくに扱われているが，一部請求訴訟の存在理由を改めて検討する必要があろう。

　原告が一部請求に残部債権についての確認申立てを併合する場合，次の　〔84〕場合を区別すべきである。

　―― 原告が残部債権に関して，被告が原因上給付義務を負担しているこ

---

78)　詳しくは，松本／上野〔679〕以下［松本］参照。
79)　小林昭彦／河合芳光・注釈司法書士法〔第３版〕（2007年・テイハン）81頁。同旨，加藤新太郎／馬橋隆紀編・簡裁訴訟代理と手続の基本（2011年・第一法規）25頁以下。

70 第1章 訴額に関する一般原則

との確認申立てを併合する場合には，各々の訴額は合算されるべきである。[80]

—— 原告が一部請求の訴えの申立てと並んで当事者間で争いのある契約関係の存在確認を求める中間確認の申立てを併合する場合には，2つの申立ては経済的に見て同一目標に向けられたものであるので，訴額の合算は行われるべきではない。より訴額の大きな確認申立ての訴額の方がこの訴訟の訴額である。[81] この場合，後述のように積極的確認訴訟の訴額は給付訴訟の訴額の20パーセントを減じるべきだとすれば（→[87]），ここでも20パーセントの減額が行われるべきである。

—— 損害賠償請求訴訟において一部請求訴訟が提起され，被告が原告の損害賠償債権全体の不存在の確認を求める反訴を提起し，原告がさらに初めから自己の共同過失を自認していたときは，原告が過失割合を特定していない場合にも，反訴の訴額を定めるに当たり原告の共同過失を考慮すべきであろう[82]。

—— 請求異議の訴えにおいて，原告（債務者）が債務名義表示の給付請求権の一部についてのみ強制執行の不許宣言を求める場合には，この執行債権の一部が訴額算定の基礎をなす（→[577]）。[83]

—— 債権の一部も被告の提起する中間確認反訴の対象となりうるので，中間確認反訴が債権の一部についてのみ提起された場合には，訴訟物となるのはこの請求部分だけである。[84] そのさい，この制限された中間確認反訴の請求棄却から間接的に無制限の確認反訴請求も理由がなかったであろうことが明らかになるかどうかは，訴額にとって重要ではない。

---

80) *Schneider/Herget/Kurpat*, Rn.5154.
81) *Schneider/Herget/Kurpat*, Rn.5154.
82) *Schneider/Herget/Kurpat*, Rn.5155.
83) *Schneider/Herget/Kurpat*, Rn.5157.
84) *Schneider/Herget/Kurpat*, Rn.5156.

第2款　確認の訴え

1　意義と対象

(1)　意　義

確認の訴えは，特定の権利または法律関係の存否の確認を求める訴えで　〔85〕
ある。この訴えは，実体法上の請求権について債務名義の取得を目指すも
のではなく，争いのある権利または法律関係の存否を確定判決の既判力に
よって確定することを目的とする特別の訴訟上の権利保護形式である。

積極的確認の訴えと消極的確認の訴えが区別される。前者は，特定の権
利または法律関係の存在の確認を求める訴えであり，請求認容判決はその
権利または法律関係の存在を既判力によって確定する。請求棄却判決は，
権利または法律関係の不存在を既判力によって確定する。

これに対し，**消極的確認の訴え**は特定の権利または法律関係の不存在の
確認を求める訴えであり，その請求認容判決は当該権利または法律関係の
不存在を既判力によって確定する。請求棄却判決は，逆に当該権利または
法律関係の存在を既判力によって確定する。

(2)　対　象

民訴法134条の定める証書真否確認の訴えを除き，確認の訴えの対象に　〔86〕
なりうるのは特定の権利または法律関係の存否，すなわち当事者相互間の
具体的な法的な関係または当事者と物との法的な関係の存否である。法律
関係であれば，契約上または法律上の法的関係の全体も，また，この法的
関係から生ずる個々の権利・義務（個々の債権・請求権，法的な地位）のよ
うな個別の法的効果，法律関係の独立した量的な一部または損害賠償請求
権の法的性質決定も，確認対象となる。

これに対し，遺言者生存中の，遺言により生ずる法律関係のような将来
の（不確実な）法律関係，意思表示またはその他の法的行為の無効のよう
な法律関係の単なる要素，請求権の数額の算定基礎，権利濫用や信義則違
反の存在は，確認の訴えの対象とはならない。もちろん，将来の法律関係
であっても，その法的な基礎がすでに存在するものは確認対象となる。し
たがって，停止条件付き権利・法律関係または期限付き権利・法律関係も，
確認対象となる。

確認の対象となる法律関係が当事者間の法律関係であることは，法律上
要求されていない。法律関係は当事者の一方（原告または被告）と第三者

72　第1章　訴額に関する一般原則

との間で，または第三者間においても存在しうるので，原告が被告に対する関係でそのような法律関係の確認に法律上の利益を有している場合には，そのような法律関係の確認の訴えも適法である。もっとも，法律関係が当事者間に存在しない場合には，しばしば確認の利益または訴訟追行権が欠けるであろう。

2　管轄訴額
(1)　積極的確認の訴え

〔87〕　　(a)　原　則　　積極的確認の訴えの訴訟物は，原告が特定の具体的な権利または法律関係につきその存在の確認を求める申立てである。

訴額の評価の基礎は，原告が権利または法律関係の存在の確認に有する利益である。確認されるべき権利または法律関係が給付の訴えの申立ての対象となりうる限り，原則として，この権利または法律関係につき給付の訴えが提起されたとすれば訴額と認められる価額（擬制的な価額）が出発点とされるべきであるが，積極的確認の訴えにおける請求認容判決は被告に対する給付命令を含まないので，対応する給付の訴えの訴額よりも低く算定されるべきではないかという点が問題となる。

ドイツでは，確認判決は訴訟費用の裁判を別にすると，執行力を有せず，その効果は給付判決のそれより小さいことを理由に，訴額の軽減が認められている。支配的見解によれば，通常一律に，権利または法律関係に基づく給付訴訟の場合の訴額の20パーセントの減額が行われるべきであり，このことは，被告が公共団体や保険会社である場合のように，確認判決がなされると任意に給付する用意があると通常認められる場合にも妥当するとされている。[85]　もっとも，反対説は個別事案の諸事情を考慮に入れて訴額の減額をすべきだとし，事案によっては60パーセントまたは50パーセントの減額を行う裁判所や10パーセントの減額にみを行った裁判所もある。[86]

---

85)　BGH NJW-RR 1992, 608; BGH JurBüro 2009, 89; BGH VersR 2015, 912; *Anders/Gehle/Kunze*, Stichwort "Feststellungsklage" Rn.1; *Schneider/Herget/Noethen*, Rn. 2292 ff.; *Stein/Jonas/Roth*, §2 Rn.27; *Thomas/Putzo/Hüßtege*, §3 Rn. 65; *Zöller/Herget*, §3 Rn.16 "Feststellungsklagen".

86)　時効中断のためだけに提起された勝訴の見込みの十分な確認の訴えにつき60パーセントの減額を行った裁判例（OLG Frankfurt, AnwBl 1982, 436），継続的法律関係がさらに存在することの確認を求める訴えが，後の給付の訴えが具体的な損害の広範で困難な主張・立証を必

第3節　各種の訴えにおける訴訟物と訴額　73

　ドイツでの訴額の減額の理由は日本の民事訴訟にも当てはまるので，日本でも，原則として20パーセントの訴額の減額が必要と考えられる。

　（b）**例外**　原告の経済的利益が執行力の欠缺だけでなく，他の事由により給付請求の訴額に及ばない場合に，相当の減額がなされるべきである。　〔88〕

　（aa）**倒産債権の査定異議の訴え**　この訴えでは，法律により請求権実現の事実上の可能性が顧慮されている。債権自体の名目額ではなく，破産債権，再生債権，更生債権・更生担保権の配当予定額という債権の実価が算定され，これが訴額となる（破産規45条；民事再生規46条；会社更生規47条による民事再生規46条の準用）。詳しくは→〔602〕以下。　〔89〕

　（bb）**所有権の確認**　所有権確認の訴えについては，訴額通知1により目的物の価額（固定資産評価額〔ただし土地については暫定措置としてその2分の1→〔58〕，これがないものについては取引価格）が訴額であるが，執行力が生じない確認判決を求める訴えであるので，目的物の価額の20パーセントの減額がなされるべきであろう（→〔374〕）。　〔90〕

　（cc）**契約関係の確認**　契約無効確認の訴えについては，確認訴訟の対象適格を欠くとして，これを不適法とする判例[87]があるが，この訴えは相手方の主張する契約に基づく法律関係が存在しないことの確認を求める訴えとして適法である。契約の無効確認の訴えの訴額は，次に述べる債務不存在確認の訴えの場合と同様，原告が免れることを望む給付義務の額が訴額をなすと解すべきである（→〔94〕）。[88]　〔91〕

　労働者の提起する**解雇無効確認の訴え**の手数料訴額は，①訴額の算定が極めて困難な場合として160万円とする見解[89]と，②この訴えは財産権上の争訟であり，解雇前3か月の平均賃金を基礎に原則として1年分の賃金　〔92〕

要とするため，この給付訴訟のために僅かなメリットしかもたらさないことを理由に，50パーセントの減額を妥当とした裁判例（OLG Celle, JurBüro 1969, 978），その他10パーセントのみの減額を認めた裁判例（OLG Schleswig, Rpfleger 1969, 978）が報告されている。

87）最判昭和41・4・12民集20巻4号560頁（具体的な契約の無効確認の訴えについて，請求の文字通りに解釈すれば過去の法律関係の確認を求めるものと異ならないから即時確定の利益があるとは言い難いとし，原告が現在の権利または法律関係についての確認を求めている趣旨が窺えなくもないので，原審は釈明権を行使すべきであったとして原判決を取り消し事件を原審に差し戻した。

88）OLG Bamberg, JurBüro 1990, 1659; OLG Celle, AnwBl 1984, 448。

89）訴額算定研究119頁，299頁；小川／宗宮／佐藤編・手引285頁以下。

74 第1章 訴額に関する一般原則

により算定すべきだとする見解[90] が対立している。①説は，労働者たる地位が賃金請求権のみならず種々の権利義務を包摂した地位であることを理由に，訴額の算定が極めて困難であると主張するのであるが，[91] 裁判所の合理的な裁量の行使によって算定が可能であるから，この見解は正しくないであろう。解雇無効確認の訴えは，多くの場合，賃金仮払仮処分の本案として提起される。そこで争いになっているのは，主として原告労働者が賃金支払請求権を有するかどうかである。それゆえ，②の見解を基礎に裁判所が適切な裁量権の行使によって訴額を算定すべきである（詳しくは→〔715〕）。

(2) 消極的確認の訴え

〔93〕　　(a) **意　義**　　消極的確認訴訟の訴訟物は，被告が自分に帰属すると主張し，原告が争う被告の権利または法律関係の不存在の確認を求める訴えである。そのさい，訴えの申立てと被告の応訴の繋ぎ合わせから初めて実際の訴訟物が明らかになるという特徴がある。たとえば，原告が100万円を超えて被告に対し債務を負っていないことの確認を求める訴えの訴訟物は，被告の応訴によって明らかになる。被告が原告に対し500万円の債権を有すると主張して請求棄却判決を求めて応訴する場合，この訴訟の訴訟物は被告の主張する債権額500万円と原告の自認する債権額100万円の差額400万円の債権である。

〔94〕　　(b) **訴　額**　　(aa) **原　則**　　消極的確認の訴えにおいても，訴額は消極的確認に原告が有する利益によって決まる。そのさい特に重要なのは，被告の権利主張の危険がどの程度大きいかである。したがって通常，訴額は，被告が僭称し原告が争う請求権の額に応じて算定される。その理由は，消極的確認訴訟の請求認容判決は被告に対する給付命令を含むものではないが，被告の債権の不存在を判決の既判力によって確定し，その結果，それによって債務名義の作出が阻止されることにある。すなわち，原告は被告が僭称する請求権の額について債務名義が作出されるのを阻止するという利益を有し，原則として，これが訴額を決定すると解される。[92]

90）民事訴訟印紙研究70頁。

91）小川／宗宮／佐藤編・手引284頁。

92）BGHZ 2, 276＝NJW 1951, 801; *Hillach/Rohs*, S.33; *Anders/Gehle/Baader*, Teil D. Feststellungslkage, Rn.15. もっとも，中野・前掲注(51)73頁は，消極的確認の訴えについても，

積極的確認の訴えにおいては訴額が一定範囲減額されるべきであるが，これと異なり，消極的確認の訴えにおいては減額は不要と解される。その理由は，消極的確認判決によって相手方の請求を排除することによって相手方からの給付訴訟の危険に身を曝さないことに，この訴えの原告の利益があり，これは請求認容判決による当事者間の法的平和の達成により実現されるからである。[93]

　　　（bb）　反復的または回帰的給付義務の不存在確認　　反復的また　　　　[95]
は回帰的給付，とくに年金，定期金給付を目的とする債務の不存在確認の訴えの場合も，訴額は同様の給付訴訟と同じように算定されるべきである。[94]
給付訴訟の場合には，訴え提起時にすでに履行期の到来している請求額と３年分の請求金額の合計額を訴額とみるべきであるので（→[80]），消極的確認の訴えの場合も，同様に，訴え提起時に履行期の到来している請求金額と３年分の請求金額の合計額が訴額となると解すべきである。

　　　（cc）　消極的確認の一部請求　　消極的確認の一部請求の場合，す　　[96]
なわち相手方の債権の一部の不存在だけが確認の申立ての対象とされる場合，訴訟物はその相手方の債権の一部である。たとえば，原告が被告に対し，被告の主張する債権額（たとえば500万円）のうち一定額（たとえば100万円）を超えて債務を負担していない旨の確認を求める訴えを提起する場合，訴訟物は被告主張の債務額500万円から原告の認める100万円を控除した残額400万円の債務の不存在の確認の申立てである。したがって，訴額は400万円である。

　これに対し，原告がその不存在の確認を求める債務の総額を明示できず，被告もその主張する請求権の額を明示できない場合（金額不特定の消極的確認の訴え）がある。損害賠償請求権の成立およびその額について当事者間に深刻な対立があるような場合がそうである。このような場合，原告は申立てにおいて自分が争う被告の自己に対する債権の額を明示せず，請求権の発生原因のみを示すことも適法である。この訴訟で原告の請求が認容されると，被告の請求権の不存在が既判力によって確定するから，原告の

積極的確認の訴えと同様，訴額を減額する余地があるとされる。
93) BGH FamRZ 2007, 464; BGH NJW 1970, 2025; 1962, 1065. *Hillach/Rohs*, S.33; *Schneider/Herget/Noethen*, Rn.2303.
94) *Hillach/Rohs*, S.34.

76　第1章　訴額に関する一般原則

法的地位の不安定を除去することができ，それゆえ確認の利益を認めることができるからである。問題は，このような場合に訴額をどう算定すべきかである。訴額の算定が極めて困難な場合として160万円とみなされるという見解があるが，しかし，この結果は債務不存在確認の訴えを提起する原告の意思に合致しているように思われない。審理の中で被告がどの程度の請求額を主張するかが明らかになる場合もあるから，160万円の訴額で手数料を納付し，訴訟中に訴額の再算定をし，差額があれば追加徴求をすべきであろう。[95]

第3款　形成訴訟

1　形成の訴え

[97]　形成の訴えは，原告が権利または法律関係の変動のために法律が定める形成訴権または形成要件を主張して，裁判所にその変動を宣言する判決を求める訴えである。給付の訴えは，原告がすでに存在する給付請求権を主張して被告に原告への給付を命ずる判決を求める訴えであり，確認の訴えはすでに存在する権利または法律関係の存否の確認を求める訴えであるが，形成の訴えにおいて請求を認容する形成判決は，それまで存在せず，かつ判決がなければ発生し得ない法律効果または法律関係を創造し，または判決がなければ消滅または変動しないであろう法律関係を消滅または変動させることを目的とする。[96]

形成の訴えには，離婚の訴え，離婚の取消しの訴え，嫡出否認の訴え，認知の訴え，認知無効の訴えのような非財産権上の形成の訴えのほかに，株式会社の決議取消しの訴え，取締役解任の訴え，請求異議の訴え，第三者異議の訴えのような財産権上の形成の訴えがある。抵当権者の提起する**短期賃貸借解除請求の訴え**の制度は，2003年の「担保物権及び民事執行制

95）大阪高決昭和63・5・30高民集41巻2号65頁＝判タ670号234頁；民事訴訟費用研究230頁；浅生重機「債務不存在確認訴訟」新実務民訴講座(1)369頁；注解民訴(1)325頁［小室／松山］；菊井／村松・新コンメⅠ161頁。中野・前掲注(51)71頁は，交通事故による損害賠償請求権不存在確認訴訟などにおいて被害者の主張する損害賠償請求権が訴え提起時には不確定な場合が多く，また被害者が常識上ありえない破天荒な損害を主張する場合があるが，このような場合には経済的な利益を基準とすべきではなく，裁判制度の利用者に相応の負担を課して濫訴を防ぐ程度に適当な金額であればよいので，提訴段階での受訴裁判所の裁量行使によってこの意味での適切な金額を訴額として定めればよいと提言している。

96）詳しくは，松本／上野［225］［松本］参照。

度の改善のための民法等の一部を改正する法律」による短期賃貸借制度の廃止に伴い無くなったけれども，改正法はその施行時に存在する短期賃貸借（改正法施行後に更新されたものを含む）であって，当該抵当権の登記後に対抗要件を備えたものに対する抵当権の効力については，なお従前の例によると定めたので（同法附則5条），その限りで改正法施行後も短期賃貸借解除請求の訴えが提起されることがある。この訴えは，抵当権者に損害を及ぼす短期賃貸借を裁判所の確定判決によって消滅させるものであるので形成の訴えである。

2 訴　　額

　訴額の算定については，どのような形成的な効力が訴えによって求めら　〔98〕れているかが重要である。

　非財産権上の形成の訴えの管轄訴額は140万円を超えるとみなされ（民訴8条2項前段），手数料訴額は160万円とみなされる（民訴費4条2項前段）。財産権上の形成の訴えについては，原告が当該形成の訴えの請求認容判決によって得る利益が基準になるが，訴額の算定が極めて困難なものについては非財産権上の請求と同じく，管轄訴額は140万円を超えるものとみなされ（民訴8条2項後段），手数料訴額は160万円と見なされる（民訴費4条2項後段）。

　短期賃貸借解除請求の訴えの訴額は，この訴えによって短期賃貸借が消滅することによって抵当権者が受けることのできる利益に基づき算定されるべきであるので，短期賃借権による目的不動産の価額の下落を回避する抵当権者の利益は賃借権のない目的不動産の価額と賃借権を伴う目的不動産の価額の差額であり，この額が訴額である。賃借権の価額を目的物の価額の2分の1とするのが訴額通知3であり，賃借権を目的とする訴えに準じて，目的不動産の価額（固定資産評価額）の2分の1を訴額算定の基礎にするのが実務である。ただし，原告の抵当権の被担保債権額がこの額に満たない場合には，被担保債権額が上限を画するとされる[97]。

　その他の形成の訴えの訴額については，個々の項目を参照。

97）小川／宗宮／佐藤編200頁以下。

第4款　共同訴訟
1　意　義
〔99〕　民訴法は二当事者対立構造を基本にしているが，このことは，原告または被告として各1人しか訴訟に関与できないことを意味するものではない。1つの訴訟手続に，原告側または／および被告側に複数の当事者が関与することがある。このような複数当事者が関与する訴訟形態が**訴えの主観的併合または共同訴訟**である。

　共同訴訟においては，1つの訴訟手続に数人の者が当事者として関与するという特徴がある。原告または／および被告の側に立つ2人以上の訴訟当事者は，**共同訴訟人**と呼ばれる。共同訴訟人は，当事者である点で，補助参加人や，訴訟告知を受ける被告知者のような第三者とは異なる。第三者が当事者間の訴訟に関与する場合の1つである独立当事者参加（民訴47条）の参加人は，独立した当事者ではあるけれども，原告または被告のいずれかの側に立つのではないから，ここにいう共同訴訟人には当たらない。原告側の共同訴訟人を**共同原告**と呼び，被告側の共同訴訟人を**共同被告**と呼ぶ。

　共同訴訟であるか否かは，単純に当事者の数によって定まる。たとえば，当事者である1つの法人が数人の代表者を有する場合，当事者の法定代理人が数人いる場合（たとえば未成年者の両親が共同親権を行使する場合），または，同一の当事者のために複数の訴訟代理人が選任されている場合には，複数存在するのは，それぞれ代表者，法定代理人または訴訟代理人であって，当事者は1人だけである。したがって，これは単純な訴訟である。

2　共同訴訟の種類
〔100〕　共同訴訟は，種々の基準により分類することができる。最も重要な分類は，通常共同訴訟と必要的共同訴訟の区別である。この区別は，その事件が統一的な裁判（合一確定）を特に必要とする場合であるか否かを基準とする。原告側の共同訴訟と被告側の共同訴訟を区別することもできるが，この区別は，外形的に当事者のいずれの側に共同訴訟人が関与しているかを示すのみであって，内容的あるいは体系的な基準に基づくものではない。

　さらに，共同訴訟がいつ発生するかにより，原始的共同訴訟と後発的共同訴訟を区別することができる。**原始的共同訴訟**は，1つの訴えによって

初めから数人の原告の各請求，または数人の被告に対する各請求について，裁判所の判決が求められる場合であり，**後発的共同訴訟**は，後述のように訴訟係属中に種々の方法で発生する共同訴訟である。

（1）　通常共同訴訟

通常共同訴訟は，異なる当事者間の数個の請求が訴訟経済上の理由から〔101〕1つの訴訟手続によって審理裁判される共同訴訟である。当事者が各別に訴訟を追行しようと思えば，そうすることができる場合であるが，これらの数個の訴えを1つの訴訟手続に併合するのが通常共同訴訟である。ここでは，裁判所はいつでも訴訟手続を分離することができ，事実上手続の併合が行われるにすぎず，そのことによって個々の請求に関する訴訟法上の取扱いに影響が生じることはない。

通常共同訴訟の利点は，個々の共同訴訟人の訴訟手続の重複，とりわけ時間と費用のかかる証拠調べの重複実施を避けることにより，訴訟に要する当事者と裁判所の時間，労力および費用の軽減を図ることにある。その他，数個の請求が同一の訴訟手続においてまとめて審理裁判されるので，裁判所が同一または類似の争点について事実上矛盾なく統一的に判断することを期待できることも大きな利点である。後に述べるように，民訴法38条は，権利義務の共通の場合，権利義務の原因が共通の場合および権利義務が同種の場合に通常共同訴訟を許しているが，各々の場合は必ずしも厳格に区別できるものではない[98]。

（2）　必要的共同訴訟

必要的共同訴訟は，訴訟の結果が共同訴訟人の全員に「合一にのみ確定〔102〕すべき場合」に法律が要求する共同訴訟である（民訴40条1項）。これは，訴訟の結果が多数人に「合一に」，すなわち矛盾なく統一的に確定すべき場合に法律上要求される共同訴訟形態である。ここでは，実体法上の理由または訴訟法上の理由から，矛盾のない，統一的な裁判がなされる必要があるので，民訴法は矛盾した裁判がなされないように種々の法規制を加えている（民訴40条）。反面ここでは，共同訴訟人の1人に訴訟手続の中断または中止の事由が発生すると，訴訟手続の全体が中断しまたは中止されるため，手続が非常に硬直的になり，それだけ手続の遅延が避けられない

98）松本／上野〔800〕〔上野〕。

80 第1章 訴額に関する一般原則

という不都合もある。

3 共同訴訟における訴額

(1) 管轄訴額

〔103〕　請求の併合につき訴額の合算の原則を定める民訴法9条1項本文は，数人の原告の請求が併合され，または数人の被告に対する請求が併合される共同訴訟にも適用される。共同訴訟は訴えの提起から原始的に発生することも，訴えの主観的追加的併合によって事後的に発生することもあるが，いずれの場合にも民訴法9条1項本文の適用がある。したがって数人の原告から，または，数人の被告に対して，訴訟上の請求につき裁判が求められる場合，民訴法9条1項により個々の訴訟上の請求について訴額の算定が必要になる。その場合に訴額の合算が行われるかどうかは，その複数の請求が経済的に独立した請求であるか，それとも経済的に一体性のある請求であるかによって異なる。

〔104〕　複数の請求が経済的に独立している場合には，個々の請求についての訴額の合算が行われ，合算された訴額が140万円を超える場合には，地方裁判所の事物管轄となる。原告が第一被告に対し不法行為に基づく100万円の損害賠償と第二被告に対して貸金の返還請求として80万円の請求を併合して訴えを提起する場合，訴額は180万円となり，地方裁判所の事物管轄が基礎づけられる。請求が数個あっても，給付が実体法上一回だけしか是認されないため，その複数の請求が経済的にみて一体性を有しているとみられる場合には，訴額を合算することは許されない。経済的にみて同一の対象について，訴額を複数回算定することは許されないからである（→〔120〕）。それ以外の場合は，訴額の合算が行われなければならない。それゆえ，訴額の算定にとって決定的に重要なのは，訴えの申立てに現われている利益の経済的一体性の有無である。数個の訴訟上の請求（訴訟物）は異別ではあるが，経済的にみて同一対象に向けられている場合，それは経済的に一体であり，したがって訴額の合算の対象とされてはならない。

〔105〕　──たとえば数人の連帯債権者により，または数人の連帯債務者に対して訴えが提起される場合には，経済的にみて，数人に帰属しまたは数人によって履行されるべき一個の請求だけが問題になっているの

第3節　各種の訴えにおける訴訟物と訴額　*81*

で，訴額の合算はない[99]。連帯債権は，各債権者が債権の全部の給付
を債務者に対して請求することができることにその特徴があるが，
債務者は一回だけ給付する義務を負うだけである。そのため，各債
権者の債権の間には経済的一体性が存在し，訴額の合算がなく，1
つの債権の額だけが訴額の基礎となる。

—— 数人の連帯債務者に対して訴えが提起され，原告が全員に勝訴する
場合，原告は個々の連帯債務者に対する給付判決を取得するが，原
告が給付を実現させることができるのは1回だけである。したがっ
て，個々の請求の間には経済的一体性が存在する。この場合には訴
額の合算は行われてはならず，1つの請求の訴額と各請求の訴額が
異なる場合には，最も多額の請求の訴額が訴額である[100]。

—— ある共同被告に対しは損害賠償の支払いが請求され，他の共同被告
に対して予備的に同一損害賠償義務の確認が求められる場合，訴額
の合算はない。

—— 同一不動産の所有名義が転々移転した場合に，各取得者を被告とし
て共同訴訟の方法で所有権移転登記の抹消登記手続を請求する場合，
訴額は合算されない[100a]。

—— 数人の原告が株式会社の同一株主総会決議の無効確認を求め，また
は決議取消しを求めて共同訴訟を提起する場合，訴えの申立てに現
われた原告らの利益は共通であるので，訴額は合算されない。

—— 数人の株主が取締役等の責任追及の訴え（会社847条）を共同で提起
する場合，原告らの利益は共通であるので，訴額は合算されない[101]。

—— 複数の住民が提起した住民訴訟[102]（→〔780〕）

—— 複数の原告から，または数人の被告に対して，共同訴訟の方法で同
一の差止請求を行う場合。

たとえば数人の原告が，または数人の被告に対して，同一土地・建物へ〔106〕

---

99) BGHZ 7, 152, 154; BGH NJW-RR 2004, 638, 639; RGZ 116, 306, 309; OLG Karlsruhe VersR
2009, 948; OLG Koblenz AnwBl 1985, 203; *Stein/Jonas/Roth*, §5 Rn.13.

100) *Anders/Gehle/Baader*, Teil D. Stichwort "Gesamtschuldner", Rn.1; *Anders/Gehle/
Kunze*, Stichwort "Gesamtschuldner", Rn.1; *Schneider/Herget/Kurpat*, Rn.2555.

100a) 条解民訴108頁〔新堂／高橋／高田〕。

101) 条解民訴108頁〔新堂／高橋／高田〕。

102) 最判昭和53・3・30民集32巻2号485頁；条解民訴108頁〔新堂／高橋／高田〕。

の立入禁止，同一建物の建築禁止，同一通路の通行妨害の禁止を命ずる判決を求めて訴えを提起する場合，全員によって同じことが求められており，したがって訴えの申立てに現われた利益は共通であるので，訴額の合算は行われてはならない。数人の原告によるこのような差止請求訴訟において，原告ごとに経済的利益に差異がある場合には，より大きな利益を有する原告の利益を訴額とすべきである[103]。

　民訴法41条は，原告が通常共同訴訟を提起するのであるが，共同被告の一方（Y1）に対する請求と共同被告の他方（Y2）に対する請求が実体法上両立し得ない関係にある場合，原告が同時審判の申出を伴う通常共同訴訟を提起することを許す。たとえば原告がY1に対して代理人による法律行為の本人として債務の履行を求め，代理人に代理権がなく無権代理であったと判断される場合のためにY2（代理人）に対して債務の履行を求める，または損害賠償を求めるという形で本人と代理人とを共同被告とし，2つの請求を弁論および裁判を分離することなく同時に裁判することを求めることができる。このような共同訴訟を**同時審判の申出を伴う共同訴訟**と呼ぶ。この共同訴訟は，裁判所が弁論および裁判の分離をすることを許されないほかは，通常共同訴訟であることに変わりなく，共同訴訟人は独立して訴訟行為をする。裁判所がY2の代理権の存在を肯定する場合，Y1に対する請求を認容し，Y2に対する請求を棄却する判決をする。このようなY1およびY2に対する請求がともに認容されることはないので，両請求の経済的利益は同一であり，訴額の合算は行われない。

〔107〕　判例には訴えの申立てに現われている利益が共通である場合にも，なお個別訴額の合算を要求するものがあるが，その当否は問題である。たとえば571名の原告が，生存権の侵害を理由として日本国による湾岸基金に対する90億ドルの支出および自衛隊の派遣の差止めを請求する訴訟において，訴額の算定は民訴費用法4条2項に準じて95万円（現行法では160万円。現行民訴費用法4条2項前段）を基準とすべきであり，全体としては各原告の訴額を合算して5億4,245万円になると判示した[104]。

　しかし，原告の主張する生存権は原告各自にとって別々のものではある

---

103) BGH NJW-RR 1998, 142=GRUR 1998, 958; KG NJW-RR 2000, 285.
104) 前掲注(102)最判昭和53・3・30。

が，90億ドルの支出および自衛隊の派遣の差止めについて原告らが有する
利益は90億ドルの支出と自衛隊の派遣の取りやめによって実現する原告ら
全員に共通する利益であり，1人の請求が認容されれば全員の利益が実現
する以上，原告らの利益の一体性が存在する。それゆえ，原告の人数分の
訴額を合算することは法律に反するであろう。

(2) 手数料訴額

民訴費用法4条1項は民訴法9条1項を準用しているので，手数料訴額〔108〕
も管轄訴額と同じ方法で算出される。それゆえ手数料訴額の算出について
は，管轄訴額について述べたことがそのまま当てはまる。

第5款　訴えの客観的併合

1　はじめに

1つの訴訟手続において複数の請求が審理裁判の対象とされる訴訟があ〔109〕
るが，これには種々の態様がある。まず訴えの客観的併合と訴えの主観的
併合（共同訴訟）を区別することができる。前者は，同一原告の同一被告
に対する複数の請求が併合され審理裁判される併合態様であり，後者は1
つの訴訟手続に複数の当事者が関与し，その結果，複数の請求が審理裁判
の対象となる併合態様である。また請求の併合は，訴訟係属の発生後，訴
えの変更や反訴が生ずることによっても発生する。共同訴訟は前款におい
て扱ったので，以下では，訴えの客観的併合を扱う。

2　訴えの客観的併合の態様

訴えの客観的併合には，一般に単純併合，選択的併合および予備的併合〔110〕
がある。

(1) 訴えの単純併合

訴えの単純併合は，原告が併合されたすべての請求について同順位に裁〔111〕
判所の判決を求める併合形態である。数個の同種の訴え（たとえば数個の
給付の訴えや確認の訴え）を併合することも，異なる種類の数個の訴えを
併合すること（たとえば確認の訴えと形成の訴えの併合）もできる。

原告が物の返還請求と物の毀損による損害賠償請求を併合する場合，名
誉侵害行為による慰謝料請求とそのような行為を将来について禁止する命
令の申立てを併合する場合，売買代金の支払請求と不法行為による損害賠

84　第1章　訴額に関する一般原則

償請求を併合する場合，建物賃貸借契約の存在確認請求（または賃貸借の終了に基づく目的物の返還請求）と未払賃料の支払請求を併合する場合は，客観的併合の例である。同一の事実関係に基づく数個の請求が併合される場合も，異なる事実関係から生ずる複数の請求を併合する場合もある。

(2)　訴えの予備的併合

〔112〕　訴えの予備的併合は，原告が2つまたはそれ以上の請求を主位的請求と予備的請求の形態で併合して主張するものであり，すべての請求が訴訟係属する。原告は主位的請求についての裁判所の判決を申し立て，予備的請求の方は条件付きで判決を求めるものである。多くの場合には主位的請求の棄却の場合にのみ予備的請求につき判決を求めるのであるが（**真正の予備的併合**。主位的請求の認容を解除条件として予備的請求についての判決を求める訴えの併合），主位的請求認容の場合にのみ予備的請求について判決を求める場合（いわゆる**不真正予備的併合**。主位的請求の棄却を解除条件として予備的請求について判決を求める申立て）を不適法視する理由はない。通説は，主位的請求と予備的請求が論理的に両立しない場合に限って予備的併合を許容するが，[105]そのように制限的に解する理由はない。

(3)　訴えの選択的併合

〔113〕　訴えの選択的併合は，2つまたはそれ以上の請求を選択的に認容することの申立て，すなわち，裁判所がいずれか1つの請求を認容することを解除条件として他の請求につき判決を求める申立てである。いずれの請求が裁判されるかの決定を裁判所に委ねようとするものである。通説は，このような併合申立てを適法と認めるが，申立ての特定性を欠く訴えは不適法であるという意味で，この併合形態については申立ての特定性との関係で問題がある。申立ての特定性を欠く訴えは，適式な訴えの提起を欠くため不適法である。したがって，原告が婚姻取消請求と離婚請求を選択的に併合している場合，私見によれば，このような訴えの併合は不適法であり，原告は請求の順序づけを行うべきであると解される。[106]

---

105)　新堂750頁；伊藤615頁。通説に反対する松本／上野〔745〕［上野］も参照。

106)　日本の民事訴訟法学では，訴えの選択的併合は旧実体法説の訴訟物理論をとる場合に限り存在するとの見解が通説だとされるが，以下の不適法理由によると，この場合にも申立ての特定を欠くことに変わりがないので，やはり不適法である。選択的併合は，債務者が選択権を有している場合の選択債務の履行を求める訴えにおいてのみ適法であろう。ここでは，請求権は1つであっても（松本／上野〔746〕［上野］は，この点を強調し，選択債務の履行請

もっとも，選択的併合が不適法と解される場合であっても，実際に選択的併合の訴えが提起された場合，訴額の算定が必要である。併合された複数の請求のいずれか1つの請求が認容されれば，他の請求については審理裁判を求めないという形での請求の併合であるので，複数の請求は経済的にみて一体性を有しており，したがって訴額は1つの請求によって算定される。

3　訴えの客観的併合における訴額の算定

訴えの併合の場合，すなわち1つの訴えで数個の請求を併合提起する場〔114〕合には，その価額を合算したものが訴額である（民訴9条1項本文）。ただし，その訴えで主張する利益が各請求につき共通である場合における各請求については，合算は禁じられる（同条ただし書）[107] 民訴法9条1項本文は財産権上の請求と非財産権上の請求を区別していないので，非財産権上の争訟においても原則として訴額の合算が行われる。

以上は，直接には管轄訴額に関する規律であるが，民訴費用法の特則がない限り，手数料訴額もこれに従う（民訴費4条1項）。もっとも手数料訴額については非財産権上の請求とその原因である事実から生ずる請求を併合する場合には，合算は行われてはならず，多額である訴額による（同条3項）。そのような例として，

——離婚の訴えと離婚原因たる事実によって生じた慰謝料請求の併合（→〔466〕）

——認知の訴えと子の養育費の請求の併合（→〔490〕）がある。

訴額の合算は，重大な効果をもつ。これは，通常の民事訴訟について地方裁判所が訴額の合算によって事物管轄を取得する場合に現われるが，[108] 手

　　求は選択的併合でないとする），複数の申立てに係るいずれかの給付（たとえば，特定物の引渡しまたは一定額の金銭の支払い）を求め，その選択が債務者に委ねられるのであるから，複数の申立ての選択的併合である。

107）大正15年改正民訴法23条1項には，民訴法9条1項ただし書の定めはなく，これは現行民訴法制定のさい従来の解釈を基礎に明文化された。

108）民訴法7条は，併合請求の裁判籍を定め，原告が1つの訴えで数個の請求を併合して裁判を求める場合，どれか1つの請求につき土地管轄を有する裁判所に，本来その裁判所の土地管轄に属さない請求についても土地管轄を認め，併合請求の訴えの提起を容易にする。この規定は，共同訴訟については38条前段の場合，すなわち「訴訟の目的である権利又は義務が数人について共通であるとき，又は同一の事実上又は法律上の原因に基づくとき」に限って適用され，38条後段の場合，すなわち「訴訟の目的である権利又は義務が同種であって事実

86　第1章　訴額に関する一般原則

数料につき逓減制がとられる関係で，合算により当事者の手数料負担が軽減される。

(1)　訴額合算の原則

〔115〕　「1つの訴えで数個の請求をする場合」とは，原告による請求の併合をいう。原告が数人の被告に対する請求を併合する場合を含む。併合態様は問わないし，原始的併合の場合に限らず，訴えの変更（民訴143条），選定者のための請求の追加（同法144条）および中間確認の訴え（同法145条）によって，事後的に請求の併合が生ずる場合をも含む（ただし，併合要件の具備が必要）[109] 民訴法は広く複数の請求を1つの訴訟において審理判決することを可能にするため，たとえば訴えの客観的併合，訴えの変更，訴えの主観的併合，訴訟参加を一定の要件のもとで許すのであるから，訴状によって複数の請求が提起される場合のみならず，事後的に原告または被告の行為によって生じた請求の併合にも民訴法9条1項本文を適用する必要があるからである。そうでなければ，法律が本訴と反訴の訴額の合算の禁止について定めることも意味をなさないであろう。[110] 複数の訴訟が弁論の併合によって併合審理される場合には原告による請求の併合でないという理由で訴額の合算を認めない見解が多いが，[111] 疑問である。裁判所の労力

　　及び法律上同種の原因に基づくとき」は適用されない（民訴7条ただし書）。しかし，38条後段に当たる共同訴訟でいずれの共同訴訟人に関する請求についても受訴裁判所が土地管轄を有するものに関しては，7条ただし書によって9条の適用は排除されない。民訴法7条は，土地管轄にのみ適用される規定であり，事物管轄には適用されない。最〔2小〕決平成23・5・18民集65巻4号1755頁＝判時2120号3頁（①事件）；最〔2小〕決平成23・5・30判時2120号5頁（②事件）＝判タ1352号154頁。

109）注解民訴(1)328頁〔小室／松山〕；菊井／村松・新コンメⅠ164頁；条解民訴107頁〔新堂／高橋／高田〕。

110）*Stein/Jonas/Roth*, §5 Rn.4. 本訴と反訴の訴額の合算の禁止を定める規定は現行民訴法には存在しないが，大正15年改正民訴法によって削除された明治23年民訴法4条2項はこれを明文規定によって定めていたのであり，当然の規定として削除されたものである。なお，現行法において本訴と反訴の合算禁止を前提としている規定は，簡易裁判所の訴訟手続において地方裁判所の事物管轄に属する反訴が提起された場合に，反訴被告の申立てによる本訴・反訴の地方裁判所への移送を定める民訴法274条1項である。

111）最判昭和47・12・26判時722号62頁；注解民訴(1)328頁〔小室／松山〕；注釈民訴(1)231頁〔佐藤〕；梅本吉彦・民事訴訟法〔第4版〕（2009年・信山社）53頁など多数。ドイツでは，管轄訴額についても手数料訴額についても，訴額の合算を肯定するのが多数説である。*Stein/Jonas/Roth*, §5 Rn. 4; MünchKommZPO/*Wöstmann*, §5 Rn.25; *Musielak/Heinrich*, Zivilprozessordnung, 9. Aufl., 2012, §5 Rn. 2. 管轄訴額について訴額の合算に反対するのは，*Thomas/Putzo/Hüßtege*, §5 Rn. 2である。もちろん，合算される訴額の算定の基準時は，弁論の併合時ではなく，個々の請求の訴額算定の基準時であることには変更がない。

の節減は，訴えの客観的併合や訴えの変更の場合と異ならないからである。併合前は地方裁判所の事物管轄がなかった請求が，弁論の併合によって地方裁判所の事物管轄を獲得し瑕疵が治癒することは認められてよいし，合算原則が適用される結果，1つの請求について生じていた手数料の不足が解消されることもある。また，いわゆる追加的共同訴訟を不適法とする判例[111-a] のもとで，訴訟係属中に原告が第三者に対する訴えを提起し，裁判所に対し係属中の訴訟との弁論の併合を求める場合，併合が認められる場合には訴額の合算を認めるべきである。[111-b] 訴状に貼付すべき印紙に関しては，弁論の併合による訴額の合算を前提に印紙を貼付することを許し，併合が認められない場合には印紙の追貼を命じれば足りる。

　民訴法9条1項本文は，相手方の態度を考慮せずに一方の当事者の提起する複数の申立ての価額の合算の原則を定めるものであるが，これは同時に訴額の算定にあたり相手方の利益に照準を合わせないという訴額法全体を支配する原則を闡明するものである。

　ここでは，その訴えで主張する利益が各請求につき共通でなく異別である場合に，訴額が合算される。

　(a)　**経済的に一体でない複数の請求の存在**　　民訴法9条1項本文〔116〕（および民訴費用法4条1項）の適用は，1つの訴訟手続において複数の訴訟上の請求（訴訟物）が並存し，かつ複数の請求が経済的に一体性を有していないことを要件としている。

　複数の訴訟上の請求が並存するかどうかは，種々の訴訟物理論によって異なる結果となる。給付訴訟について一個の請求権の満足があればもはや他の請求権の実現は是認されない場合にも個々の実体法上の請求権ごとに訴訟物が異なるとみる見解（**旧実体法説**，→〔40〕）によれば，1つの訴訟でそれらが主張された場合，別個の請求が併存する。ただ，この場合，数個の請求権の経済的利益が共通する部分は訴額の合算は行われず，いずれか多額の方の請求が基準になるとされる。これに対し，**訴訟的訴訟物説**

111-a)　最判昭和62・7・17民集41巻5号1402頁。

111-b)　福永有利「訴えの主観的追加的併合の許否」ジュリ899号（1987年）68頁，69頁は，弁論の併合の場合，訴額の合算はできないという通説をやむを得ないとするが，弁論の併合により訴訟経済が図られるのであるから，本文で述べたように理論的に訴額の合算ができないというものではない。

（新訴訟物理論および二分肢説）によれば，主張される実体法上の請求権が別個のものであっても，それらが請求を根拠づける法的観点にすぎない場合には，訴訟物は1つであり，請求の併合は存在せず，訴額の合算はもともと問題にならない。**二分肢説**によれば，1つの申立て（たとえば損害賠償の申立て）が種々の法的観点によって理由づけられる場合には，訴訟上の請求は1つだけ存在するので，民訴法9条1項本文の適用はない。申立てが1つの場合には，民訴法9条1項本文の適用の余地はないからである。

〔117〕 （b）**経済的に固有の利益を伴わない請求の併合** 請求の併合の場合に訴額の合算原則の適用は複数の請求が別々の経済的利益を有することを前提とするのであるから，訴訟上の請求が複数存在するけれども，固有の経済的な利益を伴っていない場合には訴額の合算はなされてはならないと解すべきである（目的論的解釈）。したがって，固有の法律効果に向けられておらず単に申立てを詳しく書き換えたにすぎない申立て（繰返しの，解釈的なまたは説明的な申立て）が提起されている場合にも，民訴法9条1項本文の適用はない。たとえば，離婚の訴えに併合された夫婦財産制の終了の確認申立て，相手方に対する登記抹消手続請求に併合された自己の権利の登記請求は，固有の法律効果に向けられておらず別々の経済的利益を目的としていないので，訴額の合算はなされるべきでない。[112] これは一般的な訴額法の原則であるから，行政訴訟においても適用がある。

〔118〕 （c）**数個の請求の並行主張** 民訴法9条1項本文の定める「数個の請求」は，複数の請求が訴訟手続において並行して主張されている場合に存在する。いわゆる訴えの交換的変更の場合は，ここにいう「数個の請求」の場合に含まれない。訴えの変更の場合には，変更後の請求について訴額を算定したうえで手数料額を算出し，変更前の請求について納付された手数料額が控除される（民訴費別表第1の5の項）。

〔119〕 （d）**請求の併合が不適法な場合** 併合要件を欠くため請求の併合が不適法な場合には，訴額は合算されてはならない。この場合には手続は分離され，個々の請求ごとに訴額の算定が行われなければならない。そうでなければ，不適法な請求の併合をすることによって地方裁判所の事物管轄が基礎づけれることになるからである。

---

112) *Stein/Jonas/Roth*, §5 Rn.1.6.

(2)　例外としての合算の禁止

(a)　**経済的一体性**　　複数の訴訟物が存在する場合に，その経済的目〔120〕
標が同じであるときは，すなわち，その訴えで主張される利益が経済的に
各請求につき共通であるときは，訴額は合算されてはならない（民訴9条
1項ただし書）。これは「同一の」訴訟の目的は，複数回，価額算定されて
はならないという原則を明らかにするものである。この規定の目的は，複
数の請求を一緒に審理することにより裁判所の労力が節減されるので，手
数料訴額を低く抑えることにある。経済的にみる請求の「共通性」が問題
となっているので，請求相互の実体法上の関連性を要求すること[112a]は妥
当ではない。

ここでは，複数の請求は法律上は異別であるが，その間に経済的一体性
が存在するので，訴額の合算は許されない。請求の予備的併合の場合，た
とえば，原告が売買代金の支払いを請求し，もし裁判所が売買契約を不成
立または無効と判断する場合にはすでに被告に引き渡した売買目的物の返
還を求める場合，代金額と目的物は対価関係にあり，経済的一体性が認め
られるがゆえに，合算は禁止される。

経済的一体性がある場合は，合算は許されないが，経済的一体性を有す
る複数の訴えが併合提起されたのではなく，各別に提起された場合には，
のちに弁論が併合されても，訴額は各別に算定されるとするのが判例[113]
であるが，弁論の併合によって1つの訴訟手続によって併合審理される以
上，多額の方の請求の訴額が基準となると解すべきである。

(b)　**経済的一体性が肯定されるいくつかの例**　　　　　　　　　〔121〕

(aa)　**給付の訴えと確認の訴え**　　経済的に独立でない申立ては，
とりわけ給付の訴えと併合される先決的法律関係についての確認の訴え
（たとえば中間確認の訴え）にみられる。損害賠償請求の訴えと並んで申し
立てられる被告の損害賠償債務が存在することの確認申立て，将来の賃料
の支払いまたは未払いの賃料の支払いを求める給付の訴えと並んで申し立
てられる当該賃貸借関係の存在確認の申立て，給付目的物の返還と並んで
提起された契約の無効確認の申立て，不動産の所有権移転登記手続を請求

112a)　伊藤72頁注(67)；小島武司・民事訴訟法（2013年・有斐閣）84頁。
113)　最判昭和47・12・26判時722号62頁；注釈民訴(1)236頁〔佐藤〕。

90　第1章　訴額に関する一般原則

する訴えと並んで提起された所有権確認の訴えなどは，その典型例である。これらの場合に先決的法律関係についての確認申立てが給付の訴えとともに独立の確認の訴えの形式で提起されるか，中間確認の訴えの形式で提起されるかは，訴額の算定に影響を与えない。以上の規律は，管轄訴額のみならず，民訴費用法4条1項による民訴法9条1項ただし書の準用により手数料訴額についても適用される。[114]

〔122〕　　　　　(bb)　一部請求の訴えと確認申立て　　　一部請求の訴え（→〔182〕）と並んでこの訴えによって主張される債務関係の全体の確認申立てが提起される場合には，給付申立てと確認申立てが並存し，両者の間には部分的に経済的一体性が存在する。たとえば損害賠償請求権全体の存在確認の申立てと，自動車の修理費用と治療費の支払請求が併合される場合（慰謝料請求や逸失利益の賠償を要求しない場合），あるいは1つの訴えにおいて一定期間の賃料請求と賃貸借関係の存在確認が申し立てられる場合，給付請求の範囲において2つの申立ては経済的に一体性を有する。それゆえ，この範囲では訴額の二重算定は許されない。確認申立てが給付申立てを超える範囲において，給付申立ての訴額と，給付申立てを超える範囲の確認申立ての訴額は別々に算定され，合算されなければならない（結果として，多額の方の申立ての訴額がこの併合訴訟の訴額となる）。

〔123〕　　　　　(cc)　予備的申立てと主位的申立て　　　複数の訴えの申立ての1つ（主位的申立て）が認容または棄却されることを解除条件として他の訴えの申立て（予備的申立て）について審理裁判を申し立てる請求の併合態様を**予備的併合の訴え**という。真正の予備的併合の訴えと，いわゆる不真正予備的併合の訴えを区別することができる。

　　たとえば原告が商品の売買代金を請求し（主位的申立て），裁判所が売買契約を不存在または無効と判断するときは，すでに被告に引き渡した売買目的物の返還を請求する場合には（予備的申立て），予備的申立ては主位的申立ての棄却によって条件づけられており，主位的申立てと予備的申立ては論理的に両立しない。このような場合が**真正の予備的併合**である。これに対し，**不真正予備的併合**にあっては，予備的申立ては主位的申立てを基礎にしており，両者は両立しうる関係にあり，したがって両者の間には予

---

114)　Vgl. *Stein/Jonas/Roth*, §5 Rn.9.

備的関係はなく，予備的申立ては主位的申立てと勝訴または敗訴を分かち
合う。たとえば，原告が被告との間の消費貸借契約の無効確認を主位的に
申し立て，この主位的申立ての棄却を解除条件として，すでに支払った弁
済金の返還を命じる判決を求める予備的申立てを提起する場合，主位的申
立てに理由がなければ予備的申立ても理由を有しない。

　訴額の算定にとっては，2つの申立てが訴訟物を異にするが，経済的に
一体性を有するかどうかが重要である。次の場合には，経済的一体性が肯
定される。

　　──所有権に基づく物の引渡しと目的物がすでに滅失していた場合のた
　　　　めに予備的に損害賠償請求を提起する場合
　　──残代金支払請求を主位請求とし，売買契約が無効と判断される場合
　　　　のために，売却された物の返還を予備的に請求する場合
　　──物の返還を請求し，目的物の滅失の場合のために予備的に不当利得
　　　　による価額賠償または損害賠償を請求する場合
　　──定期金賠償を請求し，予備的に一時金賠償判決を申し立てる場合

　以上のような経済的一体性が認められる予備的申立てについては，訴額〔**124**〕
（管轄訴額）はより多額の申立ての訴額が基準となる。予備的申立ての評
価額の方が大きい場合，額が大きい方の予備的請求の訴額がこの訴訟の訴
額になる。そのさい，予備的申立てが真正の予備的申立てであるか不真正
予備的申立てであるかにより，違いが生ずるかどうかが問題となる。1つ
の見解は，不真正予備的申立てと主位的申立てとは予備的関係になく，両
立する関係にあるので，両者の訴額の合算が必要だと主張する。もっとも，
この見解も，両者の間にしばしば経済的一体性があるので，その限りで，
合算は行われないとする[115]。これに対し，条件が成就するかどうかは訴訟
開始時には定まっておらず，どの申立てが裁判されるかは確定していない
ので，どの申立てが裁判されるかどうかによって訴額を算定することはで
きないと批判される。他の見解によれば，真正の予備的申立てか不真正の
予備的申立てかを問わず，経済的一体性がある場合に多額の方の請求の訴
額により，訴額が決まる[116]。

---

115) *Schneider/Herget/Noethen*, Rn.3084.
116) Vgl. *Stein/Jonas/Roth*, §5 Rn.36.

92　第1章　訴額に関する一般原則

⑶　非財産権上の争訟における特殊性

〔125〕　原告が複数の非財産権上の請求を併合して訴えを提起する場合，個々の価額を合算するのが原則である。ところが，非財産権上の争訟においても，訴えの併合の場合に訴額の合算が禁止される場合がある。非財産権上の争訟においては，経済的利益が争われるのではないけれども，すべての申立てに関して申立人の利益が同一方向を向いている場合には合算禁止が行われるべきである。[117]　たとえば，離婚の訴えと婚姻取消しの訴えが併合審理される場合，2つの訴えの訴訟物は異なるけれども，いずれも婚姻の解消という同一目的を有するので，訴額の合算は禁止される。[118]

⑷　附帯請求の訴額不算入

〔126〕　　(a)　附帯請求　　民訴法9条2項は「果実，損害賠償，違約金または費用の請求が訴訟の附帯の目的であるときは，その価額は，訴訟の目的の価額に算入しない」と定める。これらの附帯請求も主たる請求とは異なる請求であり，裁判所はこれについて裁判をしなければならないが，訴額算定の煩雑を避け事物管轄の判定を容易ならしめるために，附帯請求の価額は訴額に算入しないこととされている。

〔127〕　　　(aa)　同一訴訟における請求　　訴額算定との関係での**附帯債権**とは，実体法上主たる債権に従属する債権で（主たる債権と附帯債権との間の従属関係の存在），同一当事者が同一の相手方に対して主たる債権と並んで同一訴訟において請求するものであるが，主たる債権の要素としてこれに含まれているのでなく，独自の成立原因をもつものである。主たる請求が，同一訴訟手続において訴求されるのでなければならない。附帯債権がその基礎をなす主たる債権と切り離して独立に訴求される場合には，この訴訟については従属関係が欠けているので，附帯債権は，当該訴訟では訴額法の意味での附帯債権ではなく，それ自体，主たる債権となるので，訴額算定の対象となる。[119]　同じことは，附帯債権が他の主たる債権とともに訴求される場合にも妥当する。この場合には，附帯債権を条件づけている主た

---

117)　*Anders/Gehle/Kunze*, Stichwort „Klagenhäufung" Rn.17.

118)　もっとも，本書は離婚の訴えや婚姻取消しの訴えのように同一婚姻関係内の訴えについては，失権効の関係で併合される他方の訴えはもともと訴額算定の対象にならないと解している。→〔456〕

119)　*Anders/Gehle/Kunze*, Stichwort "Nebenforderungen" Rn.2; *Schneider/Herget/N. Schneider*, Rn.4165.

る債権は訴求されていないので，附帯債権は訴額算定の対象となる。[120]

（bb）　主たる債権への従属性　　附帯債権と主たる債権との間に，[128]
従属関係が存在しなければならない。附帯債権が統一的な金銭債権の算定
項目にすぎない場合には，従属関係は存在しないので，多くは利息請求の
形式で行われる附帯債権の主張は訴額算定の対象となる。たとえば，供託
金から生ずる利息（供託3条）と供託金とは一体をなす請求権であり，両
者は分離されてはならないので，利息は供託金の払渡しまたは供託物の取
戻しへの同意を求める訴えの附帯債権ではなく，それゆえ訴額に算入され
なければならない（→[272]）。訴求債権以外の債権についての利息は，附
帯債権ではない。要求される従属性は，当事者の意思によって解消するこ
とはできない。附帯債権がそのようなものとして表示されていないことに
よって，または確定額で算定されていることによって，附帯債権性は失わ
れない。附帯債権，とくに利息債権が元本債権とともに1つの額に纏めら
れても，それによって附帯債権の性質を失うものではない。

（cc）　主たる請求の消滅　　附帯債権と主たる債権との間の従属関[129]
係は，判決時まで存続しなければならない。しかし，この従属関係は，訴
訟係属中に消滅しうる。主たる債権に関する訴訟は，一部判決，訴えの取
下げ，請求の放棄・認諾によって終了することがある。この場合には附帯
債権は，訴額の点で独立した債権となる。このことは管轄訴額にとっては
重要ではない。事物管轄は訴え提起時点が基準となるからである（民訴15
条）。このような場合に手数料訴額について，附帯債権の価額が主たる請
求の価額を超えない限り，附帯債権の価額が基準となると定めるドイツ裁
判費用法43条2項のような規定のない日本法においても，附帯債権が主た
る債権となった以上，これについて手数料訴額の算定は必要と解される。
実務では，訴額は訴え提起時に固定されるので，附帯請求の訴額不算入の
原則は後に訴えの取下げの場合にも適用されると主張されているが，[121]訴
額不算入原則は主たる債権と附帯債権の同時存在を要件としているので，
同時存在の要件が失われると，附帯請求であったものが主たる請求になる
のは当然である。反対説では，原告は主たる請求について訴えを取り下げ

120）最高裁判所事務総局・民事訴訟における訴訟費用の研究（1954年，訟廷執務資料5号）
　　255頁。
121）訴額算定研究243頁。

94　第1章　訴額に関する一般原則

れば，訴え取下げ後も利息請求について，それがいかに高額であっても手
数料の支払いを免れることができる不合理が生ずる。したがって，附帯請
求につき手数料支払義務が発生すると解される。ただし，主たる債権の価
額によって上限を画されると解すべきである。

〔130〕　主たる債権と附帯債権の同時存在を要求しない反対説は，原告が主たる
請求についての訴えを取り下げると同時に，それまでの附帯請求について
請求の拡張をした場合（たとえば，遅延損害金請求の請求額を増額した場合），
この増額された遅延損害金請求も主たる請求に係る訴え取下げにもかかわ
らず附帯債権性を失わないと主張する。[122] しかし，訴えの取下げによって
増額前の遅延損害金請求はすでに附帯請求性を失っているので，これが増
額されるのは通常の請求の拡張と異ならない。したがって私見によれば，
増額後の遅延損害金請求の額が主たる請求として手数料訴額をなす。

〔131〕　主たる債権の一部につき訴えが取り下げられたが，附帯債権はなお係属
中の訴訟で争われている場合には，主たる債権から生ずる附帯債権は，主
たる債権の他の部分が同じ訴訟において係属する場合には，なお訴訟に係
属している主たる債権とともに，主たる債権となり，訴額算定の対象とな
る。[123] この場合には，附帯債権は訴えの取下げの限度で，これを条件づけ
る主たる債権からいわば解放されたからである。

〔132〕　　　（cc）　**附帯債権としての主張**　　「果実，損害賠償，違約金または
費用」の請求が「訴訟の附帯の目的である」とは，これらの発生原因と
なった主たる請求と同一の訴訟において副次的に主張されることをいう。
利息や遅延損害金の額が元本額より多額である場合にも，訴訟の「附帯の
目的」である限り，訴額に算入されない。

　　　請求が附帯請求の性質を有するかどうかの判断の基準時は，当該請求に
ついて裁判が行われる時点である。原告が訴状においてその請求権を主張
せず，のちに訴訟係属中にこれを主張した場合にも，附帯債権について裁
判される時点で主たる債権が係属していれば，その請求権は附帯請求権で
ある（同時存在の原則）。[124]

122）訴額算定研究244頁。
123）BGH 26, 174; BGH MDR 1994, 720; BGH NJW 2012, 2523; *Schneider/Herget/N. Schneider*, Rn.4173; *Stein/Jonas/Roth*, §4 Rn.38.
124）*Stein/Jonas/Roth*, §4 Rn.28.

第3節 各種の訴えにおける訴訟物と訴額 95

(b) **附帯請求の訴額不算入** 附帯請求は主たる請求と一緒に主張さ 〔133〕
れる場合，民訴法9条2項の要件のもとで管轄訴額に算入されない。手数
料訴額についても同じである。そのような附帯請求は，果実，損害賠償お
よび費用である。

(aa) **果実**には，法定果実および天然果実である。天然果実は， 〔134〕
「物の用法に従い収取する算出物」であり（民88条1項），法定果実は「物
の使用の対価として受けるべき金銭その他の物」である。

利息，賃料，使用料などが法定果実に当たる。

債権の一部を弁済した後の残元本と，弁済ずみの元本部分に対する未払
い利息や遅延損害金を併せて請求する場合，未払いの利息請求権や遅延損
害金請求権は，残元本請求権との間で従属関係に立たないから，附帯請求
に当たらないので，訴額は合算されるべきである。[125] 合算した訴額によって，
事物管轄が決まる。この点について，反対説がある。反対説[126]は，弁済
ずみの元本部分に対する未払い利息や遅延損害金のうち附帯請求として訴
額に算入されない部分を計算することの困難を指摘し，附帯請求の訴額不
算入の根拠である訴額算定の簡易化の要請は弁済ずみの元本部分に対する
未払い利息や遅延損害金にも妥当すると主張して，これが元本債権ととも
に請求される限り，訴額に算入されるべきでないと主張する。しかし，計
算の困難を理由に附帯債権でないものを附帯債権と同一に扱うことはでき
ないであろう。附帯債権として訴額に算入されない部分は裁判長または裁
判所の裁量によって決めることができるから，計算の困難は理由とはなら
ない。

家屋の明渡し請求と併合して請求される未払い賃料には，問題がある。 〔135〕
実務では原告が賃貸借の終了に基づき建物明渡しを請求する場合，併せて
未払い賃料を請求するときは，附帯請求として訴額に算入しない取扱いが
行われている。[127] しかし，賃料請求権は，主たる請求である建物明渡請求
権を発生原因とするものでなく，したがって建物明渡請求権と従属関係に

---

125) 細野・要義 I 170頁；最高裁判所事務総局・前掲注(120)255頁；最高裁判所事務総局・簡
　　易裁判所判事会合同民事関係要録（昭和26年度～32年度）（1959年，民事裁判資料73号）74頁。
126) 訴額算定研究225頁以下。
127) 訴額算定研究227頁以下，237頁；書記官事務の研究(1)43頁；民事実務講義案 I 41頁；小
　　川／宗宮／佐藤編・手引78頁。

96　第1章　訴額に関する一般原則

立っていない。後者は前者を条件づけていない。主たる請求との従属関係が欠けている場合，賃料請求権は附帯債権にはならないので，請求された賃料債権額を訴額に算入しないことは誤りである。

　建物の明渡請求と併合して提起された未払い賃料請求に遅延損害金請求が付加される場合，未払い賃料請求を附帯請求とみる見解には，この遅延損害請求が付加されることによって，未払い賃料請求が元本債権となりうるため附帯請求たる性質を失うという見解[128]と，未払い賃料請求が遅延損害金請求を伴うことによって附帯請求の性質を失い手数料算定の対象となるためには法的根拠を必要とするので明文規定がない以上，附帯請求として扱うべしとする見解[129]が対立しているが，この議論の出発点がそもそも不当である。すなわち，建物明渡請求と併合された未払い賃料請求はそれ自体主たる請求であり，未払い賃料請求に附帯して請求された遅延損害金請求が附帯請求である。遅延損害請求だけが訴額算定から除外される。

〔136〕　**共同住宅の賃貸借における共益費**（室外の電気・水道の使用量，室外の塵埃処理機の清掃および消毒の費用，共同灯の電球の取替え費用等について原告が定める費用）については議論がある。各賃借人が共同で利用するために必要となる階段，廊下，屋上，集会所などの維持管理費用が建物明渡請求とともに請求される場合，この共益費は主たる請求である建物明渡請求の附帯請求として，訴額に算入されるべきでないかどうかという問題である。この問題について，次のような見解が主張されている。すなわち，共益費は別個の債権契約によって発生したもので，独立の請求とみるのがよいという見解[130]と，建物の専有部分の使用に必要不可欠な部分に関する共益費は附帯請求の性質を失わない，共益費の内容を明らかにせず単に額だけが定められている場合には，この点の判断を訴え提起の段階ですることは困難であり，共益費名目であっても実態は賃料と解することができるという理由で，賃料と同様，共益費を建物明渡請求の附帯請求と扱うのが妥当だという見解[131]である。しかし，共益費は，賃料ではないし，また賃料

128）訴額算定研究227頁；小川／宗宮／佐藤編・手引178頁参照。
129）訴額算定研究227頁以下；小川／宗宮／佐藤編・手引78頁以下。
130）最高裁判所事務総局・民訴費用法に関する執務資料（1973年，訟廷執務資料44号，民事裁判資料105号）51頁。
131）訴額算定研究229頁以下；小川／宗宮／佐藤編・手引80頁。

第3節 各種の訴えにおける訴訟物と訴額 97

だとしても，この場合の未払い賃料請求は主たる請求である建物明渡請求
権と従属関係に立っていない以上，訴額不算入の要件を欠く。

割賦販売の手数料について，→〔315〕，ローン提携割賦販売の手数料に
ついて，→〔315〕

　　（bb）　ここにいう**損害賠償**は，債務の履行遅滞の場合の遅延損害〔137〕
金請求のみをいう。たとえば家屋の占有者に対し不法占拠を理由に家屋の
明渡しを請求するとともに，明渡しずみに至るまでの賃料相当額の損害金
の支払いを請求する場合の損害賠償請求額は，遅延損害金請求であり，し
たがって訴額に算入されない。これに対し，履行に代わる損害賠償（填補
賠償），損害賠償額の予定（民430条3項）および違約金は，ここにいう損
害賠償に含まないので，訴額に算入される。[132]違約金は，損害賠償と推定
される（民420条3項）。附帯請求となるのは遅延損害金の性質をもつもの
に限り，訴額算定の対象外となる。これに対し，填補賠償の性質を有する
ものは附帯請求に含まれず，訴額を増加させる。確定日払いの約束手形の
振出しのさい手形外で違約金の約定がなされた場合の，違約金請求は手形
金支払い請求の附帯請求であるかどうかについて，附帯請求性を否定する
見解[133]と，これを肯定する見解[134]がある。手形金請求との従属性が存在
し，同時に請求される以上，附帯請求であるとしなければならない。

　　（cc）　ここにいう**費用**は，現在の訴訟において主張される主たる請〔138〕
求の準備または行使に支出された費用をいう。この費用が主たる請求に組
み込まれているか，訴求された主たる債権とならんで独自の申立ての対象
であるかを問わない。相手方に対する債務履行の催告の費用，手形の拒絶
証書作成費用（手形48条3項：49条3項），調停手続に要した費用，証拠保
全の費用などがこれに当たる。当該訴訟の訴訟費用は，訴訟終了後に訴訟
費用確定処分によって確定するので，ここにいう費用には当たらないが，
当該訴訟の請求に関連する限り，前訴の訴訟費用や執行費用の請求もここ
にいう費用に含まれる。

　　（c）　**民訴法9条2項にあげられていない附帯債権**　　たとえば填補賠〔139〕

132）注解民訴(1)333頁［小室／松山］；注釈民訴(1)235頁［佐藤］；条解民訴108頁［新堂／高
　　橋／高田］；菊井／村松・新コンメⅠ168頁；小川／宗宮／佐藤編・手引13頁。
133）最高裁判所事務総局・前掲注(125)73頁。
134）民事訴訟印紙研究22頁；民事訴訟費用研究214頁。

98　第1章　訴額に関する一般原則

償請求権や消費税については，附帯債権の訴額と主たる債権の訴額は合算される。もちろん，合算禁止の定めがある場合は別である。

　債権の取立てを依頼した弁護士の報酬は，特別事情による損害であり，損害項目として損害賠償請求権の構成要素であり，民訴法9条2項にいう費用には該当しない[135]。同様に，権利行使の準備のために要した調査費用や私鑑定費用，たとえば商品の欠陥を明らかにするために要した実験費用は，同様に損害項目をなすものであるので，ここにいう費用には当たらない。

〔140〕　　(d)　**上訴との関係**　　上訴が民訴法9条2項の附帯債権（訴額算入されなかった附帯債権）に関してのみ提起される場合，上訴との関係では附帯債権は主たる債権になるので，上訴の手数料訴額の算定の基礎となる。たとえば，原告は，第一審において主たる請求について全部認容判決を受けたが，従たる債権として主張した利息債権や遅延損害金請求は一部しか認容されなかった場合，主たる請求については控訴要件である不服（→〔157〕）が存在しないため控訴を提起することができないが，利息請求や遅延損害金請求は一部棄却されているので不服があり，この部分に対して控訴を提起することができる。このような控訴が提起された場合には，利息請求や遅延損害金請求はもはや附帯請求ではなく，主たる請求になり，控訴審の手数料訴額は不服対象の額，したがって第一審で棄却された利息および遅延損害金請求の部分が基準となる（詳しくは→〔171〕）[136]。

　主たる債権も利息請求も一部のみ認容された場合に原告が棄却部分の請求認容判決への変更を求めて控訴する場合，棄却された利息請求のなかに認容された主たる債権に対する利息請求部分が含まれる場合，この利息請求部分は附帯請求でないため主たる請求になるが，この部分を算定することは困難を伴うとして，少なくとも控訴状の受付段階では利息請求を手数料の算定において無視することが許されるする見解[137]があるが，認容された主たる請求に対する利息請求で棄却された部分は第一審判決で明らか

---

135)　最判昭和44・2・27民集23巻2号441頁。
136)　大判昭和7・4・13評論21巻諸法241頁；最高裁判所事務総局・前掲注(120)310頁；注釈民訴(1)236頁［佐藤］；菊井／村松・新コンメI169頁；vgl. *Schneider/Herget/Noethen*, Rn.4766.
137)　訴額算定研究311頁。

にされているはずであるから，この見解には問題がある。

第4節　訴額の算定機関，算定の基準時および算定手続

第1款　訴額の算定機関

　訴額の算定に責任を有するのは誰かであるかという点も，問題になる。〔141〕
具体的には裁判長なのか，受訴裁判所なのかという問題である。判例は，
訴額算定機関を裁判長または裁判所とする。[138] これは，日本では訴えの提
起が原則として訴状の提出によって行われ，訴状の配転を受けた裁判所の
裁判長が訴状の審査を行い，不備がある場合には期間を定めて原告に訴状
の補正を命じ，補正されない場合には訴状を却下しなければならないから
である（同条2項）。手数料の不納付または不足を理由とした裁判長の訴
状却下命令に対して，原告は即時抗告を申し立て，これを争うことができ
る（同条1項後段・2項・3項）。適法な即時抗告があると，抗告裁判所が
訴額の算定について判断することになる。

　日本では訴えの提起に当たり訴額の算定が困難な場合，当事者は予め裁
判所に対して訴額の算定を求める申立てをすることができるという規定は
ない。当事者は妥当と思料する訴額を訴状に表示し（必要に応じて疎明資
料を添付しなければならない），裁判長は，訴状審査のさいに手数料の納付
が不足していると判断する場合には期間を定めて訴状を補正するよう命じ，
期間内に補正がなければ訴状を却下することができ，これに不服のある原
告は即時抗告を提起することができるにすぎない。しかし，これは法治国
家の訴訟手続としては，訴額算定基準が法律にも裁判所規則にも定められ
ていないので，かなり問題であろう。[139]

---

138) 最判昭和49・2・5民集28巻1号27頁。
139) これに対し，日本の民訴法の母法であるドイツ法においては，当事者は裁判所に対して事
　前に訴額の決定を求めることができる。すなわち，当事者は訴額の算定が困難な場合，訴額
　の算定の申立てをすることができ，この申立てに対し裁判所は決定で裁判する。訴額決定に
　対して，申立人および相手方は即時抗告をすることができる。

100 第1章 訴額に関する一般原則

第2款 訴額算定の基準時

1 管轄訴額

〔142〕　管轄訴額の算定の基準時は，訴状が裁判所に提出された時である。明治23年民訴法3条1項は，このことを明文規定で定めていた。管轄訴額は訴え提起時点において定まる必要があり，日本では訴えは訴状を裁判所に提出して提起すべきものであるから，訴え提起時すなわち訴状を裁判所に提出した時点が基準時になる。たとえば売買目的物の引渡請求の訴えにおいては，訴状提出時の目的物の価額が決定的であり，売買契約締結時点において目的物の価額がいくらであったかは重要ではない。訴訟物に変更がない場合には，訴状を裁判所に提出した後，訴訟係属中に目的物の価額が増加しまたは減少しても，裁判所の事物管轄には影響を生じない（「**価額一定の原則**（Wertkonstanz）」[140] ということができる）。

　　価額一定の原則が妥当するのは，訴訟物自体の変更がなく，訴訟の目的の価額のみが変動した場合についてである。訴訟中に訴訟物自体に変動が生じた場合は，単なる価額の変動にとどまらない。係属する訴訟の対象が簡易裁判所の事物管轄の範囲を超えて拡大した場合には，事物管轄の変動が生じうる。簡易裁判所に訴訟が係属している場合に訴額が140万円を超える反訴が提起されたときは，相手方は事物管轄を有する地方裁判所への移送を申し立てることができ，この場合，簡易裁判所は本訴および反訴を地方裁判所に移送する決定をしなければならない（民訴274条1項）。この決定に対しては，不服を申し立てることができず（同条2項），移送を受けた地方裁判所は移送の裁判に拘束され，訴訟は初めからその地方裁判所に係属したものとみなされる（同条1項後段・22条）。これに対し，地方裁判所に係属する事件について一部弁済，訴えの一部取下げまたは訴えの変更により訴訟物の価額が140万円を超えなくなった場合にも，地方裁判所の管轄に変更は生じない。

〔143〕　訴訟の係属中にたとえば訴えの変更によって新たな請求が提起された場合には，新たな請求についての訴額算定の基準時は訴えの変更の時点である。それに対し，すでに訴訟の対象となっている訴訟物については，訴え

140）Vgl. *Stein/Jonas/Roth*, §4 Rn.4.

第4節　訴額の算定機関，算定の基準時および算定手続　*101*

提起時が訴額の算定の基準時のままである。[141] 訴え変更前の請求について
も訴え変更時における目的物の価額により手数料訴額を再算定すべきだと
いう見解[142] があるが，訴額算定の基準時についての原則に反することは
明らかである。

　訴額算定の基準時が訴え提起時であるということから，金銭請求を内容
とする将来の給付請求の訴額は訴え提起時の現在価額に引き直して算定す
るというのが訴額通知6の通知内容であるが，[143] これには疑問がある。将
来の給付請求は請求権自体を現在化して即時の給付を請求することを許す
ものではなく，また訴額算定の基準時と債権の現在化とは別の問題である
（→〔78〕）。

2　手数料訴額

(1)　訴額一定の原則　　　　　　　　　　　　　　　　　　　　　　〔144〕

　手数料訴額は，民訴法8条1項および9条の規定により算定され（民訴
費4条1項），非財産権上の請求の訴額は160万円とみなされ（同条2項前
段），財産権上の請求であっても，訴額の算定が極めて困難なものについ
ての訴額は同じく160万円とみなされる（同項後段）。ここでも，民訴法8
条1項の準用により，「訴額一定の原則」が妥当する。すなわち，訴訟物
の変更がない限り，訴訟係属中における価額の増大または減少は手数料訴
額に影響をもたらさず，したがって，手続終了時点で訴額の再算定は必要
でない。訴えの一部取下げや請求の減縮は，管轄訴額に影響を及ぼさない
のと同様，手数料訴額にも影響を及ぼさない。[143a] 訴訟物の変更が生ずる場
合には，管轄訴額の場合と同様，訴額一定の原則は妥当しない。たとえば
訴訟係属中に訴えの交換的変更が生じた場合には，原告は，新たな訴訟物
について手数料訴額を算定し，これに基づく手数料の額から変更前の訴訟

---

141) *Stein/Jonas/Roth*, §4 Rn.7.
142) 訴額算定研究249頁。
143) 訴額通知は理由を示さず中間利息の控除を求め，実務はこれに従っている。訴額算定研究
　　6頁など。
143a) 最判昭和47・12・26判時722号62頁；東京高決平成5・3・30判タ857号267頁（カンボ
　　ジアへの自衛隊員の派遣差止め等を求めた訴えの訴状却下命令に対する即時抗告審において，
　　抗告審係属中に，原告（146名）のうち144名が派遣差止め請求，派遣の憲法違反の確認を申
　　し立てる部分を取り下げた事案。裁判所は，「申立手数料の額は申立て時，すなわち訴え提
　　起の時を基準として算出され確定するものと解される」と判示した）。

102　第1章　訴額に関する一般原則

物についての納付ずみの手数料の額を差し引いた差額を納付しなければならないが（民訴費別表第1の5の項の下欄），この場合の新たな訴訟物の訴額算定の基準時は訴えの変更時である。訴訟係属中に原告が全く新たな請求を追加する場合にも，手数料訴額の算定基準時は訴えの変更申立ての時点である。その結果，同一審級内部において異なる訴額の算定基準時が生ずることに注意しなければならない。

(2)　上訴の手数料訴額算定の基準時

〔145〕　従来の実務では，上訴の手数料訴額算定の基準時は訴え提起時であるとする見解が支配的である。[144] しかし，その理由は必ずしも明確でない。通常，管轄訴額の算定の基準時が訴え提起時であり，上記のように訴額一定の原則（訴訟物に変更がない限り，訴訟係属中における価額の増大または減少は管轄訴額や手数料訴額に影響をもたらさないこと）をいうにすぎない。

上訴の手数料訴額の算定は，控訴および抗告の場合には，訴訟物に変更がない限り，これらの上訴の提起時（上訴状の提出時）が基準時と解さなければならない。後述のとおり，上訴の手数料の算定は，不服ではなく，上訴人の不服申立ての対象の価額を基礎にする（したがって，上訴人が不服の一部についてのみ不服申立てをする場合には，その部分のみが不服対象になる）ので，明文規定はないけれども，実際の不服申立ての時点が上訴の手数料訴額算定の基準時となるからである。[145] それゆえ，たとえば固定資産の評価額や物の取引価額によって訴額が算定されるべき場合に，上訴提起の時点ではその価額に変動が生じていることがあることに注意しなければならない。もっとも，上訴審の手数料訴額は，第一審の訴額によって限界づけられるので，価額の変動があって第一審の訴額より少なくなることがあっても（目的物の評価額や取引価格が低下する場合がそうである），多くなることはないと解すべきである。

本訴請求と反訴請求についての裁判に対する控訴の手数料訴額について

---

144)　民事訴訟印紙研究107頁；民事訴訟費用研究201頁，315頁；訴額算定研究20頁；藤田／小川編・不動産訴訟122頁；小川／宗宮／佐藤編・手引28頁；民事上訴審書記官事務104頁。

145)　ドイツ法では，裁判費用法47条は「(1)上訴手続においては訴額は上訴人の申立てにより決まる。手続がかかる申立てが届けられることなく終わり，又は上訴理由書提出期間が定められている場合にこの期間内に上訴申立てが届けられない場合には，不服が基準となる。
　　(2)　訴額は，第一審の訴訟物の価額によって限界づけられる。訴訟物が拡張される場合には，この限りでない」と定めている（第3項は省略）。Vgl. *Hillach/Rohs*, S. 99.

は，→〔173〕以下，控訴審における訴えの変更の手数料については，→
〔198〕。

第3款　訴額の算定手続

1　訴状における訴額の表示

　訴えの提起にあたり原告は訴額を訴状に記載し，これに対応する手数料〔146〕
額の収入印紙を訴状に貼付しなければならない。もっとも訴状に訴額を記
載すべしという規定は明治23年民訴法190条３項には存在していたが，こ
の規定は大正15年改正民訴法においてはなくなった。現行民訴法にも民訴
規則にも定められていない。それにもかかわらず，民訴法137条は，裁判
長による訴状審査のさい，原告が民訴費用法の規定に従い訴え提起の手数
料を納付していない場合にも訴状の補正を命じなければならないとする。
実務では，訴状に訴額の記載が求められる。手数料は，訴え提起に必要な
手数料額に相当する収入印紙を訴状に貼付することによって納めることと
されている（→〔13〕）。

　この場合，金銭請求のように，請求額が訴額となるような訴えについて
は，貼付すべき収入印紙の額はさほど困難なく知ることができる。しかし，
訴額の算定が困難な場合には，貼付すべき印紙額を知ることは困難である。
このような場合には，原告または原告代理人が妥当と考える訴額の計算方
法を記載した「訴額算定書」または上申書を訴状とともに裁判所に提出し
て訴額算定権限を有する裁判長の判断を求めることができる。[146]　本書のよ
うに訴額通知の合理性を疑う場合には，原告が正当と判断する訴額算定基
準を示して訴額計算書を作成すべき場合が多くなるであろう。

　なお，原告が訴訟費用の救助の申立てをする場合には，申立てが認容さ
れると手数料の納付は猶予されるので，手数料額の収入印紙を訴状に貼付
しないで訴状を提出する。この場合，訴状の貼用印紙額の記載部分に訴訟

---

146)　訴額計算書を提出する場合，訴状への収入印紙の貼付をどうするかという問題が生ずる。
　　原告またはその代理人の計算方法によって算出した額の収入印紙をとりあえず訴状に貼付す
　　る方法と，裁判長の訴額についての判断が出されたときにその訴額に対応する手数料額に相
　　当する収入印紙を貼付する旨訴額計算書に記載しておき，とりあえず訴状に収入印紙を貼付
　　しない方法がある。圓藤至剛・若手弁護士のための民事裁判実務の留意点（2013年・新日本
　　法規）36頁。

救助の申立てのゆえ印紙を貼付しない旨の記載をするのがよいとされる。[147)]

一部救助決定が確定した場合に，原告がこの部分に請求を減縮すれば，裁判所は，訴え提起の手数料が納付されていないことを理由に訴えを却下することは許されない。[147a)]

2 裁判所書記官による訴額の調査

〔147〕 種々の請求について訴額の算定基準を定めていない民訴法および民訴費用法のもとで，以上のような手数料システムが採用されるため，訴えを提起する原告が手数料をいくら支払うべきかについて迷うという事態が生ずるのは当然である。本来，裁判所が具体的な事件について訴額を裁量により算定するという建前がとられているにもかかわらず，原則として，訴え提起前に原告が裁判所に訴額の算定を求めることは可能とされていないので，原告としては相当と思料する額の収入印紙を貼付し，必要な場合には算定のための資料を訴状に添付することにならざるを得ない。

問題は，原告が自主申告の形で手数料相当額の収入印紙を貼付して訴状を提出した場合に，受付事務を担当する裁判所書記官から手数料の過少を指摘され，手続が滞る可能性があることである。訴額の認定は，訴状審査段階では裁判長に，訴状送達後は受訴裁判所に権限があり，訴状受付のさい裁判所書記官が行う訴額の調査はこのような裁判長の判断の補助事務と位置づけられる。訴額につき原告と訴状受付担当の裁判所書記官と間に見解の相違がある場合には，速やかに裁判長の見解が示されることが必要で

---

147) 圓藤・前掲注(146)36頁。

147a) 最判平成27・9・18民集69巻6号1729頁は，金銭債権支払を求める訴えの提起時になされた訴訟上の救助の申立てに対し，当該債権の数量的な1部について「勝訴の見込みがないとはいえないことを理由として，その部分に対応する訴えの提起の手数料につき訴訟上の救助を付与する決定が確定した場合において，請求が上記数量的な一部に減縮されたときは，訴え提起の手数料が納付されていないことを理由に減縮後の請求に係る訴えを却下することは許されない」旨判示する。「このように解しないと，上記のとおり請求が減縮された場合であっても，一部救助決定をした裁判所は，勝訴の見込みがないとされた部分を含む訴え提起時の請求に対応する訴え提起の手数料が納付されない限り，減縮後の請求に係る訴えをも不適法であると判断せざるを得ないこととなり，そもそも一部救助決定をすることを認めた訴訟上の救助の制度趣旨に反する」ことを理由とする。訴訟上の救助の一部救助決定後の請求の減縮については，加藤新太郎・民商152巻1号（2015年）75頁；川嶋隆憲・ジュリ1492号（2016年）124頁；岩井一真「訴状審査に関する実務上の諸問題」徳田和幸ほか編・民事手続法制の展開と手続原則 松本博之先生古稀祝賀論文集（2016年・弘文堂）283頁，290頁以下参照。

第4節　訴額の算定機関，算定の基準時および算定手続　*105*

あろう。

3　裁判長または裁判所の裁量による訴額の算定

　訴額は金銭支払請求においてはその請求額が訴額であり，裁判長または〔148〕受訴裁判所の裁量判断の余地はないが，法律が規範的な基準を定めていない限り，裁判長または裁判所の衡平な裁量によって行われるべき場合が非常に多い。すでに述べたように，明治23年民訴法6条「①訴訟物ノ価額ハ必要ナル場合ニ於テハ第三条乃至第五条ノ規定ニ従ヒ裁判所ノ意見ヲ以テ之ヲ定ム　②裁判所ハ申立ニ因リ証拠調ヲ命シ又ハ職権ヲ以テ検証若クハ鑑定ヲ命スルコトヲ得」と定め，裁判所の裁量判断を明確にしていた。この規定は大正15年の民訴法改正のさいに削除されたが，裁判所の裁量権が否定されたのではない。[148] もちろん裁量による訴額の算定には算定者によってバラツキが生じる。そのため一律の訴額算定のために訴額通知が基準を示し，実務はこれに従い，かつ訴額通知に基準が示されていない事項についてこれを類推適用することが多いのであるが，本書で明らかになるように，基準に疑問があるものがあるうえ，訴額通知の適用範囲が明確でないものもあり，また，これに定められている事件類型は著しく限られている。また一律の訴額算定が追求される結果，必ずしも事案の内容に即した訴額算定がもたらされないという不満足な結果にもなりうる。

　裁量による訴額算定の意味は，訴額算定機関である裁判長または裁判所が民訴法247条による自由な証拠評価や民訴法248条による損害評価よりももっと独自の立場におかれることにある。当事者の申立てに拘束されず，両当事者が証拠調べを申し立てた場合にも証拠調べをしないことができる。もっとも，裁判所は職権ででも検証または鑑定を命ずることができる。他の証拠調べは，申立てにより行うことができる。裁判所が証拠調べを行う場合には厳格な証明の原則が妥当し，自由な証明や疎明は排除される。実務では，訴額の算定のために証拠調べを行うことは「訴訟経済に反し，訴訟の実用性を害する結果となるなどの理由」から，証拠調べの事例は殆ど見られないとされる。[149] しかし，証拠調べは時間を要するかもしれないが，

148）中野・前掲注(51)68頁。
149）訴額算定研究6頁。

106　第1章　訴額に関する一般原則

法律が裁判所の裁量で行うことを許している手続であり，それが訴訟経済に反し，訴訟の実用性を害するとまでいうべきものではない。証拠調べを原則としてしないという前提で，その基礎が不確実な訴額通知の類推適用により訴額算定への信頼を欠くことの方が問題であろう。

4　訴え提起の手数料の算出
(1)　訴状の提出による訴えの提起

〔149〕　現行の訴え提起の手数料算定方式によれば，第一審の裁判所手数料は，訴額を基礎に6段階のスライド制によって算出される。訴額が大きくなるほど，訴額に対する手数料の率は逓減する。具体的には，訴額に応じて次の区分により算出して得た額が手数料である（民訴費別表第1の1）。

① 　訴額が100万円までの部分は，その価額10万円までごとに，1,000円
② 　訴額が100万円を超え500万円までの部分は，その価額20万円までごとに，1,000円
③ 　訴額が500万円を超え1000万円までの部分は，その価額50万円までごとに，2,000円
④ 　訴額が1000万円を超え10億円までの部分は，100万円までごとに，3,000円
⑤ 　訴額が10億円を超え50億円までの部分は，500万円までごとに1万円
⑥ 　訴額が50億円を超える部分は，1000万円までごとに1万円

なお，上記①において「その価額10万円までごとに」という表現が用いられているのは，10万円未満の端数は10万円に切り上げるという意味である。②以下の「その価額○○万円までごとに」も，同様の意味である。

(2)　他の手続から通常訴訟への移行等

〔150〕　民訴法は，他の手続との関連で一定の場合，他の手続から通常訴訟へと手続が移行することを認めている。通常手続に移行した訴訟の訴額についても，一定の優遇が行われている。

〔151〕　　(a)　督促異議後の通常訴訟　　支払督促は，金銭その他の代替物または有価証券の一定数量の給付を目的とする請求につき，簡易裁判所の裁判所書記官が発する処分である（民訴382条）。所定の手続を経て支払督促または仮執行宣言付き支払督促が発せられ，これに対して適法な異議がある

第4節　訴額の算定機関，算定の基準時および算定手続　*107*

と，異議は事件を通常手続に移行させる効力を有する。すなわち，事物管轄の定めに従い，支払督促の申立ての時に，支払督促を発した裁判所書記官所属の簡易裁判所またはその所在地を管轄する地方裁判所に訴えの提起があったとみなされる（同法395条・398条）。

このように訴えの提起があったとみなされる場合，原告はその請求について訴えを提起する場合に必要な，訴額を基準に算出される手数料と支払督促申立てのさいに納付した手数料（→〔221〕）の差額を納付しなければならない（民訴費3条2項）。

(b)　労働審判事件から通常訴訟への移行　　労働審判に対し適法な異〔152〕議の申立てがあった場合，および労働審判法23条1項により労働審判が取り消された場合（および，労働審判委員会が事案の性質に照らし，労働審判手続を行うことが紛争の迅速かつ適正な解決のために適当でないと認め，労働審判事件を終了させた場合〔労審24条1項〕）には，当該労働審判手続の申立て時に，当該労働審判が行われたさいに労働審判事件が係属していた地方裁判所（または労働審判事件が終了したさいに労働審判事件が係属していた地方裁判所）に，労働審判事件の申立てに係る請求につき訴えの提起があったものとみなされる（同法22条・24条2項）。

事件が通常訴訟に移行すると，労働審判事件の申立人（移行後は原告）は，訴訟に移行する請求の訴額に基づき算出される訴え提起の手数料の額から労働審判手続の申立てについて納めた手数料の額を控除した額の手数料を納めなければならない（民訴費3条2項2号）。

(c)　調停手続が先行した場合の訴え提起の手数料　　民事調停または〔153〕家事調停が不成立になった場合（民調14条・15条；家事手続272条3項）または調停に代わる決定または調停に代わる審判が異議の申立てによってその効力を失った場合（民調18条2項；家事手続286条5項前段），調停申立人が，その旨の通知を受けた日から2週間以内に，調停の申立てがあった事件について訴えを提起したときは，調停の申立ての時に訴えの提起があったものとみなされる（民調19条；家事手続286条6項）。

この場合，調停申立てについて納めた手数料（その算定方式については→〔240〕）の額に相当する額は，訴え提起の手数料として納めたものとみな

108　第1章　訴額に関する一般原則

される（民訴費5条1項）[150]。このような効果が認められるための要件（調停申立人が原告であり，相手方が被告であること，調停申立てのあった事件についての訴えの提起であること，および調停不成立通知を受けてから2週間以内の訴えの提起であること）は，調停裁判所と受訴裁判所が異なる限り，調停裁判所の裁判所書記官作成の証明書によって認定される。この証明書の記載事項は，調停申立人と相手方の氏名，調停事項，調停不成立または調停に代わる決定・審判が失効した旨の通知が調停申立人に到達した日，および納付された調停申立手数料の額である。

〔154〕　　（d）　**離婚訴訟または婚姻取消訴訟において附帯請求または附帯申立てが行われる場合**

この場合の手数料については，→〔469〕以下

〔155〕　　（e）　**手形訴訟・小切手訴訟から通常訴訟への移行**

この場合の手数料については，→〔643〕以下

〔156〕　　（f）　**起訴前の和解の不成立後の通常訴訟への移行**

この場合の手数料については，→〔213〕

第5節　上訴要件としての不服と不服対象

〔文献〕　岡井正男ほか「民事控訴事件の受理時における書記官事務の諸問題とその改善の在り方」書研36号（1990年）203頁以下：山田浩子／池田友・民事上訴審の手続と書記官事務の研究（裁判所書記官実務研究報告書，2014年・司法協会）

1　上訴要件としての不服

〔157〕　上訴の提起は，訴えの提起と同様，権利保護の必要を要件とする。当事者が下された裁判によって不利益を受けた場合のみ，訴訟上の請求について上級裁判所の裁判を求めることに正当な利益を有するということができる。したがって，上訴の不服は，上訴人が原判決によって受けている不利益である。

---

150)　調停申立人が調停事件の終了前に調停申立てと競合的に提起した訴えには，手数料の優遇はない。最判昭和47・12・26判時722号62頁。

第5節　上訴要件としての不服と不服対象　*109*

　権利保護の必要の特別の現象形態としての上訴の不服は，上訴の適法要件の1つとして要求される。この要件は，法律に明示的に規定されていないけれども，裁判が当事者に何らの不利益をももたらさない場合には上訴による権利保護を与える必要はないから，裁判によって不利益を受けた当事者が上訴によって原裁判を自己の利益に変更するよう求める場合にのみ，権利保護の必要性が肯定されるという考慮によって基礎づけられる。

　上訴人が不服を欠くにもかかわらず提起した上訴は，不適法である。原告が主張し第1審で棄却された請求につき，上訴審において被告が債務を履行した場合にも，不服は消滅しない。被告の弁済が強制執行を免れるためにする留保付き弁済である場合のみならず，無留保の弁済や債務者の同意を得た第三者弁済の場合にもそうである。第一審判決が解除条件が成就していないにもかかわらず誤ってこれを認めて請求を棄却した場合に，控訴審係属中に解除条件が成就したことにより第一審判決の結論が正しくなったとき，控訴人の不服は消滅しない。もちろん，原告（上訴人）はその間に行われた弁済によって満足を得または，解除条件の成就によって請求は理由を欠くに至るので，上訴は理由を欠くに至るけれども，上訴人は原判決によって不利益を受けたので，依然として不服を有する。[151) 人事訴訟における例外については，→〔492〕。

　どのような方法で不服の存否を判断すべきかは，議論のある問題である。〔158〕いかなる場合に上訴人が判決によって不利益を受けたかは，原告側についても被告側についても，申立てと判決主文の（既判力をもちうる）内容とを比較して，後者が前者に達していないときに不服を肯定すべきである（**形式的不服説**）。[152) 原告側には形式的不服を要求し，被告側には実体的不服

151）*Stein/Jonas/Althammer*, vor §511 Rn. 51 u. 71; MünchKommZPO/*Rimmelspacher*, Vor §511 Rn.79.

152）*A.Blomeyer*, Zivilprozessrecht, 1963, §97 Ⅱ 1a; *W. Lüke*, Zivilprozessrecht, 10. Aufl., 2011, Rn.387f.; MünchKommZPO/*Rimmelspacher*, 5. Aufl. 2016, Vor §511 Rn.13ff.; *Rosenberg/ Schwab/Gottwald*,17. Aufl., §135 Rn.8, 22; *Schilken*, Rn.877; *Stein/Jonas/Althammer*, 22. Aufl., Allgemeine Einleitung vor §511 Rn.70ff. ところが，ドイツの連邦通常裁判所の判例は，被告が請求棄却の判決の申立てをしているか否かを問わず，被告については実体的不服説が妥当するとする。被告の請求棄却判決の申立ては，本案の申立てではなく，訴訟上の申立てであり，裁判されるのは原告の本案の申立てだけであるという理由からである（BGH JZ 1953, 276; BGH NJW 1955,545; BGH NJW-RR 2015, 1203. Rn. 8. 文献の多数も判例を支持する。*Wieczorek/Schütze/Gerkan*, 4. Aufl.,Vor §511 Rn.37）; *Schneider/Herget/Noethen*, Rn.4679 参照。これに対し，手数料訴額の算定については形式的不服によるべきだとするの

で足りるとすることは，当事者対立手続においては両当事者を平等に扱うべきものとする原則に反する。もっとも通常この場合，実体的不服も存在する。裁判所が示した判決主文に含まれる裁判所の判断に不服がない限り，既判力の生じない判決理由に当事者が不満を有しても，不服の存在は否定される。

被告が本案の申立てをしていないときは，被告の申立てを基準にして被告の上訴の利益を判断することはできないので，被告が判決に対して上訴の利益を有するか否かは，例外的に，被告が何らかの不利益を判決によって蒙るかどうかによって，したがって実体的不服の有無によって判断すべきか（**実体的不服説**）[153]，それとも被告が請求棄却の申立てをしていないときも，被告が請求の認諾のような処分をしていない限り，請求棄却の申立てをしているものと見ることができるか[154] という問題が生ずる。後者のように解すると，被告が請求棄却の申立てをしていない場合にも例外なしに形式的不服説によって対処することができる。

2　上訴の手数料と手数料訴額

(1)　上訴の手数料

〔159〕　第一審判決に不服を有する当事者は控訴を提起して控訴裁判所の裁判を求めることができるが，控訴を提起するためには，また控訴審判決に対して上告を提起するためには，訴えについて手数料の納付が求められるのと同様，上訴手数料の納付が必要である。

控訴の手数料は，控訴の手数料訴額を民訴費用法別表第1の1の項の下欄により算出して得た額の1.5倍と定められ（民訴費別表1の2の項の下欄），上告または上告受理申立ての手数料は上告の手数料訴額を民訴費用法別表第1の1の項の下欄により算出して得た額の2倍と定められている（民訴費別表1の3の項の下欄）。ただし，請求につき判断をしなかった判決に対する控訴の提起または上告の提起もしくは上告受理の申立ての手数料は，民訴費用法別表第1の2の項の下欄または3の項の下欄により算出して得

は，OLG Stuttgart NJW-RR 2005, 507; OLG Frankfurt a.M. MDR 2008, 1244; OLG Jena MDR 2002, 480f.

153) *Rosenberg/Schwab/Gottwald*, 17. Aufl., §135 Rn.20.

154) *Schilken*, Rn. 877.

第5節　上訴要件としての不服と不服対象　*111*

た額の2分の1と定められている（民訴費別表第1の4の項の下欄）。

　このように上訴について第一審より高額な基準による手数料の納付が要求されるのは，「上訴がより上級の裁判所の判断を受けるための，より高級かつ重大な手続であることによる」[155]とされる。しかし，控訴の提起および上告の提起もしくは上告受理申立てにつき第一審の手数料より高い基準を設定することは，上訴の権利保護機能や法令の解釈統一機能に反するように思われる。すなわち，上訴はまず当事者の利益のために原裁判の再審査によりより正しい裁判，したがって実体的正義に適った裁判に到達することを目的とするものであるが，上訴制度の目的は当事者の権利利益の擁護に尽きるものではなく，判例を可能な限り統一し，それによって全体として法治国家性が確保されるという利益が存在するのである。加えて，上訴権は市民の裁判の受ける権利（憲32条）の要素である。そうだとすると，上訴の手数料の基準を第一審の手数料より高く設定することに立法政策上も合理性はないであろう。

　このような大きな問題が存在することを確認したうえで，以下では上訴の手数料訴額算定のさいの種々の問題を検討しよう。

(2)　上訴手数料の納付の時期

　上訴の手数料は，訴えの手数料と同様，上訴状に収入印紙を貼って納め〔160〕なければならないとされている（民訴費8条）。ところが，上訴の手数料訴額は後述のように，上訴人の不服対象を基準に算定されるが，上訴の提起に当たって上訴状に不服の範囲を明示することは法律上要求されていないことから（不服申立ての範囲は控訴状の必要的記載事項ではない），問題が生ずる。

　控訴裁判所での口頭弁論は当事者が第一審判決の変更を求める限度においてのみすることができ（民訴296条1項），第一審判決の変更は不服申立ての限度においてのみすることができるけれども（同法304条），控訴状に不服の範囲を明示することは求められていない。控訴理由，すなわち，原判決の取消しまたは変更を求める理由も，控訴状に記載しなくてもよいが（民訴286条2項：規175条参照），控訴状にこれを記載しない場合には，控訴

---

155)　内田・解説91頁注(2)。

112　第1章　訴額に関する一般原則

提起後50日以内に控訴理由書を提出するよう求められる（規182条）[156]。

〔161〕　上訴状に不服の範囲（不服対象）が明示されておらず，その価額を算定することができない場合には，実務では（受付係の裁判所書記官としては），特別の事情がない限り，控訴人の敗訴部分の全部を不服とする控訴と解してよいという見解がある[157]。しかし，そのような解釈には疑問があり，手数料の納付は上訴理由書の提出時にすれば足りると解すべきである。そうでなければ，控訴も上告も，事実上2週間の不変期間内に不服申立ての範囲を明示してしなければならなくなるが，それでは上訴人は原判決を十分検討して不服申立ての範囲を決めることができなくなるおそれがある。これは法治国家の訴訟手続として不適切である。なお，現行法上，控訴状は原審に提出されなければならず（民訴286条1項），控訴の適法性について原裁判所の審査を受けるが（同法287条1項参照），原裁判所は控訴状の審査をすることができない（同法314条2項参照）。控訴状の審査は，控訴状が控訴裁判所に送付された後，控訴裁判所の裁判長によって行われる（同法288条）。不服の範囲は，控訴理由書の提出によって明らかになれば足りるであろう。

　控訴状には控訴の範囲を明示しなくてもよく，手数料も控訴理由書を提出したさいに納付すればよいということになると，控訴人が控訴理由書を提出しない場合または控訴理由書にも控訴の範囲の記載がない場合には，もちろん問題が生ずる。この段階では，控訴裁判所は，控訴人の意思は控

156）もっとも，控訴人が不服を申し立てられている仮執行宣言付き判決による強制執行の停止決定を即時に得ようとする場合には，不服の範囲の記載が必要であるのみならず，執行停止の申立ての特別の理由の記載も必要である。したがって，この場合には不服の範囲および控訴理由を控訴状に記載することが適切である。なぜなら，控訴裁判所が執行停止を命ずるためには「原判決の取消し若しくは変更の原因となるべき事情がないとはいえないことまたは執行により著しい損害を生ずるおそれがあることにつき疎明」があることが要件とされている（民訴403条1項3号）からである。

157）民事訴訟印紙研究107頁；民事訴訟費用研究315頁。田中恒明／右田堯雄・民事第二審判決書について（司法研究報告書20巻2号，1975年・法曹会）1頁は，控訴状に不服申立ての限度の記載がないと困るといい，右田堯雄・上訴制度の実務と理論（1998年・信山社）72頁は，控訴状に貼用する印紙額は不服申立ての限度額を基準とするのが実務の取扱いであるから，控訴人が控訴状に不服申立ての範囲を記載しておかないと印紙額の算定につき有利な扱いを受けられなくなるという。しかし，不服限度額によって手数料訴額が定まるのは実務が控訴人に与える恩恵ではなく，法律により不服対象の額によって手数料訴額が決まるのであり，かつ民訴法が不服申立ての範囲をすでに控訴状に記載することを十分な理由をもって要求していないのであるから，不服申立ての範囲が控訴状によって明らかにされていないことをもって，不服申立額でなく不服額が控訴の手数料訴額になるというのは乱暴な議論である。

訴人が不服の全部を不服申立ての対象とすることにあるとみることができよう。[158]

(3) 控訴と上告・上告受理申立ての手数料訴額と手数料

控訴および上告の上訴につき金額制限が行われていない日本法において[162]は，これらの上訴の上訴訴額は，上訴の適法性との関係では問題にならない。しかし前述のように，**上訴の手数料訴額**は算定されなければならない。

(a) **手数料訴額の算定基準** この手数料訴額を何を基準に算定すべ[163]きかについて，見解の対立がある。1つは，不服申立てのない部分も「控訴不可分の原則」により確定を遮断され，控訴審に移審し控訴審の訴訟物になること，および不服申立ての限度は控訴状の必要的記載事項でなく，仮に記載されていても準備書面の用を兼ねるに止まるから，不服申立ての限度を標準として控訴の手数料訴額を定めることは不可能であるので，第一審の訴訟物を基準にすべきだとする見解であり，[159]他の見解は，不服申立てが上訴審の審理裁判の限界を画するという理由で，不服申立ての限度で上訴の手数料訴額を定めるべきだとする。後者が，判例[160]および前述の訴額通知[161]の立場であり，近時の学説[162]も，この立場に立つ。上訴の効力は第一審の訴訟物の全部に及ぶけれども（上訴不可分の原則と呼ばれる→[27]），上訴裁判所による審理裁判の範囲は当事者が上訴または附帯上訴によって主張する不服の範囲に限定され，したがって当事者が上訴によって受ける利益もその範囲に限定されるので，上訴の手数料訴額の算定も当事者の不服対象を基礎にしなければならない。判決の言渡しによって，いかなる範囲で当事者が敗訴したかが明らかになっているので，上訴によって上訴人が得ることのできる利益も当然に明らかになっており，これに照準を合わせなければならないからである。

(b) **不服額と不服対象額の区別の必要性** 上訴の手数料訴額にとっ[164]

---

158) ドイツの裁判費用法47条1項2文は，「そのような申立てが届けられるずに手続が終了し，または上訴理由のための期間が定められている場合にこの期間に上訴申立てが届けられない場合には，不服が基準になる」と定めている。

159) 兼子・体系444頁；同・判例民事訴訟法（1950年・弘文堂）111頁。

160) 大決昭和14・3・29民集18巻365頁。

161) 訴額通知備考(1)。

162) 民事訴訟費用研究314頁；菊井／村松・全訂 I 135頁；条解民訴1548頁［松浦/加藤］；注釈民訴(1)236頁［佐藤］。

ては，不服および不服申立ての対象（以下では不服対象という）を区別する必要がある。不服は，上訴要件であり，原判決の既判力をもち得る内容が上訴人にとって法的に不利益であることをいう。これに対し，**不服対象の額**は，実際にも上訴人が不服申立てをした限度での，不服を申し立てられた裁判の価額であり，したがって上訴人が敗訴判決の一部についてのみ不服を申し立てた場合には不服（額）に及ばないことがある。たとえば，第一審での300万円の金銭支払請求に対して，裁判所が50万円のみ請求を認容し，その余の請求を棄却した場合，原告のみが控訴を提起し，あと150万円の請求認容を求めるとすると，原審の訴額は300万円，原告の不服額は250万円で，原告の不服対象の額は150万円である。この事例において，被告が請求認容部分の請求棄却への変更を求めて控訴を提起すると，不服対象の額は50万円である。この不服対象の額が，控訴の手数料訴額であり，手数料の算出の基礎となる。原告と被告がそれぞれ控訴を提起すると，不服対象はそれぞれ異なるから，手続料訴額の算定は各々別個に行われる。立法論としては，このような場合，ドイツ法の（裁判費用法45条2項）ように上訴の手数料訴額の算定との関連で双方の不服対象の価額を合算して手数料の軽減を図ることも可能であるが，日本法は合算を認めていない。

〔165〕 　　(c) **控　訴**　(aa) **手数料訴額**　　控訴の手数料訴額は，第一審判決を不服申立ての範囲において変更することに控訴人が有する利益の評価によって算定される。当然，原告の不服と被告の不服では差異が生じうることに注意しなければならない。

　たとえば情報請求の訴えにおいて原告の請求を認容する判決に対する被告の不服は，被告が給付命令を回避する利益，すなわち給付を命ずる判決に従い情報提供を行う上で要する時間および費用の点での被告の不利益を避ける利益を基礎に算出されるべきである（→〔279〕）。所有権の妨害排除として土地上に放置された産業廃棄物の撤去を命ずる判決に対する被告の不服は，この廃棄物を取り去る費用によって算出することができる（→〔384〕）。そのさい，不服または不服対象の額の算定の基準時は，実務上当然のこととして主張されている訴え提起の時点ではなく，控訴提起の時点である。この時点における控訴人の利益が，問題となっているからである。

　不服の価額は，原審の訴訟物を上回ることがある。たとえば，原告が200万円の損害賠償を請求している場合に，原審が処分権主義に違反して

被告に300万円の損害賠償を命ずる判決をしたとすると，この判決を原告の請求棄却に変更するよう求める被告の控訴の不服対象の額は300万円である。原審の訴訟物は200万円であるから，不服対象の額は原審の訴訟物の価額を上回るけれども，手数料訴額は第一審の訴額によって上限を画されると解すべきである。控訴審における請求の変更（拡張）については，→〔198〕

(bb) 控訴の手数料 控訴の手数料は，控訴の手数料訴額に基〔166〕づき訴え提起の手数料算出方法により算出して得た額の1.5倍である。ただし，第一審判決が請求につき判断をしていない訴訟判決（訴え却下判決や訴訟終了宣言判決）である場合には，控訴の手数料は，通常の控訴の手数料の2分の1である（民訴費別表第1の4項の下欄）。このような判決は請求につき審理判断を行っていないのに，本案の審理判断を行った判決に対する控訴の手数料と同じ手数料を徴求するのは不公平と考えられるためである。

(d) **附帯控訴** (aa) **手数料訴額** 被控訴人が**附帯控訴**を提起す〔167〕る場合，附帯控訴は控訴でなく，「他人の控訴の枠内で攻撃的に作用する申立て」[163]である。しかし，手数料訴額は，控訴の手数料訴額の算定に準じて算定されるべきである[164]。たとえば上記〔164〕の例において，原告が控訴を提起し第一審判決の（250万円の）敗訴部分を請求認容に変更するよう申し立てる場合，被控訴人は自己の控訴期間経過後でも原告の提起した控訴に附帯して，原告の請求認容部分の請求棄却判決への変更を求めることができる。この場合，手数料訴額の算定においては，附帯控訴の申立てが基準となる。上記の例においては，附帯控訴の手数料訴額は50万円である。

　第一審で勝訴した原告が，判決に対して被告が控訴を提起したときに附帯控訴を提起して請求を追加する場合，たとえば所有権に基づく建物明渡請求訴訟で勝訴した原告が附帯控訴を申し立て控訴審で当該建物の所有権確認の申立てを提起する場合，例外的に附帯控訴の手数料の算定のさいに

---

163) *Eichele/Hirtz/Oberheim/Ahrens*, Berufung im Zivilprozess, 3. Aufl., 2011, XIII Rn.12. 同旨，三ヶ月・双書528頁。これに対し，附帯控訴を「一定の変容を受けた控訴」というのは，松本／上野〔947〕〔上野〕である。

164) 訴額通知備考(1)参照。

控訴の手数料の控除が要請されないかどうかが議論されている。[165] 当事者双方から控訴が提起される場合に，相手方の控訴の手数料訴額は手数料の算定のさいに考慮されないところで，例外的にせよ，本訴と目的を同じくする反訴の手数料訴額についての民訴費用法別表第1の6の項の下欄ただし書を類推適用して附帯控訴の手数料額から控訴の手数料額を控除する見解には疑問があるものの，当事者間の武器対等の原則上，このような扱いも必要と考えられる。建物明渡請求を棄却する第一審判決に対し原告が控訴を提起したのに対し，被告が原告の控訴に附帯して建物所有権の確認を求める反訴を提起する場合には，反訴請求が第一審で提起された場合の手数料額の1.5倍の額から本訴請求についての控訴の手数料額を控除した金額が控訴審における附帯控訴の手数料額であるのに対し，第一審で勝訴した原告の提起する附帯控訴による請求の追加の場合には追加された請求についての附帯控訴の手数料額から（被告の提起した）本訴についての被告の控訴の手数料額を控除しないことは，控訴審における反訴請求と附帯控訴による原告の請求の追加との間での差別的な扱いを意味する。これは，請求の変更と反訴請求の手数料額の算出方法が法律上異なることから生ずるものではあるが，当事者間の武器対等の原則上是認できないであろう。

〔168〕　　　**（bb）　手数料額**　　附帯控訴の手数料は，控訴に準じて算定される手数料訴額に基づき，訴え提起の手数料算出方法により算出して得た額の1.5倍である（民訴費別表第1の2の項の下欄）。控訴の手数料は，附帯控訴の手数料の算定に影響しない（附帯控訴の手数料額から控訴の手数料額は控除されない）。

〔169〕　　　**（e）　上告および上告受理申立て　　（aa）　上告・上告受理申立ての手数料訴額**　　上告および上告受理申立ての手数料訴額は，上告人の不服申立ての限度で算定される。この訴額の算定は，控訴の手数料訴額の算定方法（→〔166〕）に準じる。

　　上告および上告受理申立ての手数料訴額の算定は，上告裁判所の権限であるが，現行法では上告状の提出される原裁判所の裁判長が代行する（民訴314条・316条・318条5項）。

165）最高裁判所事務総局・前掲注(130)33頁以下；訴額算定研究218頁以下；小川／宗宮／佐藤編・手引33頁はこれを肯定。

（bb）　上告の手数料訴額　　上告の手数料は，上告の手数料訴額〔170〕
に基づき訴え提起の手数料算出方法により算出して得た額の２倍の額であ
る（民訴費別表第１の３の項の下欄）。上告受理申立て（→〔25〕），特別上告
（民訴327条），飛越上告（同法311条２項）および附帯上告（同法313条・293条）
の手数料額についても同じである。ただし，控訴審判決が訴え却下判決に
対する控訴棄却判決，控訴却下判決，または破棄差戻判決である場合のよ
うに，請求自体について判断していない判決である場合には，上告手数料
は通常の上告手数料の２分の１の額である（民訴費別表第１の４の項の下欄）。

　　同一の控訴審判決に対して上告の提起と上告受理申立てをする場合，そ
の主張する利益が共通であるときは，その限度において，一方について納
めた手数料は他方についても納めたものとみなされる（民訴費３条３項前
段）。

　　なお，上告審は法律審であり，訴えの変更や反訴の提起はできないから，
そのような申立書が提出されても手数料の納付を当事者に促すべきではな
い。

⑷　主たる請求と附帯請求

　　果実，損害賠償および費用のような附帯請求は，訴え提起のさいは訴額〔171〕
に算入されないが（→〔126〕），第一審での附帯請求についての裁判に対し
てのみ上訴が提起される場合には，附帯請求が主たる請求になり，これに
基づいて上訴の手数料訴額が算定されなければならない。たとえば，第一
審で原告の主たる請求が全部認容されたが，利息請求が棄却され，原告が
利息請求についての裁判に対してのみ控訴を提起する場合，不服対象の価
額はこの利息請求についての第一審判決に対する不服によって定まる。

　　利息請求についての第一審判決に対する原告の不服は，元本債権につい
ての第一審判決がそれに対する控訴がなかったならば確定したであろう日
までの利息額にまで及ぶので，この額が控訴の手数料訴額であるとする見
解[166]がある。しかし，この見解に従うことはできない。上訴の手数料訴
額は，上訴人の不服申立ての範囲によって決まるので，上訴提起時までに
発生すべき利息債権の額である。もちろん，この場合の手数料訴額は元本

166）　最高裁判所事務総局・前掲注(120)309頁；民事訴訟印紙研究109頁；民事訴訟費用研究
　　318頁。

118 第1章 訴額に関する一般原則

債権額を限度とすると解すべきである。なぜなら，もし原告が利息債権の
みならず元本債権についても請求棄却判決を受け，これを不服として控訴
をする場合には利息債権は附帯債権の性質を失わず，控訴の手数料訴額に
算入されないので，利息債権部分についてのみ控訴をする場合に，手数料
訴額が元本債権額を超えるのは不均衡だからである。[167]

　原告が主たる請求についての第一審判決の一部に対して控訴を提起し，
被告が債権の全体についての利息債権に関する第一審判決に対し，した
がって原告が控訴を提起しなかった主たる債権の部分についての利息債権
に関する判決に対しても附帯控訴を提起する場合，利息債権は，原告の控
訴の対象とされなかった債権部分に関する限り，主たる債権になる。[168]

〔172〕　以上により算出される上訴の手数料の額を例示すると，次の表のように
なる。

訴額（控訴または上告の場合は不服申立額）	訴え提起の手数料	控訴手数料	上告手数料
10万円	1,000円	1,500円	2,000円
100万円	10,000円	15,000円	20,000円
160万円	13,000円	19,500円	26,000円
500万円	30,000円	45,000円	60,000円
1000万円	50,000円	75,000円	100,000円
3000万円	110,000円	165,000円	220,000円
5000万円	170,000円	225,000円	340,000円
1億円	320,000円	480,000円	640,000円
5億円	1,520,000円	2,280,000円	3,040,000円
10億円	3,020,000円	4,530,000円	6,040,000円
50億円	11,020,000円	16,053,000円	22,040,000円
100億円	16,020,000円	24,030,000円	32,040,000円
1000億円	106,020,000円	159,030,000円	212,040,000円

167）民事訴訟印紙研究109頁；民事訴訟費用研究318頁。
168）*Hillach/Rohs*, S.101.

第5節　上訴要件としての不服と不服対象　*119*

3　個別事例

(1)　反　訴

本訴の訴額と反訴の訴額は合算されてはならないという合算禁止原則〔173〕（→〔527〕）は，上訴審では制限的にのみ妥当すると解すべきである。

(a)　**原告と被告が各々上訴を提起する場合**　本訴と反訴がともに棄〔174〕却され，原告と被告が各々上訴を提起する場合，原告の不服額は棄却された訴求債権の価額によって決まり，被告（反訴原告）の不服額は棄却された反訴請求の価額によって決まる。この場合には，当事者は各々，自己の請求に関してのみ不服を有するからである。上訴の手数料訴額，したがって，不服対象の額は，各々別々に算定され，上訴人が不服申立てをする範囲によって決まる。

同じことは，本訴も反訴もともに認容された場合にも妥当する。この場合には，各当事者は相手方の請求の認容に対してのみ不服を有する。以上の場合には，手数料訴額の合算の余地は存しない。[169)]

(b)　**本訴と反訴の双方につき敗訴した当事者の上訴**　本訴請求と反〔175〕訴請求の双方につき敗訴判決を受けた当事者（原告または被告）が双方に対して控訴を提起する場合，たとえば本訴請求が認容され，同時に反訴請求の棄却判決を受けた被告（反訴原告）が本訴請求の棄却，反訴請求の認容を求めて双方に対して控訴を提起する場合の不服額は，本訴と反訴の訴額の合計額に等しい。敗訴被告は，本訴請求認容と反訴請求棄却の双方によって不利益を受けた（したがって不服を有する）からである。この判決に対して被告が控訴を提起する場合，不服対象の額は控訴人の不服申立ての範囲によって決まるが，このようにして決まる本訴請求についての控訴の手数料訴額と反訴請求についての控訴の手数料訴額を合算し，手数料を算定すべきである。[170)] この場合には，同一当事者の控訴であり，１つの訴えに複数の請求が併合される場合と同一視することができ，したがって民訴法９条１項本文を準用することができるからである。[171)] 要件は，反訴に対

---

169)　*Stein/Jonas/Roth*, §5 Rn.54.

170)　*Anders/Gehle/Kunze*, Stichwort "Rechtsmittel" Rn.15; *Schneider/Herget/Noethen*, Rn.4613; *Stein/Jonas/Roth*, §5 Rn.52.

171)　同旨，法律実務講座(2)201頁注38；訴額算定研究208頁。以前は，本訴請求部分と反訴請求部分につき各別に手数料を算定した上で手数料額を合算するとされていた（民事訴訟印紙研究107頁，110頁；民事訴訟費用研究317頁；岡井正男ほか「民事控訴事件の受理時における

120　第1章　訴額に関する一般原則

して実体裁判がなされたこと，および，本訴と反訴の間に経済的な一体性
が存在しないことである。

　本訴請求と反訴請求の経済的一体性が存在する場合には，上訴の手数料
訴額の合算は禁止され，多額の方の不服対象額が控訴の手数料訴額となる。
たとえば，原告が被告に対して所有権に基づき土地の明渡しを請求したの
に対し，被告が同土地の所有権が自分に帰属することの確認を求めて反訴
を提起したとする。第一審裁判所が本訴請求を棄却し，反訴請求を認容し
たのに対し，原告が自己の請求の認容と反訴請求の棄却を求めて控訴を提
起する場合には，1つの訴えに経済的一体性のある複数の請求が併合され
る場合と同一視することができ，民訴法9条1項ただし書の準用により訴
額の合算は禁止され，不服対象の額が多い方の不服申立ての手数料訴額が
基準となる。上記の例では，訴額通知によれば，反訴である土地所有権確
認の訴えの訴額の方が本訴である土地明渡請求訴訟の訴額より多額である
から，前者の不服対象の額によって控訴の手数料訴額も決まる。[172] 同じ例
において，第一審裁判所が本訴請求を認容し，反訴請求を棄却したのに対
し，被告が本訴請求の棄却，反訴請求の認容を求めて控訴を提起する場合
にも，訴額通知によれば，土地所有権確認の訴えの手数料訴額の方が多額
であるから，反訴である土地所有権確認の訴えの棄却に対する不服申立て
の訴額によって控訴の手数料訴額が決まる。[173]

〔176〕　　(c)　**本訴と反訴の部分的同一性**　　上訴の手数料訴額の合算は，上訴
によって，1つの法律関係から生ずる部分的に同一性を有する複数の請求
が追行される場合にも禁止される。たとえば，原告が売買代金請求権の残
額10万円の支払いを訴求し，被告が60万円の価額を有する売買契約が無効
であることの確認を求める反訴を提起し，第一審において被告が全面的に
勝訴した場合，この第一審判決に対して，本訴請求の認容および反訴請求

────────────────

書記官事務の諸問題とその改善の在り方」書研36号（1990年）203頁，215頁）。

172) 後述のように私見によれば，所有権の帰属についても当事者間において争いがある限り，
　　所有権に基づく明渡請求の訴額の方が所有権確認請求の訴額より多額であるから（→〔371〕），
　　明渡請求棄却判決に対する不服申立額が控訴の手数料訴額である。

173) 同旨，訴額算定研究208頁，312頁以下。かつては，本訴請求と反訴請求の判決に対する不
　　服申立ての経済的一体性を否定し，反訴と本訴の訴額の各別算定の原則は控訴にも妥当する
　　とし，不服対象額を各別に算定し，そこから明らかになる控訴の手数料額を合算すべきだと
　　された（村松・前掲(7)590頁；民事訴訟印紙研究110頁；民事訴訟費用研究317頁；岡井ほ
　　か・前掲注(171)215頁）。

の棄却への変更を求めて原告が提起する控訴の不服申立額は，60万円である。なぜなら，本訴と反訴の目的の部分的同一性のゆえに合算が禁止されるからである。[174] 原告が一部請求の訴えを提起し，被告が請求棄却判決を求めるとともに，原告には一部請求額を超えても債権は帰属していないことの確認を求める反訴を提起し，裁判所が本訴請求を棄却し反訴請求を認容した場合，自らの一部請求の認容および反訴請求の棄却を求める原告の控訴の手数料訴額は，原告が一部請求の基礎として主張したその債権の全額である。[175]

これに対し，本訴と反訴の間に部分的な経済的同一性すら存在しない場合には，不服申立額の合算が必要である。たとえば，原告が売買代金債権の残額20万円の支払いを求め，被告が反訴によって同じ売買契約の無効を主張し，すでに原告に支払った内金40万円の返還を求める場合，第一審裁判所が本訴請求を棄却し反訴請求を認容したとすると，原告の請求の認容および被告の反訴請求の棄却を求める原告の控訴の手数料訴額は，20万円と40万円が合算され，60万円である。[176]

(2) 留置権

所有権に基づく物の返還請求の訴額は，訴額通知7(1)および多数説によ 〔177〕
れば，目的物の価額の2分の1である。主張された所有物返還請求権は被告によって争われず，被告が留置権の抗弁を提出し，当事者間でこれについてのみ争われる場合にも，多数説によれば，訴額は引渡しを求められた目的物の価額の2分の1である。留置権によって担保される債権額が目的物の価額の2分の1よりもはるかに少額である場合にも，同じだとされる。

しかし，原告の請求の存在がすでに訴状から明らかになり，かつ，初めから争いがない場合，したがって明らかに留置権の主張が根拠を有するかどうかだけをめぐって争われる場合には，①経済的な考察方法に従い，例外的に留置権にのみに照準を合わせるべきか，[177] ②それとも反対給付の額いかんを問わず，訴求債権の額が訴額の基準になるか[178] が問題となる。

---

174) なお，所有権確認の訴と所有権に基づく引渡（明渡）請求の訴えの訴額についての訴額通知の見解の問題点については→〔371〕〔374〕。Vgl. *Stein/Jonas/Roth*, §5 Rn.52.

175) Vgl. *Schneider/Herget/Noethen*, Rn.4715.

176) *Stein/Jonas/Roth*, §5 Rn.52.

177) RGZ 140, 358; *Thomas/Putzo/Hüßtege*, §3 Rn.186; *Schneider/Herget/Noethen*, Rn.2514.

178) *Stein/Jonas/Roth*, §3 Rn.53 Stichwort "Gegenrechte（Zug um Zug; Pfandrecht;

122 第1章 訴額に関する一般原則

　ドイツでは留置権の被担保債権額によって訴額を算定する見解も有力に主張されているが，訴額は攻撃者（通常は原告）が請求の認容によって得る利益であるから，被告が請求を争っていない場合，引換給付の制限のついた給付判決であれ，執行力および既判力をもちうる請求認容判決を得ることができるので，訴求債権の額によるとする②説が正しい。

〔178〕　第一審において物の引渡しを命ずる判決を受けた被告が，第一審で主張した留置権が認められず，または全額においては認められなかったため，この判決に対して控訴を提起する場合，**上訴の手数料訴額**は第一審の訴額なのか，被告の主張する留置権の価額が基準になるのかという問題があり，見解が分かれうる。1つの見解は，控訴人が第一審判決の変更を求めている以上，第一審の訴額がそのまま控訴の手数料訴額であると主張する[179]。他の見解は，控訴を提起する被告は原告の請求を認容する原判決部分を争っているのではなく，第一審裁判所の留置権に関する判断のみを争っているので，被告の不服にとっては第一審の訴額ではなく，第一審判決の変更に上訴人が有する利益が重要なのであって，それゆえ留置権の価額に照準を合わせるべきであり，控訴の手数料訴額も被告が留置権の基礎にあると主張し，留置権によって担保される債権の額によって決まる（ただし，その上限は第一審の訴額によって画される）と主張する[180]。もっとも，後者の見解によっても，他の抗弁権と並んで予備的に主張される留置権によっても請求棄却の申立てをさらに追求しようとする被告がこれらの防御方法を排斥されていた場合には，不服対象の額は給付を命じられた額を超えないから，以上のことは妥当せず，第一審の訴額が控訴の手数料訴額であるとされる[181]。

　ドイツでは控訴審について金額制限があるため，この点を考慮に入れて議論が展開されるが，金額制限がなく，手数料訴額のみが問題となる日本

　Zurückbehaltungsrecht)"; *Anders/Gehle/Kunze*, Stichwort "Zug-um -Zug-Leistung" Rn.3.

179) *Hartmann*, Kostengesetze, 43. Aufl., §48 Anh.1, §6 ZPO Stichwort "Auflassung"; *Stein/ Jonas/Roth*, §6 Rn.1 u. 18; *Müller*, Streitwertbeschlüsse im Klageverfahren – Aktuelle Rechtsprechung in der Diskussion, MDR 2003, 248.

180) BGH MDR 2004, 829 = NJW-RR 2004, 714; BGH MDR 1995,1162; BGH NJW-RR 1995, 706; BGH NJW-RR 1991, 1083; *Anders/Gehle/Kunze*, Stichwort "Zug-um-Zug-Leistung" Rn.3; *Schneider/Herget/Noethen*, Rn.4743.

181) *Schneider/Herget/Noethen*, Rn.4743.

第5節　上訴要件としての不服と不服対象　*123*

法では後者の見解によるべきであろう。

(3)　引換給付判決

　上訴人の不服をなすのが，被告の反対債権についての裁判所の判断であ〔179〕
る場合がある。たとえば，原告の給付の訴えに対し，第一審裁判所が原告
の被告に対する反対給付と引換えに被告に給付を命ずる判決をした場合に，
原告が引換給付命令のない無条件の給付判決への変更を求めて控訴を提起
するとき，訴求債権を認容を得た原告の不服は引換給付命令の部分に限り
存するから，不服申立ての価額は反対給付の額のみによって定まる。しか
し，この不服申立ての価額は，訴求債権の額によって上限を画され，これ
以上になることはない。[182] この場合には，この訴求債権の額が控訴審の手
数料訴額をなす。これに対し，被告が請求の棄却を求めて控訴を提起する
場合には，その不服は原告の請求を理由ありとした原判決の判断にあるか
ら，控訴の手数料訴額は第一審の訴額と同額である。

　同じことが妥当するのは，原告の請求を無条件で認容する判決に対し，
被告がこの判決を自己の主張した反対権に基づき原告に反対給付を命ずる
引換給付判決に変更するよう求めて控訴を提起する場合であって，被告が
反対債権につき反訴を提起していない場合である。この場合には，原告の
請求を認容した判決に対する控訴審の手数料訴額は，被告が求める反対給
付の額のみによって定まる。[183] しかし，引換給付判決を求める手数料訴額は，
第一審の訴額によってその上限を画される。[184]

　引換給付判決に対する被告の控訴に対して原告が無条件の給付判決を求

182）民事訴訟印紙研究108頁；民事訴訟費用研究317頁；訴額算定研究194頁；小川／宗宮／佐
　藤編・手引28頁；BGH NJW 1973,654 = JR 1973, 423 mit Anm. von Kuntze（「被告によっ
　て主張された反対債権の額が原告の請求権の額を超える場合，不服対象の額は原告の請求権
　の額によって上限を画される。なぜなら，原告が引換給付を除去することについて有する利
　益は訴求債権の額にのみ対応するからである。このことは，原告が上訴を見送り，引換給付
　判決に対し対処しない場合，原告が甘受しなければならないのは彼の請求権の額における不
　利益であることに明瞭に示される。上訴人の不服については，不服を申し立てられた裁判の
　既判力をもちうる内容が基準となる。それを超えては原則として，不服は存在しない。しか
　し，裁判が既判力をもつのは訴訟物の価額，したがって原告によって主張された請求の価額
　までである。既判力は，それを超えて被告によって主張された抗弁または抗弁権を把握しな
　い。抗弁や抗弁権は，いずれにせよ訴訟物の価額の増加をもたらさない。」）；LAG Berlin
　MDR 1980, 612; OLG Saarbrücken AnwBl 1979, 153; *Schneider/Herget/Noethen*, Rn.4744.
183）Vgl. BGH NJW 1995,1162; *Schneider/Herget/Noethen*, Rn.4747.
184）Vgl. BGH MDR 1982,488; BGH MDR 1985,1022; MDR 1991, 794; BGH-RR 1995, 706;
　Schneider/Herget/Noethen, Rn.4747.

124 第1章 訴額に関する一般原則

めて附帯控訴を申し立てる場合，附帯控訴の手数料訴額は反対給付の額に
よって決まるが，第一審の訴額によって上限を画される。[185]

(4) 予備的相殺の抗弁

〔180〕　現行法のもとでは相殺の抗弁は，訴額の増加をもたらさない。第一審に
おいて裁判所が原告の訴求債権の存在を肯定し，予備的相殺の抗弁に基づ
き原告の請求を棄却した場合にも，相殺の抗弁は反訴でなく，単に防御方
法にとどまるから，これについて手数料の納付は求められない。

　　ところが，控訴の手数料訴額は控訴人の不服対象額に基づき算定される
ので，予備的相殺の抗弁について実体判断をした第一審判決に対して控訴
がある場合に，控訴の手数料訴額の算定との関係で原審の予備的相殺の抗
弁に対する判断がどのように扱われるべきかという問題が生ずる。原告の
敗訴の場合と被告の敗訴の場合を区別して考察する必要がある。

〔181〕　(a)　**原告の敗訴**　　敗訴判決を受けた原告は，敗訴の理由として，請
求権の成立要件の具備が否定されたか，または請求権の障害事由または滅
却事由（相殺も含まれる）が認定されたかを問わず，形式的不服を有する。

　　訴求債権の成立は認められたが，予備的相殺の抗弁が理由を有したため，
請求が棄却された場合にも，原告は請求棄却判決に対して不服を有する。
すなわち，請求棄却の理由は不服にとって重要ではない。したがって，原
告の申立額と判決額の差額が不服額である。相殺の抗弁に基づき原告の請
求を棄却した判決に対して原告が控訴を提起して，被告に対し請求どおり
給付を命ずる判決を求める場合，訴求債権は第一審判決によって肯定され
ているので，原告は反対債権の存在を認め予備的相殺による訴求債権の消
滅を認めた判断にのみ不服を有する。不服対象の額は当然請求額と同額で
ある。

〔182〕　(b)　**被告の敗訴**　　被告が訴求債権を争いつつ，裁判所が訴求債権の
存在を認める場合のために予備的に原告に対して有する反対債権によって
相殺する旨の相殺の抗弁（予備的相殺の抗弁）を提出し，裁判所が訴求債
権は成立したが，被告のした予備的相殺によって消滅したという理由で原
告の請求を棄却する場合，被告の第一審における請求棄却の申立ては全面
的に認容されたにもかかわらず，被告はこの判決に不服を有する。この判

───────────────

185）訴額算定研究315頁以下。

決が確定すると，反対債権は訴求債権との対当額においてもはや存在しないことが既判力によって確定し，被告は後訴においてこれを主張することを既判力により妨げられるからである（民訴114条２項）。被告の提起する控訴の不服対象の額は，訴求債権の全額と同額である。

第一審裁判所が原告の訴求債権の成立を認定し，同時に相殺債権の不存在を理由に相殺の抗弁を排斥し，原告の請求を認容した判決に対して，被告が請求棄却判決への変更を求めて控訴を提起する場合，被告は訴求債権の認容額とその存在を否定された反対債権の額の双方について不服を有する。この場合，上訴の手数料訴額は，訴求債権の訴額と，その不存在につき既判力の生じる反対債権の額を合算した額であるかどうか，問題となる。[186] 予備的相殺の抗弁は，控訴審において，訴求債権の成立が否定されたり，他の抗弁によりその存在が否定されると，判断されないままに終わる。それゆえ，控訴提起の段階で，既判力の生じる相殺債権の部分についての不服額を手数料訴額の算定の基礎にすることには疑問がある。せいぜい控訴審において相殺債権について判断される場合にのみ相殺の抗弁につき手数料を徴求することが考えられるけれども，日本法は一般に相殺につき手数料を徴求することをしていないので，これも困難であろう。それゆえ，上記の場合には，訴求債権の額が被告の控訴の手数料訴額をなすと解すべきであろう。

なお，いわゆる本位的相殺の抗弁の場合，すなわち，被告が訴求債権を争わず，反対債権による相殺のみを主張した場合，被告が請求を認容する判決によって不利益を受けるのは，判決が支払いを命じた金額のみである。[187]

　(c)　**反対債権が判断されていない場合**　　裁判所が相殺の適法性に関〔183〕して訴訟法に違反して判断せず，反対債権はいずれにせよ理由がないという理由で相殺は理由なしと判断した場合にも，相殺のために主張された反対債権について判断はなされていない。裁判所が被告の反対債権の存在について判断するためには，まず相殺の適法性を判断しなければならないから，相殺の適法性を未定にした判決は，反対債権について確定的に判断し

---

186) Vgl. BGHZ 48, 212; BGHZ 59, 17 (20 f.); *Hillach/Rohs*, S. 102; *Zöller/Heßler*, vor §511 ZPO Rn.26a; *Stein/Jonas/Roth*, §5 Rn. 66; *Schneider/Herget/Noethen*, Rn.4735.
187) *Hillach/Rohs*, S.103.

126 第1章 訴額に関する一般原則

ていないため，これには既判力は生じない。[188] それゆえ，反対債権の価額が不服額の算定のさいに考慮されないことは当然である。[189]

(5) 反復的給付

〔184〕　(a)　**問題点**　　継続的・反復的給付請求の第一審の訴額は，実務上の有力説によれば，訴え提起時までに履行期の到来している請求権の額と訴え提起後12か月以内に履行期が到来する請求権の額の合計額だという（→〔80〕）。この12か月というのは，第一審訴訟手続の平均審理期間を意味するという。本書は，この有力説と異なり，訴額は裁判所の裁量によって算定されるべきであり，将来の給付請求であるということを踏まえ，裁判所の合理的裁量として，訴え提起時にすでに履行期に達している請求権の額と3年間の請求権の総額を訴額とすべきであり，請求権の存続期間が3年より短い場合には存続期間中に取得されるべき全額であると解しているが（→〔80〕），以下では上訴の手数料訴額の問題を扱う。

控訴の手数料訴額については，訴え提起時までに履行期に達していた請求権部分が上訴の手数料訴額に算入されることは明らかであるが，問題は，訴え提起後，控訴提起時までに履行期に達した請求権部分を控訴の手数料訴額に算入すべきかどうかである。たとえば，原告が被告に対し将来にわたって毎月20万円の支払いを求める訴えを提起し，第一審裁判所が請求を全部棄却または認容したとする。この場合，原告または被告が原判決を請求の認容または棄却に変更するよう求めて提起する控訴の手数料訴額は，第一審の訴額と同額であるかどうかという問題である。

〔185〕　(b)　**見解の対立**　　①第一審の訴額と同額であると主張する見解[190]と，②第一審の訴額と，訴え提起後，第一審の口頭弁論終結時（訴え提起後12か月を超える場合もある）までに履行期の到来した請求額または訴え提起後控訴の提起までに履行期の到来した請求権の額の合計額を控訴審の手数料訴額とする見解が対立しうる。

①説は，控訴の訴額は訴え提起時点を基準に算定すべきであるという理由で，控訴の手数料訴額は訴え提起時を基準に算定すべきだとする。第一審裁判所が反復的給付請求を全部棄却する場合，訴え提起時までに履行期

---

188) 松本博之・訴訟における相殺（2008年・商事法務）221頁以下。
189) Vgl. *Hillach/Rohs*, S.103.
190) 訴額算定研究196頁。

の到来している請求権部分および訴え提起後第一審訴訟手続の終了時点で履行期が到来した請求権部分のほかに，将来の給付請求権をも含めて全部請求を棄却しているのであるから，原告はこの判断のすべてに不服を有する。原告が原告の請求を全部認容するよう原判決の変更を求めて控訴を提起する場合，原判決が訴え提起後12か月を超える給付請求について出されているときは，原告（控訴人）の不服対象の額は第一審の訴額を超えることが明らかである。しかし，①説は，控訴審の手数料訴額の算定の基準時は訴え提起時だという理由で，第一審の訴額が控訴審の手数料訴額だと主張するのである。

　民訴法8条1項が「訴えによって主張する利益」によって訴額を算定すると規定する場合，これは，管轄訴額の定めであり，しかも前述のように（→〔142〕），訴訟係属中に訴訟物の変更がないことを前提として，訴訟係属中に目的物の価額に変動が生じても事後的に管轄に変動が生じないことを明らかにした規定である。新たに審級を開始する申立てである上訴の手数料訴額の算定について，訴え提起時を上訴の手数料訴額算定の基準時とすることはできない。控訴審の手数料訴額は控訴人の不服申立ての額を基礎とするという出発点からすれば，原告が控訴を提起する場合には，原告は控訴提起時までに履行期の到来する請求についての裁判に対しても不服を有するので，控訴審の手数料訴額は第一審の手数料訴額と訴え提起後の現在の給付請求として棄却されている請求部分の不服額または，訴え提起後控訴の提起時までに履行期の到来した請求の合計額とみる②説が一応合理的なようにみえる。しかし，②説は，反復的給付請求の特殊性を考慮して，その権利行使を余りにも高額な手数料訴額によって挫折させないために手数料訴額の軽減を図った出発点と合致しないであろう。また，②説によれば，反復的給付の訴えにおいては，審級が上に行くほど，現在の給付請求として裁判される範囲が増えるため，必然的に手数料訴額が増加するという不自然な結果が生ずる。それゆえ，第一審の口頭弁論終結時までに履行期の到来した請求額または控訴の提起時までに履行期の到来した請求額を独立して控訴審の手数料訴額の算定において考慮することは適切でない。ただし，①説がいうように上訴の手数料訴額の算定基準時が訴え提起時だからではない。控訴の手数料訴額は，第一審の手数料訴額によって上

128 第 1 章 訴額に関する一般原則

限を画されるからである。[191] 原告の請求を全部認容する判決に対して被告が第一審判決を請求の全部棄却に変更するよう求めて控訴を提起する場合の控訴の手数料訴額も，同様に，第一審の手数料訴額によって上限を画される。したがって，第一審の口頭弁論終結時または控訴提起時までに履行期に達した請求部分の不服額を控訴の手数料訴額に加算することはできない。

　この結論には違和感があるかもしれない。もっとも私見では，第一審の手数料訴額は訴え提起時までの請求権額と訴え提起後3年間分の反復的給付の合計額であるから（→〔80〕），①説のもたらす違和感が生ずる可能性は小さいと考えられる。

〔186〕　　(c)　**請求の一部認容の場合**　　反復的給付請求に対し，第一審裁判所が原告の請求の一部のみを認容した場合，たとえば原告が毎月20万円の金銭の支払いを求めたところ，毎月10万円の限度で請求を認容し，その余の請求を棄却する判決をしたときは，①説によれば，控訴の手数料訴額は，請求の全部認容・全部棄却の場合と同じく，各当事者は訴え提起までに履行期に達していた期間と訴え提起後の12か月の期間の合計期間に，不服を申し立てる各月の敗訴額（敗訴部分の全部について不服を申し立てる場合には，この例では10万円）を乗じた額が控訴の手数料訴額となる。[192]

　私見では，不服を申し立てる各月の敗訴額（敗訴部分の全部について不服を申し立てる場合には，この例では10万円）に訴え提起時までの月数と36か月の合計期間を乗じた額が控訴の手数料訴額となる。

〔187〕　　(d)　**将来請求の部分の却下の場合**　　第一審裁判所が口頭弁論終結時までに履行期の到来した請求部分を全部または一部認容し，その余の請求は不適法として訴えを却下した場合に，被告が敗訴部分を請求棄却判決に変更するよう求めて控訴を提起する場合の控訴の手数料訴額は，前記①説によると，第一審の実際の審理期間が12か月以下であれば原判決の請求認容額が被告の不服額であるから，被告が原判決のこの部分の請求棄却を求める場合，原判決の請求認容額が控訴の手数料訴額であるが，第一審の実際の審理期間が12か月を超える場合には，第一審の訴額を控訴の手数料訴

191）Vgl. BGH NJW 1969, 1459.
192）訴額算定研究196頁。

額とするとされる。その理由は，第一審の請求認容額を控訴の手数料訴額とすると，全部認容の第一審判決に対する被告の控訴の場合の控訴の手数料訴額よりも高額になり，妥当性を欠くためだという。[193]

　将来の反復的給付請求の不適法却下に不服を有する原告が控訴を提起する場合には，①説は，原告の不服は「第一審の訴額算定においては考慮されていなかった部分のみであるから，控訴の訴額を第一審の訴額と関連させて算定することは相当でない。むしろ，控訴の訴額算定の基準時である訴え提起時を基準に考えると，弁論終結後に履行期が到来する請求が認容されることによって原告が得る経済的利益というのは，これを金銭的に評価することは極めて困難であるといえ」るので，控訴の手数料訴額は民訴費用法4条2項後段により160万円だという。[194]しかし，この説明は，いくつかの疑問を呼び起こす。まず，このような議論は反復的給付請求につき第一審の口頭弁論終結時に履行期の到来する部分しか訴額算定をしていないという不合理な考え方に由来するものである。第2に，不服額の算定基準時が訴え提起時だという出発点がおかしいのであって，不服申立て額の算定基準時が控訴提起時であることを認めれば，控訴の手数料訴額の算定不能というようなことは生じない。原告が控訴を提起する場合には，将来の給付請求の認容を求めるのであるから，①説の立場では，この部分の手数料訴額は以後12か月分の給付請求額の総額であろう。毎月20万円の反復的給付を求めた場合であれば，20万円×12か月＝240万円が控訴の手数料訴額になり，これに対応する第一審の手数料17,000円の1.5倍（25,500円）が本来の控訴手数料額であるが，第一審判決が請求について裁判をしていないので，その2分の1の12,750円が手数料額ということになろう。

　なお，**私見**によれば，被告の控訴の場合，第一審の請求認容額を控訴の手数料訴額とすべきである。私見では，控訴の手数料訴額が第一審の請求の全部認容判決に対する被告の控訴の手数料訴額よりも高額になる可能性は低く，また例外的にそうなれば，控訴の手数料訴額は第一審の訴額によって上限を画されるので，問題は生じない。

　第一審の口頭弁論終結時までに履行期の到来した請求部分を全部認容し，

193）訴額算定研究196頁。
194）訴額算定研究197頁。

その余の請求を不適法として却下した第一審判決に対する原告の控訴の手数料訴額は，原告の不服は口頭弁論終結時後の請求部分の却下にあるから，この部分の不服額を算定すれば足りる。原告は，口頭弁論終結時後に履行期の到来する反復的給付請求権について判決を求めるのであるが，私見による第一審の訴額は，①説とは異なり将来の給付請求部分を含むものであるから，第一審の訴額算定の基礎である36か月から第一審の口頭弁論終結時までの審理期間を差し引いた期間に毎月の請求額を乗じた金額である。たとえば，第一審において訴え提起後15か月後に口頭弁論が終結したとすれば，控訴の手数料訴額は36－15か月＝21か月×20万円＝420万円が控訴の原則的な手数料訴額であり，これに対応する控訴手数料は39,000円であるが，第一審判決が将来の給付請求の部分に関しては訴訟判決であるので，その半額19,500円が控訴の手数料額である。

(6) 訴えの単純併合

〔188〕　同一訴訟手続において複数の請求の単純併合があり，1つの判決によって裁判され，この判決に対し控訴が提起される場合，不服申立て対象の価額は自己の敗訴部分につき控訴を提起する原告または被告ごとに，各別に算定される。そして，個々の請求が法的に関連性を有さず，それぞれについて上訴理由が異なる場合であっても，合算原則が妥当する。これに対し，不服が申し立てられる請求が経済的一体性を有する場合には，例外的な合算禁止が妥当し，額の多い方の不服申立ての手数料訴額が基準となる。

　　弁論の併合によって複数の請求につき事後的に請求の併合が生じ，1つの判決によって裁判され，これに対して控訴が提起された場合も，同様である。たとえば，原告の被告に対する200万円の売買代金請求と400万円の貸金返還請求について併合審理により判決がなされたとする（売買代金請求は100万円のみ認容，貸金返還請求は200万円のみ認容）。この判決に対して原告が敗訴部分を請求認容に変更するよう求めて控訴を提起する場合，原告の不服申立て対象の額は，売買代金請求一部棄却判決に対する不服100万円と貸金返還請求の一部棄却判決に対する不服200万円を合算した300万円であり，これが原告の控訴の手数料訴額である。この判決に対して被告が控訴を提起し，売買代金請求および貸金返還請求を全部棄却するよう求める場合，不服申立ての対象額は100万円と200万円を合算した300万円であり，これが被告の控訴の手数料訴額となる。両者が控訴を提起する場合

にも，控訴人と被控訴人の不服申立ての対象額については合算原則の適用はないので，手数料逓減の利益は生じない。[195]

(7) **訴えの予備的併合**

(a) **予備的併合（→〔112〕）において，裁判所が主位的申立てを棄却し，予備的申立てを認容した場合**〔189〕 原告も被告も不服を有する。原告は，主位的申立てを棄却されているので，この判決に対して形式的不服を有する。不服の額は第一審の訴額と同じである。原告が主位的申立ての全部の認容を求めて控訴を提起する場合には，原告の不服申立て対象の額は主位的請求の額によって決まる。被告は予備的申立てを認容する判決に不服（形式的不服または実体的不服）を有する。被告の不服は予備的申立ての価額に合致する。被告が予備的申立てに対する第一審裁判所の請求認容判決を請求棄却判決に変更するよう求めて控訴を提起する場合，控訴の手数料訴額は予備的申立ての訴額を基礎に算定される。

(b) **裁判所が主位的申立てを認容し，予備的申立てについて裁判しない（できない）場合**〔190〕 被告が控訴を提起し主位的申立てを認容する判決を請求棄却判決に変更するよう求めるときは，不服申立て対象の価額は主位的申立ての価額に対応し，手数料訴額の算定の基礎となる。この被告の控訴によって，第一審裁判所によって裁判されていない原告の予備的申立ても，主位的申立てと予備的申立てが統一的な事実関係に基づいている限り，控訴審手続の対象になると解される。[196]

(c) **原告の主位的申立ては認容されたが，不真正予備的申立ては棄却された場合**〔191〕 原告は不真正予備的申立ての棄却に不服を有し，請求認容判決への変更を求めて控訴を提起する場合，不真正予備的申立ての価額が控訴の手数料訴額算定の基礎となる。被告の不服は主位的申立ての認容にあるから，被告が主位的申立，認容判決の棄却判決への変更を求める場合の控訴の手数料訴額の算定については，主位的申立ての価額が控訴の手数料訴額算定の基礎となる。

(d) **主位的申立ても予備的申立てもともに棄却された場合**〔192〕 この場合には，原告は両請求について敗訴判決を受けているので，いずれにも不

---

195) 小川／宗宮／佐藤編・手引31頁以下。
196) 松本・人訴法〔263〕。Vgl. *Rosenberg/Schwab/Gottwald*, 17. Aufl., §138 Rn. 22.; BGH NJW-RR 2005, 220.

服を有し，訴額の合算が必要であるが，両請求の経済的一体性が存在する
ときは，より高額の請求の訴額が不服額である。原告が両請求を控訴審に
おいて追行する場合には，不服額と不服対象額とは一致する。

〔193〕　　(e)　**被告が主位的申立てと不真正予備的申立ての双方につき敗訴判決
を受け，両者に対して控訴を提起する場合**　　この手数料訴額の算定のさ
いは，両請求の訴額を合算しなければならない。

　　(8)　**請求の選択的併合**

〔194〕　すでに述べたように，請求の選択的併合は併合された複数の請求に順序
を付さず，どれか1つの請求が認容されることを解除条件として他の請求
について裁判を求める併合形態であるとされるが，申立ての特定の面で問
題がある。しかし，たとえ不適法な申立てであっても，訴額の問題は生ず
る。たとえば旧実体法説を前提に競合する請求権の1つの認容を解除条件
として他の請求権について裁判を求める場合は，競合する請求権は経済的
に同一の目標を有するので，1つの請求の価額が訴額となる。

　　(9)　**共同訴訟**

〔195〕　　(a)　**通常共同訴訟**　　共同訴訟における上訴の手数料訴額の算定にも，
民訴法9条1項および民訴費用法4条1項が適用される。数人の被上訴人
に対して上訴が提起される場合，または，独立的に不服を有する数人の上
訴人が上訴を提起する場合，経済的に一体性を有する訴訟物が問題になっ
ているのでない限り，すべての共同訴訟人の不服申立て対象額は合算され
る。この場合，合算のためには1通の上訴状によって上訴が提起されてい
ることが必要であるのか，[197]それとも控訴が別々の上訴状によって提起さ
れている場合にも，控訴審の審理が共通して行われる限り，合算ができる
かどうかが問題になるが，つねに1つの上訴状による控訴でなければなら
ないことはないと考える。民訴法9条1項本文による訴額合算の原則は，
訴えの原始的共同訴訟の場合に限らず，後発的共同訴訟の場合にも適用さ
れるので（→〔115〕），同じことは上訴審においても妥当しなければならな
いからである。

　　共同訴訟人としての1人の原告の控訴が請求棄却判決に向けられ，共同

197）実務では，上訴の手数料訴額の合算のためには，1通の上訴状によることが要求されてい
るようである。岡井ほか・前掲注(171)214頁；小川／宗宮／佐藤編・手引31頁。

訴訟人としての他の原告の控訴が彼に対してのみ向けられた反訴に関する場合には，訴えの共同訴訟人が同時に反訴の共同訴訟人ではないから，不服申立ての価額の合算は行われない。[198] 経済的に一体性を有する訴訟物が存在する場合には，不服申立額の合算は行われない。たとえば騒音の差止めを求め敗訴判決を受けた土地の共有者が控訴を提起する場合，訴訟物は経済的に一体性を有するので不服申立額の合算は行われてはならず，１人分の不服申立額が上訴の手数料訴額算定の基礎となる。

なお，第一審において弁論の分離により併合訴訟でなくなり，裁判所が２つの判決をし，原告または被告，もしくは両者が２つの判決に対して控訴を提起する場合には，控訴の効力である移審的効力も各別に生じ，控訴審の手数料訴額も別々に算定されるので，控訴人は合算による手数料の低減の利益を受けることができない。

(b) **必要的共同訴訟**　必要的共同訴訟においては合一確定の必要か〔196〕ら，共同訴訟人の全員に有利な訴訟行為は１人の共同訴訟人がした場合にも全員のために効力が生じ，不利な訴訟行為は全員がしない限りその効力を生じない（民訴40条１項・２項）。

上訴についても，共同訴訟人１人が上訴を提起すれば，原則として，全共同訴訟人に上訴の効力が及び，事件全体が上訴審に移審する。それゆえ，手数料訴額は，共同訴訟人の１人のみが上訴を提起したとすると，この者の不服申立ての価額である。

なお，必要的共同訴訟において，一部の共同訴訟人が上訴を提起した後に他の共同訴訟人が提起した上訴は，不服対象が同じである限り二重上訴として不適法として却下されなければならなとするのが判例・通説[199] であるが，これは二重上訴ではなく，全体として一体をなす上訴であり，こ

---

198) *Hillach/Rohs*, S.109.
199) 最判昭和60・4・12裁判集民事144号461頁（固有必要的共同訴訟について），最決平成23・2・17家月63巻9号57頁；菊井/村松・全訂Ⅲ121頁；注解民訴(9)245頁〔小室/松山〕；注釈民訴(8)24頁〔鈴木重勝〕；菊井/村松・新コンメⅥ86頁など。高橋・重点講義(下)488頁は，一般的に判例に従いつつ，「必要的共同訴訟，補助参加訴訟における二重控訴については，訴訟費用負担などにおいて必ずしも二度目の控訴に意味がないわけではない」とするが，1つの統一的な控訴の存在を認めれば二重控訴のような問題は生じない。これに対し，右田堯雄・上訴制度の理論と実務（1998年・信山社）102頁は，「二重控訴」の場合は裁判の矛盾抵触の危険はないので重複起訴に準じて後行の控訴を不適法として却下することは再考の余地があると指摘する。

134 第1章 訴額に関する一般原則

の理由で不適法として却下されてはならないし，手数料訴額も不服対象の額の最も多いものが訴額とされなければならない。

⑽　利　息

〔197〕　第一審での附帯請求についての判決に対してのみ上訴が提起される場合には，附帯請求が主たる請求になり，これについて上訴の手数料訴額が算定されなければならないことは，すでに述べた（→〔171〕）。そのさい，さらに2，3の問題が生ずる。

　控訴審の手数料訴額の算定との関係では，控訴審の手続終結時点での利息額が手数料訴額の算定基準となるが，不確実な履行時期を伴う利息や遅延損害金請求における不服申立て対象の価額，したがって不確実な経過期間は裁判所が裁量により判断すべきことである[200]。

　次に，被告の側が主たる請求を全部認容する判決に対して控訴を提起した場合に，主たる請求について全部認容する判決を受けた原告が一部しか認容されなかった利息請求について附帯控訴を提起したとき，主たる請求は被告の控訴によって控訴審の手続対象になったので，原告の利息請求も再び附帯請求として扱われるべきか，それとも，原告と被告の双方から控訴が提起される場合，不服も，どの範囲で各控訴人が第一審判決によって不利益を受けているかによって決まるべきであるかが問題となる。主たる請求が控訴審の手続対象になっているので，附帯控訴によって主張された利息債権についての第一審判決に対する不服は附帯債権の主張の性質をもつと解してよいように思われる[201]。

　無条件の給付命令を受けた被告が控訴を提起して反対権に基づき引換給付判決を得ようとする場合，利息が附帯請求として主張されるときは，利息は，主たる請求と一体的な支払額に纏められている場合にも，この反対権の価額算定のさい考慮されない[202]。

⑾　控訴審における訴えの変更

〔198〕　第一審裁判所が請求につき判断した判決に対して控訴がある場合，控訴審における訴えの変更の手数料は，変更後の請求につき民訴費用法別表第

200）Vgl. BGH JurBüro 1981, 1490; OLG Köln NJW-RR 1993, 1215; *Schneider/Herget/Noethen*, Rn.4767.

201）ドイツ法について，*Schneider/Herget/Noethen*, Rn.4768f. 参照。

202）Vgl. BGH NJW-RR 1995, 706; *Schneider/Herget/Noethen*, Rn.4770.

１の２の項の下欄（控訴提起の手数料額算出の方法）により算出した額から変更前の請求に係る控訴手数料の額を控除した額である（民訴費別表第１の５の項の下欄）。

たとえば，300万円の売買代金請求訴訟の第一審判決が原告の請求を全部棄却したのに対し，原告が控訴を提起し，控訴審において請求を500万円に拡張（変更）した場合，変更後の請求についての手数料訴額は500万円である。この額の控訴手数料は民訴費用法別表第１の２の項の下欄により45,000円である。変更前の請求の控訴手数料は30,000円であるから，控訴審における訴え変更の手数料は45,000円－30,000円＝15,000円である。

控訴審において本訴とその目的を同じくする反訴の提起がある場合については，第一審における反訴の提起の場合と同様，反訴請求自体の手数料額から本訴の手数料額を控除した額が当該反訴の手数料額ととなる（民訴費別表第１の６の項の下欄）。

(12)　**その他**

(a)　**請求に対して本案判決をしなかった場合の控訴の手数料**　　訴え〔199〕を不適法として却下した第一審判決，訴えの取下げや和解の効力について争いがある場合に期日指定の申立てに基づき訴訟終了の効力を認めて訴訟終了判決がなされた場合に，これらの判決に対してなされる控訴の手数料は，民訴費用法別表第１の４の項により算定される通常の控訴の手数料額の２分の１である。

訴えの取下げや訴訟上の和解が無効と判断され，審理が続行され，本案判決がなされた場合，提起される控訴は通常の控訴であるから，その手数料額は民訴費用法別表第１の２の項により算定される。

(b)　**手数料の納付がないことを理由に訴えを却下した判決に対する控**〔200〕**訴の手数料**　　この控訴も請求について裁判しなかった第一審判決に対する控訴であるから，通常の控訴の手数料額の２分の１が手数料額である。

４　抗告と裁判所手数料

(1)　抗　告

抗告は，決定または命令に対して独立してする上訴である（民訴328条１〔201〕項）。終局判決前の中間的判決，とりわけ中間判決は，終局判決に対する上訴があれば上訴裁判所の判断を受けるが，このような形で上訴裁判所の

136　第1章　訴額に関する一般原則

裁判を受ける機会のない裁判（たとえば，訴状却下命令：第三者に対する文書提出命令など）や，本案との関係が薄くまた迅速な決着が合理的と考えられる事項についての裁判（たとえば，移送の裁判，忌避申立て却下の裁判）については，独立して不服申立てを許すのが適切であるので，抗告制度が設けられている。

抗告には，最初の抗告と再抗告がある。高等裁判所が最初の抗告に対してした決定・命令に対して最高裁判所への再抗告はできない。最高裁判所は，裁判所法の規定により，訴訟法に特に定めた抗告事件（特別抗告）に限って裁判することができるからである（裁7条2号）。その結果，重要な法律問題について各高等裁判所が決定で裁判し，その判断に不統一が生じうる。そこで現行民訴法は，高等裁判所の決定または命令に判例と相反する判断がある場合その他の法令の解釈に関する重要な事項を含むと認められる場合に，当該高等裁判所の許可により特に最高裁判所への抗告（許可抗告）を許している（民訴337条1項）。これは，判例統一のために重要な機能を果たしている。

抗告は，抗告状を原裁判所に提出して提起する（民訴286条1項の準用）。抗告状の記載事項も控訴状に準じる（民訴286条2項：民訴規179条・53条の準用）。即時抗告の期間は，裁判の告知の日から1週間である。抗告人は，抗告状に原裁判の取消し，または変更を求める理由を具体的に記載しなかったときは，抗告提起後14日以内に，これを記載した抗告理由書を原裁判所に提出しなければならない（民訴規207条）。

⑵　抗告および抗告の許可の申立ての手数料

〔202〕　抗告人は，抗告を提起するさい，抗告状に収入印紙を貼付する方法で（民訴費8条。ただし抗告審において訴訟救助の申立てがある場合を除く），所定の抗告手数料を支払わねばならない（民訴費3条1項別表第1の18の項）。

〔203〕　　⒜　**民訴費用法3条1項別表第1の18の項⑴に定めるもの**

それぞれの申立ての手数料の1.5倍の額である。具体的には，

── 代替執行および間接強制の申立て（民執167条の15第1項，171条1項，172条1項もしくは173条1項）および財産開示手続実施の申立て（民執197条1項もしくは2項）についての裁判に対するもの→3,000円

── 民事保全法による保全命令の申立てについての裁判（却下決定）に対するもの→3,000円

――行訴法の規定による執行停止の申立てまたは仮の義務づけもしくは
　　　仮の差止めの申立てについての裁判に対するもの→3,000円
　　――仮登記または仮登録の仮処分命令の申立てまたは申請についての裁
　　　判に対するもの→3,000円
　　――家事手続法別表第1に掲げる事項についての審判の申立てまたは同
　　　法の規定による参加の申出（申立人として参加する場合に限る）につ
　　　いての裁判（抗告裁判所の裁判を含む）に対するもの→1,200円
　　――家事手続法別表第2に掲げる事項についての審判，同法244条に規
　　　定する事件についての調停もしくは国際的な子の奪取の民事上の側
　　　面に関する条約の実施に関する法律32条1項に規定する子の返還申
　　　立事件の申立てまたはこれらの法律の規定による参加の申出（申立
　　　人として参加する場合に限る）についての裁判に対するもの→1,800円
　　――仲裁法12条2項，16条3項，17条2項から5項まで，19条4項，20
　　　条，23条5項または35条1項の規定による申立て，非訟事件手続法
　　　の規定により裁判を求める申立て，配偶者からの暴力の防止および
　　　被害者の保護等に関する法律の10条1項から4項までの規定による
　　　申立て，国際的な子の奪取の民事上の側面に関する条約の実施に関
　　　する法律122条1項の規定による申立て，消費者裁判手続特例法14
　　　条の規定による申立てその他の裁判所の裁判を求める申立てで，基
　　　本となる手続が開始されるもの（民訴費9条1項もしくは3項または
　　　10条2項に規定による申立ておよび別表第1の他の項に掲げる申立てを
　　　除く）についての裁判に対するもの，および非訟事件手続法の規定
　　　による参加（民訴費別表第1の13の項に掲げる参加を除く）の申出（申
　　　立人として参加する場合に限る）についての裁判（抗告裁判所の裁判
　　　を含む）に対するもの→1,500円

　(b)　**民訴費用法3条1項別表第1の18の項(2)に定めるもの**　　　　〔204〕
　借地借家法41条の事件の申立てまたは同条の事件における参加の申立て
（申立人して参加する場合に限る）についての裁判（不適法として却下したも
のを除き，抗告裁判所の裁判を含む）に対するもの→民訴費用法別表第1の
13の項により算出した額の1.5倍の額

　(c)　**民訴費用法3条1項別表第1の18の項(3)に定めるもの**　　　　〔205〕
　民事保全法の規定による保全抗告→保全命令の申立ての手数料（2,000

138　第1章　訴額に関する一般原則

円）の1.5倍の額（3,000円）

〔206〕　　　(d)　**民訴費用法3条1項別表第1の18の項(4)に定めるもの**

(a)～(c)以外のもの。これには，民訴法上の通常抗告および即時抗告，執行抗告（ただし(a)を除く），破産手続上の裁判に対するものなどがある。→1,000円

第6節　その他の手数料

〔207〕　訴えおよび上訴以外の申立てについて，法律上手数料の支払いが求められるものには，逓減方式が採用されているものと定額方式が採用されているものがある。ここでは，主要な申立手数料について説明する。

第1款　再審の訴え

1　再審の意義

〔208〕　再審の訴えは，訴訟手続や判決の基礎に極めて重大な瑕疵のある確定判決を取り消し，請求につき新たな判決を求める訴えであり，非常の救済方法である。確定判決が言い渡された訴訟手続に基本的に重大な瑕疵がある場合に，その是正を許さないとすることは，確定判決によってもたらされた法的安定の確保に資するにせよ，法的正義の確保の要請に著しく反する。

　これを放置すると，市民の裁判を受ける権利の侵害を惹き起こし，司法に対する市民の信頼を損なうおそれがある。そこで，民訴法は，再審事由を法定し，その事由がある場合に限って再審を許すことにして，法的正義と法的安定の確保の調整を図っている（民訴338条）。

2　再審申立ての手数料
(1)　再審手続の二段階

〔209〕　再審の訴えについては，明治23年民事訴訟用印紙法のもとで，長い間通常訴訟と同様の方法で訴額を算定し，再審が申し立てられる審級に応じて訴え，控訴または上告と同額の印紙の貼付が求められていた。しかし，再審手続は再審理開始の許否に関する手続と本案の再審理手続の二段階に分かれ，前者において再審事由の有無が審理され，これが肯定された場合に，後者すなわち本案の再審理手続が始まるので，民訴費用法は，**再審の訴え**

の手数料は前者の手続の部分に限って納付すべきものとし，訴額に応じた逓増方式を採用せず，定額の手数料を納付すべきものとしている。

簡易裁判所へ再審の訴えを提起する場合，申立ての手数料は一律に2,000円，簡易裁判所以外の裁判所への再審の訴えの場合には，一律に4,000円と定められている（民訴費別表第1の8の項の下欄）。

(2) 再審の訴えについての裁判に対する不服申立て

裁判所は，再審の訴えの適否について職権により調査しなければならな〔210〕い。裁判所は，再審期間の徒過等の理由により再審の訴えを不適法と判断するときは，決定により訴えを却下するが（民訴345条），この決定に対し，再審原告は即時抗告を提起することができる（同法347条）。

再審の訴えが適法である場合，裁判所は当事者の主張した再審事由が存在するか否かを職権で調査しなければならない。裁判所は，再審事由を認めない場合には，決定で再審請求を棄却し（民訴345条2項），再審事由があると判断する場合には再審開始の決定をする（同法346条）。いずれの決定に対しても，即時抗告をすることができる（同法347条）。即時抗告の手数料は1,000円である（民訴費3条1項別表第1の18の項(4)，→〔206〕）。

再審開始決定が確定すると，裁判所は，不服申立ての限度で，改めて口頭弁論を実施して本案の審理および裁判を行う（民訴348条1項）。裁判所は，再審理の結果，旧判決を不当とする場合には旧判決を取り消し，新たに裁判をしなければならない（同条3項）。旧判決が第一審判決であるときは，裁判所は訴え却下判決（訴えを不適法と判断するとき）または本案判決をする。旧判決が旧訴訟の事実審の最終口頭弁論終結時までに提出された攻撃防御方法によれば不当であるが，再審理手続において提出された旧訴訟の事実審最終口頭弁論終結後の攻撃防御方法をも考慮に入れて結果として正当であるとの結論に達した場合には，再審裁判所は再審請求を棄却しなければならない（同条2項）。

旧判決を取り消して請求の当否についてした判決に対する控訴申立ての手数料は，控訴人の不服申立て対象の価額に応じて民訴費用法別表第1の2により算出される。原判決が訴え却下判決である場合には，本案判決に対する控訴の手数料額の2分の1である（民訴費別表第1の4の項の下欄）。

旧判決が控訴審判決である場合には，控訴を不適法として却下し，理由なしとして棄却し，または理由ありとして旧判決を変更する判決がなされ

140 第1章 訴額に関する一般原則

るが，この判決に対する上告または上告受理申立ての手数料は，上告人の
不服申立て対象の価額に応じて民訴費用法別表第1の3により算出される。
原判決が請求につき判断しなかった判決である場合には，請求につき判断
した判決に対する上告または上告受理申立ての手数料額の2分の1である
（民訴費別表第1の4の項の下欄）。

3　準再審

〔211〕　即時抗告によって不服を申し立てることができる決定または命令が確定
した場合，これらの裁判に再審事由があるときは，再審を申し立てること
ができる（準再審。民訴349条1項；民訴規212条；非訟83条1項；家事事件
103条1項）。この場合の裁判所手数料は，一律に1,500円と定められている
（民訴費別表第1の19の項）。なお，この再審申立てについての決定に対す
る抗告の手数料は，1,000円と定められている（民訴費別表第1の18の項(4)）。

第2款　起訴前の和解
1　起訴前の和解

〔212〕　民事上の争いについて，当事者は，請求の趣旨および原因ならびに争い
の実情を表示して，相手方の普通裁判籍の所在地を管轄する簡易裁判所に
和解の申立てをすることができる（民訴375条1項）。
　　　　当事者間で和解が成立すると，この和解は訴訟係属中の和解ではなく，
したがって訴訟上の和解ではないけれども，裁判所が関与して成立した和
解であるので，法律は訴訟上の和解と同一の効力を付与している（民訴
267条）。和解が調わない場合には，和解期日に出頭した当事者双方の申立
てがあれば，裁判所は直ちに訴訟の弁論を命ずる。この場合には，和解の
申立てをした者は，その申立ての時に訴えを提起したものとみなされる
（同法275条2項）。

2　申立手数料

〔213〕　申立ての手数料は，請求額を問わず，一律2,000円と定められている（民
訴費別表第1の9の項）。申立ての主観的併合の場合にも，経済的利益が一
体である場合には，2,000円の手数料のままである。
　　　　前述のように和解が不調の場合，当事者双方の申立てにより訴訟に移行

するが，この場合には，通常訴訟の訴額に対応する手数料額から起訴前の和解の申し立てのために納付した手数料額を控除した金額の手数料を納付すれば足りる（民訴費3条2項）。

第3款　支払督促の申立て

1　支払督促

　支払督促は，金銭その他の代替物または有価証券の一定数量の給付を目〔214〕的とする請求につき，簡易裁判所の裁判所書記官が発する処分である（民訴382条）。この支払督促を発する手続を，督促手続と呼ぶ。**督促手続**は原状回復が容易な給付請求権のために簡易な方法で債権者に債務名義を取得する途を開くものである。

　支払督促に対して債務者から仮執行宣言前に適法な**督促異議の申立て**があると，支払督促は異議の限度でその効力を失い（民訴390条），督促異議に係る請求の目的の価額に従い，支払い督促の申立ての時に，支払い督促を発した裁判所書記官所属の簡易裁判所またはその所在地を管轄する地方裁判所に訴えの提起があったものと見なされ，事件は通常訴訟に移行する（同法395条）。支払督促の送達を受けた日から2週間以内に債務者が督促異議を申し立てないときは，裁判所書記官は債権者の申立てにより仮執行宣言をしなければならない。債務者が仮執行宣言付き支払督促の送達を受けた日から2週間の不変期間内に督促異議の申立てをした場合には，仮執行宣言前の督促異議の申立ての場合と同じく，事件は通常訴訟に移行する（民訴395条。ただし，この場合には，督促異議の申立てによって支払督促は失効しない）。

2　申立手数料

　支払督促の申立手数料については，民訴費用法別表第1の10の項が，請〔215〕求の目的の価額に対応する訴え提起の手数料の2分の1と定めている。請求の目的とは，督促異議の申立てにより督促手続が通常訴訟に移行した場合の訴訟の目的のことであり，この請求の目的の価額の算定も訴額の算定の方法による。

　なお，事件が通常訴訟に移行する場合には，通常訴訟の場合の手数料額と支払督促の手数料額の差額を納付すれば足りる（民訴費3条2項）。

142　第1章　訴額に関する一般原則

第4款　執行申立て

1　不動産の強制競売または担保権の実行としての競売申立て

〔216〕　**(1)　管轄執行機関**

　　不動産の強制競売または担保権の実行としての競売については，執行目的物である不動産の所在地を管轄する地方裁判所（民執43条2項により不動産と見なされる不動産の共有持分，登記された地上権および永小作権およびこれらの権利の共有持分に対する執行については，これらの権利またはその共有持分の登記をすべき地を管轄する地方裁判所）が，執行裁判所として専属管轄を有する。

〔217〕　**(2)　申立手数料**

　　強制執行および担保権の実行としての競売の申立ては，債権者が執行裁判所に書面を提出して行う（民執規1条）。申立手数料は，執行債権または被担保債権の額にかかわらず一律に4,000円の定額である（民訴費別表第1の11の項イ）。

　　債権者は，1つの申立てによって複数の不動産の競売を求めることができる。この場合，手数料の算定は申立書の数を基礎にするのではなく，執行行為としての執行申立ての数が基準となる。執行（競売）申立ての数は，執行当事者と債務名義（または担保権実行名義）の数に基づいて数える。1通の申立書であっても，債務者が数名の場合や主債務者と保証人である場合には数個の申立てが存在し，手数料も執行債務者の数に4,000円を乗じた額になる。また，同一債権者（または担保権者）が1通の申立書によって数個の債務名義（または担保権実行名義）により不動産の競売を申し立てる場合の手数料は，債務名義（または担保権実行名義）の数に4,000円を乗じた金額が手数料である。もっとも，執行債権者の受ける経済的利益が共通している場合には，1通の申立書で執行申立てをする限り，手数料は4,000円で足りる。

2　債権執行

(1)　管轄執行機関

〔218〕　債権者は，管轄執行機関に差押えの申立てをしなければならない。職分管轄を有するのは執行裁判所としての地方裁判所である（民執143条）。土地管轄は，原則として債務者の普通裁判籍所在地を管轄する地方裁判所に，

そしてこの普通裁判籍がない場合には補充的に，差し押さえるべき債権の所在地を管轄する地方裁判所に，それぞれ専属する（同法144条1項・19条）。差し押さえるべき金銭債権は，その債権の債務者（すなわち第三債務者）の普通裁判籍所在地にあるものと見なされる（同法144条2項本文）。

(2) 申立手数料

申立手数料は，執行債権の額いかんにかかわらず，一律に4,000円の定 [219] 額である（民訴費別表第1の11の項イ）。申立ての個数は，不動産の強制競売または担保権の実行としての競売申立ての場合と同じように数える。1通の申立書によって債権差押を申し立てる場合にも，数個の債務名義に基づく場合には数個の申立てとして手数料を納付しなければならない。債権者または債務者が数人の場合も，数個の申立てとして数えられる。第三債務者が複数であっても，申立ての数には影響しない。

被差押債権の換価の方法として転付命令によることが可能であるが，転 付命令の申立てには手数料は不要である。同様に，第三債務者に対する陳述の催告の申立て（民執147条1項）は，手数料を要しない。

3　その他裁判所による強制執行または競売もしくは収益執行の申立て

不動産の強制管理の申立て，自動車・建設機械・航空機・船舶に対する [220] 強制執行または競売の申立て等は，執行債権の額いかんにかかわらず，手数料は一律に4,000円の定額である（民訴費別表第1の11の項イ）。申立ての個数の数え方は，不動産の強制競売または担保権の実行としての競売申立ての場合と同じである。

4　少額訴訟債権執行の申立て

(1) 意　義

少額の金銭債権の満足のために，民事訴訟によって給付判決を取得した [221] うえでなお，通常の金銭請求権のための強制執行手続の実施を要求するならば，債権者の負担が過大になり，少額請求権の実現にとって大きな障害になりうる。そのため平成8年制定の現行民訴法は，少額訴訟手続の制度を導入した（民訴368条〜381条）。しかし，執行段階の改善は放置されていた。平成16年の民執法の改正は，少額訴訟手続によって成立した債務名義に基づく強制執行については，その目的財産が金銭債権である場合に限っ

144 第1章 訴額に関する一般原則

て，しかも差押え，取立て，弁済金の交付にとどまる限りにおいて，当該少額訴訟の裁判を行った簡易裁判所の裁判所書記官が行う執行処分に関しては，その簡易裁判所が執行裁判所となることとした。もちろん，債権者は通常の強制執行の手続を利用することもできる。

　少額訴訟債権執行における執行機関は，執行裁判所と，少額訴訟の受訴裁判所である簡易裁判所の裁判所書記官である（民執167条の2第1項・3項）。通常の債権執行においては，執行裁判所の裁判としての債権差押命令によって債権の差押えが実施されるが，少額訴訟債権執行においては裁判所書記官の「差押処分」がこれに代わる（同法145条；167条の2第2項；167条の5）。通常の債権執行における執行裁判所による弁済金の交付は，同じく裁判所書記官による「弁済金交付」がこれに代わる（同法84条2項・167条の11第3項）。

　少額訴訟債権執行において裁判所書記官が行う執行処分に関連して執行裁判所が権限を有する事項については，地方裁判所ではなく，その裁判所書記官の所属する簡易裁判所が執行裁判所となる（民執167条の3）。裁判所書記官の執行処分に対する執行異議の申立て（同法167条の4第2項），債権の差押禁止範囲変更の申立て（同法167条の8），転付命令等のための事件の地方裁判所への移行の申立て（同法167条の11），裁量による事件の地方裁判所への移行（同法167条の12）については，裁判所書記官の判断に委ねるのは適切でないため，裁判所が関与する必要があるが，民事執行法は，手続の簡便さを重視して地方裁判所ではなく，その裁判所書記官の所属する簡易裁判所がこれらの事項を処理すべき執行裁判所としている（同法167条の3）。

(2) 申立手数料

〔222〕　裁判所書記官に対する差押処分の申立ての手数料は，1人の債権者が1人の債務者に対して1通の債務名義で申し立てる場合，申立書1通につき一律に4,000円と定められている（民訴費別表第1の11の項イ）。

5 強制管理の方法による仮差押えの執行

〔223〕　不動産（不動産執行の対象となる不動産および不動産とみなされる権利およびその共有持分を含む）に対する仮差押命令の執行の方法として，仮差押えの登記をする方法と，不動産の強制管理の方法があり（民保47条1項前

第6節　その他の手数料　*145*

段），債権者はこれらの方法を併用することができる（同項後段）。仮差押えの執行を強制管理の方法によって行う場合，申立手数料は4,000円である（民訴費別表第1の11の項ロ）。

6　代替執行または間接強制の申立て

(1)　代替執行と間接強制

代替的作為請求権の強制執行の方法は，代替執行と間接強制である（民〔224〕法414条2項本文；民執171条・173条1項）。いずれの方法によるかは，債権者の選択による。

代替的作為請求権は，債務者だけでなく第三者によっても履行できるとういう特徴を有し，そのさい，債務者による履行であれ第三者による履行であれ，得られる経済的利益に変わりはなく，債務の本旨に従った給付とみることができる。この請求権については，債務者に直接強制力を加えて債務者自身にその作為を強制する理由に乏しい。債権者の申立てに基づき，執行裁判所から，債権者自身が当該行為を行いまたは債務者の費用で当該行為を第三者にさせることについて授権を得るという方法で行うことができ，これによって目的を達することができる（民執171条1項・2項）。これが**代替執行**である。代替執行の決定は，債権者が債務の目的である一定の作為を債務者の費用で債権者以外の者にさせることを授権するという内容になる。なされるべき作為の内容は，できるだけ正確に特定されるべきである。執行裁判所は，授権決定において申立てにより，債務者に対し，その決定に掲げる行為をするために必要な費用をあらかじめ債権者に支払うべき旨を命ずることができる（同法171条4項）。

作為を目的とする債務で代替執行をすることができないものについての強制執行，および性質上代替執行ができない不作為債務について，民事執行法は，**間接強制**を適法と認め（同法172条1項），さらに代替的作為請求権について代替執行が許される場合にも，債権者の申立てがあれば，間接強制の方法での執行を適法とする（同法173条1項）。間接強制は「執行裁判所が，債務者に対し，遅延の期間に応じ，又は相当と認める期間内に履行しないときは直ちに，債務の履行を確保するために相当と認める一定の額の金銭を債権者に支払うべき旨を命ずる方法」（同法172条1項）によって行われる執行である。

146 第1章 訴額に関する一般原則

(2) 申立手数料

〔225〕 代替執行または間接強制の申立ての手数料は，一律に2,000円である（民訴費別表第1の11の2の項イ）。代替執行につき，授権決定と費用前払決定を同時に申し立てる場合に，両者は同一目標に向けられた決定であるので，その手数料は2,000円である。

7 財産開示手続実施の申立て

(1) 財産開示手続

〔226〕 財産開示は，民執法において強制執行，担保執行および形式的競売と並ぶ民事執行の1つとして規定されている。しかし，これは直接に権利の実現を目指すものではなく，金銭執行（および一般の先取特権の実行）の実効性を高める手段として民執法に規定された。

　　強制執行または担保権の実行における配当等の手続が申立債権者の金銭債権の完全な満足をもたらさなかった場合，または債務者に知れている財産に対する強制執行を実施しても，申立人が当該金銭債権の完全な弁済を得られないことの疎明がある場合，執行裁判所は申立てに基づき財産開示を実施する旨の決定をしなければならず（民執197条1項），債務者等財産開示義務者は，財産開示期日に出頭して債務者の財産について陳述する義務を負う（同法199条1項）。手続の目標は，差し押さえることができる債務者の財産についての情報を債権者に与えることである。

〔227〕 ### (2) 申立手数料

　　財産開示手続実施の申立ての手数料は，2,000円である（民訴費別表第1の11の2の項イ）。

第5款 民事保全法上の保全命令の申立て等

1 民事保全

〔228〕 民事保全法の定める民事保全手続の可能な手続対象は，理論的にも実際的にも殆ど無限である。様々な事項が民事保全の対象となりうる。保全命令の申立ては，日本の裁判所に本案の訴えを提起することができるとき（民訴3条の2以下参照），または仮に差し押さえるべき物もしくは係争物が日本国内にあるときに限りすることができる（平成23年改正による民保11条）。そして，本案の管轄裁判所，または，仮に差し押さえるべき物もし

くは係争物の所在地を管轄する地方裁判所が，保全命令手続につき専属管轄裁判所として管轄する（民保12条1項・6条）。

2　保全命令の申立手数料

　保全命令の申立ての手数料は，被保全権利の価額と無関係に2,000円と〔229〕定められている（民訴費別表第1の11の2の項ロ）。

　検討を要するのは，申立ての客観的併合および主観的併合である。

(1)　申立ての客観的併合

　　(a)　仮差押命令の申立て　　1個の仮差押命令の申立てにおいて複数〔230〕の被保全請求権のために仮差押命令が申し立てられている場合，差し押さえられるべき物件，債権および第三債務者の数いかんにかかわらず，1個の申立てとして，手数料は2,000円である。[203]

　　(b)　仮処分の場合　　1個の仮処分命令の申立てにおいて複数の被保〔231〕全請求権のために仮処分命令が申し立てられている場合，原則として1個の申立てとして，2,000円の手数料で足りるが，申立ての趣旨から全く別個の争訟関係について仮処分命令が求められていると見られる場合には，数個の申立てがあるので，その数だけの手数料の納付が必要である。

　たとえば土地の所有権に基づく建物収去土地明渡請求権を保全するため建物の所有者に対して建物の処分禁止の仮処分と同じ建物の占有移転禁止の仮処分を求める場合には，争訟関係は1個と解される。[204]建物の処分禁止の仮処分が執行されても，建物の所有者が建物の占有のみを第三者に移転したときは，処分禁止の仮処分はこれには及ばないので，建物の占有移転に対処するためには建物につき占有移転禁止の仮処分を併用する必要がある。[205]それゆえ，2つの仮処分が申し立てられていても，建物収去土地明渡請求権を保全するという同一の目的に奉仕するものだからである。

203）小川／宗宮／佐藤編・手引49頁。
204）小川／宗宮／佐藤編・手引49頁。
205）山崎潮・新民事保全法の解説〔増補改訂版〕（1991年・金融財政事情研究会）373頁；原井龍一郎「占有移転禁止の仮処分」中野貞一郎ほか編・民事保全法講座第2巻（1996年・法律文化社）461頁，506頁；原井龍一郎／河合伸一編著・実務民事保全法〔3訂版〕（2011年・商事法務）341頁；竹下守夫／藤田耕三編・民事保全法（1997年・有斐閣）345頁〔石川明〕参照。

148 第1章 訴額に関する一般原則

(2) 申立ての主観的併合

〔232〕 債権者または債務者が複数の場合，仮差押え，仮処分ともに原則として数個の申立てが存在し，申立ての個数分に応じた手数料の納付が必要である。

たとえば，同一の交通事故で被害を受けた数人が各自の損害賠償請求権を被保全権利として1つの申立てによって仮差押命令を申し立てる場合，数人の債務者が各別に占有する不動産専有部分について1つの申立てによって占有移転禁止仮処分を申し立てる場合，あるいは，建物の所有名義人に対する建物の処分禁止の仮処分の申立てとその建物の敷地の所有者に対する敷地の処分禁止の仮処分を1つの仮処分申立てによって申し立てる場合には，数個の申立てが存在するので，申立人または相手方の数に応じて手数料を納付する必要がある。

これに対し，訴えの場合について経済的利益が同一であることにより訴額の合算が禁止される場合には（→〔120〕），保全命令の申立ての場合にも2,000円の手数料の納付で足りる。たとえば，数人の連帯債務者に対して1つの申立てにより仮差押命令の申立てをする場合，主債務者と保証人を相手方として仮差押命令の申立てをする場合，同一手形の振出人と裏書人を相手方として仮差押命令の申立てをする場合，数人の債権者が所有権，占有権，日照権等に基づき同一建物の建築禁止の仮処分を申し立てる場合，数人の債務者に対して同一土地へ妨害排除（立入り禁止）の仮処分を求める場合，債務者に対する建物の処分禁止の仮処分と建物占有者に対する占有移転禁止仮処分の申立てを同一申立てによってする場合などは，経済的利益の重複はなく，2,000円の手数料の納付で足りる。

3 その他の申立ての手数料

〔233〕 以下の民事保全法上の申立ての手数料は，いずれも500円である（民訴費別表第1の17の項ハ）。

① 保全異議の申立て（民保26条）。
② 保全取消しの申立て（民保37〜39条）
③ 保全執行の停止または執行処分取消しを命ずる裁判の申立て（民保27条1項）
④ 保全命令を取り消す決定の効力停止を命ずる裁判の申立て（民保42

条1項）

⑤　保全執行裁判所の執行処分に対する執行異議の申立て（民保46条；
　　民執11条）

4　仮登記を命ずる処分の申立てその他の仮登記または仮登録の仮処分命令の申立てまたは申請

　仮登記を命ずる処分の申立て（不登108条1項）その他の登記または登録〔234〕に係る法令の規定による仮登記または仮登録の仮処分の申立てまたは申請の手数料は，2,000円である（民訴費別表第1の11の2の項ニ）。

第6款　倒産手続等の申立て

1　各種の倒産手続

　破産手続開始の申立て（債権者がするものに限る），更生手続開始の申立〔235〕て，特別清算開始の申立て，外国倒産手続承認の申立て，責任制限手続開始の申立て，責任制限手続拡張の申立てまたは企業担保権の実行の申立ておよび再生手続開始の申立てについては，申立手数料は定額とされている（民訴費別表第1の12の項，12の2の項）。

2　申立手数料

　倒産手続は，個別債権の実現を目的とする強制執行と異なり，多数の債〔236〕権者・利害関係人の利害関係を調整して債務整理を行う手続である点で，一般執行と呼ばれる。この点を考慮して，手数料は定額とされている。

　①債権者による破産手続開始の申立て（破18条1項），②更生手続開始の申立て（会社更生17条），③特別清算手続開始の申立て（会社511条），④外国倒産手続承認の申立て，⑤責任制限手続開始の申立て，⑥責任制限手続拡張の申立て，または⑦企業担保権の実行の申立ての手数料は，すべて一律2万円と定められている（民訴費別表第1の12の項）。債務者が自分自身について破産申立てをする場合（自己破産の申立て）の申立手数料は1,000円の定額である（民訴費別表第1の16の項イ）。

　⑦民事再生手続開始の申立て（民再21条・221条・239条）の手数料は，一律1万円の定額である（民訴費別表第1の12の2の項）。

　なお，これらの申立てについての裁判に対する抗告の手数料は，1,000

150　第1章　訴額に関する一般原則

円である（民訴費別表第1の18の項(4)）。倒産関係訴訟の訴額については，
→〔599〕以下。

第7款　借地非訟事件における申立て

1　はじめに

〔237〕　借地条件の変更等について当事者間に協議が調わないときは，当事者の
申立てに基づき，裁判所は非訟事件手続によって借地条件変更等の裁判を
することができる。この制度を**借地非訟事件**と呼ぶ。借地非訟事件に属す
るのは，次の事件である。

①　借地条件の変更申立事件（借地借家17条1項）

②　増改築許可申立事件（同法17条2項）

③　転借地権者による借地条件の変更申立事件・増改築許可申立事件
（同法17条5項）

④　借地契約更新後の建物の再築許可申立事件（同法18条1項）

⑤　転借地権者による更新後の建物再築許可申立事件（同法18条3項）

⑥　土地の賃借権の譲渡または転貸の許可申立事件（同法19条1項）

⑦　土地の賃借権の譲渡または転貸の許可の申立てがあった場合の，借
地権設定者による建物および賃借権譲受または転貸を受ける旨の申立
事件（同法19条3項）

⑧　転借地権が設定されている場合における，転借地権者と借地権設定
者との間での⑥および⑦の事件（同法19条7項）

⑨　建物の競売または公売に伴う土地の賃借権の譲渡または転貸の許可
申立事件（同法20条1項）

⑩　⑨の申立てがあった場合における借地権設定者による建物および賃
借権譲受申立事件（同法20条2項・19条3項）

⑪　転借地権者から建物の競売または公売により建物を取得した第三者
と借地権設定者との間における⑨及び⑩の申立事件（同法20条5項1
号・2号）

2　申立手数料

（1）　手数料算出の基礎となる土地の価額

〔238〕　借地非訟事件の管轄裁判所は，借地権の目的である土地の所在地を管轄

する地方裁判所である（当事者の合意があるときはその所在地を管轄する簡易裁判所も管轄することができる）ので，管轄訴額の問題は生じない。

申立手数料の算定は，次の方法による。②増改築許可の申立てについては借地権の目的である土地の価額の10分の3に相当する額を，その他の申立て（①③〜⑪の申立て）は借地権の目的である土地の価額を基礎として手数料を算定する。そのさい，土地の価額は訴額の算定の場合と同様に，固定資産評価額を基準とし，基礎となる額に応じて民訴費用法別表第1の13の項の下欄に定める算出基準により手数料額を算出する。

このような方法で算出される手数料額は申立人が申立ての認容によって受ける経済的利益を基準にするものと説明されているが，迅速な手数料算出の必要性と実行可能性の観点から手数料算出の基礎となる土地価額を措定するものであり，経済的訴額説の考え方に基づくものではない。これは，規範的訴額説の立場に立つものである。

1つの申立てで数個の借地非訟事件を併合した場合には，民訴法9条1項の規定が準用され，訴えの併合の場合の訴額算定の場合と同様に，各事件の手数料算出の基礎となる価額を合算した額を基礎にして手数料額を算出する。申立人がこの申立てによって主張する利益が各事件について共通であるときは，価額の合算は許されない（民訴費4条5項による民訴9条1項の準用）。

(2) 民事調停先行の場合の手数料の減額

借地非訟事件手続に先行して民事調停手続が実施されたが，手続が調停〔239〕の不成立等により終了した場合，これに続く一定の借地非訟事件の手数料が減額される。すなわち，調停の申立人が調停が不成立等により終了した旨の通知を受けた日から2週間以内に調停の目的となった請求について借地非訟事件の申立てをしたときは，調停申立てについて納めた手数料の額に相当する額は納めたものとみなされ，手数料が減額される（民訴費5条2項）。

このような減額措置の対象となる借地非訟事件は，借地借家法17条1項，2項もしくは5項（18条3項において準用する場合を含む），18条1項，19条1項（同条7項において準用する場合を含む），20条1項（同条5項において準用する場合を含む）の規定による申立て，および大規模な災害の被災地における借地借家に関する特別措置法（平成25年法律第61号）5条1項

152 第1章 訴額に関する一般原則

（同条4項において準用する場合を含む）の規定による申立てである（民訴費5条2項）。その他の申立ての手数料は軽減されない。

第8款 民事調停の申立て

1 民事調停の申立手数料

〔240〕 　民事に関して紛争を生じたときは，当事者は裁判所に調停の申立てをすることができる（民調2条）。原則として簡易裁判所が管轄するが，当事者が合意したときは地方裁判所の管轄が基礎づけられる（同法3条1項）。

　　調停申立てをする場合，手数料の支払いが必要である。手数料の額の算出方法は，訴え提起のさいの訴額の算出方法と似ている。すなわち，手数料算出の基礎となる額は当事者が「調停を求める事項の価額」であり，これに対する手数料の額の率は，調停事項の価額100万円までの部分についてはその価額が10万円までごとに500円（0.5％），100万円を超え500万円までの部分についてはその価額20万円までごとに500円（0.25％），500万円を超え1000万円までの部分についてはその価額50万円までごとに1,000円（0.2％），1000万円を超え10億円までの部分についてはその価額100万円までごとに1,200円（0.12％），10億円を超え50億円までの部分についてはその価額500万円までごとに4,000円（0.08％），50億円を超える部分についてはその価額1000万円までごとに4,000円（0.04％）と法定されている（民訴費別表第1の14の項の下欄）。調停を求める事項の価額が算定できないか，または算定が極めて困難であるときは，160万円とみなされる（民訴費4条7項）。

　　民事調停手続の進行中に調停を求める事項を拡張した場合には，訴訟における訴えの変更の場合と同じく，変更後の申立てにより算出した手数料額から変更前の申立てについての手数料の額を控除した額の追加納付が必要である（民訴費別表第1の14の2の項）。

2 調停を申し立てる事項の価額

〔241〕 　民事調停においては，訴訟における訴訟物の価額（訴額）に対応するものは，調停を申し立てる「事項の価額」と呼ばれる。通常の金銭の支払いや損害賠償請求の調停事件においては，調停を申し立てる事項の価額はその請求額であるから，価額の算定は困難ではない。しかし，それ以外の調

停事件においては，訴額の算定と同じような問題があるが，個々の請求についての訴額と同じになるであろう。次のような特殊な調停事件は，この種の調停手続の意味を考慮に入れて規範的な観点からその価額が算定されることになる。

(1) 債務弁済協定調停

これは，民事調停手続において利息制限法の上限利息に基づき再計算を〔242〕したうえで債務額を確定し，最長3年にわたる分割弁済等を合意する調停事件である。

申立手数料は，申立て1件につき調停を求める事項の価額を個別事情を考慮することなく一律に10万円とみなし，500円の手数料を納付させる例が多いとされている。[206] この調停は持ち家等の資産がある債務者が破産を避け，分割弁済で債務を整理する手続であるが，自己破産の申立ての手数料が1,000円であることから，その2分の1を調停申立ての手数料とするものであり，妥当であろう。

(2) 特定調停事件

「特定債務者」（＝「金銭債務を負っている者であって，支払い不能に陥るお〔243〕それのあるもの若しくは事業の継続に支障を来すことなく弁済期にある債務を弁済することが困難であるもの又は債務超過に陥るおそれのある法人」，特定調停2条1項）は，特定調停手続により調停を行うことを求めることができる（同法3条1項）。

申立手数料は，申立て1件につき調停を求める事項の価額を個別事情を考慮することなく一律に10万円とみなし，500円の手数料を納付させる取扱いと，債務額に年6分の法定利率を乗じて得た額を調停申立事項の価額とする取扱いがあるとされている。[207] この申立手数料も，自己破産の申立て手数料との比較に基づいている。

(3) 相当額の金銭支払請求事件

具体的な金額を示さず相当な額の金銭の支払いを求める調停申立てにつ〔244〕いては，「調停を求めている事項の価額」は算定不能であるとして，160万円を価額とみなし，これを基礎に手数料を算定して（現行法では6,500円）

---

206) 小川／宗宮／佐藤編・手引55頁。
207) 民事実務講義案III 190頁。

154　第1章　訴額に関する一般原則

納付させ，調停中に債権の額が明らかになった段階で価額の再算定をして，不足が生ずれば追加納付を求める扱いが行われている[208]。金額不特定の債務不存在確認調停事件についても，同じ扱いが行われるようである[209]。しかし，金額不特定訴訟と同じく，裁量により評価することができるので，価額は算定不能なのではないけれども，算定の基礎となる事実が十分示されない場合には，評価は極めて困難であるため160万円とみなすことはできよう。

(4)　賃料改訂事件

〔245〕　地代家賃の増減額請求については，調停前置主義が行われている。すなわち，この訴えを提起しようとする者はまず民事調停を申し立てなければならず（民調24条の2第1項），調停が不調に終わるまでは訴えを提起することができない。

　この調停は調停前置主義に伴うものであるので，法政策的には調停手続の手数料は不要とすることも十分考えられるけれども，そのような定めは行われていない。それゆえ，この調停申立事項の価額は，増減額賃料確認の訴えの訴額（→〔302〕）と同様に算定すべきである。賃料の増減を要求する額と従前の賃料額の差額の12か月分を調停申立事項の価額とすべきである[210]。

(5)　賃借人の調停申立

〔246〕　賃貸借契約の賃借人が賃貸借に関して調停を申し立てる場合の申立事項の価額については，問題がある。

　賃借人が賃借権の確認を求める調停を申し立てる場合，目的物の価額の2分の1を基準とするという見解[211]がある。しかし，賃借権確認訴訟の訴額を目的物の価額の2分の1とすることはこの訴訟の意義からみて適切でない（→〔306〕）のと同様，調停申立事項の価額を目的物の価額の2分

---

208)　民事実務講義案Ⅲ190頁；小川／宗宮／佐藤編・手引55頁。
209)　小川／宗宮／佐藤編・手引55頁。
210)　民事実務講義案Ⅲ190頁；小川／宗宮／佐藤編・手引55頁は，増減前後の1か月あたりの賃料の差額に，増減額の始期から調停申立て時までの月数に12か月を合計した月数を乗じて得た金額を調停申立事項の価額とするが，申立人が目的物の価額の2分の1がこの価額より低額であることを疎明すれば，目的物の価額の2分の1を調停申立事項の価額とすべきだとする。しかし，目的物の帰属をめぐる争いでないところで，目的物の価額を基礎にした調停申立事項の価額を算定するのは筋が通らない。
211)　小川／宗宮／佐藤編・手引55頁。

の1とすることも妥当でない。

　明渡期限の猶予を求める調停申立てについては，賃借人の希望する猶予期間の賃料相当額と目的物の価額2分の1の額とを比較して，低額の方を申立事項の価額とするという見解[212]が主張されている。しかし，この調停事件は明渡期限の猶予への賃貸人の同意を求める調停申立てであるので，賃貸人の同意の意思表示を得ることが手続の目標である。調停申立事項の価額は，期限の猶予への賃貸人の同意に対する賃借人の利益の評価額であるから，評価の手がかりは，猶予される期間，賃貸借の目的物を利用できる利益である。この利益は通常，賃借人の希望する猶予期間の賃料相当額に合致する。価額の低減のためであれ，目的物の価額の2分の1を比較対象にすることは妥当性を欠くであろう。

(6)　売渡請求事件

　申立人が，相手方が適正価格（または相当な価格）で目的物を売り渡す〔247〕旨の調停を求める調停申立てである。この調停申立てにおける調停を求める事項の価額は，申立人が売り渡しを受け，目的物の所有権を取得する利益だとして目的物の価額に合致するという見解[213]が主張されている。

　しかし，この調停申立ては適正な価格での売買契約の申込みの承諾を求める調停であり，相手方の承諾の意思表示を得ることが手続の目標である。したがって，調停を求めている事項の価額は，相手方の承諾の意思表示に対して原告が有する利益を評価する方法によって決まるものであり，売買目的物の価額が調停を求める事項の価額ではない。評価にあたっては，意思表示によって売買契約の成立が重視されなければならないが，調停が成立する保証はないので，通常は売買目的物の価格の数分の1になるのではなかろうか。

(7)　債務の履行猶予事件

　債務者が履行期の到来した債務の履行猶予を求めて調停を申し立てる場〔248〕合，同じ事件についてすでに訴訟が係属しているとき（および裁判所が職権で事件を調停に付したとき），受訴裁判所は争点および証拠の整理が完了した後において，当事者の合意がない場合を除き，調停事件が終了するま

---

212) 民事実務講義案Ⅲ189頁；小川／宗宮／佐藤編・手引55頁。
213) 民事訴訟印紙研究134頁；民事訴訟費用研究344頁；小川／宗宮／佐藤編・手引55頁。

156 第1章 訴額に関する一般原則

で訴訟手続を中止することができる（民調20条の3第1項）。このような利益は，債務者が調停制度を利用する誘引となる。

　調停申立事項の価額は，債務者が履行猶予を求める期間に生ずる法定果実の額である。利率は約定利率によるべきであるが，利率の定めがない場合には法定利率によることになる。債務の残元本額が期間内の利息の合計額に達しないときは，残元本額が調停申立事項の価額である[214]。なお，申立人が履行猶予を求める期間を明示しない場合に，どのように調停申立事項の価額を算定すべきかについて議論があるが，調停申立てを受けた調停委員会としては申立人の意向を確かめ（釈明），この点を明らかにすればよいし，申立人がこれを明らかにしない場合には，調停申立ての手数料の差額を追加納付させれば足りるであろう。

第9款　人身保護法に基づく請求
1　人身保護請求

〔249〕　人身保護請求を受理した裁判所（被拘束者，拘束者または請求者の所在地を管轄する高等裁判所もしくは地方裁判所）は，請求が要件を欠き必要な疎明を欠くため決定で請求を却下する場合（人身7条），または適当と認める管轄裁判所に移送をする（同法8条）場合を除き，審問期日における取調べの準備のために拘束者，被拘束者，請求者およびその代理人その他事件の関係者のうち拘束の理由その他の事項の調査について必要と認める者を審尋して準備調査を行う（同法10条・人身規則17条）。裁判所は，関係人の陳述を聴くことができるが，必要的審尋ではないから自由に定める方法により審尋できるとされる[215]。準備調査の結果，請求が理由を有しないことが明白なときは，裁判所は審問手続を経ずに決定をもって請求を棄却する（人身11条）。この決定に対し不服申立てを許す規定はない。裁判所は，審問の結果請求を理由なしと判断するときは，判決をもって請求を棄却し，理由ありとするときは判決をもって被拘束者を直ちに釈放する（同法16条1項・3項）。判決に対しては，控訴はできないが，言渡しの日から3日

214）小川／宗宮／佐藤編・手引58頁。
215）準備調査手続については，中田昭孝／斎藤聡「子の監護をめぐる人身保護請求事件の諸問題」判タ950号（1997年）81頁，86頁；東京地方裁判所民事第9部人身保護研究会「東京地裁における最近の人身保護請求事件の処理状況」判時1961号（2007年）3頁，11頁以下参照。

第6節　その他の手数料　*157*

以内に最高裁判所に上告することができる（同法21条・人身規則41条１項）[216]。

2　申立手数料

　人身保護請求の手数料は，2,000円と定められている（人身規則９条）。〔250〕高等裁判所に提起する場合にも，地方裁判所に提起する場合にも，手数料は同じである。手数料は，請求書または請求の趣意を記載した調書に収入印紙を貼って納める（同条２項）。請求者が手数料を納めない場合には，裁判所は３日に以内に不備を補正するよう命じ，請求者がなお納付しない場合には決定で請求を却下しなければならない（同条３項による８条１項・２項の準用）。

　請求を棄却し，または理由ありとして被拘束者を釈放する判決に対しては，最高裁判所に上告することができるが，上告手数料は，第一審の手数料の２倍，4,000円である（民訴費別表第１の３の項）[217]。

第10款　家事調停・家事審判

1　家事事件の意義

　広く家事事件というとき，人事に関する訴訟事件（人訴２条）のほか，〔251〕夫婦，親子，親族に関する事件をいう。家事事件は「家庭の平和と健全な親族共同生活の維持」（旧家審法１条参照）に影響のある身分上および財産上のすべての事件を含むものと解される。

　2011年５月25日に公布された家事事件手続法（2013年１月１日施行）にいう家事事件は，そのうち，家事審判および家事調停に関する事件であるが（家事手続１条），人事訴訟事件については調停前置主義がとられるので（同法257条１項），その限りで，人事訴訟事件も家事事件手続法にいう家事事件に含まれる。しかし，人事訴訟事件は調停前置との関連でのみ家事事件手続法にいう家事事件なのであり，調停が成立しない場合には，事件は（当事者からの訴えの提起を待って）人事訴訟手続によって裁判されるのであるから，訴訟手続の留保のない本来的な家事事件とは全く異なることに注意しなければならない。

216）人身保護法については，田中英夫「人身保護手続」新実務民訴講座(8)415頁以下参照。
217）小路謙二・人身保護請求事件に関する実務的研究（書記官実務研究報告書13巻１号，裁判所書記官研修所，1974年）89頁：小川／宗宮／佐藤編・手引57頁。

158　第1章　訴額に関する一般原則

2　家事事件の種類

〔252〕　家事事件手続法にいう家事事件は，家事審判および家事調停に関する事件である。[218]　家事事件には法律上事件について当事者の処分権が認められていて，それゆえ調停に親しむ事件と，当事者の処分権が認められない事件がある。前者については調停によって問題を解決することができるが，後者はそうではない。

(1)　家事審判に関する事件

〔253〕　家事審判に関する事件は，調停に親しむ事件とそうでない事件とに分けられる。家事事件手続法別表第1の事項は，当事者に処分権が認められない事項であり，それゆえ当事者の合意の成立を目指す調停手続は排除され，したがって，調停によって処理することはできない（家事手続244条かっこ書）。これに対し，同法別表第2の事項は，離婚に伴う財産分与や遺産分割に典型的に現われるように，当事者が自由に処分することができる事項であり，家事調停に親しむ。別表第2の事項は家事調停に親しむけれども，法律上，調停前置が要求されていないので，当事者は家庭裁判所に調停を申し立てることなく，直ちに家庭裁判所に審判を申し立てることができる（同法244条参照）。

(2)　家事調停に関する事件

〔254〕　一般に調停とは，第三者の仲介により当事者間に存在する紛争を止める旨の合意を成立させることをいうが，家事調停は，人事に関する訴訟事件その他家庭に関する事項（家事手続別表第2の事項）について事件の解決を仲介し，当事者が互いに譲歩して合意により事件の解決を図ることを目的とする法律上の手続であり（同法244条），家庭裁判所が原則として調停委員会によって実施する（同法247条1項）。

(3)　家事事件についての管轄

〔255〕　家事事件についての家庭裁判所の管轄は，職分管轄である。したがって，専属管轄である。

---

218) 旧家事審判法下では，家事調停も家事審判に数えられたため，狭義の家事審判事件のほかに，広義の家事審判事件として家事調停を位置づけることが行われたが（山木戸・人訴法12頁），家事事件手続法は家事調停を家事審判と並ぶ家事事件手続と位置づけたので，この区別は不要となった。

3　家事事件の申立手数料

(1)　家事調停

　家事事件手続法244条に規定する事件についての調停の申立ての手数料〔256〕は，一律に1,200円である（民訴費別表第1の15の2の項）。1通の申立書による申立てであっても，数件が併合して申し立てられている場合には，数件分の手数料が必要である。

(2)　家事審判

　家事事件手続法別表第1に掲げる事項についての審判の申立てまたは参〔257〕加の申出（ただし申立人として参加する場合に限る）の手数料は1件800円であり（民訴費別表第1の15の項），家事事件手続法別表第2に掲げる事項について審判の申立手数料は1件1,200円である（民訴費別表第1の15の2の項）。

　「国際的な子の奪取の民事上の側面に関する条約の実施に関する法律」32条1項の規定による子の返還申立事件の申立てまたは参加の申出（ただし申立人として参加する場合に限る）の手数料は，1件につき1,200円である（民訴費別表第1の15の2の項）。1通の申立書による申立てであっても，数件が併合して申し立てられている場合には，数件分の手数料が必要である。

第11款　公示催告

　非訟事件手続法99条の定める公示催告の申立ての手数料は，一律1,000〔258〕円の定額とされている（民訴費別表第1の16の項イ）。

　申立人が複数であれば，その数だけ事件が存在し，申立人が一通の申立書により申し立てる場合にも，数件の公示送達事件が含まれている場合には，数件分の手数料の納付を要するとされる。[219]

第12款　労働審判

　→〔726〕以下。

第13款　その他の手数料を要する申立て

　以下の申立ては，定額の手数料が法定されているものである。　　　〔259〕

219）小川／宗宮／佐藤編・手引58頁。

160　第1章　訴額に関する一般原則

1　意思表示の公示の申立て

〔260〕　民法98条の定める意思表示の公示の申立ては，民訴費用法別表第1の16の項イにいう「その他の裁判所の裁判を求める申立てで，基本となる手続が開始されるもの」として，手数料は1,000円である。

2　行政事件訴訟法による執行停止の申立て（行訴25条2項）

〔261〕　この申立ての手数料は2,000円である（民訴費別表第1の17の項ハ）。また，執行停止決定の取消申立て（行訴26条）の手数料は500円である（民訴費別表第1の17の項ホ）。

3　民事調停規則6条の定める強制執行停止または続行の申立て

〔262〕　この申立ての手数料は500円である（民訴費別表第1の17の項ト・4条2項）。

4　補助参加の申立て（民訴43条）

〔263〕　第三者が他人間の訴訟の結果に利害関係を有する場合，当事者の一方を補助し勝訴に導くため，訴訟に参加することができる（民訴42条）。補助参加は，訴訟上の請求を定立しないで被参加人を勝訴させ結果として自己の利益を守ろうとするものである。申立て手数料は，500円である（民訴費別表第1の17の項ニ）。

　被参加人敗訴の判決に対して，補助参加人も上訴を提起することができる。この場合の裁判所手数料には，問題がある。被参加人も上訴を提起する権能を有するが，補助参加人と被参加人の双方が上訴を提起する場合，2つの上訴は，通説・判例には反するが，[220]不適法な二重上訴の関係にあるのでなく，1つの一体の控訴と認められるべきである。したがって，控訴の手数料訴額は各別に算定されるべきでない（詳しくは，→〔550〕）。

5　執行文付与に対する異議申立て（民執32条）

〔264〕　申立て手数料は500円である（民訴費別表第1の17の項ロ）。

220）　菊井／村松・全訂Ⅲ121頁：注解民訴(9)245頁［小室／東］：菊井／村松・新コンメⅥ86頁：注釈民訴(8)24頁［鈴木］：最判平成1・3・7判時1315号63頁＝判タ699号183頁。

6　その他

　以下の申立ての手数料は，いずれも500円である（民訴費別表第1の17の〔**265**〕項イ(イ)）。

　――特別代理人選任の申立て（民訴35条1項）

　　　　ただし，非訟事件手続法17条による特別代理人選任の申立手数料は，民訴費用法別表第1の16の項イの規定により1,000円であること，家事事件における特別代理人選任の申立ては家事事件手続法別表第1の事項に関する申立てであるから，その手数料は民訴費用法別表第1の15の項により800円であることに注意を要する。

　――訴訟代理人許可の申立て（民訴54条1項ただし書）

　　　　非弁護士を訴訟代理人に選任することについての裁判所の許可の申立てについては，当事者および代理人の数を考慮して手数料額を算出すべきだとされる。たとえば，原告3名から代理人1人の許可申立てがある場合，3件分の許可申立てとして手数料は1,500円になるとされる。[221] それぞれの代理について，その適否を審査すべきだからとされる。しかし，数個の請求の経済的一体性のゆえに訴額を合算すべきでない場合には，共同訴訟の場合にも代理人許可は一体的になされてよいから，手数料を当事者の人数分徴求するのは不当であろう。

　――裁判官・裁判所書記官の忌避の申立て（民訴24条・27条）

　　　　裁判官または裁判所書記官1人につき500円である。除斥事由のある裁判官は法律上当然にその職務の執行から除斥されるので，除斥の申立ては手数料の対象外である。

　――鑑定人に対する忌避申立て（民訴214条）

　　　　鑑定人1人につき，手数料は500円である。

　――訴訟引受の申立て（民訴50条・51条後段）

　　　　→〔542〕

　――訴訟記録の閲覧等制限決定の申立て（民訴92条1項）

　――裁判所書記官の処分に対する異議申立て（民訴121条）

　――**訴え提起前の証拠収集処分の申立て**（民訴132条の4）

221）小川／宗宮／佐藤編・手引60頁。

162　第1章　訴額に関する一般原則

　　訴えを提起しようとする者が書面により訴えの提起を予告した場合（提訴予告通知），提訴予告通知者は，訴え提起前であっても，訴えを提起した場合の主張・立証を準備するために必要であることが明らかな事項について，一定の要件の下で被予告通知者に対して照会ができるほか（同法132条の2），裁判所に文書の所持者に対する文書送付嘱託（同法132条の4第1項1号），官庁もしくは公署および種々の団体に対する調査嘱託（同項2号），専門的知識経験を有する者に対する専門的知識に基づく意見陳述の嘱託（同項3号），および執行官に物の形状・占有関係等の現況調査を命じること（同項4号）を申し立てることができる。

——訴え提起前の証拠保全の申立て（民訴234条）

　　訴え提起前の証拠保全の申立てに限られ，訴え提起後の証拠保全の申立ては含まない。保全される証拠方法の数いかんにかかわらず，1通の申立書で申し立てる場合の手数料は500円である。

——受命裁判官または受託裁判官の裁判に対する異議申立て（民訴329条）

——手形・小切手訴訟の終局判決に対する異議申立て（民訴357条・367条）

——少額訴訟の終局判決に対する異議申立て（民訴378条）

——強制執行の停止，開始，続行および執行処分の取消しの申立て（民訴403条）

第1節　債権法総則　*163*

～ 第 2 章 ～
債 権 法

    第1節　債権法総則
    第2節　各種の契約
    第3節　契約外債権関係
    第4節　種々の差止請求

第1節　債権法総則

第1款　契約の締結，改定および無効確認を求める訴えの訴額

1　契約の締結を求める訴え

　この訴えは，契約の申込みに対する相手方の承諾を目的としている。し〔266〕
たがって，この訴えは相手方の意思表示を求める訴えである。[1] 請求認容判
決が確定すると，相手方の意思表示が擬制される（民執174条1項）。

　締結を求められる契約から生ずる請求権自体は，この訴訟の対象ではな
い。訴額は，契約の成立の結果，当事者の双方または一方によってなされ
るべき給付によって決まるのではなく，契約の締結に対して原告が有する
利益を評価する方法によって算定されるべきである。[2] もっとも，この原告
の利益にとって決定的なのは，求められた意思表示によって，いかなる効
果が目指されているかであるので，[3] 適正な訴額の算定のさい，契約から生
ずる給付請求権または契約の締結によって生ずる法律関係の確定または形
成が考慮に入れられなければならない。[4]

　裁量権行使による訴額算定の手がかりが全く存在しない場合に，どのよ

---

1)　*Schneider/Herget/Noethen/Kurpat*, Rn.5826.
2)　*Anders/Gehle/Kunze*, Stichwort „Willenserklärung"; *Hartmann*, Anh. I §48 GKGRn.140
　Stichwort „Willenserklärung"; *Schneider/Herget/Kurpat*, Rn.5827; *Thomas/Putzo/
　Hüßtege*, §3 Rn.6.
3)　*Anders/Gehle/Kunze*, Stichwort „Willenserklärung"; *Zöller/Herget*, §3 Rn.16 Stichwort
　„Willenserklärung"; *Schneider/Herget/Kurpat*, Rn.5827.
4)　*Schneider/Herget/Noethen/Kurpat*, Rn.5827.

164 第2章 債権法

うに扱うべきかが問題になるが，ドイツでは契約による給付請求権のごく
一部（Bruchteil）を訴額とすることが適切であるとされている[5]。

2　契約の改訂を求める訴え

〔267〕　既存の契約の改訂を求める訴え[6]の訴額の算定は，契約内容の変更に対
して原告の有する利益を裁判所の裁量により評価して行われるべきである。
変更の範囲が多ければ多いほど，新たな契約の締結を求める訴えの訴額に
近づく。重要なのは，どの条項の変更が求めれ，どのような影響がそれに
よって原告に生ずるかということである[7]。

3　契約の無効の確認を求める訴え

〔268〕　（1）　双務契約の無効または不成立の確認を求める訴えの訴額は，契約の
不存在または契約の無効について原告が有する利益に照準を合わせるべき
であり，したがって契約からの解放の利益と同じである[8]。原告は契約が維
持された場合に原告に生ずる客観的な経済的不利益をこの訴えによって防
ごうとするのであるから，この原告の不利益がこの訴えの訴額にとって決
定的である。それゆえ，契約の無効確認の訴えの訴額は，原告が給付義務
を免れるべきその給付の価額または原告がすでに給付をしていた場合には
返還請求することができる給付の価額によって算定すべきである[9]。原告の
利益は，契約が無効の場合と存続した場合の状況を比較したときに，原告
の財産に関していかなる差異が生ずるかに照準を合わせるべきではない[10]。
　　本書は積極的確認の訴えの訴額は20パーセントの減額をすべきであると

---

5) MünchKomm-ZPO/*Wöstmann*, §3 Rn.129; *Schneider/Herget/Noethen/Kurpat*, Rn.5827.
6) 日本の現行法では，裁判所による契約の改訂は許容されていないが，民法学および民法改
　正論議の中では論じれているので（中間試案第32「事情変更の法理」において，「契約締結
　後に，契約において前提となっていた事情に変更が生じた場合において，その事情の変更が
　次に掲げる要件のいずれにも該当するなど一定の要件を満たすときは，当事者は，『契約の
　解除／契約の解除又は契約の改訂の請求』をすることができるかどうかについて，引き続き
　検討する」とされていた。），ここでは，もしそのような制度が導入され，裁判所に契約の改
　訂を求める訴えが可能になると，訴額はどのように算定されるかという点をみるものである。
7) *Schneider/Herget/Noethen/Kurpat*, Rn.5828.
8) *Schneider/Herget/Noethen*, Rn.2377.
9) OLG Frankfurt a. M. NJW-RR 2000, 587; OLG Koblenz, NJW 1953, 1918; OLG Celle,
　AnwBl 1984, 448; *Schneider/Herget/Noethen*, Rn.2377.
10) *Stein/Jonas/Roth*, §2 Rn.33.

第1節　債権法総則　*165*

の見解に立つので，ここでも20パーセントの訴額の減額が必要かどうかという問題が生ずる。契約の無効確認の訴えは債務不存在確認の訴えに近似するので，訴額の減額はなされるべきではない。ただし，原告がすでに契約上の給付を行った場合には，契約の無効が既判力によって確定しても，すでに行った給付の不当利得返還請求権の存在が確定するのではないから，この場合には20パーセントの訴額の減額が妥当であろう[11]。

　(2)　契約の無効の確認と並んで同時に，原告が被告にした給付の返還を〔269〕請求する場合には，契約の無効から他の何らの請求権も生じないときは，経済的に利益が共通しているので，訴額については，確認申立ては独自の意義を有しない[12]。

第2款　債権につき担保設定を求める訴えの訴額

　この訴えは担保に関する訴えであるので，その訴額は保全されるべき債〔270〕権の額によって定まる[13]。そのさい，利息は算入されない。債権の担保をめぐる訴訟の訴額は，被担保債権の額を基準にすることは明治23年民訴法5条1号が規範的観点から定めていたのであり（→〔51〕），合理的な規定として現行法のもとでも妥当していると解される。

　原告が被告に対し債務の履行と，請求された額について担保の設定を同時に請求する場合には，担保の設定を求める訴えの訴額を特別に算定する必要はない。原告は債権額以上のものを取得することができないので，訴訟物は別個であるが，両者は経済的に同一の目標に向けられており，別個の目標が問題になっているのではないからである。それゆえ合算は行われず，保全される債権の額が訴額をなす[14]。

第3款　供託をめぐる訴えの訴額
1　供託の実施を求める訴え

　債権者が法律規定（例，民578条）に基づき物の供託を求める訴えは，債〔271〕

---

11)　*Schneider/Herget/Noethen*, Rn.2378.

12)　*Hillach/Rohs*, S.134; *Schneider/Herget/Noethen*, Rn.2379; *Stein/Jonas/Roth*, §5 Rn.9.

13)　Vgl. *Hillach/Rohs*, S.130; *Schneider/Herget/Noethen*, Rn.4972; OLG Stuttgart NJW-RR 2012, 1418.

14)　*Schneider/Herget/Noethen*, Rn.4972.

166　第2章　債権法

権者の供託請求権の履行を求める訴えである。債権者は物の給付自体を求めているのではなく，それより少ないものを求めているので，供託されるべき物の価額を訴額とすることはできない。それゆえ，この訴えの訴額は，供託がなされることに原告が有する利益を裁判所の公平な裁量により評価する方法により決められるべきである。[15)]

2　払渡しまたは取戻しへの同意を求める訴え

〔272〕　供託所に供託がなされている場合，供託物の還付を受けようとする者は，副本ファイルの記載により還付を受ける権利を有することが明らかな場合を除き，還付を受ける権利を有することを証する書面を添付しなければならず（供託規24条1項1号），供託物の取戻しをしようとする者は，副本ファイルの記載により取戻しをする権利を有することが明らかな場合を除き，供託物払渡請求書に取戻しをする権利を有することを証する書面を添付しなければならない（同法25条）。関係人の同意書が還付または取戻しをする権利を証する書面にあたるが，これを提出できない場合には請求者の権利が確定判決によって証されなければならない。そのような訴えとして，関係人の同意を求める訴えと，還付または取戻しをする権利の確認を求める訴えがある。

　供託金の払渡しまたは供託物の取戻しへの同意を求める訴えは，意思表示を求める訴えであって，供託金の払渡しや供託物の取戻しを求めるものでないので，その訴額は裁判所の裁量により評価されるべきであるが，評価にあたっては返還が求められるものの価額または供託金の金額に照準を合わせることができる。[16)]

　供託金から生ずる利息（供託3条）は，民訴法9条2項にいう附帯債権ではない。ここでは，利息と供託金とは一体をなす請求権であり，両者は分離されてはならないので（利息請求権の債務者は債務者ではなく供託所である），利息は訴額の算定のさい加えられなければならない。[17)] 評価の出発

---

15) *Hillach/Rohs*, S.130; *Schneider/Herget/N.Schneider*, Rn.3133; *Hartmann*, §48 GKG Anh 1 §3 ZPO Rn.71; *Stein/Jonas/Roth*, §3 Rn.54 Stichwort „Hinterlegung".

16) Vgl. *Anders/Gehle/Kunze*, Stichwort „Hinterlegung" Rn.1; *Schneider/Herget/Kurpat/N. Schneider*, Rn.2054.

17) *Hillach/Rohs*, S.131; *Schneider/Herget/N.Schneider*, Rn.2058.

点は，供託されるべき額または供託されるべき物の価額である。

本訴と反訴によって各々相手方当事者に対し供託金の返還または取戻しへの同意を求める場合には，両者は経済的に同一の「目的」を有し，かつ両者の訴額は同額であるので，反訴の手数料支払義務は発生しない[18]（→〔531〕）。

第4款　債務の免責を求める訴えの訴額

1　債務の免責を求める訴え

債務者は，自己の負担する債務を第三者が弁済または求償する義務を〔273〕負っている場合，事前にこの第三者に対して求償義務を履行すべき旨請求することができる場合がある。たとえば，「受任者は，委任事務を処理するために必要と認められる債務を負担したときは，委任者に対し，自己に代わってその弁済をすることを請求することができる。この場合において，その債務が弁済期にないときは，委任者に対し，相当の担保を供させることができる」（民650条2項）。この規定は，事務管理において，管理者が本人のために有益な債務を負担したときに準用されている（民702条2項）。

たとえば，管理者が本人のために第三者と請負契約を締結し，その結果第三者に請負代金を支払う義務を負った場合，管理者は本人に対して訴えを提起し，自己に代わって第三者（請負人）に対して請負代金債務を支払うよう求めることができる。

2　訴額の算定

この訴えの訴額は，原則として，原告が免責を求める債務の額によって〔274〕決まるけれども，いくつかの問題がある。

利息請求のような附帯請求が訴額の算定にあたり考慮されるべきかどうかも問題となる。ドイツで，多数説は訴額算入を否定するが[19]，利息は統一的な免責請求権の算定要素であるにすぎないという理由で，利息や費用を免責請求の訴額に算入すべきことを主張する見解[20]もある。前訴の訴訟費

---

18) Vgl. *Stein/Jonas/Roth*, §3 Rn.54 Stichwort „Hinterlegung".

19) BGH MDR 1961, 48; *Stein/Jonas/Roth*, §3 Rn.48 Stichwort „Befreiung von Verbindlichkeit"; *Anders/Gehle/Kunze*, Stichwort „Befreiung von einer Verbindlichkeit" Rn.1.

20) *Schneider/Herget/N.Schneider*, Rn.1558.

168 第2章 債権法

用は，原告が債務からの免責を求める場合，この附帯請求に含まれないと
解すべきである。[21]

　原告が第三者から請求を受ける危険性が高くない場合にも，債務額の名
目額が訴額をなすのか，それとも，この蓋然性が高くない場合には，訴額
は減額されるべきかどうかも問題である。被告が債務超過に陥っている場
合や，原告が全額の請求を受けない蓋然性が高い場合には，訴額を軽減す
る見解[22]があるが，原則どおり，原告が債務からの解放を求める名目額に
よって訴額を算定すべきであろう。[23]

第5款　債権譲渡または譲渡の差止めを求める訴えの訴額

1　債権譲渡を求める訴え

〔275〕　金銭債権やその他の債権・権利の譲渡を求める訴えの訴額は，原告が譲
渡を求める債権・権利の価額である。[24]訴額は訴えで主張する利益によって
算定されるからである（民訴8条1項）。債権が金銭債権でない場合には，
当該債権の価額が基準となる。ただし債権譲渡が担保のために求められる
場合には，譲渡される債権の額ではなく，被担保債権の額が基準となると
解すべきである。後述のように（→〔440〕），担保権の設定を求める訴えの
訴額は，被担保債権額によって算定すべきだからである。

　反復的給付請求権または反復的給付を正当づける権利の譲渡を求める訴
えの訴額の算定は，反復的給付を求める訴えの訴額の算定方法（→〔80〕）
による。[25]

2　債権の処分（譲渡）の差止めを求める訴え

〔276〕　この訴えは，通常，当事者間の当該関係の終局的な規律をもたらすのに
適切でない。それゆえ，この訴えの訴額は，通常，譲渡が禁止されるべき
債権の額には及ばない。裁判長または裁判所の裁量によって算定されるべ

21）Vgl. BGH MDR 1976, 649; *Anders/Gehle/Kunze*, Stichwort „Befreiung von einer
　　Verbindlichkeit" Rn. 1; *Hartmann*, §3 ZPO Anh I §48 GKG, Rn.27 Stichwort „Kosten".
22）*Schneider/Herget/N.Schneider*, Rn.1563.
23）*Anders/Gehle/Kunze*, Stichwort „Befreiung von einer Verbindlichkeit" Rn. 1; *Stein/
　　Jonas/Roth*, §3 Rn.48 Stichwort „Befreiung von Verbindlichkeit".
24）*Schneider/Herget/Monschau*, Rn.960.
25）*Schneider/Herget/Monschau*, Rn.961.

第1節　債権法総則　*169*

きである。

第6款　情報請求の訴えの訴額

1　情報請求，報告請求

　民事訴訟においては訴訟を準備するために種々の情報が必要になる。民〔277〕
訴法上の手段によって情報取得が行われることもあるが，実体法が情報請
求権を与える場合もある。どのような場合に実体法上の情報請求権が存在
するかは，実体法により決まる。たとえば，民法は委任契約に関し，受任
者は委任者の請求があるときは，いつでも委任事務の処理の状況を報告し，
委任終了後は遅滞なくその経過および結果を報告しなければならないこと
を定めている（民645条）。会社法は株主に株主名簿等の閲覧・謄写請求権
を与え（会社125条2項），総株式の議決権の100分3以上の株式を保有する
株主に，法律上，株式会社の営業時間内はいつでも，会社に対し会計帳簿
および書類の閲覧および謄写を請求する権利を与えている（同法433条1項，
→〔624〕）。

　実体法に直接明文規定がない場合にも，解釈上，契約の付随義務として
情報義務を理由づけることができる。

2　情報請求，計算報告請求の訴額

　情報請求等の管轄訴額／手数料訴額は，原告が情報取得によって自ら僭〔278〕
称する給付請求権の理由づけおよび主張が容易または可能になることにつ
き有する利益に従って裁判長または裁判所の合理的な裁量により算定され
るべきである（この価額は敗訴原告の不服の基準でもある）[26]これらの請求は
主たる請求を準備し，明確にするものであるので，その価額は，給付請求
権の価額には及ばないので，この給付請求権の価額のごく僅かな部分であ
る。もっとも，個別事案の事情が重要であるので，一般的に給付請求権の
一定の割合を訴額とすることはできない[27]そのため，ドイツでは，評価に
ついての一般的解釈準則として，給付請求権の理由づけにとって重要な事
実についての原告の認識・知識が少なければ少ないほど，情報利益は高く

---

26)　*Stein/Jonas/Roth*, §3 Rn.47 Stichwort „Auskunftsanspruch"; *Schneider/Herget/N. Schneider*, Rn.1390.
27)　*Schneider/Herget/N.Schneider*, Rn.1391.

170 第 2 章 債権法

評価されるべきであると，定式化できるとされる。そのさい，連邦通常裁
判所に従って次にような原告の利益の評価のスカラを決めることができる
とされる。[28]

—— 原告が当該情報がなければその請求をおそらく実現できない場合に
は，評価額は高くなる。

—— 当該情報が原告に請求の理由づけを容易にする場合には，評価額は
中間的になる。

—— 支払い請求権の算定のための事実要件がすでに大幅に解明されてい
る場合には，評価額は低くなる。

—— 原告が重要な書類をすでに有しており，当該情報はコントロール機
能または透明性の強化だけを目的とする場合は，ごく僅かな評価額
となる。

ドイツの判例は，特別の事情がない限り，原告が情報請求によって準備
せんとする主たる請求の価額のごく一部（Bruchteil）を情報請求の訴額と
み，通常主たる請求の10分の1から4分の1の範囲内で定めているとされ
る。[29]

3 上訴と不服

〔279〕 上訴の不服については，いずれの当事者が上訴を提起するかを区別しな
ければならない。原告が請求棄却判決を受け上訴を提起し，第一審での請
求を主張する場合の原告の控訴の利益は，第一審の訴額と同じように評価
される。[30]不服額は実現されるべき請求権に照準を合わせ，通常そのごく一
部（10分の1から4分の1の範囲）で算定されるべきであろう。

これに対し，情報付与を命ずる判決を受けた被告が上訴を提起する場合
には，被告の不服申立ての価額は，情報請求権の価額によってではなく，
原告の請求を実現するために必要な時間と費用の負担および例外的に秘密
保持の利益によって評価されるべきである。[31]なぜなら，敗訴被告の上訴の

---

28) *Schneider/Herget/N.Schneider*, Rn.1398f.

29) *Stein/Jonas/Roth*, §3 Rn.47 Stichwort „Auskunftsanspruch"；これに対し，*Schneider/Herget/N.Schneider*, Rn.1402は，給付請求権の20％から25％が訴額とされているという。

30) BGHZ 128, 85, 89; OLG Brandenburg FamRZ 2011, 1681 [LS]; *Stein/Jonas/Roth*, §3 Rn.47 Stichwort „Auskunftsanspruch" (S.244).

31) *Anders/Gehle/Kunze*, Stichwort „Auskunftsansprüche", Rn. 3; *Stein/Jonas/Roth*, §3

第1節　債権法総則　*171*

目標は原告に情報を付与しなくてよいことであり，この目標が実現すると，被告は情報付与のために必要な出費を免れることができるからである。[32]その結果，敗訴原告の不服申立ての対象額と敗訴被告のそれに差が生じうるが，そこから憲法上の平等原則や訴訟上の武器対等の原則の違反を生ずることはない。[33]

第7款　詐害行為取消訴訟

1　はじめに

詐害行為取消しの訴え（民424条）については，その性質，当事者，判〔280〕決の効力等について見解の対立が著しい。判例と通説（いわゆる折衷説）によれば，詐害行為取消権は詐害行為の取消しと取消しの効果である財産返還請求の権利であるから，詐害行為の取消しのためには詐害行為の取消しが判決主文において宣言されることが必要である（取消権者が財産返還権を主張するのでなく，詐害行為の取消しのみを求める場合は，当然に形成の訴えのみが存在する）。

2　管轄訴額/手数料訴額

(1)　原　則

詐害行為取消訴訟は債権の保全を目的とするから，この訴訟によって保〔281〕全されるべき原告の債権額が訴額となる。この債権額には，詐害行為取消権の制度目的からみて，利息や遅延損害金も被保全債権額に含まれると解すべきである。[34]利息や遅延損害金は，ここでは民訴法8条2項にいう「訴訟の附帯の目的」となっているのではないからである。もっとも，取り消される法律行為の目的の価額が原告の被保全債権の額に及ばない場合には，

Rn.47 Stichwort „Auskunftsanspruch" (S.244); *Schneider/Herget/N.Schneider*, Rn.1407.

32)　BGH NJW 1995, 664.

33)　日本法は不服額による上訴の制限をしていないので，被告の不服額が少なくなることによって控訴金額に達せず，控訴が不適法になるといった事態は生じないが，ドイツではそのような事態が生じうるのである。この問題について，連邦通常裁判所は，情報請求に敗訴した原告は主たる請求権の請求原因の一部についての認識を情報請求の訴えによって調達しようとしているので，情報請求を既判力をもって棄却する判決は原告の主たる請求権の行使が事実上の理由から疑問となることを意味するが，被告の場合には主たる請求についての本訴においてこれを防御する機会があることを指摘する。

34)　Vgl. BGHZ WM 1982, 435; *Anders/Gehle/Kunze*, Stichwort „Anfechtungsklagen", Rn. 2; *Schneider/Herget/Noethen/Kurpat*, Rn.2834.

原告がこの訴訟によって得ることができる利益は取り消される法律行為の目的の価額に限定されるので，この場合には，取り消される法律行為の目的の価額が詐害行為取消訴訟の訴額である。[35] 訴額通知(9)も，基本的に同じ考え方である。

(2) 詐害行為取消請求の訴額

〔282〕　たとえばAに対し1500万円の請負代金債権を有するXが，債権者取消権を行使して，AがYのためにした土地（固定資産評価額2800万円）の代物弁済が詐害行為に当たると主張してこの代物弁済契約の取消しを求めて訴えを提起する場合，管轄訴額/手数料訴額は，この訴訟によって保全される原告の債権額1500万円（および利息・遅延損害金）である。ただし，取り消されるべき法律行為の目的の価額が原告の債権額に達しない場合には，法律行為の目的の価額が訴額である。

　　　ところで，現時点では，土地について固定資産評価額の2分の1を軽減する特例（→〔58〕）があるため，取り消されるべき法律行為の目的物の価額は代物弁済の目的土地の固定資産評価額自体ではなく，その2分の1である。[36] そして，上記の例では，原告主張の債権額より取り消されるべき法律行為の目的の価額の方が少額であるから，訴額は，原告の債権額1500万円（および利息・遅延損害金）ではなく，目的物の固定資産評価額の2分の1の1400万円である。

(3) 所有権移転登記の抹消登記を求める場合

〔283〕　上記の例において，Aに対し1500万円の請負代金債権を有するXが，債権者取消権を行使して，AがYのためにした土地（固定資産評価額2800万円）の代物弁済が詐害行為に当たると主張して，この代物弁済契約の取消しと当該土地の所有権移転登記の抹消登記を請求する場合の管轄訴額/手数料訴額は，この訴訟によって保全される原告の債権額1500万円（および利息・遅延損害金）である。ただし，取り消されるべき法律行為の目的の価額が原告の債権額に達しない場合には，前者が訴額となる。

35）兼子・体系77頁；村松俊夫「訴訟物の価額(2)」曹時7巻5号（1955年）49頁；菊井／村松・全訂Ⅰ124頁；注解民訴(1)323頁〔小室／松山〕；注釈民訴(1)227頁〔佐藤〕；菊井／村松・新コンメⅠ159頁；訴額算定研究58頁，239頁；飯原一乗・詐害行為取消訴訟〔第2版〕（2016年・悠々社）464頁；大阪控判大正2・3・24新聞870号12頁。

36）小川／宗宮／佐藤編・手引189頁。

第1節　債権法総則　*173*

　土地について現時点でなお固定資産評価額の2分の1を軽減する特例が
あるため，債権者の債権額と比較すべき，取り消されるべき法律行為の目
的の価額は，代物弁済の目的土地の固定資産評価額ではなく，その2分の
1である。もっとも，この点について，債権者の債権額と比較すべきは取
り消されるべき法律行為の目的の価額でなく，通常の所有権に基づく登記
抹消請求訴訟の訴額とすべきであるとする見解[37]が主張されている。この
見解によれば，この移転登記の抹消登記請求は詐害行為取消権の行使によ
り債務者に復帰する「土地を目的とする訴訟」であり，目的土地の固定資
産評価額の2分の1の額が目的物の価額（この例では，土地の固定資産評価
額の2分の1である1400万円）であり，所有権に基づく登記抹消請求の訴額
は所有権に基づく妨害排除請求に準じて，目的物の価額の2分の1である
700万円だとされる。しかし，詐害行為取消権に基づく登記抹消請求訴訟
は，純然たる土地に関する訴訟とはいいがたい。移転登記の抹消登記請求
は，詐害行為取消しの目的を達するための手段である。訴額算定の基本は，
あくまで原告の利益であり，保全されるべき原告の債権であるから，原告
の被保全債権額と所有権に基づく登記抹消請求訴訟の訴額とを比較するの
は現象に捉われた見方である。加えて，本事例のようにＡＹ間の所有権移
転の効力をめぐって争われる事件において，所有権に基づく移転登記の抹
消登記請求訴訟の訴額を所有権に基づく妨害排除請求訴訟の訴額（しかも
これ自体，訴額通知7(1)の類推により所有権価額の2分の1とされる）に準じ
て算定すること自体にも，問題がある（→〔437〕）。

(4)　債務者に対する債務履行請求を併合する場合

　原告が上記の受益者に対する詐害行為取消しとこれに基づく登記抹消請　〔284〕
求に併合して，債務者に対して1500万円の債務の履行を請求する場合（共
同訴訟）の訴額は，これらの訴訟の訴訟物の経済的一体性の存在により，
合算されるべきでなく，多額である1つの請求の訴額が基準となる[38]上記
の例においては，債務者に対する債務履行請求訴訟の訴額は1500万円，詐
害行為取消訴訟の訴額は1400万円，登記抹消請求訴訟の訴額は1400万円で
あるので，この訴訟の訴額は1500万円となる。

---

37)　小川／宗宮／佐藤編・手引189頁。
38)　訴額算定研究240頁。

174 第2章　債権法

第8款　債権者代位訴訟

1　債権者代位

〔285〕　債権者代位権は，債務者の資力が不十分な場合に自己の債権の保全のために債務者に属する権利を債務者に代わって行使する権利である（民423条）。債権者代位権の要件が具備すれば，債権者は自己の名で債務者に属する権利を行使することができる。債権者の請求に対して第三債務者が任意に債務を履行しなければ，債権者は代位訴訟を提起して第三債務者に対して請求する必要が生ずる。債権者代位権の行使ができるのは，債権者が自己の債権を保全するのに必要な範囲においてである。ただし，代位行使の対象となる債務者の第三債務者に対する債権が1つの特定物の引渡請求権である場合には，物は不可分であるから，債権者は目的物の引渡しを請求することができる。

2　訴額の算定

〔286〕　実務では，債権者代位訴訟の訴額は，代位債権者のこの訴えによって保全される請求権の額によってでなく，債務者の第三債務者に対する請求権の価額によって算定し，この額が代位債権者の債権額を超える場合には，代位債権者の債権額が訴額の限界を画するとされる[39]。しかし，そのように解する理由は全く示されていない。

　この訴訟は，債権者取消訴訟と同様に，（代位）債権者の債権の保全を目的とするから，債権を保全する利益，したがってこの訴訟によって保全されるべき原告の債権額（代位権を行使できる債権額）が訴額となると解さなければならない。もっとも，代位行使される債務者の第三債務者に対する請求権の価額が原告の被保全債権の額に及ばない場合には，原告がこの訴訟によって得ることができる利益は債務者の第三債務者に対する請求権の価額に限定されるので，債権者代位訴訟の訴額は代位行使される請求権の価額によって限界づけられる。たとえば，代位権行使の対象となる債務者の第三債務者に対する請求権が1つの特定物の引渡請求権である場合に，この請求権の価額が被保全債権の価額を下回る場合には，物の引渡請求権

39）訴額算定研究9頁；書記官事務の研究Ⅱ41頁；民事実務講義案Ⅰ48頁；小川／宗宮／佐藤編・手引81頁。

の価額が訴額である。

転用型の債権者代位の場合，たとえば抵当権者が抵当不動産の所有者に代位して不法占有者に対する妨害排除請求権を代位行使する場合の訴額についても，所有者の所有権に基づく妨害排除請求権が代位行使される以上，その訴額は所有権に基づく物の引渡請求についての訴額通知7(1)を準用して，目的物の価額の2分の1が訴額であるとの見解[40]がある。しかし，所有権に基づく妨害排除請求であっても，この訴訟は担保目的物の担保価値の保全を目的とするので，抵当権の被担保債権の額が訴額算定の基礎でなければならず，目的物の価額が被担保債権額に及ばない場合には目的物の価額が訴額の上限を画すると解すべきである。

第9款　連帯債務

1　はじめに

連帯債務者は，各自独立して債権者に対して同一給付を内容とする債務〔287〕を負担し，債権者は各債務者に対して任意に全部または一部の給付を同時または順次に請求することができるが（民432条），一部の債務者によって弁済が行われると，その限度で債務はすべての債務者のために消滅し，すべての債務者が債務を免れる。

原告が連帯債務者を共同被告として提起する訴えは，通常共同訴訟である。

2　管轄訴額/手数料訴額

数人の者が連帯債務者として訴えられる場合，訴えの主観的併合となる。〔288〕各連帯債務者に対する請求は経済的一体性を有するので，共同被告に対する請求の訴額は合算されない（→〔105〕）。このことは，原告が数人の連帯債務者を被告とするが，各被告に対する請求額が異なる場合にも変わらない。この場合にも，訴額は，より少額の請求を受ける被告との関係においても統一的に，もっとも額の大きな1つの請求を基準として算定されなければならない。手数料訴額についても，人数分の訴額が算定され，合算さ

---

40) 兼子・条解上55頁（行使されるのは債務者の権利であるから，その権利が債務者にもたらす利益を基準にすべきだという）；民事実務講義案I48頁；小川／宗宮／佐藤編・手引81頁。

176 第2章 債権法

れることはない[41]。

　1人の連帯債務者が他の連帯債務者に対し求償請求をする場合（求償関係），給付の訴えのときは，訴額にとって特別の問題は生じない。この場合には，債権の名目額が基準となるのであって，被請求者の事実上の法律状態または経済的状況は重要でない。これに対し，確認訴訟のような別の訴えが提起される場合には，確認訴訟の請求認容判決は執行力を有しないことが訴額の減額のために意味をもちうる[42]。

　2人の連帯債務者が彼らに対して発せられた債務名義について確定判決の不当取得または騙取を主張してその無効確認または債務名義の返還を求めて債権者に対して訴えを提起する場合，訴額は主たる債務1つの価額であり，この場合，債務名義に表示されている利息や費用は訴額に算入されない[43]。

3　上訴と不服

〔289〕　原告または被告とされた連帯債務者全員が勝訴した場合には，不服額は第一審の請求額によって決まる。上訴の手数料算定の基礎となる手数料訴額は，上訴人の不服申立ての範囲によって定まる。

　これに対し，原告が連帯債務者として請求した共同被告Y_1に対しては勝訴したものの，他の共同被告Y_2に対しては敗訴した場合，Y_1と原告がこの判決に対し不服を有する。両者が控訴を提起することができる。そのさい，不服対象の額は別々に判断される[44]。

41）Vgl. BGHZ 7, 152; *Anders/Gehle/Kunze*, Stichwort „Gesamtschuldner", Rn. 2.

42）Vgl. *Anders/Gehle/Kunze*, Stichwort „Gesamtschuldner", Rn. 4. OLG Karlsruhe, AnwBl 1974, 394は，離婚合意のさい，被告は被告と金融機関との間で締結された10万マルクの消費貸借に基づく原告の共同責任から内部関係において原告を免れさせ，その旨の金融機関の確認を得るという合意の確認を求める訴えの訴額を10万マルクと判断し，減額をしなかった。

43）Vgl. OLG Karlsruhe, MDR 1991, 353. この決定の事案は騙取された執行決定に対して2人の連帯債務者がこの債務名義により強制執行をしないことと債務名義の返還を命ずる判決を求めた共同訴訟である。

44）*Anders/Gehle/Kunze*, Stichwort „Gesamtschuldner" Rn. 3.

第2節 各種の契約 *177*

第2節 各種の契約

第1款 売買契約

1 はじめに

訴額の算定に関係するのは，当事者が訴訟において売買契約に基づき主 [290]
張する具体的な請求権である。具体的な請求権が異なれば訴訟物が異なり，
したがって訴額も異なることがある。

2 管轄／手数料訴額

(1) 売買代金の支払請求訴訟

この訴えの訴額は，売買代金債権の全額によって決まる。分割弁済の合 [291]
意がある場合にも，残代金額の全部が訴額である。分割弁済の合意は，反
復的または回帰的給付ではなく，合意された金額に関する弁済方法の合意
にすぎないので，反復的または回帰的給付義務の訴額算定方法（→[80]）
は当てはまらない。分割弁済の合意によって，訴額は増加もしないし，減
少もしない。

消費税は売買代金の一部であり，売買代金に算入されるべきである。民
訴法9条2項所定の附帯請求は，訴額に算入されない。

(2) 売買目的物の引渡しまたは引取りを求める訴え

この訴えの訴額は，原告の勝訴の場合の利益，したがって目的物の価額 [292]
が基準となる。買主の転売利益は関係がない。価額算定の基準時は訴え提
起時であるから，売買契約締結時の目的物の価額ではなく，訴え提起時
（上訴の場合は上訴提起時）の目的物の価額が基準となる。訴え提起後の売
買目的物の価額の増減は考慮されない。目的物の価額は，客観的な取引価
額によって決まる。もっとも，当事者が反対債権の額についてのみ争って
いる場合にも，このことが例外なく妥当するかどうかについては，議論の
余地がある（→[523]）。買主が転売利益を期待しているかどうかは，訴額
の算定に関係しない[45]。

長期にわたる物の供給契約については，訴額は売主により買主に供給さ

---

45) *Anders/Gehle/Kunze*, Stichwort „Kaufvertrag" Rn.3.

178 第2章 債権法

れるべき目的物の価額の総額が基準となる[46]。

売買目的物の引取請求の訴額は，原告が売買目的物を占有しなくなることによる利益（たとえば毀損や盗難から物を保全する負担を免れる利益）に照準を合わせるべきである。したがって，たとえば引取りが行われると倉庫スペースを他に利用できる倉庫費用に照準を合わせることができる。この訴訟は占有の取得ではなく，逆に原告の占有をなくすことを目的とするので，物の価額や売買代金額を基準にすることはできない[47]。

(3) **確認訴訟**

〔293〕　売買契約の存否確認の訴えは法律関係に関する訴えでないとして，訴えを不適法とする判例がある。しかし，この訴えは売買によって生ずる法律関係の存否の確認を求める訴えとして適法と解すべきである[48]。もっとも，この訴えを不適法と解する場合にも，訴額の算定は必要である。

買主が売主に対し売買契約の有効な存在の確認を求める訴えにおいては，訴額の基準となるのは，売買目的物の価額ではなく，原告が売買目的物の取得につき有する利益であり，これは個別事案の事情によって区々でありえ，裁判所によって評価されるべきである[49]。売主が買主に対し売買契約の有効な存在の確認を求める訴えを提起する場合にも，同様に売買契約の存続についての売主の利益が裁判所によって評価されるべきである。

長期供給契約（たとえば飲料水や牛乳，電力の供給契約）の有効な存在の確認を求める買主の売主に対する訴えの訴額にとっては，将来なされるかもしれない売主の全給付の価額が決定的なのではなく，買主が売主の義務履行に対して有する利益が基準となる。そのさい，この買主の利益は，買主の推定的な収益の額を上回ることができない。

(4) **請求の併合**

〔294〕　売主が目的物の引取請求（または引取義務の確認）と売買代金請求を併合して訴えを提起する場合には，両者の経済的利益は一体性を有するので，通常は訴額の合算はなされるべきではない。この場合には，売買代金請求

---

46) *Hillach/Rohs*, S. 141; *Schneider/Herget/Kurpat/Noethen*, Rn. 3541.
47) *Anders/Gehle/Kunze*, Stichwort „Abnahme", Rn. 1; *Schneider/Herget/N. Schneider/Monschau*, Rn. 955; *Stein/Jonas/Roth*, §3 Rn. 47 Stichwort „Abnahme von Sachen".
48) 松本／上野159頁注㉖参照。
49) *Hillach/Rohs*, S. 139.

だけが顧慮され，引取請求の価額はとくに算定されない。ただし，原告が
たとえば倉庫スペースを空けるために引取りに特別の利益を有している場
合には，事情は異なり，買主の引取義務について債務名義を取得する原告
の利益は代金支払義務についての債務名義を取得する原告の利益とは同一
ではないので，訴額の合算が必要である。[50]

(5) 上 訴

売買目的物の引取りを命じられた被告が提起する上訴の手数料訴額の算〔295〕
定は，売買目的物の価額ではなく，引取費用（倉庫の賃貸借ないしは運送の
費用）を基礎に行われるべきである。

第2款　交換契約

交換契約の有効・無効の確認を求める訴えの訴額は，売買契約の有効・〔296〕
無効の確認を求める訴えの訴額と同様，当事者が目的物の取得につき有す
る利益であり，これは個別事案の事情によって区々であり得，裁判所に
よって評価されるべきである。交換契約の履行を求める訴えの訴額につい
ては，売買目的物の引渡請求について述べたことが妥当する。

第3款　賃貸借

1　はじめに

賃貸借は，われわれに最も身近な法律関係である。賃貸借をめぐって〔297〕
種々の種類の訴訟が行われる。賃借権の存在または不存在の確認を求める
訴え，増減額賃料確認訴訟，未払賃料請求訴訟，賃借権の侵害による損害
賠償請求訴訟，賃貸借の終了による目的物の引渡しまたは明渡し請求訴訟，
賃借物の修繕請求訴訟，改装工事の受忍を求める訴訟，転貸または賃借権
譲渡許可の裁判の申立てなどがある。

不動産の賃貸借に関する訴訟のうち，明渡訴訟，引渡訴訟および賃借権
の存否確認の訴えの事物管轄は，訴額が140万円を超えない事件について
簡易裁判所のほか地方裁判所にも属するので，管轄訴額の算定はさほど大
きな問題ではなかったが，今日では，認定司法書士は簡易裁判所における

---

50) Vgl. RGZ 57,400; *Anders/Gehle/Kunze*, Stichwort „Annahme"; *Schneider/Herget/N. Schneider/Monschau*, Rn.958.

180 第2章 債権法

訴訟につき訴訟代理等をすることができるので，管轄訴額の正確な算定が必要である。手数料訴額がどのように算定されるかは当事者によって重大な問題であり，高額な手数料が要求されることによって裁判所へのアクセスが困難になってはならない。とりわけ，住居は人の生活の基盤であるので，訴額の算定について特段の配慮が必要である。ところが，従来の訴額をめぐる議論においては，簡易迅速に訴額の算定ができる算定方法ばかりが重視されている。

2 賃借権確認の訴えの訴額

〔298〕　賃借権または賃貸借関係の存否確認の訴えの訴額について，残存期間の賃料の合計額を訴額とみる見解[51]と，係争権利関係の存続期間の賃料総額によるとの説[52]の対立があり，期間の定めのない賃貸借について所有権の価額の2分の1を訴額とみる実務が行われていたといわれる。訴額通知3も，目的物の価額の2分の1を訴額とする。このような訴額の算定は，管轄訴額については不当ではないであろう。しかし，手数料訴額については，とくに住居の賃借権に関して，大きな問題がある。

　たとえば原告がある物に賃借権を有することの確認を求める訴えは，当事者間で賃借権の存否をめぐって争いがあるため賃借権者の法的地位に不安が生じている場合に，確認判決の既判力により法的安定を確保することを目的とする訴えである。口頭弁論終結時点において原告の法的地位について生じている不安が除去されることが，この訴訟における原告の利益である。この利益が経済的にいくらであるかは，裁判所の公平な裁量によって評価されるべきであるが，賃貸借の存続期間中の総賃料や残存期間の賃料債権の総額を訴額とみることは本訴訟が将来の賃料支払い請求でないことと相容れないし，期間の定めのない賃貸借について訴額通知3のように賃貸借の目的物の価額の2分の1を訴額とみるのは，物の利用に重点が置かれる賃貸借の特殊性を考慮していない。この立場は，口頭弁論終結時における原告への賃借権の帰属の確認により原告が受ける利益を基準とすべきことと合致しない。賃貸借の特殊性を考慮する場合には，利用の対価で

51）民事訴訟費用研究262頁。
52）細野・要義Ⅰ146頁；山田・日本民事訴訟法論(1)119頁。

郵便はがき

料金受取人払郵便

豊島局承認

3841

差出有効期間
2025年5月
31日まで

１７０－８７９０

709

東京都豊島区南長崎3-16-6

日本加除出版株式会社

営業部営業企画課　行

ご購入ありがとうございました。
今後の書籍発刊のため、お客様のご意見をお聞かせいただけますと幸いです。

お名前	
ご職業	
ご住所	〒
TEL	

お問合せはこちらから

kajo.co.jp/f/inquiry

メールニュース登録は
こちらから

kajo.co.jp/p/register

↑※弊社図書案内を希望される場合も
　こちらからお願いいたします

ご意見欄

こちらからも回答頂けます

https://forms.gle/kCNkQicjHJUqXo1u9

◇書籍名

◇本書を何を通してお知りになりましたか？
販売場所：☐展示販売　☐斡旋　☐書店
広　　告：☐新聞　☐雑誌　☐ネット広告
　　　　　☐当社EC　☐DM
そ　の　他：(　　　　　　　　　　　　　　　　　　　)

◇本書に対する意見・感想をお聞かせください
　また、今後刊行を望まれる企画がございましたら、
　お聞かせください

❖ご記入いただいた情報は当社からの各種ご案内（刊行物のDM、アンケートなど）
　以外の目的には利用いたしません

第 2 節　各種の契約　*181*

ある賃料を基準に訴額を定めるのがむしろ合理的であるから，この原告の利益は，賃借権の存否についての不安の除去の利益であり，規範的観点から1年間の利用価値の対価である1年間の賃料額が訴額をなすと解すべきであろう。もっとも，係争期間に履行期の到来する賃料総額の方が1年間の賃料に満たない場合には，係争期間の賃料総額が訴額となる。

3　増減額賃料確認訴訟の訴額

（1）　増減額賃料確認の訴え

（a）**賃料増減請求**　　土地または建物の賃貸借契約に関し賃料の増額〔299〕または減額につき当事者間に協議が調わないときは，増額請求を受けた者は増額を正当と認める裁判が確定するまでは自ら相当と認める額の賃料を支払ことで足り，減額請求を受けた者は減額を正当とする裁判が確定するまでは自ら相当と認める額の賃料の支払いを請求することができ，前者の場合に不足額がある場合には不足額に年1割の割合による支払い期限後の利息を支払わなければならず（借地借家11条2項，32条2項），後者の場合に超過払いが生じたときは超過額に年1割の割合による受領時からの利息を付して返還しなければならない（同法11条3項，32条3項）。増減額が正当かどうかを確定するための訴訟が，**増減額賃料確認訴訟**である。

（b）**賃料増減額確認の訴えの性質**　　この確認の訴えの訴訟物および〔300〕既判力等について，議論が生じている。1つの考え方は，口頭弁論終結時における賃料額の確定を行うことを求める確認の訴えとみる見解であり，他は増減額請求時の正当な賃料額の確認を求める訴えとみる見解である。最高裁判所は，後者の立場に立ち，増減額賃料確認請求訴訟においては「その前提である賃料増減請求の当否及び相当賃料額について審理判断がされることになり，これらを審理判断するに当たっては，賃貸借契約の当事者が現実に合意した賃料のうち直近のもの（直近の賃料の変動が賃料増減請求による場合にはそれによる賃料）を基にして，その合意がなされた日から当該賃料増減請求訴訟に係る賃料増減請求の日までの間の経済的事情の変動等を総合的に考慮すべきであり」，「賃料増減請求の効果が生ずる時点以後の事情は，新たな賃料増減請求がされるといった特段の事情がない限

182　第2章　債権法

り，直接的には結論に影響する余地はない」[53] という。

〔301〕　この判例の見解によれば，増減額賃料確認の訴えは過去の法律関係に関する確認の訴えであり，現在（口頭弁論終結時）に向けて賃料額を既判力によって確定することを目的とするものではない。そうすると，この訴えは過去の法律関係の確認の訴えである。過去の法律関係の確認の訴えも確認の利益が存在するかぎり適法ではあるけれども，それは過去の法律関係が現在の法律関係にもなお影響を及ぼしていることが必要なのであり，そうでなければ確認の利益がないであろう。この訴訟の確定判決の既判力が，最初の賃料増減請求時の後であって口頭弁論終結時前になされた賃料増減請求について前訴判決確定後に提起された増減額賃料確認の後訴には及ばない場合には，現時点での法律関係の存否・内容は決まらず，確認の利益は否定されなければならないからである。それゆえ，現在の増減額賃料の確認に照準を合わせることが必要なように思われる。前記判例は，賃料増減請求により増減された時点での賃料が法的に確定すればその後の新たな増減請求などの特段の事情のない限り，任意の賃料支払いが期待できるから，訴えの利益は欠かないというが，これは事実上の期待なのであり，後訴の賃料支払請求訴訟に既判力を及ぼさないので，法的利益とはいえないはずである。もっとも，口頭弁論終結時の増減額賃料を確定しても，増減額請求時の賃料額が既判力をもって確定しないのであれば，そのような判決は借地借家法32条2項による増減額賃料確認のためには不十分だとの議論がありうる。この点については，少なくともこの種の訴訟では，既判力は，賃料増減額の請求時点と口頭弁論終結時までの間に賃料額の決定に影響を及ぼす事由が生じていない限り，既判力は例外的に過去にも遡ると解すべきであろう[54]。

　　　もっとも，この判例によっても，当事者が明確に口頭弁論終結時の増減

53）最〔1小〕判平成26・9・25民集68巻7号661頁。この判例については，勅使川原和彦「賃料増減額請求訴訟に関する若干の訴訟法的検討」徳田和幸ほか編・民事手続法制の展開と手続原則——松本博之先生古稀祝賀論文集（2016年・弘文堂）231頁以下が詳しい。

54）過去に遡る既判力は，ドイツ連邦通常裁判所の判例が認めているように，決して理に反するものではない。問題となるのは，どのような範囲でそうなのかである。この点については議論がある。松本博之「口頭弁論終結後の承継人への既判力の拡張にかんする一考察」龍谷法学44巻4号（2012年）1237頁，1244頁（同・立法史と解釈学366頁）所掲の2005年7月26日の連邦通常裁判所の判例を参照。

額賃料の確認を求めている限り，口頭弁論終結時の賃料額の確認を求める
訴えと解されている。

(2) 訴額の算定

貸主Ｘと借主Ｙとの間の土地または建物の賃貸借契約について，Ｘは，〔302〕
平成28年3月1日以降の月額賃料は20万円であることの確認を求める訴え
を平成28年6月1日に提起したとする。従前の賃料は月額16万円であり，
期間の定めはないとする。この例を中心に，この訴えの訴額について検討
しよう。

増減額賃料確認の訴えの訴額について，見解が大きく対立する。①目的
物たる土地または建物の価額の2分の1の額を訴額とする見解，②増減後
の賃料の額と従来の賃料月額の差額に賃貸借契約の残存期間（借地につい
て約定期間がない場合には借地借家法所定の賃貸借期間，借地借家法の適用の
ない場合には民法604条の定める期間の各残存期間，または平均審理期間）を乗
じて得た額が訴額であるという見解[55]，③賃料の改訂を要求する額と従来の
賃料額の差額に，増減額の始期から訴え提起までの月数と平均審理期間
（現時点では12か月とする扱いが多いとされる）の合計月数を乗じた額を訴額
とし，原告が訴え提起時に目的建物の価額の2分の1の方が低額であるこ
とを証明したときは，その額を訴額とする見解[56]が主張されている。実務
は，②説によって算出した額よりも，目的物の不動産の価額の2分の1の
額の方が少ないときは，原告の受ける利益が賃借権価額を超えることはあ
り得ないという理由で，賃借権価額によって訴額を決めるとされている[57]。

①説は，増減額賃料確認の訴えは賃借権を目的とする訴えとみて訴額通
知3を適用または準用する見解であるが，この訴えは賃借権の存否や期間
の確認を対象とするものではないので，訴額通知3を持ち出す基礎に欠け
る。②説は，増減額賃料が賃貸借契約の終了時まで続くものと仮定して，

---

55) 最高裁判所事務総局・民事訴訟における訴訟費用の研究（訟廷執務資料5号, 1954年）263
頁以下；注釈民訴(1)225頁〔佐藤歳二〕。
56) 民事訴訟費用研究232頁；民事実務講義案Ｉ48頁；民事実務の研究(1)5頁；訴額算定研究
46頁以下，254頁以下；藤田／小川・不動産訴訟98頁；小川／宗宮／佐藤編・手引160頁。な
お，民事訴訟印紙研究38頁は，訴額通知3に従って目的物の価額の2分の1を原則とし，増
減後の賃料の額と従来の賃料月額の差額に賃貸借契約の残存期間を乗じて算出した額が目的
物の価額の2分の1に達しないときはこの算出金額によると主張していた。
57) 注釈民訴(1)225頁〔佐藤〕。

184　第2章　債権法

この訴訟についての原告の利益の総額をもって訴額とするものであるが，この訴訟における請求認容判決はせいぜい口頭弁論終結時の適正な賃料額を既判力により確定するだけであるので，賃貸借契約の残存期間の賃料総額をもって訴額とすることは不合理である。③説については，この訴えは給付訴訟ではないのに，増減額の始期から訴え提起までの月数の賃料差額をも含めて訴額を算定する合理性があるかどうか疑わしい。

〔303〕　**私見**によれば，この訴訟の確定判決は口頭弁論終結時の増減額賃料を確定すべきであり，口頭弁論終結時の賃料額が確定することにつき原告の有する利益が基準になるべきであるので，適正な賃料額が決まるまでの期間が重要な意味をもつ。しかし，個別訴訟の審理期間を問題とし，訴え提起時にすでにその訴訟の審理期間を決めることはできない。そのため平均審理期間が語られるが，これは法的な基準ではなく，事実上のものであるので，そのようなものを基準にすることは合理的ではない（しかも，実際の審理期間は平均審理期間より短いこともある）。③説について問題なのは，③説によれば原告の訴え提起が遅くなればなるほど訴額が増えるけれども，訴えの提起が遅くなるのは原告にだけ原因があるのではなく，また増減額の始期から訴え提起までの月数の賃料の支払いが求められているのではないから，この部分の賃料差額を訴額に算入することは合理性に欠ける。それゆえ，私見は，規範的な観点から，訴額算定のための賃料差額は12か月分とみなし，12か月の賃料差額をもって訴額とするのが合理的であると考える[58]。目的物の価額の2分の1との比較は，行う必要がない。

　なお，原告が増額後の賃料額に基づき差額賃料の支払いを求める給付の訴えを提起する場合，たとえば「被告は原告に対し，○○○円（差額分の賃料）および内金に対しては平成年○月○日以降支払い済みまで年1割の割合のよる金員を支払え」という請求の趣旨をもつ訴えを提起する場合，訴額は賃料増額の始期から訴え提起時までの賃料差額と訴え提起から12か月内に発生する賃料差額の合計額となり，内金に対する年1割の割合によ

---

58)　③説は12か月を第一審の平均審理期間としているが，私見は平均審理期間によってではなく規範的な観点から12か月の賃料差額を訴額とするものである。これによって，地方裁判所と簡易裁判所とで平均審理期間が異なるにもかかわらず，③説は両者の平均審理期間を同じものと擬制しなければならないという不都合を避けることができる。

第2節　各種の契約　*185*

る利息請求は附帯請求として訴額には算入されない[59]。

(3)　**上訴の手数料訴額**

　第一審裁判所が請求を全部認容し，または棄却した場合，上訴の手数料〔**304**〕訴額の算定についてとくに問題は生じない。全部敗訴をした原告が控訴を提起し，請求全部の認容を求める場合，手数料訴額は第一審の訴額と同じ額になる。全部敗訴をした被告が請求全部の棄却を求めて控訴を提起する場合も同じである。

　これに対し，第一審裁判所が賃料増減額請求の一部を認容した場合（たとえば平成28年3月1日以降の月額賃料は18万円であることを確認する場合）の控訴の手数料訴額について，見解の対立がある。④第一審の訴額の算定につき①説に立ち，第一審判決によって認定された賃料額と当事者が主張する賃料額との差額の比率を目的不動産の評価額の2分の1に乗じて得た額とするが，差額に賃貸借の残存期間を乗じた額がこの額に達しない場合には，残存期間の賃料差額を不服額とする見解[60]（これによれば，目的物の価額400万円，したがって第一審の管轄／手数料訴額を200万円とすると，200万円×(20−18)÷(20−16)＝100万円が原則的な控訴の手数料訴額である）。⑤④説によって算出された100万円と原告の不服部分の額2万円の15か月分を比較し，低額の方の30万円を控訴の手数料訴額とみなす見解，⑥第一審の訴額を目的家屋の価額の2分の1とする立場から，控訴の手数料訴額は第一審の訴額と同じく200万円であるとする見解が主張されている。

　④説も⑥説も，第一審の訴額を賃借権を目的とする訴訟と捉える立場からのものであり，賃借権の存否や期間を争う訴訟でない増減額賃料確認の訴えをそのような訴えとみることはできないので，④説および⑥説は妥当ではない。第一審裁判所の一部認容判決によって生ずる原告の不利益はその請求を棄却された部分であるから，4万円の増額請求に対して2万円しか認容されなかった場合，私見によれば2万円×12か月＝24万円が原告の不服額である。原告が請求を全部認容するよう原判決を変更するよう求める場合には，不服申立て対象の手数料訴額はこの24万円である。そして，⑤説がいうように，この額を④説により算出された額と比較して少ない方

59）訴額算定研究257頁。
60）最高裁判所編・民訴費用法に関する執務資料（訟廷執務資料44号／民事裁判資料105号，1954年）50頁。

186 第2章 債権法

を控訴の手数料訴額とみるというようなことは凡そ必要ではない。

4 賃貸借契約の終了による明渡請求

⑴ 従来の実務

〔305〕　訴額通知7⑷は，賃貸借契約の解除等による賃貸借の終了を原因とする目的物の明渡請求の訴額を目的物の価額の2分の1とする。実務は，これに従って行われている。しかし，その根拠は全く示されていないし，管轄訴額についてはともかく，手数料訴額については結論の妥当性にも疑問がある。

⑵ 問題点

〔306〕　明治23年民訴法5条5号は，賃貸借契約の存在または期間が訴訟物であるときは，訴額は争いのある期間に当たる借賃の額により定まり，1年の借賃の20倍の額の方がこれより少ないときは，20年分の借賃により定まると規定していた。この規定は，賃貸借契約の存在・期間が訴訟物の場合にのみ適用されるものであり，賃貸借契約の終了による目的物の引渡請求または明渡請求にはもともと適用されないものであったうえ，前述のように，大正15年改正民訴法によって削除された。

　訴額通知7⑷の定めは，少なくとも住居の賃貸借の終了による明渡請求には適切でない。なぜなら，所有権に基づく目的物の引渡請求の訴額と同じように，目的物の価額の2分の1を訴額とすることは，通常，請求者への所有権の帰属が争われるのでなく，また所有権に基づく返還請求でもない賃貸借の特殊性を全く考慮せず，訴額算定の便宜しか念頭に置いていないからである。とくに住居賃貸借の社会的性質を考慮する場合には，賃料額を基準に訴額を定めるのが合理的だと思われる。その場合，明治23年民訴法のように20年分の賃料の合計額とすることは，管轄訴額の算定としては合理性がないとはいえないにしても，手数料訴額としては当事者に余りにも過大な負担を求めることになり，妥当性を欠く。明渡請求の手数料は差し当たり原告が納付するので，被告（借主）の負担は過大にならないという見解があるかもしれないが，明渡しを命ずる判決に対し借主が控訴を提起する場合には，控訴手数料の算定は不服申立て額について第一審の手数料算定方法よって算定された額の1.5倍の手数料の支払いが求められること，および弁護士費用への影響もあることを忘れてはならない。

第2節　各種の契約　*187*

　ドイツの現行裁判費用法41条2項は「使用賃貸借，用益賃貸借および他の類似の利用関係（Nutzungsverhältnisse）の終了により土地，建物または建物部分の明渡しが要求される場合には，利用関係の存在につき争いが存するかどうかを顧慮することなく，1項に従いより少額の訴額が明らかにならない場合には，1年の期間につき支払われるべき対価が基準となる」と定めている。この規定は，手数料訴額について賃貸借の社会的性格を重視するものである。日本法においても不動産賃貸借，とりわけ居住目的の不動産賃貸借の社会的性格が強調されている。そのようなところで，賃貸借の終了を原因とする目的物の明渡請求訴訟について目的物の価額を基準に訴額を算定すること（目的物の価額の2分の1を訴額とみなすこと）は，裁判所にとって便宜だといえても，著しく妥当性を欠くであろう。増減額賃料確認訴訟について私見によれば12か月分の差額賃料が訴額とされるべきであるが（→〔303〕），ここでも12か月間分の賃料額を訴額とすべきであろう。原告が明渡しまたは引渡しを賃貸借契約の終了だけでなく，他の法的原因（所有権または占有権）をも主張して請求する場合にも，賃貸借契約の終了が争われている以上，1年間の利用価値によって訴額が決まると解すべきである。[61]

　明渡しが賃貸借の終了以外の法的原因（たとえば所有権）のみによって請求される場合には，以上の賃貸借の社会的性格の考慮の要請は妥当しない。それゆえ，他の法的原因（たとえば所有権）に基づく返還請求の訴額によることになる。

5　賃貸借目的物の修繕請求
(1)　はじめに
　賃貸人には，賃借物の使用または収益に必要な目的物の修繕義務がある〔307〕（民606条）。賃貸人は，目的物を使用または収益するに適した状態におく義務があるので，目的物が修繕を必要とする状態になった場合，この義務の限度で目的物を修繕する義務が生ずる。
(2)　訴　額
　(a)　**管轄訴額/手数料訴額**　　この賃貸目的物の修繕請求の訴えの訴〔308〕

61）OLG Köln MDR 1974, 323; *Hillach/Rohs*, S.159.

188　第2章　債権法

額に関する特別規定は存在しないので，訴額は，この訴訟によって請求者
が得る利益によって算定することになる。この請求者が得る利益は，適正
な状態における賃貸目的物の使用または収益の回復による利益である。具
体的には，このような請求者の利益の金銭評価について，見解の対立があ
る。①修繕による利用価値の増加分が訴額であるが，請求者の享受する利
益は賃貸借期間内に限られるので，この点を考慮した修正が必要だとし，
請求者が享受しうる利用価値増加分は事案により区々であるので，画一的
な訴額の算定を可能にするため，修繕請求を賃借権に基づく目的物の引渡
請求と捉え，訴額通知7(3)を準用して目的物利用価値の増加分の2分の1
を訴額とみなす見解[62]，および，②修繕による利用価値の増加分すなわち修
繕の前後における目的物の価値の差額が訴額であるが，その算定は実際上
困難であることが多いので，修繕義務の履行を代替的行為である一種の原
状回復行為と捉えて，修繕に要する費用が請求者の受ける利益であり，こ
の目的物の修繕費用の見積額が訴額だとする見解[63]が主張されている。

　しかし，いずれの見解にも難点がある。賃貸目的物の修繕請求を賃借権
に基づく目的物の引渡請求とみることができない以上，①説は成り立たな
い。請求者の利益が賃貸人の修繕費用と一致するとはいえないから，②説
も成り立たない。修繕費用は高額であるが，それに見合う利用価値の回復
が得られるかどうかは事案に依存し，これが得られないこともあるからで
ある。また，請求者は請求認容判決によって修繕費用を得ることができる
のではない。

　むしろ，賃借人は賃料に見合った使用または収益をすることができない
不利益を受けており，この状態を解消することに原告の利益があるのであ
るから，修繕による賃貸目的物の使用価値の回復が訴額算定の基礎でなけ
ればならない。1か月の賃料の内の相当な利用価値減少部分を考慮するの
が適切である。その上で，利用価値減少部分の評価額の1年分（賃貸借期
間が1年より短い場合にはその月数分）が訴額として適切であると思われる。
ドイツの裁判費用法41条5項[64]もこのような考え方に立っている。

---

62) 訴額算定研究78頁。
63) 小川／宗宮／佐藤編・手引119頁以下。
64) ドイツ裁判費用法41条5項：「住居の賃料の増額を求める請求においては追加して要求さ
　　れる賃料の1年分が，修理の実施を求める賃借人の請求においては1年分の相当な賃料減少

第2節　各種の契約　*189*

　（b）　**上訴の手数料訴額**　　第一審判決が原告の請求を認容した場合に,〔309〕
被告はこの判決に不服を有する。被告の不服の価額は，修繕請求権の価額
によってではなく，判決内容を実現するために必要となる修繕費によって
算定すべきである。もちろん，修繕費が修繕請求権の価額を上回る場合は,
控訴の手数料訴額は修繕請求権の価額によって上限を画される。

第4款　使用貸借
　使用借人が使用貸借の目的物の引渡しを求める訴えは，占有の取得を目〔310〕
的とする訴えであるので，その訴額は目的物の利用利益によって算定され
る。
　使用貸借の目的物の返還請求の訴えの訴額は，返還を請求された物の価
額によって定まるのか，賃貸借の終了の場合の目的物の返還請求に準じた
訴額の算定が必要なのかどうかが問題になろう。占有の引渡しが争われる
場合には目的物価額が訴額をなすと定めるドイツ民訴法6条のような規定
がない日本法において，目的物の価額を訴額とすることはできない。使用
貸借は無償ではあるけれども，使用貸借の終了による目的物の返還請求の
訴額については，利益状況が同じであるから，賃貸借の終了の場合の目的
物の返還請求の場合と同様に解することができる。したがって，1年分の
賃料相当額を訴額とすべきである。

第5款　消費貸借
1　消費貸借の予約に基づく消費貸借契約の締結を求める訴えの訴額
　この訴えの訴額は，裁判長または受訴裁判所の裁量により決まる。消費〔311〕
貸借契約を締結することについての原告の利益が基準となる。契約の目的
額は基準とはならない。消費貸借の約束は，消費貸借額の支払いを約束す
るものではなく，消費貸借契約の締結を内容とするからである。

　額が，改装又は維持措置の実施の受忍を求める賃貸人の請求においては1年間の可能な賃料
増額分が，それがない場合にはそうでなければ可能な賃借人による賃料減少分の1年分が基
準となる。賃貸借関係が1年経過前に終了する場合には，これに応じたより少ない額が基準
になる」。

2 貸金の交付を求める訴えの訴額

〔312〕　この訴えの訴額は交付を求める消費貸借契約の目的の額によって決まる。

3 消費貸借契約の確認の訴えの訴額

〔313〕　消費貸借契約の無効の確認を求める訴えの訴額は，まだ弁済されていない元本の金額によって決まる。[65]消費貸借契約によって合意された利息は，附帯債権であるので，訴額を増加させない。

　　当事者間で，一方が他方を消費貸借による共同責任から解放し，その旨の債権者の免責表示を調達する旨の合意がなされた場合，この合意の確認を求める訴えの訴額は，消費貸借債務の額によってでなく，裁判所がこのような確認につき原告が有する利益を評価して定められるべきである。評価の手がかりは，原告が連帯債務者として内部関係において負う負担割合であろう。[66]

4 貸金の返済を求める訴えの訴額

〔314〕　貸金返還請求の訴えの訴額は，原則として，原告が返還を請求する金額である。支払いを求められる利息請求は，附帯請求として訴額を増加させない。

　　毎月の分割返済についての当事者間の合意に反して，貸出金全額の即時の返還が訴求される場合の訴額の算定については，見解が対立しうる。①返還請求債権の全額を基礎とすべきとする見解，[67]②この場合，返還義務自体は当事者間に争いがなく，争いがあるのは当該金額の返済を現時点においてすでに請求できるか，それとも分割弁済の合意に従って請求できるかどうかであるので，訴額の算定は返還債権の全額に従ってなされるべきではなく，即時の返済についての原告の経済的利益（通常，利息に関する利益）が裁判所によって評価されるべきだとする見解[68]の対立である。原告は請求権の全額について債務名義を求めているのであるから，①説が妥

65）*Schneider/Herget/Noethen*, Rn.1762.

66）Vgl.; OLG Düsseldorf, FamRZ 1994, 57; *Schneider/Herget/Noethen*, Rn.1762.

67）BGH MDR 1997, 591.

68）*Schneider/Herget/Onderka*, Streitwert Kommentar 13. Aufl., 2011, Rn.1764 f.; *Anders/ Gehle/Kunze*, Stichwort „Darlehensvertrag" Rn.2.

第2節　各種の契約　*191*

当である。債務それ自体について当事者間に争いがないことは，全額について債務名義が求められている場合，訴額の算定にとって重要ではない。

5　費用と手数料

分割返済の消費貸借における与信手数料は，利息であり，したがって訴〔315〕額に算入されない附帯債権である。[69]

消費貸借契約の中に費用および手数料が統一的な与信額として算定されている場合がある。この場合，与信手数料はこれによって附帯請求たる性質を失い，貸金返還請求の訴額の算定のさいにも算入されるべきかという問題が生ずる。しかし，それによって与信手数料は附帯債権の性質を失わず，それゆえ訴額算定のさい算入されないと解すべきである。

とくに問題となるのは，利息，与信手数料および元本が1つの総額に纏められているローン提携割賦販売契約（立替払い契約）である。これについて，与信手数料は附帯請求たる性質を失い，訴額に算入されるという見解[70]が主張されている。この見解は，割賦販売手数料の法的性質を利息または利息類似物と解する立場でも，これを純粋の利息とみるのは困難であるから，訴額算定においては附帯請求にあたらないという。しかし，ローン提携割賦販売契約の手数料は，このように形で元本化されていても，与信手数料は手数料（利息）としての性質を失うことはないから，本来の利息および与信手数料は訴額に算入されるべきではない。もちろん，それによって訴額算定の簡易化という附帯請求額の不算入の趣旨は失われるけれども，訴額の算定のために必要な逆計算について説明するのはこのように利息，手数料および元本を1つに纏めた原告の責任である。ローン提携割賦販売契約の利用者が通常低所得者であり，社会政策的な理由から高過ぎる訴訟費用から保護されるべき者であることも考慮されるべきである。[71]

6　上訴の不服

原告が全部敗訴した場合の原告の不服は，訴えによって請求したが棄却〔316〕された，そして上訴によってさらにその認容を求める支払請求額によって

69）OLG Düsseldorf MDR 1976, 663; *Stein/Jonas/Roth*, §4 Rn.23.
70）訴額算定研究231頁。
71）Vgl. *Schneider/Herget/Noethen*, Rn.1768.

192　第2章　債権法

決まる。

　一部敗訴の場合には，棄却された請求部分の価額によって不服額が決まる。被告が敗訴した場合の不服の額は，判決主文に掲げられた支払義務が基準となる。貸金の残額の一括返済を命ずる判決を求めた原告が賦払金の増額を命ずる判決を取得した場合，被告の不服額は，被告が返済を命じられた賦払い額の総増加額である。[72]

第6款　請負契約

1　はじめに

〔317〕　請負は，当事者の一方（請負人）が仕事の完成を約束し，他方（注文者）が仕事の結果に対して報酬を支払うことを約束する契約である。

2　管轄訴額／手数料訴額

〔318〕　請負に関する訴訟の訴額について，統一的な規律はない。原告がどのような請求権または権利を主張するかによって，訴額算定の観点が決まる。

(1)　物の製作と引渡しを求める注文者の訴え

〔319〕　この訴えの訴額は，目的物の価額によって定まる。目的物の価額は，通常，合意された請負代金の額と一致する。したがって，合意された請負代金の額が訴額をなす。

(2)　請負代金の支払いを求める訴え

〔320〕　この訴えの訴額は，請求された金額によって定まる。注文者の瑕疵の主張および減額要求は，訴額を軽減しない。

(3)　瑕疵の修補を求める訴え

〔321〕　この訴えについては，瑕疵の修補についての原告の利益が裁判所の裁量によって評価されるべきである。この原告の利益は，注文者が第三者に瑕

---

72) BGH WM 1985, 279. この事案において，6万マルクを期間15年，月々350マルクずつ返済するが，遅くとも原告が死亡したときには終了するという内容の金銭消費貸借契約を締結し，被告に6万マルクを交付した原告は，2年後に残額の全部の返済を求めて訴えを提起した。控訴裁判所が残存債務額を従来より増額された賦払金を一定期間支払って返済するよう命じた。そのさい，控訴裁判所は不服額を両当事者につき上告制限額である4万マルク未満と確定した。これに対し，被告が上告を提起し，不服額を4万マルク以上に確定するよう申し立てた。連邦通常裁判所は「被告らの不服は（彼らに不利な）控訴審における彼らの最後の申立てと控訴審判決の主文との間の差額によって算定される」と判示した。

第2節 各種の契約 *193*

疵の修補を委託しなければならないとすれば修補に要する費用の額と同じである。[73]

(4) 製作された物の引取りを求める訴え

この訴えの訴額は，裁判所の裁量によって評価されるべきである。その [322] さい，評価の出発点は請負代金請求権の額である。もっとも，引取り命令によって，請負人は請負代金請求権の履行期を到来させることができるに過ぎず，請負代金請求権の存在自体はまだ解明されないので，訴額は要求された請負代金の額以内において算定されるべきである。[74]

第7款　保　証

1　はじめに

民法446条によれば，主たる債務者が債権者に債務を履行しない場合，[323] 保証人は，保証契約に基づき債権者に対し主たる債務者の債務を履行する責任を負う。金銭支払い義務，商品の品質確保義務，不動産の所有権を移転する義務，建築物を期限内に完成させる義務のような，あらゆる作為または不作為が保証契約の対象となりうる。

2　管轄訴額／手数料訴額

保証をめぐる争訟の訴額は，保証人が主たる債務者に代わって債権者に [324] 対して責任を負わなければならない義務の内容に応じて定まる。したがって，保証人，主たる債務者および債権者の間において生じうる請求権または手続状況の違いに応じて，訴額の違いが生ずる。

(1) 保証人の設定を求める訴え，保証義務からの解放および保証義務の存否の確認を求める訴え

保証人の設定を求める訴え，保証義務からの解放を求める訴えおよび保 [325] 証義務の存否の確認を求める訴えの訴額は，主たる債権の額によって決まる。担保に関する訴えの訴額は，被担保債権の額が基準となるべきだからである（→〔270〕）。[75] 利息および費用（附帯請求）は，訴額の算定のさい考

---

73) *Anders/Gehle/Kunze*, Stichwort „Werkvertrag" Rn. 4; *Schneider/Herget/Kurpat/ Noethen*, Rn. 6058.

74) *Schneider/Herget/Kurpat/Noethen*, Rn. 6059.

75) *Anders/Gehle/Kunze*, Stichwort „Bürgschaft" Rn. 1; *Hartmann*, Anh. 1 §48（§3 ZPO）

194 第2章 債権法

慮されない。

　主たる債務者の支払い能力が十分であることにより保証人が請求を受ける蓋然性が低い場合にも，それは訴額算定のさい顧慮されない。もっとも主たる債務の存在または額につき争いがある場合には，積極的確認の訴えにおいては，20パーセントの減額を要すると解する（→〔87〕）。

(2) 債権者の保証人に対する保証債務の履行を求める訴え

〔326〕　債権者の保証人に対する保証債務の履行を求める訴えにおいては，通常の給付の訴えと同様，訴求された金額によって訴額が決まる。

　主たる債務と並んで請求される利息および主たる債務者に対する前訴の費用は，附帯請求であり（→〔126〕以下），訴額算定において顧慮されない。主たる債務と保証債務は密接な関係にあり，そのため，利息や費用を前者について附帯請求とみ，後者についてはそうでないとみることは正当化されないので，保証債務の履行請求においても，訴額に算入されるべきでない[76]。

　賃料支払請求権が保証されている場合には，保証人に対する支払請求の訴えの訴額は未払賃料額によって定まる。債権者が保証人に対する請求と主たる債務者に対する支払請求とを併合提起する場合，訴額の合算は行われない。この場合には，債権者はいずれか1つにつき満足を得れば，他の請求につきさらに弁済を受けることはできず，両請求は経済的にみて一体性のある請求だからである。

(3) 保証人の主たる債務者に対する求償請求

〔327〕　保証人の主たる債務者に対する求償権に基づく訴えの訴額は，請求額によって決まる。利息および費用は，訴額の算定のさいに算入されるべきである。これは，求償請求権の附帯債権ではなく，1個の請求権の1つの項目だからである[77]。

(4) 保証証書の返還請求の訴え

〔328〕　保証証書の返還が請求される場合には，訴額は，被担保債権の額によってではなく，原告が証書の返還を受けるにつき有する利益によって定まる

　Stichwort „Bürgschaft"; *Hillach/Rohs*, S.176f.; *Schneider/Herget/Noethen*, Rn.1742; *Stein/Jonas/Roth*, §4 Rn. 29, §6 Rn. 21.

76) *Hillach/Rohs*, S.176; *Schneider/Herget/Kurpat/Noethen*, Rn.1737.

77) *Hillach/Rohs*, S.176; *Schneider/Herget/Noethen*, Rn.1748.

第2節　各種の契約　*195*

べきである。この利益は裁判所の裁量によって評価される。評価の手がかりは，主たる債務の額，返還請求の訴えの提起時に保証人が請求を受けることがなお予期されるかどうか，およびその程度が考慮されるべきであろう[78] 保証人が請求を受ける可能性が高い場合には，訴額は被担保債権の額に近づくであろう。

3　請求の併合

　債権者が保証人に対する保証債務の履行請求と主たる債務者に対する請〔329〕求を併合する場合，債権者は実体法上1つの給付しか実現することができず，両者の間には経済的一体性が存在するので，訴額の合算はされてはならず，1つの請求の訴額が基準となる（民訴9条1項ただし書，民訴費4条1項）。

　保証人に対する保証債務の履行請求に対し，保証人が保証証書の返還を求める反訴を提起する場合，両者の間には経済的一体性が存在するので（→〔529〕），反訴請求の手数料は本訴請求の手数料との差額を納付すれば足りるが，保証証書の返還請求の訴額は本訴請求の訴額より少ないので，これについての手数料の負担は生じない。保証人の保証証書返還請求の訴えに対して，被告（債権者）が保証債務の履行を求める反訴を提起する場合には，反訴原告は反訴請求の手数料額から本訴請求の手数料額を控除した残額を納付すれば足りる。

第8款　和　解

1　はじめに

　和解は，契約当事者が法律関係に関する争いを相互の譲歩（互譲）によ〔330〕り止めることを約束する債権法上の契約である（民695条）。和解の成立のためには互譲が必要であるが，当事者が合意のために，必ずしも等価値である必要のない何らかの譲歩を相互にすることで足りる。

2　訴　額

　和解の有効・無効の確認を求める訴えの訴額は，和解の存在または不存〔331〕

---

78) Vgl. *Schneider/Herget/Noethen*, Rn.1749.

196　第2章　債権法

在についての原告の利益を裁判所が評価することにより定まる。

　和解の対象となった請求権または権利・法律関係は，和解の存在または不存在についての原告の利益を上回りうるものであり，訴額を決定するものではない。和解の無効が確認されても，和解の対象になったもとの争訟が解決するのでなく，もとの争訟状態が回復するだけであるので，和解の対象となった権利または法律関係の価額を和解無効確認の訴えの訴額とみることはできないからである[79]。それゆえ，和解金額を基礎に訴額を算定することが考えられる。たとえば貸金返還債権500万円について争ったＸＹ間で，ＹがＸに300万円を支払い，残額はＸが放棄するという和解契約が締結された場合には，この和解の無効をＹが主張する場合には，和解無効確認によってＹが受ける利益は差当たり300万円の支払い義務を免れることにあるから，この額を訴額として算定することができそうである。しかし，事はそう単純ではない。和解の無効が既判力によって確定されても，もともとの争訟は残るので，Ｙは終局的に300万円の支払義務を免れたのではない。しかし和解の無効が確定しなければ，もとの債務を争うことができないので，その意味では，和解の無効の確定は和解対象となった権利または法律関係をめぐる争いの復活の不可欠の要件である。それゆえ，訴額の算定に当たっては，裁判長または裁判所の裁量による訴額の算定としては，このことを考慮して，Ｘが負担した和解債務の額を訴額とみることにも十分理由があるであろう[80]。

　これに対し，Ｘが和解の有効の確認を求める場合には，Ｘはこの訴訟に勝訴すれば，和解の有効性が既判力によって確定し，300万円の和解債権の存在は和解の実体法上の拘束力によって確定するので，和解債権を確定させることができる。それゆえ，和解の有効の確認の訴えの訴額はＸの和

---

79) Vgl. *Hilach/Rohs*, S.177.

80) 和解の無効がもとの法律関係について争う前提であることを重視して，もとの法律関係の価額を訴額とみる見解もあり，またこの点を裁判長または裁判所の裁量による算定のさいに考慮する見解もあるが（RG JW 1937, 1082），妥当とは思われない。KG JW 1937, 34; *Hillach/Rohs*, S.177は，和解が維持される場合と，維持されない場合に原告に生じると見込まれる，客観的に探知される利益と不利益を相互に考量すべきであるという。しかし，この見解も妥当でないように思われる。本文であげた例で，債務者が和解の無効を主張する場合，和解が維持される場合の原告の不利益は300万円の支払い義務であるが，和解が無効とされる場合の原告の利益は当面300万円の支払い義務を免れるものの，債務の存在について争いが残るのであり，終局的に300万円の債務を免れるのではない。結局，利益・不利益の考量によっては，明確な訴額は明らかにならないからである。

解債権額300万円である。

訴訟上の和解の無効等に関する訴訟の訴額については，→〔555〕以下。

第3節　契約外債権関係

第1款　不法行為

1　金銭賠償請求

不法行為の損害として金銭賠償を求める訴えの訴額は，原告が訴えで主〔332〕
張する利益としてその請求額によって決まる。一部請求の場合は，請求額
が訴額をなす（→〔46〕）。遅延損害金は，訴額に算入されない。

2　名誉毀損の差止め請求

（1）　非財産権上の請求　　　　　　　　　　　　　　　　　　　　　〔333〕

他人の名誉を侵害する行為の差止めを求める訴えは，非財産権上の訴え
であり，管轄訴額は140万円を超えるものとみなされ，手数料訴額は160万
円とみなされる。

（2）　謝罪広告請求　　　　　　　　　　　　　　　　　　　　　　　〔334〕

名誉毀損者に対して，被害者は損害賠償に代えまたは損害賠償とともに
名誉を回復するのに適切な処分を請求することができる（民723条）。この
名誉回復の適切な処分として，新聞紙上における謝罪広告がある。謝罪広
告請求訴訟の訴額は，原告が要求する謝罪広告が新聞紙上に掲載されるこ
とによって原告が直接受ける利益を基礎に算定されるべきである[81]。しかし，
その算定が極めて困難であるため，判例は，「名誉回復処分は損害賠償の
一態様なのであり，特に金銭賠償を原則とする民法の建前からは金銭によ
る慰謝料の一変形として理解せられるべきである」として，損害賠償請求
権の財産権的性質は名誉回復処分の形をとることによって左右されないと
しつつ，その訴額は新聞広告掲載に要する通常の広告費によって算定すべ

81）大阪区判大正8・9・30評論9巻民訴545頁；京都地判昭和31・9・7下民集7巻9号
2426頁。

198　第2章　債権法

きだという$^{82)}$これに賛成する見解が多いが$^{83)}$これに対しては，「理論的に大いに疑問がある」$^{84)}$との見解もある。

〔335〕　名誉回復処分として**謝罪広告や名誉毀損発言の撤回**が求められる場合，これは判例がいうように金銭による慰謝料請求の一変形としての財産権上の請求なのであろうか。被害者は「金銭による慰謝」を求めているのではなく，真に名誉回復のための謝罪という加害者の行為を求めているのである。一部でいわれるように，謝罪広告請求は単なる広告の請求ではない$^{85)}$原告の利益は，加害者の謝罪を受け慰謝されることにある。加害者に対する謝罪広告請求は，慰謝料請求のような金銭請求ではないので，これを財産権上の請求ということはできないのではないか。それゆえ，非財産権上の請求として，管轄訴額は140万円を超え地方裁判所の事物管轄に属するとみなされ，手数料訴額は160万円とみなされると解する$^{86)}$もっとも，全国紙や地方紙というような新聞への掲載を求めるのではなく，社内掲示板への謝罪文の掲載を求めるような場合，掲載料は経験則上定額になるから，160万円のみなし訴額は原告に不利という結果になるが，原告がそのような請求を選んだ結果として甘受されるべきである。

(3)　請求の併合

〔336〕　**慰謝料請求と謝罪広告請求を併合して提起する場合**，訴訟物は異なるが，両者は同一の事実関係から生ずる請求であり，非財産権上の請求である謝罪広告請求と財産権上の請求である慰謝料請求が併合されているので，二重算定は許されず，多額である方の請求の訴額によって管轄訴額および手数料訴額が算定されるべきである（民訴9条1項ただし書：民訴費4条1項）。

差止請求と慰謝料請求を併合する場合，各請求の訴額を算定し，合算すべきである。両者は同一の事実関係を基礎にするものの，訴訟物を異にし，かつ，前者は将来の名誉毀損の阻止に向けた請求であり，後者は過去の名

82）最判昭和33・8・8民集12巻12号1921頁。東京高判昭和28・9・28高民集6巻10号649頁：東京地判昭和28・4・21下民集4巻4号546頁も同旨。

83）訴額算定研究72頁：民事実務講義案I 49頁：注解民訴(1)324頁［小室／松山］：菊井／村松・全訂I 127頁：菊井／村松・新コンメI 161頁：中田淳一・民事訴訟法判例百選（別冊ジュリ5号，1965年）3頁。

84）兼子／畔上／古関編・判例民訴上28頁。

85）しかし，民事実務講義案I 49頁は，原告が謝罪広告請求において求めるのは「被告の謝罪自体ではなく，客観化された広告自体」だという。

86）前掲注(81)京都地判昭和31・9・7参照。

誉毀損に対する損害賠償請求であるので，原告の利益は異なるからである。

(4)　上訴の手数料訴額

　謝罪広告を命じられた被告が上訴を提起する場合，上訴審の手数料訴額〔337〕
は不服申立ての範囲によって定まる。上訴人の不服は原判決が上訴人に負
わせる不利益であるから，不服額はこの不利益の金銭評価額である。上訴
人が謝罪広告命令の全部の取消しを求める場合には，手数料訴額は第一審
判決によって命じられた特定の新聞紙上における一定内容の謝罪広告の掲
載に要する通常の広告費によって算定することができる。敗訴当事者は謝
罪広告を回避することに利益を有するからであり，その経済的利益は直接
的には謝罪広告費用を回避する利益にあるからである（→〔165〕）。もっと
も，謝罪広告費による上訴の手数料訴額は，第一審の訴額によって上限を
画される。

3　定期金賠償方式による損賠賠償請求

(1)　定期金賠償請求

　損害賠償の方法として，従来の損害賠償訴訟の実務では，原告（被害者）〔338〕
が定期金の支払いを命じる判決を求めた場合，これを適法と認める裁判例
がある。民訴法117条１項は定期金賠償判決の変更の訴えについて定めて
おり，このような訴えが適法な場合があることを承認している。

(2)　訴　額

　この訴えの訴額はどのように算定されるべきか。たとえば人身事故によ〔339〕
り継続的な付添い介護が必要になった場合の介護費用を請求する場合，た
とえば平均余命までの年数のすべての介護費用を訴額に算入すべきであろ
うか。このような訴額の算定は管轄訴額については問題ないけれども，手
数料訴額については中間利息が控除されるにしても，問題が多い。これは
継続的給付義務の履行請求について一般的に問題になることからであるが，
特別の規定は存在しない。

　ドイツ法では2013年の費用法現代化法による裁判費用法42条１項の削除
により，１つの統一的な法律関係に基づき一定の時間的な間隔において規
則的，反復的に履行期になる給付請求の手数料訴額についても，管轄訴額
を3.5年分の年金額と定めるドイツ民訴法９条が準用されることになり（裁
判費用48条１項１文），将来の給付の総額が3.5年分の年金額より少ないの

でない限り，手数料訴額は3.5年分の年金額になり，手数料訴額の高額化が防止されている。

　日本でも平均余命に達するまでの定期金の総額を訴額とすることは，問題であろう。不法行為の損害賠償請求の一括請求においては求める損害賠償金の総額を基礎に，中間利息を控除して訴額が計算されるが，定期金賠償の場合は将来の不確実な要素が関係するので，裁判所の裁量により妥当な訴額を算定することが許されるべきであろう。そのさい，ドイツ法が原則3.5年の定期金の合計額を訴額としていることが参考にされてよいであろう。私見は，将来の反復的給付請求について，訴え提起までにすでに履行期の到来した部分と訴え提起後3年間分の給付請求権の合計額を訴額とすべきであると考える（→〔80〕）。定期金賠償請求はこの反復的給付請求の典型例であるので，この考え方がここでも妥当する。

第2款　特定適格消費者団体による集団的損害賠償請求訴訟

〔**文献**〕　山本和彦・解説　消費者裁判手続特例法（2015年・弘文堂）；伊藤眞・消費者裁判手続特例法（2016年・有斐閣）

1　意　義

〔340〕　適格消費者団体による差止請求訴訟（消費者契約23条）は将来に向けて所定の違法行為の差止めを図るものであるが，これによって，すでに行われた違法行為によって生じた財産的被害の回復を実現することはできない。民事訴訟による集団的な財産的被害の回復の実現を求める世論の高まりの中で，消費者裁判手続特例法はこの課題に挑むものである。

　この法律の定める消費者団体訴訟は，「共通義務確認訴訟」（第一段階の裁判手続）と，「対象債権確定手続」（第二段階の裁判手続）からなる一種の段階訴訟の構造を有する。共通義務確認訴訟の提訴権能は，「特定適格消費者団体」（＝「被害回復裁判手続（共通義務確認訴訟の手続等，法2条9号に定義されている手続）を追行するのに必要な適格性を有する法人である適格消費者団体として法65条の定めるところにより内閣総理大臣の認定を受けた者」〔消費者裁判手続特例法2条10号〕）に限って付与される。

(1) 共通義務確認の訴え

まず，適格消費者団体が共通義務確認の訴えを提起する。この訴えは消〔341〕
費者契約に関して「相当多数の」消費者に生じた財産的損害について，事
業者が，これらの消費者に共通する事実上および法律上の原因に基づき
── 個々の消費者の事情によりその金銭の支払請求に理由がない場合を除
き ── これらの消費者に対して金銭の支払義務を負うべきことの確認を求
める訴えである（消費者裁判手続特例法2条4号）。この訴訟において，被
告とされた事業者が相当多数の消費者（ただし，個々の消費者の事情により
その金銭の支払請求に理由がない場合を除く）に対し，これらの消費者に共
通する事実上および法律上の原因に基づき，金銭の支払義務を負うか否か
が審理され，肯定される場合には，裁判所は共通義務確認判決をする。こ
の判決に対しては上訴を提起することができるが，この判決が確定すると，
その効力は当事者である原告および被告のほか，当該共通義務確認訴訟の
原告以外の特定適格消費者団体および次に説明する簡易確定手続において
対象債権を届け出た債権者にも及ぶ（同法9条）。適格消費者団体の提訴
権能は，自己の権利を基礎とするものではなく，法律により付与された訴
訟追行権能である。

共通義務確認訴訟においては，当事者（原告たる適格消費者団体と被告た
る事業者）は共通義務の存否に関して訴訟上の和解を締結することができ
る（同法10条）。この和解調書は，民訴法267条の規定により，共通義務の
存在を認めるものであるか否かにかかわりなく「確定判決と同一の効力」
を有するが，原告となった適格消費者団体は対象消費者の実体法上の権利
を処分する権限を付与されていないので，和解は対象消費者の実体法上の
権利には影響を及ぼさない。

(2) 対象債権確定手続

対象債権確定手続は，**簡易確定手続**と，簡易確定手続における対象債権〔342〕
の存否および内容を確定する決定（「簡易確定決定」）に対する異議の申立
てがあった後の**異義後の訴訟手続**からなる，破産手続における破産債権確
定手続に類した構造を有する。

共通義務確認訴訟の請求認容判決の確定等が生ずると，この訴訟の当事
者であった特定適格消費者団体は，正当な理由がある場合を除き，この判
決確定日（請求の認諾および和解の場合には訴訟終了時）から1月の不変期

間内に簡易確定手続開始の申立てをしなければならない（同法12条・14条・15条）。裁判所は，要件の具備を認めて簡易確定手続開始決定をしたときは，直ちに開始決定の主文等を官報で公告する（同法22条1項）。また簡易確定手続の申立てをした特定適格消費者団体は，知れている対象消費者に被害回復裁判手続の概要および事案の内容等の通知をし（同法25条1項），公告をしなければならない（同法26条1項）。対象消費者は，個別請求権の届出をこの簡易確定手続申立団体に授権することができる。授権を得た簡易確定手続申立団体は，対象債権を裁判所に届け出る（同法30条1項）。この債権届出があると，届出債権については共通義務確認の訴えの提起があった時に，裁判上の請求があったものとみなされ（同法38条），時効が中断する。債権届出に対して，相手方は認否をしなければならない（同法42条1項）。認否をしないときは，相手方は届出債権を全部認めたものとみなされ，届出債権はそのまま確定する（同条2項・3項）。相手方が争ったときは，簡易確定手続申立団体は届出債権の認否に対して，認否を争う旨の申立てをすることができる（同法43条1項）。認否を争う旨の適法な申立てがあると，裁判所は，債権届出を却下すべき場合を除き，当事者双方を審尋したうえで**簡易確定決定**をしなければならない（同法44条1項・2項）。職権調査事項を除き，証拠調べは書証に限られる（同法45条1項。文書提出命令等はすることができない。同条2項）。当事者は決定の送達を受けた日から1月の不変期間内に，届出消費者は債権届出団体が決定の送達を受けた日から1月の不変期間内に，それぞれ，簡易確定決定をした裁判所に**異議の申立て**をすることができる（同法46条1項・2項）。適法な異議の申立てがある場合，簡易確定決定は，仮執行宣言付き簡易確定決定を除き，その効力を失う（同条5項）。この場合には，届出債権について当該債権届出の時に，当該簡易確定決定をした地方裁判所に，当該届出債権の届出団体（届出消費者が当該異議の申立てをしたときはその届出消費者）を原告とする訴えの提起があったものとみなされる（同法53条1項前段）。適法な異議の申立てがないときは，簡易確定決定は確定判決と同一の効力を有する（同条6項）。異議後の手続においては，訴えの変更（ただし届出消費者または請求額の変更を内容とするものを除く）を申し立てまたは反訴を提起することはできない（同法54条）。届出消費者も，簡易確定決定に対し異議を申し立てることができ，適法な異議があると異議後の訴訟の訴訟主体となることができる。

2　管轄裁判所と手数料

(1)　共通義務確認の訴え

　共通義務確認の訴えは，訴額の算定については非財産権上の請求とみな〔343〕されるので（消費者裁判手続特例法4条），管轄訴額は140万円を超えるものとみなされ（民訴8条2項），手数料訴額は160万円とみなされる（民訴費4条2項前段）。したがって，地方裁判所の事物管轄に属し，手数料額は160万円を基礎に算出される。

　共通義務確認の訴えの対象となる共通義務は，対象消費者の損賠賠償請求権の先決的法律関係にあたるから，財産権上の請求であるけれども，[87]適格消費者団体は固有の利益を追求するのではなく，対象消費者が対象債権の届出をするための基礎を生み出すことを目的とするものであるので，消費者被害の集団的回復という制度目的の実現を困難にしないようにするために，法政策的に訴額を軽減するため非財産権上の請求とみなしたものである。

(2)　簡易確定手続

　簡易確定手続の管轄裁判所は，共通義務確認訴訟において第一審判決を〔344〕した地方裁判所である（消費者被害12条）。もちろん，この管轄は官署としての裁判所を基準にしたものである。簡易確定手続開始の申立手数料は，1,000円である（民訴費別表第1の16の項イ）。

(3)　対象債権確定手続における債権の届出

　簡易確定手続における対象債権の届出の裁判所手数料は，1個の届出債〔345〕権につき1,000円と法定されている（民訴費別表第1の16の2の項）。

第4節　種々の差止請求

第1款　はじめに

　差止請求の訴えの訴額は，訴えによってどのような内容の差止めが求め〔346〕られるかによって決まる。特別の評価規定は，通常存在しない。したがっ

---

87)　山本和彦・解説　消費者裁判手続特例法（2015年・弘文堂）149頁は，特定適格消費者団体
　が勝訴しても経済的利益は生じないので，財産権上の請求ではないと解することは不可能で
　ないとするが，共通義務が財産的価値のあるものであることは否定できない。それゆえ，法
　律は非財産権上の請求とみなしたのであろう。

204　第2章　債権法

て財産権上の差止訴訟にあっては，管轄訴額および手数料訴額は裁判長または裁判所の合理的な裁量によって算定される。非財産権上の差止訴訟にあっては，管轄訴額は140万円を超えるものとみなされ，手数料訴額は160万円とみなされる。

第2款　適格消費者団体による差止請求訴訟

1　意　義

〔347〕　不特定かつ多数の消費者の利益のために消費者契約法による差止請求権を行使するために必要な適格性を有する法人であるとして内閣総理大臣の認定を受けた消費者団体（＝「適格消費者団体」）は，事業者，その代理人，受託者等またはその代理人が消費者契約法に違反する行為を行いまたは行うおそれがある場合に，その当該違法行為の停止もしくは予防または当該行為の停止もしくは予防に必要な措置をとることを請求することができる（消費者契約12条）。

　　適格消費者団体のこの**提訴権能の法的性質決定**が問題となる。法定訴訟担当の一場合であるのか，民衆訴訟の一形式であるのか，それとも，適格消費者団体が固有の差止請求権を有するのかという問題である。この問題について，消費者契約法23条は，1項において「適格消費者団体は，不特定かつ多数の消費者の利益のために，差止請求権を適切に行使しなければならない」と定め，2項において濫用を禁止することにより，適格消費者団体が固有の差止請求権を有することを明らかにし，団体による請求権の主張の問題を積極的実体適格に位置づけた。したがって，原告たる提訴団体が適格消費者団体であることは，差止請求権の帰属主体に関する要件であり，それゆえ請求の理由具備事由として審理される。

2　訴　額

〔348〕　差止請求に係る訴えの訴額の算定については，非財産権上の訴えとみなされ（消費者契約42条），したがって，管轄訴額は140万円を超えるものとみなされ，地方裁判所の事物管轄に属する。手数料訴額は160万円とみなされる。適格消費者団体は法技術上固有の差止請求権を有するが，これを行使するのは不特定多数の消費者の利益のためであり，自己固有の経済的利益を受けるのではないという理由で，非財産権上の請求とみなして手数

料訴額を160万円としたものである。

　1つの適格消費者団体が同一事業者に対して消費者契約法12条各項に基づき複数の行為の差止めを求める場合，訴額の合算が必要か，それとも利益の共通性によって1つの差止請求の訴額が基準となるかが問題となる。まず，訴訟物が同一かどうかを判断し，肯定されれば1つの訴額であることは当然である。たとえば，不当勧誘行為の差止め請求が不実告知（消費者契約4条1項1号）と不利益事実の不告知（消費者契約4条2項）によって基礎づけられる場合，訴訟物は差止判決の申立てと解すると，訴訟物は同一である[88]。次に訴訟物が異別と判断される場合に，訴えによる経済的利益が共通であれば，訴額の合算は禁止される。たとえば適格消費者団体が消費者契約法12条3に基づき，「被告は，契約を締結するさい別紙記載内容の条項を内容とする意思表示をしてはならない。被告はその従業員に対し前項記載の条項を内容とする意思表示を行うための事務を行わないことを指示せよ」という申立てを掲げる訴えを提起する場合[89]，後者の申立ては前者の申立てを補完するための申立てであり，後者の利益は前者の利益に包含される。それゆえ，訴額の合算は禁止される。

第3款　環境民事訴訟
1　はじめに

　環境を汚染する行為の差止請求権を特別に定める実体法上の規定は，存〔349〕在しない。そのため，既存の法規定と法解釈により対処せざるを得ず，議論が多い[90]。差止めの法的根拠として，①物権的請求権説，②人格権的請求権説，③環境権的請求権説，④不法行為的請求権説および⑤継続的権利侵害説が主張されている。裁判実務においては物権的請求権説，人格権的請求権説および不法行為的請求権説による裁判例が見られる。

　近隣住民が騒音の発生，大気汚染，水質汚濁等の生活環境の悪化を理由に人格権または環境権に基づき，たとえば高速道路やごみ焼却場等の建設

88）旧実体法説のように，この場合実体法上の差止請求権は複数存在し，訴訟物も併合されているとみる場合には，訴えにおける主張利益が共通であるとして，合算の禁止が肯定されるであろう。

89）例は，小川／宗宮／佐藤編・手引132頁に掲載されているものである。

90）中川／兼子監修・実務法律大系6・公害289頁以下〔佐藤歳二〕。

206　第2章　債権法

の差止めを求めて民事訴訟を提起する場合について、原告が訴えをもって
主張する利益は広い意味で「生活利益」と呼ぶべきものであって、被侵害
利益ごとの訴額を算出すべきでないとする見解[91]が主張されている。

2　訴額評価原則

〔350〕　不作為請求の訴えは、何が請求されるかによって訴額の評価が異なる。
特別の評価原則は存在しないので、評価は当然困難である。ドイツでは、
財産権上の不作為訴訟の場合、規範的訴額ではなく、ドイツ民訴法3条、
裁判費用法48条1項1文により裁判所の裁量により評価すべきものとされ
る[92]。日本でも、同じく裁判所の裁量によりこれを評価するというのが法律
の考え方である。そして、その算定が極めて困難なときは、訴額は算定不
能の場合と同じく160万円とみなされる（民訴費4条2項後段）。

(1)　所有権その他の物権に基づく妨害排除請求

〔351〕　物権に対する直接的な侵害を理由とする場合（たとえば、地盤沈下による
土地所有権の侵害を理由に隣接工場による地下水の汲上げの差止めを求める場
合）には法律構成のいかんにかかわらず物権的請求権に基づく妨害排除・
予防請求の場合と同様に訴額通知7(1)ないし(3)を準用して訴額を算定し[93]、
これに対し、生活利益の妨害の差止めを求めている場合には、原告が物権
的請求権という法律構成をとっている場合であっても、原告の利益を金銭
的に評価することは極めて困難であるという理由で、訴額を160万円とみ
なすべきだとする見解[94]がある。

　しかし、この見解には問題がある。妨害排除請求において訴額算定の基
礎となるのは、具体的な所有権またはその他の権利の妨害の差止めについ
て原告が有する利益である。この利益は、個々の妨害排除請求訴訟の請求
内容に応じて裁判長または裁判所により評価算定されるべきである。被告
が差止命令に従うことから被告に生ずる不利益は、訴額算定において重要

91）行政訴訟における裁判であるが、松山地命昭和48・11・8訟月25巻8号2115頁は、伊方原
　発訴訟（原子炉設置許可処分取消し訴訟）において、本件訴訟における原告の利益は「生命
　健康生活の保全」とし、訴額は現在の段階では算定することはできないから共同原告1人に
　つき35万円（現行法では160万円）をもって訴訟物の価格だとした。

92）*Schneider/Herget/N.Schneider/Noethen*, Rn.5296.

93）民事訴訟費用研究153頁。

94）民事訴訟費用研究155頁、153頁以下。

ではない。妨害除去の費用ではなく、妨害の種類と程度が重要である[95]。

たとえば、地盤沈下による土地所有権の侵害を理由とする隣接工場によ〔352〕る地下水の汲上げの差止請求については、地下水の汲み上げによって生じうる地盤沈下による土地価額の減少によって訴額を評価すべきである（→〔383〕）。

一定の建物への立入り禁止や一定の場所への車の乗り入れ禁止を求める訴えの訴額は、これにより原告が受ける利益により裁判長または裁判所の裁量により算定すべきである。文献においては、具体的事案に即して所有権等に基づき建物への立入りの禁止を求める訴えは所有権に基づく妨害予防請求であるという理由で訴額通知7(1)を類推して目的物の価額の2分の1（地上権、永小作権、賃借権に基づく請求の場合には訴額通知7(3)により目的物の価額の2分の1）を訴額として算定し、非財産権上の請求については民訴費用法4条2項により算定することになると主張する見解がある[96]。しかし、財産権上の請求の場合に建物や土地の価額を基礎に訴額を算定することは合理的ではないであろう。生活の平穏や安全が害されることによる建物価値の減少を評価して訴額を算定する必要がある。車の無断乗り入れについては、土地の利用関係を類推して土地の利用料（賃借料相当額）を基準に訴額を算定するのが妥当であろう。

多数の家畜の騒音による生活妨害の差止請求、土地境界の柵の撤去請求などは、裁判長または裁判所が合理的な裁量により算定すべきである。ドイツでは、家畜の騒音について、3,000マルク（1,500ユーロ）と評価した裁判例[97]境界の柵の撤去につき1,200マルク（600ユーロ）と評価した裁判例、

---

95) BGH NJW 2006, 2639（賃貸住居のバルコニーに賃借人が設置したパラボラアンテナの除去を賃貸人が請求する場合、第一審の訴額および第一審において敗訴した賃貸人の不服額は、パラボラアンテナの設置によって引き起される家屋の毀損または視覚的な全体印象の毀損によって賃貸人が蒙る価値喪失によって算定される旨判示); *Stein/Jonas/Roth*, §3 Rn.47 Stichwort „Abwehrklage".

96) 民事訴訟費用研究242頁；訴額算定研究80頁；小川／宗宮／佐藤編・手引130頁。

97) LG Bonn JurBüro 2001, 593（抗告審として、Bonnラント裁判所は、本件は非財産権上の争訟であり、訴額は個別事案のすべての事情、とくに事件の意味および両当事者の収入＝財産関係を考慮して裁量により定められるべきであるが、「これらの事情は3000マルクの訴額を正当化する。たしかに、時間的に制限された休息時間だけが要求されているが、他方では、訴えによれば個々の家畜だけが関係しているのでなく、農場類似の設備に収容されたとされる、とにもかくにも二桁の家畜による騒音が引き起こされることが考慮されなければならない。原告のより少ない利益を示唆しうるその他の観点は、明らかでない」と判示して、区裁判所が算定した3000マルクの訴額を妥当とした）。

208 第2章 債権法

アンテナの撤去について1,000マルク（500ユーロ）と算定した裁判例[98]などが報告されている。[99]

⑵ 賃貸人の賃借人に対する妨害排除請求

〔353〕 賃貸借契約に基づく賃貸人の賃借人に対する妨害排除請求の場合にも，物権的妨害排除請求の場合の比較しうる原則に従って，したがって妨害の排除についての原告たる賃貸人の利益を裁量により評価する方法で訴額を算定すべきである。[100] 犬や猫などのペットの飼養やパラボラアンテナなどに関する妨害排除請求が問題になっている。

第4款　ファックスの送付の差止請求，スパンメールの差止請求

〔354〕 現代社会において，原告が求めていないファックスによる広告の送付の差止請求，原告が望んでいないスパンメールの広告送信の差止請求が問題になる。これらの差止請求の訴額は，裁判長または裁判所の裁量により算定されるべきである。ドイツでは，ファックスによる広告の送付について，訴額を4,000ユーロと算定した裁判例[101]が報告されている。

近時ドイツで生じているのが，原告が望んでいないスパンメールによる広告送信の差止請求である。ここでは，原告の要求する差止めに対する原告の利益の評価によって，したがってメールによって負担を負わされる原告に対する侵害の評価により訴額を算定すべきである。被告が差止めに応じるために，時間や費用を費やさなければならないかどうかは重要ではない。裁判所の裁量の行使のさいに顧慮すべき要因として，広告が消費者に向けられているか，職業領域または業務領域の広告であるか否かが区別されるべきであろう。ドイツでは500ユーロから10,000ユーロの幅で算定さ

98）LG Hamburg WuM 1991, 359（無線アンテナの除去請求の訴えの訴額につき，賃貸人／所有者の精神的利益ないしは家屋の視覚的全体印象の侵害ならびにアンテナによる他の賃借人のテレビ受信障害の程度により決めるべきであるとし，ペットの飼育の場合に準じて1000マルクと査定した）。

99）Vgl. *Stein/Jonas/Roth*, §3 Rn. 47, Stichwort „Abwehrklage（§1004 BGB)".

100）*Stein/Jonas/Roth*, §3 Rn. 47, Stichwort „Abwehrklage（des Vermieters)".

101）AG Siegburg, JurBüro 2002, 422（裁判所は，「訴額の算定のさいは，被告の広告により原告のテレファックスの設備が利用されるのみならず，すべての到着ファックスは原告自身によって点検されるので，原告の労働時間と労働力が奪われることが考慮されるべきである。その他の点では，被告は繰返し，警告にもかかわらず原告の権利を侵害した。不作為宣言の拒否は，さらなる侵害をおそれさせる」と判示し，訴額を4000ユーロと評価した）。

れているようである。[102]

---

102) 賃貸アパートにおいて犬を飼うことの差止めを求める賃貸人の訴えの訴額を3000マルクと評価したLG München NZM 2002, 734, 治療目的のために犬を飼う場合における差止め請求の訴額を600マルクと評価した（犬を治療目的で飼うことは訴額を増加させないとした）LG Berlin, Beschl. v. 31. 3 . 2000, NZM 2001, 41がある。Vgl. *Stein/Jonas/Roth*, §3 Rn. 65 Stichwort „Spann-Mails"; *Schneider/Herget/Kurpat*, §6031 ff.

第1節 占有権 *211*

~~ 第**3**章 ~~
物 権 法

| 第1節 | 占有権
| 第2節 | 所有権
| 第3節 | 地上権，永小作権，賃借権
| 第4節 | 地役権
| 第5節 | 抵当権，質権
| 第6節 | その他の権利
| 第7節 | 相隣関係等
| 第8節 | 登記請求訴訟

第1節 　占有権

　占有は，物に対するある人の事実的支配をいい，直接占有，間接占有，〔355〕
自主占有および他主占有を含む概念である。

第1款　占有権の価額

　占有権の価額をどのように算定すべきかについて，もともと見解の相違〔356〕
があった。①本権の価額と同額とする見解（本権価額説）と，②目的物の
価額の３分の１を占有権の価額とみる見解があった。①説は占有権の確認，
占有回収請求等について，原告の得る占有の利益によるから，その権原で
ある本権に準じ，その結果取得する占有が一時的か永久的かに従うが，本
権の主張がないときは占有の所有権推定（民186条，188条）により所有権
の価額を占有権の価額とすべきだと説いた[1]。

　これに対し，②説は，占有の利益そのものによって価額を定めることは
抽象論としては異論がないが，具体的な算定は困難であるので，目的物の
価額の３分の１を訴額としているのは「理論的に説明するのは困難である

---

1) 兼子一・条解民事訴訟法 ―― 昭和30年版（1955年・弘文堂）45頁以下；兼子・体系77頁
　以下；山田・日本民事訴訟法論(1)121頁；兼子／畔上／古関・判例民訴(上)25頁。

212　第3章　物権法

が」「裁判所の受付事務の取扱としては……結果的には或る程度正鵠を射ているのではないかと思う」[2]と指摘した。②説は，占有権が訴訟物である場合には，目的物の価額の3分の1を訴額とする旨定める訴額通知2の見解，占有権に基づく目的物の引渡（明渡）請求の訴額を同じく目的物の価額の3分の1とする訴額通知7(2)の見解を受け入れたものであるが，明確な理由の説明がないことは明らかである。だが今日の実務においては，②説の立場が支配的である。

　これに対し，占有妨害の除去および将来の妨害の差止め，共同占有の承認を求める訴えについては，訴額通知は何らの定めもしていない。訴額通知のような訴額算定基準は合理的なのかどうか，訴額通知が直接定めていない訴えに，これを類推適用することが妥当なのかどうかも，問題となる。

第2款　占有権に基づく物の引渡（明渡）請求の訴額

1　占有の取得

〔357〕　占有権に基づく物の引渡（明渡）請求が請求者の占有の回復を目的とする訴訟であることは，所有権に基づく引渡（明渡）請求の場合と異ならない。いずれの訴訟においても，原告勝訴判決は相手方の引渡義務の存否を既判力によって確定するが，原告の占有権や所有権それ自体を既判力によって確定するものではない。その限りで，取得されうる債務名義の効果に違いはない。そうであるなら，占有権に基づく引渡（明渡）請求の場合に，訴額通知7(2)のように訴額を目的物の価額の3分の1とすることに合理性はないように思われる。訴額通知7(2)は物の事実的支配を保護する占有権が特殊な物権であり，訴えによって原告が受ける利益も本権に基づき請求する場合の利益以下であることを理由とするが[3]，そこから当然には，訴額は目的物の価額の3分の1ということにはならない。所有権に基づく返還請求の訴額が訴額通知7(1)のいうように目的物の価額の2分の1とするのであれば，占有権に基づく引渡（明渡）請求の訴額も目的物の価額の2分の1とすべきであろう。

　もっとも，私見は，所有権に基づく返還請求についても原告の所有権に

---

2)　菊井維大／村松俊夫・民事訴訟法Ⅰ（1957年・日本評論社）71頁。
3)　藤田／小川編・不動産訴訟100頁は，訴額通知7(2)の根拠をこのように説明する。

第1節　占有権　*213*

つき争いがある限り，訴額は目的物の価額と解するので（→〔369〕〔371〕），
占有権に基づく返還請求についても，当事者間に原告の占有権の存否につ
いて争いがある限り，目的物の価額が訴額をなすと解する。

2　不動産および動産

(1)　不動産の価額

　訴額通知は，地方税法349条の規定による固定資産評価額のあるものに〔**358**〕
ついては，その価額が訴額であるが（もっとも，土地については暫定的に固
定資産評価額の２分の１とされている。→〔58〕），これがないものについては，
物の価額は客観的な取引価格，すなわち，その物を譲渡するとすれば取得
できる価額を基準とするとしている。そして取引価格が明らかでない場合
には，近隣地の固定資産評価額を基準に，価額の算定を行う。訴額通知は，
固定資産評価額は，市町村長の発行する固定資産評価証明書の提出により
認定すべしとする。

　もっとも，土地について固定資産評価額がない場合もある。たとえば，
国有地，都道府県有地，市町村有地，公衆用道路，水路，寺院の境内地，
墳墓地などがそうである。公衆用道路，水路，墳墓地等は公共性があり，
その利用方法が制限されている土地であって，固定資産評価額がない。こ
れらの土地は近隣に同種の土地がないこともあり，また担保価値も殆どな
いことが通常であるので，訴額の算定に困難が伴うが，実務では，登録免
許税の算出基準に準じ，近隣土地の価額を参考に価額の算定が行われてい
る[4]。評価未了の建物については，管轄法務局作成の「新築建物価格認定基
準表」および「減額限度表」を利用して算定される[5]。

　固定資産課税台帳の記載と目的不動産の現況と登記簿上の表示が異なる
場合は，不動産の同一性について問題が生じうるが，重大な相違でなけれ
ば，固定資産税評価額に基づき訴額を算定することの妨げとならないとさ
れている[6]。

(2)　動　産

　動産は，固定資産として評価の存するものについては，その評価額によ〔**359**〕

4）民事訴訟費用等研究206頁；民事実務講義案 I 44頁；小川／宗宮／佐藤編・手引180頁。
5）民事実務講義案 I 44頁。
6）深沢／小神野編・簡裁民事実務54頁。

214　第3章　物権法

るが，それ以外の動産は取引価額を基準に訴額が定められる（訴額通知1）。

　動産の引渡請求に関して問題があるのは，遺骨や祭祀供用物の引渡しが親族間で争われる場合である。このうち，遺骨は物権の対象や取引きの対象ではないので，遺骨の引渡請求は財産権上の請求ではない。したがって，訴額は非財産権上の請求として，160万円とみなされる。

　これに対し，祭祀供用物は所有権の対象となるから，その引渡請求は財産権上の請求として訴額算定がなされなければならない。一般の動産と同様，目的物の取引価格が基準となる。購入価格の判明するものは，これにより取引価格を疎明することができるが，購入価格がわからなければ，同種の物を新たに購入する場合の費用を取引価格とすることになる。

　固定資産評価額のない自動車は，財団法人日本自動車査定協会の価格査定証明書または自動車販売会社の評価書等により認定するのが妥当とされている[7]。

3　証書の引渡請求

(1)　有価証券

〔360〕　有価証券は，財産的価値を有する私権を表章する証券である。手形・小切手のように証券自体が権利を表章しているものは，紙片としての価値が問題なのではなく，証券が表章している権利の価値が重要なのであるから，有価証券の引渡請求訴訟の訴額は証券に化体された権利の価額から明らかになる[8]。手形や小切手の場合には手形金請求権，小切手金請求権の額が訴額である。上場株式のように取引所価格のある有価証券については，取引所価格が基準となる。その他のものについては，訴額は権利の評価に関する一般原則によって定まる。

　ところが，時価の明らかでない有価証券の引渡請求については，裁判所の裁量により算定されるべきであるが，評価の容易さという理由からは券面額により訴額を算定することになる[9]。

---

　7)　民事実務講義案 I 44頁。
　8)　兼子・体系78頁；菊井／村松・全訂 I 112頁；注解(1)322頁〔小室／松山〕；訴額算定研究65頁；菊井／村松・新コンメ I 158頁。
　9)　兼子／畔上／古関編・判例民訴(上)24頁；民事訴訟印紙研究51頁；民事訴訟費用研究237頁。

第1節 占有権 215

⑵ 記名証券・免責証券

抵当証券のような記名証券，預金証書・保険証券・預り証のような免責 [361] 証券の引渡しを求める訴えの訴額は，裁判所の自由な裁量により算定されるべきである。債務者がこれらの証券の所持者に弁済すると，所持者が権利者でない場合にも，債務者に悪意または重過失がない限り，弁済の効果が生じ，債務者は免責される。

これらの証券の所持は，証券に記載された債権の行使を容易にするにすぎない。それゆえ，証券または証券に記載された事項の価額が訴額を決めるのではなく，訴額を決定するのは，原告が証券の返還を受け証券を用いることができる利益である。被告がこれらの証券により債務者から弁済を受けてしまうと，債務者に悪意または重過失がない限り有効な弁済として保護される危険がある場合には，債権の額面額に照準が合わされるが，通常は個別事案における原告の利益は証券の額面額よりはるかに少ないであろう（たとえば10分の1）。恩給証書について，新たに証書の交付を受けるのに必要な費用によって訴額を算定するという判例[10]があり，再交付に要する費用と再交付を受けるまでに受け取れない恩給金に対する法定利息等を考慮して訴額を定めるという見解[11]も主張された。

⑶ 証拠証書その他

⒜ たとえば債務証書，領収書，保証書，保管証書，自動車検査証（車検 [362] 証），委任状，公正証書などは，権利を表象する証書ではなく，証拠証書である。裁判所の判決や帳簿のようなその他の文書も，同じく権利を表象するものではない。このような証書の引渡請求の訴えの訴額は，証書を占有する点についての個々の原告の利益を裁判所の裁量により評価することにより個別に算定されるべきである[12]。

原告のこの利益は，この証書が証明すべき権利の価額以上になることはない。**領収証**の場合は，原告の利益は領収書記載の金額以上にはなり得ない。**債務保証の保証証書**の場合には，原告の利益は主たる債務の額に合致

---

10) 大判大正8・9・13民録25輯1624頁；大判昭和6・5・2新聞3272号17頁＝評論20巻民訴331頁ほか。
11) 兼子・条解民訴上55頁。
12) 注釈民訴⑴226頁〔佐藤〕。

216 第3章 物権法

し得る[13]。債権者が保証人に請求することを訴えによって阻止すべき場合や，証書が返還されれば，その内容上，保証が消滅する場合には，主たる債務の額が訴えの訴額である。

〔363〕　代理権の授与の事実を証する委任状が交付されている場合に，本人が委任契約の解除により委任状の返還を請求する訴えの訴額は，代理権消滅後に代理人（無権代理人）が代理行為を行い，表見代理が成立することにより本人が蒙る不利益を回避するという利益によって算定されるべきであろう。たとえば不動産の売却を委任した場合であれば，原則として不動産の価額（固定資産評価額）に基づき訴額を算定すべきであろう。問題は不動産の価額全部を訴額とすべきかどうかである。この点について，①表見代理が成立することによって目的物を失う不利益を阻止することを重視して目的物の価額全部を訴額とみる見解と，②土地所有権の喪失の危険の除去という原告の利益を考慮すると，所有権に基づく当該土地についての妨害予防請求に準じて，土地の価額の2分の1の額を訴額とする提案[14]がある。しかし，委任状の返還請求を委任事項である土地の所有権の妨害予防請求に準ずると性質づけることもできない。結局，具体的な事件において原告の利益がいくらに相当するかは，裁判長または受訴裁判所によって評価されるべきである。

〔364〕　**自動車検査証**は，自動車（総排気量250CCを超える二輪車を含む）が道路運送車両法およびその関係省令の義務づける検査を受けた自動車であることを証明する証書であり，当該自動車を運行の用に供するためには自動車に備え付けなければならない（同法66条1項）。自動車検査証の記載事項は，自動車登録番号，登録年月日，用途，車体の形状，車両重量，型式，総排気量または定格出力，所有者の氏名または名称・所有者の住所・使用者の氏名または名称・使用者の住所・使用の本拠の位置など網羅的である。

　　自動車検査証の引渡請求の訴えの訴額につき，見解が対立する。①車検証の価値を自動車の価額と等しいとみ，その上で物の引渡請求に関する訴額通知7(1)(2)に準拠して自動車の価額の2分の1または3分の1を訴額と

---

13) *Stein/Jonas/Roth*, §6Rn. 9.
14) 訴額算定研究276頁以下。

みる見解,[15] ②自動車の価額全額を訴額とみる見解,[16] ③自動車の価額を基準とすることは適切でないとし，再発行が認められ代替性があることを考慮して再発行の手数料を訴額とみるのが相当だとする見解[17]がある。このように見解は対立するが，この訴訟の訴額は物としての証書の価額によって決まるのでも，当該自動車の価額によって決まるのでもなく，原告が自動車検査証を取得し自動車の処分可能性を獲得することについて有する利益によって決まるべきである。この利益がいくらに相当するかは，裁判長または受訴裁判所によって評価されるべきである。これはいずれにせよ，証書の新たな取得費用よりは高く評価されるべきである。[18]この原告の利益は原則として当該自動車の価額と同じではないが，自動車検査証がなければ通常自動車を処分することができないので，自動車検査証が法取引において有する特別の意義が考慮されるべきである。[19]この意味で，再発行手数料を基準とする③説は，支持することができない。自動車検査証の引渡請求の価値がその再交付の手数料の価値しか有しないというのは，経験に反するからである。

　自動車検査証の引渡し請求に対し，被告が自動車の所有権を主張して自動車の引渡しを求める反訴を提起する場合，またはその逆の場合，これらの訴えの訴訟物は経済的に一体であるので，反訴の手数料訴額に基づき算出される手数料額から本訴の手数料額を控除した額が反訴原告の納付すべき手数料額である。

(4)　固有の取引価額のある文書

　固有の取引価額のある証書，文書および証券，とくにその形状，歴史的〔365〕意義その他の理由から固有の価値，とくに収集家的価値を有するものの引渡請求の訴額は，この固有の取引価値によって定まる。建築の設計書，切手，技術的または芸術的デッサン，エッチング，スタンプなどがこれに属する。[20]

---

15)　民事訴訟印紙研究57頁。
16)　民事訴訟費用研究237頁。
17)　訴額算定研究273頁。
18)　*Schneider/Herget/Noethen/N.Schneider*, Rn.3452.
19)　*Anders/Gehle/Kunze*, Stichwort „Besitz" Rn.22;
20)　*Stein/Jonas/Roth*, §6 Rn.6 ff.

4 印 章

〔366〕 印章の引渡請求の訴えの訴額については，①印章所有者の意思表示を記載するなどの目的で証書を作成するために印章が用いられるので，証書の引渡請求に準じて訴額を算定するという見解[21]，②印章は一般の動産と何ら異ならず，印章の引渡請求の訴額は，訴額通知7の(1)または(2)により印章の価額の2分の1または3分の1だとする見解[22]がある。そして，印象の価額の算定は，②−Ⅰ　第一次的には取引価格であると推定される購入価格により行い，購入価格が不明なときは類似の物の価格または同質の新たな印章の作成費用等によって行うという見解[23]と，②−Ⅱ　つねに訴額の最低額（10万円以下）を訴額とするのが健全な社会常識に合致するという見解[24]がある。

　　印章は，とくにその形状，歴史的意義その他の理由から固有の価値，とくに収集家的価値を有するものでない限り，引渡しを求められる印章の価額を基準にすべきであるが，購入価額を基礎とし，購入価額が不明なときは同質の新たな印章の作成費用によるのが妥当であろう。そして，②説とは異なり，印章の価額自体が訴額をなすと解する。

第3款　妨害排除請求の訴え

〔367〕 占有権に基づく妨害排除請求の訴えは，現在の妨害の除去と将来の妨害の差止めに向けられる。訴額通知2または7(2)により目的物の価額の3分の1が訴額なのか，それとも妨害の除去または差止めに対する原告の利益が基準になり，そのさい裁判所の裁量により算定されるべきなのかが問題となる。

　　たとえば，建物の賃借人が騒音や悪臭による占有妨害の排除を求めて訴えを提起する場合，目的物の価額を基準に訴額を算定し，訴額通知7(2)のように目的物の価額の3分の1を訴額とみることや，原告勝訴の場合に被告の営業に生ずるかもしれない深刻な影響を基礎に訴額を算定することは

---

21) 民事訴訟印紙研究57頁。
22) 訴額算定研究70頁。
23) 最高裁判所事務総局編・簡易裁判所判事会同民事関係要録（民事裁判資料73号，1959年・法曹会）73頁；訴額算定実務71頁；小川／宗宮／佐藤編・手引85頁以下。
24) 民事訴訟費用研究236頁。

不当であろう。この訴訟は，占有権に基づく物の引渡請求ではないからである。ここでは，原告が占有妨害排除について有する利益が裁判長または裁判所の裁量により評価されるべきである。そして，その場合，占有妨害によって生ずる利用価値の減少を考慮することが必要であるので，賃料減額請求（→〔302〕以下）の場合のように，1年分の利用価値減少額を訴額と解することができる[25]

第2節　所有権

第1款　所有権をめぐる訴訟

1　はじめに

　所有権に関する争訟は，様々な態様において生ずる。とくに物の引渡〔368〕し・明渡し，所有権の存在・不存在の確認，所有権妨害の排除・差止めなどを求める訴えが問題となる。所有権を訴訟物とする訴訟の管轄訴額は，一般に目的物の価額によって算定される。訴額通知1もそうである。

2　目的物の価額

　目的物の価額は，客観的な取引価格，すなわち譲渡するとすれば取得で〔369〕きる価額によるのが原則である。

　訴額通知1は，固定資産評価額のある土地建物については，この価格をもって算定基準とする旨定め，さらに土地については，暫定的にこの基準によって算定された額の2分の1が訴額となるとする（→〔58〕）。動産について，訴額通知1は，目的たる物の価額を算定基準とし，償却資産課税台帳に課税標準価格が登録されている償却資産については，この課税標準価格を基準としている。評価額のないものについては，物の取引価額を訴額とする。これは，訴額算定の困難を避け，客観的な評価を実現するためであり，したがって，規範的訴額説の立場に立ったものであるが，法律上の基礎に基づいていない点に問題がある。しかし，実務はこれに従っている。また，訴額通知は，所有権の価額は固定資産評価額，予備的には取引価額によるとしつつ，訴訟形式（給付訴訟か確認訴訟か）によって，訴額

25）Vgl. OLG Frankfurt a. M. NJW-RR 2008, 534.

220 第3章 物権法

は異なるとする。たとえば所有権確認訴訟の訴額は目的物の価額であるが，所有権に基づく返還請求の訴額は目的物の価額の２分の１とするが（訴額通知7(1)），請求認容判決が執行力をもつ後者の訴額が執行力のない所有権確認訴訟の訴額より少ないという不可解な結果になる。私見によれば，所有権に基づく返還請求の訴額は，所有権の帰属について争いがある限り，目的物の価額であるべきであり，所有権確認訴訟の訴額も基本的に目的物の価額により訴額を算定するが，積極的確認訴訟の確定判決は執行力を有しないので一定（20パーセント）の減額をするのが適切であると思われる（→〔87〕）。

　管轄訴額の算定基準時は，訴え提起時である（→〔145〕）。第一審裁判所の手数料訴額についても同じである。

〔370〕　訴額の算定にあっては，被告の抗弁や抗弁権（履行拒絶権）は顧慮されない（→〔44〕）。１つの問題は，不動産上の負担が不動産価額から控除されるべきかどうかである。この問題については，担保権が争われる場合，原則として控除をすべきではないであろう。不動産上の負担とその範囲の評価は困難であるが，規範的に目的物の価額に照準を合わせるという出発点はまさにこのような困難を避けることに狙いがあるからである。また，担保権の負担によって不動産の利用可能性は直ちには制限を受けず，したがって不動産の利用価値自体は影響を受けないので，[26]担保権の被担保債権額を控除すべきでないであろう。被担保債権の額が目的物の価額を超える場合には，訴額がゼロになるという事態も避けられるべきである。それに対し，不動産価額の算定のさい，地役権，通行権，地上権，対抗力のある賃借権，建築制限のような不動産の用益を経済的に制限する持続的な負担は，訴額の算定にあたり考慮されるべきであろう。[27]固定資産評価額をもって不動産価額が算定されていることは，本来，訴額は攻撃者（多くの場合は原告）の経済的利益を基準に算定すべきなのだから，不動産の利用価値を制限する持続的な負担を訴額の算定のさいに考慮するうえで障害とはならない。

---

26) Vgl. BGH NJW-RR 2001, 518; MünchKommZPO/*Wöstmann*, §6 Rn.12; *Stein/Jonas/Roth*, §6 Rn.17.

27) MünchKommZPO/*Wöstmann*, §6 Rn.12; *Stein/Jonas/Roth*, §6 Rn.17.

第2節　所有権　*221*

第2款　所有物返還請求および所有権確認訴訟
1　所有権に基づく返還請求訴訟
（1）　訴　額　　　　　　　　　　　　　　　　　　　　　　　　　　〔371〕

　所有権に基づく物の返還請求訴訟について，**訴額通知7(1)**は目的物の価額の2分の1の額を訴額とすべき旨を定めている。そして，土地を目的とする訴訟は平成6年4月1日以降，固定資産評価額の2分の1を乗じた金額を基準とする旨の最高裁判所民事局長通知が出されている（→〔58〕）。この基準は規範的訴額説の立場に立つものであるが，妥当であろうか。

　前述のように，被告が家屋を所有して，その敷地である土地を占有しているとして，原告が家屋の収去と土地の明渡しを求めている場合，実際には原告の土地所有権には争いがなく，争いがあるのは土地についての被告の占有権原，とくに賃借権の有無であり，裁判所は被告の占有権原を審理すれば足りる場合と，原告の土地の所有権に争いがあり，裁判所は土地の帰属について審理しなければならない場合がある。前者の場合には争いの中心は被告の占有権原（たとえば賃借権）の有無にあるので，賃貸借の社会的性質を考慮して，賃貸借契約の終了の場合の建物収去土地明渡請求の訴額と同じように1年分の賃料を基準に訴額を算定すべきであろう（→〔306〕）。それに対し，後者の場合には，裁判所は目的物の所有権についても実質的な審理判断をしなければならないのであるから，訴額も目的物の価額の2分の1ではなく，目的物の価額そのものを訴額とみることが必要であろう[28]。

　次に，土地と建物が別々の不動産とされる日本法においては，土地の所〔372〕有権に基づく建物収去土地明渡請求については，その訴訟物の捉え方について議論がある。すなわち，建物収去請求と土地明渡請求の関係をどうみ

---

[28]　前田覚郎［反訴状の貼用印紙］近藤完爾／浅沼武編・民事法の諸問題Ⅳ（1970年・判例タイムズ社）185頁，190頁は，訴額通知7(1)が目的物の価額の2分の1を所有権に基づく物の引渡請求権の価額としたのは，所有権の有無に争いがなく，賃借権等が争われており，事実上賃借権等が訴訟物になっている場合と異ならないことを重視したためであるから，この点から考えると訴額通知7(1)は原告の所有権につき争いがある場合を除外しているという重要な指摘をしていた。しかし，論者は訴額通知2，3と7(2)(3)によると，占有権等の場合は権利の存否により区別をしていないことは明らかであるとして，訴額通知が画一的な処理方法を定めたものであることから考えると，訴額通知7(1)も所有権の存否に争いがある場合をも包含していると解すべきだとした。論者の論述の後半の部分から，所有権の帰属に争いがある場合に所有権に基づく返還請求権の価額を目的物の価額の2分の1とする合理的な説明ができるわけではない。

222 第3章 物権法

るかが問題とされている。①建物の収去を土地明渡しの手段または履行態様とみるべきであり[29]、したがって2つの訴訟物は存在せず、訴訟物をなすのは土地明渡命令の申立てであり[30]、加えて、原告が訴えをもって主張する利益も土地の占有取得のみである。そして、原告には建物の占有権原はないどころか、建物はもともと収去されるべきものであるから、建物収去について訴額を算定するのは不合理であり[31]、土地の明渡しについてのみ訴額を算定すべきであり、目的物（土地）の価額（現在のところ軽減措置により土地の固定資産評価額の2分の1）の2分の1が訴額であるとする見解と、②建物収去請求と土地明渡請求の2つの訴訟物が併合されており、したがって両者の訴額を合算したものがこの訴訟の訴額であるとする見解が対立する。

①の見解によれば、たとえば、土地の固定資産評価額3000万円、建物の固定資産評価額1000万円とすると、3000万円×1/2×1/2＝750万円が訴額である。②の見解によると、①の額に建物収去請求の訴額が合算される。

建物収去土地明渡請求の認容についての原告の利益は土地の明渡し（占有取得）を実現することであり、建物の占有を取得することではないから、訴額の算定は土地明渡請求の訴額のみである。したがって、その限りでは、①説が正当であるが、私見によれば前述のとおり、原告の所有権に争いがある場合と、被告の占有権原のみが争われる場合とを区別して、訴額を算定すべきであり、一律に目的土地の価額の2分の1を訴額とすることには問題がある。

(2) 賃貸借契約の終了をも理由とする場合

〔373〕　種々の終了原因による土地賃貸借契約の終了を理由とする建物収去土地明渡請求の訴額も、この請求が目的土地の引渡しを受けての土地の使用収益を回復するという点では所有権に基づく土地の返還請求の場合と共通性を有することを理由に所有権に基づく返還請求の場合と異ならないとする見解[32]がある。しかし、土地賃貸借契約の終了に基づく建物収去土地明渡請求の訴額は、すでに述べたように（→〔306〕）、賃料を基礎に算定される

---

29) 司法研修所編・紛争類型別の要件事実（2006年・法曹会）58頁。
30) 民事訴訟費用研究233頁；訴額算定研究63頁。
31) 小川／宗宮／佐藤編・手引76頁。
32) 民事訴訟費用研究235頁；訴額算定研究64頁。

べきである。

2　所有権確認の訴え

　原告がある物の所有者であることの確認を求める訴えの訴額について，〔374〕目的物の価額を算定基礎とすべきであるという見解[33]（**目的物価額説**，訴額通知１もこの見解である）と，原告が所有権の確認に対して有する利益を裁判所の合理的な裁量によって評価すべきだという見解（**裁量評価説**）が対立しうる。

　裁量評価説は，所有権確認の訴えにおいては占有の取得は問題になっていないこと，その他目的物の取引価額とは異なる原告の経済的利益が重要であるが，これは裁判所の評価において初めて考慮することが可能になることが，重視される[34]。その結果，後者の見解によれば，積極的確認の訴えについて，原告の利益は給付判決の利益に及ばないので，目的物の取引価額から何割かを減額すべきだという帰結が生ずる。目的物価額説は，積極的確認の訴えにおいても所有権確認の訴えについては訴額の減額はふさわしくないとする。少なくとも手数料訴訟に関する限り，占有が問題にならず，したがって執行力のない確認判決の取得の利益を執行力のある給付判決取得の利益と同じようにみることはできないので，裁量評価説が妥当である。

3　請求の併合
(1)　訴えの客観的併合

　所有権に基づく返還請求と所有権確認の訴えが併合される場合，訴訟物〔375〕は異なるが，両者は経済的にみて一体性を有するので，訴額の合算は許されず，多額の方の請求の訴額がこの併合訴訟の訴額である。従来の実務は，所有権確認の訴えの訴額は目的物の価額，所有権に基づく返還請求の訴額は目的物の価額の２分の１とするから，この併合訴訟の訴額は額の多い方，すなわち所有権確認訴訟の訴額ということになる。

　これに対し，**私見**によれば，この例では所有権に基づく返還請求におい

---

33)　*Hillach/Rohs*, S.196.
34)　*Schneider/Herget/Noethen*, Rn.1901; *Anders/Gehle/Kunze*, Stichwort „Eigentum", Rn.5.

224　第3章　物権法

て所有権の帰属についても争いがあるので，その訴額は目的物の価額であり，他方，所有権確認の訴えの訴額は目的物の価額の80パーセントと解すべきであるので（→〔374〕），額の多い方の請求の訴額，すなわち所有権に基づく返還請求の訴額がこの併合訴訟の訴額をなす。

(2)　**請求の追加的併合**

〔376〕　所有権に基づく建物明渡請求訴訟の係属中，原告が同一建物の所有権確認の申立てを追加した場合，事後的に訴えの客観的併合が生じ，両請求は経済的にみて一体性を有するので多額の方の請求の訴額が変更後の訴訟の訴額である。従来の実務によれば，この訴額を(1)と同じように算定し，手数料の不足が生ずれば，差額の追納が必要となる（差額原則）。これに対し，私見によれば，(1)で述べたように，所有権の帰属について争いのある場合の所有権に基づく返還請求訴訟の訴額の方が後に追加申立てされた所有権確認訴訟の訴額より多額であるので，手数料の追納の必要は生じない。

　1つの問題は，請求の追加的変更の時点で目的物の価額に変動が生じている場合（訴え提起時における建物価額：500万円，訴え変更時の建物価額：600万円とする）の追納すべき手数料の算出の方法である。[35] 実務の有力説[36] は，訴え変更後の併合請求について各請求ごとに訴え変更時における目的物の価額を基準として訴額を算定すべきだとする。これは，変更前の請求（旧請求）について訴え提起時に納められた手数料は訴え変更時の目的物の価額を基準とした手数料としても適法に納められた十分な手数料とみなされると考えるのである。これによれば，変更前の請求についても，訴え変更時の目的物の価額（騰貴した価額）によって訴額を再算定すべきであるとされる。具体的には，所有権確認申立ての訴額600万円，これに対応する手数料34,000円，訴え変更前の請求（建物明渡請求）の訴額は訴え変更時の目的物の価額の2分の1である300万円，これに対する手数料額は20,000円となる。訴えの追加的変更後の追納すべき手数料額は，34,000円

35）これは物価高騰の時代の議論であり，今日では訴訟の促進が図られている民事訴訟の第一審係属中に不動産の時価の急激な変動が生ずることは考えにくいが，理論的にはありうるので検討をしておく。

36）昭和47年6月5日最高裁総務局3課長回答——最高裁判所事務総局・民訴費用法に関する執務資料（民事裁判資料105号，1973年）36頁；訴額算定研究248頁；書記官事務の研究II50頁；民事実務講義案I55頁；藤田／小川編・不動産訴訟115頁以下；小川／宗宮／佐藤編・手引16頁。

から20,000円を控除した14,000円である。

　しかし，この見解は訴え変更の場合，変更後の請求の訴額は訴え変更時の目的物の価額により算定されるが，変更前の請求の訴額の算定のさいの目的物の価額は訴え提起時の訴額であるという訴額一定の原則（→〔142〕）に明らかに反する。それゆえ，控除される手数料額は，原告がすでに納付した額（この例では訴額250万円〔目的物の価額の2分の1〕に対応する18,000円）でなければならない。

　このように実務の見解によれば，所有権に基づく返還請求訴訟の係属中に所有権確認の申立てが追加された場合，手数料の大幅な追納の必要が生じ，場合によっては所有権確認申立ての提起を躊躇させる原因ともなりかねない。これは，所有権に基づく返還請求の認容判決は先決的法律関係である所有権の存在につき既判力を生じないことの埋合せとして中間確認の訴えが創設された立法の目的に合致しないであろう[37]。

　私見によれば，所有権に基づく返還請求訴訟の訴額は，原告への所有権の帰属につき争いがある限り，目的物の価額であるから，訴訟係属中に所有権確認の申立てが追加されても，大幅な手数料の追納は生じない。すなわち，追加された請求である所有権確認訴訟の訴額は訴え変更時の目的物の価額から20パーセント減額された480万円であり，建物明渡請求の訴額（訴え提起時の目的物の価額500万円）の方が多額であるから，手数料の追加納付の必要は生じない。

4　反　訴

　所有物に基づく甲土地（訴え提起時の固定資産評価額1800万円）の返還請〔**377**〕求と甲土地上の立木の無断伐採を理由とする200万円の損害賠償請求の本訴の第一審係属中に，被告が甲土地（反訴提起時の固定資産評価額2000万円）の所有権の確認を求める反訴を提起する場合には，本訴は併合訴訟であり，その経済的利益は共通でないので，2つの請求の訴額は合算される。反訴請求は本訴の一部である目的不動産の返還請求と経済的に目的を同じくするので，本訴における当該不動産返還請求部分の手数料額を反訴の手数料額から控除した差額が反訴の手数料額である。

37）中間確認の訴えの制度目的については，松本／上野〔221〕〔松本〕参照。

226 第3章 物権法

　実務においては，前述の訴えの追加的変更の場合と同様に，控除する本
訴の手数料額は，訴え提起時を基準時とするものでなく，反訴提起時を基
準時として本訴請求の手数料を再算定した額であり，この額を反訴の手数
料額から控除した額が反訴の手数料額だとする見解[38]が有力である。

　これによれば，上記の例においては，本訴提起時の目的土地の価額は
1800万円であったが，反訴提起時は2000万円であるので，反訴の手数料額
の算定は，土地についての軽減措置が適用され，次のように20,000円にな
るとされる。

$\{(2000万円 \times 1/2)の手数料額\} - \{(2000万円 \times 1/2 \times 1/2)の手数料額\} =$
50,000円 - 30,000円 = 20,000円

　この見解は，反訴提起時を基準時として新たに算定された手数料訴額に
基づく本訴の手数料は「たとえ反訴提起時においてその目的の価額が騰貴
していても，それに応じて算出された手数料の額はすでに納められている
ものとみなす」という「手数料不変更の原則」が働いているというにある
が，価額の高騰による手数料の増加分は納付されていないことに変わりは
なく，納付されていない増加額が納められているものとみなすという「手
数料不変更の原則」なるものは存在しない。存在するのは，訴訟物
が変わらない限り訴訟係属中に増加しないという原則（訴額一定の原則）
である。本訴と目的を同じくする反訴の提起の場合にも，本訴請求の訴額
算定の基準時は訴え提起時であるという原則に変更はない。したがって，
反訴の提起によって本訴の手数料訴額の算定基準時が反訴提起時に変更さ
れるという見解は，誤りであろう[39]

38）昭和47年6月5日最高裁総務局3課長回答——最高裁判所事務総局・民訴費用法に関する
　執務資料（民事裁判資料105号，1973年）36頁；荒島正「金銭に関する請求以外の請求の訴
　訟における『請求の変更』および『反訴』の手数料」曹時24巻11号（1972年）2046頁，2049
　頁以下；民事実務講義案Ⅰ57頁；民事訴訟費用研究305頁；藤田／小川編・不動産訴訟118頁
　以下。荒島論文は，反訴の手数料の算定のさい控除すべき本訴の手数料額の算定を反訴の提
　起時を基準とするのは「『手数料不変更の原則』（すなわち，本訴の請求については，たとえ
　反訴提起時においてその目的の価額が騰貴していても，それに応じた手数料の額はすでに納
　められているものとみなす）による理念の表れである」というが，訴訟中に手数料が変更さ
　れないという原則は，本訴について納められた手数料は本訴提起時の目的物の価額による手
　数料であって，追加徴求はないという意味であり，反訴提起時の本訴請求の価額による再算
　定を行ったうえで，その手数料額がすでに納めれているとみなされることを意味するもので
　はない。
39）因みに，私見によれば，本訴提起時の目的土地の価額は1800万円であり，反訴提起時のそ
　れは2000万円の場合，土地についての軽減措置が適用されるので，本訴と反訴の手数料訴額

5 上訴の手数料訴額

控訴の手数料訴額は，第一審判決を不服申立ての範囲において変更する〔378〕ことに控訴人が有する利益の評価によって算定される。当然，原告の不服と被告の不服では差異が生じうることに注意しなければならない（→〔165〕）。

(1) 全部認容判決に対する被告の控訴

(a) 所有権に基づく建物（固定資産評価額500万円）の明渡請求と同建〔379〕物の所有権確認請求の併合訴訟において原告の請求を全部認容する第一審判決に対し，被告が請求の棄却を求めて控訴を提起する場合の被告の控訴の手数料訴額の算定は，不服申立ての限度における不服額である。被告の不服は建物明渡請求の認容と原告の所有権の確認に対してであるが，両者は経済的に一体性を有する利益を対象とするから，多額の方の請求の不服申立て額が控訴の手数料訴額である。従来の見解によれば，所有権の確認訴訟の訴額が所有権に基づく返還請求の訴額よりも多額であり，かつ所有権の確認訴訟の訴額は目的物の固定資産評価額であるので，前者の第一審の訴額500万円が控訴の手数料訴額である。この手数料訴額に対応する第一審の手数料は30,000円であり，その1.5倍である45,000円が控訴の手数料額であるとされる。これは訴え提起後に目的物の価額が増減した場合にも妥当するとされる。

私見によれば，所有権に基づく建物返還請求の訴額は，原告への所有権の帰属について争いがある限り，目的物の固定資産評価額（500万円）であるから，所有権の確認訴訟の訴額（500万円の80パーセントである400万円）よりも多額であるので，前者の訴額500万円が控訴の手数料訴額である。これに対応する第一審の手数料30,000円の1.5倍である45,000円が納付すべき手数料額となる。もっとも，訴え提起後に目的物の価額が増減した場合には，私見によれば，控訴の手数料訴額の算定基準時は控訴提起時であるので，たとえば目的物の価額が600万円になっていたとすれば，所有権に基づく返還請求の訴額は600万円であるが，第一審の訴額によって上限を画されるので，訴額は500万円であり，控訴の手数料は45,000円である。

は次のようになる。所有権の帰属について争いがあるので，本訴の手数料訴額は900万円，反訴の手数料訴額は確認訴訟における20パーセントの減額により800万円である。それゆえ，反訴については，手数料支払義務は発生しない。

228　第3章　物権法

これに対し，目的物の価額が400万円に減少したとすれば，所有権に基づく返還請求の訴額は400万円であり，これが多額請求であるので，これに基づき手数料を算出すべきであり，400万円の訴額の第一審の手数料25,000円の1.5倍である37,500円が控訴の手数料額である。

〔380〕　　　(b)　従来の議論の内部において問題が生じているのは，第一審係属中に請求の追加があり，しかもその時点で目的物の価額が増減している場合である。たとえば上記の例において，原告が第一審係属中に建物所有権の確認申立てを追加し，裁判所が両請とも認容した場合（目的物の価額は600万円に増加していたとする），従来の文献においては，2つの見解がみられる。①第一審において納付された手数料の総額（この例では，訴え変更による所有権確認請求の訴額600万円に対応する手数料額34,000円から，建物明渡請求の訴え変更時の訴額（訴え変更時の建物価額600万円の2分の1の価額300万円）に対応する手数料額20,000円を控除した14,000円を追加納付額とし，これと既払いの建物明渡請求の手数料額18,000円を合計した32,000円）の1.5倍の額48,000円を控訴の手数料額とみる見解[40]と，②明渡請求については訴え提起時の目的物の価額（500万円）を基準とし250万円（目的物の価額の2分の1）を，所有権確認については訴え変更時の目的物の価額（600万円）を基準として600万円を，それぞれ請求の価額とし，多額である方の600万円が控訴の手数料訴額であり，これに対する控訴手数料額は第一審の手数料額34,000円の1.5倍である51,000円であるとみる見解[41]である。①説は，②説に対し，訴訟物が同一である控訴審において，第一審で納付した手数料額を超える額を基準として控訴手数料を算出するのは不合理だと批判する。

　しかし，①説と②説の差異は，①説が変更（請求の追加）後の請求の訴額は訴え変更時の目的物の価額により算定されるが，変更前の請求の訴額の算定のさいの目的物の価額は訴え提起時の訴額であるという原則に反して，控除する請求追加前の手数料訴額の算定において訴え変更時の目的物の価額を基準にすることからもたらされている。この点について，①説に問題があることはすでに述べた（→〔376〕）。

　私見によれば，被告の控訴は所有権に基づく建物明渡請求の認容判決の

40）訴額算定研究251頁。
41）訴額算定研究250頁において示唆されている見解。

請求棄却判決への変更と所有権確認判決の請求棄却判決への変更を求める
ものであるが，両者は経済的に同一の目的を有するので，多額の方の請求
の手数料訴額，すなわち建物明渡請求の手数料訴額（＝控訴提起時の目的
物の価額）である600万円が控訴の手数料訴額として算定される。

　しかし，訴訟物には変更が無い場合には，控訴の手数料訴額は第一審の
手数料訴額によって上限を画されるべきである。そして設例の事案におい
ては第一審の手数料訴額は私見によれば建物明渡請求の訴額によって決ま
るので，被告の控訴の手数料訴額は500万円であり，これに対応する手数
料額は45,000円となる。以上のように，①説と比べても，私見の方が低額
である。さらに，控訴提起時に目的不動産の評価額が訴え提起時より低下
している場合，従来の解釈では，目的物の値下がりは控訴の手数料訴額の
算定に反映されないという不満足な結果になるが，私見では目的物の値下
がりを考慮することができる。

(2)　一部認容判決に対する原告の控訴

　上記の設例の事案において，所有権に基づく建物明渡請求を棄却し，所〔381〕
有権確認の申立てを認容する判決がなされた場合，原告の不服は明渡請求
の棄却にのみ存する。原告がこの部分の請求の認容を求めて控訴を提起す
る場合の手数料訴額は，控訴申立て対象の額によって決まる。従来の見解
によれば，明渡請求の訴額（建物の固定資産評価額500万円）の2分の1の
額が控訴の手数料訴額であり，この額についての第一審の手数料18,000円
の1.5倍27,000円が控訴の手数料額である。

　これに対し，私見によれば，控訴提起時の明渡請求の目的物の価額が
600万円のときも控訴の手数料訴額は第一審における明渡請求の手数料訴
額によって上限を画されるので，500万円が控訴の手数料訴額であり，こ
れに対応する第一審の手数料30,000円の1.5倍である45,000円が納付すべき
手数料額となる。

第3款　所有権に基づく妨害排除請求
1　意　義

　この訴訟では，所有物の返還ではなく，所有権の妨害の排除または将来〔382〕
の妨害の差止めだけが争われる。所有権の妨害はまさに種々の態様におい
て生じるので，請求の内容も種々である。したがって請求の内容に応じて

230　第 3 章　物権法

定まる訴額の算定も，具体的な請求の内容によって判断されなければなら
ない。

2　訴　額

(1)　妨害排除請求

〔383〕　妨害の排除または差止めが求められる場合の訴額について，訴額通知は
何らの定めもしていない。妨害排除請求の内容が様々であるので，その内
容に応じて，訴額が算定されるべきである。

　この場合の訴額は，所有権の妨害の除去および更なる妨害が禁止される
ことにより，原告が蒙る不利益が回避されることについての原告の利益に
基づき算定されるべきである。この点については，見解の一致があると思
われる。

　ところが従来の議論においては，この原告の利益は所有権に基づく物の
引渡請求と共通性を有するという理由で，訴額通知 7 (1)を準用して，妨害
されている目的物部分の価額の 2 分の 1 を訴額とみるものが多い[42]。この見
解によれば，たとえば，目的土地上にある小さな工作物が設置されている
ためその土地の利用が妨害されている場合，所有権に基づきその工作物の
収去を求める訴えの訴額は，工作物が設置されている土地部分の価額の 2
分の 1 だとされる。しかし，所有権に基づく妨害排除請求と所有権に基づ
く引渡請求が共通性を有するのは，ともに所有権を基礎とすること（だけ）
である。妨害排除請求の訴えは，目的物の占有の回復を目的とする訴えで
はない。

　所有権を妨害する目的物上の工作物の収去請求における原告の利益は，
工作物が設置されている土地部分を妨げられることなく利用できる利益で
あるから，その土地部分の価額の 2 分の 1 とは必ずしも一致しない。その
利益は，個別事案の事情によって左右される。その工作物の位置，大きさ
等によって土地全体の利用を妨害されているかどうかを考慮する必要があ
るので，工作物の設置されている土地部分の価額を基礎に訴額を算定する
のでは不十分であろう。

　訴額は，裁判所の合理的な裁量により原告が得る利益の評価によって算

42）民事訴訟費用研究241頁；訴額算定研究72頁；小川／宗宮／佐藤編・手引103頁以下。

第2節　所有権　*231*

出されるというべきである。妨害の除去または更なる妨害の禁止に対する
被告の不服（請求に従うとすれば被告に生ずる不利益）は，訴額の算定には
意味を有しない。原告の利益は，排除または差止めが求められている妨害
が被害を受ける土地の価額や利用利益にいかなる影響を及ぼしているかに
係っており，個々の事案に依存する。[43] それゆえ，被害を受けている土地の
価額の2分の1というような数字は出てこない。

　前記の所有権を妨害する目的物上の工作物の収去請求における原告の利〔384〕
益は，工作物が設置されている土地部分を妨げられることなく利用できる
利益であるが，この利益は事案の事情に左右されるが，裁判所の合理的な
裁量により評価して訴額を算定すべきである。

　地盤沈下による土地所有権の侵害を理由に隣接工場による地下水の汲上
げの差止めを求める訴えの訴額は，地盤沈下による原告所有地の価額の減
少額と妨害が見込まれる期間により算定されることになるが，地価の減少
額が未だ明確でないため，その算定が極めて困難なときは，訴額は算定不
能の場合と同じく160万円とみなされるべきである。

　産業廃棄物の不法投棄による土地の所有権侵害による妨害排除請求の場
合には，不法投棄による土地の価額の減少額を基準に裁判所が公平な裁量
により訴額を算出すべきであろう。この場合，廃棄物の搬出費用は，訴額
算定にとって重要ではない。もっとも，必要な搬出費用は，妨害排除を命
じられた被告の上訴の不服との関係で不服額を決定する。

　近隣のトラック駐車場からの騒音による土地所有権の侵害の場合には，
騒音による土地利用の妨害を排除することについて原告が有する利益を基
礎に裁判所が評価すべきであろう。

(2)　越境建築

　越境建築の除去を求める訴えは所有権に基づく妨害排除請求訴訟であり，〔385〕
その訴額は第一審では越境建築の除去についての原告の利益によって算定
（評価）される。[44] 評価のさいは，越境建築によって原告の不動産が被る客
観的な価額の減少が重要な要素であり，原告の権利行使により被告にいか

---

43) *Anders/Gehle/Kunze*, Stichwort „Eigentum", Rn.6; *Hartmann*, Anh. I §48 GKG（§3
　 ZPO）Stichwort „Eigentum"; *Thomas/Putzo/Hüßtege*, §3 Rn.49; *Zöller/Herget*, §3 ZPO
　 Rn.16 Stichwort „Eigentumsklage".
44) Vgl. BGH JZ 1986, 649; *Hillach/Rohs*, S.198.

232　第3章　物権法

なる不利益が生ずるかは重要ではない[45]。越境建築の価額および越境建築物の除去に要する費用も，訴額の算定にとって重要ではない。

　被告が除去請求に対して地役権により越境権限を有すると主張する場合，①除去についての原告の利益を裁判所の裁量によって評価することにより訴額を算定するという見解[46]と，②この場合は地役権訴訟の訴額算定の方法によるべきだとの見解[47]が対立する。被告の抗弁が訴額を左右しないというのが原則であるから，①説によるべきである。

　除去を命じられた被告の不服の価額は取り壊されるべき建物の価額と除去費用によって評価されるが，第一審の手数料訴額が上限を画する[48]。

第4款　所有権留保

1　留保所有権に基づく返還請求

〔386〕　売主が所有権留保のもとで売却した目的物について，残代金債務の不払いを理由に目的物の返還を請求する場合の訴額の算定は，所有権留保の性質との関係で問題となりうる。目的物の客観的な取引価額を基礎とするのか，未払代金額によって訴額を算定すべきかという問題である。所有権留保は経済的には担保の機能を果たすが，債権者が目的物の引渡しを請求する以上，通常の所有物返還請求の訴えと同じく目的物の価額によって訴額を算定するのが合理的である。もっとも，目的物の価額は売買代金額と同じではない。目的物はすでに使用が開始されている以上，すでに利用された期間や利用の方法を考慮に入れた，訴え提起時の客観的な価額が問題になるので，裁判所は合理的な裁量によりこれを算出すべきである。

2　留保所有権の確認の訴え

〔387〕　目的物の所有権留保が有効である旨の確認の訴えの訴額も，同様に，目的物の取引価額を基準に算定されるべきである。ただし，ここでも請求認容判決は，給付判決と異なり，執行力を有しないので，積極的確認の訴え

---

45) Vgl. BGH JZ 1986, 649; *Hillach/Rohs*, S.198; *Schneider/Herget/Kurpat/Noethen*, Rn. 5221.

46) BGH NJW-RR 1986, 737; MünchMommZPO/*Wöstmann*, §7 Rn.7; *Sten/Jonas/Roth*, §7 Rn.5.

47) *Schneider/N.Schneider*, Rn.5223.

48) *Schneider/Noethen/N.Schneider*, Rn.5225.

と同様，20パーセントの減額がなされるべきであろう。

第5款　共有権確認訴訟と共有物分割訴訟

1　共有権確認訴訟

(1)　意　義

共有権確認の訴えは，ある物件が数人の共有関係にあることの確認を求 〔388〕
める訴えである。判例は，この訴訟は共有持分権の確認の訴えとは異なり，
共有者全員の共有関係の確認を求める訴えとして固有必要的共同訴訟であ
るとみる。したがって，共有者全員が当事者にならなければならない。[49]

(2)　訴　額

この訴えにおける原告の利益は目的物の共有権が確認される利益である 〔389〕
から，目的物の価額に原告の共有持分の割合を乗じて得た額がこの訴訟の
訴額である。[50]

原告が被告に対し土地（固定資産評価額2400万円）につき各2分の1の持
分の共有権の確認を求める訴えを提起する場合には，土地についての軽減
措置により固定資産評価額2400万円の2分の1，1200万円が目的物の価額
であり，その2分の1（共有持分の割合）である600万円がこの訴訟の訴額
である。

2　共有物分割訴訟

(1)　意　義

各共有者は，原則としていつでも共有物の分割を請求することができる 〔390〕
（民256条1項）。この「請求」は，共有関係を廃止し共有物を分割すべきこ
とを一方的に申し出ることであって，請求権ではなく，一種の形成権と解
されている。この申出があると，具体的な分割方法について各共有者は協
議を行う義務を負うが，協議が当事者間において調わない場合，裁判所に
分割を請求することができる（同法258条1項）。この**共有物分割の訴え**は，
共有者間の権利関係を共有者全員について画一的に創設することを求める
ものであるが，具体的な形成要件の定めが法律になく，裁判所の合理的な

---

49)　大判大正2・7・11民録19輯662頁。
50)　深沢／小神野編・簡裁民事実務45頁［山内］；小川／宗宮／佐藤編・手引184頁。Vgl.
Stein/Jonas/Roth, §6 Rn.9, 19.

234 第3章 物権法

裁量に基づく合目的的な処分を求めるものであるので，形式的形成訴訟と解するのが判例[51]・通説[52]である。

(2) 訴 額

〔391〕　共有物分割訴訟の訴額について，共有権確認の訴えと同じく持分の価額を基準とすべきだとする見解（**持分価額説**）[53]と，占有権に基づく物の引渡しに準じて原告の共有持分の価額の3分の1の額であるとする見解（**占有保持の訴え準拠説**）[54]が対立している。

　持分価額説が妥当ではないことは確かである。共有物分割訴訟は，共有持分権の確認を目的とする訴訟ではなく，物の共有関係の存在を前提に，これを単独所有の関係に移行させるものであるから，原告がこの訴訟によって受ける利益は，分割によって単独所有者となる利益であり，所有権または共有持分を取得または回復することによって原告が受ける利益ではない。共有物が分割されることにより，原告は分割された部分について単独所有者となるとともに，この部分の単独占有を取得することができるので，共有物分割訴訟は占有権に基づく引渡請求ではないけれども，訴額の算定において基準となる原告の利益の算定については単独占有取得利益に照準を合わせることができるであろう。

　もっとも，②説のように，訴額通知による占有権に基づく引渡請求に準拠することが妥当かどうかは全く別の問題である。占有権に基づく引渡請求も占有の取得が目的であるから，その訴額は所有権に基づく返還請求と同じように算定して問題はないのであるから，訴額通知7(2)に準じて，共有持分の価額の3分の1を訴額とすることには，疑問がある。共有物分割訴訟においては当事者が共有関係にあることは通常争いがなく，持分割合にも争いがなく，分割の方法のみが争われるのであるから，単独占有取得の利益を裁判長または裁判所の裁量により評価して訴額を算定すべきものと考えられるが，訴額は原告の共有持分価額の一部，たとえば20～25パーセントが妥当なのではなかろうか。

51）大〔連〕判大正3・3・10民録20輯147頁；最判昭和57・3・9判時1040号53頁。
52）兼子・体系41頁，146頁；三ヶ月・全集53頁；新堂211頁；中野ほか編・新民事訴訟法講義〔第2版補訂2版〕（2008年・有斐閣）36頁〔德田〕；松本／上野〔233ｂ〕〔松本〕。
53）名古屋地判昭和63・9・29判タ694号165頁；民事訴訟印紙研究35頁。
54）民事訴訟費用研究230頁；訴額算定研究53頁；民事実務講義案Ⅰ46頁；藤田／小川・不動産訴訟96頁；小川／宗宮／佐藤編・手引184頁。

第 2 節 所有権 *235*

　たとえば，土地の固定資産評価額が2400万円，原告と被告の共有持分が各2分の1だとすると，②説によれば，軽減措置により目的物の価額は1200万円であり，原告の共有持分の価額は600万円，訴額は原告の共有持分の価額の3分の1である200万円である。私見によれば，原告の共有持分の価額の20〜25パーセントである120万円〜150万円が訴額になると考えられる。一棟の建物についての共有物分割請求のように，現物分割が不可能なとき，または現物で分割するとその価格を著しく減少させるおそれがあるときは，裁判所は共有物の競売を命ずることができる（民258条2項）。この場合の訴額は，占有権に基づく引渡請求準拠説によれば，目的物の価額（固定資産評価額）に対する原告の共有持分割合を計算し，その額に3分の1を乗じた額である[55]。私見によれば，原告の共有持分の価額の20〜25パーセントである120万円〜150万円になると解する。

3　請求の併合

(1)　共有物分割訴訟と共有関係確認の訴えの併合

　共有関係存在確認の訴えだけの場合の訴額は目的物の価額に原告の共有〔392〕持分割合を乗じて得られた額であるが，共有物分割訴訟が併合されることによって両者の訴額が合算されるべきか，2つの訴えは経済的には同一目的を有するので多額の訴額の方が基準になるかという問題が生ずる。併合された2つの訴えにおいて原告の利益はいずれも同一の共有持分に関するから，経済的にみて利益の一体性が存在し，したがって訴額の合算はなされるべきではなく，多額の方の訴額による[56]。

(2)　共有物分割訴訟と共有物分割を理由とする持分移転登記請求の併合

　原告の求める共有物分割請求が認容されることを条件に，原告の単独所〔393〕有とされることを求める不動産について，共有持分の移転登記請求を併合する場合の訴額の算定について議論がある。まず，共有持分移転登記請求の訴額については，原告が単独所有を求める不動産の価額に移転を求める持分割合を乗じて得た額が訴額とされる[57]。次に，形式的形成訴訟と共有持分の移転登記請求訴訟との併合において，併合された請求相互間に訴額の

55）小川／宗宮／佐藤編・手引186頁。
56）小川／宗宮／佐藤編・手引185頁。
57）訴額算定研究270頁。

236　第3章　物権法

合算を禁止するような利益の共通性が存在するかどうかである。利益の共通性を肯定する見解が主張されており、「原告の意思としては、登記手続請求は、共有物分割が原告の申立てどおり認められることを前提としており、客観的にも、そのように解さなければ登記手続請求は成り立たない関係にある。このような関係にある二つの請求を、請求の法的性質論に拘泥して経済的利益の点で無関係なものとすること、すなわち、訴額を合算すべきものとすることには疑問がある」とし、合算禁止（多額請求の訴額）を主張する見解[58]がある。

　ここで問題になっている併合形態はいわゆる不真正予備的併合と単純併合の場合がありうるが、単純併合だとすると、共有関係から単独所有関係への転換という経済的利益において共通しているので、理論的にも合算は禁止される場合に当たる。これに対して、不真正予備的併合の形で訴えが提起されると、2つの請求は両立する関係にあるので、両者の訴額の合算が必要であるとする見解も生じうる。もっとも、この見解も経済的一体性がある場合には合算禁止を認めるから、経済的一体性が認められる限り、同じ結論になる（→〔123〕）。

第3節　地上権、永小作権、賃借権

第1款　地上権、永小作権、賃借権の価額

〔394〕　これらの権利の価額は、訴額通知3によれば、目的物の価額の2分の1である。これらの権利が設定されることによる所有権の価額の減少分をこれらの権利の価額と捉え、一律に目的物の価額の2分の1が所有権の価額の減少分に当たるとしたものといわれている。

　賃料等、法定果実と権利の残存期間によってこれらの権利の価額を算定すべきであるとの考え方に対しては、借地法、借家法、農地法の適用のあるものについて存続期間の確定が困難であるため、訴額算定の簡易迅速の要請になじまず実務的でないとされた。[59] 明治23年民訴法5条3号は「賃貸借又ハ永貸借ノ契約ノ有無又ハ其時期カ訴訟物ナルトキハ争アル時期ニ当

58）訴額算定研究270頁。
59）民事訴訟費用研究220頁参照。

ル借賃ノ額ニ依ル但一ケ年借賃ノ二十倍ノ額カ右ノ額ヨリ寡キトキハ其二十倍ノ額ニ依ル」と規定していた。ここでは賃貸借の存続期間を問題にするのではなく，年5パーセントの収益の場合，20年間で目的物の価額を回収できるという見地から定められたものであった。[60]

第2款　不動産の引渡請求

　地上権，永小作権，賃借権に基づく不動産の引渡請求の訴額は，訴額通〔395〕知7⑶によれば，所有権に基づく引渡請求の場合と同様，引渡しを求められる不動産価額の2分の1である。これは，引渡しを求める当事者の利益を問わず，一律に訴額を目的物の価額の2分の1とするものであり，根拠規定なしに規範的訴額説の立場に立つものである。

　しかし，ここでも所有権に基づく引渡請求の訴額算定と同じく，基本となる権利（地上権，永小作権，賃借権）の存否につき当事者間に争いがある場合には，これらの権利の価額（目的不動産の価額の2分の1）を訴額とし，これにつき争いがない場合には，権利の価額の2分の1を訴額とみるのが適切であろう。

第3款　地上権に基づく妨害排除請求

　地上権に基づく妨害排除請求は地上権に基づく物の引渡請求と共通性を〔396〕有するという理由で，目的土地のうち，その利用が妨害されている範囲の土地価額を基準にして，訴額通知7⑶に準じて，その土地価額の2分の1を訴額とする見解[61]が主張されている。

　しかし，所有権に基づく妨害排除請求の訴額を一律に目的土地の価額の2分の1と評価するのが不合理であるのと同様に，地上権に基づく妨害排除請求の訴額を，利用が妨害されている範囲の目的土地の価額の2分の1とみなすことも不合理である。この訴額は，具体的な事件において妨害行為によって地上権者に生じている不利益，たとえば当該地上権の価額の減少を基礎に，裁判長または裁判所が裁量により算定すべきである。

60）宮城浩三・民事訴訟法〔明治23年〕正義（上-Ⅰ）（日本立法資料全集別巻65）（1996年・信山社）49頁参照。
61）小川／宗宮／佐藤編・手引195頁。

238 第3章 物権法

第4款 賃貸借契約の解除等の場合

〔397〕　賃貸借契約の解除による目的物の返還請求の訴えの訴額を目的物の価額の2分の1とするのが訴額通知7⑷である。物の返還を受けて使用収益を回復する面は所有権に基づく返還請求の場合と異ならないという理由で，この訴えの訴額の算定も，所有権に基づく請求の場合と同じように扱う趣旨だと説明される[62]。

　　しかし，物の返還による使用収益の回復という原告の利益は所有権に基づく返還請求の場合と同じでも，賃貸借ことに住居の賃貸借の場合には賃貸借の社会的意味を考慮しなければならないという問題がある。住居の賃貸借の場合には，家屋は再び住居を必要としている人に提供されるからである。また訴額が高くなると，訴訟代理人である弁護士に支払わなければならない費用も当然増加する。人間の生活における住居の重要性に鑑みると，目的物の価額を基準に訴額を算定することは賃貸借の社会的意義に反して妥当ではない。すでに述べたように（→〔305〕），訴額は1年分の賃料額をもって算定されるべきである。

第5款 法定地上権の地代の確定

1 法定地上権

〔398〕　土地およびその上に存する建物が同一所有者に属する場合において，その土地または建物に抵当権が設定され，その実行により両者の所有名義を異にするに至ったときは，その建物のために土地に地上権が設定されたものとみなされる（民388条前段）。また，土地およびその上に存する建物がともに執行債務者に属する場合においてその土地または建物の差押えがあり，その売却によって両者の所有者を異にするに至ったときは，法律上，その建物のために土地に地上権が設定されたものとみなされる（民執81条前段）。この地上権は，買受人の代金納付の時に成立し，借地借家法3条本文の規定により30年間存続する。この場合，地代は当事者の請求により裁判所が定める（同条後段）。

　　これらの場合，土地所有者は，建物所有者に対して地代を請求することができるが，当事者間で協議が調わないときは，地代確定の訴えを提起す

62）民事訴訟費用研究235頁。

第4節　地役権　239

ることができる（民388条後段：民執81条後段）。

2　管轄訴額／手数料訴額

　管轄訴額と手数料訴額については，地代確定判決により原告が得る利益〔399〕
は，地代の支払いを原告の要求どおりに法定地上権者から受ける利益であ
るから，原告の主張する地代の一定期間の総額を訴額と見ることが適切で
ある。一定期間の内容をどう定めるかが問題となるが，この点は増減額賃
料確定訴訟と同様に，12か月分とするのが妥当であろう。学説によっては，
さらに，一定期間内の地代総額を原則的な訴額とすべきであるが，原告が
訴えによって受ける経済的利益が地上権または賃借権自体の価額を超える
ことはないから，目的物である土地の価額の2分の1が一定期間の地代総
額よりも下回るときは，目的土地価額の2分の1を訴額とする見解[63]も主
張されているが，目的物の権利が訴訟物ではないので，土地の価額を考慮
する必要はないと思われる。

　具体的にいうと，原告の主張する地代額が月額20万円と仮定すると，訴
額は，20万円×（12か月）＝240万円となる。

第4節　地役権

第1款　はじめに

　地役権は，地役権者が設定契約で定めた目的に従って，他人の土地を自〔400〕
己の土地の便益に供する権利である（民280条）。自己の所有する甲地（要
役地）の便益のために乙地（承役地）を利用（通行や引水等）する権利であ
り，目的地の共同利用を可能にする。

　地役権は無償に限るとするのが判例であるが[64]有償の地役権も否定され
得ない。対価は登記事項でないため，当事者間で合意しても登記ができな
いため，特約を要役地の取得者に対抗することはできない。

　地役権は，通常，契約によって設定されるが，遺言による設定も可能で
ある。時効取得による地役権の取得もある。

63）小川／宗宮／佐藤編・手引195頁。
64）大判昭和12・3・10民集16巻255頁。

240 第3章 物権法

第2款　管轄訴額／手数料訴額

〔401〕　たとえば通行地役権を設定契約によりまたは時効により取得したとして，原告が被告に対して被告所有地について通行地役権の存在確認の訴えを提起するとしよう。この場合の管轄訴額および手数料訴額はどのように算定されるであろうか。

　　明治23年民訴法4条2号は，地役が訴訟物であるときは，訴額は地役により要役地が得る価額の増加額によるが，承役地の価額の減少が要役地の価額の増加額より多額であるときは，承役地の価額の減少額によると定め，額の大きい方を基準にしていた。これに対し，訴額通知4は，承役地の価額の3分の1が訴額であると定めている。これは要役地の価額の増加額は承役地の価額の3分の1の額に対応するという前提に立つもののようである。文献においては，訴額通知4に全面的には従わず，要役地の価額の3分の1の額が承役地の価額の3分の1の額より少ないときは要役地の価額の3分の1を訴額とする見解[65]と，この見解を基礎に，要役地と承役地の双方について原告に疎明を求めるのは原告に過重な負担をかけるという理由で，原告がいずれか一方の価額のみを疎明する場合にはその価額の3分の1を訴額としてよいとする見解[66]が主張されている。

　　私見によれば，訴額の算定に当たり請求者の利益をもはや全く問題にせず，承役地の不利益のみに照準を合わせることは法律によって定められていない以上，第一次的には民訴法8条1項により請求者がこの訴訟について有する利益を基準にすることが必要である。したがって，地役権の存在を主張する訴えの訴額は要役地の増加利益を基準にすべきであり，地役権の不存在，消滅を主張する訴えは承役地の減少利益を基準にすべきである[67]。

　　この規律が適用になるのは，地役権を訴訟物とする訴訟に限られる。したがって，それは地役権の設定，存在およびその範囲の確認，地役権の不存在の確認，地役権の廃止を求める訴訟に適用される[68]。

　　以上の訴額の算定方法は，当事者が地役権の存否を争っている限り，地

65）民事訴訟費用研究220頁；深沢／小神野編・簡裁民事実務46頁。
66）訴額算定研究29頁；藤田／小川編・不動産訴訟94頁。
67）同旨，兼子・体系77頁；注解民訴(1)321頁［小室／松山］；菊井／村松・全訂Ⅰ122頁；条解民訴105頁［新堂／髙橋／髙田］。
68）Vgl. *Hillach/Rohs*, S.214 f.; *Anders/Gehle/Kunze*, Stichwort „Grunddienstbarkeit", Rn.5.

役権侵害の差止請求にも適用されるべきである[69]。それに対し，地役権の存在や範囲には争いがなく，妨害が地役権の行使の範囲内の妨害であるかどうかだけが争われている場合には，訴額は原告の利益を裁判所の裁量により評価する方法で定めらるべきであろう[70]。この場合には，訴額は地役権自体の訴額よりもはるかに低い額になる。

第5節　抵当権，質権

第1款　確認の訴え

1　原　則

抵当権または質権の存在または不存在の確認を求める訴えの訴額は，この訴えが担保に関する訴えであるので，被担保債権額によって決まる。〔402〕もっとも目的不動産の価額の方が被担保債権の額より少ない場合には，目的不動産の価額が訴額となる。明治23年民訴法5条1号が明文規定で定めていたところであり，訴額通知5(1)も，優先順位の担保物権がない場合についてであるが，被担保債権の金額を訴額とすることを通知している。これは，担保権をめぐる争いは被担保債権をめぐる争いであるとの規範的観点から訴額を定めるものである。

被担保債権の額は，残存債務額ではなく，登記簿から明らかになる負担の名目額である。もちろん目的不動産の価額の方が少ない場合には，この額によって限定される。

2　優先順位の担保権

問題は，目的不動産に優先順位の担保権が存在する場合に，優先順位の〔403〕担保権の被担保債権の額を控除した額を目的不動産の価額とすべきかどうかである。日本では，①これを肯定して，優先順位の担保権の被担保債権の全額を目的物の価額から控除すべきとする見解[71]，②優先順位の担保権を考慮して担保目的物の価格に修正を加えた金額が被担保債権額の金額に達しないときは，この修正された担保目的物の価額を訴額とする見解，③優

---

69) *Hillach/Rohs*, S.215; *Anders/Gehle/Kunze*, Stichwort „Grunddienstbarkeit", Rn.5.
70) *Hillach/Rohs*, S.215; *Anders/Gehle/Kunze*, Stichwort „Grunddienstbarkeit" Rn.5.
71) 菊井／村松・全訂 I 111頁；注解民訴(1)321頁〔小室／松山〕。

242　第3章　物権法

先順位の担保権の被担保債権額は目的不動産の価額の算定のおいては考慮されないという見解が対立しうる。

　②説は，訴額通知5⑵に従うものである。この「優先順位の担保を考慮して修正を加える」の意味が問題となるが，これは優先順位の担保権の被担保債権の全額を控除するというのではなく，担保権の実行可能性，担保価値等諸般の事情を考慮に入れて受訴裁判所が修正を加えた額を目的物の価額から控除するというものであり，この修正額が被担保債権の額に達しないときは，この修正額を目的不動産の価額とみなすものである。[72] しかし，②説の合理性には疑問がある。抵当権や質権の存在または不存在確認の訴えにおいては，③説が妥当であると考えられる。すなわち，この訴えにおいては，登記された被担保債権を伴う担保権の存在または不存在の確認が求められるのであり，そうである以上，訴額の算定において優先順位の担保権の被担保債権額を控除する必要はないからである。

第2款　抵当権の設定登記を求める訴え

〔404〕　抵当権の設定登記を求める訴えの訴額は，被担保債権額が基準となり，不動産価額が被担保債権額に達しない場合には不動産価額である。→〔440〕

第3款　抵当権の譲渡を求める訴え

〔405〕　抵当権の譲渡を求める訴えの訴額は，被担保債権額が基準となり，不動産価額が被担保債権額に達しない場合には不動産価額である。→〔440〕

第6節　その他の権利

第1款　水利権

〔406〕　水利権は，通常，公流水を占用し排他的にこれを使用する権利である。慣習法上の水利権と許可水利権がある。後者は制定法に基づき流水の占用の許可を受けて成立するものである。

　農業水利権のような慣習法上の水利権は，一定水量の水を占用し使用す

72）民事訴訟費用研究222頁。

る権利である点で，民法上の用水地役権と類似性を有すると考えられ[73]，水利権確認訴訟の訴額は，地役権に関する訴訟の訴額の算定基準に準じて算定すべきものとされている。

実務では訴額通知4により溜池等水源地の価額の3分の1を訴額とし，原告の利用地の価額の3分の1の価額がそれに達しない場合には原告の利用地の価額の3分の1を訴額とするとの見解[74]が主張されている。

たとえば，溜池等の水源地が原告甲乙，被告丙の共有の場合（持分は甲：4分の2，乙：4分の1，丙：4分の1），被告丙の水利権不存在の確認を求める訴えの訴額は，丙の持分は溜池の4分の1であるので，溜池の評価額の4分の1の3分の1がこの訴訟の訴額とされる[75]。

前述のように，私見は地役権の確認の訴えの訴額を要役地の価額の増加額を基準に算定すべきであると解するので（→〔401〕），水利権の場合にも，水利権による原告の利用地の利用価値が確保される利益を基本に訴額を算定すべきであると解する。

多数説によれば，水利権に基づく妨害差止請求の訴額は，地役権に関す〔407〕る訴額通知4を類推して，原則として水源地の価額の3分の1であるが，原告の利用地の価額の3分の1が水源地の価額の3分の1よりも少ない場合には，その価額が訴額である[76]。私見によれば，地役権に基づく妨害差止請求の訴額算定の方法に準ずることはできるが，訴額通知4の定めが前述のように合理的でない以上，多数説を支持することはできない。水利権の存否や範囲に争いがある場合には，水利権の価額が訴額をなすと解すべきである。それに対し，水利権の存在や範囲には争いがなく，水利権の行使の態様や範囲だけが争われている場合には，訴額は原告の利益を裁判所の裁量により評価する方法で定められるべきであろう。

原告が被告の設置した堰堤の収去を請求する場合には，通常水利権の存否が争われていると考えられるので，水利権の価額（原則として水利権に

73）新潟地長岡支判昭和44・9・22下民集20巻9・10号684頁＝判時603号69頁；民事実務の研究⑴6頁。流水利用権については，末川博編集代表・民事法学辞典下巻（1965年・有斐閣）2093頁〔竹山増次郎〕も参照。

74）民事訴訟費用研究225頁；訴額算定研究31頁；藤田／小川編・不動産訴訟95頁；深沢／小神野編・簡裁民事実務46頁〔山内〕。

75）民事実務の研究⑴6頁。

76）民事訴訟費用研究224頁；訴額算定研究31頁，73頁；小川／宗宮／佐藤編・手引107頁。

244　第3章　物権法

よる原告の利用地の利用価値を維持する利益）が訴額であると解する。

第2款　温泉権

〔408〕　　温泉権は、湧出地（鉱泉地）から湧出する温水・鉱水を引湯し利用する
権利をいい、湧出地の所有権から独立した権利として取引の対象とされる。

　　温泉権の確認訴訟の訴額は、温泉権の取引価格が明らかな場合には取引
価格によるが、これが不明なときは湧出地（鉱泉地）の価額（固定資産評
価額）によるとされる。[77]鉱泉地について固定資産評価の特別の算定基準が
行政により示されており、[78]鉱泉地の固定資産評価額はほぼ温泉権価額を表
しているとみられている。[79]

第3款　漁業権・入漁権

1　漁業権

〔409〕　　漁業法は、漁業を「水産動植物の採捕又は養殖の事業」と定義し（漁業
2条1項）、漁業権は一定の水面において一定の期間排他的に漁業を営む
権利であり、漁業法に基づき都道府県知事の免許を受けて設定される（同
法10条）。漁業権には、定置漁業権、区画漁業権および共同漁業権がある
（同法6条1項）。漁業権は、物権とみなされ、土地に関する規定が準用さ
れ（同法23条1項）、その結果、物権的請求権による保護が与えられる。漁
業権は原則として譲渡が禁止されているので（同法26条、28条）、例外的に
譲渡がなされた場合を除き、譲渡価額を訴額とすることはできない。

　　譲渡価額に代わる漁業権の価額の算定方法として、漁業権の行使によっ
て得られる利益に基づき算定するのが妥当だと考えられるが、実務では、
原則として譲渡が禁止されるなど著しく権利性に制限があるので、鑑定等
の方法によるほかないとする見解、[80]権利の存続期間が明らかではなく、利
益の変動可能性も高く、算定は非常に困難なため、民訴費用法4条2項後
段により160万円とする見解[81]が主張されている。

77）　訴額算定研究32頁；藤田／小川編・不動産訴訟95頁；深沢／小神野編・簡裁民事実務46頁
　　　［山内］。
78）　昭和38年12月25日付け自治省告示158号。
79）　民事訴訟費用研究225頁；訴額算定研究32頁。
80）　民事訴訟費用研究226頁。
81）　訴額算定研究32頁。

2　入漁権

　入漁権は「設定行為に基づき，他人の共同漁業権又はひび建養殖業，藻〔410〕類養殖業，垂下式養殖業，小割り式養殖業若しくは第三種区画漁業たる貝類養殖業を内容とする区画漁業権に属する漁場においてその漁業権の内容たる漁業の全部又は一部を営む権利」（漁業7条）である。物権とみなされるが（同法43条1項），取得者および譲渡に制限があり（同法42条の2，43条3項），また，譲渡または法人の合併による取得の目的となる外，権利の目的となることができない（同法43条2項）。

　入漁権確認の訴えの訴額については，譲渡価格が明らかなものはその価額が訴額となり，そうでない場合は，入漁料と入漁権の存続期間の定めがあれば，入漁料に入漁権の存続期間を乗じて得た額を訴額とすることができるとされる[82]。入漁料の定めがない場合には，鑑定等の方法により算定するしかないとする見解[83]，および民訴費用法4条2項後段により訴額160万円とみなされるという見解[84]がある。

第4款　鉱業権

　鉱業権は，「登録を受けた一定の土地の区域（鉱区）において，登録を〔411〕受けた鉱物及びこれと同種の鉱床中に存する他の鉱物を掘採し，及び取得する権利」（鉱業5条）であり，試掘権と採掘権である（同法11条）。鉱業権は鉱業法により物権とみなされ，別段の定めがない限り，不動産に関する規定が準用される（同法12条）。鉱業権は，相続その他の一般承継，譲渡，滞納処分，強制執行，仮差押えおよび仮処分の対象となる（同法13条）。

　鉱業権確認の訴えの訴額については，譲渡価額が明らかな場合にはその価額を訴額とし，譲渡価額が明らかでないときは，鑑定等の方法により算定するしかないとする見解[85]，訴状受付段階では，内容上類似する採石権と同様，地上権の算定基準に準じ鉱区たる土地の評価額の2分の1を訴額算定の基礎とすべしとする見解[86]，および民訴費用法4条2項後段により訴額

82）民事訴訟費用研究226頁；訴額算定研究33頁。
83）民事訴訟費用研究226頁。
84）訴額算定研究32頁。
85）民事訴訟費用研究226頁。
86）深沢／小神野編・簡裁民事実務47頁［山内］。

246　第3章　物権法

160万円とみなされるという見解[87]がある。

第5款　租鉱権

〔412〕　租鉱権は「設定行為に基き，他人の鉱区において，鉱業権の目的となっている鉱物を掘採し，及び取得する権利」（鉱業6条）である。租鉱権は，鉱業法により物権とみなされ，別段の定めがない限り不動産に関する規定が準用されるが（同法71条），相続その他の一般承継の目的となる外は権利の目的となることができず（同法72条），存続期間は登録の日から10年以内とされ（同法76条1項），その満了にさいし5年以内の延長ができる（同条2項・3項）。このように租鉱権の権利性には制限がある。

　　租鉱権確認の訴えの訴額の算定については，①地上権，賃借権の訴額算定基準に準拠して鉱業権の価額の2分の1の額が訴額であり，租鉱料と租鉱権の残存期間を乗じて得た額の方が少ないときはこの価額を訴額とするという見解[88]，②権利の内容は鉱業権と大差はないので，鉱業権と同様，租鉱区たる土地の価額の2分の1をもって訴額とすべきだとの見解[89]，③租鉱権の権利としての制限から地上権，賃借権と同様に訴額を算定することはできず，租鉱権の存在の確認によって得られる経済的利益を算定することは極めて困難だとして民訴費用法4条2項後段により，訴額を160万円とみなすという見解[90]が対立している。

第6款　採石権

〔413〕　採石権は「設定行為をもって定めるところに従い，他人の土地において岩石及び砂利（砂及び玉石）を採取する権利」（採石4条1項）であり，物権とされ，地上権に関する規定（民法269条の②を除く）が準用される（同条3項）。採石権確認の訴えの訴額については，地上権に関する訴額通知7(3)に準じて目的土地の価額の2分の1とされる[91]。

87）訴額算定研究32頁。
88）民事訴訟費用研究228頁。
89）深沢／小神野編・簡裁民事実務47頁〔山内〕。
90）訴額算定研究34頁。
91）訴額算定研究35頁；藤田／小川編・不動産訴訟95頁；深沢／小神野編・簡裁民事実務46頁〔山内〕。

第7節　相隣関係等

　民法209条以下の規定は，相隣接する土地の利用関係の調整を図るため〔414〕に種々の事項について定めている。

第1款　隣地使用請求

　土地の所有者は，隣地との境界またはその付近において障壁または建物〔415〕を築造しまたは修繕するため必要な範囲内で，隣人がその使用を承諾しないときは，当該隣地の使用の承諾を求めることができる（民209条1項）。

　訴額について，この訴えは他人の土地を自己のために利用する権利である地役権との共通性を有することを理由に，前述の地役権と同じ基準で算定すべきであると主張する見解が有力である。それによれば，その訴額は地役権確認訴訟についての訴額に関する訴額通知4を準用して，使用に要する範囲の隣接地部分の価額の3分の1の額であるという[92]。

　しかし，この訴訟の訴額を，使用に要する範囲の隣接地の価額を基準とすることは不合理である。この訴訟は地役権に関する訴訟ではなく，一時的に隣地を使用する権利に関する訴訟だからである。訴額は，必要な範囲の隣接地の使用が土地の所有者にもたらす利益によって算定する必要がある。この利益は裁判所によって評価されるべきであるが，その評価の手がかりは，使用期間における必要な範囲の隣接地の賃料相当額と解すべきであろう。

第2款　囲繞地通行権
1　囲繞地通行権訴訟

　民法210条1項は，「他の土地に囲まれて公道に通じない土地の所有者は，〔416〕公道に至るため，その土地を囲んでいる他の土地を通行することができる」と定めている。この通行権について，民法はもはや囲繞地通行権という言葉を用いてはいないが，今日でも講学上「囲繞地通行権」と呼ばれている。この権利は，法律の定める要件の具備とともに成立する権利であり，訴訟上，確認の訴えによって主張することができる。しかし，具体的に

92）訴額算定研究74頁；藤田／小川編・不動産訴訟102頁。

248　第3章　物権法

「土地を囲んでいる他の土地」（囲繞地）のどの部分がどの範囲で通行権の
対象になるかは，当事者間の合意により定められ，または裁判所の判決に
より具体的に定められるまでは明確でない。民法211条1項は「前条の場
合には，通行の場所及び方法は，同条の規定による通行権を有する者のた
めに必要であり，かつ，他の土地のために損害が最も少ないものを選ばな
ければならない」と定めている（同法211条1項）。

　囲繞地のどの部分がどの範囲で通行権の対象になるかを確定する訴訟
（通行権訴訟）の法的性質については，議論がある。通路は判決によって初
めて定まるのではなく，抽象的には法律上当然に存在しており，この訴訟
は，判決が特定の場合にこれを具体的に確定する確認訴訟だとする見解[93]
と，すでに通路として事実上利用されている囲繞地上の特定の地域の通行
権の確認を求める訴えのほかに，袋地の所有者（もしくは賃借人）と囲繞
地所有者（もしくは賃借人）との間で通路部分を選ぶ協議が調わない場合
に裁判所に通路部分の選定を求める形成的な訴えの存在を認める見解[94]が
ある。この形成的な訴えは，従来の観念を基準とすると，形式的形成訴訟
に当たる。この理解のもとでは，裁判所は，当事者の申立てに拘束されな
いので，原告の主張する通路が不適当な場合，同一被告の所有または占有
する別の地点に通路を確定することも適法である。

2　管轄訴額/手数料訴額

〔417〕　囲繞地通行権は，一定の目的のために他人の土地を利用する権利である
点で，他人の土地を自己の土地の便益に用いる権利である地役権との共通
性を有するので，囲繞地通行権訴訟の管轄訴額／手数料訴額を地役権の訴
額に準じて扱うことが妥当である[95]。

　もっとも，多くの見解は，地役権に関する訴額通知4を準用して，通行
に要する範囲の土地部分の価額の3分の1が訴額であるとする[96]。しかし，
訴額は攻撃者の訴訟物についての利益が基準になるという出発点からは，

93）沢井裕・隣地通行権〔増補〕（1987年・一粒社）46頁。
94）熊本簡判昭和39・3・31判時371号56頁。
95）Vgl. *Stein/Jonas/Roth*, §7 Rn. 5.
96）民事訴訟印紙研究66頁；民事訴訟費用研究245頁；訴額算定研究74頁，80頁；藤田／小川
　　編・不動産訴訟103頁；小川／宗宮／佐藤編・手引76頁。

地役権の訴額を承役地の損失または負担を基準に算定するのは不合理である（→〔401〕）。裁判所の合理的な裁量によって算定されるべきであるが，そのさい，公道に通じない土地は通行権によってその価値を増加するのであるから，むしろ公道に通じない土地全体の価額の増加分が手がかりとなる。

第3款　余水排泄権

　高地の所有者は，その高地が浸水した場合にこれを乾かすため，または〔418〕自家用もしくは農工業用の余水を排出するため，公の水流または下水道に至るまで，低地に水を通過させることができる（民220条前段）。また，土地の所有者は，その土地の水を通過させるため，高地または低地の所有者が設けた工作物を使用することができる（民221条1項）。この場合には，他人の工作物を使用する者は，その利益を受ける限度に応じて，工作物の設置および保存の費用を分担しなければならない（同条2項）。この規定の類推適用も認められている。[97]

　この排水，通水施設設置の請求は，他人の土地を自分の土地の便益に供する権利である地役権と類似性を有するという理由で，地役権についての訴額通知4を準用して，余水の通過に必要な範囲の土地部分の価額の3分の1の額を訴額とみる見解[98]が支配的である。地役権との類似性は否定できないが，訴額通知による地役権の訴額算定に問題がある以上，そのままこれに依拠することはできない。高地が低地に水を流すのは「自然の地役」であって，低地の土地の価額がそれによって減少するということはできず，高地の土地もそれによって価額が増加するというべきではないとすれば，[99]余水の通過に必要な範囲の土地部分の価額の3分の1の額を訴額とみなすのも問題であろう。結局，通水に必要な工作物の設置費用を手がかりに，裁判長または裁判所の裁量により算定することになろう。

　なお，低地の所有者から高地の所有者に対し，排水，通水施設の設置を請求する場合は，この請求は余水により効用を害される低地の占有権に基

97）最判平成14・10・15民集56巻8号1791頁＝判時1809号26頁。
98）民事訴訟費用研究245頁；訴額算定研究74頁；藤田／小川編・不動産訴訟103頁；小川／宗宮／佐藤編・手引111頁以下。
99）宮城・前掲注(60)47頁。

250 第3章 物権法

づく妨害排除請求と解されるので，占有権に基づく物の引渡請求ついての訴額通知7(2)と4に準じて，余水により効用を害される範囲の土地の価格の3分の1の額をもって訴額とされている。[100) この見解に対しては，水により効用を害される範囲の土地の価格の3分の1の額と排水施設設置費用（民法221条2項により費用を分担する場合は自己負担額を控除した残額）の，いずれか低い方の額を訴額とする見解[101)も主張されているが，ここでも排水施設設置費用（民法221条2項により費用を分担する場合は自己負担額を控除した残額）を手がかりに，裁判長または裁判所の裁量により算定すべきであろう。

第4款　排水設備設置の承諾請求

〔419〕　下水道法10条は公共下水道の供用が開始された場合，当該公共下水道の排水区域内の土地所有者，使用者または占有者にその土地の下水を公共下水道に流入させるため必要な配水管，排水渠その他の排水施設の設置を義務づけ（下水道10条1項），この義務を負う者は，他人の土地または排水設備を使用しなければ下水を公共下水道に流入させることが困難なときは他人の土地に排水設備を設置し，または他人の設置した排水設備を使用することができるとしている（同法11条1項）。

　　この排水設備設置の承諾請求に係る他人の土地の利用形態も地役権に類したものであるという理由で，余水排泄権と同様，排水施設の設置に必要な範囲の土地部分の土地価額の3分の1の額を訴額と見る見解[102)が支配的であるが，排水設備設置費用を手がかりに，裁判長または裁判所が裁量により算定すべきであろう。

第5款　竹木の枝の剪除請求

〔420〕　隣地の竹木の枝が境界線を越えるときは，土地の所有者はその竹木の所有者に対し，その枝を切除させることができる（民233条1項）。

　　この竹木の枝の剪除を求める訴えは，自己の所有地に対する妨害排除請求であるという理由で，占有権に基づく妨害排除請求に準じて，侵入され

---

100) 藤田／小川編・不動産訴訟103頁。
101) 民事実務の研究(1)4頁。
102) 民事訴訟費用研究245頁；訴額算定研究80頁；小川／宗宮／佐藤編・手引112頁。

ている範囲の土地の価額の３分の１が訴額であるという見解が主張されている。[103] たしかに，この訴えは妨害排除請求の訴えの性質を有するが，しかし，原告が得る利益は竹木の枝の剪除により妨害状態が解消される利益であり，裁判所によって合理的な裁量により算定されるべきものである。評価の手がかりになるのは，侵入されている範囲の土地の利用価値であり，ごく短い期間の賃料相当額であろう。

第６款　建物建築の中止・変更請求

1　境界線付近の建築の中止・変更請求

　土地の境界線から50センチメートル以上の距離を保たないで建物を建築 〔421〕 しようとする者に対し，隣地の所有者は，その建築の中止または変更を請求することができる（民234条２項）。これは，通風，採光，外壁修繕のための便宜，延焼の防止といった相隣関係上の利益を確保するために土地の利用を一定の範囲で相互に制限することを目的とするものである。

2　建築の中止・変更請求の訴額

　以上の土地利用の制限に違反する行為は隣地の土地利用の侵害であり，〔422〕 占有権の侵害による請求と類似するという理由で，この訴訟の訴額は，従来の実務において，占有権に基づく物の引渡請求について目的物の価額の３分の１を訴額と定める訴額通知７⑵を類推して，境界線から50センチメートル幅の範囲の土地の価額の３分の１であるといわれている。[104] また，かつて，ここで問題になっている訴えは地役権に関する請求に類似しているという理由で，[105] 訴額の算定もそれに準拠することができるとする見解があった。これによれば，請求が境界線から50センチメートルの範囲内に建物を建ててはならないという請求の趣旨の場合には，50センチメートル幅の土地の価額の３分の１が訴額であり，築造済みの建物の50センチメートル内にある部分の除去の請求であれば，除去を求める部分の土地価格の

103）民事訴訟費用研究246頁；訴額算定研究74頁；藤田／小川編・不動産訴訟103頁。
104）民事訴訟費用研究245頁；訴額算定研究75頁；藤田／小川編・不動産訴訟104頁；小川／宗宮／佐藤編・手引114頁。
105）地役権との類似性は，*Hillach/Rohs*, S. 199も認めている。

252　第3章　物権法

３分の１が訴額であるとされた。[106]

　しかし，ここでも訴額は，請求が認容される場合の原告の利益である。原告は50センチメートルの幅の空間が確保されることによって前述の相隣関係上の利益を確保することができるのであり，この利益は，占有権に基づく物の引渡請求の利益と同じではないし，占有権に基づく妨害排除請求の利益も占有権に基づく物の引渡請求の利益と同じではない（→〔367〕）。したがって，たとえ訴額を定める訴額通知７(2)が合理的なものであったとしても，これを類推する基礎に欠ける。これに対し，原告の利益は通風，採光，外壁修繕のための便宜，延焼の防止等の利益であり，したがって，原告が地役権を有する場合と類似性を有するとの指摘は，それ自体正しい。ただ，地役権の訴額についての訴額通知の内容の妥当性の点で疑問があることはすでに述べたとおりである。

　私見によれば，明治23年民訴法４条２号のように要役地の価額の増加額を基準にすべきであろう。50センチメートルの幅の空間が確保されることによる原告土地の価額の増加が決定的に重要だからである。

第７款　井戸等の廃止・変更請求等

1　井戸等の廃止・変更請求の訴額

〔423〕　井戸，用水だめ，下水だめまたは肥料だめを掘るには境界線から２メートル以上，池，穴蔵またはし尿だめを掘るには境界線から１メートル以上の距離を保たなければならない（民237条１項）。導水管を埋め，または溝もしくは堀を掘るには，境界線からその深さの２分の１以上の距離を保たなければならない（同条２項。ただし１メートルを超える必要はない。同項ただし書）。違反の場合には，隣地の所有者は井戸等の廃止または変更を請求することができる。この場合には，境界線付近の建物建築の中止・変更請求の場合に準じて訴額通知７(2)を準用し，廃止または変更を求める幅の範囲の土地の価額の３分の１を訴額とする見解[107]がみられる。

　井戸，用水だめ，下水だめまたは肥料だめ等を掘る場合に所定の距離を保つことが要求されるのは，これらの物が隣接地に悪影響を及ぼすことを

106）民事実務の研究(1)４頁。
107）民事訴訟費用研究246頁；訴額算定研究76頁；藤田／小川編・不動産訴訟104頁；小川／宗宮／佐藤編・手引114頁。

第 7 節　相隣関係等　*253*

防止するためであり，この点についての原告の利益が訴額をなす。したがって，この利益を裁判長または裁判所の合理的な裁量によって評価して，訴額を算定すべきである。

2　土砂崩落等の防止請求

　以上の井戸等の廃止または変更の工事をするときは，土砂の崩壊または〔**424**〕水もしくは汚液の漏出を防ぐため必要な注意をしなければならない（民238条）。隣接地の所有者は，自己の所有地内に土砂が崩落する等の危険がある場合，土砂の崩壊等の防止に必要な措置を請求することができる。[108]この場合，この危険が工事を行う側の隣地所有者の行為に基づくかどうか，また故意過失があるかどうかは問わない。この訴えの訴額についても問題がある。実務上有力な見解は，この訴訟を所有権または占有権に基づく妨害排除請求であるという性質決定[109]から，訴額通知7(2)を類推して，侵害が予想される土地部分，すなわち土砂の崩壊または水もしくは汚液の漏出が予想される土地部分の価額の3分の1が訴額となると主張する。[110]ただし，土砂の崩落等の予想される土地部分を特定することが困難である場合には，民法237条，238条の趣旨から，土砂を掘削する土地と隣接している自己所有地の境界線から1メートル幅の部分の土地の価額の3分の1を訴額として差し支えないと主張されている。[111]

　私見によれば，この訴訟の原告の利益は工事に伴う自己の所有地への損害を防止する利益であるから，訴額はこの利益を裁判所の裁量により評価することによって定まるのであり，土砂の崩壊等が予想される土地部分の価額を訴額算定の基礎とすることに合理性があるか疑わしい。

第8款　目隠し設置請求
1　目隠し設置請求

　境界から1メートル未満の距離において他人の宅地を見通すことのでき〔**425**〕る窓または縁側（ベランダを含む）を設ける者は，目隠しを付けなければ

108）大判昭和12・11・19民集16巻1881頁。
109）大判昭和7・11・9民集11巻2277頁。
110）訴額算定研究76頁；小川／宗宮／佐藤編・手引115頁。
111）訴額算定研究76頁；小川／宗宮／佐藤編・手引115頁。

254　第3章　物権法

ならない（民235条）。これはこの窓または縁側から絶えず私生活を覗き見されまたは眺められている気持ちを抱かざるを得ない他人の不都合を防止する目的で規定されている。目隠しを付けなければならない場合に，これが付けられていないとき，他人は目隠しの設置を請求することができる。

2　目隠し設置請求の訴額

〔426〕　目隠し設置請求の訴額については，①所有権に基づく請求ではあるが，隣地の住民から観望されているのではないかという不安を抱かざるを得ないという心理的な不利益を解消することによって得る利益は人格的な利益であり，この利益を金銭的に評価することは極めて困難であるとして，訴額は160万円とみなされるという見解[112] ②他人の私生活上の利益の侵害に対する一種の原状回復として目隠し設置請求を位置づけ，目隠しの設置が代替的作為であることから目隠し設置の費用を訴額とみる見解，③目隠しをつけなければならないのに目隠しがない状態を私生活に対する侵害と捉え，目隠し設置請求はこの侵害の排除または予防請求であり，事実状態の保護を目的とした占有権に基づく請求に類似すると捉え，これを根拠に訴額通知7(2)を準用して，自己の建物のうち観望される部分の価額の3分の1の額を訴額とする見解[113]，④　②と③の額のいずれか低いほうの額を訴額とみる見解[114] がある。

　問題のある窓または縁側の設置も所有権の行使として行われるので，目隠し設置請求を隣接地の一方の所有権に基づく請求とみることには，問題がある。目隠し設置請求は，相隣関係上の利害の調整手段である以上，これを所有権や占有権に基づく請求として捉えることは，このような理解に合致しない。目隠し設置請求訴訟の訴額は裁判所の裁量により算定されるべきであるが，手がかりとして目隠し設置費用を算定の基礎にすることが合理的であろう。[115] ②説の難点として設置費用の見積書の用意など，原告の負担の増大をあげる見解があるが，相隣関係の請求の当然の費用と解す

112)　訴額算定研究76頁；藤田／小川編・不動産訴訟104頁；小川／宗宮／佐藤編・手引115頁以下。
113)　民事訴訟費用研究246頁。
114)　民事実務の研究(1)4頁；民事訴訟費用研究246頁。
115)　訴額算定研究75頁は，裁判所に対するアンケート結果は，②の見解を支持するものが半数以上を占めていたという。

第7節　相隣関係等　　255

れば足りる。

第9款　土地境界確定訴訟

1　意　義

　境界確定の訴えは，境界線の所在が不明になっている隣接土地の境界の 〔427〕
確定を目的とする訴えである。この訴えは判例・通説によれば，隣接する
土地の公法上の境界の形成を目的とし，土地所有権の範囲の確定を目的と
するものではない。[116] 土地の公法上の境界は，所有権の範囲とは異なり，
当事者が自由に処分することができるものではなく，それゆえ当事者の合
意によって境界線を定めても，それは裁判所を拘束しない。裁判所は，判
決によって合意と異なる境界線を確定することができる。[117] 当事者の一方
が境界を越えて他方の所有地の一部を時効によって取得しても，それに
よって境界の移動は生じない。そこから，境界確定訴訟には民訴法246条
の適用はなく，裁判所は当事者の申立てとは異なるところに境界線を定め
ることができるという帰結が導かれている。[118]

　しかし，私見によれば，これは無制限に妥当すべきではない。すなわち，
原告の申立て以上に原告に有利な境界線を確定することは許されるべきで
はない。控訴審においても不利益変更禁止の原則の適用はなく，控訴裁判
所は第一審判決の定めた境界線を控訴人の不利益に変更することができる
とするのが判例[119] であるが，この点については，不利益変更をおそれて
上訴を差し控えることが起こらないようにし，上訴制度の制度目的を貫徹
させようとする不利益変更禁止の原則の目的を強調して反対説が主張され
ており，[120] 支持すべきである。

116）最判昭和43・2・22民集22巻2号270頁。
117）最判昭和42・12・26民集21巻10号2627頁。
118）大（連）判大正12・6・2民集2巻345頁；最判昭和38・10・15民集17巻9号1220頁。
119）前掲注（118）最判昭和38・10・15。
120）条解民訴1339頁〔竹下〕；高橋・重点講義（上）94頁；松本博之「非訟事件における不利益
　　変更禁止の原則の適用について」大阪市立大学法学雑誌53巻4号（2007年）1088頁以下；松
　　本／上野〔623〕〔松本〕。

256　第3章　物権法

2　管轄訴額／手数料訴額

(1)　係争地域が明らかな場合

〔428〕　境界確定の訴えの訴額は，訴額通知10によると「係争地域の物」の価額である。係争地の価額の算定は，係争地域の土地の面積に原告所有地の1㎡あたりの単価を乗じて行う。原告は係争地を自己の所有地の一部であると主張しているので，原告所有地の評価額を基準にすべきだからである。具体的には，原告が提出する原告土地の固定資産評価証明書により1㎡の単価を計算し，これに係争土地の面積を乗じる。たとえば原告の所有地全体の面積が600㎡であり，評価額が6000万円だとすると，1㎡あたり評価額は10万円であり，係争地の面積が60㎡だとすると，「係争地域の物」の価額は600万円である。そして，土地についての2分の1の軽減措置により，この例での係争地の価額は300万円になる。

境界確定の訴えは，所有権の範囲を確認するものではなく，隣接する土地の公法上の境界を定めることを目的とする形式的形成訴訟と解するのが判例[121]であり，通説であるので，係争地域の面積を基準に土地の価格（固定資産評価額）により訴額を算定するのに若干の違和感がある。もっとも，訴額は，攻撃者（原告）が請求認容判決によって得る利益を基準とする。境界確定判決は係争土地の所有権の範囲を既判力をもって確定するものではないけれども，土地の境界が確定すると，境界線まで所有権が及ぶことが事実上明らかになるから，訴え提起者はその点について利益を得ることができる。それゆえ，訴額通知10のような基準で問題はないようにも見える。しかし，すでに述べたように，訴額の算定は規範的考慮を要するものであり，所有権範囲が判決の既判力によって確定しないところで，係争地の価額を訴額とするのは疑問がある。この点を考慮すれば，係争地の価額より少ない範囲で（たとえば係争地の価額の80パーセントというように）裁判所が裁量により訴額を算定するのが適切であると思われる[122]。

(2)　当事者の主張する境界線が明確ではない場合またはその面積が不明な場合

〔429〕　当事者がその主張する境界線を訴状に記載せず，隣接地との境界の確定

---

121)　前掲注(116)最判昭和43・2・22；前掲注(117)最判昭和42・12・26。
122)　村松俊夫「訴訟物の価額(2)」曹時7巻5号（1955年）569頁，584頁参照。

第 7 節　相隣関係等　*257*

を求めて訴えを提起する場合や当事者の主張する境界線が明確でない場合，係争地域の面積により訴額を算定する前提を欠くことになる。この場合には，訴額の算定のために次の 2 つの方法がある。

① 訴え提起時の訴額は民訴費用法 4 条 2 項後段の類推適用により160万円とし，審理開始後に係争地域が明らかになった場合には，その時点で訴額を再算定する方法。この方法では手数料の還付の必要が生じうる。

② 訴額の最低基準額である10万円を訴え提起時の訴額とし，審理開始後に係争地域が明らかになった場合には，その時点で訴額を再算定する方法。この方法では，手数料の追納が必要となる場合が生じうる。

いずれの方法によっても，審理開始後に係争地域が明らかになると，訴額の再算定がなされるべきであるが，境界確定訴訟の係争地域の面積は狭いことが多く，そのような場合に訴え提起時の訴額を160万円とみなすと，後に再算定により手数料の過納が生ずることがある。そのため，②説はこのような事情を考慮して訴額の最低基準額を10万円とするのが合理的とみるものである。[123] 訴え提起のバリアーを低くするという規範的考慮により，②説の方法が妥当であろう。

(3)　係争地域が存在しない場合

当事者間に境界について争いがあるが，早期に争訟に決着をつけるため〔430〕原告が被告の主張する境界線による境界の確定を認めて訴えを提起する場合や，被告の所在不明のため係争地域が存在するといえない場合には，(2)の基準は適用できないかどうかが問題となる。

係争土地が存在しない以上，訴額通知10によることはできず，①訴額算定不能な場合として民訴費用法 4 条 2 項前段の規定により160万円の訴額になるとする見解と，②ごく僅かでも係争地がある場合に，その訴額が10万円になるのに，係争地がない場合に訴額が160万円になるのは，均衡を失するので，この場合にも訴額を10万円と算定するのが訴額通知の精神に合致するとみる見解[124] が対立する。係争地の価額を基準とする以上，係争地がなければ訴額はゼロとなるはずであるが，訴額の最低基準額を定め

---

123)　訴額算定研究266頁以下：小川／宗宮／佐藤編・手引176頁以下。
124)　小川／宗宮／佐藤編・手引177頁以下。

258　第3章　物権法

る法律は訴額ゼロを認めていないので，最低基準額を訴額とするほかない
であろう。

3　請求の併合

〔431〕　原告が境界確定訴訟と他の請求に係る訴えとを併合提起する場合，訴額
合算の原則（民訴9条1項本文，民訴費4条1項）が妥当する。これに対し，
併合された請求が経済的にみて同一の目的を有し，経済的に一体である場
合には，訴額は合算されてはならず，多額である方の請求の訴額がこの訴
訟の訴額である。

　たとえば境界確定の訴えと係争地部分の立木伐採による損害賠償請求の
訴えを併合する場合，両請求は経済的に一体ではないので，訴額は合算さ
れる。境界確定の訴えと係争範囲の土地上にある工作物の収去・土地の明
渡しを求める訴えが併合される場合，訴額は合算されるべきかどうかにつ
いて，見解の対立がある。肯定説は，原告の2つの請求の経済的利益は異
なり，それゆえ，合算原則が適用されるとみる。境界確定訴訟の確定判決
の既判力は原告の所有権の範囲を確定しないし，係争地内にある工作物の
収去・土地明渡請求権を既判力により確定することもない。また，原告の
所有権に基づく工作物の収去明渡しを求める訴えの請求認容判決は，係争
地部分についての原告の所有権を既判力によって確定しない。判決が係争
地部分を原告の所有地と判断した場合にも，この判断は前提問題の判断で
あるからである。したがって，これらの2つの請求は訴訟法上別々の訴訟
物であるのみならず，経済的にも別々の目的をもち一体性を有しない。

　これに対し，反対説[125]は，訴額通知10は境界確定訴訟の訴額の算定方
法について所有権に関する訴えに準じて扱うとの考え方に立つものとみる
ことができると主張し，係争部分の所有権確認の訴えと同部分の明渡しの
訴えの併合の場合の訴額算定に準じて算定すべきだから，各請求の経済的
利益は共通するので，両者の訴額を比較して多額である方の訴額がこの併
合訴訟の訴額をなすという。しかし，この反対説の理由づけは，説得力に
乏しいように思われる。係争部分の所有権確認の訴えと同部分の明渡しの
訴えの併合の場合は，前者が後者の先決的法律関係であるから，請求の経

---

125)　訴額算定研究241頁以下：小川／宗宮／佐藤編・手引174頁以下。

済的一体性が認められるが，境界の確定は係争部分に存在する工作物の収去・土地明渡請求の先決的法律関係ではないので，そのような経済的一体性は認められないからである。[126] それにもかかわらず，実務が経済的一体性を承認しているのであれば，それは境界確定訴訟の訴額を「係争地域の物の価格」とする訴額通知10にこそ問題があることの証左であろう。[127] 係争部分の帰属について既判力の生じない訴訟の訴額を係争部分の土地の価額によって定めることに問題があるからである。

4　上訴の手数料訴額

当事者が自己の主張する境界よりも不利に境界を定める判決を受けたとき，その当事者には，控訴の要件である不服が存在する。控訴の手数料訴額は，第一審裁判所が定めた境界線と当事者が主張する境界線とで囲まれた部分の土地の価額である。〔432〕

第8節　登記請求訴訟

第1款　所有権移転登記請求
1　通常の所有権移転登記請求

通常の所有権移転登記請求訴訟の訴額を目的物の価額とするのが，訴額通知8であり，現在の実務の扱いである。[128] この見解は，登記は権利移転の要件ではなく権利の得喪を第三者に対抗するための対抗要件に過ぎない〔433〕

126）これは，形式的形成訴訟と給付訴訟の間では経済的利益の共通性を認めることができないという「形式的」（訴額算定研究242頁）な視点に立つのではなく，境界確定は土地の明渡請求の先決関係にないという実質的な理由からである。境界確定は所有権に基づく土地明渡請求訴訟の先決的法律関係でないことについては，最判昭和57・12・2判時1065号139頁参照。

127）訴額算定研究242頁は，境界確定判決が確定すると原告が受ける利益は係争地部分の土地の価額に相当するとして，訴額通知10による訴額の算定は妥当性を認められるというが，判決が確定した内容で所有権の争いも収束することが多いといっても，それは事実上のことであり，法律上は争いの余地は残っている。また，境界確定の訴えを所有権確認の訴えに変更した場合に時効中断の効力は失われないとした判例（最判昭38・1・18民集17巻1号1頁）があるからといって，これを「境界確定訴訟を所有権に関する訴えに準じて捉える余地があることを明らかにした判例として位置づけること」（訴額算定研究241頁以下）はできないであろう。この判例は，時効中断の効果の存続に関するものであり，判例は時効に関しては，訴訟物や訴えの類型には頓着していないから，このような判例を援用して境界確定の訴えを所有権訴訟に準じたものということはできないからである。

128）旧法下で，大判大正8・10・9民録25輯1777頁が，この立場に立った。

260　第3章　物権法

けれども，先に登記を取得した二重譲受人の出現によって所有権の取得者
は自己の所有権の取得を対抗できなくなる結果として所有権を喪失するの
で，所有権の移転登記手続請求は「所有権の確保ないし所有権喪失の危険
性の除去を目的とするもの」であるとして，訴額は目的物の価額によって
定まるとする。[129]

　この見解に対しては，登記のない所有権でも財産上の価値を有するので，
目的物の価額からこの財産上の価値を控除したものが登記手続によって得
られる利益であるから，この利益により訴額を定めるべきであるとする見
解[130]がある。

　しかし，登記のない所有権も実体的に所有権を有するといっても，訴訟
において原告の所有権が争われる限り，裁判所はこれにつき審理判断しな
ければならない。したがって，裁判所が争いのある所有権の帰属の関係を
解明しなければならない場合には，目的物の権利の帰属関係全体が審理の
対象であるので，不動産の価額が訴額の算定の基礎とされるべきであろう。[131]
これに対し，所有権の帰属または権利状態について当事者間に争いがない
場合や，所有権が確定判決の既判力によってすでに確定されているような
場合には，目的物の価額よりより少ない額を訴額とする（ein geringer
Wertansatz）ことが合理的であろう。[132]訴額算定の基礎は，攻撃者（多くの
場合，原告）が勝訴した場合に得ることができる利益であり，不動産の価
額自体ではない。この原告の利益は，通常の場合に，移転登記の取得から
原告に生ずる権利と一致するが，所有権に争いがない場合には，所有権取
得の利益と合致しないからである。

2　抹消登記に代わる所有権移転登記請求

〔434〕　抹消登記に代る所有権移転登記請求[133]については，①この訴えは所有

129）訴額算定研究81頁；藤田／小川編・不動産訴訟106頁。
130）細野・要義Ⅰ139頁。
131）BGH NJW-RR 2001, 518; BGH ZIP 1982, 221; OLG Karlsruhe JurBüro 2006, 145; OLG
　　Köln, MDR 2005, 298.
132）OLG Karlsruhe JurBüro 2006, 145; OLG Zweibrücken, JurBüro 1987, 265; OLG Saarbrü-
　　cken AnwBl 1978, 106; *Zöller/Herget*, §3 Rn.16 „Berichtigung des Grundbuches"; *Schnei-
　　der/Herget/Noethen*, 2890.
133）これを適法とするのが判例である。最判昭和30・7・5民集9巻9号1002頁；最判昭和
　　32・5・30民集11巻5号843頁；最判昭和34・2・12民集13巻2号91頁。

権移転の形式をとるものの，その実質は抹消登記の機能を有するものであることを理由に，訴額の算定は所有権に基づく妨害排除請求としての引渡請求に準じて目的物の価額の2分の1とする見解[134]と，②目的物の価額の全額を訴額とする見解[135]が対立する。②の見解は，真正名義の回復が目的であれ，移転登記請求であるという形式を重視して，所有権の移転登記請求と同じく不動産の価額全額が訴額となると主張する。

　抹消登記に代る所有権移転登記請求は，①説が主張するように登記抹消請求の実質を有するので，所有権移転登記の抹消登記請求の訴額と同様に扱われるべきである。しかし，当然には目的物の価額の2分の1が訴額となるわけではない。原告の所有権につき当事者間に争いがあるのが普通であり，請求認容判決は原告の所有権を既判力により確定すると解すべきであるから，目的物の価額全額が訴額をなすと解すべきである（→〔437〕）。

3　所有権移転登記の引取請求

　所有権移転登記の登記権利者が移転登記に協力しない場合，登記義務者〔435〕は登記権利者に対し登記手続への協力を求めて訴えを提起することができる（いわゆる登記引取り請求）。不動産登記は登記権利者と登記義務者の共同申請によるのが原則であるが，登記権利者が登記に協力をしない場合に，登記申請の意思表示を命ずる確定判決によって意思表示を擬制して登記の移転を可能にするものである。[136]この訴えは，登記が登記義務者に残っているため不動産の固定資産税が所有名義人である登記義務者に課税される不利益を避けることを実質的な目的とするものであることから，第一審訴訟手続の平均審理期間を基準に訴え提起時における1年分の固定資産税の税額が訴額であると解されている。[137]平均審理期間を基準にすることには疑問があるが，規範的な観点から1年分の固定資産税の税額を訴額とすることは合理的であろう。

134）民事訴訟費用研究249頁；訴額算定研究82頁；民事実務講義案Ⅰ54頁；藤田／小川編・不動産訴訟106頁以下；深沢／小神野編・簡裁民事実務51頁；小川／宗宮／佐藤編・手引206頁。
135）訴額算定研究83頁注(5)によれば，アンケート調査の対象になった裁判所の約40パーセントが目的物の価額全部を訴額とする取扱いを行っているとのことである。
136）最判昭和36・11・24民集15巻10号2573頁。
137）訴額算定研究82頁；193頁以下；藤田／小川編・不動産訴訟107頁；小川／宗宮／佐藤編・手引205頁。

262　第3章　物権法

第2款　所有権移転登記の抹消登記請求

1　従来の見解

〔436〕　所有権移転登記の抹消登記請求について，従来の取扱いにおいては，①登記原因が有効であったか否かにより，有効であった場合には目的物の価額を訴額とし，無効であった場合には所有権に基づく妨害排除請求に準じて目的物の価額の2分の1を訴額とみる見解[138]，および，②登記原因が有効であったか否かを問わず目的物の価額の2分の1を訴額と見る見解[139]が主張されている。

　①説は，登記原因が無効な場合には，真の所有者は初めからその所有権を失っておらず，無効な登記によって所有権の円満な状態が妨害されているにすぎないので，所有権移転登記の抹消請求は所有権の円満な状態を回復することを目的とするとみる。したがって，登記の抹消によって原告が受ける利益は，所有権に基づく妨害排除請求と同じように算定されるべきであると説く。②説は，登記原因が無効であった場合にも他人に所有権の登記があるため，真の所有者が所有権を失う可能性がないではないこと，および，原告が移転登記の有効・無効のいずれを主張しているかが明らかでない場合も少なくないため，登記が無効な原因によるか否かで区別することは合理的ではないので，登記原因が無効か否かを問わずに，所有権の妨害状態の排除がこの訴訟の目的であるとみて，所有権に基づく妨害排除請求訴訟の訴額を基準とすべきことを主張するものである。

2　私　見

〔437〕　従来の議論は，いずれも抹消が求められている登記の存在によって所有権の妨害状態が生じており，抹消登記請求はそのような状態の排除を求める訴えであると解し，抹消登記請求訴訟が登記の抹消への被告の同意の意思表示を求める訴訟であることを無視している。しかし，この訴訟は意思表示を求める訴訟であるから，この訴えの訴額は，不動産の価額自体ではなく，原告が抹消登記への被告の同意につき有する財産権上の利益を基礎に裁判長または裁判所の裁量により評価算定するのでなければならない。

138）民事訴訟印紙研究47頁；民事訴訟費用研究253頁；深沢／小神野編・簡裁民事実務53頁。
139）訴額算定研究89頁；民事実務講義案Ⅰ45頁；藤田／小川編・不動産訴訟109頁。

この利益の評価にあたり，具体的な訴訟が所有権の帰属をめぐって争われているのか，それとも所有権の帰属には争いがなく単に形式的に正しい登記簿上の地位の惹起のみが問題になっているのかどうか，請求認容判決が原告への所有権の帰属を既判力によって確定するかどうかという点をも含め規範的な観点から検討しなければならない。

登記抹消請求を認容する確定判決が原告の所有権の存在を既判力によって確定すると解する場合には，[140]この訴訟の訴額は目的物の価額（取引価額）であると解すべきである。判例[141]および通説[142]のように，請求認容判決の既判力が原告の所有権の存在を確定しないと解する場合にも，当事者間に所有権の帰属について争いがある以上，裁判所は原告への所有権の帰属についても審理判断しなければならず，また請求認容判決は執行力を有するほか登記抹消請求権の存在について既判力を有することに鑑みて，目的物の価額を訴額とみるべきである。目的物について固定資産評価がある場合には，その額を目的物の額とするのが実務の扱いであり，さらに土地については固定資産評価額の２分の１が暫定的に減額される。

第３款　用益物権等に関する登記請求

1　用益物権等の設定・移転登記請求

地上権，永小作権，賃借権の設定登記請求の訴額は，訴額通知３に準じ〔**438**〕目的物の価額の２分の１，地役権の設定登記請求の訴額は訴額通知４に準じ目的物の価額の３分の１とし，これらの権利に関する移転登記請求の価額は，通常の所有権移転登記請求の場合と同様，権利自体の価格と同額とするのが実務である。[143]

用益物権等の設定または移転登記請求の訴えの訴額を通常の所有権移転

140）兼子・体系343頁（不動産の所有権を主張してこれと相容れない登記の抹消請求をする場合は，登記に実体関係を反映させるためであるから，物権の存否が訴訟物をなすという）；松本博之「既判力の対象としての『判決主文に包含するもの』の意義」大阪市立大学法学雑誌62巻１号（2016年）１頁，53頁（民事訴訟法114条１項が既判力の対象とする「主文に包含するもの」とは，裁判所が下した判決の判決理由から明らかになる真の内容をいうのであり，所有権に基づく抹消登記請求を認容する判決の真の内容は原告に所有権があるがゆえに抹消登記請求権が原告に帰属するというものであるから，原告の所有権の存在も既判力により確定すると主張する）。

141）最判昭和30・12・１民集９巻13号1903頁。

142）松本／上野〔674〕〔松本〕参照。

143）民事訴訟費用研究251頁；訴額算定研究83頁；藤田／小川編・不動産訴訟108頁。

264　第3章　物権法

登記請求の場合と同様に，権利自体の価格と同額と解するのは用益物権等の存否につき当事者間で争いがある場合には正しい。この場合には用益権等の帰属関係の全体が審理の対象であるからである。これに対し，用益物権等の存在については当事者間に争いがない場合や，用益物権等の存在がすでに確定判決の既判力によって確定している場合には，所有権移転請求において原告への所有権の帰属に争いがない場合と同様，用益物権等の取得の利益と一致せず，裁判所の裁量により用益物権等の価額より遥かに少ない額（たとえば用益物権価額の2分の1）を訴額と評価すべきであろう。

2　用益物権等に関する登記の抹消請求

〔439〕　用益物権に関する登記の抹消請求の訴額の算定については，見解の対立がある。

①抹消請求の対象である登記の登記原因が有効である場合と無効である場合を区別し，前者の場合にはその設定登記を求める訴えの場合と同様，地上権，永小作権，賃借権については目的不動産の価格の2分の1の額，地役権の場合は承役地（または要役地）の価格の3分の1の額が訴額であり，後者すなわち登記原因が無効な場合には，登記原因が有効な場合の訴額の2分の1とするという見解[144]　②この場合の登記抹消請求の訴えは，期間の満了，設定契約の取消し，無効または解除など用益物権や賃借権の不成立または消滅によって登記は形骸にすぎなくなっており，抹消登記請求は形骸にすぎない登記が所有権を妨害している状態の排除のための訴えであるから，訴額は用益物権等の種類にかかわらず目的不動産の価額の2分の1（ただし地役権については，登記抹消の利益は地役権の設定によって受ける利益を超えることはないので，承役地または要役地の価額の3分の1）を訴額とする見解[145]が対立している。

用益物権等に関する登記の抹消請求の訴えは登記の抹消への被告の同意の意思表示を求める訴えであるから，この訴えの訴額は，不動産の価額自体ではなく，原告が抹消登記への被告の同意につき有する財産権上の利益を基礎に裁判長または裁判所の裁量により評価算定するのでなければなら

144）民事訴訟費用研究254頁。
145）訴額算定研究90頁；書記官事務の研究Ⅱ44頁；民事実務講義案Ⅰ45頁；藤田／小川編・不動産訴訟109頁。

ない。原告の利益は，不動産上に存在する用益物権等の負担の登記を抹消して不動産を自由に使用収益し，処分できることにある。この利益の評価は，確定判決の効力をも考慮に入れて規範的な観点から行われなければならない。請求認容判決が用益物権等の不存在に既判力を及ぼすと解する場合はもちろんのこと，既判力を及ぼさないと解する場合にも当事者間で用益物権等の存否について争いがある通常の場合には，裁判所は用益物権等の帰属関係全体について審理をしなければならないのであるから，訴額は用益物権等の価額に合致すると解するのが正しい。ただし，地役権の登記の抹消請求については，地役権の不存在確認の訴えの訴額と同様，地役権の存在によって承役地が受けている不利益の評価額が訴額をなすと解すべきである。これに対し，被告の用益物権等の不存在につき争いがなくまたは既判力によって確定している場合には，登記抹消の利益は用益物権等の価額と一致せず，これより少額である。この場合には，裁判長または裁判所の裁量により用益権等の価額より遥かに少ない額（たとえば用益物権の価額の2分の1，地役権の場合は承役地が受けている不利益の評価額の2分の1）を訴額と評価すべきであろう。

第4款　担保物権の設定登記または移転登記を求める訴え

1　手数料訴額

　担保物権の設定登記またはその移転登記を求める訴訟の訴額は，被担保〔440〕債権額であり，担保目的物の価額が被担保債権の金額に達しないときは担保目的物の価額が訴額であるとされる（訴額通知5⑴の準用）。[146] 担保物権の設定登記または移転登記によって被担保債権が担保されるので，これらの訴えによって原告が得る利益は被担保債権の優先的実現の利益である。この利益は被担保債権の額によって評価するのが適切である。

　被担保債権の額は元本額であり，利息および遅延損害金は，附帯債権として被担保債権額に算入されない（→〔133〕以下）。根抵当権の被担保債権の額は，確定前はその極度額であり，確定後は元本額である。また，被担保債権の額は，設定登記を求める訴えの場合には登記されるべき被担保債権額であり，移転登記を求める訴えの場合には登記された被担保債権額で

146）藤田／小川編・不動産訴訟108頁以下。

266　第3章　物権法

ある。

2　先順位担保権の被担保債権額の不控除

〔441〕　問題があるのは，目的不動産に先順位の担保権が存在する場合に目的物の価額の算定のさいに修正を加えるべきか，加えるとすればその方法についてである。この問題については，見解が対立する。大別して，①修正を加えるべきとする見解と，②修正を加えるべきでないとする見解[147]に分かれる。①説には，(a)先順位の担保権の被担保債権額を目的物の価額から控除する見解[148]と，(b)先順位の担保権の被担保債権の額，担保権実行の可能性，担保価値等諸般の事情を総合的に考慮して受訴裁判所が目的物の価額の修正金額を定めるべきだとする見解[149]がある。

　①(a)説に対しては，先順位の被担保債権の額が目的物の価額を上回る場合に訴額はゼロかそれに近い数額になり，不都合が生ずると批判され，①(b)説は数量化が困難な要素を含み，迅速な訴状受付事務の要請から採用は困難であると批判される。②説は，迅速な訴状受付事務の要請を重視して，原告が担保割れ状態にある不動産について後順位の担保権の設定登記を得ることによって利益が得られると考えて訴えを提起するのであるから，固定資産評価額と市場価格とが乖離している現状においては，先順位の担保権の存在と無関係に訴えを提起するものとみて，修正を加えずに被担保債権額によって訴額を算出すべきだとする。[150]

　私見は，原告の被担保債権の額と比較すべき担保不動産の価額を算定するさい先順位担保権の被担保債権額を控除すべきでないと解する（→〔369〕）。担保目的物の担保余力が小さいのに，原告の被担保債権額を訴額とすることは不合理にみえるかもしれないが，後順位であれ担保権と被担保債権額が登記されることに請求者が利益を感じ訴えを提起している以上，問題はないであろう。

---

147) 民事訴訟印紙研究40頁；訴額算定研究89頁；藤田／小川編・不動産訴訟109頁；小川／宗宮／佐藤編・手引213頁。
148) 注解民訴(1)138頁［小室／松山］；菊井／村松・全訂Ⅰ122頁。
149) 民事訴訟費用研究223頁。
150) 訴額算定研究84頁。

第8節　登記請求訴訟　267

第5款　担保物権の設定登記・移転登記の抹消を求める訴えの訴額
1　従来の見解

　この訴えの訴額についても，見解の対立がある。①担保物権の設定また〔442〕
は移転登記を求める訴えと同様，原則として被担保債権の金額が訴額であ
り，担保目的物の価額が被担保債権の金額に達しないときは目的物の価額
を例外的に訴額とする見解[151]と，②目的不動産の価額の2分の1が訴額
であり，被担保債権の金額（抵当権については登記された債権額，根抵当権
については極度額）が目的物の価額の2分の1の額に達しない場合には被
担保債権の金額を訴額とする見解[152]の対立がみられる。

　①説は，担保目的物の価額を算定基準にするときは，登記原因が有効な
場合（たとえば被担保債権が存在するのに担保権を放棄したとき）には目的物
の価額の全額を基準とし，登記原因が無効または被担保債権が消滅してい
る場合には目的物の価格の2分の1を基準とするという。②説は，この訴
えは実体上担保権が消滅して形骸化しているにもかかわらず，登記がある
ため，これによって生じている所有権の妨害状態の除去を目的とするもの
であるから，所有権に基づく妨害排除請求の訴えと同じように扱うべきだ
とする。そして，②説は，次のように，①説を批判する。第1に，被担保
債権の額は，担保権設定手続請求の場合とは異なり，この訴えの経済的利
益と関係がないので，被担保債権の額を訴額とする合理性がないこと，第
2に，被担保債権の全額が弁済されたことを理由に担保権設定登記の抹消
登記請求をする場合，登記された債権額または根抵当の極度額を被担保債
権の額と解すると，すでに消滅していた債権の金額が訴えによって受ける
原告の経済的利益とどう結びつくのか明確ではなく，また，債権の現在額
を被担保債権の額とみると，訴額はゼロになってしまうという批判[153]で
ある。

2　検　討

　担保権の設定登記・移転登記の抹消請求の訴えを，②説がいうように，〔443〕

151）民事訴訟費用研究223頁。
152）訴額算定研究91頁；書記官事務の研究Ⅱ43頁；民事実務講義案Ⅰ45頁；藤田／小川編・
　　不動産訴訟109頁；小川／宗宮／佐藤編・手引215頁。
153）訴額算定研究92頁。

268 第3章 物権法

妨害排除請求の訴えと同じようにみることはできない。なぜなら，この訴えは被告の登記抹消への協力（意思表示）を求める訴えであるから，その訴額を直ちに妨害排除請求の訴えの訴額と同じとみることはできないからである。また，所有権に基づく妨害排除請求の訴えとみるというだけで，訴額は目的物の価額の2分の1であるいうこともできない（→〔383〕）。

　それゆえ，この訴訟の訴額は原告がこの訴訟の請求認容によって受ける利益を評価して決定することが必要である。担保物権の設定登記の抹消を求める訴えは，たしかに，②説が説くように，実体上担保権が消滅して形骸化した登記によって生じている所有権の妨害状態の除去を目的とする側面を有するけれども，この所有権の妨害は，一定額の被担保債権を担保することを目的としつつもすでに消滅している担保権の登記による所有権の妨害なのであるから，訴額の算定に当たっては被担保債権の額が重要な意味をもつ。すなわち，被担保債権が消滅しているにもかかわらず担保権の登記が残ることによって，この担保権が実行される危険があるので，この危険の除去がこの訴訟の原告の利益をなす。したがって，すでに消滅している被担保債権の金額が訴えによって受ける原告の経済的利益とどう結びつくのか明確でないという批判[154]は，根拠がない。それゆえ，原則として，全部または一部消滅しているかもしれない被担保債権の金額が訴額であり，担保目的物の価額が被担保債権の金額に達しないときは，例外的に目的物の価額が訴額になると解するのが正しい。

　なお，②説は，いわゆる純粋共同根抵当権設定登記の抹消登記手続を求める訴えの訴額について，共同根抵当によって根抵当権者が受ける利益は極度額に限定されるので，その抹消によって設定者が受ける利益も極度額を超えることはないから，被担保債権の額が目的物の価額の2分の1の額に達しないときは前者を訴額とするのだと主張されているが[155]，このことは初めから被担保債権の額を訴額とすることの妥当性を証しているということができる。

〔444〕　次の問題は，被担保債権の額が訴額をなすとみる場合，被担保債権の額は登記されている名目額なのか，それとも現在の被担保債権額なのかであ

154）訴額算定研究92頁。
155）訴額算定研究291頁以下。

る。この問題については，ドイツにおいても，見解の対立が著しい。すなわち，支配的見解は，被担保債権が全部または一部弁済されていること，または初めから成立しなかったことについて当事者間に争いがない場合であっても，登記された被担保債権の額が訴額算定の基準となるという[156]。これは，不動産の売却や担保設定のさいに名目額の全額において不動産の負担がその障害になるので，この障害を排除することにある原告の利益は，被担保債権の名目額を基礎に算定されなければならないと解するものである[157]。また，原告はたとえば登記された被担保債権500万円の額における不動産の負担からの解放を求めているので，この要求は被告が僅少の残存被担保債権を主張しているという理由で低く評価されてはならず，登記された被担保債権の額が訴額になるともいわれる[158]。これに対し，反対説は残債権の額ならびに登記抹消についての原告の利益に照準を合わせる[159]。この見解は，根抵当権の抹消登記の訴えの訴額にとって決定的なのは，最高額までの不動産の負担を内容とする登記された債権額ではなく，成立した債権の額であるとする。そして被担保債権がすでに弁済されたことにつき争いがない場合には，訴額は抵当権の名目額の20パーセントになるとする[160]。

　抵当権設定登記の抹消を求める訴えは被担保債権の存否をめぐる争いであるので，債務不存在確認の訴と同様，訴額の算定にあたり被担保債権の額に照準を合わせる場合，相手方が存在すると主張する残存債権額を基準にするのが理論的に正しいと思われる。残存債権額については，被告が主張する被担保債権額が重要である。被告が僅かな被担保債権額しか主張していないのに，登記簿に表示された額を訴額とすることは不合理である。被担保債権がすでに弁済されたことにつき争いがない場合には，①説は目的物の価額の2分の1が訴額だとするが，なぜ2分の1であるか，その根拠は明らかにされていない。裁判長または裁判所の裁量により算定されるべきである。抵当権の名目額の20パーセントを訴額とするのが適切であろう。

156）Vgl. *Schneider/N.Schneider*, Rn.3568.
157）たとえば，*Stein/Jonas/Roth*, §6 Rn.36.
158）*H.Schmidt*, MDR 1975, 847 ff.
159）Hans OLG Hamburg, MDR 1975, 846; OLG Köln, MDR 1980, 1025; *Schneider/N. Schneider*, Rn. 3569.
160）*Schneider/Herget/N.Schneider*, Rn.3571.

270　第3章　物権法

第6款　仮登記に基づく本登記請求

1　従来の見解

〔445〕　所有権に関する仮登記に基づく本登記請求については，①目的物の価額の全部を訴額とする見解[161]と，②目的物の価額の2分の1を訴額とみる見解[162]が主張されている。

　②説は，仮登記には対抗力がないが，将来の本登記のために順位を保全する効力を有し，仮登記権利者は仮登記を経ていない権利者と異なり目的物の価値の一部をすでに取得していると評価できること，また，所有権に関する仮登記によって仮登記権利者が得る利益は判例上目的物の価額の2分の1に相当すると解されていることから，仮登記に基づく本登記請求訴訟によって得られる利益は既に仮登記によって得られている利益を目的物の価額から控除した，目的物の価額の2分の1であること，義務者が登記を具備した完全な所有権の実現を妨害しているので，本登記請求はこの妨害を排除する関係にあるから，通常の所有権移転登記請求のように目的物の価額を基準とするのは不相当だとの理由をあげる。[163]

　そして，所有権に関する仮登記に基づく本登記請求の訴額を目的物の価額の2分の1を解する以上，地上権，永小作権および賃借権に関する仮登記に基づく本登記請求の訴額は目的物の価額の4分の1，地役権に関する仮登記に基づく本登記請求の訴額は目的物の価額の6分の1，担保物権に関する仮登記に基づく本登記請求の訴額は被担保債権の金額と目的物の価額とを比べいずれか低額の一方に2分の1を乗じて得られた額であると主張する。[164]

2　検　討

〔446〕　仮登記は本登記のように対抗力を有せず，順位保全効しか有しない。その順位保全効も本登記がなされて初めてその権利について発揮されるのであるから，この場合の本登記請求訴訟の訴額も，所有権移転登記請求（→

161）民事実務の研究(1)3頁。

162）民事訴訟費用研究252頁；訴額算定研究85頁以下；民事実務講議案I45頁；藤田／小川編・不動産訴訟107頁；深沢／小神野編・簡裁民事実務52頁；小川／宗宮／佐藤編・手引217頁。

163）民事訴訟費用研究252頁；訴額算定研究85頁以下；藤田／小川編・不動産訴訟107頁；小川／宗宮／佐藤編・手引217頁。

164）訴額算定研究87頁；藤田／小川編・不動産訴訟110頁；小川／宗宮／佐藤編・手引218頁。

〔433〕），地上権，永小作権および賃借権の設定登記請求（→〔438〕），および担保権の設定登記請求（→〔440〕）それぞれの訴額と同様に解するのが正しいように思われる。したがって，所有権移転登記請求権保全の仮登記に基づく本登記請求の訴額は，原告の所有権についても当事者間に争いがある限り，目的物の価額全額を訴額算定の基礎にするのが正しい。

第7款　仮登記の抹消登記手続請求
1　従来の見解
　不動産の所有権移転請求権保全のための仮登記の抹消請求訴訟の訴額に〔447〕ついても，見解が分かれうる。判例は，登記原因が無効であった事案につき，「所有権に基く物の引渡（明渡）請求権を訴訟物とする場合に準じ，目的不動産の価額の2分の1を基準として定めるのを相当とする」[165]とした。そして，この判例の見解は登記原因が有効であった場合にも，はたまた所有権以外の権利に関する仮登記の抹消の場合にも妥当すると主張する見解が多い。[166]

　この見解によれば，仮登記に基づく本登記手続請求の訴額の算定と対比してよく，これと同じく所有権に関するものについては訴額通知7の⑴を類推して目的物の価額の2分の1が，地上権，永小作権，賃借権に関する仮登記の抹消登記手続請求は訴額通知3を類推して目的物の価額の4分の1が，地役権関する仮登記の抹消登記手続請求は訴額通知4の類推により目的物の価額の6分の1，担保物権に関する仮登記の抹消登記手続請求は被担保債権額と目的物の価額のいずれか低額の方の2分の1の価額がそれぞれ訴額である。[167]

2　検　討
　訴額の点についてであれ，意思表示を求める訴えである仮登記の抹消登〔448〕記手続請求の訴額を仮登記に基づく本登記請求の訴額の算定と対比して考える基礎がどこに存するのか疑問である。むしろ仮登記の抹消登記手続請

165）最判昭和44・6・24民集23巻7号1109頁。
166）訴額算定研究94頁；書記官事務の研究Ⅱ43頁；民事実務講義案Ⅰ45頁；藤田／小川編・不動産訴訟110頁；小川／宗宮／佐藤編・手引219頁。
167）民事訴訟費用研究255頁；訴額算定研究94頁；藤田／小川編・不動産訴訟110頁。

272　第3章　物権法

求については，訴額通知にも何らの基準が示されていない。この訴訟の訴額は，原告が仮登記の抹消についての被告の意思表示につき有する利益を裁判所の自由な裁量によって評価することにより定まるので，[168] 所有権移転請求権保全の仮登記の抹消登記手続請求の訴額を一律に目的物の価額の2分の1とみることにはならない。原告が仮登記の抹消につき有する利益は，一般的には不動産を自由に処分しうることに対する障害となる仮登記を抹消することによりこの障害を除去する利益であるので，[169] 現実に不動産を処分しまたは担保に供することができないことによる一時的な不動産の価値減少が，裁判所による訴額評価の手がかりとされるべきである。

　目的物の取引価額は，当該不動産を処分する原告の障害の評価額よりも高いので，仮登記の抹消登記手続訴訟の訴額は目的物の取引価額に達することはない。裁判所の評価額としては，通常は不動産の取引価額（固定資産評価額のあるものは固定資産評価額の2分の1）の一部，たとえば10分の1から最大3分の1程度の範囲で訴額として算定されるべきであろう。[170]

　以上のように解すれば，所有権に関する仮登記の抹消登記手続請求であれ，用益物権に関する仮登記の抹消登記手続請求であれ，担保権に関する仮登記の抹消登記手続請求であれ，同じ基準で訴額の算定が行われるべきである。

第8款　抹消された仮登記の回復請求
1　従来の見解
〔449〕　登記名義人の意思によらないで不法に仮登記が抹消された場合，仮登記権利者は仮登記の回復を求める訴えを提起することができる。この訴えは，被告に対して回復登記手続に同意するよう求める給付の訴えである。請求の趣旨は，「被告は原告に対し，別紙目録記載の土地（価額3000万円）について○○○法務局平成○○年○○月○○日受付第○○○号で抹消された，平成○○年○○月○○日受付第○○○号所有権移転登記の仮登記の回復登

---

168)　*Schneider/Harget/N.Schneider*, Rn.3591.
169)　*Hillach/Rohs*, S. 211; *Schneider/Harget/N.Schneider*, Rn. 3594; *Schneider/Herget/ Monschau*, Rn.1228; *Stein/Jonas/Roth*, §6 Rn. 32.
170)　Vgl. *Anders/Gehle/Kunze*, Stichwort „Auflassungsvormerkung" Rn.3; *Schneider/ Herget/Monschau*, Rn.1228, 1234.

記手続をせよ」である。

　手数料訴額について，この訴えは仮登記の抹消登記の抹消登記によって
もとの仮登記を回復させることを目的とする手続とみて，抹消登記請求の
訴えに準じて訴額を算定すべきだとする見解[171]が主張されている。この
見解によれば，回復される登記がどのような種類の権利に係るかによって
訴額の算定を行うべきで，土地の所有権の移転登記請求権保全の仮登記の
回復登記請求の場合には，目的物の固定資産評価額の2分の1（特例によ
る減額）の，さらに2分の1の額が訴額になるとされる。

2　検　討

　しかし，仮登記の抹消登記手続請求の訴えの訴額と同様，ここでも目的〔450〕
不動産の価額（固定資産評価額，土地の場合に当面の間さらに特例によりその
2分の1）の2分の1を訴額とすることはできないであろう。原告がこの
訴訟によって得る利益，すなわち原告が仮登記の抹消登記の抹消につき有
する利益は，仮登記を回復する利益である。この利益は裁判所の裁量によ
り評価されるべきである。評価の手がかりは，所有権移転請求権保全の仮
登記の抹消登記の回復の場合には，目的物不動産の取引価額（固定資産評
価額のある土地については，特例によりその2分の1）のごく一部（たとえば
10分の1から最大3分の1）であろう。

第9款　本登記承諾請求
1　本登記承諾請求

　所有権に関する仮登記に基づく本登記は，登記上の利害関係を有する第〔451〕
三者（本登記につき利害関係を有する抵当証券の所持人または裏書人を含む）
がある場合には，当該第三者の同意があるときに限り，申請することがで
きる（不登109条1項）。この第三者が任意に仮登記に基づく本登記に同意
しない場合には，本登記をしようとする者は，第三者に対し同意を求める
訴えを提起し，確定判決を取得する必要がある。

　たとえば，仮登記後に当該不動産について抵当権の設定登記を受けた第
三者の抵当権は，仮登記権利者が本登記を受けると，仮登記の順位保全の

---

171)　訴額算定研究95頁；藤田／小川編・不動産訴訟110頁；小川／宗宮／佐藤編・手引222頁。

274　第3章　物権法

効力により，所有権移転に対抗することができなくなる。そのため，抵当
権者が有する登記について仮登記権利者に対して主張できる，登記の抹消
を妨げうべき事由を主張する機会を与えるのが，本登記への同意を要求す
る目的である。

2　手数料訴額

〔452〕　この本登記承諾請求の訴えの訴額について，種々の見解が可能である。
①本登記の申請のためには第三者の同意が必要なのであるから，原告がこ
の訴えによって受ける経済的利益は所有権の移転登記を得る利益と異なら
ないという理由から，目的不動産の価額を訴額とみる見解，②本登記承諾
請求の訴えは第三者から直接移転登記を受けるものではないから，目的物
の価額等を訴額とすることはできないし，仮登記に基づく本登記請求の訴
額が目的物の価額の2分の1とされることと比べ高すぎ，均衡を失する。
仮登記権利者に対抗することができない第三者が仮登記権利者の本登記の
申請を妨害している状態であるので，他人の土地の上に工作物を設置して
所有権を妨害しているのと同様の関係が生じており，したがって本登記承
諾請求の訴額を所有権に基づく妨害排除請求と同様，訴額通知7(1)に準じ，
目的物の価額の2分の1の額を訴額とみなす見解，[172] ③本登記承諾請求は
不動産登記法上の要件を満たすことを目的とするものであるから，原告の
利益の算定は不能であるので，訴額は160万円とみなされるという見解で
ある。

　　本書は仮登記に基づく本登記請求訴訟の訴額について，所有権移転登記
請求の訴額と同じと解している。具体的には原告への所有権の帰属につき
当事者間に争いがある場合には，訴額は目的物の価額全額であり，所有権
の帰属につき争いがない場合には目的物の価額の2分の1の額とみなすべ
きだと解している（→〔446〕）。登記上の利害関係を有する第三者に対する
本登記承諾請求においても，原告への所有権の帰属が争いになる場合には，
原告が自己の所有権を明らかにして被告の本登記への同意の意思表示を得
る利益に照準を合わせるべきであるので，目的物の価額全額が訴額とされ

---

172)　民事訴訟印紙研究49頁以下；民事実務の研究(1)4頁；民事訴訟費用研究253頁；訴額算定
　　研究289頁以下；藤田／小川編・不動産訴訟108頁。

第8節　登記請求訴訟　*275*

なければならないが，原告の所有権の帰属につき争いがない場合には裁判長または裁判所の裁量により訴額が算定されるべきであるが，通常，目的物の価額の2分の1の額を訴額とするのが妥当であると思われる。いずれにせよ，所有権に基づく妨害排除請求とのアナロジーで訴額を算定することは妥当でないと解する。以上のように解すると，②説が指摘するような，仮登記に基づく本登記請求の訴額と不均衡な結果も生じない。以上のように訴額の算定が可能である以上，③説は成り立たない。

3　請求の併合

　原告が本登記承諾請求と本登記請求を併合提起する場合には，両請求は〔453〕経済的にみて本登記の実現という同一の目的を追求するものであるので，利益は共通しており，それゆえ，訴額の合算は禁じられる（民訴費4条1項：民訴9条1項ただし書）。多額の方の請求の訴額によって手数料を算出しなければならない。[173]

第10款　農地の所有権移転登記
1　農地の所有権移転と農地法3条による農業委員会の許可の必要

　農地の所有権の移転のためには農業委員会の許可が必要であり（農地3〔454〕条1項），許可なしに行われた所有権の移転は効力を生じない（同条7項）。農地の譲渡人は，譲受人に対し農業委員会の許可の申請に協力する義務を負う。譲渡人が任意にこの義務を履行しない場合には，譲受人は許可申請手続に協力するよう求めて訴えを提起し，請求認容判決が確定すれば，農業委員会の許可申請についての譲渡人の意思表示が擬制される（民執174条）。

　通常，農地の譲受人の譲渡人に対する，農地法3条の規定による農地の所有権移転許可申請手続請求の訴えと，農業委員会の許可を条件とする所有権移転登記請求の訴えとは併合提起されるが，両請求の経済的一体性が存在する場合には，訴額は，合算原則の例外として，多額請求である方の請求の訴額によって定まる（民訴9条1項ただし書）。両請求は譲受人の所有権移転登記の実現という目標に向けられたものであり，したがって経済

173）同旨，藤田／小川編・不動産訴訟108頁。

276　第3章　物権法

的一体性を有するので，多額の方の請求の訴額によって，訴額が定まる。

2　管轄訴額／手数料訴額
(1)　従来の見解

〔455〕　そこで，2つの請求の訴額を各別に算定する必要がある。農地法3条の規定による所有権移転許可申請手続請求の訴えは被告の意思表示を求める訴えであるから，その請求認容判決は農地所有権の移転の効果をもたらすものではない。ところが，①かつての実務では確定的でない農業委員会の許可の取得を期待しうる利益も確定的利益と同視できるという判例[174]に基づき，訴額通知1または8を準用して目的農地の価額を訴額とするのが妥当とする見解[175]と，②譲渡人が許可申請手続に協力しないのは実質的に譲受人に移転している農地所有権を妨害している状態であると捉え，農業委員会の許可申請手続を求める訴えは所有権に対する妨害排除請求とみることができると主張し，訴額は訴額通知7(1)に準じ，当該農地の価額の2分の1の額とする見解[176]が存在する。

(2)　検　討

〔456〕　①説は，農業委員会の許可申請手続を求める訴えに勝訴しても，原告はそれだけでは移転登記を得ることができるとは限らないから（農地法3条2項は，農業委員会が許可できない場合を多数規定している），目的物の価額を訴額とすることは，原告が「訴えで主張する利益によって算定する」と定める民訴法8条1項に適合しない。②説は農業委員会の許可は農地所有権移転の効力要件とされているにもかかわらず，これは農地の所有権移転について公法上の規制の必要からであって，私法上は実質的に所有権はすでに移転しているとみる。しかし，訴額との関係からであっても，このような二重法秩序を肯定することは問題であろう。しかも仮に，この訴えを妨害排除請求の訴えと見る場合にも，訴額を目的物の価額の2分の1とすることが妥当かどうかは別問題である。この意思表示を求める訴えは所有権移転登記の要件の1つの充足を目指すものにすぎず，また，譲渡行為の効力にも争いがあるかどうかによっても訴額は異なると考えられる。

---

174)　最判昭和35・4・5民集14巻5号738頁。
175)　民事訴訟印紙研究68頁；民事訴訟費用研究274頁。
176)　訴額算定研究79頁，283頁；小川／宗宮／佐藤編・手引123頁。

第8節　登記請求訴訟　*277*

　当事者間で譲渡行為の効力にも争いがある場合には，目的物の価額の2分の1を訴額とすることも可能であるが，この点につき争いがない場合には，訴額は目的物の価額の4分の1や5分の1で足りると考えられる。裁判長または裁判所の裁量により判断されるべきことである。

　農地の所有権移転登記請求の訴額は，通常の所有権移転登記請求と同じく，裁判所が譲渡行為の効力（農業委員会の許可の関係を除く）について判断しなければならない場合には，目的物についての権利の移転全体が審理の対象であるので，不動産の価額が訴額の算定の基礎とされるべきであろう。これに対し，譲渡行為の効力について争いがない場合には，訴額は目的物の価額をはるかに下回る額とされなければならないであろう。

　農地法3条の規定に基づく許可申請手続を請求するとともに，同許可を条件とする所有権移転登記請求の訴えを併合する場合には，2つの請求は経済的に同一性を有するので，訴額は多額の方の訴額，通常は所有権移転登記請求の訴額がこの併合訴訟の訴額である。

3　農地法5条の規定による許可申請手続請求の訴額

　農地法5条の規定に基づき都道府県知事または農林水産大臣に対する許〔457〕可申請手続を請求する訴えの訴額は，農地法3条に基づく訴額の算定と同じように考えることができる。これに対する問題点として，農地を農地以外の用途に変更する目的で権利を設定または移転する場合を対象とする規定である農地法5条の許可基準は法令ではなく通達によって運用されていることから，許可は農地法3条の規定に基づく許可よりも困難といえるかもしれないことから，不許可事由が制限列挙されている農地法3条の場合と同じ算定基準によることは不合理ではないかという問題，他方，農地法5条の規定によって許可を受けると，従前の農地が有していた以上の価値を得ることができるので，農地法3条の規定に基づく許可の場合と同じ算定基準による訴額算定は不合理でないかという問題である。許可がなされる蓋然性によって訴額を算定することは停止条件付き債権の価額の算定のさいに問題になることであるが，許可の蓋然性は容易に判断することができないであろう。農地法5条の規定による転用許可による土地価格の増大の利益はあくまで許可がなされた場合の利益であり，許可がなされるかどうかが不確実であるので，間接的な利益というほかないであろう。した

がって，農地法５条による許可申請手続を請求する訴えの訴額も，農地法
３条の規定による許可申請手続請求と同じ算定方法により訴額を算定すべ
きである。

第 4 章
親族法・相続法

第1節　人事訴訟と附帯申立て
第2節　相続関係訴訟

第1節　人事訴訟と附帯申立て

第1款　はじめに

1　人事訴訟の種類

(1)　人事訴訟の類別

　人訴法は，婚姻事件，親子関係事件，養子縁組事件その他の身分関係の〔458〕
形成または確認を目的とする訴えを「人事訴訟」と定義し，かつ，これら
の訴えだけを家庭裁判所の専属管轄に属する人事訴訟と性格づけ（人訴2
条），同法の規制に服せしめる。

　①「婚姻事件」には，婚姻無効の訴え・婚姻取消しの訴え，離婚の訴え，
協議上の離婚の無効の訴え・協議上の離婚の取消しの訴え，婚姻関係存否
確認の訴えが数えられている（同法2条1号）。②「親子関係事件」には，
嫡出子の否認の訴え，認知の訴え，認知無効の訴え・認知取消しの訴え，
父を定めることを目的とする訴えおよび実親子関係の存否の確認の訴えが
属する（同条2号）。③「養子縁組事件」には，養子縁組無効の訴え・養
子縁組取消しの訴え，離縁の訴え，協議上の離縁の無効の訴え・協議上の
離縁の取消しの訴えおよび養親子関係の存否確認の訴えが属する（同条3
号）。

　これら法律が人事訴訟として性質決定する事件のみが「人事訴訟」とさ
れ，それ以外のものは，たとえ人の身分関係にかかわる訴訟事件であって
も，人事訴訟ではないことになる。

(2)　失権効ないし判決確定後の関連訴訟の原則禁止

　人訴法は，この人事訴訟の類別に重大な効果を与えていると解されてい〔459〕
る。人事訴訟では人の身分関係の安定を図るために訴えの変更および反訴

280 第4章 親族法・相続法

提起の要件を緩和し（人訴18条），これに対応して，係属中の訴訟手続のなかで訴えの変更および反訴により主張することのできた事実に基づく同一身分関係に関する人事訴訟を，この訴訟で下された判決の確定後にさらに提起することを禁止しているが（**失権効**ないし**判決確定後の関連訴訟の原則禁止**，同法25条1項・2項），これらの効果は同じ類型に属する事件についてのみ妥当する。[1]

〔460〕　類型を異にする人事訴訟相互間，たとえば，婚姻事件と実親子関係事件または養子縁組事件との間，また実親子関係事件と養子縁組事件の間では —— 訴えの変更や反訴の提起は許されるものの[2] —— 失権効ないし判決確定後の関連訴訟の原則禁止は妥当しない。旧人事訴訟手続法の適用下では，この法律が人事訴訟として明定している事件のほかに，離婚無効の訴え，離縁無効の訴え，夫婦関係存否確認の訴え，養親子関係存否確認の訴えおよび実親子関係存否確認の訴えのような，明文規定によって定められておらず，解釈上「人事訴訟」に属すると解された訴えがあり[3]，そのような解釈上人事訴訟と性質決定された訴訟も婚姻事件，実親子関係事件，養親子関係事件の各類型に類別して，併合要件の緩和，別訴の禁止および失権効を判断する必要があった。[4] 今日では従来の解釈上の人事訴訟事件は人訴法2条各号において明文規定により各々類別されているが，人事訴訟法上これら各号に列挙されているもののほかに，なお，「身分関係の形成又は存否の確認を目的とする訴え」があることを認めている（人訴2条の定義規定）。もっとも，具体的にどのような訴訟事件がこの**無名人事訴訟**とでも呼ぶべきものに当たるかは明らかでない。協議離婚のさいに未成年子の親権者を定める協議における合意の不存在を主張する元夫婦の一方が他方に対して提起する「親権者指定協議無効確認の訴え」や，姻族関係存否確認の訴えがこのような訴えに当たるか否か問題となる。裁判例には前者を人

---

1) ただし，前訴における訴えの変更と反訴の提起は，旧法と異なり，人事訴訟法によれば，この事件類型による制約なしに自由に行うことができる。もちろん類型の異なる事件を反訴または訴えの変更により提出しなかった場合にも，25条1項・2項による失権効は生じない。

2) 人事訴訟法は，旧人事訴訟手続法7条2項の訴えの変更および反訴の制限規定を受け継がなかった。

3) かつて，準人事訴訟と呼ばれた。兼子一「親子関係の確認」同・研究(1)363頁；山木戸・人訴法37頁，81頁；岡垣学・人事訴訟手続法（1981年・第一法規）36頁以下，396頁；大判昭和11・6・30民集15巻1281頁；最判昭和25・12・28民集4巻13号701頁。

4) 山木戸・人訴法5頁参照。

事訴訟として適法と解し，「事案の性質に鑑み，離婚無効確認訴訟と同様に解釈上人事訴訟として，手続や効果を規律するのが相当」と判示するものがある[5]。また，外国裁判所の離婚判決や親権者指定判決の無効の確認または不承認を求める訴え[6]は，人事訴訟として扱われるべきであろう。扶養料請求や財産分与請求に関する外国判決についての執行判決訴訟，債務名義が家事事件を基礎としている場合の執行文付与を求める訴え，執行文付与に対する異議の訴え，対応する請求異議の訴え，第三者の権利が家事事件に由来する場合の第三者異議訴訟などについても検討が加えられる必要がある[7]。将来，**無名人事訴訟**に当たるとされるものは，解釈上，婚姻事件，実親子関係事件，養子縁組事件のいずれかに類別され，上記の問題が判断されることになるが，そうでないものもありうる。

(3) 人事訴訟と関連損害賠償請求の併合

職権探知主義の妥当する人事訴訟上の請求と弁論主義の妥当する通常の〔461〕民事訴訟上の請求を併合することは，数個の請求が同種の訴訟手続によって審理裁判できるものであることという（民訴136条）併合要件を欠くため，民訴法の原則によれば不適法であるが，人訴法はこの点につき例外を定めている。すなわち，人事訴訟上の請求（たとえば婚姻取消しや離婚訴訟）と，その請求原因となる事実（たとえば夫の暴行や不貞，養親の暴行や遺棄）によって生じた損害賠償に関する請求（関連損害賠償請求）の併合を適法としている（人訴17条1項前段）。

(4) 附帯処分の申立て

夫婦の一方が他方を相手方として婚姻取消しの訴えまたは離婚の訴えを〔462〕提起する場合には，両当事者は，本来家事審判事項である子の監護者の指定その他の子の監護に関する処分，財産の分与に関する処分または厚生年金保険法78条2第2項の規定による処分（標準報酬等の按分割合に関する処分）（以上「附帯処分」）をも受訴裁判所に申し立てることができる（人訴32条1項）。被告がこれらの申立てをする場合には，反訴の提起を要件とせず，

---

5) 東京高判平成15・6・26東高高民時報54巻1～12号10頁＝判時1855号109頁。批評として，常岡史子・判評551号24頁がある。

6) 例として，東京地判昭和46・12・17判時665号72頁＝判タ275号319頁；横浜地判昭和57・10・19家月36巻2号101頁＝判時1072号135頁；東高家判平成19・9・11家月60巻1号108頁＝判時1995号114頁。

7) Vgl. *Rosenberg/Schwab/Gottwald*, 16. Aufl., §165 Rdnr. 34 ff.

282　第4章　親族法・相続法

請求棄却の申立てを主位的申立てとし，主位的申立てが認容される場合のために，主位的申立ての棄却を解除条件とする附帯処分の申立てを予備的申立てとして提起することができる[8]。そして，当事者が訴え提起のさいに，これらの処分を申し立てる場合には，訴状の請求の趣旨または答弁書のこれに相当する箇所に申立てを記載することができる[9]。附帯処分の申立てを控訴審において提起する場合，相手方の同意を必要としないとするのが判例である[10]。

2　非財産権上の請求

〔463〕　人事訴訟は，法律上，家庭裁判所の専属管轄に属し（人訴4条），したがって管轄訴額の問題は生じない。また前述のように，人事訴訟は非財産権上の争訟であるから（→〔39〕），手数料訴額は160万円とみなされる（民訴費4条2項前段）。問題が生ずるのは，非財産権上の請求と財産権上の請求を併合する場合，非財産権上の請求と非財産権上の請求を併合する場合，および婚姻事件に附帯処分の申立てを併合する場合である。

第2款　異なる類別に属する人事訴訟上の請求の併合

〔464〕　たとえば，離婚の訴えと離縁の取消しまたは無効確認の訴えが併合提起される場合のように，併合される訴えが異なる類別に属する人事訴訟上の請求における訴額の算定について，見解の対立がある。

　①非財産権上の請求については固有の訴額はなく，そのような請求がいくつ併合されても1個の訴額のみが認められると主張する見解[11]，②非財産権上の請求と非財産権上の請求の併合の場合には，併合請求の個数を考慮した手数料を定める必要があり，160万円の擬制訴額を基礎とする各別の手数料額を合算すべきものと主張する見解，③経済的利益のない請求の併合であるから，経済的利益の同一性による合算禁止の原則の適用はなく，個々の請求につき擬制訴額を合算して手数料訴額を算定すべきだとする見

---

8)　山木戸・人訴法110頁；岡垣学・人事訴訟の研究（1980年・第一法規）213頁。
9)　山木戸・人訴法110頁。
10)　最判平成16・6・3家月57巻1号123頁＝判時1869号33頁＝判タ1159号138頁。
11)　大判明治30・6・19民録3輯6巻53頁。

解[12] が対立する。

　たとえば，原告が離婚請求と離縁の取消しまたは無効確認の請求を併合する場合，①説によれば訴額は160万円，これを基礎にした手数料は13,000円である。②説よれば，1つの非財産権上の請求の手数料額13,000×2で26,000円が手数料額である。③説によれば，みなし訴額160万円＋160万円＝320万円が手数料訴額であり，これを基礎に手数料額は21,000円と算定される。

　ここでは併合される請求が異なる身分関係に類別される請求であるので，訴額の合算が行われるべきである。非財産権上の請求は経済的利益を目指すものではないが，原告は併合される非財産権上の請求につき請求の個数に応じた異なる利益を有しているので，このような請求の併合について1つの訴額のみを肯定することはできない。したがって，請求の併合についての合算原則に従って訴額は合算されるべきであり，③説が正しい。

第3款　同じ類型に属する人事訴訟上の請求の併合

　離婚の訴えと婚姻取消しまたは無効確認の訴えの併合のように，人事訴〔465〕訟といっても同一の身分関係を対象とする請求が併合される場合には，擬制訴額による各別の手数料額を合算することや，各別の請求の擬制訴額を合算した価額を訴額として手数料額を算出することは全く不合理である。なぜなら上述のように，人訴法は，婚姻事件，実親子関係事件，養子縁組事件という人事訴訟の類別に重大な効果を与えているからである。人事訴訟では各々類別された身分関係の安定を図るために訴えの変更および反訴提起の要件を緩和し（人訴18条），これに対応して，係属中の訴訟手続のなかで訴えの変更および反訴により主張することのできた事実に基づく同一身分関係に関する人事訴訟を，この訴訟で下された判決の確定後にさらに提起することを禁止している（**失権効**ないし**判決確定後の関連訴訟の原則禁止**，同法25条1項・2項）。たとえば，離婚訴訟で下された判決が確定した後に婚姻取消訴訟を提起することは不適法である。

　それゆえ，婚姻事件，実親子関係事件，養子縁組事件という各々の人事訴訟の類別の枠内で提起された数個の非財産権上の請求は請求の併合によ

---

12) 小川／宗宮／佐藤編・手引228頁。

284 第4章　親族法・相続法

るのであれ，反訴であれ，擬制訴額の合算は行われてはならないと解する。手数料訴額は同一の身分関係について1つだけであり，160万円とみなされるべきである。

第4款　婚姻無効，婚姻取消し，離婚，離婚取消しの訴えと財産権上の訴えまたは附帯処分の申立ての併合

1　財産権上の訴えの併合と反訴

〔466〕　　(a)　**請求の併合**　　たとえば離婚の訴えと離婚原因たる事実によって生じた損害賠償請求を併合する場合のように，非財産権上の請求と財産権上の請求を併合した場合の手数料訴額については，訴額の合算は禁止され，訴額はより多額の請求の訴額によって定まる（民訴費4条3項）。たとえば，離婚請求と，離婚原因たる事実によって生じた500万円の慰謝料請求を併合する場合は，離婚請求は非財産権上の請求であり，その手数料訴額は160万円であるから，額のより大きな慰謝料請求の手数料訴額500万円が本件の手数料訴額となり，手数料額は30,000円である。

〔467〕　　(b)　**離婚の反訴**　　以上のような本訴請求に対して被告が離婚の反訴を提起したときは，すでに述べたように同じ身分関係に関する反訴であるので，手数料は必要ではないと解する。

　　従来は，反訴の手数料訴額は160万円とみなされ，原則的手数料額は13,000円であるのに対し，本訴の手数料訴額は民訴費用法4条3項の適用により慰謝料請求額である500万円であるから，その手数料額は30,000円であるが，この手数料額は500万円の慰謝料請求のみの手数料ではなく離婚請求の手数料額でもあるので，本訴の離婚請求の手数料部分を別途算定して，離婚の反訴請求の手数料額から控除しなければならないとされている。そして，本訴の離婚請求部分の手数料額は160万円の訴額に対応する13,000円であるので，これを離婚の反訴請求の手数料額から控除すると，反訴の手数料はゼロになると主張されている[13]。

　　これは，私見とその結論は同じであるが，本訴の離婚請求の手数料額はこのような併合訴訟の場合には13,000円とみることはできないであろう。本訴の手数料には離婚請求の手数料も含まれているにしても，離婚請求の

---

13)　内田編・解説99頁；民事訴訟費用研究308頁；訴額算定研究264頁以下。

手数料を再算定するためには，離婚請求と損害賠償請求の訴額の比率によって離婚請求の手数料を再算定すべきであるから，単純に再算定された離婚請求の手数料を13,000円とすることはできないからである。

（c）**請求の併合を伴う離婚の反訴**　離婚の訴えに対し，被告が離婚〔468〕と離婚原因たる事実によって生じた，たとえば500万円の慰謝料請求の反訴を提起する場合，私見によれば，離婚の反訴は訴額算定の対象とすべきでないので，反訴の手数料訴額は500万円であり，これに対応する手数料は30,000円である。

これに対し，有力説によれば，この場合には，反訴が非財産権上の請求と財産権上の請求の併合であるので，民訴費用法４条３項により多額の方の請求である慰謝料請求の訴額500万円が反訴の手数料訴額であり，これに対応する反訴の原則的手数料は30,000円である。しかし，この手数料額は500万円の慰謝料請求のみの手数料額ではなく離婚請求の手数料額でもあるという。そして，離婚の反訴請求と離婚の本訴請求は目的を同じくするので，反訴の原則的な手数料額（30,000円）から本訴の手数料額（13,000円）を控除した差額17,000円が反訴の手数料となるとされる。[14]

この有力説の問題点は，反訴の原則的な手数料額の算出のさいに，反訴による離婚請求の手数料はすでに考慮ずみであることが無視され，反訴の原則的な手数料額から本訴請求の手数料額をさらに控除することである。また，この有力説によれば，慰謝料請求額がたとえば160万円以下であるときは，反訴の手数料訴額は離婚請求の手数料訴額160万円であり，これに対応する手数料は13,000円であるから，この額から本訴請求の手数料額（13,000円）を控除するとゼロとなり，反訴被告は離婚請求と慰謝料請求を提起したにもかかわらず，手数料納付の必要がないという不自然な結果になる。さらに，被告が離婚の反訴を申し立てず，慰謝料請求160万円のみを申し立てたときは，13,000円の手数料の納付を要するが，離婚請求を併合することにより，反訴の手数料がゼロになるという不当な結果になることを確認することができる。

14）訴額算定研究265頁：小川／宗宮／佐藤編・手引237頁。

286　第4章　親族法・相続法

2　附帯処分の申立ての併合

〔469〕　夫婦の一方が他方を相手方として婚姻取消しの訴えまたは離婚の訴えを提起するさい，子の監護者の指定，面接交流その他子の監護に関する処分，財産分与に関する処分または標準報酬等の按分割合に関する処分（「附帯処分」）をも受訴裁判所に申し立てる場合には，婚姻取消しの訴えまたは離婚の訴えの手数料のほかに，子の監護者の指定，面会交流，財産分与の申立て，標準報酬等の按分割合の申立てなど申立て1個について1,200円ずつの家事審判申立手数料を納付しなければならない（民訴費3条1項，民訴費別表第1の15の2の項）。

〔470〕　(1)　離婚訴訟を提起する原告が500万円の財産分与の申立てをする場合には，原告は離婚訴訟の訴額160万円に対応する手数料額13,000円と財産分与申立て手数料である1,200円（民訴費別表第1の15の2の項）の合計額14,200円を手数料として納付しなければならない。

〔471〕　(2)　上記の例において原告が財産分与の申立てのほかに標準報酬等の按分割合に関する処分をも申し立てる場合には，さらに後者についての申立て手数料1,200円（民訴費別表第1の15の2の項）を加えて合計15,400円が納付すべき手数料額である。

〔472〕　(3)　同じ例において，原告が財産分与の申立てであるか，慰謝料請求であるか，また両者の内訳を明らかにせずに単に500万円の支払いを求める申立てをした場合，手数料の算定方法が財産分与と慰謝料とで異なるため，裁判所はこの点を明らかにするよう原告に補正を求める必要が生ずる。

　　補正により，500万円全額が財産分与として請求されたことが明らかになった場合には，(1)の手数料となる。これに対し，500万円全額が慰謝料請求である場合には，離婚訴訟の訴額（擬制訴額）160万円よりも慰謝料請求の訴額の方が多額であるので，多額である慰謝料請求の手数料訴額500万円が本件の手数料訴額であり（民訴費4条3項），3万円が納付すべき手数料である（→〔466〕）。

〔473〕　(4)　同じ例において，500万円の請求が財産分与または慰謝料請求のいずれかではなく，両者を含む場合（一部は財産分与の申立て，残部は慰謝料請求の場合）がある。

　　慰謝料請求権と財産分与請求権は性質の異なる別個の請求権であって，選択行使ができるとともに，双方を併合して請求できることを，判例も認

めている。[15] 訴額については，民訴費用法4条3項の適用との関係で慰謝料請求の額が160万円を超えるか否かが重要である。慰謝料請求が160万円以下である場合には，民訴費用法4条3項の適用により，多額である離婚請求のみなし訴額160万円がこの訴訟の訴額となるので，離婚請求の訴額に対応する手数料13,000円と，財産分与請求についての家事審判事項の申立手数料1,200円の合計額14,200が手数料訴額となり（慰謝料請求は顧慮されない），慰謝料請求の額が160万円より多額のときは慰謝料請求額に対応する手数料額と家事審判事項の申立て手数料1,200円の合計額が手数料額となる（離婚請求は顧慮されない）。[16] 財産分与の申立てと慰謝料請求とが併せて提起されている場合には，財産分与請求の手数料は民訴費用法別表第1の15の2の項により算出され，慰謝料請求は同別表第1の1の項により算出されなければならないからである。

(5) 離婚請求または婚姻取消し請求に加えて子の監護者の指定，面接交流その他子を監護に関する処分を申し立てる場合には，前述のように離婚請求または婚姻取消し請求の手数料のほかに，附帯処分の申立てについての手数料も必要になるが，離婚の訴えを提起する原告が自分が親権者と指定される場合のために子の養育費の支払いを命ずるを申立てを提起する場合には，子の養育費の請求が附帯処分に含まれるかどうかが問題となる。 **〔474〕**

離婚後の子の監護費用について，最高裁判所は平成元年の判決で，民法771条，776条1項は「子の監護をする父母の一方がその親権者に指定されていると否とにかかわらず，父母の他方が子の監護に必要な費用を分担するなどの子の監護に必要な事項を定めることを規定しているものと解すべきである」と判示して，親権者の指定とは別に子の監護者の指定をしない場合であっても，裁判所は離婚請求を認容するさいに申立てにより他方の当事者に監護費用の支払いを命ずることができるとした。[16a] また別居後離婚までの子の養育費の分担について，「離婚前であっても父母が別居し共同して子の監護に当たることができない場合には，子の監護に必要な事項としてその費用の負担等についての定めを要する点において，離婚後の場合と異なるところがないのであって，離婚請求を認容するに際し，離婚前

---

15) 最判昭和53・2・21家月30巻9号74頁＝金商555号33頁。
16) 小川／宗宮／佐藤編・手引232頁。
16a) 最〔2小〕判平成元・12・11民集43巻12号1763頁＝判時1337号56頁。

288 第4章 親族法・相続法

の別居期間中における子の監護費用の分担についても一括して解決するのが，当事者にとって利益となり，子の福祉にも資する」と判示し，民法771条，766条1項の類推適用を認めた。[16b] 婚姻中の子の養育費・監護費用は婚姻費用に含まれるので，離婚訴訟の附帯処分としての財産分与の申立てをし，財産分与のおよび方法を決めるさい，当事者の一方が過当に負担した婚姻費用の清算を考慮することにより実質的に婚姻中の子の養育費や生活費を含めた婚姻費用全般の清算を行うことは従前の判例によって承認されているので，当事者はいずれかの申立てを選択できる。

　さて，当事者が別居後離婚までの養育費を含め子の監護費用について附帯処分を申し立てた場合，離婚の訴えの手数料（13,000円）のほかに家事審判事項の申立手数料として1,200円（合計14,200円）の納付が必要となる。

第5款　養子縁組事件と附帯申立て

1　養子縁組事件

〔475〕　人訴法は養子縁組関係訴訟として，養子縁組の無効の訴え，養子縁組の取消しの訴え，離縁の訴え，協議上の離縁の無効の訴え，協議上の離縁の取消しの訴えおよび養親子関係の存否確認の訴えを規定している（人訴2条3号）。

2　養親双方が養子に対して養子縁組無効の訴えを提起する場合

〔476〕　（1）　配偶者のある者が未成年者を養子とするには，配偶者とともにしなければならない（民795条。ただし配偶者の嫡出子を養子とする場合および配偶者がその意思を表示できない場合を除く。同条ただし書）。それ以外の場合には，夫婦共同縁組は必要でなく，その配偶者の同意を得るだけでよい（同法796条）。

〔477〕　（2）　夫婦が配偶者とともに縁組をすべき場合に，これに違反したときは夫婦の一方の縁組意思の欠缺が生ずる。この場合，縁組が全体として無効になるべきかどうかにつき，全部無効説と各別効力説が対立した。全部無効説は，夫婦共同縁組の共同性の要件を厳格に解し，縁組は全体として1個であるから夫婦の一方の縁組意思の欠缺は縁組全体の無効をもたらすと

16b）最〔1小〕判平成9・4・10民集51巻4号1972頁＝家月49巻9号92頁＝判時1620号78頁。

みる。各別効力説は夫婦共同縁組においても夫婦のそれぞれについて縁組行為があるから，その効力も各別に判断されるべきであるとする。

夫婦共同縁組の原則が適用される範囲において，縁組無効の訴えが固有必要的共同訴訟であるか否かが問題になる。**固有必要的共同訴訟説**は，全部無効説の主張するところであって，民法が夫婦共同縁組を要求する限りで，夫婦の一方が縁組意思を欠く場合には，縁組は全体として無効であるから，縁組意思のある他方の配偶者も共同原告として加わり，または共同被告として訴えられなければならないとする。**個別訴訟説**は，各別効力説の説くところであって，夫婦共同縁組の原則は縁組届けの受理の要件であるに止まり，届出が受理された以上は，夫婦の一方が縁組意思を欠く場合，その者との関係では縁組は無効であるが，縁組意思のある他方の配偶者との関係では縁組は無効ではなく，また取消し原因にも当たらないという理由で，縁組意思を欠く夫婦の一方と相手方（養子）との間で縁組無効訴訟を各別に行うことができ，また当事者が共同して訴えまたは訴えられる場合にも通常共同訴訟が成立するにすぎないとみる。

判例は，改正前の民法795条について，法律が夫婦共同縁組を要求する理由を「縁組により他人との間に新たな身分関係を創設することは夫婦相互の利害に影響を及ぼすものであるから，縁組にあたり夫婦の意思の一致を要求することが相当であるばかりでなく，夫婦の共同生活ないし夫婦を含む家庭の平和を維持し，さらには養子となるべき者の福祉をはかるためにも，夫婦の双方についてひとしく相手方との間に親子関係を成立させることが適切であるとの配慮に基づく」ことに求める。そこから「夫婦につき縁組の成立，効力は通常一体として定められるべきであり，夫婦が共同して縁組をするものとして届出がなされたにもかかわらず，その一方に縁組をする意思がなかった場合には，夫婦共同の縁組を要求する右のような法の趣旨に反する事態が生ずるおそれがあるのであるから，このような縁組は，その夫婦が養親側である場合と養子側である場合とを問わず，原則として，縁組の意思のある他方の配偶者についても無効であるとしなければならない」と判示した[17]。この判例は，一方の配偶者と相手方当事者との間に単独でも親子関係を成立させることが他の配偶者の意見に反しその利

---

17) 最判昭和48・4・12民集27巻3号500頁＝家月25巻9号76頁＝判時714号179頁。

290 第4章 親族法・相続法

益を害するものではなく，養親の家庭の平和を乱さず，養子の福祉を害す
るおそれがないなど民法795条本文の趣旨にもとるものではないと認めら
れる特段の事情がある場合は，縁組意思を欠く配偶者についてのみ縁組は
無効となるとする。

〔478〕　(3)　未成年者を養子とする場合以外は，夫婦の一方は他方の同意を得て
養子縁組をすることができる。養父と養子，養母と養子の間に別個の縁組
行為によりそれぞれ養親子関係が形成されるので，縁組の無効も別個に主
張できる。この場合，訴訟物は異なるが，共同訴訟として審理が行われ統
一的な判断がなされる利益も大きい。父子関係と母子関係が密接な関係を
有していることに鑑みて，訴額の面では規範的訴額の観点から1つの身分
関係に準じて扱う余地もあるように思われる。

3　養親の双方が原告となって養子に対して離縁無効の訴えを提起する場合

(1)　協議上の離縁の無効の訴え

〔479〕　この訴えは，特定の協議上の離縁につき戸籍の届出がなされているが，
当事者の一方または双方の離縁意思の欠缺により無効であるべきことを主
張して協議離縁の無効の確認を求める訴えである。人訴法は，この訴えを
適法と認め，かつ養子縁組事件として類別した。

通説と判例は，離縁意思のない離縁は当然無効とし，当事者の意思に基
づく離縁届けのない場合と区別せず，離縁無効の訴えを確認の訴えと解し
ている（確認訴訟説）[18]。これに対し，意思に基づく離縁の届出を欠く場合は
離縁の不成立として縁組関係の存在を何時でも，また何人からでも主張で
きるが，離縁意思を欠く離縁は判決の確定を待って始めて遡及的に無効に
なるのであり，したがって離縁無効の訴えは形成の訴えに位置づけられる
とみる見解[19]もある。筆者は離婚無効の訴えを確認の訴えと解しているが[20]，
それと同じ理由から，離縁無効の訴えを無効確認の訴えと解する。

---

18)　大判昭和15・12・6民集19巻2182頁；最判昭和34・7・3民集13巻7号905頁＝家月11巻
　　9号85頁；最判昭和53・3・9家月31巻3号79頁＝判時887号72頁。
19)　山木戸・人訴法52頁。
20)　松本・人訴法〔416〕。

(2) 当事者

　養子縁組無効の訴えと同じく，当該養子縁組の当事者である養親または〔480〕養子は，原告としてこの訴えの訴訟追行権を有する。養親または養子のいずれか一方が原告となり，他方が被告となる（もっとも，代諾縁組で養子が満15歳に達しない間は，民法815条の類推適用により代諾権者が当事者となることができる）。

　第三者がこの訴えの原告となることができるかについて，協議上の縁組の無効の訴えについてと同じく見解の対立があるが，肯定説は，養親子の一方の親族で離縁無効判決により自己の法的地位（相続権や扶養義務）に直接影響を受ける者の訴え提起権能を肯定する[21]。

　民法811条の2によれば，養親が夫婦の場合，未成年者である養子と離縁をするには夫婦が共同でしなければならない（本条本文）。この場合でも，夫婦の一方が意思表示をすることができないときは，他方のみと離縁をすることができる（本条ただし書）。夫婦共同離縁が要求されるのは，養親が夫婦であり，かつ，養子が未成年者（婚姻によって成年に達したとみなされる場合は除く）の場合である。離縁のときに養親が夫婦であっても養子が成年者である場合や，養子が未成年者であっても養親が夫婦でない場合には，共同離縁は必要とされない。したがって，夫婦共同縁組をした夫婦がともに養親になっている場合に，その婚姻中に未成年者である養子と離縁をしようとする場合には，夫婦共同で離縁をしなければならず，単独で養子と離縁をすることができない。また，夫婦が異時的に縁組によって順次養親になった場合にも，養子が未成年者である限り，共同で離縁をしなければならない。

　夫婦が共同で離縁すべき場合に，これに違反して離縁の届出がなされた場合には，届出は受理されるべきではないが（民813条1項），誤って受理された場合には，離縁の効力が問題となる。これには，養親夫婦の一方が離縁意思のない他方名義を冒用して双方名義での届出を提出し受理された場合，および夫婦の一方が意思表示をし得ない場合ではないのに，この理由により養親夫婦の一方が単独離縁の届出をし，受理された場合などである。このような場合の離縁の効力については，夫婦の一方の意思に基づか

21）梶村太一／徳田和幸編・家事事件手続法〔第3版〕（2016年・有斐閣）687頁〔若林〕。

292　第4章　親族法・相続法

ない夫婦共同縁組の届出の効力と同じく，全部無効説，個別的効力説および折衷説の対立がある。**全部無効説**は，離縁意思のない配偶者のみならず，離縁意思のある配偶者についても離縁を無効とすべきだとする見解である。個別的効力説は，離縁意思のない養親夫婦の配偶者についてのみ離縁の無効が生じるとの見解である。折衷説は，全部無効説の考え方を基本に据えつつ離縁を無効とすることが養子にとって不利益になるような特段の事情があるときは離縁意思を有する養親については離縁を有効とする見解である。全部無効説によれば，縁組無効の訴えの場合と同様，原則として夫婦双方が当事者となる必要があるが，夫婦共同離縁の原則の趣旨に反しない特段の事情がある場合には例外として一方だけが当事者になることができる。

　養親または養子が原告となる場合，各々養子または養親を被告とする。第三者が原告となる場合には，養親および養子を被告とするが，被告とすべき者が死亡した後は，検察官を被告とする（人訴12条1項）。

(3)　訴　額

〔481〕　夫婦双方が当事者となって離縁無効の訴えを提起すべき場合，離縁の効力を夫婦双方との関係で合一的に定めるべき固有必要的共同訴訟であり，したがって同一の目的に向けられた訴訟であるから，手数料訴額は160万円である。

4　第三者が養親と養子に対して養子縁組無効の訴え，離縁無効の訴えを提起する場合

〔482〕　これらの訴えは他人間の身分関係の確認を求める訴えであり，養親子関係の主体である養親および子の双方を被告としなければならないので，固有必要的共同訴訟（→〔102〕）である（人訴12条2項）[22]。この訴えは養子縁組の無効確認または離縁の無効確認という同一結果を目標とするので，その訴額は160万円である。

5　養子が養親双方に対して養子縁組無効の訴えを提起する場合

〔483〕　未成年者である養子が養親夫婦に対して提起する養子縁組無効の訴えは，

---

22)　大判大正5・9・6民録22輯1681頁参照。

〔477〕において述べた理由により原則として固有必要的共同訴訟となるので，手数料訴額は160万円である。

6　養親が養子に対し離縁の訴えを提起し，同時に養親の娘が養子に対して離婚の訴えを提起する場合

養親の娘が養子に対して提起した離婚の訴えと，同時に養親の提起した〔484〕養子に対する離縁の訴えの併合訴訟は，適法である（人訴5条）。訴額に関しては，これらの訴えは離婚と離縁という別個の法律効果に向けられているので，2つの訴えの利益の共通性は認められない。それゆえ，各々160万円の訴額を合算し，320万円が手数料訴額である。[23]

7　養親子関係存否確認の訴え

これは，特定人間の養親子関係の存在または不存在の確認を求める訴え〔485〕である。旧人事訴訟手続法には明文規定がなかったが，従前から解釈上適法と認められていた。[24] 人訴法は，明文規定でこれを適法とし，かつ，養子縁組事件に類別した。

養親子関係存否確認の訴えは，養子縁組無効原因および協議上の離縁の無効原因以外の原因に基づき，養親子関係そのものの存否の確認を目的とする訴えである。養子縁組無効原因および協議上の離縁の無効原因がある場合には，各々養子縁組無効の訴えまたは離縁無効の訴えによるべきである。養親子関係の不存在の確認を求める訴えと，その存在の確認を求める訴えとがある。前者は，外見上成立している養子縁組の不成立（戸籍の届出を欠くための不成立）を主張するのが通常であるが，争いのある離縁の効力につきこれを有効と主張し，その確定を図るために提起される場合もありうる。養親子関係存在確認の訴えは，外見上成立している離縁の不成立（戸籍の届出を欠くための不成立）を主張する場合であることが多いけれども，争いのある養子縁組の効力につきこれを有効と主張してその確定を図る場合もあるとされる。[25]

養親子関係存否確認の訴えが養親子関係の存在または不存在を確定判決

23）小川／宗宮／佐藤編・手引241頁。
24）大判明治38・12・5民録11輯1629頁。
25）山木戸・人訴法55頁。

294　第4章　親族法・相続法

の既判力によって確定し，身分関係の安定を図る目的を有するものであり，確認の訴えである。

第6款　実親子関係事件と附帯申立て

1　実親子関係事件

〔486〕　実親子関係訴訟とは，実親子関係の形成または確認を目的とする訴訟である。これには，嫡出子の否認の訴え，認知の訴え，認知無効の訴え・認知取消しの訴え，父を定めることを目的とする訴えおよび実親子関係の存否の確認の訴えが属する（人訴2条2号）。嫡出子の否認の訴えの訴訟物は，母の夫が子の父でないことの確認を求める申立てであると解される。

父（または母）は嫡出でない子を任意に認知することができるが（民779条），任意認知がない場合，嫡出でない子は父（または母）に対する訴えによって父子（または母子）関係の確認による法律上の非嫡出父子関係の形成を求めることができる。これが認知の訴えである。認知の訴えの訴訟物は，子と被告との間の自然的血縁関係の存在を確認する形式での法律上の父子関係の形成を求める申立てと解すべきである[26]。したがって，訴状の請求の趣旨も，被告が原告の父であることを確認するとの判決を求める，となる。

人訴法は認知無効および認知取消しの訴えを実親子関係訴訟として定めているが（2条2号），これらの訴えがどのような内容を有する訴えであるかは明瞭ではない。したがって，任意認知の種々の瑕疵のうち，どれが無効原因をなし，どれが取消原因に当たるかは，必ずしも明確ではないのである。このため，これらの訴えの請求原因や法的性質について見解の一致が見られない。

実親子関係の存否確認の訴えは，特定人の間の実親子関係の存否の確認を求める訴えである。当事者間に既存のものとしての親子関係の存否につき争いがある場合，その存否を確定判決によって確認することは，当事者間の法律関係の安定にとって極めて有益である。実親子関係は，婚姻外の子とその父との父子関係を除くと，自然の血縁関係によって定まるので，戸籍の記載の有無にかかわらず親子であるとか，ないとか主張することが

26）松本・人訴法〔463〕。

でき，判決によってその存否を確定することができる。たとえば，Ｙは戸籍上Ｂ・Ｃ夫婦の子として届け出られているが，実の父母はX1・X2である場合，ＢＣとＹとの間に親子関係が存在しないことの確認を求めて訴えを提起することができる。また婚姻外に生まれた子の親子関係についても，認知により既存の親子関係の存否を確定することができる。[27]

　実親子関係は法律関係であるので，その存否が確認の訴えの対象となることは当然である。[28] 旧法時には，人事訴訟手続法に親子関係存否確認の訴えに関する規定がなかったために，この訴えは通常の民事訴訟か，それとも人事訴訟手続法が類推適用されるかべきか否かをめぐって議論があった。親子関係は人の最も基本的な身分的法律関係であるから，形成訴訟である人事訴訟と同じように真実発見の要請と法律関係の画一的確定の必要があり，したがって職権探知主義により審理をして判決の効力を利害関係のある第三者に及ぼす必要がある。旧法時においても親子関係存否確認の訴えを人事訴訟として取り扱うのが判例であり，[29] 学説の多数もこれを支持していた。旧家事審判法23条２項は，身分関係存否確認の訴えが存在することを前提とする規定を有していた。人訴法は，明文規定によって実親子関係の存否の確認の訴えを人事訴訟として規定した（２条２号）。

　もっとも上述のように実親子関係をめぐる争いにつき，人訴法は嫡出子の否認の訴え，認知の訴えなど各種の親子関係訴訟を定めており，これらは独自の目的と要件を有する。したがって，実親子関係の存否の確認の訴えは，これらの各種の親子関係訴訟によってカヴァーされない範囲でのみ存在意義を有する。[30] たとえば，嫡出否認の訴えを提起すべき場合に親子関係不存在確認の訴えを提起することや，認知の訴えを提起すべき場合に親子関係存在確認の訴えを提起することは，不適法である。[31]

27）山木戸・人訴法82頁。

28）大判明治33・4・17民録6輯4巻84頁；大判昭和9・1・23民集13巻47頁など。

29）前掲注(28)大判昭和9・1・23；大判昭和11・6・30民集15巻1281頁；最判昭和25・12・28民集4巻13号701頁。同旨，最判昭和45・7・15民集24巻7号861頁。反対：大判大正5・9・6民録22輯1681頁。

30）中川善之助・親族・相続判例総評第3巻（1940年・岩波書店）126頁；兼子・前掲注(3)353頁；斎藤秀夫「身分関係不存在確認の訴」家族法大系Ⅰ（1959年・有斐閣）185頁；加藤令造・人事訴訟手続の実務（1971年・日本加除出版）189頁。

31）嫡出否認の訴えとの関係につき，最判平成10・8・31家月51巻4号33頁；最判平成12・3・14家月52巻9号85頁；認知の訴えとの関係につき，最判平成2・7・19家月43巻4号33頁。

296 第4章 親族法・相続法

2 手数料訴額

(1) 数人の子が同一被告に対して共同で提起する認知の訴え

〔487〕 このような認知の訴えは，子と被告との間で各々別々の認知の訴えが併合提起された共同訴訟である。1人の子と被告の間の非嫡出父子関係と別の子と被告との間の非嫡出父子関係は，当然別々の法律関係であるから，自然的血縁関係の存在を確認する形式での法律上の父子関係の形成を求める認知の訴えの訴訟物は当然異なる。併合された2つの訴えの訴額は，別々に算定され，合算される。この例では，各160万円のみなし訴額が合算され，手数料訴額は320万円である。

(2) 第三者が父と子に対して提起する認知無効の訴え

〔488〕 第三者が他人間の身分関係について訴えを提起するには，当該身分関係の当事者を被告としなければならないので（人訴12条2項），第三者が父と子に対して認知無効を主張して提起する認知無効確認の訴えは固有必要的共同訴訟である。それゆえ，訴額の合算は禁止され，この訴訟の訴額は160万円である。

(3) 親子関係不存在確認の訴え

〔489〕 嫡出親子関係不存在確認の訴えの当事者については，問題がある。嫡出親子関係は父母および子との間で合一的にのみ確定されるべきだとすれば，この訴えは固有必要的共同訴訟になる。かつては，このような理解が一般的であった。しかし父子関係と母子関係は別個の身分関係であり，父，母および子の三者で合一的に確定する必要はないとする見解が有力になり，最高裁判所の判例も，父子関係と母子関係は合一的にのみ確定されるべき場合ではないとして個別訴訟を許している[32]。

　　Yは戸籍上B・C夫婦の子として届け出られているが，実の父母はX₁・X₂である場合，B・CとYとの間に親子関係が存在しないことの確認を求めるときは，X₁の訴えとX₂の訴えは別々の訴えの併合であるから，訴額も合算されることになるようにみえる[33]。そうすると，各々160万円のみなし訴額が合算され，訴額は320万円になる。しかし，X₁とX₂が共同訴訟を提起している場合に，たしかに訴訟物は異なるが，共同訴訟として

---

32) 最判昭和56・6・16民集35巻4号791頁＝家月33巻11号95頁。
33) 訴額算定研究100頁；小川／宗宮／佐藤編・手引245頁。

審理が行われ統一的な判断がなされる利益も大きい。父子関係と母子関係が密接な関係を有していることに鑑みて，1つの訴訟で審理される限り，訴額の面では規範的訴額の観点から，1つの身分関係に準じて扱う余地もあるように思われる。

⑷　非財産権上の請求とその原因である事実から生ずる財産権上の請求の併合

たとえば認知の訴えと，子の養育費の支払いの請求を併合する場合には，〔490〕非財産権上の請求とその原因である事実から生ずる財産権上の請求の併合となり，訴額は多額の方の請求の訴額が基準となる。認知請求の手数料訴額は160万円であり，養育費請求の訴額がこの額を上回る場合には，養育費請求の訴額がこの訴訟の訴額となる。

第7款　人事訴訟における上訴と上訴の手数料
1　不　服
⑴　形式的不服の原則

人事訴訟における家庭裁判所の第一審判決に対し，これに不服のある当〔491〕事者は控訴を提起することができる。

上訴が適法であるためには，人事訴訟においても上訴の利益＝不服が上訴要件として必要である。いかなる場合に当事者が判決によって不利益を受けたとみられるかは，通常の民事訴訟では，原則として形式的不服によって判断されるべきである。そのさい，原告側については，原告の提起した申立てと判決の（既判力をもちうる）内容の比較が行われる。被告についても，原則として同じであるが，被告が本案の申立てをしていない場合には，被告の申立てと（既判力をもちうる）判決の内容との比較により上訴の利益の有無を判断することはできない。そのため，この場合には例外的に，被告の上訴の利益は実体的不服の有無によって判断すべきである。民事訴訟では，上訴の不服はいわゆる形式的不服説が妥当し，例外的に実体的不服説が適用される（→〔158〕）。人事訴訟においても形式的不服の原則が妥当するが，かなり広い範囲の例外がある。

⑵　形式的不服の原則に対する例外

第1に，人事訴訟の第一審において被告が申立てを提起しなかった場合〔492〕には，申立てと判決の既判力をもちうる判断内容とを比較することはでき

298　第4章　親族法・相続法

ないから，この関係では形式的不服説によることは不可能である。[34] この場合，被告が判決の実質的な内容によってその法的地位に不利益を受けていれば，不服が認められる。[35]

　第2に，不服を必要とするとの原則に対する例外は，婚姻または養子縁組の解消を求める訴訟において勝訴原告が婚姻または縁組の維持を目的に控訴を提起することが許されることである。[36] たとえば，離婚判決または離縁判決の言渡しの後，原告が被告を許す気になって婚姻または縁組を継続したいと心変わりするとき，原告は控訴を提起し，控訴審において訴えを取り下げまたは請求を放棄し，もしくは婚姻または縁組の維持にとって有利な事実を主張することによって婚姻関係の維持を図ることができる。もっともこの場合，控訴はまさにこの目的を追求しているのでなければならない。それゆえ，控訴人はこの意図を控訴状において明らかにしなければならないと解される。[37] 控訴人が控訴状において婚姻または縁組を維持する意図を十分明らかにせず，無条件で離婚または離縁の訴えの取下げを表示せず，または，離婚請求または離縁請求の放棄を予告しない場合には，控訴は不適法である。詐欺・強迫を理由とする婚姻取消訴訟において勝訴判決を得た原告も，原審の口頭弁論終結後に追認をし，これを控訴審において主張して請求棄却判決を求めるために控訴を提起することができる。[38] 一方の配偶者の離婚請求を認容し，他方の配偶者の離婚請求を棄却する判決に対し，自己の請求を棄却する判決を受けた配偶者も，控訴の利益を有する。勝訴当事者が自己の勝訴判決に対し控訴を提起し，控訴審において請求を放棄する等により婚姻の維持を図ることができる以上，請求棄却判決を受けた配偶者の控訴の利益も否定できないからである。

　第3に，前述のように人事訴訟では，原告または反訴原告は控訴審の最終口頭弁論終結時まで無制限に，訴えまたは反訴において主張した請求原

34）通説は一般的に被告が請求棄却の申立てを記載した答弁書を提出せず欠席した場合にも，形式的不服説によるとするが，妥当でない。被告が最初の口頭弁論に欠席したが，請求棄却を求める申立てを記載した答弁書を提出している場合には，答弁書の陳述が擬制されるから（民訴158条），申立てがあることになる。

35）*Rosenberg/Schwab/Gottawald*, 16. Aufl., § 164 Rdnr. 81.

36）BGH FamRZ 1987, 264; *Rosenberg/Schwab/Gottwald*, 16. Aufl., §134 Rdnr. 21.

37）*Stein/Jonas/Grunsky*, 21. Aufl., Rechtsmittel, Einleitung V, Rdnr. 102.

38）山木戸・人訴法146頁。

因と異なる請求原因および新たな請求を——交換的に，または追加的に——主張することができ，訴え変更の制限は存在しない。同様に，被告は控訴審における反訴の提起の制限なしに，すなわち相手方の同意（民訴300条1項）を要することなく反訴を提起することができる（人訴18条）。それゆえ，請求を全部認容する判決を受けた原告は，控訴審で同一身分関係に関する他の人事訴訟についての請求を提起するため，また被告は反訴により同様の請求を提起するために控訴を提起することができ，この場合，形式的不服の意味での不服を要しない。そのさい，請求の全部認容を受けた原告が第一審において同一身分関係に関する他の人事訴訟についての請求を根拠づける事実を過失なしに知らなかったこと，または事実を知ってはいたが過失なしに必要な証拠方法を知らなかったことは必要ではない。ただし控訴人は，控訴状において，この目的のために控訴を提起する旨を明らかにすべきであると解する。

　第4に，関連損害賠償請求や附帯処分の申立ては通常の民事訴訟または家事審判の申立てにより主張することができるから，これらを追加するためだけに勝訴当事者が控訴を提起することができるかどうかが問題となる。判例はこの問題を肯定に解している。すなわち，判例は離婚訴訟において全部勝訴の判決を受けた当事者にも附帯控訴の方式により控訴審において新たに財産分与の申立てをすることを許し，控訴裁判所が誤ってこれを許さなかった場合には，上告により上告裁判所は原判決を取り消し，かつ離婚請求を認容した第一審判決をも取り消し，事件を原審に差し戻すべきだとする。[39] この判例については→〔45〕。

2　上訴の手数料
(1)　原　則
　控訴の手数料については，通常の手数料原則が妥当する。たとえば，離〔493〕婚訴訟の原告が請求棄却判決を受け，これに対して控訴を提起する場合，控訴の手数料訴額は第一審の手数料訴額によって限界づけられるから，第一審と同じ，みなし手数料訴額160万円であり，控訴手数料は第一審の手数料の1.5倍である19,500円である（同様の場合の上告の手数料は，第一審の

---

39) 最判平成16・6・3家月57巻1号123頁＝判時1869号33頁＝判タ1159号138頁。

300　第4章　親族法・相続法

手数料の2倍である26,000円である）。請求認容判決に対して被告が控訴を
提起する場合も，同じである。

(2)　人事訴訟と関連損害賠償請求の併合の場合

〔494〕　人事訴訟と関連損害賠償請求の併合の場合の控訴の手数料の算定は，原
則どおりである。すなわち，第一審判決に対する当事者の不服申立対象の
価額を基準とする。たとえば離婚請求を認容し，500万円の慰謝料請求に
対して300万円のみを認容した第一審判決に対して，原告が慰謝料請求全
部の認容を求めて控訴を提起する場合，控訴の手数料訴額は，200万円で
あり，手数料は第一審の手数料15,000円の1.5倍に当たる22,500円である。

(3)　人事訴訟と附帯申立ての併合の場合

〔495〕　人事訴訟と附帯申立て（財産分与や子の監護に関する処分などの申立て）
の併合の場合，手数料は別々に算定されるのと同様，控訴の手数料も別々
に算定される。

　　1つの問題は，附帯申立てについての控訴手数料である。婚姻取消請求
や離婚請求を認容する判決が子の監護者の指定その他の子の監護に関する
処分，財産分与に関する処分，または年金分割に関する処分をしている場
合に，これらの処分の申立てについての判決に対してのみ不服を有する当
事者が控訴を提起するとき，控訴の手数料額について，法律は明文規定で
定めていない。通常の家事審判の申立手数料の1.5倍なのかどうかである。
人事訴訟の判決に対する控訴の手数料が第一審の手数料の1.5倍であるか
ら，ここでもこれを類推して各附帯申立てにつき1.5倍の手数料（1,800円）
を徴求すべしとし，上告の場合は2倍の手数料を徴求すべしとする見解[40]
は，規定のない場合に類推により手数料を徴求する点に問題があるけれど
も，内容的には通常の家事審判と同様に扱うものである。

　　また，第一審においては親権者の指定申立ては，これが職権事項である
ので手数料不要とされるが，第一審裁判所のした親権者指定の裁判部分の
みを不服とする独立の控訴について，子1人につき1,800円の控訴手数料
を徴求するのが実務の扱いである。通常の民事訴訟において利息請求につ
いての裁判のみに対する控訴の場合に，利息請求が主たる請求になるのと
は異なり，親権者指定の処分は裁判所が職権で裁判すべき事項であるので，

---

40)　訴額算定研究21頁，22頁；小川／宗宮／佐藤編・手引34頁。

もともと附帯請求ではない。控訴との関係でも職権裁判事項として，控訴の手数料は不要と解すべきであろう。

第2節　相続関係訴訟

第1款　相続回復請求

1　相続回復請求権

　　相続回復請求権（民884条）の本質および要件について見解の対立が著 〔496〕
しいが，通説は，真正の相続人が表見相続人に対し自己の相続権を主張し，
被告の占有する相続財産の引渡しを請求し，相続権の侵害を排除して相続
権を回復する権利と解している。相続財産回復訴訟の形式をとれば，「訴
訟ノ目的物トシテ遺産相続ノ目的タル財産ヲ必スシモ一一列挙スルコトヲ
要セサルモノトス」と判示した大審院の判例[41]があるが，訴訟上は請求の
特定として給付目的物の特定が必要であるから，包括的請求にはこの点で
問題がある。[42]

2　相続回復請求の訴えの訴額

　　個々の相続財産を特定して相続回復請求の訴えが提起される場合には， 〔497〕
訴額は回復を求める財産権の種類に応じて算定される。この場合，実務に
おいては訴額通知7(1)ないし(3)により訴額の算定が行われる。[43]したがって
所有権の基づく物の引渡請求の場合は目的物の価額の2分の1，占有権に
基づく場合は目的物の価額の3分の1，地上権，永小作権，賃借権に基づ
く場合は目的物の価額の2分の1がそれぞれ訴額であるとされる。

　　もっとも私見によれば，訴額通知はその合理性に問題があるので，各々
の箇所で説明した基準に従って訴額を算定すべきである。

　　包括的請求の場合には，その適法性について疑問があるが，たとえ，こ
れが不適法な訴えであっても，訴額の算定は必要である。この場合には訴

---

41)　大判大正8・3・28民録25輯507頁。
42)　鈴木祿弥・相続法〔改訂版〕（1996年・創文社）は，前掲注(41)の大審院判決は請求者には相
　　続権がないという理由で上告を排斥したので，包括請求ができるという判示は傍論であった
　　とし，また個々の目的物の特定がなければ給付判決の主文は書きようがないことを指摘する。
43)　民事訴訟費用研究260頁；訴額算定研究104頁；小川／宗宮／佐藤編・手引248頁。

302 第4章 親族法・相続法

額の算定が極めて困難であるため，管轄訴額は140万円を超えるとみなされ，手数料訴額は160万円とみなされる。そして訴訟係属中に，申立てが個々の特定の財産の返還請求の申立てに変更された場合には，その時点で個々の申立ての訴額を算定し，これを合算し，160万円を超えた時点で差額の手数料の追納が求められる。[44]

第2款　相続放棄無効確認

1　相続放棄無効確認の訴え

〔498〕　相続放棄をした共同相続人がその瑕疵を主張して他の共同相続人を被告として相続放棄無効確認の訴えを提起することがある。

　　判例には，このような訴えは具体的な権利または法律関係の存否の確認を求めるものでないとして訴えを不適法とするものがあるが，[45] 契約無効の訴えのような訴えも法律関係の存否に関する訴えであるから，この判例の見解は正当ではない。この訴えは，原告が相続放棄の無効のためなお共同訴訟人の地位を有することの確認を求める訴えの実質を有するので，確認の訴えの対象適格上の問題はない。下級審の裁判例には，確認の利益を肯定したものがある。[46]

2　管轄訴額/手数料訴額

〔499〕　相続放棄の効果は，その相続人が初めから相続人にならなかったものとみなされ，その者の法定相続分は他の相続人に帰属することにある。相続放棄が無効な場合，相続放棄をした相続人は放棄によって他の相続人に帰属した自己の相続財産を取り戻すことができる。それゆえ，相続放棄無効確認訴訟において原告が勝訴する場合に得ることのできる利益は，相続財産の価額に原告の法定相続分を乗じて得た額ということになる。[47] これが訴額である。

　　たとえば，相続財産として土地（固定資産評価額3000万円），建物（固定

44）訴額算定研究104頁。
45）最判昭和30・9・30民集9巻10号1491頁＝家月7巻11号52頁＝判タ53号36頁。
46）高松高判平成2・3・29判時1359号73頁；東京地判平成25・9・17TKC文献番号25514885（ただし当該事案では被告適格を欠く者に対する訴えとして訴えを却下）。
47）民事訴訟費用研究261頁；訴額算定研究106頁。

資産評価額500万円），負債600万円があり，相続人は，Y₁（法定相続分２分
の１），X（法定相続分４分の１），Y₂（法定相続分４分の１）の３人の場合，
相続放棄をしたXが錯誤を理由に相続放棄無効確認の訴えを提起する場合
の訴額は，3000万円（土地の固定資産評価額）×1／2（土地の軽減措置）＋500
万円（建物の評価額）－600万円（負債）＝1400万円が相続財産の価額であり，
Xの法定相続分1/4をこれに乗じて得た額350万円がこの訴訟の訴額とな
る。

第３款　遺言無効確認
1　遺言無効確認の訴え
（1）　遺言無効の意義

遺言は，法定の方式に従ってなされる，相手方のない遺言者の要式の単〔500〕
独意思表示であって，この者の死後の法律関係を定める法制度である。法
定の遺言事項には，親族相続法上の事項にかかわるものとして，遺言認知
（民781条１項２号），未成年後見人の指定（同法839条１項）または未成年後
見監督人の指定（同法848条），財産管理のみの未成年後見人の指定（同法
839条２項），推定相続人の廃除と廃除の取消し（同法893条・894条），遺言
執行者の指定および遺言執行者の指定の委任（同法1006条１項）があり，
遺言による遺産の処分として遺贈（同法964条）がある。

遺言は種々の事由によって無効となる。まず，遺言特有の無効原因があ
る。満15歳に満たない者の遺言は無効であり，また15歳に達していても遺
言能力のない者の遺言は無効である（民961条・963条）。共同遺言，受遺欠
格者を受遺者とする遺言，後見人の計算終了前に被後見人がした後見人ま
たはその配偶者もしくは直系卑属の利益となるべき遺言（同法966条１項）
は，無効である。その他，民法総則規定の適用による遺言無効もある。な
お，法定の方式を欠く遺言（同法960条・967条以下）は不成立であり，効
力を生じない。

遺言の効力をめぐって争いが生じる場合，争訟は給付訴訟や確認訴訟の
形態をとって裁判所に持ち出され，遺贈の無効は請求原因や抗弁として主
張される。たとえば原告が遺贈による物の所有権の取得を主張して被告に
対して物の所有権の確認を求める訴えを提起したのに対し，被告が遺贈の
無効を主張して防御する場合には，遺贈の無効は抗弁事由として現われる。

304 第4章 親族法・相続法

遺贈登記のなされている不動産について遺贈の無効を理由に遺贈登記の抹消登記請求訴訟が提起される場合には，遺贈の無効は請求を理由づける要件として主張される。これらの場合には，遺贈の無効は，請求を障害する事実（前者の場合）または請求を理由づける事実として（後者の場合）訴訟に提出される。

(2) 遺言無効確認の訴え

〔501〕　以上は個々の権利または法律関係の存否を主張して訴訟が行われる場合であるが，遺言をめぐる争訟は遺言の無効の確認を求めるという形で裁判所に持ち出されることがある。これが**遺言無効確認の訴え**である。この訴えは，訴状に「○○年○○月○○日のＡの遺言は無効であることを確認するとの判決を求める」という請求の趣旨を掲げる。

遺言無効確認の訴えについて，種々の訴訟上の問題がある。訴えの利益について，判例は「いわゆる遺言無効確認の訴は，遺言が無効であることを確認するとの請求の趣旨のもとに提起されるから，形式上過去の法律行為の確認を求めることとなるが，請求の趣旨がかかる形式をとっていても，遺言が有効であるとすれば，そこから生ずべき現在の特定の法律関係が存在しないことの確認を求めるものと解される場合で，原告がかかる確認を求めるにつき法律上の利益を有するときは，適法として許容されうるものと解するのが相当である。けだし，右の如き場合には，請求の趣旨を，あえて遺言から生ずべき現在の個別的法律関係に還元して表現するまでもなく，いかなる権利関係につき審理判断するかについて明確さを欠くことはなく，また，判決において，端的に，当事者間の紛争の直接的な対象である基本的法律行為たる遺言の無効の当否を判示することによって，確認訴訟のもつ紛争解決機能が果たされることが明らかだからである」とするのが判例[48]である。

遺言無効確認の訴えは，**確認の利益**を有する者が提起することのできる通常の確認の訴えであり，[49]判決の効力は当事者間にのみ及ぶものであるの

---

48) 最判昭和47・2・15民集26巻1号30頁＝家月24巻8号37頁＝判時656号21頁。この判例の意味をめぐる議論については，松本博之「遺言の無効と無効確認の訴え」岡部喜代子／伊藤昌司編・新家族法実務大系4相続〔Ⅱ〕遺言・遺留分（2008年・新日本法規出版）119頁，124頁以下参照。
49) 最判昭和56・9・11民集35巻6号1013頁＝家月34巻1号67頁＝判時1023号48頁。

で（民訴115条1項1号），他の相続人は判決の効力を受けない。その結果，遺贈の効力が争われている場合に当事者間で遺言無効が確定判決によって確認されても，遺贈された財産が相続財産に属するかどうかをめぐる争いを共同相続人間で終局的に確定することはできない。これに対し，遺産確認の訴えは，ある財産が相続財産に属すること，すなわち当該財産が遺産分割前の共同相続人間の共有関係に属することを既判力により確定することを目的とする[50]。共同相続人全員が訴訟当事者にならなければ訴訟追行権を認められない固有必要的共同訴訟として[51]判例により適法とされている。

2 管轄訴額／手数料訴額

(1) 原 則

訴額の算定においては，遺言の内容から生ずる現在の法律関係が遺言で〔502〕なしうる民法上の法律行為のどれに当たるかを調査しなければならない。遺言認知（民781条1項2号），未成年後見人の指定または未成年後見監督人の指定（同法848条），財産管理のみの未成年後見人の指定（同法839条2項），推定相続人の廃除と排除の取消し（同法893条・894条），遺言執行者の指定および遺言執行者の指定の委任は，直接財産権上の事項を対象とするものでないので，かかる事項についての遺言の無効確認を求める訴えは，非財産権上の訴えである。

(2) 遺 贈

遺贈を内容とする遺言の無効確認の訴えの訴額の算定においては，遺産〔503〕全体の価額ではなく，遺言の無効が確定することに原告が有する経済的利益が基準となる。そのさい，遺言が無効であった場合に生ずる遺産に対する原告の主張する具体的相続分が重要である。遺言が有効な場合にも，原告が遺贈によって取得する財産がある場合には，具体的相続分の価額からこれを控除すべきである[52]。

---

50) 最判昭和61・3・13民集40巻2号389頁。
51) 最判平成元・3・28民集43巻3号167頁。
52) 訴額算定研究297頁；小川／宗宮／佐藤編・手引253頁。なお，原告の遺留分権について当事者間で争いがない場合には遺留分権の価額を具体的相続分の価額から控除することも考えられるが（*Anders/Gehle/Kunze*, Stichwort „Erbrechtlicher Streitigkeiten" Rn.2; *Hartmann*, GKG Anh I §48（§3 ZPO）„Erbrechtlicher Anspruch"），具体的遺留分権の価額の算定は複雑であり，これについて当事者間で争いがない事例は例外であろう。

306　第4章　親族法・相続法

〔504〕　たとえば，遺産が土地（固定資産評価額3000万円），建物（固定資産評価額500万円），株式400万円，預金400万円である相続事案において，相続人A・B・Cに次のように遺贈する旨の遺言書が作成されていたとする。

相続人A（法定相続分2分の1）に土地建物全部

相続人B（法定相続分4分の1）に株式全部

相続人C（法定相続分4分の1）に預金債権全部

Bが遺言の無効を主張して，A（のみ）を被告として本件遺言の無効確認を求めて訴えを提起する場合の訴額は，遺言の無効が確定された場合に生ずる原告の利益である。共同相続人の一部の者の間における遺言無効を確認する確定判決の既判力は，訴訟当事者間にのみ及び，訴訟当事者とならなかった共同相続人には及ばない。それゆえ，BとAの間で遺言の無効が確認されるとすると，AとBの相続財産の合計額は2400万円（土地については固定資産評価額の2分の1が暫定的に軽減されるので，1500万円+500万円+400万円）であり，これを法定相続分に従ってAとBに配分すると，Bは2400万円 $\times \dfrac{1/4}{1/4+1/2}$ ＝800万円を相続し，Aは1600万円を相続することになる。そして遺言が有効であっても，Bは遺贈によって400万円を相続するから，結局，遺言無効確認によってBに生ずる利益は800万円からこの額（400万円）を控除した400万円である。この額が訴額である。

〔505〕　共同相続人のうちに，特別受益者（①被相続人から遺贈を受け，または，②婚姻もしくは養子縁組のためもしくは生計の資本として贈与を受けた者）がある場合には，特別受益にあたる贈与等は相続分の前渡しであるので，共同相続人間の公平を図るため，これを相続財産に加えて（**持戻し**），特別受益者の具体的相続分を算定する必要がある。特別受益者の具体的相続分の計算は，次の方法による。相続開始時において被相続人が有した財産（遺贈の目的財産を含む）の価額に，②の贈与の価額を加えたものを相続財産とみなし（**みなし相続財産**），これに法定相続分または指定相続分を乗じて算定した相続分額の中からその遺贈または贈与の価額を控除した残額をもって特別受益者の具体的相続分とする（民903条1項）。特別受益財産の評価の基準時は，相続開始時である[53]。上記の例においてAが被相続人から生計の資本として900万円の生前贈与を受けていたとすると，その額を加

53）　最判昭和51・3・18民集30巻2号111頁＝家月28巻10号50頁＝判時811号50頁参照。

えたものがみなし相続財産であるので，AとBの相続財産の価額の合計は
（3000万円の2分の1）＋500万円＋900万円＋400万円＝3300万円である。遺
言が無効だとすると，Bの具体的取得分額は3300万円×$\dfrac{1/4}{1/4+1/2}$＝1100
万円，Aのそれは2200万円になる。遺贈が有効でも，Bは400万円を相続
するから，これを控除した額700万円が訴額である。

(3) **相続人の廃除または廃除の取消しを内容とする遺言**

遺言によって廃除された法定相続人が遺言無効判決を得ることによる利 〔506〕
益は，この者が相続人として遺産を取得できる地位を回復し（廃除の無効
の場合）または遺産の取得できる地位の回復を阻止すること（廃除の取消
しの無効の場合）である。したがって，廃除された法定相続人が提起する
遺言無効確認の訴えの訴額は，相続財産に原告の法定相続分を乗じて得た
額である。[54]

(4) **遺産分割の禁止を内容とする遺言**

民法は，相続の開始から5年を超えない期間，相続財産の分割を禁止す 〔507〕
ることを被相続人に許している（民908条）。このような遺言に対して種々
の無効事由を主張して遺言無効確認の訴えを提起し，請求認容判決を得る
場合，原告は，遺産の価額に対する分割禁止期間の民事法定利率による利
息相当額に法定相続分率を乗じて得られる額を回復できるので，この利益
の額が訴額であると解される。[55]

(5) **相続人の担保責任の指定を内容とする遺言**

民法は，各共同相続人は他の共同相続人に対して売主と同じくその相続 〔508〕
分に応じて担保責任を負う等の定めをしているが（民911条～913条），この
定めは被相続人が遺言で別段の定めをしたときは適用されない（同法914
条）。この遺言の無効を主張して提起される遺言無効確認の訴えの訴額は，
民法911条以下の規定による相続人の担保責任が妥当することによる原告
の利益を基礎に算定される。したがって，遺言により指定された担保責任
により原告が負担する担保額から法定の担保責任により原告が負担する担
保額を差し引いた額が，この訴訟の訴額である。

---

54) 民事訴訟費用研究262頁；訴額算定研究105頁。
55) 民事訴訟費用研究262頁；訴額算定研究105頁；小川／宗宮／佐藤編・手引254頁。

308　第4章　親族法・相続法

⑹　相続分の指定を内容とする遺言

〔509〕　この遺言が効力を失うことによって原告が被告との関係で取得する財産の価額から遺言により原告が取得する財産の価額を控除した額が，この訴えの訴額である。

訴額＝遺言により原告が取得する財産の価額＋遺言により被告が取得する財産の価額×

$$\frac{原告の法定相続分}{原告の法定相続分＋被告法定相続分} － 遺言により原告が取得する財産の価額$$

⑺　減殺方法の指定を内容とする遺言

〔510〕　遺言者が指定した減殺方法による減殺額から民法1034条本文による減殺額を差し引いた差額が，この訴えの訴額である。

第4款　遺産分割協議の無効確認
1　遺産分割協議

〔511〕　共同相続人が遺産分割の協議を行い，合意が成立したときは，遺産分割協議という書面が作成されるのが通常である。ところが，遺産分割協議がその要件を充足せず，または当事者の合意に瑕疵があった場合，当該遺産分割の無効または取消しの問題が生ずる。

　　たとえば，共同相続人はA，B，C，Dであるが（法定相続分は各自4分の1），Dを除外してなされた遺産分割協議は無効である。Dが遺産分割協議の無効確認の訴えを提起するとする。

　　遺産分割協議の内容は次のようなものであったとしよう。

　　遺　産　の　内　容：土地（固定資産評価額5200万円）；建物（固定資産評価額400万円；預金（1800万円）

　　合意された分割内容：A：土地および建物ならびに預金300万円；B：預金500万円；C：預金500万円；D：預金500万円

2　管轄訴額/手数料訴額

〔512〕　この訴訟の訴額は原告Dが勝訴した場合に，すなわち遺産分割協議の無効が確定することによりDが受ける利益を基準に算定されるべきである。

遺産分割協議が無効である場合のＤの相続分は，次のようになる。（5200万円×1/2＋400万円＋1800万円）×1/4＝1200万円となる。遺産分割協議によってＤが取得すべきとされた額（500万円の預金）はこの訴えの勝訴によってＤが得る利益ではないから，これは1200万円から控除されるべきである。したがって，訴額：1200万円－500万円＝700万円となる。

遺産分割協議の無効確認の訴えを提起した当事者が遺産分割協議によって取得すべき額が法定相続分を超える場合，訴額はいくらになるであろうか。このような訴えは原告が相続放棄をするなどのため提起されることがあるが，そのような訴えが訴えの利益を欠くと解する場合にも訴額の算定は必要である。相続放棄をすることによって原告が得ることのできる利益に照準を合わせるべきか，原告が法定相続分を超える額を取得すべき分割協議の無効確認により原告が受ける利益に照準を合わせるべきか，そして，後者の場合に経済的利益の算出が極めて困難な場合として，民訴費用法4条2項後段により160万円の訴額が擬制されるかが問題となる。

第5款　遺留分の減殺

1　遺留分減殺請求権

遺留分は，被相続人による財産の自由な処分に制限を加え，相続開始後，〔513〕一定の相続人によるその取得が法律上留保されている持分的利益である。遺留分権を有する相続人は，被相続人がした贈与または遺贈が被相続人の自由な処分に委ねられている部分（自由分）を超えている場合，遺留分権の侵害として，侵害の回復を求めることができる。これが**遺留分減殺請求権**である。遺留分の侵害は当然に遺留分侵害行為を無効ならしめるのではないし，遺留分権利者全員で主張すべきものでもない。遺留分減殺請求権を行使するか否か，これを放棄するか否かは，各遺留分権者の自由意思に委ねられている（民1031条，1043条参照）。遺留分減殺請求権の行使により回復した権利に基づき，遺留分権を有する相続人が目的物の給付を求めて提起する訴えが，遺留分減殺請求の訴えである。判例は，「遺贈に対して遺留分権利者が減殺請求権を行使した場合，遺贈は遺留分を侵害する限度において失効し，受遺者が取得した権利は遺留分を侵害する限度で当然に

310　第4章　親族法・相続法

減殺請求をした遺留分権利者に帰属する」とし[56]「遺言者の財産全部についての包括遺贈に対して遺留分権利者が減殺請求権を行使した場合に遺留分権利者に帰属する権利は，遺産分割の対象となる相続財産としての性質を有しないと解するのが相当である。」とし，一部減殺により生ずる受遺者と遺留分権利者との間の共有状態の解消も共有物分割訴訟によると解されている[57]。

2　管轄訴額／手数料訴額

〔514〕　遺留分減殺請求訴訟の訴額は，遺留分減殺請求によって攻撃者（原告）が得る利益の金銭評価額である。減殺されるべき遺贈または贈与の目的となった目的物の減殺分の価額が算定の基礎となる。

　　減殺分の目的物の価額を算定するためには，各遺留分権者の具体的遺留分額を算定する必要がある。そのためには先ず，具体的相続分算定の基礎となる被相続人の財産の額（**基礎財産額**）の算定が必要である。これは，相続開始時に被相続人が有した積極財産の価額にその贈与した価額を加えたものから，相続債務の全額を控除した額である。相続人以外の者に対してなされた贈与・遺贈が含まれる点，および相続債務を控除する点で，相続分算定基礎となる財産の算定方法とは異なる。加算される贈与は，相続開始前1年間にしたもの（民1030条前段）および相続開始前1年より前の贈与であっても当事者双方が遺留分権利者を害することを知ってした贈与である。また，相続人が被相続人から婚姻等のために受けた贈与は，相続開始前1年以前のものであっても加算される（民1044条により準用される903条）。その目的の価額から負担の価額を控除した負担付き贈与は，加算される。不相当な対価をもってした有償行為は，当事者双方が遺留分権利者に損害を与えることを知ってしたものに限り，贈与と見なされる（民1039条前段）。相続債務の控除は，相続人が取得できる純取分額を算出するためである。このようにして算定された基礎財産額に，個々の遺留分権利者の個別的遺留分の割合を乗じた額が**具体的遺留分額**である。具体的遺留分に対応する目的物の価額が訴額である。

56）最判平成8・1・26民集50巻1号132頁＝家月48巻6号40頁＝判時1559号43頁：最判昭和51・8・30民集30巻7号768頁＝家月29巻2号92頁＝判時826号37頁。
57）前掲注56）最判平成8・1・26。

たとえば，被相続人Aの子でAと同居していたYは，遺言によりXの土地（固定資産評価額3000万円），建物（固定資産評価額600万円）の遺贈を受けた。YはAの死亡の3年前にもAの土地（固定資産評価額1000万円）の贈与を受けていた。Aにはこれ以外に財産がなく，債務は200万円存在した。Y以外の相続人はAの子X1とX2であるとする。X1とX2は，遺留分減殺を原因として，抹消登記に代え，Yに対し上記不動産について各自持分割合を6分の1とする持分移転登記請求の訴えを提起したとする。この事案では，被相続人の基礎財産額は，Yが遺贈により取得した土地（固定資産評価額3000万円），建物（固定資産評価額600万円）および生前贈与の土地（固定資産評価額1000万円）の合計額からAの債務200万円を控除した額2400万円である（土地については，2分の1の減額がある）。これにX1とX2の遺留分率6分の1を乗じて得た額400万円が遺留分減殺請求訴訟の勝訴によってX1およびX2が各自得ることの利益であり，この額が訴額になる。

第1節 中間確認の訴え *313*

～⁓ 第 **5** 章 ～⁓
民事手続法

第1節	中間確認の訴え
第2節	証書真否確認の訴え
第3節	引換給付判決（反対給付）
第4節	反　訴
第5節	第三者の訴訟参加
第6節	訴訟上の和解・調停の無効・取消し
第7節	確定判決変更の訴え
第8節	執行関係訴訟
第9節	倒産手続

　民事訴訟法上の事項について，給付の訴え，確認の訴え，形成の訴えの〔515〕
ように基本的な論点については第1章において説明したが，種々の訴訟上
の事項について訴額の検討が必要であるので，本章では第1章の説明を補
充するとともに，そこで取り上げられなかった事項に関する訴額の問題を
説明する。

第1節　中間確認の訴え

第1款　意　義
　訴訟の裁判が全部または一部その存在または不存在に依拠する法律関係〔516〕
（先決的法律関係）について，判決に接着する口頭弁論の終結時までに，原
告は訴えの変更により，被告は反訴の提起によって，その存否を確認する
判決を求めることができる。これが中間確認の訴えである（民訴145条）。
中間確認の訴えの制度目的は，確定判決の既判力は判決主文に包含する裁
判にしか生じないので，当事者の申立てにより先決的法律関係についての
裁判にも既判力を生じさせることを可能にすることにある。

314 第5章 民事手続法

第2款 管轄訴額／手数料訴額

1 管轄訴額

〔517〕 中間確認の訴えは本訴の係属する裁判所に提起すべきであるので，管轄訴額を算定する必要はない。

2 手数料訴額

〔518〕 原告の中間確認申立てまたは被告の反訴申立ては，本訴請求と異なる訴訟物をもつ。前者は訴えの追加的併合であるので，手数料訴額は上述の訴えの変更に準じて算出される。たとえば所有権に基づく物の返還請求訴訟の係属中に，原告が当該目的物の所有権の確認を求めて中間確認の訴えを提起する場合には，実務上の扱いによれば，追加された所有権確認請求の訴額に基づき手数料を算出し，生じた手数料の不足を追納することになるが，私見によれば，所有権に基づく返還請求の訴額（目的物の価額）の方が所有権確認訴訟の訴額（目的物の価額から20パーセント減額した額）よりも多額であるので，追加された所有権確認請求については手数料の追納義務は発生しない（→〔376〕）。

被告が中間確認反訴を提起する場合，反訴についての手数料算定原則（→〔529〕以下）が顧慮されるべきであり，したがって中間確認反訴の手数料訴額は通常の訴額算定方法により算定されるが，本訴請求と目的を同じくする反訴請求の手数料は反訴請求の本来の手数料額から本訴請求の手数料額を控除した額である（民訴費別表第1の6の項の下欄ただし書）。上記の例において被告が中間確認反訴として目的物の所有権確認申立てを提起する場合，本訴請求と反訴請求は目的を同じくするので，反訴の手数料額から本訴の手数料額を控除した額を納付すれば足りる。私見によれば本訴の手数料訴額は（目的物の帰属について争いがあるので）目的物の価額であり，反訴請求は確認訴訟であるので目的物の価額の80パーセントが訴額であるため，本訴の手数料額の方が多額であるので，反訴の手数料は不要である。

第2節　証書真否確認の訴え

第1款　意　義

〔519〕 証書の真否は法律関係ではなく，事実ではあるが，民訴法は例外的に法

律関係を証する書面の真否の確定を求める訴えを許している（民訴134条）。「法律関係を証する書面」とは，遺言書，契約書，定款，手形・小切手・貨物引換証・船荷証券のような有価証券および遺産分割協議書のように証書の記載から直接一定の現在の法律関係の成立または不成立を証明できる書面をいう。そして文書の真正とは，挙証者がその文書の作成者であると主張する者の意思に基づき作成されていることをいう。

　これは，当事者間の争訟が証書が真正であるか真正でないかという点にのみ存し，証書の真否が確定判決の既判力により確定すれば，当事者間の争訟は解決をするとみられる場合に，敢えて証書の表示する法律関係についての訴訟を遂行しなくても足りるという観点の下で，訴えの利益が認められる。したがって，証書の真否のみならず，証書によってなされ，または証書が証明すべき法律行為の成立または効力についても争いがある場合には，確認の利益は否定される。たとえば，遺贈を内容とする遺言書についてその真正のみならず，遺言の効力にも関係人間で争いがある場合には，遺言書の真否確認の訴えは不適法である。

第2款　管轄訴額／手数料訴額

　管轄訴額および手数料訴額は，証書が真正であることが確認されること〔520〕によって原告が得る利益によって算定される。具体的な算定は困難であるので，裁判所が具体的な事案に即して裁量によって算定せざるを得ない[1]。この訴訟の請求認容判決によっても，証書記載の権利の存在について既判力や執行力が生ずるのではなく，任意に権利が実現しない場合，改めて訴えを提起する必要がある。その場合には，判決は次の訴訟のための準備の機能を有するので，文書がその確定に役立つべき権利・請求権の額はこの訴えの訴額の最上限をなすというべきである。訴額通知7の(1)(2)に準じて，その証書に表彰された権利の価額の2分の1（所有権・地上権・賃借権が表彰されている場合），または3分の1（占有権が表彰されている場合）の額を訴額にすることを提唱する文献もあるが[2]，そのような固定的な割合を提示することはできないであろう。

---

1) 注解民訴(1)322頁〔小室/松山〕；菊井/村松・全訂Ⅰ123頁。
2) 民事訴訟費用研究229頁。

316　第5章　民事手続法

第3節　引換給付判決（反対給付）

第1款　はじめに

〔521〕　給付と反対給付が対価的に対応していることが，双務契約の特徴である。各契約当事者は自己の負う債務について債務者であると同時に，相手方の負う債務に関して債権者の地位を有する。契約上の債務の履行を請求された当事者は相手方の債務が履行されていない旨の抗弁（同時履行の抗弁）を提出することができ，裁判所はこの抗弁に理由があると判断する場合，反対給付と引換えに被告に給付を命ずる判決（引換給付判決）をすべきである。訴額法において問題が生ずるのは，契約当事者の一方が相手方の負担する給付義務について訴えを提起し，相手方が原告の反対給付義務を援用する場合に，どのように訴額を算定すべきかという問題である。

第2款　管轄訴額と手数料訴額
1　反対給付の控除禁止の原則

〔522〕　攻撃者（原告）が訴えによって主張する利益，したがって訴訟上の請求だけが訴額算定の対象であり，原告が負担している反対給付は訴額の算定のさいに考慮されないのが原則である（**反対給付の控除禁止の原則**）[3]。これによれば，反対給付の控除禁止は，双務契約のみならず，その他のすべての場合に妥当する[4]。その結果，原告が訴えの申立てにおいて自ら被告に対して負担している反対給付を考慮し，はじめから引換給付判決を求める場合にも，訴求債権の訴額はそれによって減額されない[5]。

　　反対説は，この場合原告が給付訴訟において主張している経済的利益は原告の債権と反対債権の差額だと解している[6]。しかし，原告は訴求債権の履行を求めている以上，請求認容判決によって訴求債権の存在が反対給付

3）BGH NJW 1982, 1048.
4）RGZ 140, 358; *Stein/Jonas/Roth*, §3 Rn.53 „Gegenrechte"; *Thomas/Putzo/Hüßtege*, §3 Rn.186; *Zöller/Herget*, §3 Rn.16 Stichwort „Zug-um-Zug-Leistung".
5）BGH FamRZ 2005, 265; *Müller*, MDR 2003, 248; *Stein/Jonas/Roth*, §3 Rn.53 „Gegenrechte"; *Thomas/Putzo/Hüßtege*, §3 Rn.186; *Zöller/Herget*, §3 Rn.16 Stichwort „Zug-um-Zug-Leistung"
6）阿部泰隆「基本科目としての行政法・行政救済法の意義(9)」自治研究79巻9号（2001年）91頁，97頁。

との引換えであれ確定するのであるから，訴額を訴求債権と反対債権の差額とすることは不合理である。

2　反対給付義務のみに争いが存する場合

　以上の訴額算定原則は，当事者間の争訟が，経済的には被告が自己の給〔523〕付をそれを理由に拒絶している原告の反対給付義務の存否にのみ存し，かつ反対給付の価額が訴求債権額よりもはるかに少額である場合には，たしかに問題と感じられる。とくに動産または不動産の返還請求の訴えに関し，被告によって留置権が主張される反対債権の額についてのみ争訟が存する場合にも，引渡しを求められている物の取引価格（不動産につき固定資産評価額がある場合にはこの評価額）によって訴額を算出することが妥当か否かという問題が生ずる。ドイツでは，見解の対立がある。支配的見解はこのような場合にも物の取引価額によって訴額を算出すべしとし[7]，反対説は，訴求債権が存在することに争いがなく，したがって訴訟の争点が留置権の主張に理由があるかどうかだけであることが訴状から明らかになる場合，当事者間の現実の争点とその経済的意味を無視すべきでなく，したがって留置権に照準を合わせるべきであり，反対給付の価額が訴求目的物の価額より高額な場合には目的物の価額を超えてはならないと主張する[8]。反対説は，支配的見解から，被告が訴求債権を認諾し，したがって原告の請求を争わない場合，訴額にとっては被告の防御は重要でないのに，なぜ被告が留置権の抗弁のみによって防御する場合は別なのか，その理由は明らかでないと批判されている[9]。

第3款　上訴と不服

1　留置権の抗弁

(1)　原告の上訴

　原告が無制限の給付判決を申し立てたところ，被告の留置権の抗弁に基〔524〕

---

7)　Vgl. OLG Celle, MDR 1977, 672, und 935; OLG Frankfurt, MDR 1970, 772; *Stein/Jonas/Roth*, §3 Rn.53 „Gegenrechte"; *Anders/Gehle/Kunze*, Stichwort „Zug-um-Zug-Leistung" Rn.2.

8)　Vgl. RGZ 140, 358; OLG Köln, ZIP 1981, 781; KG, NJW-RR 2003, 787; *Thomas/Putzo/Hüßtege*, §3 Rn.186; *Schneider/Herget/Noethen*, Rn.2514.

9)　*Anders/Gehle/Kunze*, Stichwort „Zug-um-Zug-Leistung" Rn.2.

318　第5章　民事手続法

づき引換給付判決を取得した場合には，原告は，申立てどおりの判決を取得したのではないから，引換給付判決に（形式的）不服を有する。この判決の内容は，原告の申立てにまで達していないからである。そのさい，原告の不服額は，命じられた反対給付の額によって決まる[10]。原告が引換給付を命じられた反対給付部分の全部の取消しを求めて控訴を提起する場合には，この額が不服対象の額として控訴の手数料訴額をなす。もっとも，この場合，原告が被告の給付と引換えに出捐を命じられた部分が第一審の訴額を超える場合には，請求棄却判決に対する控訴との均衡を図るために，控訴の手数料訴額は第一審の訴額によって限度づけられる[11]。

　被告に関しては，原告に反対給付を命ずる部分を除くと，被告の全面敗訴であるから，被告はこの場合には訴求債権の額について**（実体的）不服**を有する。原告の請求額が不服額であるが，手数料訴額は，被告が不服額全部について控訴を提起するか，その一部について控訴を提起するかによって異なる。たとえば，原告が目的物を被告に引き渡すのと引換えに，被告が原告に300万円を支払うよう判決が命じている場合，被告が請求の棄却を求めて控訴を提起する場合には，原告の請求額である300万円が控訴の手数料訴額である。

(2)　敗訴被告の上訴

〔525〕　判決が被告の主張した留置権を排斥し，被告に無制限の給付を命じた場合に，被告の不服はこの範囲において存在する。排斥された留置権は不服額を増加させない。したがって，被告が原告の請求の棄却を求めて控訴を提起する場合，訴求債権の額が手数料訴額となる[12]。

　これに対し，被告が訴求債権についての第一審裁判所の判断を争わず，留置権が排斥されたことのみを不服として，引換給付判決を得るために，控訴を申し立てた場合には，不服額は留置権の基礎をなす反対給付の価額によって定まる。問題は，反対給付の価額が訴求債権の額を上回る場合にも，留置権の価額が不服額であり，これは訴求債権の額によって限界づけ

---

10)　BGH NJW-RR 2010, 492, 493; 13 GH MDR 2010, 1087; BGH NJW 1999, 723; *Stein/Jonas/Roth*, §3 Rn. 53 Stichwort „Gegenrechte (Zug um Zug; Pfandrecht; Zurückbehaltungsrecht)".

11)　小川／宗宮／佐藤編・手引28頁；*Anders/Gehle/Kunze*, Stichwort „Zug-um-Zug-Leistung" Rn. 3; BGH MDR 2009, 759.

12)　BGH NJW-RR 2005, 224; *Stein/Jonas/Roth*, §3 Rn. 53 "Gegenrechte".

られないかどうかである。ドイツの支配的見解は不服対象の価額は訴求債権の額によって上限を画されるとするが[13]，所有権に基づく妨害排除の訴えの事案において，訴求債権額を上限とすることを止め，不服対象の額は訴求債権の額を超えうることを承認する連邦通常裁判所の判例[14]もあり，また，訴求債権の額が不服額の上限を画することに疑問を呈する学説[15]もある。反対説は，被告の経済的利益に照準を合わせたものであり，その結果，訴額と不服額との切り離しが生じ，反対債権についての判断に対して上訴が提起される場合には，反対債権の額のみで上訴訴額が決まるとする[16]。

2　同時履行の抗弁

　たとえば売買代金を無条件で支払うよう命じられた被告がもっぱら同時〔526〕履行の抗弁に依拠して上訴を提起する場合，被告の不服は無条件の給付命令を受けたことにあるので，上訴の手数料訴額にとっては，もっぱら争いのある同時履行の抗弁の価額が重要である[17]。この価額は，売買の目的物が全体として利用不可能であることを被告が疎明する場合には，売買代金債権の全額に一致する[18]。

第4節　反　訴

第1款　反訴の意義

1　反　訴

　反訴は，被告が本訴の係属中に受訴裁判所の面前において本訴の手続に〔527〕併合して原告に対して提起する訴えであって，本訴請求と異なる新たな訴訟上の請求を主張するものである。あらゆる訴えと同様に，反訴は一般的な訴訟要件に服するほか，反訴固有の要件を具備しなければならない。

---

13) BGH Beschl. v. 20. 1. 2004, MDR 2004, 829=NJW-RR 2004, 714; BGH MDR 1991, 794; *Stein/Jonas/Roth*, §3 Rn.53 „Gegenrechte".
14) BGH Urt. v. 10. 12. 1993, MDR 1994, 839=NJW 1994, 735.
15) *Zöller/Herget*, §3 Rn.16 Stichwort „Zug-um-Zug-Leistungen"; *Schneider/Herget/No-ethen*, Rn.2516.
16) BGH MDR 1995, 1162; BGH NJW-RR 1995, 706; BGH NJW-RR 2004, 714.
17) *Schneider/Herget/Noethen*, Rn.2523.
18) Vgl. BGH MDR 1995, 1162.

320　第5章　民事手続法

　本訴と反訴は2つの手続であるが，民訴法は，反訴要件が具備する場合，本訴の受訴裁判所の土地管轄が生じることを定め（民訴146条1項），民訴費用法は，本訴と目的を同じくする反訴の場合には，反訴請求の訴額に基づき算出される手数料額から本訴の手数料額を控除した差額を納付すれば足りる旨定めている（民訴費別表第1の6の項の下欄ただし書）。このように，法律は反訴を優遇する。これは，原告は，請求の併合を許され，また，訴訟係属中に訴えを変更して新たな請求について裁判を求めることができるのに対応して，当事者間の武器対等の観点から，反訴は被告に自己の請求につき係属中の訴訟手続において判決を求める機会を与えるものである。

　反訴は，原則として，本訴の管轄訴額に影響を及ぼさない。訴額の合算が必要なのは1つの訴えで数個の請求をする場合であり，本訴と反訴の訴額の合算は定められていない。明治23年民訴法3条2項は本訴と反訴の訴額の合算を明文規定で禁止していたところ，これは大正15年改正民訴法によって削除された。しかし，この削除は実質的な変更を意図したものではなかった。本訴と反訴の合算禁止は，被告が反訴の提起により訴額の合算を通じて上級の裁判所の事物管轄を強いることができるようになるのを阻止する狙いがある。それゆえ，合算の禁止が明文規定で定められていない現行法のもとでも，本訴と反訴の訴額の合算は禁止されている。

　もっとも，被告が本訴の係属する簡易裁判所において地方裁判所の管轄に属する請求について反訴を申し立てた場合，相手方（反訴被告）の申立てがあるときは，簡易裁判所は本訴および反訴の双方を地方裁判所に移送する決定をしなければならない（民訴274条1項）。これによって，本訴と反訴の手続関連性は維持される。その結果，本来簡易裁判所の管轄訴額をもつ本訴を，地方裁判所が審理裁判することになる。移送決定に対しては，不服申立てをすることはできない（同条2項）。したがって，反訴の事物管轄は訴額によって定まるので，この関係では，反訴の管轄訴額が算定されなければならない。

2　地方裁判所の管轄に属する反訴

〔528〕　反訴に複数の請求が併合されている場合または連続して反訴が提起される場合には，反訴の枠内で請求の客観的併合があり，複数の反訴請求の訴額は合算されなければならない。この場合にも，反訴請求が1つで地方裁

判所の事物管轄に属する場合と同様に，本訴の係属する簡易裁判所は，反
訴被告（原告）の申立てがあれば，本訴と反訴をともに地方裁判所に移送
しなければならない。

予備的反訴も適法である。真正の予備的反訴と不真正予備的反訴がある。
前者は本訴請求が認容される場合のために反訴請求について裁判を求める
ものであり，後者は本訴請求が棄却される場合について反訴請求について
裁判を求める申立てである。簡易裁判所に事件が係属している場合に，地
方裁判所の事物管轄を基礎づける訴額を有する予備的反訴が提起されたと
き，裁判所は直ちに予備的反訴の訴額を調査し，それが地方裁判所の管轄
訴額を有する場合には，相手方の申立てがあれば事件を地方裁判所に移送
すべきか，[19]予備的申立てについての裁判がなされるかどうかは本訴請求に
ついての審理結果がでるまで明らかでないので，訴額の調査は予備的申立
ての条件が成就するまで待ち，その時点で訴額が地方裁判所の管轄訴額を
有することが明らかになった場合に，相手方の管轄違いによる移送申立て
により事件を地方裁判所に移送すべきか[20]が問題となる。予備的反訴の訴
訟係属は反訴状の送達によって生ずるから，前説が正しい。

これに対し，反訴の枠内で請求の客観的併合があるが，各々の訴訟物の
経済的一体性が存在する場合には，多額の方の請求の価額が訴額となり，
反訴訴額の合算は行われない。

本訴が地方裁判所に係属している場合に，簡易裁判所の事物管轄に属す
る反訴が提起されたとき，地方裁判所は反訴についても本案判決をするこ
とができる。[21]簡易裁判所の専属管轄に属する反訴の提起がある場合には，
反訴要件を欠く（民訴146条1項2号）。この場合には，反訴を不適法とし
て却下するのではなく，反訴を分離し，簡易裁判所に移送しなければなら
ない。

以上によれば，反訴の管轄訴額の調査が意味をもつのは，簡易裁判所に
係属している訴訟において反訴が提起される場合のみである。

---

19) *Schneider/Herget/Kurpat*, Rn. 3113; *Prütting/Gehlein/Gehle*, Zivilprozessordnung. 7.
　　Aufl., 2005, §5 Rn. 29; *Stein/Jonas/Roth*, §5 Rn.55
20) *Binz/Dörndorfer/Petzold/Zimmermann*, §45 Rn.2; *Zöller/Herget*, §3 Rn.16 „Eventual-
　　widerklage".
21) Vgl. *Thomas/Putzo/Hüßtege*, §33 Rn.18; *Stin/Jonas/Roth*, §5 Rn.45, §33 Rn.14.

322 第5章 民事手続法

第2款 手数料訴額

1 民訴費用法上の訴訟の「目的」概念

〔529〕 第一審における反訴の手数料訴額について，民訴費用法別表第1の6の項は，訴えについて別表第1の1の項の下欄の定めるのと同じ逓減方法で算出して得た額を手数料額とする旨を定めるが[22]例外として，「本訴とその目的を同じくする反訴」については，反訴請求の手数料訴額から算出される原則的手数料額から，「本訴に係る訴訟の目的の価額について1の項により算出して得た額を控除した額」を反訴の手数料額とする旨を定めている（民訴費別表第1の6の項の下欄ただし書）。すなわち，「本訴とその目的を同じくする反訴」の手数料額は，本訴の手数料額との差額である（**差額主義**）。

〔530〕 まず，その同一性または異別性が問題となる本訴と反訴の「目的」の意義が明らかにされなければならない。まず確認すべきは，訴訟費用法の意味での「目的」は，民訴法上の訴訟物とは異なることである。民訴法上は原則として，本訴と反訴が同一の訴訟物をもたないことが反訴の適法性のために必要である。なぜなら，本訴の却下または棄却によっては片付かない，本訴と別個の訴訟上の請求があることが反訴の適法性にとって必要だからである。[23]それゆえ民訴法上の訴訟物を基準とすると，本訴と反訴の訴訟物は異なり，反訴を手数料の面で優遇する余地は無くなるので，本訴と反訴の目的の同一性・異別性の判断をするさいの「目的」とは，原則として訴訟物以外に求めなければならない。この判断基準は，請求の併合において訴額の合算が禁止される「その訴えで主張する利益が各請求について共通である場合におけるその各請求」の解釈（→〔120〕）と同じく，経済的考察方法により「目的」を理解することが必要である。

〔531〕 次に問題になるのは，このように理解される「目的」の「同一性」または「異別性」の判断基準である。民訴費用法の立案担当者は，「反訴が本訴と『その目的を同じくする』とは，両訴がその『訴訟の目的』（従来の

---

22) 立法論としては，ドイツ法のように，本訴の手数料訴額と反訴の手数料訴額を合算し，合算した額での手数料を算出し，これから本訴の手数料額を控除した額を反訴の手数料額とする合算主義も考えられるが，民訴費用法の立法者はこの考え方を採用しなかった。内田編・解説100頁注(4)参照。

23) 松本／上野〔396〕［松本］。

訴訟物）を同じくしているときに限らず，両訴が同一物をその相排斥する請求の目的物としている場合をいう」と説明した[24] そして，そのような例として，ある土地（承役地）に対する地役権の確認を求める本訴に対し，被告がその土地の所有権に基づき土地の所有権の妨害の排除を求める反訴をあげた。さらに，ここにいう「目的物」は物に限らず賃借権その他の債権，知的財産権等をも含むとの解釈を主張した[25] この解釈は，「一方の請求の認容が他方の請求の棄却を条件づけるという形で両請求が相互に排斥し合う場合に，訴訟物の同一性が認められ，それに対し，訴訟物の異別性は数個の請求が並立し，裁判所が事情によっては両請求を認容しうる場合に存在する」[26] というドイツの判例による，本訴と反訴の請求の同一性の解釈基準と同じ立場に立つものであろう。ところが，このいわゆる「同一性定式」は無制限に妥当するものでなく，かなりの例外を含むものである。たとえば，原告が本訴によって一定額を超過する部分（超過額〔Mehbetrag〕）の支払いを請求し，被告がその一定額においてすでに超過弁済が生じていると主張して超過弁済額の一部の返還を反訴によって請求する場合のように，本訴と反訴によって同一の法律関係に基づく一部請求が主張される場合には，一方の認容は他方の棄却を条件づける関係にある（上記の例においては，裁判所が本訴請求を認容する場合は，反訴請求が認容される余地はない）けれども，このことは本訴請求と反訴請求を同一目的の請求たらしめない。この場合には，経済的には両当事者が基礎とした一定額との差額の合計額が係争事項であるため，本訴と反訴の経済的同一性が欠けているからである。この場合にも，本訴と反訴の訴額は各別に算定され，それによって手数料が支払われるべきである[27]

24）内田編・解説98頁以下。訴額算定研究262頁も参照。

25）内田編・解説101頁注(7)。

26）RGZ 145, 164; BGHZ 43, 31(33); BGH NJW-RR 2003, 713; BGH NJW-RR 2005, 506.

27）しばしば，反訴と本訴が同じ目的を有するとは「訴訟物を同じくしているときにかぎらず，両訴が同一目的物に関する相排斥する請求である場合も含まれる。このような反訴は，本訴請求について審理判断することによりおのずから反訴請求についての判断もなされる関係に立つ」ので二重に手数料を徴収すべきでないのだと説明されている（民事訴訟費用研究308頁；同旨：訴額算定研究17頁，262頁；書記官事務の研究Ⅱ51頁；藤田／小川・不動産訴訟119頁）。しかし，本文で述べたように，本訴請求の判断から反訴請求の判断が導かれる関係にあっても，つねに本訴と反訴の経済的同一性が存在するとは限らず，これが欠ける場合もあるのであるから，この説明は両者の目的の同一性の説明として不十分である。

2　本訴と反訴の目的が同一の場合

〔532〕　次のような事案は，経済的に見て同一の目的が存在すると見ることができる。

──占有権に基づく物の引渡請求の本訴に対し，本権に基づく物の返還を求める反訴が提起される場合。この場合には，同一物の返還についての両当事者の利益が問題になっているからである[28]。

──賃貸家屋の明渡しを求める本訴に対し，被告が将来に向けての賃貸借関係の存在確認を求める反訴が提起される場合。

──賃貸借契約の解約（告知）の無効確認または賃貸借関係の存続確認を求める本訴に対し，目的物の明渡しを命ずる判決を求める反訴が提起される場合。

──原告が被告に対して債務不存在確認の訴えを提起し，被告が反訴として，原告が存在しないと主張する債務について給付請求を提起する場合。この場合には，本訴請求と反訴請求は同じ目的をもつので，反訴原告は差額を納付すれば足りる。

──執行証書作成時の行為能力の欠缺を理由に，金銭支払義務につき執行受諾の意思表示を含む公正証書（執行証書）に基づく強制執行の不許宣言を求める本訴に対し，この消費貸借として交付された金銭を不当利得として返還するよう命ずる反訴が提起される場合。

──自動車に対する強制執行の不許宣言を求める第三者異議の本訴に対し，被告が執行目的物を執行官に引き渡すよう求める反訴を提起する場合。この場合には，両当事者は同一物の支配をめぐって争っているからである。

──売買契約の取消しの無効確認（売買契約の有効な存在の確認）を求める本訴に対し，被告が売買目的物の返還を求めて反訴を提起する場合。

──自動車の盗難による車体保険給付を求める本訴に対し，被告保険会社がこの損害事故をきっかけに原告に付与した貸金の返還を求める反訴[29]

28）*Schneider/Herget/Kurpat*, Rn.3311.
29）BGH NJW-RR 2005, 506.

3　本訴と反訴の目的が異なる場合

　本訴と反訴で主張される請求が並存しえ，裁判所が双方の請求を認容す〔533〕ることができる場合には，本訴と反訴の目的の異別性がある。この場合には各別に訴額が算定され，手数料が支払われるべきである。以下の場合には，本訴と反訴は，同じ法律関係を基礎としているが，経済的な観点からみて，異なる財産的ポジションないしは請求権に関するので，その目的は異なるということができる。

　　―― 原告が被告に対して賃料支払いを請求し，被告が反訴として賃貸目
　　　　的物の湿気が多く，そのため家具がだめになったという理由で家具
　　　　に生じた損害の賠償を請求する場合。
　　―― 原告が請負契約の締結後支払った内金の返還を請求するのに対し，
　　　　被告が反訴によって請負代金の残金の支払いを求める場合。
　　―― 同一の事故に関係した原告と被告が本訴と反訴によって互いに相手
　　　　方に対し損害賠償を請求する場合。
　　―― 原告が物の返還を請求するのに対し，被告がこの物の修理によって
　　　　取得したと主張する請負代金の支払いを求める反訴を提起する場合。

4　予備的反訴

　予備的反訴については，条件が成就する場合のみ裁判がなされ，そうで〔534〕なければ訴訟係属は遡及的に消滅し，裁判の余地はなくなる。それゆえ，条件が成就し，裁判所が予備的反訴につき裁判をする前に手数料訴額を算定し，手数料の納付を反訴原告に求めることは不適切であろう。民訴費用法はこの点につき何らの定めをしていないが，再検討が必要である。

5　控訴審における反訴の提起

　控訴審における反訴の提起の申立手数料は，第一審で反訴を提起する場〔535〕合に要する手数料額の1.5倍である（民訴費別表第１の６の項の下欄本文）。ただし，本訴とその目的を同じくする反訴については，反訴請求が第一審で提起された場合の手数料額の1.5倍の額から本訴の控訴手数料額を控除した額が控訴審における当該反訴の手数料額となる（同項ただし書）。

　なお，第一審判決が請求の当否について判断していない場合において控訴審において反訴の提起があった場合には，民訴費用法別表第１の６の項

326　第5章　民事手続法

が適用されるのは第一審裁判所が請求につき本案判決をした場合に限られるから，第一審における反訴提起の手数料の納付で足りる[30]。

6　控訴の手数料訴額

〔536〕　控訴の不服は，各当事者について別々に決まる。本訴と反訴がとも奏功しなかったために両当事者が控訴を提起する場合，不服申立ての価額は別々に調査されなければならない。

　　当事者の一方のみが不服を有する場合，たとえば本訴は棄却されたが反訴は認容された場合，原告は本訴請求の棄却と反訴請求の認容の双方に対して不服を有する。原告が本訴の全部の認容と反訴の全部棄却を求めて控訴を提起する場合，不服申立て額は合算され，控訴の手数料額が算定される。

第5節　第三者の訴訟参加

第1款　はじめに

〔537〕　民訴法は，一定の要件のもとに，第三者が他人間に係属する訴訟に参加することを許している。これは，係属中の訴訟の結果に利害関係を有する第三者のために訴訟に参加して自己の利益を擁護する途を開くものである。そのような第三者の訴訟参加として，共同訴訟参加（民訴52条），独立当事者参加（同法47条），および補助参加（同法42条）がある（これ以外に解釈上許されているものとして共同訴訟的補助参加があるが，これは独立の参加態様というよりも，補助参加人が判決効を受ける第三者であることに鑑みてその訴訟上の地位が強化された点に特徴を有する補助参加の1つの態様にすぎない）。

第2款　独立当事者参加

1　意　義

〔538〕　独立当事者参加は，他人間に係属する訴訟に第三者が当事者として参加する参加形態である。参加する第三者は，本訴の当事者双方または一方を相手方として，自己の請求または申立てにつき判決を求める（民訴47条1

---

30)　小川／宗宮／佐藤編・手引36頁参照。

項)。この参加があると，必要的共同訴訟に関する民訴法40条1項ないし3項が準用され（同法47条4項），原告の被告に対する請求についての判決と同時に，参加人の請求につき矛盾のない判決がなされうる点に，この参加形態の特徴がある。

民事訴訟では，二当事者対立原則が行われる。しかし事案によっては，三主体以上の者が互いに対立し，牽制し合う争訟が生じることがあり，そのような争訟を矛盾なく一挙に解決することが合理的と考えられた。これを実現するために，当事者間に訴訟が係属した後，第三者がこの訴訟に当事者の地位で参加することを許し，利害の対立する三者が当事者として独立して訴訟を追行できるような訴訟構造を承認し，この場合に，統一的な判決を確保するため必要的共同訴訟の法技術を応用するのが，独立当事者参加である。

独立当事者参加には，**詐害防止参加**と**権利主張参加**が区別される。前者は，第三者が訴訟の結果によって権利を害されると主張して参加する場合（民訴47条1項前段）である。後者は，係属中の訴訟において当事者間で争われている権利関係が全部または一部，参加人に帰属すること，あるいは，当事者間の請求と論理的に両立し得ない優先する権利を参加人が有することを主張して参加する場合である（同項後段）。

独立当事者参加は三主体の三請求の存在から出発したが，今日では法律上も当事者の一方だけを相手方とする当事者参加（片面的参加と呼ばれる）が適法と認められているので（民訴47条1項「当事者の一方を相手方として」），この場合には，三面訴訟は成立しない。

従来の判例・通説では，三主体以上の者が互いに対立し牽制し合うといいながら，参加人は原告の被告に対する訴えの却下または請求棄却判決を求める申立てを提起することは，詐害防止参加についても権利主張参加についても，求められていない。詐害防止参加の場合，まさに参加人が原告の被告に対する訴えにつき，その却下または請求の棄却を求め，これを獲得するのが第三者の最も直截的な利益擁護手段であると考えられる。同じことは，権利主張参加についても当てはまる。参加人の請求の立て方についての従来の見解が，もともと三面訴訟説とどう調和するのかという問題

が生じていたし，今日でも変わらない[31]。独立当事者参加が他人間に係属中の訴訟への第三者の介入である以上，参加人に当事者間の請求についての申立てをすることを許す制度と解する必要があり，それはこの参加形態の存在理由から正当化されると考えることができる。

たとえば，XがYに対して売買代金の支払いを求めて提起した訴訟が係属しているが，Zはこの売買代金債権200万円を訴訟係属前にXから譲り受けたと主張して，その支払いを求めてXY間の訴訟に当事者として参加することができる。ZはXに対しては売買代金債権の自己への帰属の確認を，Yに対しては売買代金の自己への支払いを求めて当事者参加をすることができる。そのさい，ZはXのYに対する請求の棄却をも申し立てるべきであろう。

2　訴　額

〔539〕　独立当事者参加は第三者が係属中の訴訟に当事者として参加するものであるので，管轄訴額の問題は生じない。

独立当事者参加について参加人に手数料支払い義務が発生するかどうか，理論的には問題がある。従前の原告の請求，参加人の被告に対する請求および参加人の原告に対する債権の自己への帰属の確認申立ては同一の経済的目的を有するから，参加人の参加申立ては手数料支払い義務を発生させないと解するのが普通の解釈であろう。ところが，民訴費用法は，独立当事者参加の申出は，参加人の独自の請求であり，独立の訴えであるという理由により[32]，参加人に，原則として通常の訴え提起の場合と同様に算定される手数料訴額に基づく手数料支払い義務を負わせた（民訴費別表1の7の項の下欄）。しかも，控訴審での独立当事者参加については控訴の提起に準じた手数料額（訴え提起の手数料の1.5倍の額）を徴求すべきものとする[33]。

民訴費用法によれば，上記の設例では，Zに手数料支払い義務が課せられる。もっとも，ZのXに対する請求の訴額は200万円，Yに対する請求

31）従来の学説は，3者の提起する3つの請求が存在すれば三面訴訟が存在するとし，40条が準用されるとするが，果たしてそれで足りるのか，むしろ三者の請求が絡み合っていることが必要であり，そのために40条の準用が必要なのではないのかということである。

32）内田編・解説102頁注(2)。

33）訴額算定研究21頁；小川／宗宮／佐藤編・手引36頁。

の訴額は200万円であるが，両請求には経済的一体性があるので，訴額の合算は許されず，手数料訴額は200万円である。

民訴費用法の定めは，独立当事者参加の参加人が従前の当事者間で形成された訴訟状態に拘束されずに自己の請求につき独立して訴訟を追行できる地位を有することを重視するものであろう。しかし，そのことと民訴費用法の意味での目的（対象）の同一性とは別の事柄である。同一の対象を訴額上二重算定してはならないという民訴法に表現された原則は，ここでも妥当しなければならないから，民訴費用法別表第1の7の項は立法論としてのみならず，解釈論としても再考を要するであろう。

第3款　係争物の譲渡／訴訟承継

1　係争物の譲渡

訴訟係属中に係争物の譲渡が生じ，係争権利または法律関係の帰属主体〔540〕たる地位（実体適格）が第三者に移転した場合，当事者の一方から実体適格を承継した，この第三者は独立当事者参加の方式により訴訟に参加することができ，相手方はこの実体適格を承継した第三者に対し訴訟の引受けを求めることができる。第三者の側から係属中の訴訟に参加することは参加承継と呼ばれ，相手方から第三者に対する引受申立てに基づく第三者による訴訟の続行は引受承継と呼ばれる。

たとえば，原告が被告に対して建物（本件建物）の明渡しを求めている訴訟が係属中に原告から本件建物を買い受けた第三者（参加人）は，原告が自己への建物所有権の移転を争っているという理由で，原告に対して，本件建物が参加人の所有であることの確認を求め，被告に対しては参加人に本件建物を明け渡すよう求めることができる（参加承継）。

引受承継の典型例としてあげられているのは，原告が被告に対して原告の所有地上に存する被告所有の建物の収去，土地明渡しを求めている訴訟の係属中，被告がこの建物を第三者に譲渡したので，原告が第三者に本件訴訟を引き受けさせる旨の裁判を求めるケースである。

2　手数料訴額

（1）　参加承継

参加承継の申立ての実質は訴えの提起であるので，参加人の請求につい〔541〕

330　第5章　民事手続法

て通常の訴え提起の場合と同じようにその訴額を算定すべきかどうかが問題となる。これを肯定すれば，参加人は訴額に応じた手数料の納付をしなければならない。設例の場合には，独立当事者参加についての民訴費用法別表第1の7の項によると，参加人は自己の請求について訴えの提起の場合と同様の手数料訴額の算定により手数料を納付すべきことになる。

　　しかし，前述のように（→〔538〕），独立当事者参加の場合の手数料に関する規定に問題があるほか，参加承継の場合には参加人は従前の訴訟状態（訴訟結果）に拘束される。したがって独立当事者参加の場合に独自に訴額を算定し手数料を納付させるべきだという理由は，参加承継の場合には全く当てはまらない。参加承継の承継人は事案に応じて適切な請求の趣旨を掲げなければならないが，訴訟の目的（対象）は経済的に当事者間の訴訟の目的（対象）と異ならない。それゆえ，参加承継人には手数料納付義務は発生しないと解すべきである。

(2)　引受承継

〔542〕　民訴費用法は，民訴法50条1項の定める訴訟引受けの申立手数料を500円と定めている（民訴費別表第1の17の項）。

　　もっとも，この規定の意味については，検討を必要とする。前にあげた例（原告が被告に対して土地所有権に基づき土地上の被告所有建物の収去・土地の明渡しを求める訴訟の係属中，被告が第三者にこの建物を譲渡した例）において，原告が第三者に対し訴訟引受けを求める場合には，引受申立てと同時に第三者（承継人）に対する請求を定立しなければならないが，被承継人に対する請求と異なる請求を承継人に対して定立するときは，請求の趣旨・原因を明示的に掲げる必要があると解されている。

　　被告が原告側の承継人に対して訴訟引受けの申立てをする場合は，引受申立ての中に債務等の不存在確認請求が含まれているとみる見解，引受決定が効力を生ずると，原告側承継人の被告に対する給付請求が提起されたものと扱う見解，引受申立てをする被告は消極的確認申立てを提起することを要し，承継人から請求が提起されれば消極的確認申立ては訴えの利益を失うに至るとする見解が主張されている。いずれの見解によっても，訴訟引受けの申立ては単なる手続上の申立てにとどまるものではなく，何らかの本案の申立てを伴う必要があるとみられている。

　　いずれの場合にも，請求の主観的併合が生ずる。それゆえ訴額は原則と

して合算されなければならないが，両請求の経済的目的が同一である場合には多額の方の請求が訴額の基準となる。訴訟引受けの場合には，被承継人の相手方の被承継人に対する請求と承継人に対する請求は経済的に同一の目的を有するので，多額の方の請求が訴額にとって決定的であり，承継人に対する請求の価額が被承継人に対する請求の価額より多額である場合には，差額について手数料を納付すれば足りる。被告が原告側の承継人に対して訴訟引受けの申立てをする場合に承継人に対する債務不存在確認申立てを提起しなければならないと解する場合，同一の債権についてその存否を争うものであり経済的目的を共通にするので，債務不存在確認申立てについて手数料支払義務は発生しないと解される。

第4款　共同訴訟参加

1　意　義

これは，第三者が係属中の訴訟に，その当事者の一方の共同訴訟人とし〔543〕て参加することをいう（民訴52条1項）。そして，これは当事者の一方と第三者との間で権利関係を合一的に確定すべき場合に許される。したがって，参加の後，もとの当事者間での請求と参加人の請求との間に類似必要的共同訴訟が成立する場合に許される。たとえば，会社の組織に関する訴えにおける請求認容判決（たとえば，株主総会決議取消判決）は第三者に対しても効力を及ぼすので（会社838条），他の株主は原告側に共同訴訟参加をすることができる。その他，固有必要的共同訴訟において共同訴訟人の一部の者が当事者になっていない瑕疵を治癒するためにも，例外的に共同訴訟参加が可能である。[34]

共同訴訟参加には，補助参加および独立当事者参加の申出に関する規定が準用される。参加申出は，参加の趣旨および理由を記載した書面を提出して行う。参加の趣旨とは，どの訴訟のいずれの当事者の側に参加しようとするのかを示す部分である。参加の理由とは参加により合一確定の必要な請求であることを述べる部分である。

34）大判昭和9・7・31民集13巻1438頁。

332　第5章　民事手続法

2　手数料訴額
(1)　原告側の共同訴訟参加

〔544〕　　民訴費用法によれば，第三者が第一審において原告の共同訴訟人として
係属中の訴訟に参加する場合の参加申出の手数料は，参加にかかる請求の
訴額に応じて同法別表第1の1の項により算出して得た額であるとされる
（同法別表第1の7の項の下欄）。しかし，この規定の合理性には疑問がある。
　　共同訴訟参加によって類似必要的共同訴訟が成立するが，従前の原告の
請求と参加人の請求との間に経済的な観点から一体性が存在すれば訴額の
合算は禁止され，1つの請求の価額（数個の請求において価額の差異がある
場合には一番多額の請求の価額）が訴額であるという原則（民訴9条1項た
だし書）によることができるはずである。ところが，別表第1の7の項は
「参加人は独立した当事者としての自己の請求の維持につきなお独自の利
益を有する」という理由で，この民訴法の原則の適用を認めず，しかも従
前の当事者の請求についての手数料訴額との合算も認めず，全く新たな訴
えの提起に準ずる手数料の額を徴求すべきものとした。[35] 独立した当事者と
して自己の請求を維持する独自の利益は，共同訴訟として訴えが提起され
る場合にも当然に肯定され，共同訴訟参加に特有の利益ではないので，参
加人の独自の利益に照準を合わせているというよりは，1つの訴えによる
請求でないという形式的な点が重視されているようにみえる。もしそうで
あるなら，形式的な理由によって，二重の手数料の納付を求めるものであ
り，共同訴訟参加の利用に不必要な障害を設ける規制というべきであろう。
しかし，事後的な共同訴訟の場合にも，併合される請求が経済的一体性を
有している場合には，合算禁止の要請が働くから，別表第1の17の項の定
めは改められるべきである。
　　なお，控訴審における共同訴訟参加については，控訴裁判所の判断を求
めるものであるという理由から通常の控訴手数料と同じ手数料とするのが
妥当とされ，第一審における申立手数料の1.5倍を徴求すべきだとされて
いる。

35）内田編・解説103頁注(2)は，立法過程において，「従前の原告がすでに手数料を納めているの
　であるから，訴えの提起等の場合と同額の手数料を別個に納めることとする必要はないと
　いう議論も有力であった」が，この場合といえども，参加人は独立した当事者として自己の
　請求の維持につきなお独自の利益を有することを考慮したという。

第5節　第三者の訴訟参加　333

⑵　被告側の共同訴訟参加

　第三者が被告の共同訴訟人として参加する場合の手数料の算定について〔545〕は見解の対立がある。この場合には，参加人は原告の請求の棄却を申し立てるのみである。このような申立てをするだけの共同訴訟参加の手数料訴額の算定について問題が生ずる。

　参加によって参加人が得る利益は原告の請求が棄却される利益であり，それは原告の共同訴訟人として参加する場合のように，参加人固有の利益ではないから，裁判所手数料の負担義務は生じないとする見解[36]と，別表第1の17の項の手数料の納付を要するとする見解[37]がある。手数料負担義務は生じないという見解が正しい。

3　上訴の手数料訴額

　第三者が第一審において敗訴した原告の共同訴訟人として参加申出をす〔546〕ると同時に，敗訴原告と第三者の控訴が提起される場合の控訴の手数料訴額は，第一審係属中の共同訴訟参加の場合（→〔544〕）と同様，全く独自の控訴の提起として各別に算定し，これに対応する手数料を納付しなければならないとするのが実務である[38]。しかし，両者の控訴は，同一内容の請求，したがって経済的に一体性のある請求について第一審判決を請求認容判決に変更するよう求めるものであるから，訴額の二重算定は許されるべきではない。この実務も改められるべきであろう。

第5款　仮執行宣言の失効に伴う原状回復の申立て
1　意　義

　給付判決に仮執行宣言が付された場合に，給付判決確定前に仮執行宣言〔547〕またはその基本となる終局判決が変更されると，仮執行宣言は将来に向けてその効力を失う（民訴260条1項）。裁判所は，仮執行宣言付き本案判決を変更する場合，被告の申立てに基づき「仮執行の宣言に基づき被告が給付したものの返還」と「仮執行により又はこれを免れるために被告が受け

---

36)　内田編・解説103頁注⑴；小川／宗宮／佐藤編・手引26頁。
37)　民事訴訟費用研究312頁。
38)　岡井正男ほか「民事控訴審事件の受理時における書記官事務の諸問題とその改善の在り方」書研36号（1990年）203頁，215頁。

334　第5章　民事手続法

た損害の賠償」を原告に命じなければならない（同条2項）。

2　手数料

〔548〕　この原状回復の申立てまたは損害賠償の申立ては性質上反訴であると解されるから,[39] その手数料の算定も反訴と同様に別表第1の6の項に準じて行われることになる。その結果，申立てをする審級が控訴審の場合には訴え提起の場合の手数料額の1.5倍の額が手数料額であるとされている。[40] しかし，原状回復または損害賠償を別訴により請求する場合には通常の訴額算定方法によるにもかかわらず,[41] 被告の便宜のために係属中の訴訟において原状回復または損害賠償の申立てを許している。しかも，控訴審において申立てをするときは，1.5倍の手数料を徴求するというのはこの原状回復または損害賠償の申立ての制度の基本に合致しない。要するに，通常の控訴でなく，単に控訴審において原状回復または損害賠償の申立てをしただけで，手数料を増額することは上訴の手数料を訴え提起の手数料より高くする理由すら当てはまらないので，改められるべきである。

第6款　補助参加

1　申立手数料

〔549〕　前述のように，補助参加は，訴訟上の請求を定立しないで被参加人を勝訴させ，結果として補助参加人の利益を守ろうとするものである。申立て手数料は，500円である（民訴費別表第1の17の項ニ）。

2　補助参加人の控訴の手数料

〔550〕　補助参加人は，被参加人敗訴の判決に対して被控訴人のために控訴を提起することができる。問題があるのは，補助参加人が控訴を提起する場合の控訴の裁判所手数料の算定についてである。この場合，補助参加人自身の判決に対する不服は問題にならない。補助参加人がそのために訴訟活動

39）兼子・体系401頁。菊井／村松・新コンメV249頁は被告のするこの申立ては反訴ではないが一種の訴訟中の訴えの提起であり，本案判決の変更・取消しがある場合にのみ判断される点で予備的反訴と同じような性質を有するという。
40）昭和47・1・12民2・25最高裁民事局長・総務局長回答；民事訴訟費用研究313頁。
41）民事訴訟費用研究312頁。

第6節 訴訟上の和解，調停の無効・取消し　*335*

をした被参加人の不服が，もっぱら重要である。控訴の手数料訴額は，被参加人の不服を基準に算定されなければならない。[42]

因みに，被控訴人も控訴を提起する場合，被参加人についても控訴の手数料訴額が独自に算定されてはならない。通説は，補助参加人の控訴と被参加人の控訴は不服申立ての範囲が同じである限り二重控訴の関係にあり，後に提起された控訴を二重控訴として却下しなければならないと主張する。[43]しかし，両者は二重控訴の関係にはなく，一体であり，二重控訴として却下されてはならない。[44]

第6節　訴訟上の和解，調停の無効・取消し

第1款　訴訟上の和解

和解は，契約当事者が法律関係に関する争いを相互の譲歩（互譲）により止めることを約束する債権法上の契約である（民695条）。和解の成立のためには互譲が必要であるが，当事者が合意のために，必ずしも等価値である必要のない何らかの譲歩を相互にすることで足りる。[551]

訴訟手続の中で訴訟当事者間で和解が成立すると（訴訟上の和解），この和解は実体的な法律関係についての新たな定めと訴訟の終了の合意という２つの内容を有するが，この両者をどのように解するかという問題をめぐって訴訟上の和解の法的性質論が展開されてきた。両性説と呼ばれる見解は両者の内容を有する１つの合意とみ，両行為並存説と呼ばれる見解は私法上の和解契約と訴訟終了契約の２つの契約の並存を認める見解である。

---

42) Vgl. BGH NJW 1997, 2385, 2386; OLG Düsseldorf, MDR 2006, 1017; OLG Köln, MDR 2004, 1025; *Anders/Gehle/Kunze*, Stichwort „Rechtsmittel" Rn.6; *Schneider/Herget/Kurpat*, Rn.4261; *Zöller/Vollkommer*, §67 Rn.5. 岡井ほか・前掲注(38)215頁が補助参加人の控訴は「被参加人の控訴に吸収させてよいであろう」というが，吸収ではなく，もともと一体のものなのである。

43) 菊井／村松・全訂Ⅲ121頁；注解民訴(9)245頁［小室／東］；注釈民訴(8)24頁［鈴木重勝］；菊井／村松・新コンメⅥ86頁；高田裕成ほか編・注釈民事訴訟法第5巻（2016年・有斐閣）157頁以下［工藤］；最判平成1・3・7判時1315号63頁＝判タ699号183頁；名古屋裁判大正7・5・28評論7巻民訴259頁。これに対し，髙橋・重点講義(下)597頁は「必要的共同訴訟，補助参加などにおける二重控訴においては，訴訟費用の負担などにおいて必ずしも二度目の控訴に意味がないわけではない」といい，二重控訴ではあるが適法とする余地があるとの見解を述べるが，そもそも二重控訴でなく，2つの控訴が一体であることを看過している。

44) ドイツ法は2つの控訴の一体性を承認する。Vgl. BGH NJW-RR 2006, 644.

336　第5章　民事手続法

判例は，両性説または並存説によっているとみられる。[45]

第2款　訴訟上の和解の無効・取消しの主張の方法

1　実体法上の無効原因と訴訟法上の無効原因

〔552〕　両性説によれば，訴訟上の和解は実体的側面と訴訟的側面を有することから，その無効も実体法上の原因に基づくものと訴訟法上の原因に基づくものがある。たとえば，当事者が和解基礎に関し錯誤に陥った場合，和解の内容が強行法規または公序良俗に反する場合，和解は初めから無効である。また，詐欺・強迫により和解が取り消されると，和解は遡及的に無効になる。訴訟上の和解の訴訟的側面が無効であるとき，たとえば調書が作成されていない場合や，当事者が訴訟行為要件を欠いている場合，和解の訴訟上の効力は発生しない。

　　訴訟上の和解をいわゆる両性説によって理解するならば，訴訟上の和解が実体的に無効なときは，訴訟終了契約としての訴訟上の和解も必然的に無効になる。逆に，訴訟上の和解が訴訟上の有効要件を欠くときは，通常，実体的側面も無効になる（このような場合において例外的に実体的和解を存続させる当事者の意思が明白な場合には，実体的和解の部分について裁判外の和解としての存続が認められてよい）。

　　訴訟上の和解をいわゆる並存説的に理解する学説にも，訴訟物に関する私法上の合意と裁判所に対する合意内容の一致した陳述または訴訟終了に関する訴訟上の合意の並存があると主張しつつ，両者の間の牽連性を認める見解が主張されているが（新並存説），[46] この見解によっても両性説と同じ結果になる。

2　期日指定申立て説，新訴提起説（和解無効確認訴訟・請求異議訴訟）および競合説

〔553〕　訴訟上の和解の無効または事後的失効をいかなる手続によって主張することを許すべきかという問題について，民訴法に明文規定がなく，長い間争われている。訴訟上の和解の成立した裁判所に新期日の指定を求め，和

---

45)　大判昭和7・11・25民集11巻2125頁；大判昭和6・4・22民集10巻380頁；大判昭和10・9・3民集14巻1886頁；最判昭和33・6・14民集12巻9号1492頁。
46)　伊藤477頁；条解民訴1475頁〔竹下／上原〕。

第6節　訴訟上の和解，調停の無効・取消し　*337*

解の効力について判断を求めるべきであるとする期日指定申立説，新訴提起説（和解無効確認訴訟説または請求異議説），および種々の方法を競合的に用いることを許す競合説が主張されている。

　期日指定申立説は，口頭弁論を再開し，和解の成立に関与した裁判所が和解の無効・取消し事由につき，和解によって終了した手続の訴訟資料を新たな提出行為を要することなく利用して判断することができるという利点を有する。これに対し，和解無効確認訴訟説は和解の無効・取消し事由につき三審級を保障するが，和解の効力をめぐる争訟の解決が長引き，争訟の和解による迅速な解決という和解の利点が失われるという弱点がある。競合説は，いずれの手続が選ばれるかによって和解の有効性を主張する相手方の手続上の地位に大きな差異が生ずるのに，和解の瑕疵を主張する当事者の手続選択を優先させるという不合理がある。

　期日指定申立説によれば，和解自体による訴訟の終了という効力自体を争わない場合や訴訟物でない権利または法律関係を和解の対象とした場合を捉えることができないという理由から，和解無効確認の訴えを可能とすべきだとする見解[47]がある。しかし，訴訟物でない権利または法律関係が和解の対象とされている場合，期日指定を申し立てる当事者は，この和解の無効確認の申立てをすることができ，裁判所の和解無効確認判決を取得することができる。それゆえ，期日指定申立説では対処できない場合があるので和解無効確認の訴えを可能としなければならないという立論は，成り立たない。訴訟の終了自体を争わないで和解の無効確認判決を独自に求める利益があるかどうかも，疑問がある。訴訟上の和解に対して和解無効を主張して請求異議の訴えを提起することができるかという点については，期日指定申立て説によれば，和解によって終了した手続の続行によってこれを主張することができ，この手続の中で執行停止の仮の処分を得ることができるから，請求異議の必要性はない。

3　訴訟上の和解の手数料

　訴訟上の和解については，訴訟物である権利または法律関係以外の権利〔554〕または法律関係をも対象として訴訟上の和解が行われる場合にも，これは

47）訴額算定研究49頁。

338 第 5 章 民事手続法

訴額を増加させない。

　訴訟上の和解において，当事者は訴訟物以外の権利または法律関係を和解に取り込むことができる[48]。訴訟物になった権利または法律関係以外の権利または法律関係を含めて和解が行われると，和解の目的の価額が訴訟の目的の価額（訴額）を超えることになる。ドイツの現行裁判費用法22条1項4文は，追加的な裁判所手数料につき和解に関与した者に支払い義務を課している。日本では，民訴費用法に規定がなく，手数料の支払義務は生じないと解されている。しかし，これは，民事調停手続の進行中に調停を求める事項を拡張した場合には，訴訟における訴えの変更に準じて手数料の額の加算が行われると解される[49]のに鑑みて，均衡が取れていない。当事者の平等扱いの原則に反するので，是正が必要であろう[50]。

4　期日指定の申立ておよび和解無効確認訴訟の手数料訴額
(1)　期日指定申立てによる和解無効主張の手数料訴額

〔555〕　期日指定申立ては従前の訴訟の終了を争い，訴訟が和解によって終了した裁判所に期日指定と訴訟の続行を申し立てものであるから，管轄訴額の問題は生じない。従来は，裁判所手数料は不要とされている。しかし和解が無効と判断され，もとの請求について改めて裁判所の裁判を求められる場合，単に期日の指定だけが申し立てられているのではない。期日指定の申立てといっても，本案の申立ての実質を有することを直視しなければならない。

　申立ての手数料訴額については，裁判所が訴訟上の和解を有効と判断した場合には，訴訟終了宣言判決によって手続を終了する。この場合には，手数料を要しない。これに対し，訴訟上の和解を無効と判断した場合には，裁判所は手続を続行して本案につき審理裁判をしなければならない。この場合，両当事者が口頭弁論に欠席した後の口頭弁論期日の指定の申立ての場合とは明らかに異なるので，手数料訴額については，新訴の提起の場合に準じて扱われなければならないと解する。手続が続行され，原告が当初の訴えの申立てを維持する場合の手数料訴額は，従前の訴訟の手数料訴額

---

48)　最判昭和27・2・8民集6巻2号63頁。
49)　内田編・解説114頁注(3)。
50)　民訴費用法の立案担当者は，将来の立法政策上の課題だとした。内田編・解説107頁注(1)。

と一致する。それゆえ，手続続行の手数料訴額は，原則として従前の訴額を基礎とすべきである（和解によって終了した訴訟は本案について裁判していないので，従前の訴訟の手数料訴額の2分の1を手数料訴額とすることも考えられるが，訴訟上の和解は確定判決と同一の効力をもつこと（民訴267条）に鑑み，訴え却下判決のように本案について裁判していないものと同視することはできないであろう）。なお，再審の訴えにおいて本案の再審理手続が行われる場合，現行法では特別に手数料は徴求されないが，和解無効の主張は再審ではないので，このことは以上のように解することの妨げとはならない。

1つの問題は，訴訟物でない権利または法律関係が和解に取り込まれている場合，訴額の算定に，このことがどのような影響を及ぼすかという点である。このような和解に取り込まれた訴訟物外の権利または法律関係も和解の対象になっているので，訴額の算定にあたり，すべての和解対象の価額を各別に評価し，その評価額を合算することが必要とみる見解もありうる。しかし，和解の効力についての審査のさい，和解に取り込まれた訴訟物外の権利または法律関係も付随的に審理されるが，和解の対象はそれによって訴訟物にならないので，これを訴額に算入すべきではない。

また，続行される訴訟についての訴額ではなく，和解金額を訴額とすべきだとする見解もありうる。たとえば貸金債権500万円について争ったＸＹ間で，借主Ｙが貸主Ｘに300万円支払い，残額はＸが放棄する旨の訴訟上の和解が成立したとする。Ｙがこの和解の無効を主張する場合，和解無効の確定によってＹが受ける利益は差当り和解債務の額である300万円の支払義務を免れることであるから，訴額は300万円であり，貸主Ｘが和解の無効を主張する場合には，和解無効の確定によってＸが受ける利益はＸが放棄した債権部分200万円であるとする見解である[51]。しかし，この場合にも，和解によって終了した訴訟が続行されるのであるから，和解額が続行後の訴訟の訴額をなすということはできない[52]。

(2) 和解無効確認の訴えの管轄訴額／手数料訴額

訴訟上の和解の効力をめぐる争いは期日指定の申立てにより和解の成立〔556〕

---

51) Vgl. OLG Bamberg, JurBüro 1998, 541.
52) Vgl. *Anders/Gehle/Kunze*, Stichwort: „Vergleich"., Rn.21; *Stein/Jonas/Roth*, §3 Rn.68 Stichwort „Vergleich (Wert der Fortsetzung des Verfahrens)".

340 第5章 民事手続法

した裁判所が判断すべきだとする見解と異なり，判例[53]は和解無効確認の訴えを適法とする。この見解によれば，和解無効確認訴訟の訴額は，和解の無効の確定によって無効主張者が得る利益である。この利益は具体的にどのように算定されるべきか。学説においては，和解調書に表示された請求権・権利または法律関係を基礎に訴額を算定すべきだとする見解が有力である。

たとえば貸金債権500万円について争ったＸＹ間で，借主Ｙが貸主Ｘに300万円支払い，残部はＸが放棄する旨の訴訟上の和解が成立したとする。Ｙがこの和解の無効を主張する場合，和解無効の確定によってＹが受ける利益は和解債務の額である300万円であるから，訴額は300万円だとされる[54]。貸主Ｘが和解の無効を主張する場合には，和解無効の確定によってＸが受ける利益はＸが放棄した債権部分200万円であり，建物の明渡しを目的とする和解の場合には，通常の建物明渡請求事件と同様，建物の価額が訴額だとされる[55]。

和解無効確認の訴えを適法とみる場合には，原告（前訴の被告）は和解債務の支払いを免れる点に利益を有するのだから，訴額は債務名義表示の請求権の価額である。この場合，被告が予備的反訴を申し立て，和解が無効と判断される場合のために訴訟上の和解によって終了したもとの訴訟の訴訟上の請求について改めて判決を求める場合，この申立ての訴額はもとの訴訟の訴額と同じであるが，この反訴は本訴と経済的に目的を同じくするから，反訴の手数料は反訴の訴額について算出される手数料額から本訴の手数料額を控除した金額である。

(3) 和解無効を理由とする請求異議の訴え

〔557〕 判例は，和解調書が債務名義である場合，この債務名義に既判力がないことから，請求異議の訴えによって権利障害事由を主張することを許す。債務者が和解調書に対し請求異議の訴えを提起する場合には，訴額は債務名義表示の請求権の価額に合致する。

---

53) 最判昭和43・2・15民集22巻2号184頁。
54) 小川／宗宮／佐藤編・手引164頁。
55) 小川／宗宮／佐藤編・手引164～165頁。

5 起訴前の和解

(1) 起訴前の和解

当事者は民事上の争いについて，請求の趣旨および原因ならびに争いの〔558〕実情を表示して，相手方の普通裁判籍所在地を管轄する簡易裁判所に和解の申立てをすることができる（民訴275条1項）。当事者間に合意が成立すれば，和解調書が作成され，訴訟上の和解と同じ効力が与えられる（同法267条）。

起訴前の和解の申立てをする場合，手数料の支払いが必要である。手数料は2,000円と法定されている（民訴費別表第1の9の項）。

(2) 和解無効確認の訴え

原告は和解債務の支払いを免れる点に利益を有するのだから，訴額は和〔559〕解調書に表示された請求権の価額である。

6 民事調停

(1) 民事調停の効力

民事調停において当事者間に合意が成立し，これが調書に記載したとき〔560〕は，調停が成立したものとされ，その記載には裁判上の和解と同一の効力が与えられる（民調16条）。調停の効力は大きいが，これは当事者間の合意を基礎にするものであるから，種々の無効原因，取消原因が付着しうる。

(2) 調停無効確認の訴え

調停無効確認の訴えの原告は調停によって負った義務の履行を免れる点〔561〕に利益を有するので，訴額は調停調書に表示された請求権の額である。

なお，調停無効確認の訴えと請求異議の訴えが併合提起された場合，手数料訴額は調停調書に表示された請求権そのものの価額である。この場合，民事訴訟上の訴訟物は2つの訴えにおいて明らかに異なるが，民訴費用法上の意味での2つの訴えにおける訴訟の目的は経済的にみて異ならないので，訴状に貼用すべき印紙の額は調停調書に表示された請求権の価額に対応する手数料額である。[56]

56）京都地判昭和44・9・6判時591号83頁＝判タ241号118頁。

342　第5章　民事手続法

第7節　確定判決変更の訴え

第1款　意　義

〔562〕　口頭弁論終結前に生じた損害につき定期金賠償を命じた判決について，損害額の算定の基礎になった事情に著しい変更が生じた場合に，当事者は確定判決変更の訴えを提起することができる。定期金賠償を命ずる判決は，損害額の算定については完結した事実関係ではなく，将来の事態の推移の予測に基づくものであり，疑わしい場合には損害額算定の基礎となる事実が将来も存続するものと措定して行われる。ところが，定期金の支払い時期が相当長期にわたる場合にはその間に被害者の健康状態の改善や悪化などが生じ得，損害額算定の基礎になった事情に著しい変動が生ずると，確定判決を下した裁判所がした将来の事態の推移についての予測または措定が正しくなかったことが明らかになる。このような場合に，定期金賠償を命ずる確定判決の既判力に当事者を拘束し，その後も継続的に定期金を支払わせることは著しく不当である。民訴法117条1項は，大正15年改正民訴法にはなかった確定判決変更の訴えを定期金賠償判決に限定して適法と認め，給付額の増額または減額等を請求することができるものとしている。

第2款　訴えの法的性質と訴訟物

1　法的性質

〔563〕　確定判決変更の訴えは，該当部分につき債務名義の執行力を消滅させ，または既判力を制限して新たな判決を可能にするものであり，それゆえ，訴訟法上の形成の訴えである[57]。もちろん，従前の訴訟上の請求について将来に向けられた既判力をもつ新たな定期金賠償判決を求めることもある（増額請求の場合）。それゆえ，請求認容判決は形成判決であると同時に，判決が給付を命ずる場合には給付判決であり，確認判決のこともある。

---

57) 松本／上野〔719〕［松本〕。河野正憲「民事判決の種類と機能」髙橋宏志／加藤新太郎編・実務民事訴訟講座［第3期］(3)（2013年・日本評論社）231頁，256頁以下は，変更判決の機能は定期金の支払いを命じた債務名義の執行力の変更を目的とした形成判決とみるべきだとする。執行力の排除が重要な役割である面を有することはもちろんであるが，これは増額請求の場合には当てはまらないし，増額請求の場合には増額部分について新たな判決が必要であり，この部分について判決をするためには前訴判決の既判力効の制限が必要になる。それゆえ，変更判決を執行力の排除との関係でのみ理解することは不十分である。

第7節　確定判決変更の訴え　*343*

2　訴訟物

　確定判決変更の訴えは，確定判決によって判決された訴訟上の請求につ〔564〕
いて将来に向けて既判力を及ぼす判決を求めるものである。この訴訟で原
告がしなければならない損害額の算定の基礎になった事情の著しい変動の
主張は，新たな訴訟上の請求を基礎づける新たな事実の主張に止まるもの
ではなく，前訴の裁判の正当性を攻撃するものであるから，変更の訴えは
再審の訴えに類似する救済手段ということができる。それゆえ，この訴え
の訴訟物は，定期金賠償判決がなされた前訴の訴訟物と同じである。もち
ろん，増額請求の場合には請求の拡張がある。それゆえ，当事者となるこ
とができるのは，前訴当事者および前訴判決の既判力の拡張を受ける権利
承継人および義務承継人である。

第3款　申立てと裁判

1　申立て

　訴状の請求の趣旨において，原告が求める判決主文の内容を記載しなけ〔565〕
ればならない。原告が求める主文の内容は，前訴原告による増額請求か，
前訴被告による減額請求かによって異なる。増額請求の場合には，たとえ
ば「原判決主文第○項中，平成27年10月1日（訴え提起日）以降支払期が
到達する部分を次のとおり変更する。被告は原告に対して，1カ月金○○
円の割合による金員を支払えとの判決を求める」，減額請求の場合には
「原判決主文第○項中，平成27年10月1日以降1カ月○○円を超えて支払
いを命じた部分を取り消すとの判決を求める」というように，増額または
取消しの部分のみを請求の趣旨に掲げれば足りると解される。なぜなら，
裁判所は，申立ての範囲において，判決主文において変更すべき内容を目
的に適合した形で表示すれば足りるから，求める判決の主文内容の厳密な
特定を当事者に求める必要はない[58]。確定判決変更の訴えは訴訟上の形成の
訴えであるから，原告は訴えの提起のさい，確定判決の写しを添付しなけ
ればならない（民訴規49条）。

---

[58]　文献においては増額請求の場合について，新たな給付命令の申立てを掲げる請求の趣旨の
　　表示の要否が，減額請求の場合に減額後の給付命令を請求の趣旨に掲げることの要否が論じ
　　られているが（たとえば，菊井／村松・新コンメⅡ504頁以下），請求の趣旨においては当事
　　者の求める変更内容が十分示されていれば足りるであろう。

2 裁 判

〔566〕　裁判所は，訴えを不適法と判断する場合には，訴えを却下するが，当事者は不備が除去されると再度訴えを提起することができる。

　　訴えが適法である場合には，審理の結果によって請求が棄却または認容される。損害額の算定の基礎になった事情の著しい変更が存在せずまたは証明されない場合には，請求が棄却され，この判決が確定すると，確定判決は形成の原因がないこと，すなわち原判決の変更事由が存在しないことを既判力をもって確定する。当事者が再度変更の訴えを提起することができるのは，後に事情の変更が生じ，その変更が変更を求められた判決に対して重大であることが主張，証明される場合に限られ，前訴の主張の繰り返しでは足りないと解すべきである。

　　裁判所は，審理の結果，増額請求に全部理由があると判断すれば，請求認容判決をする。そのさい，原判決を全部取り消すのではなく，事情の著しい変更を受けた部分の給付命令を変更し，将来に向けての新たな給付命令を掲げるべきであろう。この日以前の給付命令は取り消されない。増額給付命令は，たとえば「原判決主文第○項中，平成27年10月１日（訴え提起日）以降支払期が到達する部分を次のとおり変更する。被告は原告に対して，毎月末限り１カ月金○○円の割合による金員を支払え」，減額請求を全部認容する判決の主文は，「前訴判決を次のとおり変更する。原判決主文第○項中，平成27年10月１日以降１カ月○○円を超えて支払いを命じた部分を取り消す」となる。

　　増額請求の請求認容判決には仮執行宣言を付することができる。形成判決は確定して初めて法律関係を形成する効力が生ずるから，明文規定がある場合を除き仮執行宣言を付することはできないとする見解[59]もあるが，増額請求を容容する判決は実質的には給付判決であるから，仮執行宣言をすることができる。減額請求認容判決の場合にも，減額の範囲において民事執行法39条１項１号・40条１項により執行を阻止するためには仮執行宣言を必要とするから，当事者間の武器対等の原則上，この場合にも仮執行

59）雛形要松／増森珠美「定期金による賠償を命じた確定判決の変更を求める訴え」三宅省三ほか編・新民事訴訟法体系(2)（1997年・青林書院）３頁，28頁；大江忠・要件事実民事訴訟法（2000年・第一法規）325頁。

宣言をすることができると解すべきである[60]。なお，減額請求の変更の訴え提起後，当事者は執行停止の裁判（403条1項6号）を得て，変更されうべき裁判による強制執行の一時停止を確保することもできる。

第4款　管轄訴額および手数料訴額

1　管轄訴額

〔567〕確定判決変更の訴えは変更を求められた判決をした第一審の裁判所の専属管轄に属するから（民訴117条2項），管轄訴額の問題は生じない。

2　手数料訴額

〔568〕手数料訴額は，債務名義化された定期金請求権の一定期間の増減額部分の総額である。この一定期間は，訴え提起から口頭弁論終結時までと解することができ，通常は規範的観点から1年間と解すべきであろう[61]。たとえば，債務名義化された定期金の額が月額15万円である場合，原告が事情の変更を理由に月額20万円への増額を求める場合には，差額5万円×12か月分＝60万円が手数料訴額となる。被告が月額10万円への減額を求める場合にも，手数料訴額は60万円である。

第8節　執行関係訴訟

第1款　執行文をめぐる争い

1　執行文

〔569〕強制執行は，執行力のある債務名義の正本に基づき行うことができる。債務名義は，一定の請求権が存在し，強制執行によって実現することができることを公証する公の文書である。これは，他の要件が具備する限り執行機関に執行の実施を義務づける。執行文は，債務名義の執行力の現存およびその範囲を公証する文言またはこれを記載した条項をいう。執行文は，債権者が債務者に対しその債務名義により強制執行ができる旨，債務名義の正本の末尾に付記される（民執26条2項）。

60）同旨，菊井/村松・新コンメⅡ505頁。
61）民事実務講義案Ⅰ48頁。

執行文には，単純執行文，補充執行文および名義移転執行文がある。債務名義が条件つきである場合，条件が成就しているときは，執行付与機関は条件の成就を確認したうえで条件成就執行文を付与する。債務名義に当事者として表示されている者以外の者に執行力が及ぶ場合，たとえば債務名義に表示された権利義務について権利承継や義務承継が生じた場合，この者は新たな訴えを提起することなく，またはこの者に対して新たな訴えが提起されることなく，存在する債務名義が権利承継人のためにまたは義務承継人に対して書き換えられる（名義移転執行文。従来は承継執行文と呼ばれているが，承継の場合に限らないから名義移転執行文というべきである）。執行力拡張事由の有無の調査は，執行文付与機関によって行われる。

補充執行文または名義移転執行文の付与を求める債権者がこれを受けるために必要な事実の到来または執行力拡張事由を証明する文書を執行文付与機関に提出することができないため執行文の付与を拒絶され，またはそのおそれがある場合に，債権者は**執行文付与の訴え**を提起して，執行文の付与を求めることができる。これが執行文付与の訴えである。

執行文付与機関である裁判所書記官が執行文を付与したときは，債務者または自己の不利に執行文が付与された者（たとえば執行文上の債務者の承継人）は，その裁判所書記官所属の裁判所に対して異議を申し立てることができる（民執32条1項）。この救済方法は，執行文の付与が正しいかどうかを裁判所に審査してもらうための，債務者または債務者の承継人のような執行力の拡張を受ける者のための特別の救済方法である。これを**執行文付与に対する異議申立て**と呼ぶ。申立て手数料は500円と法定されている（民訴費別表第1の17の項ロ）。裁判所は，異議の申立てについて，口頭弁論を開かないで決定で裁判する。この裁判に対しては，不服申立てはできない（民執32条4項）。裁判所は，異議を認容するときは執行文の付与を取り消し，かつ，その執行正本に基づく執行の不許を宣言する。異議申立てが棄却されても，債務者または執行力の拡張を受ける者は**執行文付与に対する異議の訴え**を提起することができ，また異議が認容されるときは，債権者は執行文付与の訴え（同法33条）を提起することができる。

第8節 執行関係訴訟 *347*

2 執行文付与の訴え

⑴ 意 義

執行文付与の訴えは，補充執行文または名義移転執行文の付与を求める 〔570〕
債権者がこれを受けるために必要な事実の到来または執行力拡張事由を証
明する文書を執行文付与機関に提出することができないため執行文の付与
を拒絶され，またはそのおそれがある場合に，債権者が債務者を被告と
して執行文の付与を求めるために提起する訴えである（民執33条1項）。

問題は，被告がこの訴訟において債務名義表示の債権の消滅など実体的
な事由を主張して請求を争うことができるかどうかである。この問題につ
いて，判例および多数説は消極説に立つが，[62] 肯定する有力説も存在する。
執行文の付与を待って請求異議の訴えを提起して債務名義の執行力の排除
を求めるよう債務者に指示することは，債務者に二度の訴訟を強いるほか，
争いの解決にとって迂遠であることは否定できない。もっとも，消極説に
よっても，執行文付与訴訟の被告は請求異議の反訴を提起して実体的な事
由を主張し債権を争うことができるので，被告はこの反訴によって不利益
を回避することができる。

⑵ 手数料訴額

裁判所の管轄は各種の債務名義に応じて法定されており（民執34条3 〔571〕
項・33条2項），専属管轄であるので，管轄訴額の算定は必要でない。

執行文付与の訴えについての手数料訴額については，見解の対立が著し
い。①算定不能説，②債務名義表示の請求権の価額，[63] ③この訴えは債務名
義表示の請求権の存否を争うものではないので，この給付請求権の額が訴
額となるのではなく，訴額通知7⑴に準じて，債務名義表示の請求権の価
額の2分の1の額を訴額とする見解，[64] ④訴額通知7⑵（占有権を理由とす

62）最判昭和52・11・24民集31巻6号943頁＝判時874号42頁；中野貞一郎／下村正明・民事執
行法（2016年・青林書院）269頁；三ケ月章・民事執行法（1981年・弘文堂）119頁以下；福
永有利・民事執行法・保全法〔第2版〕（2011年・有斐閣）78頁；山木戸克己・民事執行・
保全法講義〔補訂2版〕（1999年・有斐閣）85頁など。

63）細野・要義Ⅰ150頁。民事実務の研究⑴9頁は，債務名義表示の債権額または物の価額その
ものが直ちに訴額となるのではないが，執行文付与を受けることで原告が受ける利益を算定
することは実際には困難であるので「実務ではやむを得ず債務名義表示の債権額または物の
価額によっている」という。

64）法曹会決議昭和50年6月16日（曹時27巻9号1844頁）；書記官事務の研究47頁；菊井／村
松・新コンメⅠ160頁；訴額算定研究180頁；民事実務講義案Ⅰ49頁；藤田／小川編・不動産
訴訟111頁；小川／宗宮／佐藤編・手引398頁。

る物の引渡請求の訴額として目的物の価額の３分の１とする）の類推などの方法で，裁判所の裁量により決めるべきであるとする見解[65]，⑤一回分の法定利息説[66]，⑥請求権の価額の10分の１を訴額とする説[67]，⑦証明に要する費用を訴額とする説，⑧請求権の価額に対する通常の審理期間の法定利息または賃料を訴額とする説[68]，が主張されてきた。

　③説は債務名義と執行力の現存との関係が所有権とそれから派生する所有権に基づく返還請求権の関係と類似性を有するという理由で，債務名義表示の請求権の価額の２分の１を相当な訴額とみるべきだとする。現在の裁判実務は，この見解によって運営されているようである。しかし，ここでは，所有権に基づく返還請求に関する訴額算定方法を類推する基礎に欠けるので，結論はともかく，理由づけは不十分である。④説も同様の問題を含む。裁判長または裁判所の裁量によって訴額を算定することになるが，訴額は執行文付与訴訟の制度内容を考慮して規範的観点から算定されるべきである。執行文付与の訴えは条件成就の有無または執行力拡張事由の有無を審理の対象とし，要件の具備が確認される場合，裁判所は執行文付与の要件が今や証明されているので，執行文が執行文付与機関によって付与されるべきことを確認する。これによって債務名義表示の請求権の強制的実現の要件である執行文付与の基礎が生み出されるので，債権者は新たに訴えを提起して債務名義を取得するのと同じ効果が得ることができる。他方，請求認容判決によって請求権の存在が確定するわけではない。それゆえ，債務名義表示の請求権の額の全額を訴額とすることはできない。被告は請求異議事由を主張することが許されるとの解釈をとる場合，被告の態度によって訴額が請求権の全額になるのは不合理であるほか，請求異議事由の存在が肯定され請求が棄却されても，この判決は債務名義に表示された請求権の不存在を既判力によって確定しない。それゆえ，訴額に関しては，請求異議事由の主張が許されるかどうかを問わず，規範的観点から（訴額通知７⑴に依拠するのではなく），債務名義表示の請求権額の２分の１の額を，執行文付与訴訟の訴額とすることが妥当であるように思われる。

---

65) 民事訴訟費用研究288頁。
66) 兼子・体系77頁。
67) 山田・日本民事訴訟法論⑴123頁；菊井／村松Ⅰ114頁。
68) 民事訴訟印紙研究72頁。

被告が実体上の事由を主張して請求異議の反訴を提起する場合には，反訴は本訴と目的を同じくするので，請求異議の訴えの手数料額から本訴の手数料額を控除した差額を納付すればよい。③〜⑧の見解は，以上のような執行文付与の訴えの制度目的に十分適合しない。

利息および前訴の費用は，附帯請求としてつねに訴額から除外される（→〔126〕）。

3　執行文付与に対する異議の訴え

(1)　意　義

補充執行文または名義移転執行文が執行文付与機関によって付与された〔572〕場合に，債務者がこの執行文付与の実体的要件（債権者の証明すべき事実の到来または執行力拡張事由）の不存在を主張して，その執行正本による強制執行の不許を宣言する判決を求めて訴えを提起することができる。この訴えが**執行文付与に対する異議の訴え**である（民執34条1項）。

執行文付与に対する異議の訴えは，当該執行文に基づく執行を排除することを目的とする点で形成の訴えである。この訴訟の事実審の最終口頭弁論終結時に執行文付与の実体的要件（債権者が証明すべき事実の到来または執行力拡張事由）が存在しない場合に，訴えは理由を有する。請求を認容する判決は，当該執行文の付与された債務名義の正本による強制執行が許されない旨を宣言する。判決主文は，「……（裁判所書記官または公証人）によって○○年○○月○○日に付与された，債務名義についての執行力のある正本による執行は許されない。」となる。請求認容判決が確定したときは，原告（債務者）はその正本を執行機関に提出して執行の停止および取消しを求めることができる（民執39条1項1号・40条1項）。

(2)　手数料訴額

裁判所の管轄は各種の債務名義に応じて法定されており（民執34条3〔573〕項・33条2項），専属管轄であるので，管轄訴額の算定は必要ではない。

執行文付与に対する異議の訴えの訴額を執行文付与の訴えの訴額と同じように算定するのが実務である。すなわち，債務名義表示の請求権の2分の1の額が訴額だとされる[69]。しかし，この算定方式は執行文の付与を求め

---

69)　訴額算定研究184頁；民事実務講義案Ⅰ49頁；藤田／小川編・不動産訴訟110頁；菊井／村

350　第5章　民事手続法

る訴えの場合と同じ問題を含む。

　手数料訴額は，執行不許宣言によって強制執行を一時的に回避すること
ができる利益によって算定されるべきであるから，裁判長または受訴裁判
所の合理的な裁量によりこの利益を評価して算出されるべきである。この
訴額は債務名義表示の請求権の価額を超えることはない[70]。通常は債務名義
表示の請求権の5分の1から4分の1の範囲で算定されるべきであろう。
ここでは，訴額算定の一般原則が適用され，とくに附帯請求は訴額に算入
されない。

　もっとも，債務名義表示の請求権の執行力自体が裁判される場合には，
執行債権の全額が例外的に訴額に算入されるべきであると解する。たとえ
ば原告が債務名義上の債務者の免責的債務引受人であることを否定して執
行文付与に対する異議の訴えを提起している場合，これによって，執行債
権者の原告に対する債権者地位が否定されるのであるから，執行の一時的
な阻止だけでなく，当該債務名義に基づく原告に対する執行を阻止するこ
とが目的とされているから，執行債権の全額がこの訴えの訴額をなすと解
すべきである[71]。

第2款　請求異議の訴え

1　意　義

〔574〕　特定の債務名義に表示された「請求権の存在又は内容について異議のあ
る債務者」は，また裁判以外の債務名義についてはその債務名義の成立に
ついて異議のある債務者も，請求異議の訴えを提起して，その債務名義に
よる強制執行の不許宣言を求めることができる（民執35条）。民執法35条
1項の文言から明らかなように，裁判たる債務名義については，債務名義
に対する異議が問題なのではなく，債務名義に表示された請求権について
の異議が問題なのであり，したがって実体法上の抗弁だけを請求異議の訴
えによって主張することができる（執行証書のような債務名義の場合には，

　松・新コンメ I 160頁。
70)　OLG Köln MDR 1980, 852.
71) *Schneider/Herget/Noethen*, Rn.5909; *Stein/Jonas/Roth*, §3 Rn.68 Stichwort: „Vollstreck-
　ungsklausel". 注解民訴(1)324頁〔小室／松山〕は，債権額を基準に裁判所が裁量により決す
　るほかないという。

執行証書の作成嘱託や執行受諾の意思表示の無効事由のように債務名義の成立についての異議も請求異議の訴えによって主張することができる）。

請求異議の訴えの法的性質については，見解の対立が激しいが，通説によれば，請求異議の訴えは債務名義の執行力を終局的にまたは一時的に排除することを目的とする訴訟上の形成の訴えである。

2 手数料訴額の算定

(1) 総 説

請求異議の訴えについては，管轄訴額を算定する必要はない。これについ [575] ては，執行裁判所の専属管轄が法定されているからである。

(2) 手数料訴額

手数料訴額は，請求異議の訴えが目指す執行力の排除の範囲によって算 [576] 定される。すなわち，訴額の算定にあたっては，訴えによって攻撃される債務名義が表示する請求権の価額がその執行不許宣言が求められる範囲において基礎とされるべきである。利息，遅延損害金および費用は，民訴法9条2項により訴額に算入されない。これらは，附帯請求だからである[72]（請求異議の訴えがもっぱら利息や遅延損害金についての裁判に向けられている場合を除く）。

建物明渡請求と未払賃料・賃料相当額の損害金請求についての債務名義がある場合，建物明渡請求については期限の未到来（期限の猶予），未払賃料・損害金請求の部分については弁済による消滅を主張して請求異議の訴えを提起するときは，両者の訴額は別々に算定し合算すべきである。未払賃料請求・賃料相当額の損害金請求は，通説には反するが，もともと建物明渡請求の附帯請求ではないので，訴額に算入されなければならないからである（→〔135〕）[73]。

請求異議の訴えの訴額算定の基準時は，訴え提起時である。請求異議の訴えが物の返還を命じる債務名義を対象とする場合には，訴状提出時の目的物の価額が訴額となる。そのため，訴額は場合によっては，前訴において算定された額と異なることがある。

---

72) 大決昭和7・7・27民集11巻1689頁。

73) すでに，藤田／小川編・不動産訴訟112頁は，延滞賃料や賃料相当額の損害金の額を訴額に算入しないことに疑問を呈している。

352 第5章 民事手続法

⑶ 執行力排除の範囲

〔577〕 　⒜ **執行力の永久的な排除を求める場合**　　債務名義の執行力の永久的な排除を求める請求異議の訴えは，債務名義表示の請求権の価額が訴額である。

　金銭請求権を表示する債務名義の場合には，その請求権の元本額が訴額である。

　特定物の引渡しまたは明渡しを目的とする請求権について，文献では，「訴額通知」によるとするものがある。[74] これによれば，所有権または賃借権に基づく引渡しの債務名義の場合には，目的物の価額の2分の1の額が訴額であり，占有権に基づく引渡しの債務名義の場合は目的物の価額の3分の1の額が訴額である。[75] しかし，物の引渡請求についての債務名義の執行力の排除によって原告が得る利益は目的物の引渡執行を免れる利益であるから，目的物の価額（しかも請求異議の訴え提起時の価額）それ自体が訴額をなすと解すべきである（因みに，本書は，所有権に基づく引渡請求の訴額は，所有権についても争いがある限り，目的物の額であると解する）。

　例外が妥当するのは，申立てまたは請求原因から債務名義記載の請求権の額の一部または残額のみについて執行不許宣言が求められていることが明らかになる場合である。執行債務者は求める執行力排除の範囲を決定することができるので，執行債務者が請求権の一部についてのみ執行力の排除を求める場合には，この一部だけが請求異議訴訟の訴額算定の基礎とされ，訴額の減額が行われるべきである。[76] この場合，原告は，債務名義の表示する請求権の一部について執行力の排除を求める旨およびその範囲を明確にしなければならない。

　情報請求訴訟（→〔277〕）の請求認容判決（情報判決）に対する請求異議の訴えの訴額は，情報請求の訴えの訴額ではなく，情報提供によって債務者に生ずる出費によって算出されるべきである。[77] 原告（債務者）の利益は

---

74) 注解民執⑴628頁注(198)；司法研修所編・執行関係等訴訟に関する実務上の諸問題（司法研究報告書第37輯第2号）(1988年・法曹会) 104頁 [原田和徳]。
75) 注釈民訴⑴227頁 [佐藤]；訴額算定研究180頁；民事実務講義案Ⅰ47頁；書記官事務の研究Ⅱ47頁；小川／宗宮／佐藤編・手引401頁。
76) 同旨,民事実務の研究⑴10頁；訴額算定研究181頁；民事実務講義案Ⅰ47頁；小川／宗宮／佐藤編・手引402頁。
77) Vgl. OLG Hamburg FamRZ 1989, 770.

この費用を避けることに存するからである。

　請求異議の訴えの訴額は，原則として債務名義表示の執行債権の価額によって決まるが，反復的給付請求の債務名義に対する請求異議の訴えについて，債務名義表示の請求権の全額を訴額算定の基礎にすることは，反復的給付請求についての訴額の算定の場合と同様，不適切である。確定判決変更の訴えの訴額は債務名義化された定期金請求権の1年間の増減額部分の総額であると解すべきこと（→〔568〕），および，請求異議事由は将来の給付請求権部分にも一律に作用することに鑑み，この請求異議の訴え提起の時点における将来の給付請求に関する部分については1年分の請求権の額が手数料訴額であり，これと請求異議の訴え提起時点においてすでに履行期の到来している未払債権額の合計額が控訴の手数料訴額をなすと解すべきである。

　住居の明渡しの債務名義に対する請求異議の訴えの訴額は，住居の明渡請求の訴えの訴額の算定の場合と同じく，1年分の賃料額を手数料訴額とすべきだと解する。[78]

　(b)　**執行力の一時的な排除を求める場合**　原告が，たとえば現在履〔578〕行期にないという理由で，一時的な執行の排除のために請求異議の訴えを提起する場合には，訴えをもって主張する利益は，原告が執行の先送りについて有する利益であり，裁判長または裁判所の裁量によって評価されるべきである。評価の手がかりは，債務名義表示の請求権が金銭請求権である場合には，執行力が停止される期間について約定利率または法定利率による利息の総額により算定し，物の引渡しや明渡しなどの特定請求権については，執行力が停止される期間中の約定賃料額または賃料相当額の損害額により算定すべきであろう。[79]　ただし，執行債権の額がこのように算定される利息や賃料相当額等の総額に達しない場合には，訴額は執行債権額によって上限を画される。執行力が停止される期間中の約定利率や法定利率

---

78)　Vgl. *Anders/Gehle/Kunze*, Stichwort „Vollstreckungsabwehrklage" Rn.5; *Schneider/ Herget/Noethen*, Rn.5900

79)　注解民執(1)624頁［吉井］；注釈民執(2)435頁［宇佐美］；司法研修所編・前掲注(74)104頁［原田］；訴額算定研究182頁〔債務名義表示の請求権について約定利息が記載されていても，これを顧慮すべきでなく，法定利息が基準になるべきだとする。債務者が執行の延期によって元本を使用収益できるという原告＝債務者の経済的利益は元本使用の対価ではないという理由をあげる〕；民事実務講義案Ⅰ47頁。

354　第5章　民事手続法

による利息額や約定賃料額等は訴えの申立てに現われていることが必要である。[80]

(4)　価値のない債権

〔579〕　債権が争いなく債務者の無資力のため取立不能であり，請求異議の訴えの原告の利益がもっぱら財産開示義務からの解放である場合にも，訴額は執行債権の名目額によって決まるとすべきか，それとも訴額は割り引かれなければならないかが問題となりうる。ドイツ法においては，執行債権の名目額を訴額とする判例[81]の見解に対して，訴額の割引を求める見解[82]がある。シュナイダー（Schneider）は，1988年のドイツ連邦通常裁判所の判例の立場は訴額算定についての経済的考察方法の要請と相容れないと批判する。この判例の事案は，抹消が差し迫っている有限会社が債務承認に基づくありうべき執行に対して請求異議の訴えを提起したものである。シュナイダーは，承認された請求権は取立不能であったので，この債務承認は実際上無価値であったとして，訴額は割引されるべきだと主張する。

(5)　請求の併合

〔580〕　請求異議の訴えと同時に経済的に独立の意義を有しない他の訴えが併合される場合，訴額の合算は行われてはならず，より高額の価額のものが訴額となる。

次のような訴えが，これに当たる。

—— 債務名義の返還請求[83]

——すでに取り立てられた債権についての返還請求[84]

——債務名義表示の請求権の不存在確認申立て[85]

---

80)　*Schneider/Herget/Noethen*, Rn.5893.

81)　BGH NJW-RR 1988, 444（請求異議の訴えの訴額は目指す強制執行の排除の範囲によって決まるのであり，訴えが金銭支払命令に対して向けられている場合には，債務名義の表示する請求権の額が訴額をなすのであり，債務者が無資力である債務名義の実現は全額においては実現しないように見える場合にも，訴額は減額されないと判示した。）；BGH MDR 2006, 1064.

82)　*Schneider/Herget/Noethen*, Rn.5895.

83)　*Hillach/Rohs*, S.344; *Anders/Gehle/Kunze*, Stichwort „Vollstreckungsabwehrklage", Rn.7.

84)　*Schneider/Herget/Noethen*, Rn.5896; *Anders/Gehle/Kunze*, Stichwort : „Vollstreckungsabwehrklage", Rn.7.

85)　前掲注56京都地判昭44・9・6；司法研修所編・前掲注74104頁〔原田〕；反対：近藤完爾・執行関係訴訟（1968年・判例タイムズ社）9頁。

—— その他執行処分の取消し

　もっとも完全な範囲において経済的一体性を認めることができない場合もある。それは，たとえば，債務名義表示の債権の一部について執行不許宣言が求められ，かつ同時に債務名義の返還が請求される場合である。この場合には，部分的に訴額の合算が必要になり，原則として債務名義表示の債権の全額が訴額になる[86]。

　2人の者が債務の一部に関して連帯して債務の履行を命じられ，両者が同一の抗弁を主張して請求異議の訴えを提起する場合にも，両者の経済的一体性のゆえに，最も多額の給付命令が基準となる。訴額の合算が行われてはならない[87]。

(6)　具体的執行の不許を求める請求異議の訴え

　請求異議の訴えを債務名義の執行力の排除を求める形成の訴えと解する〔581〕のが多数説であるが，裁判実務は具体的な執行行為の取消しのために請求異議の訴えを提起することを許している。これは，債務名義に基づく執行が始まった場合に，債務者が債務名義に表示された請求権の全部の執行力の排除を求めなければならないとすると，執行目的物の価額が著しく低額なときに，資力の乏しい債務者に過大な負担を負わせることになるとの事情を考慮しなければならないとの実際的な理由からである。このような請求異議許容の理由から見て，手数料訴額も執行目的物の価額を訴額とすべきだとされている[88]。

　しかし，この実務には理論的に問題があり，この内容では支持され難い[89]。請求異議原告が飽くまでも債務名義の執行力の全体の排除を求めるのであ

---

86) *Schneider/Herget/Noethen*, Rn.5897; *Anders/Gehle/Kunze*, Stichwort: „Vollstreck-ungsabwehrklage“, Rn.7.

87) Vgl. OLG Köln, FamRZ 1992, 1461（原告らは連帯債務者として，原告1は7200マルク，原告2は63マルクの支払いを命ずる判決を受けていた。原告1，原告2が共同して請求異議の訴えを提起した。裁判所は請求の経済的一体性を認め，多額の方の債務名義の請求権額が訴額をなすとした。）；*Anders/Gehle/Kunze*, Stichwort :„Vollstreckungsabwehrklage“, Rn. 7.

88) 大判昭和9・11・14（兼子一／中田淳一編・総合判例研究叢書民事訴訟法2（1957年・有斐閣），51頁［斎藤秀夫］）；東京高決昭和30・3・23東京高民時報6巻3号45頁；東京地判平成27・4・20TKC文献番号25525663；村松俊夫「訴額の算定(2)」曹時7巻5号（1955年）569頁，583頁；菊井／村松・新コンメⅠ159頁；民事訴訟費用研究289頁；訴額算定研究181頁；書記官事務の研究Ⅱ47頁；民事実務講義案Ⅰ47頁；小川／宗宮／佐藤編・手引403頁。

89) 注解民訴(1)324頁［小室／松山］は，債務名義の執行力排除を目的とする点で基本たる請求権の価値によるべきだとする。

356 第5章 民事手続法

れば，訴額を請求権の全額としなければ不合理だからである。もっとも，
執行目的物の価額が著しく低額なときは，前に述べた価値のない執行債権
の場合の請求異議の訴えのように，訴額を裁判所の裁量により割り引く方
法が検討されるべきであろう。いずれにせよ，具体的な執行の不許を求め
る請求異議訴訟の必要性から，請求異議訴訟の訴額を執行目的物の価額と
することは本末顛倒である。

3 不服申立額

〔582〕 請求異議の訴えに敗訴した被告の提起する控訴の不服申立額は，どの範
囲で第一審判決が強制行不許宣言を行ったか，そしてどの範囲において，
裁判の既判力を生じうる内容が被告の申立てに及んでいないかによって決
まる。したがって，請求異議の訴えの訴額と同様，第一審判決によりどれ
だけの額（名目額）で債務名義の執行力が排除されるかが重要である。[90]

第3款 第三者異議の訴え

1 第三者異議の訴えの制度目的

〔583〕 強制執行は，債務者の財産（責任財産）に対してのみ実施されなければ
ならないが，強制執行の開始にあたり，執行機関は，ある財産が債務者の
責任財産に属するか否かをあらかじめ調査し判断するのではなく，差押え
時の状況から見て債務者の責任財産に属するとみられる外観が存在すれば，
その財産を差し押さえなければならない（民執123条・124条参照）。執行機
関がある財産が債務者の責任財産に属することを正確に確認しなければな
らないとすると，確認のために多くの時間を要し，迅速な執行手続の進行
が妨げられるのみならず，執行目的物を処分してしまう時間的余裕を債務
者に与えることになるからである。

差押え時の状況からみて債務者への財産の帰属についての外観が存在す
る以上，執行機関はこの財産の差押えを実施しなければならない。そのさ

---

90) BGH NJW-RR 2011, 489; BGH NJW-RR 2009, 1431. この判例は，被告の不服の範囲は被告
が第一審判決の既判力を生じうる判決によって実体的に不利益を受けているかどうかによっ
て定まるとするが，これはドイツの判例が被告については実体的不服説に立つことによる
（→第1章注(152)）。形式的不服説による場合には，申立てと既判力を有しうる判決の内容
の差が不服であり，その経済的評価額が訴額をなす。

い，第三者に属する物が差し押さえられる事態は避けがたい。債務者の財産ではあるが，その責任財産以外の物が差し押さえられることも生じうる。そのさい，債務者は，当該目的物が第三者の所有に属すること，または自己の責任財産外の財産であることを主張して執行を阻止することはできない。この場合，差押えは，民事執行法上，適法かつ有効である。しかし，このような執行は実体的にみれば不当であるので，不当執行を排除し，第三者を救済するための訴訟上の手段が必要になる。これが**第三者異議の訴え**である。執行を排除するためには，第三者はこの訴えによらなければならず，単なる主張では足りないことはもちろんのこと，適法な執行行為に対する執行異議も許されない。

　第三者異議の訴えは，債務名義に基づく特定の目的物に対する執行の不許宣言がなされるべき特定の執行行為に向けられている。この点で，特定の債務名義に基づく執行の一般的な不許宣言に向けられる請求異議の訴えと異なる。具体的な執行の不許宣言が目的であるから，その債権のために執行が実施される執行債権の額が重要であり，執行目的物の価額が執行債権の額を下回る場合には，執行目的物の価額が重要である。[91]

　第三者異議の訴えの法的性質については，見解の対立が激しいが，[92]判例によれば，第三者異議の訴えは訴訟上の形成の訴えである。[93]私見は，裁判所による執行の不許宣言がなければ求めることができない執行の停止・取消しを第三者が申し立てることのできる法的状態を生み出すことを求める形成訴訟と解する。[94]第三者異議の訴えの訴訟物についても，議論が多い。形成訴訟説によれば，原告が主張する実体権は訴訟物ではない。したがって，実体権の存否は既判力によって確定しないが，従来の学説においては，むしろ，この訴えの訴訟物は実体権の存否の確認を求める申立てを含むことを主張する見解が多い。これは，原告の実体権の存否を確定判決の既判力によって確定する必要があるとみられているためである。しかし，第三者異議訴訟の請求棄却の確定判決は後訴である不当利得返還請求や損害賠

---

91) *Hillach/Rohs*, S.346.
92) 松本・執行保全〔694〕参照。
93) 大判大正 6・3・20民録23輯502頁；最判昭和38・11・28民集17巻11号1554頁；最判昭和49・9・30判時760号59頁。
94) 松本・執行保全〔694〕（395頁）。

358　第5章　民事手続法

償請求の訴えに対して既判力を及ぼすと解されるので,[95] 既判力との関係で実体権を訴訟物とする訴えと捉える必要はない。

2　管轄訴額と手数料訴額

(1)　管轄訴額

〔584〕　第三者異議の訴えは執行裁判所の専属管轄に属するので,この訴えについては,管轄訴額の算定の必要はない。

〔585〕　**(2)　手数料訴額**　　**(a)　従来の実務**　　第三者異議の訴えの手続料訴額について,従来の議論においては,先ず,①第三者異議の訴えによって原告はその主張する譲渡または引渡しを妨げる権利を確保する利益を得るとの理解の下に,執行目的物の価額を基礎に,原告の主張する権利に応じて訴額通知に準拠して訴額を算定すべきであるとの見解が主張された。この見解によれば,原告が執行を妨げる権利として執行目的物の所有権を主張する場合には,執行目的物の価額が訴額である。ただし,債務名義表示の給付請求権の額が執行目的物の額に達しない場合には,執行債権者は債務名義表示の請求権の満足以上の執行は許されないので,債務名義上の給付請求権の額を訴額とすべきだと主張した。[96]

　これに対し,②第三者異議訴訟の請求認容判決は原告の主張する権利を既判力により確定しないので,事実上権利を確保する利益があるからといって目的物の価額を訴額とみることは疑問だと指摘して,①説を批判する見解が登場した。[97] ②説によれば,第三者異議の訴えは原告が執行目的物に対して有する権利に基づく妨害排除請求の機能を有するので,原告が執行の排除を求める目的物について,目的物の譲渡または引渡しを妨げる権利に基づいて引渡しを求める場合に準じて訴額を算定すべきであるとする。[98] ②説は,譲渡または引渡しを妨げる権利が所有権,地上権,永小作権である場合には訴額通知7(1)(3)に従い,差し押さえられた目的物の価額の2分

---

95)　松本博之「既判力の対象としての『判決主文に包含するもの』の意義」大阪市立大学法学雑誌62巻1号（2016年）1頁,56頁注80参照。

96)　細野・要義Ⅰ151頁；村松・前掲注(88)583頁；注解民訴(1)324頁［小室／松山］；注釈民訴(1)228頁［佐藤］；民事訴訟印紙研究74頁；訴訟費用研究290頁；書記官事務の研究Ⅱ47頁。

97)　訴額算定研究185頁；藤田／小川編・不動産訴訟112頁。

98)　訴額算定研究185頁；民事実務講議案Ⅰ49頁；書記官事務の研究Ⅱ47頁；菊井／村松・新コンメⅠ159頁；藤田／小川編・不動産訴訟112頁；小川／宗宮／佐藤編・手引405頁。

の1が訴額であり，譲渡または引渡しを妨げる権利が占有権，地役権である場合には訴額通知7(2)および4に従い，差し押さえられた目的物の価額の3分の1が訴額であるという。執行の対象が金銭債権であるときはその債権額，有価証券に対する強制執行の場合には当該有価証券の券面額が訴額であるという。もっとも，債務名義表示の給付請求権の額が以上によって算定される価額に達しない場合には執行債権の額が訴額であるとする。

　しかし，いずれの見解も支持することができない。まず，第三者異議の〔586〕訴えは執行目的物の権利の帰属に関する訴訟ではなく，したがって譲渡または引渡しを妨げる権利はこの訴訟の訴訟物ではないので，①説は理由を有しない。第三者が執行目的物の譲渡または引渡しを妨げる権利を有することは，訴えの理由具備要件であるが，これが訴訟物をなすのではない。第三者異議の訴えは，第三者の譲渡または引渡しを妨げる権利の存在それ自体の確定を目的とするのではなく，執行目的物に対する具体的な執行の排除を目的とする。したがって，譲渡または引渡しを妨げる権利は，訴額の決定にとって何らの役割をも果たさない。それゆえ，執行不許宣言を求める訴訟であるという訴訟の目的を無視して，原告の「譲渡又は引渡しを妨げる権利」を訴訟物とみることはできない。①説が，債務名義表示の給付請求権の額が目的物の額に達しない場合にのみ給付請求権の額を訴額とするのは，この訴訟が執行不許を求める訴訟であることを無視できないことを示している。

　②説は第三者異議の訴えを民法上の妨害排除請求の機能（側面）を有するとするが，この訴えは，債務名義に基づく強制執行の不許宣言による不当執行の排除を目的としており，妨害排除請求訴訟ではない。そのことは，この訴訟の請求認容判決が被告に対して給付（差押えの解放や執行取消しへの同意）を命ずるものでなく，執行不許宣言によって目的物を執行から遠ざける手段を原告に与えるにすぎないことにも現われている。また，この説によると，妨害排除請求として算定された訴額が債務名義表示の請求権の額に及ばない場合にも，妨害排除請求の訴額によることになるが，それは執行不許宣言を求めるという第三者異議の訴えの性質に適合しないであろう。さらに，債務者に対して目的物の債権的返還請求権を有する者は，所有権のような物権を有しない場合にも，執行目的物が債務者に帰属しな

いことを主張して第三者異議の訴えを提起することができるが,[99] 物権的妨害排除請求権説ではこのような債権的請求権による第三者異議権を基礎づけることができないことも,②説の難点である。

〔587〕　訴額算定の基礎となるのは,差し押さえられた目的物の価額が執行債権の価額を下回るのではない限り,訴え提起の時点における執行債権の額でなければならない。[100] 第三者異議の訴えが執行の阻止を目的とし,したがって執行の阻止について原告の有する利益の評価額が訴額であると解すべきである。この評価は裁判長または受訴裁判所によってなされるが,評価の手がかりは,訴え提起時の執行債権の価額である。第三者異議の訴えはその実現のために差押えがなされたその執行債権のために生じた差押目的物の処分禁止を排除できる法的状態を創出することを目的とするからである。目的物の処分禁止は執行債権のためになされているから,この訴訟の訴額の算出にとって,執行債権の額が重要である。もっとも,執行目的物の価額が執行債権の額を下回る場合には,第三者異議原告の利益は目的物の価額によって限界づけられるので,執行目的物の価額が訴額となる。

　　譲渡または引渡しを妨げる原告の権利の価額は,重要ではない。譲渡担保を主張する原告の債権が被告の債権よりも少額であることも,重要ではない。所有権留保を主張する原告,とくに割賦販売の売主の残代金債権が被告の執行債権の額および執行目的物の価額より少額であることも,重要ではない。[101] その上で,執行債権の価額および執行目的物の価額に関して,いくつかの問題がある。

〔588〕　　(b)　**執行債権の価額**　　執行債権の価額については,訴え提起時点の価額が基準になる。このことは,譲渡担保権者が第三者異議の訴えを提起する場合にも妥当する。動産譲渡担保権者の一般債権者が譲渡担保目的物を差し押さえたとき,譲渡担保権者は第三者異議の訴えによって執行を排除することができるかどうかという問題をめぐって争いがあるが,判例は,第三者異議肯定説に立ち,「譲渡担保権者は,特段の事情がないかぎり,譲渡担保権者たる地位に基づいて目的物件に対し譲渡担保設定者の一般債権者がした強制執行の排除をも求めることができるものと解すべきであ

---

99)　松本・執行保全〔717〕参照。
100)　Vgl. BGH WM 1983, 246; RGZ 10, 393.
101)　*Hillach/Rohs*, S. 346.

る」と判示した。[102] 訴額との関係では，譲渡担保権者は債務者との間での，譲渡された目的物を一定額においてのみ利用するという合意を援用して訴額の軽減を主張することができないと解される。譲渡担保権者はその主張する債務者との合意に債権法上でのみ拘束され，それによって所有者としての地位に影響が生じないので，第三者異議原告の債権額によって訴額を算定することは正当化されない。[103]

執行の開始と第三者異議の訴え提起の間に弁済等，執行債権の一部を消滅させる行為が存在したときは，消滅した債権額は執行債権の価額，したがって訴額から控除されなければならない。訴額の算定基準時は第三者異議の訴えの提起時であり，その時点において残存する執行債権の額が執行によって実現されるべき債権額であり，弁済によって消滅した債権部分は強制執行によって債権者に生ずる利益には含まれないからである（これに対し，第三者異議の訴え提起後になされた弁済等による執行債権の一部消滅は考慮されない）。[104] 利息および費用のためにも差押えがなされている場合，この利息や費用は民訴法9条2項により第三者異議の訴えの訴額には算入されない。[105] 同一執行債権者が同一の執行債権により複数の差押えを行った場合，第三者異議の訴えがこの複数の差押えを対象とするときは，執行債権の価額は合算されず，1回だけ計算に入れられる。これに対し，同一債権者が異なる執行債権につき複数の差押えをした場合，第三者異議の訴額の算定にあたっては執行債権の価額を合算することになる。

(c) **執行目的物の価額** 執行目的物の価額が執行債権の額より少な 〔589〕い場合には，訴額の算定に当たり，訴え提起時の目的物の価額が基準となる。

目的物が動産である場合には，訴額算定の基礎とすべきはその動産の取引価額であり，執行手続において見込まれる売却代金の額ではない。[106] 他の債権者の差押えに続いて参加差押えをした債権者に対して第三者異議の

---

102) 最判昭和56・12・17民集35巻9号1328頁。同旨，最判昭和58・2・24判時1078号76頁＝判タ497号105頁。
103) Vgl. *Schneider/Herget/Kurpat/Noethen*, Rn.1782.
104) *Hillach/Rohs*, S.347.
105) *Hillach/Rohs*, S.347.
106) Vgl. KG, JW 1932, 1155; KG Rpfleger, 1956, 90; OLG Dresden, JW 1932, 2894; OLG Breslau, JW 1933, 1781.

362　第5章　民事手続法

訴えが提起される場合，執行目的物の価額の算定にあたり先行差押えによる配当見込み額は控除されない。目的物が不動産である場合には，固定資産評価額が基準になり，土地については当面の間その2分の1が訴額とされる。

(3)　複数の債権者

〔590〕　(a)　**同一物の差押え**　債務者に対し各自100万円の独立の債権を有する複数の債権者（たとえばA，B，C）が独自に同一物を差し押さえた場合，執行目的物の所有権を主張するDが第三者異議の訴えを提起するときは，手数料訴額は各債権者の執行債権の額を合算した300万円である。もちろん，執行目的物の価額が300万円より少ない場合には，目的物の価額が手数料訴額である。[107]

〔591〕　(b)　**異なる目的物の差押え**　複数の執行債権者が各自独立した債権のために各々異なる目的物を差し押さえた場合に，これらの差押えに対して目的物について譲渡または引渡しを妨げる権利を主張して第三者がこれらの債権者に対する第三者異議の訴えを併合提起する場合，差し押さえられた執行目的物の合計価額が手数料訴額の上限を画する。個々の執行債権の額の合計が差し押さえられた執行目的物の合計価額を上回る場合には，後者が手数料訴額をなす。

これに対し，複数の債権者の執行債権の額の合計額が差し押さえられた執行目的物の合計価額に達しない場合には，各債権者ごとに執行債権額と執行目的物の価額を比較し，少ない方の価額を決め，次いで，このようにして得られた価額を合算して手数料訴額を決定すべきである。このようにして，この価額は，執行目的物の価額の合計額以下のこともあるが，執行目的物の価額を超えることはない。[108]

(4)　第三者異議の訴えと所有権確認の訴えの併合

〔592〕　第三者異議の訴えの原告が執行目的物の所有権を主張してその確認を求める申立てを併合提起する場合，所有権確認申立ては手数料訴額を増加させない。なぜなら，この確認申立ては第三者異議の訴えと経済的一体性を

---

107)　Vgl. *Stein/Jonas/Roth*, §6 Rn.28.
108)　Vgl. *Anders/Gehle/Kunze*, Stichwort : "Widerspruchsklage", Rn.6; *Schneider/Herget/Noethen*, Rn.1794; *Stein/Jonas/Roth*, §3 Rn.50 Stichwort: "Drittwiderspruchsklage（§771 ZPO)".

有し，訴額の合算はできないからである。[109]

(5) 上訴と不服

敗訴判決を受けた被告（執行債権者）が判決言渡し後，控訴提起前に差 [593]
押物を解放した場合には，被告の不服は消滅する。その結果，控訴は不適
法である。

第4款　配当異議の訴え
1　配当異議の訴えの目的

金銭債権の実現のための強制執行（金銭執行）において配当表に記載さ [594]
れた債権または配当の額について不服のある債権者または債務者は，配当
期日において異議の申出をすることができる（民執89条1項）。異議の申出
があると，執行裁判所は異議のない部分に限り配当を実施しなければなら
ない（同条2項）。そして，配当期日において配当異議の申出をした債権
者または債務者は，訴えの提起によってこの異議を完結しなければならな
い。この異議の訴えには，配当異議の訴え（民執90条1項），請求異議の訴
え（民執35条）および確定判決変更の訴え（民訴117条1項）がある。

配当異議の訴えは，配当異議の申出をした債権者，および執行力のある
債務名義の正本を有しない債権者に対し，配当異議の申出をした債務者が
提起すべき訴えである（民執90条1項）。執行力のある債務名義の正本を有
する債権者に対して配当異議の申出をした債務者は，配当異議の訴えでは
なく，請求異議の訴え，場合によっては確定判決変更の訴えを提起すべき
である（同法90条5項）。

2　配当異議の訴えの管轄訴額と手数料訴額
(1)　管轄訴額

配当異議の訴えは，執行裁判所の専属管轄に属するので，管轄訴額の算 [595]
定の必要はない。

(2)　手数料訴額

(a)　**債権者の配当異議の訴え**　　債権者が配当異議の訴えを提起する [596]
場合には，配当表の更正または新たな配当表の作成によって債権者が受け

---

109) RGZ 33, 1, 4; *Stein/Jonas/Roth*, §5 Rn.9.

364 第5章 民事手続法

るべき配当増加額がその経済的利益であり，それが訴額である。[110] したがっ
て，原告の求める配当表の更正によって生ずる原告への配当額と配当表に
記載されている配当額との差額が訴額である。

　たとえば同順位の債権者A，B，Cがそれぞれ200万円，400万円，600
万円の債権を有し，配当に当てられる金銭は600万円である場合，A，B，
Cの配当額をそれぞれ100万円，200万円，300万円とする配当表が作成さ
れた。AはBの債権全額が不存在であると主張して配当異議の訴えを提起
し，配当表のBの項のうち債権400万円，配当額200万円とあるのをいずれ
も取り消すよう求めたとしよう。そして，配当異議訴訟においてBの債権
の不存在が確定され，Aが勝訴したとする。この場合，配当表の変更は被
告Bと原告Aとの間だけで行われ，判決の効力はAとBの間でのみ生ずる
ので，Bが受けるべきであった200万円はAに割り当てられるが，Aの債
権額は200万円であるから，Aが受ける配当額は200万円である。Aが配当
異議訴訟に有する利益は，配当表の更正によって生ずるAへの配当額200
万円と配当表記載の配当額100万円の差額100万円である。

〔597〕　　（b）　**債務者（または所有者）の配当異議の訴え**　　債務者（または所有
者）Dが配当異議の訴えを提起する場合には，債務者Dが異議を申し出た
債権についての配当表記載の配当額が訴額をなすと解される。[111] 上記の例
において債務者DがBに対しBの債権全部の不存在を主張して配当異議訴
訟を提起する場合，この訴訟の手数料訴額は，Bの債権についての配当表
記載の配当額200万円である。Dの請求が認容されると，判決は絶対的効
力を有するので，異議を述べなかったAおよびCのためにも配当手続をや
り直す必要が生ずる。新たな配当表は，Aの配当額を150万円，Cの配当
額を450万円とすることになる。Bへの当初の配当表記載の配当額が他の
債権者（AとC）に配当される結果，Dの消極財産が全体として200万円
減少する。この減少額がDの提起する配当異議訴訟についてのDの利益で
あり，したがって訴額である。

110）大判昭和8・8・9判例体系21巻280頁；民事訴訟費用研究291頁；民事実務講義案I 49
　　頁；訴額算定研究187頁；小川／宗宮／佐藤編・手引412頁。
111）訴額算定研究186頁。これに対し，小川／宗宮／佐藤編・手引112頁；民事実務講義I 49頁
　　は異議ある債権額を訴額とみる。

第9節　倒産手続　*365*

第9節　倒産手続

第1款　はじめに

　各種の倒産手続開始の申立ての手数料およびこの申立てについての裁判〔598〕に対する抗告の手数料は，定額化されている（→〔236〕）。また，担保権消滅の許可の申立て（破産186条1項・民再148条1項），商事留置権の消滅の許可の申立て（破産192条3項），免責許可の申立て（破産248条1項），復権の申立て（破産256条1項）の手数料は，500円である（民訴費別表第1の17の項ホ）。

第2款　倒産債権の確定

1　破産債権の確定手続

　破産債権者が届け出た破産債権の調査において，破産管財人が認め，か〔599〕つ，届出をした破産管財人が一般調査期間内もしくは特別調査期間内または一般調査期日もしくは特別調査期日において異議を述べなかったときは，破産者の異議の有無を問わず，債権の額，優先的破産債権および劣後的破産債権（および約定劣後破算債権）の区分は，届出どおりに確定する（破産124条1項，破産的確定と呼ばれる）。確定した事項についての破産債権者表の記載は，破産債権者の全員に対して確定判決と同一の効力を有する（同法124条3項）。

　破産債権の調査において，破産管財人がその存在を認めずまたは届出をした他の破産債権者が異議を述べた破産債権は，確定しない。破産債権が確定しなければ，その後に行われるべき配当を実施することができない。そのため，このような場合について破産債権の確定を行う手続が必要となる。現行破産法は，次のような**破産債権査定決定の手続**を導入した。すなわち，破産債権の調査において破産債権の額または優先的破産債権，劣後的破産債権もしくは約定劣後破産債権であるかどうかの別（「額等」）について，破産管財人が認めず，または届出をした破産債権者が異議を述べた場合には，当該破産債権（「異議等のある破産債権」）を有する破産債権者は「額等」の確定のために，破産債権査定申立てをすることができる（破産125条1項本文）。申立ての相手方は，当該破産管財人および異議を述べた破産債権者（「異議者等」）である。この申立てについての決定に不服のあ

る者は，異議の訴えを提起して，最終的に破産債権の確定を求めることができる。

〔600〕　**破産債権査定申立て**は，異議等のある破産債権にかかる一般調査期間もしくは特別調査期間または一般調査期日もしくは特別調査期日から1か月の不変期間内に，異議等のあった破産債権の債権者がしなければならない（破産125条2項）。

　もっとも，異議等のある破産債権につき執行力ある債務名義または終局判決がある場合には，異議者等は破産者がすることのできる訴訟手続によってのみ異議を主張することができる（同法129条1項。この場合には，破産債権査定申立てをすることができない。125条1項ただし書）。この場合に，異議等のある破産債権に関し破産手続開始当時，訴訟手続が係属し（中断し）ている場合に，異議者等が異議を主張しようとするときは，当該債権を有する破産債権者を相手方として中断中の訴訟手続を受け継がなければならない（同法129条2項）。中断中の訴訟手続を利用することが，合理的だとの理由からである。

　異議等のある破産債権に関し破産手続開始当時，訴訟が係属し（中断し）ている場合において，破産債権者がその額等の確定を求めようとするときは，異議者等の全員を当該訴訟の相手方として，中断中の訴訟手続の受継の申立てをしなければならない（破産127条1項）。

　破産債権査定の申立てについて，裁判所はこれを不適法として却下する場合を除き，決定で，異議のある破産債権の存否および額等を査定する裁判（破産債権査定決定）をしなければならない（破産125条3項）。裁判所は破産債権査定決定をする場合，異議者等（破産管財人および異議を述べた届出債権者）を審尋しなければならない（同条4項）。

　破産債権査定の申立てについての決定があった場合には，その裁判書を当事者に送達しなければならない（同条5項前段。送達に代え公告では足りない。同項後段）。

　破産債権査定決定の手続は決定手続であり，口頭弁論を経ないで裁判されるものである。しかし，当事者がこの裁判によって不利益を受けている場合，すなわち不服を有しているときは，口頭弁論期日を開いて当事者の言い分を聴く必要がある。そのため，不服申立ての方法として，即時抗告ではなく，異議の訴え（破産債権査定異議の訴え）の道が開かれている。

2 破産債権査定申立てについての決定に対する異議の訴え

破産債権査定申立てについての決定に不服のある者は，その送達を受け〔601〕た日から１か月の不変期間内に，異議の訴えを提起することができる（破産126条１項）。

原告が異議等のあった破産債権の帰属する破産債権者であるときは，異議者等の全員を被告として破産債権査定異議の訴えを提起しなければならない（破産126条４項）。逆に，異議者等が異議の訴えを提起する場合には（同法129条１項参照），異議等のあった破産債権を有する者を被告としなければならない（同法126条４項）。この場合，異議者等が複数存在する場合，異議者等は各別に異議のある破産債権を有する者を被告として訴えを提起することができるが，同一の破産債権に関し破産債権査定異議の訴えが数個同時に係属するときは，合一確定の必要上，弁論および裁判は併合してしなければならないとされる（同条６項）。この場合において民訴法40条１項から３項までの規定（同時審判の申出のある共同訴訟に関する規律）が準用される（同項後段）。弁論および裁判を併合して行わなければならない関係上，訴訟の審理は破産債権査定異議の訴えの出訴期間が経過した後に開始することができる（同条５項）。

3 手数料訴額

この訴えは破産裁判所の管轄に属するから（破産126条２項），管轄訴額〔602〕の問題は生じない。破産債権の確定に関する訴訟の手数料訴額は「配当の予定額」を標準として受訴裁判所が定める（破産規45条）。

問題は訴え提起時に配当予定額が明らかにならない場合の訴額の算定であるが，このような場合について，法律は裁判所の合理的な裁量によって算出すればよいとしていると考えられる。選択肢として，①訴え提起時には訴額算定不能として160万円とし，配当率等が明らかになった時点で手数料の差額の納付を求める扱い，②訴え提起時に手数料を納付せず，配当率が明らかになった時点で訴額を算定し，手数料の納付を求める扱い，③訴え提起時には最低訴額である10万円に対応する手数料1,000円を納付する扱い，④異議の訴えにおいて主張される破産債権の額に一定の修正率（10分の１）を乗じて得られた額を訴額とする扱い，が考えられる。①の扱いは，原告の主張する債権の額が160万円を超えない場合はいうまでも

368 第5章 民事手続法

なく，160万円を超える場合であっても破産債権が配当を受け得る額ははるかに少額であることが考慮されていない点が問題である。②説〜④説は裁判所の裁量判断としていずれも可能であると思われる。[112]

4 再生債権，更生債権・担保権の査定異議の訴えの手数料訴額

〔603〕 民事再生手続における再生債権の確定に関する訴えの訴額および会社更生手続における更生債権，更生担保権の確定に関する訴え（査定異議の訴え等）の訴額は，それぞれ，「再生計画によって受ける利益の予定額」「更生計画によって受ける利益の予定額」を標準として，受訴裁判所が定める（民事再生規46条；会社更生規47条による民事再生規46条の準用）。

査定異議の訴えの提起時には再生計画案や更生計画案の内容が未確定であることが多く，再生計画や更生計画によって受ける利益は受訴裁判所（再生事件または更生事件が係属している裁判所）が決定する。現在の東京地裁の訴額算定手続は次のように行われているようである。

a．訴え提起時に更生計画案が提出されていない場合には，訴訟物の価額決定の上申書を添付して訴状の提出を行い，受訴裁判所が訴額の決定を行う。この場合，受訴裁判所は従前の更生事件の実際の弁済率を参考にして，更生債権の査定異議の訴えの場合には争いのある更生債権額の5分の1，争いのある更生担保権の査定異議の訴えの場合にはその更生担保権の5分の4を基準に訴額決定がされる。

b．訴え提起時にすでに更生計画案の提出がある場合，更生計画案による弁済率によって計算した利益の額と，aによって計算された額を比較して少ない方の額を訴額として決定するとされる。[113] もっとも，この東京地裁の訴額決定方法は全国的に統一的に行われているのでなく，訴え提起時に更生計画案が提出されていない段階では，更生債権の額面額

112）②説に対しては，配当予定額が明らかになるまで長期間を要する事件を，全く手数料の納付がないまま審理を行うのは望ましくないという指摘があるが（訴額算定研究187頁），法律はこれも許容しているとみられる。③説については口頭弁論終結時までに配当予定額が明らかにならなければ判決をすることができないという事態が生ずることが難点として指摘されているが（訴額算定研究188頁），配当見込み額は謹少であることが多く，裁判所が裁量により最低基準額を選んだ以上，口頭弁論終結時までに配当予定額が明らかにならなくても判決をすることはできるので，必ずしも難点とはいえないであろう。

113）西岡清一郎/鹿子木康/桝谷雄一編・会社更生の実務下（2005年・金融財政事情研究会）207頁［白崎直彦］。

の３分の１または30パーセント，更生担保権の額面額の３分の２または
70パーセントとする扱いを行っている裁判所が多く，また，更生計画案
が既に提出されている段階では更生計画案の定める弁済率に依拠するの
が原則であるが，なお，更生計画案提出前の場合と同様に更生債権の３
分の１（または30％），更生担保権の額面額の３分の２（または70％）と
している裁判所もあるといわれている。[114]

**　訴訟の目的の価額決定上申例**　　　　　　　　　　　　　　　〔604〕

平成○○年（　）第○○○号

　　　　　　　　　　　訴訟の目的の価額について

　　　　　　　　　　　　　　　　　　　　　平成○○年○○月○○日
○○地方裁判所　御中
　　　　　　　　　　　　　　原　　　告　　　○○株式会社
　　　　　　　　　　　　　　代表者代表取締役　　　○○○○
　　　　　　　　　　　　　　上記訴訟代理人弁護士　　○○○○

　原告は，御庁平成○○年(ミ)第○○号会社更生事件について，更生債権（担
保権）査定の決定を受けたが，同決定に異議があるので，平成○○年○○月
○○日会社更生法152条１項に基づき，更生債権（担保権）の査定異議訴訟を
提起しました。よって，会社更生規則47条によって準用される民事再生規則
46条により，訴訟の目的の価額を決定されるよう上申します。

　　　　　　　　　　（西岡／鹿子木／桝谷編・前掲注(113)208頁による。）

**　訴訟の目的の価額決定例**　　　　　　　　　　　　　　　　　〔605〕

平成○○年（　）第○○○号

　　　　　　　　　　　　決　　定

　　　　　　　　　　　原　　告　　　○○株式会社
　　　　　　　　　　　被　　告　　　更生会社株式会社△△
　　　　　　　　　　　管財人　○○○○
　上記当事者間の更生債権査定異議事件について，原告の申立てにより，当
裁判所は，会社更生規則47条，民事再生規則46条により，次のとおり決定す
る。

114）小川／宗宮／佐藤編〔改訂版〕事例からみる訴額算定の手引（2004年・新日本法規）392
　頁。

370　第5章　民事手続法

```
                    主　　文
  本件訴訟の目的の価額を金○○○万円と定める。
    平成○○年○○月○○日
            ○○地方裁判所民事○部
                    裁判官　　　○○○○
```

（西岡/鹿子木/桝谷編・前掲注(113)208頁による。）

第3款　取戻権の行使

1　取戻権

〔606〕　債務者に属しない財産は倒産財団に属しないので，これは取戻しの対象になる。目的物が債務者に属しない限り，破産法62条により目的物の取戻請求をすることができる。一般の取戻権は法定財団に属しない財産につき物権法上または債権法上の権利を有する第三者に与えられるが，どのような権利がそのような取戻権を基礎づけることができるかを決定するのは，破産手続の外において通用する民法・商法等の実体法である。

2　管轄訴額／手数料訴額

〔607〕　この訴訟の訴額の算定は，一般的な訴額規定によって行われなければならない。たとえば所有権に基づく目的物の返還請求の場合には，通常の所有権に基づく返還請求の訴額算定に関する規定が妥当し，取戻権を基礎づける権利の帰属について争いがある限り，目的物の価額が訴額をなす。もっとも，訴額通知によれば目的物の価額の2分の1が訴額である（土地の返還請求の場合には，固定資産評価額の2分の1が当分の間，土地の価額とされ，その2分の1が返還請求の目的物の訴額とされる）。

第4款　別除権の行使

1　別除権

〔608〕　別除権は，「破産手続開始の時において破産財団に属する財産につき特別の先取特権，質権又は抵当権を有する者がこれらの権利の目的である財産について第65条第1項の規定により行使できる権利」（破産2条9項）である。特別の先取特権，質権または抵当権を有する者は，これらの権利の目的である財産について，別除権者として破産手続によらないでその権利

を行使することができる（同法65条1項）。

　別除権は，破産手続によらないで行使することができる（破産65条1項）。その意味は，別除権の基礎にある担保権の実行方法により行使することができるということである。典型的な担保権実行方法は，民執法による担保権実行競売（民執181条以下）であるが，動産質権について鑑定価額で弁済を受ける方法（民354条），債権質権における債権の直接取立て（民366条1項），商事質その他における流質（商515条；質屋営業19条）のように，特別の権利実行方法が認められている場合には，それによることができる。

　別除権は破産手続外で行使することができるが，その目的物は破産財団に属するものであり，破産手続が進行して破産者の財産の清算が行われる以上，破産手続との交渉が生じざるを得ない。

　別除権者は，債権額のほか，別除権の目的である財産および別除権の行使によって弁済を受けることができないと見込まれる額を所定の期間内に裁判所に届け出なければならない（破産111条2項）。破産管財人は，別除権の目的である財産の提示を求めることができる（同法154条1項）。破産管財人はその財産を評価することができ，別除権者はこれを拒むことができない（同条2項）。破産管財人は，別除権の目的物が破産財団にとって必要不可欠なものであるときは，裁判所の許可を得て受け戻すことができる（同法78条2項14号）。

2　訴　額

　別除権者の別除的満足を求める権利の確認の訴えの訴額は，担保権に関〔609〕する訴えについての原告の利益によって算定されるべきである。したがって，別除権者の被担保債権の額が基準となるが，別除権者が権利を主張する目的物の価額が被担保債権額より少ない場合には目的物の価額が基準となる。[115]

---

115) Vgl. *Anders/Gehle/Kunze*, Stichwort „Insolvenz" Rn.12; *Hillach/Rohs*, S.385; *Schneider/Herget/Kurpat*, Rn.3223; *Stein/Jonas/Roth*, §3 Rn.55 Stichwort „Insolvenzfeststellungsklage（§182 InsO)", und Rn.29; *Thomas/Putzo/Hüßtege*, §3 Rn.90.

372　第 5 章　民事手続法

第5款　否認権行使訴訟

1　否認権行使訴訟

〔610〕　否認権を行使する訴えは給付の訴えまたは確認の訴えであるという通説によれば，破産管財人が裁判上で否認の意思表示をすれば，否認の効果を生ずる。否認権行使訴訟は，否認の結果発生した法律効果につき給付または確認を求める訴えであり，否認権は訴訟物ではなく，単なる攻撃防御方法の1つである。

破産管財人は，受益者または転得者を被告として，破産者が譲渡した財産の返還を請求し，それが不能な場合にはそれに代わる価額の償還を請求し，弁済を否認する場合には弁済金の返還を請求する。あるいは，当該財産が破産財団に属することまたは相手方がその財産につき権利を有しないことの確認を求める。不動産の売却や抵当権設定を否認して，登記の原状回復を求める訴えは，「否認の登記」との関係で問題がある。否認の訴えに対し，相手方は財団債権としての反対給付の返還との同時履行の抗弁を提出することができる。

2　管轄訴額/手数料訴額

〔611〕　否認の訴えの管轄については別段の定めがなく，民訴法の一般原則による。

管財人が物を破産財団に返還するよう請求する訴訟の訴額の算定は，返還を求められた物が倒産財団のために有する価値を裁判所が裁量により評価して行われるべきである。そのさい不動産上に存在する負担は，これが不動産自体の経済的な利用価値を減じる限り，訴額軽減的に考慮されるべきであろう。[116] 算定が極めて困難な場合には，民訴費用法4条2項後段により160万円とみなされる。

訴えが債務者によって設定された担保権の抹消登記を目的とする場合には，被担保債権の額によって訴額が決まるが，目的物の価額が被担保債権の額より少額の場合には目的物の価額が訴額となる（→〔443〕）。

---

116) Vgl. *Anders/Gehle/Kunze*, Stichwort "Insolvenz" Rn. 14; *Hillach/Rohs*, S. 384; *Schneider/Herget/Kurpat*, Rn. 3227.

第1節　会社法　373

~~~ 第 **6** 章 ~~~

会社法，保険法，手形法・小切手法

第1節　会社法
第2節　保険法
第3節　手形法
第4節　小切手法

第**1**節　会社法

第1款　株式会社の決議取消しまたは無効確認訴訟

1　会社訴訟

　会社設立無効の訴え（会社828条1項1号），株主総会決議の取消しの訴〔612〕
え（同法831条1項）や無効確認等を求める訴え（同法830条2項）について，
最高裁の訴額通知は，これを「財産権上の訴えでない訴えとして，取り扱
う」よう各裁判所に通知し（備考(2)），各裁判所ではこれに従って，この
訴えを財産権上の訴えでないという取扱いをしている。このような訴えは，
団体の存立または意思決定に関する訴えであることを理由とする。

　ここから，これらの訴えと性質上同じまたは類似の次のような訴えも，
非財産権上の訴えとして取り扱うのが実務である。すなわち，会社の設立
取消しの訴え（会社832条），新株発効無効の訴え（同法828条1項2号），資
本減少無効の訴え（同法828条1項5号），不当決議の取消し・変更の訴え
（同条），合併無効の訴え（同法828条1項7号・8号），取締役解任の訴え
（同法854条以下），会社解散の訴え（同法833条），株主総会決議不存在確認
の訴え（同法830条1項），取締役でないことまたは取締役であることの確
認の訴え，会社法の定める登記手続請求の訴えなどである。

2　手数料訴額

　会社関係の訴えについて，法律は会社の本店所在地の地方裁判所の専属〔613〕
管轄を明文規定により定めている（会社835条1項）。それゆえ，事物管轄

は問題にならない。問題は手数料訴額である。

　すでに述べたように，株主総会決議取消訴訟，株主総会決議無効確認訴訟，株主総会決議不存在確認訴訟は，株主権という財産権に基づく訴えであり，それゆえ財産権上の訴えである（→〔37〕）。最高裁判所の訴額通知も，これを性質上，非財産権上の訴えであるとはしておらず，非財産権上の訴えとして扱うよう通知しているのである。その理由は訴額算定の困難を回避し，訴額算定の便宜を図るということであろう。しかし，裁判長または裁判所の裁量で訴額を算定する場合，手掛かりが存在しないかというと，そうではない。違法な株主総会の効力が失われることによる原告株主の利益は，その保有する株式の価額によって算定することができる。この利益は，いずれにせよ，その株主の保有株式の取引所価額以上ではあり得ない。もっとも，この原告の利益は，すべての株主および会社の有利かつ不利に第三者にも判決効を及ぼすことに鑑みて，訴えの意味を正当に評価していないのではないかという問題が生ずる。ここから，このような訴訟では原告株主の利益のみならず，決議の維持に対する会社の利益も，訴額算定において考慮されるべきではないかという問題が生ずる。それゆえ，ドイツの株式法247条1項1文は，個別事案のすべての事情が顧慮されるべきこと，とりわけ，取消しを求められている決議が当事者（被告会社）に対して有する意味をも顧慮すべき旨定めている。株式法247条1項2文によれば，事件の意味が原告にとってより大きいと評価される場合にのみ，訴額は資本金の10分の1または，この10分の1が50万ユーロ以上である場合には50万ユーロを超えることができる。

　ドイツ株式法のこのような規律は，訴額の算定にとって原告の利益が基本であるという原則に対する法律が定める例外である。このような例外規定がないところで，訴えを非財産権上の訴えとして扱うことを事務手続の形で定めることは，全く疑問である。ここでも，訴額通知の再考が必要であろう。

　すでに述べたように（→〔105〕），数人の原告が会社合併無効の訴え，会社設立無効の訴え，株式会社の同一の総会決議の無効確認の訴え，または決議取消しの訴えを等の共同訴訟を提起する場合，訴えの申立てに現われた原告らの利益は共通であるので，訴額は合算されない。

第1節　会社法　*375*

第2款　取締役の地位の存否確認

1　取締役の地位の存否の確認を求める訴え

　株式会社の取締役は種々の事由によってその地位を失うが，株主総会に〔**614**〕
よる解任決議による解任（会社339条1項）はその効力をめぐって争いをも
たらしうる。Xが取締役を解任され，その後任にZが取締役に選任された
旨商業登記簿に登記されているが，Xは，Xを解任した株主総会決議も，
Zを選任した株主総会決議も，いずれも存在しないと主張しているとする。
Xは，Xを解任した株主総会決議の不存在確認の訴え，自分が取締役の地
位にあることの確認の訴え，およびZを取締役に選任する株主総会決議の
不存在の確認を求めて訴えを提起することもできる。

2　手数料訴額

　ある人が取締役の地位にあること，または，ないことの確認を求める訴〔**615**〕
えは，経済的な利益を直接の目的としない権利関係に関する訴えであり，
したがって非財産権上の訴えであるとする見解がある。この見解によれば，
訴額は民訴費用法4条2項前段により160万円である[1]。

　しかし，取締役は，任期の定めがある場合に，正当の事由がないのに解
任されたときは会社に対し損害賠償を請求できることに現われているよう
に，財産権上の地位である。この訴えの訴額を算定する基礎になる，原告
取締役が訴えについて有する利益は，株式会社の取締役にとどまり，会社
の運営に関与する利益である。逆に，取締役の地位の不存在確認の訴えの
場合には，解任された取締役を会社の運営に関与させないことについての
原告の利益が訴額の算定にとって重要である[2]。非財産権上の請求とみる見
解は，取締役選任・解任の株主総会決議の取消し，無効確認および不存在
確認の訴えを非財産権上の訴えとみるのと平仄を合わせるものである。し

---

1)　訴額算定研究107頁以下：小川／宗宮／佐藤編・手引266頁。
2)　ドイツの連邦通常裁判所は，取締役の地位の存在確認の訴えについて訴額の算定のさい，
　取締役にとどまり会社の運営に関与する原告の利益のみならず，解任された取締役を会社の
　運営に関与させない被告会社の反対の利益をも斟酌すべきものとする。Vgl. BGH Beschl. v.
　28. 5. 1990, NJW 1990, 1123; BGH Beschl. v. 22. 5. 1995, NJW-RR 1995, 1502. これは訴額の算
　定のさい被告の利益は斟酌されないという原則の例外とされ，株式法247条1項1文が株式
　会社の総会決議取消訴訟の訴額は諸般の事情とくに両当事者にとっての事件の意味を考慮し
　て算定されるべきことを定めていることによって正当化されている。Vgl. *Schneider/*
　Herget/Kurpat, Rn. 4391.

376 第6章 会社法，保険法，手形法・小切手法

かし前述のように，後者の訴えが株主権に基づく財産権上の訴えであることは間違いなく，取締役の地位の存否の確認の訴えも財産権上の訴えと解さなければならない。

取締役の地位の存否の確認の訴えも財産権上の訴えと解する場合，その訴額は裁判長または受訴裁判所が合理的な裁量によって評価すべきである。取締役が提起する取締役の地位存在確認の訴えにおいて解任取締役の報酬請求権は考慮されるべきではなく，また会社が提起する取締役の地位不存在確認の訴えについては，解任を有効とする裁判からいかなる請求権が導き出されるかは訴額の算定のさいに考慮されてはならないであろう。報酬請求権は，取締役の会社の組織上の地位に基づくものではなく，雇用契約に基づくからである[3]。

原告を解任した株主総会決議の不存在確認の訴え，決議無効確認の訴えまたは決議取消しの訴えと取締役の地位の存在確認の訴えとが併合提起される場合には，これらの訴訟はいずれも原告の取締役の地位の確保を目的とし，経済的に一体性を有しているので，訴額の合算はなく，最も多額の請求の訴額がこれらの訴訟の訴額となる。

取締役の地位の存在確認の訴えと，後任取締役等の選任決議の取消し，無効確認または不存在確認の訴えが併合提起される場合の訴額については，併合される請求は必要的共同訴訟の関係に立つものではないので，訴額が合算されるべきである。裁判実務でも，選任決議と解任決議とは別個の決議として扱われ，両決議の取消し等について訴額を算定し合算するといわれている[4]。

3 従業員たる地位に基づく訴え

〔616〕　取締役が従業員たる地位を有する場合には，この地位から生ずる種々の権利について訴訟を行うことができるのは当然である。たとえば選任契約に基づき報酬を請求することができる。この場合は，通常の労働者の賃金請求と異ならない。

---

3) BGH Beschl. v. 28. 5. 1990, NJW 1990, 1123; *Schneider/Herget/Kurpat*, Rn. 4392.
4) 小川／宗宮／佐藤編・手引267頁。

第3款　株主代表訴訟

〔**文献**〕　新谷勝「株主代表訴訟と訴額の算定（上）（下）」手形研究485号
　　　14頁以下，487号20頁以下（いずれも1993年）

　6か月（これを下回る期間を定款で定めた場合にはその期間）前から引き〔**617**〕
続き株式を有する株主（公開会社でない株式会社の場合は株主）は，書面そ
の他法務省令で定める方法により，取締役等に対する責任追及等の訴えの
提起を株式会社に対して請求するすることができ（会社847条1項），株式
会社がこの提訴請求から60日以内に責任追及等の訴えを提起しないときは，
当該提訴請求をした株主はみずから取締役等に対して訴え（株主代表訴訟）
を提起することができる（同条3項）。
　株主代表訴訟は，株式会社の本店所在地の地方裁判所の管轄に専属する
ので（会社848条），管轄訴額は問題にならない。手数料訴額の算定につい
ては，法律上，財産権上の請求でない請求に係る訴えとみなされる（同法
847条6項。この規定の前身は平成7年改正による旧商法267条5項である）。株
主代表訴訟は財産権上の請求に係る訴えであることは間違いないが，取締
役等の違法行為によって会社に生じた損害の回復を容易にし，これにより
違法行為を抑止するために，株主に提訴の誘引を与えるという政策的見地
から非財産権上の請求とみなされている。手数料訴額は160万円（したがっ
て，手数料は13,000円）である。
　株主代表訴訟の訴額は政策的見地から非財産権上の請求とみなされるの
であるが，これに対しては，大規模公開会社か小規模閉鎖会社かというよ
うな会社の規模，株主数と株主構成，請求金額等を一切排し一律に訴額を
160万円とみなすことに疑問を呈し，裁判所の裁量による訴額算定の余地
を認め，裁判所の裁量によって訴額を算定できない場合に限って非財産権
上の請求として取り扱う余地があることを指摘する見解もある[5]。

5）新谷勝「株主代表訴訟と訴額の算定（下）」手形研究487号（1993年）20頁，26頁以下。

378　第6章　会社法，保険法，手形法・小切手法

第4款　取締役等の違法行為差止めの訴え

1　意　義

〔618〕　6か月（これを下回る期間を定款で定めた場合にはその期間）前から引き続き株式を有する株主（公開会社でない株式会社の場合は株主）または監査役（監査委員）は，取締役・執行役が会社の目的の範囲外の行為その他法令または定款に違反する行為をし，またはこれらの行為をするおそれがある場合，当該行為によって当該株式会社に著しい損害（監査役設置会社または委員会設置会社の場合は「回復することができない損害」）が生ずるおそれがあるときは，当該取締役・執行役に対し当該行為をやめること（差止め）を請求することができる（会社360条・385条・407条・422条・482条4項）。

　前述の取締役や執行役に対する責任追及の訴えがいわば事後的な損害回復のための訴えであるのに対し，取締役等の違法行為差止めの訴えは，違法行為が行われる前に損害が生ずることを予防する目的を有する事前の損害予防手段である。

2　訴　額

〔619〕　このように違法行為差止めの訴えは，差止めと損害賠償との違いはあれ，本質は株主代表訴訟と異ならないことを理由に，非財産権上の請求に係る訴えとして取り扱われ，管轄訴額は140万円を超えるものとみなされ（民訴8条2項），手数料訴額は160万円とみなされている（民訴費4条2項前段）[6]。

　株主代表訴訟についての管轄規定（会社848条）を類推適用して会社の本店所在地の地方裁判所の専属管轄を認める見解もあるが，規定のないところで専属管轄を認めることはできない。

　株主が複数の取締役を被告として違法行為差止めの訴えを提起する場合，差止請求は被告の数だけ存在するので，訴額は各別に算定され，合算される[7]。

　これに対し，原告が1人の取締役に対し複数の事項の差止めを請求する場合，たとえば株主Xが代表取締役Yに対し，取締役会の決議なしに重要な会社財産を処分することと，自己の利益を図り会社名義で借財すること

---

6)　民事訴訟費用研究265頁；小川／宗宮／佐藤編・手引269頁
7)　小川／宗宮／佐藤編・手引269頁。

の差止めを求める場合，訴訟物は差止めが求められている数だけ存在するのか，それとも複数の事項の差止めが求められていても訴訟物は1つなのかが問題となる。

裁判所の実務は訴訟物を1つとして扱うことが多いといわれている[8]。これら差止めが求められている事項が時間的に接近し違法行為として一体をなしていると認められる場合には，その差止めによる原告の利益は被告取締役の違法行為を阻止する利益として一体であるので，訴額の合算はされるべきではない。そうではなく違法行為としての一体性を欠く場合には，複数の訴訟物が存在するので，訴額は合算されるべきである。

第5款　株主権の確認と株主名簿の書換え

1　株主権確認の訴え

原告は，株主であることを相手方によって争われる場合，株主権または〔620〕株主たる地位の確認を得て，既判力により法的地位の安定を確保することができる。

2　訴額の算定

(1)　株主権確認の訴え

株主権または株主たる地位の確認の訴えの原告が勝訴判決によって得る〔621〕ことができる利益は，株主であることによって享受することのできる利益である。この利益は株式の価額に顕れているので，この訴えは財産権上の訴えであり，株主権確認の訴えの訴額は，株式の時価に基づき算定すべきである[9]。

株式の時価は上場企業の場合は訴え提起の前日の株価（終値）であるが，これに原告主張の保有株式数を乗じた金額がこの訴訟の訴訟物の価額である。非上場会社の場合には，かつては額面株式について券面額を基準とし，無額面株式の場合は会社設立時の最低発行価額を基準としていたが[10]，平成13年10月の法改正により額面株式の制度も最低発行価額制度も廃止されたため，今日では会社の資本金を発行済株式総数で除した額を一株の株価と

---

8)　小川／宗宮／佐藤編・手引269頁。
9)　書記官事務の研究II 46頁；小川／宗宮／佐藤編・手引276頁。
10)　民事訴訟費用研究265頁。

380　第6章　会社法，保険法，手形法・小切手法

みなし，これに原告主張の保有株式数を乗じて訴額を算定するのが適切だとされている。[11]

(2)　株主名簿の書換請求の訴え

〔622〕　株主名簿の書換請求の訴えの訴額は名義書換請求が認容されることによる原告の利益であるが，この利益をどのように算定するかは問題である。株主たる地位を第三者に対抗するためには株主名簿に記載される必要があるので，株主名簿の書換請求は株主たる地位の確保に向けられた訴えということができ，その意味で，株主たる地位の確認の訴えと同じ目的を有するので，訴額は株主たる地位の確認の訴えと同じく株式の時価に基づき算定すべきである。[12]

(3)　併合訴訟

〔623〕　株主権の確認請求と株主名簿の書換請求が1つの訴えで併合して提起された場合，いずれも株主たる地位の確保を目的とする訴えであるので，経済的利益を共通にするゆえ，額の大きな方の訴額だけが基準となる（民訴9条1項ただし書）。訴額の合算は行われてはならない。[13]

第6款　株主名簿等の閲覧等

1　株主名簿等の閲覧，謄写請求の訴え

〔624〕　株式会社は，株主名簿をその本店（株主名簿簿管理人がある場合にはその営業所）に備え置かなければならず（会社125条1項），株主は株式会社の営業時間内はいつでも，株主名簿の閲覧または謄写の請求をすること（株主名簿が電磁的記録をもって作成されているときは，当該電磁的記録に記録された事項を法務省令に定める方法により表示したものの閲覧または謄写の請求をすること）ができ（同条2項），会社は法律が定める場合を除き，この閲覧・謄写請求を拒否することができない（同条3項）。また，株式会社は，計算書類，事業報告書ならびにこれらの付属明細書（監査役設置会社または会計監査人設置会社にあっては監査報告書または会計監査報告書を含む）を一定期間，その本店に備え置かねばならず（同法442条1項），株主および債権者は，株式会社の営業時間内は，いつでも当該書面または当該書面の

---

11)　小川／宗宮／佐藤編・手引277頁。
12)　書記官事務の研究Ⅱ46頁；訴額算定研究113頁；小川／宗宮／佐藤編・手引277頁。
13)　書記官事務の研究Ⅱ46頁；民事訴訟費用研究265頁；小川／宗宮／佐藤編・手引277頁。

写しの閲覧の請求，当該書面の謄本または抄本の交付の請求，当該書類等が電磁的記録をもって作成されているときは，当該電磁的記録に記録された事項を法務省令に定める方法により表示したものの閲覧の請求，この電磁的記録に記載された事項を電磁的方法であって株式会社の定めたものにより提供することの請求またはその事項を記載した書面の交付の請求をすることができる（同条3項。ただし，当該書面または書面の写しの閲覧請求以外は当該株式会社の定めた費用を支払わなければならない）。

　総株式の議決権の100分の3以上の株式を保有する株主は，法律上，株式会社の営業時間内はいつでも，会社に対し会計帳簿および書類の閲覧および謄写を請求することができる（会社433条1項）。

2　株主名簿等の閲覧・謄写請求の訴えについての訴額の算定

　(1)　これらの訴えは財産権上の訴えである。文献においては，①この訴〔625〕えの手数料訴額の算定は極めて困難であるから，民訴費用法4条2項後段により160万円とみなすべきことを主張する見解，[14]②時価に基づき算定するほど利益があるとみるのは酷だという理由から券面額に対する6か月の法定利息程度を訴額とみるのが妥当であるという見解，[15]③会社関係における文書の閲覧等の請求権（ただし会社法433条1項を除く）は株主の持株数にかかわらず行使できる請求権であるから，1株の時価相当額をもって訴額とみて差し支えなく，結果として訴額は最低訴額5万円（現行法では10万円）を超えることはないとする見解（会社法433条1項の請求については，発行済み株式総数の100分の3の時価相当額が訴額であるという見解）[16]が対立している。

　いずれの見解も説得力に乏しいように思われる。この訴えは財産権上の請求に係る訴えであり，[17]訴額は，株主名簿等の閲覧・謄写等により，原告が会社関係の情報の取得について有する利益を裁判所の合理的な裁量により評価することにより算定すべきである。算定の手がかりは，この株主名

14）訴額算定研究115頁；民事実務講義案Ⅰ49頁；小川／宗宮／佐藤編・手引280頁。古くは，大判昭和13・6・6民集17巻13号1207頁は，訴額の算定不能な場合として非財産権上の請求の訴額と同額とすべきだとしていた。

15）民事訴訟印紙研究58頁。

16）民事訴訟費用研究265頁。

17）前掲注⒁大判昭和13・6・6。

382　第6章　会社法，保険法，手形法・小切手法

簿等の閲覧・謄写請求が役立つべき目的である。たとえば株主名簿が原告の株主たる地位の確認の訴え等の提起に必要な情報の取得を目指しているのであれば，特別の事情がない限り，原告が情報請求によって準備せんとする株主権確認請求の価額のごく一部（Bruchteil）を情報請求の訴額とみ，通常10分の1から4分の1の範囲内で算定するのが適切であろう（→〔278〕）。したがって，訴額の算定が極めて困難ということはできず，①の見解に従うことはできない。③の見解は，この訴えを，原告が株主権の実現を求める訴えとみればありうるかもしれないが，訴額は攻撃者（ここでは原告）がこの訴訟による情報取得について有する利益であるから，1株の価額（会社法433条1項の請求については，発行済み株式総数の100分の3の時価相当額）と一致するとは限らない。もちろん原告がいかなる目的で株主名簿の閲覧等の請求をしているかを開示しない場合には，たしかに訴額の算定は極めて困難になるかもしれない。この場合には，160万円を訴額とみなすことも止むを得ない。

〔626〕　（2）　総株式の議決権の100分の3以上の株式を保有する株主が会計帳簿および書類の閲覧・謄写を請求する場合の訴額について，④発行済み株式総数の10分の1の額とする見解,[18]⑤訴額の算定が極めて困難な場合に当たり，160万円を訴額とみなすべきだとする見解[19] が主張されている。④説に対しては，この訴額の算定は高額にすぎると批判される。⑤の見解では，閲覧の対象になる書類が会社にとって有する重要度は文書ごとに異なるが，閲覧によって受ける閲覧者の利益は閲覧の対象によって大きく異なることはないことを株主名簿の閲覧と同じ訴額設定の根拠とする。[20] しかし，閲覧者にとっても文書の重要度はその目的によって大きく異なるものであるので，閲覧者の利益は文書の性質・内容が異なっても異ならないとはいえない。

　　ここでも，原告がこの情報を取得しようとする目的が重要である。たとえば株主代表訴訟の提起に必要な情報の取得が目的なのであれば，原告が当該情報がなければその請求をおそらく実現できない場合には，評価額はそうでない場合よりも高くなり，株式代表訴訟の訴額に近づくであろう。

18）民事訴訟費用研究265頁。
19）訴額算定研究115頁。
20）訴額算定研究115頁。

そうでない場合には特別の事情がない限り，ここでも，主たる訴訟の訴額のごく一部を訴額とするのが適切であろう。原告は訴額算定にとって重要な事情として情報取得の目的を記載すべきである

3　株主名簿等の閲覧・謄写請求，計算書類・事業報告書・付属明細書・監査報告書，会社帳簿・書類の閲覧・謄写請求の併合の場合の訴額

　　たとえば総株主の議決権の100分の3以上を有する株主が会社を被告と　[627]して1つの訴えで株主名簿の閲覧・謄写，平成○○年○○月から現在までの会計帳簿および書類の閲覧・謄写，ならびに計算書類および監査報告書の閲覧・謄写を請求する場合，それぞれの請求の訴額を合算して訴額を算定することになる[21]。これらの請求は各々異なる目的を有し，訴えによる原告の利益が共通しているとはいえないからである。すなわち，誰が株主であるかを知る利益と会社の会計帳簿等により会社の財務状態を知る利益とは異なるからである。

第7款　ゴルフクラブ会員権をめぐる訴訟
1　ゴルフクラブ会員権
　　ゴルフクラブの組織形態には，主として，社団法人制，株主会員制およ　[628]び預託金会員制があるとされる[22]。ゴルフクラブの会員たる地位をめぐる争訟が財産権上の争訟か否かという点では，株主会員制ゴルフクラブおよび預託金会員制ゴルフクラブについては，問題なく肯定される。非営利組織である法人会員制ゴルフクラブにおいても，会員の地位はゴルフ場およびその附帯施設の利用権を主たる内容とし，したがって経済的利益を中心とするものであるので，ここでも会員たる地位に関する争訟は財産権上の争訟と解される。

2　ゴルフクラブ会員権確認の訴え
　　ゴルフクラブ会員権確認の訴えの訴額は，株主権の確認の訴えと同じよ　[629]

21）小川／宗宮／佐藤編・手引280頁。
22）服部弘志／服部和良・ゴルフクラブ等会員契約の法律相談（1995年・青林書院）6頁以下
　　［小島隆治］参照。

384　第6章　会社法，保険法，手形法・小切手法

うに，訴え提起時の会員権の価格によって算定される[23]。ところが，預託金会員制のゴルフクラブ会員権にあって，会員権相場が預託金返還請求権の額面額に達しない場合には，預託金返還請求権の価額を訴額とすべきものと主張する見解[24]がある。しかし，訴額は提起時の目的物の客観的な取引価額であるから，会員権相場により訴額を算定すべきであろう。預託金会員制のゴルフクラブ会員権には預託金返還請求権が含まれており，それを含んだものとして会員権の市場価額が形成されているからである。

　会員権は市場で取引きされており，主要な会員権の取引価格は，新聞や業界紙等に掲載されているが，取引事例の少なさのほか，価格形成に不透明な部分があるため，株式の市場価格と比べ，信頼性に劣るといわれながらも，代替手段がないため，裁判所の実務においては，新聞紙等に掲載された価格を基準として訴額が算定されているようである。訴額算定の基準時は訴え提起時であるが，新聞紙等にも，毎日は価格の掲載がないので，訴え提起日に最も近接した日の新聞紙に掲載された価格を用いて疎明することになる。新聞紙等に価格の掲載がないゴルフクラブの会員権価格は，新聞紙等に掲載された類似の会員権の価格から推測することになる[25]。

　訴えが確認訴訟である場合には，請求認容判決は執行力を有しないので，ゴルフクラブ会員権確認の訴えの訴額は権利の価額の20パーセントを減額すべきであると解する（→〔87〕）。

3　名義書換請求訴訟の訴額

〔630〕　ゴルフクラブ会員権を取得した者が会員権に基づく利益（たとえばビジターより割安で施設を利用できる利益）を享受するためには，名義書換えが必要であり，会員名簿の名義書換請求訴訟が提起されることがある。この訴訟の訴額は裁判長または裁判所の裁量的算定によって決まるが，この訴訟は会員権確認訴訟と同様，会員たる地位の確保を目的とするとの理解のもとに，会員権の時価が訴額であるとする見解[26]が主張されている。株主名簿の名義書換請求の訴額が，株主権の確認訴訟と同様に株式の価額を基

23）民事訴訟費用研究266頁；書記官事務の研究Ⅱ46頁；小川／宗宮／佐藤編・手引282頁。
24）小川／宗宮／佐藤編・手引282頁。
25）民事訴訟費用研究266頁；小川／宗宮／佐藤編・手引282頁。
26）書記官事務の研究Ⅱ46頁；小川／宗宮／佐藤編・手引283頁。

礎に算定されるように，会員名義書換請求の価額はゴルフクラブ会員権の
時価を基準に算定するのが妥当であろう。

4　会員証交付請求訴訟の訴額

　会員証は会員であることを証する証明文書であるから，会員証交付請求〔631〕
の訴えは財産権上の請求である。会員証の再発行手数料の定めがあればそ
れにより，それがない場合には，訴額の最低基準額10万円によるとか，[27] こ
れを超えることはない[28] と説かれている。訴額は，会員証を占有する点に
ついての原告の利益を裁判所の裁量により評価することにより算定される
べきである。特別の事情がなければ，会員権価額の10分の1以下に評価さ
れるべきであろう。

5　請求の併合

　会員権確認の訴えと名義書換えの訴えが併合される場合，両者の経済的〔632〕
利益は共通であるといえるか。両請求は，ゴルフクラブ会員権の内容を実
現するために必要であり，両者相俟ってゴルフクラブ会員権の価値を現実
化することができるので経済的に一体性を有するということができる。[29] 会
員権確認の訴えと会員証交付請求の訴えが併合される場合にも，両者の経
済的利益は部分的に共通であるから，訴額の合算は行われてはならず，多
額の方の請求の訴額が基準となる。

第2節　保険法

第1款　保険契約法
1　保険契約の存在の確認を求める訴え等の訴額

　(1)　保険事故の発生前の保険金請求権と保険料支払い義務の関係につい〔633〕
ては，議論があるところであるが，保険事故発生前にも保険金請求権の譲
渡や質入は可能である。そのため，保険契約に関する権利をめぐる訴訟も
提起され，訴額の算定が必要である。

27）書記官事務の研究Ⅱ46頁。
28）小川／宗宮／佐藤編・手引283頁。
29）書記官事務の研究Ⅱ46頁；小川／宗宮／佐藤編・手引283頁。

386　第6章　会社法，保険法，手形法・小切手法

〔634〕　(2)　保険者が保険契約の存在確認を求める訴えの訴額は裁判官の自由な裁量によって算定されるべきであるが，この価額は保険期間内に保険契約者により支払われるべき保険料の額と一致しない。しかし，それは裁判官の裁量行使の重要な手がかりとなる。[30]

〔635〕　(3)　保険契約者が保険契約の存在確認を求める訴えの訴額については，保健契約の性質が重要である。

　　生命保険の場合には，死亡事故または生存事故のさいに支払われる保険金に対する原告の利益が重要である。この原告の利益は，保険金額と一致しない。保険事故のさい保険金の全額が支払われるとは限らないからである。保険契約の存在の確認につき保険契約者が有する利益は，保険事故の発生した場合に保険給付を受ける原告の利益の裁量的評価により算定されるべきである。[31]

　　生命保険金請求権が譲渡された場合，譲受人が生命保険金請求権が自分に帰属することの確認を求めて訴えを提起する場合の訴額の算定について，国税庁の相続税に関する財産評価基本通達が相続開始時にまだ保険事故の発生がない生命保険に関する権利の価額は相続開始において当該契約を解約した場合に支払われる解約返戻金によって評価するとしていることを参考に，この方法により訴額を算定するのが合理的だとし，解約返戻金の額を訴額と解する見解[32]がある。しかし，保険金請求権の譲受人がこの権利の確認によって得る利益は保険事故が発生した場合に保険金の支払いを受ける利益であり，これは裁判所が裁量的評価によって査定されるべきであり，訴え提起時点での解約返戻金の額ではない。

　　火災保険の場合には，個々の場合に支払われるべき補償額を出発点として，裁判長または裁判所の裁量により算定されるべきである。

---

30)　*Hillach/Rohs*, S. 405.

31)　*Hillach/Rohs*, S. 405; *Schneider/Herget/N.Schneider*, Rn. 5760. OLG Karlsruhe DRZ 1934, 270（Nr. 269）は，保険金請求権は保険事故の発生に条件づけられており，条件成就の蓋然性を考慮して訴額が算定されなければならないところ，保険契約者が合意された自殺条項に鑑み自殺の実行によって保険事故をいつでも惹起することができるにしても，相続人に経済的利益を与えるという意思よりも自殺に対する躊躇の方が強いので，条件成就の蓋然性は，保険事故の現実の発生と同視できるほど高いものではないとして，原告の利益を保険金の4分の1と算定し，OLG Hamm AnwBl 1994, 45は4年分の保険料収入を超える給付請求が他になされない限り，4年分の保険料収入を訴額とした。

32)　小川／宗宮／佐藤編・手引155頁。

疾病保険の場合には，訴額は期待される保険給付を基礎に裁判長または裁判所の裁量により算定されるべきである。[33]

2 保険契約の不存在の確認を求める訴えの訴額

保険者が保険契約の不存在の確認を求める訴えを提起する場合には，原〔636〕告が保険金を支払わないことにつき有する利益が訴額であるが，これは保険金を出発点として裁判長または裁判所の裁量により算定されるべきである。[34]

保険契約の不存在の確認を求めるのが保険契約者である場合には，訴額は保険契約により保険契約者に課せられる義務，とくに保険料支払義務から保険契約者が解放される利益であり，この利益を裁判官の裁量により算定すべきである。[35]

3 生命保険契約の締結を求める訴えの訴額

生命保険契約の締結を求める訴えの訴額は保険金額によって定まるので〔637〕はなく，この契約の成立に対して保険契約者が有する利益が基準になる。この利益は裁判官の裁量によって評価されるべきである。[36] この利益は非常に区々であり，そのため一般的な算定基準はあり得ないとされる。[37]

4 生命保険の保険金または保険料の支払いを求める訴えの訴額

(1) 保険金の支払いを求める訴え

保険事故の発生後に保険者が保険金の支払いを求める訴えを提起する場〔638〕合，訴額は，通常の金銭請求として，その保険金額である。この場合，保険金請求権が未だ履行期に達していないことや，保険者が保険事故の発生時点において保険料の支払いがなかったことを主張し，したがって保険金

33）OLG Hamburg, VersR 1952, 362; *Schneider/Herget/N.Schneider*, Rn. 5763（OLG München Beschluss v. 30. 5. 1989は，疾病保険の存在確認の訴えにつき5年分の保険料を訴額とみたという）。

34）OLG Bamberg, JurBüro 1985, 1703.

35）RG JW 1896, 410; *Hillach/Rohs*, S.406.

36）OLG Neustadt, Rpfleger 1967, 1（まだ保険料免除でない保険契約による，以前に譲渡された請求権の返還請求の訴えの訴額について）; *Hillach/Rohs*, S.406.

37）*Hillach/Rohs*, S.406.

388　第 6 章　会社法，保険法，手形法・小切手法

不払条項を援用して保険金支払い義務を争う場合にも，これらの事情は訴額の算定にとっては重要ではない。

(2)　保険料の支払いを求める訴え

〔639〕　保険者が保険料の支払いを求めて訴えを提起する場合，訴額は請求額によって決まる。

〔640〕 (3)　保険契約の無効確認を求める反訴

保険者の保険料の支払いを求める訴えに対し，保険契約者が保険契約の無効確認を求める反訴を提起する場合，本訴と反訴は，同一の保険料の支払義務について争うものであるので，経済的に同一の目的をもつ。それゆえ，反訴の手数料は反訴の本来的手数料額から本訴の手数料額を控除した額である[38]。

第3節　手形法

第 1 款　手形金支払請求

〔641〕　手形法にいう手形による請求においては，手形金以外に請求される利息，費用および手数料は附帯請求として訴額に算入されない。

手形訴訟の形式で請求権が主張されるか，通常訴訟の形式で主張されるかは関係がない。

第 2 款　手形返還請求

〔642〕　手形返還請求の訴額は，原告が手形の返還を得るにつき有する利益を裁判所の合理的な裁量により評価して算定されるべきである。この原告の利益にとっては，個別事案の事情が重要である。裁判長または裁判所による評価のさい，手形が濫用されることを防止する原告の利益も考慮されるべきである[39]。手形の除権手続の費用や，手形金債権がすでに弁済され，または消滅時効に罹っていること，当事者双方の陳述によればその手形はもはや換価できないという事情も考慮されるべきである[40]。手形金請求がまとも

---

38) Vgl. *Hillach/Rohs*, S. 407.
39) OLG Neustadt, Rpfleger 1963, 66 は，手形の濫用的利用の危険が大きくないことを考慮して手形金額の10分の 1 を訴額として算定した。
40) *Hillach/Rohs*, S. 391.

第3節　手形法　*389*

に差し迫っている場合や手形の返還が手形訴訟の提起のために求められている場合には，訴額は手形金請求の額に達することもある。[41]

第3款　通常訴訟
1　手形訴訟の請求適格を欠くとの理由で訴えが却下された場合の通常訴訟の提起

　請求の全部または一部が手形訴訟による審理裁判ができないという理由 [643]
で訴えが却下された場合（民訴355条1項），原告が訴え却下判決の送達を受けた日から2週間以内に同じ請求について通常手続により訴えを提起したときは，時効中断との関係では，その訴えの提起は手形訴訟の提起のときにしたものとみなされる（同条2項）。この場合には，訴え提起の手数料については，手形訴訟の提起について納めた手数料の額に相当する額は納めたものとみなされ（民訴費5条1項），改めて手数料全額の徴求は行われない。

2　異議後の通常訴訟の訴額

　請求認容または棄却の手形判決に対し，これに不服のある当事者は控訴 [644]
を提起することはできず，異議が唯一の不服申立方法である（民訴356条・357条）。適法な異議があると，手形判決の確定は遮断され（同法116条2項），事件は通常訴訟に移行し，手形訴訟の口頭弁論終結前の程度に復し，第一審手続が通常訴訟手続により続行される（同法361条）。したがって，異議後の通常訴訟の訴訟物は，手形訴訟の訴訟物と異なるものではない。[42] 手形訴訟と通常訴訟の一体性から，通常訴訟の訴額算定の基準時も手形訴訟の提起時である。[43] 異議後の通常訴訟について，手数料の追加支払いの必要がないことは当然である。

第4款　手形不渡処分取止請求の訴え
1　手形不渡処分

　交換呈示を受けた手形のうち，支払のできないものがあるときは，支払 [645]

41）*Hillach/Rohs*, S.391.
42）三ケ月・双書562頁；新堂978頁；注釈民訴(9)293頁 [飯塚]；松本／上野 [1041] [上野] など。
43）*Hillach/Rohs*, S.392.

390　第6章　会社法，保険法，手形法・小切手法

銀行は手形にその理由を付して，不渡宣言する。この場合，支払い銀行は，「形式不備」「裏書不備」など適法な呈示でないことを理由とする不渡を除き，必ず不渡届を作成しなければならない。この不渡届には，第1号不渡届，第2号不渡届がある。

　支払銀行は，不渡りにした手形を持出銀行に返却するとき，手形振出人に異議申立てをするかどうかを確認する。異議申立てができるのは，第2号不渡届に該当する不渡事由，すなわち「契約不履行」「詐欺」「盗難」などの場合である。手形の支払義務者は異議申立てを委任することができる。そのさい，支払義務者は手形金額に相当する金額（異議申立預託金）を支払銀行に預託する。異議申立てを依頼された銀行は，預託金が預けられたことを確認し，手形を不渡にした日（交換日）の翌々日の営業時間中に，異議申立書と現金（異議申立提供金）を手形交換所に提出する。このようにして，不渡報告または取引停止処分は猶予される。

　不渡届を提出した銀行が任意に不渡処分の取止め請求をしない場合には，異議申立てをした手形の支払義務者は，不渡届を提出した銀行を相手方として手形交換所に手形の不渡処分の取止めを請求するよう求めることができる。この訴えが手形不渡処分取止請求の訴えである。

2　手形不渡処分取止請求の訴えの訴額

〔646〕　手形不渡処分取止請求の訴えの訴額は，原告が訴えにおいて主張する利益の金銭評価額であるが，具体的な算定について諸説がある。①この利益は取引社会おける信用保持の利益であるから，算定が極めて困難であるとして訴額を160万円とする見解，②手形交換所に提出されている異議申立提供金は，不渡処分が取り消されない限り，異議申立て時から2年間返還されないことにより利用不能となる不利益を解消する利益，すなわち　異議申立提供金の即時返還を受けることにより当該金銭の利用価値を回復する利益をもって，原告が訴えにおいて主張する利益であるとみる見解[44]　がある。

　②説は，据置期間内の異議申立提供金に対する商事法定利率による利息

44）水戸地判昭和40・12・4判タ202号186頁；菊井／村松・全訂 I 112頁；注解民訴(1)139頁〔小室／松山〕；民事訴訟費用研究248頁；訴額算定研究79頁以下；注釈民訴(1)227頁〔佐藤〕；小川／宗宮／佐藤編・手引127頁以下。

相当額のうち，訴え提起時から残存期間の満了までの金額を訴額とするのが妥当だとする。しかし，不渡処分はまさに手形の支払義務者の信用に関して行われるものであるから，信用にかかわらない事由により不渡処分が行われた場合は別として，訴額は手形債務者の信用を回復する利益によって算定するのが妥当とみられる。しかし，信用回復の利益を算定するのは極めて困難であるから，160万円のみなし訴額によるのが妥当と考えられる。

第4節　小切手法

　手形訴訟の訴額の算定についての原則は，小切手訴訟にも準用される。〔647〕

第7章

知的財産権関係

第1節　知的財産権訴訟の管轄
第2節　手数料訴額

〔**文献**〕　一宮和夫「工業所有権関係事件の訴額」裁判実務大系9　工業所
有権訴訟法（1985年・青林書院）6頁；高部眞規子「著作権訴訟の
訴額と管轄」裁判実務大系27　知的財産関係訴訟法（1997年・青林
書院）8頁；田倉整「特許関係訴訟の訴訟物価額について」司法研
修所創立十五周年記念論文集下巻（1963年・司法研修所）119頁以
下；宮崎英三「無体財産権に関する請求の訴額算定について」書研
所報31号（1980年，裁判所書記官研修所創立三十周年記念論文集）255
頁；森崎英二「知的財産権訴訟の訴額」西田美昭ほか編・民事弁護
と裁判実務8　知的財産権（1998年・ぎょうせい）113頁以下；八木
貴美子「知的財産権訴訟の提起」牧野利秋/飯村敏明編・新裁判実
務大系4　知的財産権関係訴訟法（2001年・青林書院）3頁以下

第1節　知的財産権訴訟の管轄

第1款　知的財産権訴訟

　知的財産権のうち，特許権，実用新案権，意匠権および商標権に関する〔648〕
訴訟には，行政訴訟と民事訴訟がある。
　特許庁のした審判等に対する不服の訴え（特許178条，実用新案47条，意
匠59条，商標63条）および特許庁長官の行う通常実施権の裁定において定
められた対価に関する不服の訴え（特許183条，実用新案48条，意匠60条）は，
行政訴訟として審理裁判される。前者は東京高等裁判所の専属管轄である
（特許178条など）。これは財産権上の請求であるが，手数料訴額は，訴額の

394 第7章 知的財産権関係

算定が極めて困難な場合として，160万円とみなされる[1]。通常実施権の裁定において定められた対価に関する不服の訴えは，通常実施権者または特許権者もしくは専用実施権者等が被告となるべきであり（特許184条），当事者訴訟とされているから，民訴法上の原則により，被告の住所地の地方裁判所の管轄となる。手数料訴額は，原告の主張する対価の額と裁定が定めた対価の額との差額である。以下では，知的財産権に関する民事訴訟の訴額について検討する。

第2款　知的財産民事訴訟の管轄

1　管轄集中

〔649〕　特許権，実用新案権，意匠権，育成者権，商標権，著作権，種苗法および半導体集積回路の回路配置に関する法律による権利などの知的財産権は，近時の社会経済生活においてその重要性が著しく増大している権利である。また，不正競争防止法による差止請求権も，公正な競争の確保のために重要性を増している。

知的財産権に関する民事訴訟においては，事件が専門的で困難な多数の法律問題を含むこと，および，事件の経済的意義が大きいことから，裁判所の判断が可及的に統一されることがとくに望ましい。そのため，立法者は以下のような管轄集中を図っている。

2　特許権等に関する訴えの管轄集中

〔650〕　特許権，実用新案権，回路配置利用権またはプログラムの著作権についての著作者の権利に関する訴え（以下「特許権等に関する訴え」と呼ばれる）については，民訴法4条・5条により東京高等裁判所，名古屋高等裁判所，仙台高等裁判所または札幌高等裁判所の管轄区域内にある地方裁判所が法定の管轄裁判所であるべき場合には東京地方裁判所が専属管轄裁判所として管轄権を有し，大阪高等裁判所，広島高等裁判所，福岡高等裁判所または高松高等裁判所の管轄区域内の地方裁判所が法定の管轄裁判所であるべき場合には大阪地方裁判所が専属管轄裁判所となる（**6条管轄権**，民訴6条1項）。

1）　訴額算定研究156頁。

特許権等に関する訴えについて簡易裁判所が法定の管轄権を有すべき場合には，当該簡易裁判所が東京高等裁判所，名古屋高等裁判所，仙台高等裁判所または札幌高等裁判所の管轄区域内に所在する場合には原告は，東京地方裁判所にも訴えを提起することができ，当該簡易裁判所が大阪高等裁判所，広島高等裁判所，福岡高等裁判所または高松高等裁判所の管轄区域内に所在する場合には大阪地方裁判所にも訴えを提起することができる（同条2項）。

3　その他の知的財産権訴訟の管轄集中

　意匠権，商標権，著作者の権利（プログラムの著作権についての著作者の　[651]
権利を除く），出版権，著作隣接権もしくは育成権に関する訴えまたは不
正競争（不正競争防止法2条1項に規定する不正競争をいう）による営業上
の利益の侵害に関する訴えについては，特許権等に関する訴えと同じ区分
により，これらの訴えは東京地方裁判所または大阪地方裁判所にも提起す
ることができる（同法6条の2。もっとも，6条の2により東京地方裁判所ま
たは大阪地方裁判所が競合管轄を有すべき訴えについて法定の専属管轄の定め
がある場合には，この規定による管轄権は排除される。民訴13条1項）。

　このように，東京地方裁判所と大阪地方裁判所に管轄を集中させるのは，
両裁判所に知的財産権訴訟を専門的に扱う裁判部が設けられており，知的
財産権訴訟の特性を考慮した審理に精通した裁判官および裁判所調査官が
配置され，審理の充実と促進を図る態勢が整っていることによる[2]。

第2節　手数料訴額

第1款　手数料訴額の算定の困難

1　差止請求訴訟や権利確認訴訟の訴額

　以上のように，特許権等に関する訴えの第一審裁判所の管轄は，一般の　[652]
管轄規定によれば地方裁判所が事物管轄を有する場合には東京地方裁判所
または大阪地方裁判所が専属管轄裁判所であり，本来簡易裁判所が事物管
轄を有する場合には，東京地方裁判所または大阪地方裁判所も競合的管轄

　2）小野瀬厚／武智克典・一問一答　平成15年改正民事訴訟法（2004年・商事法務）65頁参照。

396 第7章 知的財産権関係

を有するので，東京地方裁判所または大阪地方裁判所に訴えが提起される
場合には，管轄訴額の算定は多くの場合重要ではない。

　権利の譲渡代金の請求，実施料の支払請求および権利の侵害による損害
賠償請求のような金銭請求については，手数料訴額は原告の請求額が基準
となるから，算定の困難は生じない。これに対し，近時とりわけその重要
性が著しく増大している差止請求訴訟の手数料訴額の算定は，本質的に困
難である。たとえば特許権侵害の差止請求訴訟の場合，侵害行為の差止め
によって特許権者が得ることのできる利益は，仮定的なものであるので，
せいぜい期待値に留まる。なぜなら，将来製品がどれだけの数量販売され
るか，それによってどれだけの利益が特許権によって得られるかは将来の
種々の要因によって決まるのであって，多数の不確定な要因に左右される
ものであり，特許権者が得る利益は現実のものではないからである。原告
の将来の利益の取得に影響を及ぼす種々の事情は，取得されうる利益の予
測のためにも無視することができない。

　そのためドイツでは，一部の裁判所は裁量で差止請求の訴額を一律に定
額で定めている。コブレンツ上級ラント裁判所は競争業者間の通常事件に
ついて15,000ユーロ（仮処分の場合は10,000ユーロ）と算定し，オルデンブ
ルグ上級ラント裁判所は12,500ユーロ（仮処分の場合は6,500ユーロ），シュ
レスヴィック上級ラント裁判所は15,000ユーロ（仮処分の場合は10,000ユー
ロ），ザールブリュッケン上級ラント裁判所は通常事件についても仮処分
事件についても，訴額算定の基礎として具体的な陳述がない場合，10,000
ユーロ〜20,000ユーロとする[3]。この統一的な訴額算定の実務に対しては，
法律に確実な根拠のないものであり，個別事案の多様性に鑑みて統一的な
原則を立てることはできないと批判されている[4]。

2　東京地方裁判所・大阪地方裁判所の訴額算定式

⑴　訴額算定式の特徴

〔653〕　以上のような手数料訴額の算定の困難があるにもかかわらず，知的財産

---

3)　*Schneider/Herget/Noethen*, Rn. 2631参照。
4)　OLG Oldenburg, MDR 1991, 955; *Anders/Gehle/Kunze*, Stichwort "Gewerblicher
　Rechtsschutz", Rn.2; *Gloy*(Hrsg), Handbuch des Wettweberbsrechts, 1986, §68 Rn.5;
　Hillach/Rohs, S.415; *Teplitzky*, Wettbewerbliche Ansprüche, 1992, 49, Rn.17.

権訴訟の訴額算定について法律に何らの定めもなく，最高裁判所の訴額通知も何らの基準をも示していないなかで，知的財産権訴訟の集中が法律上規定されている東京地方裁判所と大阪地方裁判所の知的財産権部は，最高裁判所の訴額通知を参考にして訴額算定基準を定め（両者は現在では違いがないとされる），両裁判所の用いる訴額算定式が公表されている（後掲資料参照）。

　ここでは，まずその一般的な特徴を，もっとも重要な知的財産権訴訟の１つである侵害差止請求の訴えを中心に考察しよう。東京地裁によれば，この訴えが認容されることによる原告の利益は，知的財産権の侵害により原告が蒙る損害の防止にあるから，差止請求の訴えによってその発生を防止しうる損害の額が訴額をなすとする。東京地方裁判所は，たとえば特許権の侵害差止請求の訴えについて，この防止しうる損害とこれに基づく訴額を算定する方法として，次の３つの算定法を提示する。

　ア　原告の訴え提起時の年間売上減少額×原告の訴え提起時の利益率×権利の残存年数×８分の１
　イ　被告の訴え提起時の年間売上推定額×被告の訴え提起時の推定利益率×権利の残存年数×８分の１
　ウ　（年間実施料相当額×権利の残存年数）－中間利息

---

(2)　この訴額算定式の基本的な問題点

　東京地裁・大阪地裁の訴額算定式は，上述のドイツの一部の上級ラント〔654〕裁判所のように定額の訴額を定めるものではなく，かといって知的財産権侵害差止訴訟の原告の経済的利益を具体的に算定するのでもなく，一律に適用されるべき算定基準を示すものであり，法律の規定のないところで規範的訴額の考え方に立って一律の基準を定めるものである。しかし，この訴額算定式には種々の問題が含まれている。

　(a)　**競業者間の差止請求訴訟の捉え方**　　基本的に問題なのは，多く〔655〕の場合に競業者間の知的財産権の侵害差止訴訟の訴額が問題になっているにもかかわらず，差止請求権についての訴額の算定が行われず，しかも競業者間での訴訟であることが軽視されていることである。

　東京地裁・大阪地裁の訴額算定式は，差止めによって原告が得られる利

398　第7章　知的財産権関係

益は被告による原告の知的財産権の侵害により原告の蒙るであろう損害の発生を防止する利益であり，したがって原告の利益額はその発生を防止しうる損害額と同じであるという前提から出発する[5]。そして，原告の損害額として，原告の逸失利益の額とするのが**ア**の算定式であり，被告が得るであろう利益額とするのが**イ**の算定式であり，実施権料相当額とするのが**ウ**の算定式である。このように将来にわたる損害賠償の観点から訴額を算定していくのが，裁判実務の長い間の考え方である。ここから明らかなように，不正な競争の阻止が求められていることを直視せず，競業者間での差止めについての原告の利益を損害発生の予防という観点からのみ捉え，しかも損害の発生の予防という出発点に反し，想定される将来の損害賠償請求権の額の大幅な減額を行い，訴額を算定するものといえる。このような訴額算定は，知的財産権訴訟のほぼすべての領域について提案され，現に実施されている。

〔656〕　　(b)　**個々の問題点**　　個別的には，東京地裁の訴額算定式には次のような問題がある。

　　　　(aa)　アおよびイの訴額算定式は差止訴訟において原告の主張する利益を的確に捉えていないように思われる。差止訴訟は損害賠償請求とは異なり，被告による将来の知的財産権侵害行為を防止するものであり，原告が手続または手続対象に有する意味も，損害賠償請求とは著しく異なる。差止請求が認容されると，その確定判決は執行力を有し，強制執行により実現でき，また原告の差止請求権の存在は既判力により確定する。後に被告の不作為義務違反による損害賠償請求の訴えが提起されるときは，後訴裁判所は前訴差止判決の既判力に拘束され，被告の不作為義務の存在を前提に請求の当否につき裁判をしなければならない[6]。加えて，勝訴当事者はこの問題をめぐり相手方との交渉を有利に進めることができる。差止請求の目的は，将来の損害賠償請求権の確保ではない。被告による原告の知的

---

　5)　田倉整「特許関係訴訟の訴訟物価額について」司法研修所創立十五周年記念論文集下巻（1963年・司法研修所）119頁以下；宮崎栄三「無体財産に関する請求の訴額算定について」書研所報31号創立三十周年記念論文集（1980年・裁判所書記官研修所）255頁，261頁以下；森崎英二「知的財産権訴訟の訴額」西田美昭ほか編・民事弁護と裁判実務8知的財産権（1998年・ぎょうせい）109頁，112頁；八木貴美子「知的財産権訴訟の提起」牧野利秋／飯村敏明編・新裁判実務大系4知的財産関係訴訟法（2001年・青林書院）3頁，6頁。
　6)　松本／上野〔669〕〔松本〕。

財産権の侵害を防止することにより**原告製品の売上高**の確保およびその拡大を期するとともに，製品を支障なく製造販売できるようにすることにある。それゆえ，この訴訟の訴額算定の出発点は，原告が被告の侵害行為によって蒙るであろう損害ではなく，被告の特許権侵害によって減少しうる原告の当該製品の年間売上高でなければならない[7]。これを維持・拡大することが，この訴訟の主たる目的だからである。被告の権利侵害の差止めに対する原告の利益は，原告の企業規模と営業力にかかっている。原告の企業規模は原告の売上高に現われるので，これが訴額算定の出発点でなければならない。訴え提起時の年間売上高が出発点となるが，この売上高は他の1つ以上の知的財産権との協働によってもたらされていることがあるほか，原告の営業力による影響を受ける。被告以外の競争業者による権利侵害の影響を受けていることもある。そのため，訴え提起時の原告の売上高をそのまま訴額算定の出発点とすることはできず，通常この段階で一定の調整が必要であると考えられる。そのような調整として，裁判所の裁量により売上高の4分の1を当該知的財産権による製品の（擬制的）売上高とみるのが適切ではなかろうか。

次に**ア**および**イ**の算定式では原告または被告の利益率が用いられるが，〔657〕差止訴訟は損害賠償訴訟ではないので，措害額の算定は必要ではなく，したがってこの段階で利益率を問題にする余地はない。次に，**ア**および**イ**の算定方式では知的財産権の存続期間が重視されているが，やや問題である。なぜなら，訴えの提起がなければ，原告が将来さらなる知的財産権の侵害を予期しなければならない期間が知的財産権の存続期間と同じでないことである。技術革新が速く新たな発明がなされるためまたは他の理由により遅かれ早かれ，被告がその侵害行為をみずから停止する可能性も考慮に入れなければならない[8]。しかし，将来原告の製品がどれだけの数量販売されるか，それによってどれだけの利益が当該知的財産権によって得られるかは将来の種々の要因によって左右されるので，不確定なものである。それにもかかわらず，**ア**の算定式は，訴え提起時の売上減少額と原告の利益率が特許権の存続期間中継続するものとの仮定を出発点とし，**イ**の算定式も

---

7) *Schneider/Herget/Noethen*, Rn.2637; *Thomas/Putzo/Hüßtege*, §3 Rn. 77参照。

8) *Hillach/Rohs*, S.428; *Schneider/Herget/Noethen*, Rn.2782.

400　第7章　知的財産権関係

訴え提起時の被告の売上高と被告の利益率が知的財産権の存続期間中継続するものとの仮定を出発点としている。しかし，技術革新の速さからみて，このような仮定は適切ではないであろう。それゆえ，特許権の残存期間を考慮する場合にも，あまり大きな比重を与えることはできないであろう。さらに重要なことは，差止判決の価値を大きくする要因として**被告の企業規模の大きさと被告の侵害行為の危険性**が考慮されなければならないことである。被告の企業規模が大きい場合，原告の売上高の減少はますます大きくなると考えられるので，差止判決は原告の売上高を回復しかつ増大させる要因となる。この点に差止判決の価値があるが，このことは損害賠償請求の発想からは捉えることができない。また被告の権利侵害行為の危険性が大きい場合には，原告の売上高の大幅な減少の危険性があるが，差止判決によってこれを阻止することが期待される。したがって，この要素は訴額において考慮されなければならないが，損害賠償の観点に基づく**ア**の算定式においては，この点は全く考慮されない。

〔658〕　　　　（bb）　東京地裁や大阪地裁の訴額算定式の不備は，次の点にも現われるように思われる。**ア**の算定式は，種々の不確定要因を算定の基礎に取り込んだことの調整として，特許権についてこの算定式により算出された原告の不確実な損害総額の8分の1を差止請求の訴額とする。8分の1の低減率は，特許権の権利の価額が「訴え提起時の年間売上額×利益率×権利の存続期間×4分の1」であり[9]，知的財産権に基づく差止請求が物権に基づく妨害排除請求に類似することから，特許権価額に2分の1を乗じることによって8分の1を低減率とするのが合理的だとされる[10]。権利の価

9）田倉・前掲注(5)113頁は，「低減の要素を考えるにしても，各事案に応じて，区別すればよいであろうが，算定の基準としては，むしろ，最低限度の低減率を定めて，一律に，これを適用した方がよい，と思われるし，その率は，四分の一としたうえ，事案に応じ，適宜増減するようにしたらどうであろうか」と主張した。この4分の1という数字は，利益の変動の可能性，かつ利益の総額を現在価額に引き直す必要性，権利の転売価格を考慮した低減の必要性，最後に当該特許権によって得られる利益は他の特許権，実用新案権，意匠権または商標権の複合的作用による可能性を考慮した結果であるという。田倉提案では，事案に応じた増減の余地を認めているが，東京地裁の訴額算定基準では，この数字は固定化されている。

10）訴額算定研究162頁。高部眞規子編・特許訴訟の実務（2012年・商事法務）225頁は「差止訴訟の訴訟物の価額は『訴え提起時の年間売上額×訴え提起時の利益率×1/4』の計算式による」といい，訴額算定研究の見解を引用しているが，引用文献の主張する見解（これは「原告の訴え提起時の年間売上減少額×原告の訴え提起時の利益率×1/8」の計算式を主張している）と明らかに食い違っている。森崎・前掲注(5)113頁；訴額算定研究163頁は，8分の1の低減率が「相当」というのみである。

額を原告の権利の残存期間中の年間売上高の総額の4分の1とし（→〔660〕），差止請求の訴額の算定においては権利の存続期間中の年間売上減少額の総額の8分の1を訴額としており，権利の価額の2分の1を訴額としていないので，以上のような説明がどうして合理的といえるのか疑問である。

　また，アの算定式によれば，残存期間が8年未満の特許権については，訴額は訴え提起時の原告の1年間の逸失利益の額（売上額ではなく，売上減少額に対応する利益額）以下になり（特許権の残存期間が4年の場合には，1年間の逸失利益額の2分の1が訴額となる），また8年以上の残存期間の特許権の場合にも訴額は2年分程度の逸失利益の額になるが，差止判決が被告の将来の侵害行為に対して既判力および執行力を有し，原告にとって経済的に大きな価値をもつことに鑑みて，それは全く不合理であろう。しかも，原告の売上減少額といい，原告の利益率といい，原告に疎明書類の提出は要求されないのであるから（とくに特許権により製品化がまだ行われていない場合には，売上減少額や利益率は明らかでないので，もともと疎明資料は存在しない），原告は自由に売上減少額と利益率を裁判所に提示することができ，訴額をみずから決めることができるのと異ならなくなる。

　　（cc）　さらに，イの算定式は，特許法102条2項が被告の得た利益 〔659〕額を原告の損害額と推定する旨の規定を置いていることを理由に，権利侵害の差止めがなければ将来原告が蒙るであろう損害額も被告が得るであろう利益額によって算定するのが妥当だとして，被告の訴え提起時の年間売上推定額と被告の訴え提起時の推定利益率をも訴額算定の基礎とするものである。しかし，差止訴訟の請求認容判決によって取得を阻止される被告の利益を訴額とすることはできないので，被告の推定利益額を訴額とすることは民訴法8条1項に違反する。もっとも前述のように，被告の権利侵害の差止めに対する原告の利益は原告の企業規模と営業力のみならず，被告の特許権侵害の規模および危険性の強さにも依存するので，その限りで，被告側のこのような事情は原告の差止判決に対する利益を増大させる事由として考慮することは必要である。

　また，イの算定式は，次のような不合理をもたらす。まず，被告製品の製造販売によって被告が得る利益が大きければ大きいほど，また権利の残

402　第7章　知的財産権関係

存期間が長ければ長いほど，訴額が高額になるのは全く不当である[11]。また，被告の推定利益額が原告の逸失利益の額より少ない場合に，なぜ**イ**の算定式によることによって裁判所手数料が軽減されてよいのか，その理由も全く明らかでない。これらの問題が生ずるのは，差止めに対する原告の利益がこの訴訟の訴額の算定の基準となるべきこと，訴額の算定を容易にするという目的であれ，相手方や第三者の利益は訴額の算定のさい考慮されるべきでないこと，および，原告の利益は主張された原告の請求権を行使することによる原告の経済的利益に照準を合わさなければならないことが軽視されているためである。さらに，推定される将来の損害額に依拠しながらなお低減率を掛けるという不合理なことも行われているが，これは侵害の差止めによる原告の損害の防止に照準が合わされているのでなく，まさに差止めによる被告の不利益を基本に訴額を算定するものであろう。**イ**の算定式は，損害発生の回避を差止請求の目的とみる立場からは成り立ちうるようにも見えるかもしれないが，訴額は訴えにおいて主張する原告の利益に基づき算定するという法律の出発点に抵触するであろう。

　以上は，特許権侵害訴訟のみならず，知的財産権訴訟の訴額の算定についての一般的な問題である。以下では，主要な知的財産権訴訟について，東京地裁の訴額算定方式を紹介しつつ，実際に行われている具体的な訴額算定をみるとともに，その問題点を明らかにしたい。

第2款　特許権，実用新案権，意匠権

1　権利の帰属の確認訴訟および移転登録請求訴訟

〔660〕　従来の実務で主張され，東京地裁の訴額算定式にも採用されている見解によれば，この訴訟は特許権，実用新案権，意匠権（以下では特許権等という）の存否が争われる訴訟であるので，確認または移転登録を求められる権利の価額が訴額である。そしてこの権利の客観的な評価額や取引価額が判明すれば，その額が当然訴額となるが，特許権により得ることのできる収益額の総額を権利の価額と解することも可能であるとする。また，特許権の全範囲につき専用実施権の設定がある場合は，実施料の総額を訴額

11）久保利英明／北尾哲郎編・知財訴訟（2010年・青林書院）132頁は，このようなことを不当とはしない。

と見ることができるとされる。この観点から，訴額の算定は，次のいずれかによるとされる。

ア　次のいずれかによる。
　(ア)　訴え提起時の原告の年間売上高×訴え提起時の利益率×権利の残存年数×4分の1　（低減率）
　(イ)　原告が，鑑定評価書等により，権利の評価額，取引価格を疎明したときは，その額による。
イ　権利の範囲全部につき専用実施権が設定されている場合には，次のいずれかによる。
　(ア)　訴え提起時の実施権者の年間売上高×実施料率×残存年数×4分の1
　(イ)　（年間実施料×権利の存続年数）－中間利息

　この訴訟の訴額は，特許権等の取引価額である。したがって，**ア**(イ)の方法で（擬制的）取引価額が明らかにされ，これにより訴額が算定されるのが通常の方法であると思われる。

　問題は，**ア**(ア)および**イ**(ア)の算定式により特許権の価額を算定することの合理性である。**ア**(ア)および**イ**(ア)の算定式の場合，特許権等から生ずる特許権者等の利益率（純益）に基づいて特許権等の価額を算定することが妥当なのかという疑問がある。さらに，権利の残存年数において得られる収益総額に低減率を掛けるのは，年間売上高や収益率は種々の事情（たとえば経済状況，当該企業の属する業界の状況，経営者の交代等の企業内の事情等）の変動により変動すること，および，製品の製造には他の複数の知的財産権の寄与があることが多いことが，売上高に対する当該知的財産権の寄与率を判断するさいに考慮に入れられなければならないが，これらの経済状況の変動や当該知的財産権の寄与率を正確に算定することは困難だという理由から，これらを総合した低減率を4分の1と見て，残存期間の収益額の総額にこの低減率を乗じたものを訴額とみなすものといわれる[12]。原告の年間売上高および利益率につき，疎明資料の提出は求められていない。

　しかし，この訴額算定式の合理性についても，いくつかの疑問がある。〔661〕第1に，訴え提起時の製品の年間売上高は他の複数の特許権等の寄与がある場合があり，これを除いた，帰属が争いになっている特許権等による製

---

12)　八木・前掲注(5)5頁。

404　第7章　知的財産権関係

品の年間売上高が明らかにされなければならない。第2に，原告製品の将来の売上高および収益に重大な影響を及ぼす要素として経済状況，当該企業の属する業界の状況，経営者の交代等の企業内の事情等のほか，特許権の帰属を主張する被告の企業規模，営業活動および販売数量によっても影響を受けるので，単純に訴え提起時の原告製品の売上高を基礎にすることはできないこと，第3に，特許権等の残存年数の間，同じように，その特許権等が収益を生み出すものではないことが考慮されなければならない。なぜなら，すでに述べたことであるが，現実には技術革新の速さから，新たな発明または他の理由により特許権等が生み出す利益が権利の残存期間中減少していく可能性があるからである。この点は，東京地裁の算定式においては顧慮されていないようである。[13] 特許権等の価額は現在および将来の様々な要素によって影響を受けるものであるから，訴え提起時点における年間売上高と利益率と権利の残存期間から算出される金額に低減率を掛けることによって，これらの要因を十分に斟酌することができるかが問題となる。東京地裁は低減率を4分の1とするのが妥当だとするのであるが，これが合理的であることの根拠は示されないのである。とくに権利の残存期間が比較的短い場合（具体的には4年より短い場合）には，訴額は訴え提起時の原告の当該製品の年間売上高に利益率を乗じた価額よりも少なくなるが，1年分の利益額よりも低額の訴額を算定することは妥当性を欠くのではなかろうか。逆に，権利が長期に存続する場合には，権利が権利の残存年数の間，同じように収益を生み出すものでないにもかかわらず，この点は4分の1の低減率の中で考慮できるのかどうか甚だ疑わしい。この場合には，裁判所の裁量として3分の1の低減率もあれば，10分の1の低減率もありうる。個別訴訟の個別事情を考慮した訴額の算定ならば，4分の1というような固定した数値にならないはずである。

　　イ(ア)の算定式については，実施料率が年間売上額に対応して定められるので，変動の可能性を考慮すべきであるが，変動の可能性は権利者自身が実施している場合と異ならないので，ア(ア)の算定式と同じ低減率を掛けるのを妥当とすると説明されている。[14] しかし，反復的給付請求の場合と同じ

---

　13) 残存期間中における新たな発明など技術開発により特許権の価値の低下を指摘する *Hillach/Rohs*, S.428; *Schneider/Herget/Noethen*, Rn.2782 参照。
　14) 訴額算定研究160頁。

ように，訴え提起時の実施権者の年間売上高が以後変わることなく続くとは限らないのに，これを基礎に特許権等の残存期間の将来の実施料の総額を算出することの妥当性，および4分の1の低減率を掛け，4年未満の残存期間の場合には1年分の実施料未満の訴額を算定することの妥当性が問題となる。反復的給付請求については，本書は将来の給付請求分については，その総額が3年分の請求権の総額より少ないのでない限り，年間給付額の3年分を訴額とすべき旨を提案しているが（実務では将来の給付請求権については1年分の年間給付額を訴額とすべき旨の見解もある。→〔80〕），特許権等の価額について基本的に別異に解すべき理由がどこにあるか，疑問である。

イ(イ)の算定式については，年間実施料が定額で定められているので，変動の可能性を考慮する必要がないとして低減率を掛けず，中間利息を控除するにとどめるのが妥当だとされる[15]。しかし，ここでも反復的給付請求についての手数料訴額の算定の考え方と適合しないこと，および将来の給付請求について中間利息の控除の根拠が不明であるという問題がある。年間実施料が定められている場合には，継続的給付の訴額算定の考え方に依拠するのが適切なように思われる。

私見は反復的給付請求について訴え提起後の請求権部分の訴額を3年間〔662〕分の給付請求権の合計額と解しているが（→〔80〕），ここでもこれに準じて，権利の存続が訴提起後3年を超える場合，訴え提起時の原告の売上高の3年間の売上高総額を算出し，この額に対する特許権等の寄与率を裁判所の裁量により（たとえば）4分の1とみなし，売上高総額の4分の1に原告の期待利益率を乗じて得られる額を権利の価額とみるべきであろう。特許権等の残存期間が3年を超えない場合には，原告の年間売上高に特許権等の寄与率を掛けて得られる額に原告の期待利益率を乗じて得られる額を特許権等の価額とみなすべきであろう。なお，権利の確認の訴えについては，請求認容判決は執行力を有しないので，20パーセントの減額が適切であると思われる（→〔87〕）。

---

15) 訴額算定研究160頁。

406 第7章　知的財産権関係

2　実施権の確認請求，設定登録手続請求および移転登録手続請求

〔663〕　実施権は，特許権者，実用新案権者および意匠権者以外の者が特許権，
登録実用新案または登録意匠およびこれに類似する意匠を業として実施す
る権利である（特許77条・78条；新案18条・19条；意匠27条2項，28条2項）。

　　特許権者等はその特許権等について専用実施権を設定することができる
（特許77条1項；新案18条1項；意匠27条1項）。専用実施権者は，設定行為
で定めた範囲において，他者に対し排他的に権利を行使することができ，
差止請求などの請求（特許100条・101条；新案27条1項；意匠37条1項），損
害賠償請求（民709条；特許102条・29条1項；意匠39条1項）をすることが
でき，特許権者等と同様の保護を受けることができる。専用実施権の設定
は，登録を効力要件とする（特許98条1項2号；新案18条3項；意匠27条4
項）。また，専用実施権の移転（相続その他の一般承継によるものを除く。特
許77条3項）等（特許98条1項2号；新案18条3項；意匠27条4項）や質権の
設定も登録をしなければ効力を生じない（特許98条1項3号）。

　　特許権者等は特許権等について他人に通常実施権を許諾することができ，
通常実施権のために登録制度が用意されている。通常実施権者は登録をし
たときはその後に特許権等を譲り受けた者または専用実施権の設定を受け
た者に対して，その地位を対抗することができる（特許99条；新案19条3
項；意匠28条3項）。

　　実施権の確認請求，設定登録手続請求および移転登録手続請求について，
東京地裁の訴額算定式は次のように定めている。

実施権者の年間売上高（又は予想年間売上高）×訴え提起時の実施権者の利
益率×実施権の残存年数×4分の1

3　抹消登録手続請求

〔664〕　抹消登録手続請求について，東京地裁の訴額算定式は，特許権等の抹消
登録手続請求については，特許権等の帰属の確認訴訟および移転登録請求
訴訟の訴額の2分の1，実施権の場合は，実施権の確認請求，設定登録手
続請求および移転登録手続請求の訴額の2分の1と定めている。

　　この算定式は，抹消登録手続請求の訴額は原告の特許権等に対する妨害
状態の排除にあるから，権利の価額の2分の1を訴額とするものであろう。

しかし，不動産の所有権移転登記の抹消登記請求の場合と同様に，訴額を算定するのが適切なように思われる。私見によれば，抹消登録請求を認容する確定判決が原告の特許権等の存在を既判力によって確定すると解する場合には，[16] この訴訟の訴額は目的物の価額（取引価額）であると解すべきである。また特許権等の確認申立てが併合される場合にも，同じである。これに対し，請求認容判決の既判力が原告の特許権の存在を確定しないと解する場合には，特許権等の確認の申立てが併合されていなければ，訴額は原告が移転登録の抹消につき有する利益に基づき算定されるべきであるが，原告の利益は一般的には特許権等を自由に処分しうることに対する障害となる移転登録を抹消することにより，この障害を除去する利益であるので，[17] 現実に特許権等を処分し，または担保に供することができないことによる特許権価値の減少が，裁判所の裁量による訴額評価の手がかりとされるべきである。既判力が特許権の存在には生じないとすれば，ここでも，裁判所は裁量により特許権等の価額の2分の1を訴額とするのが妥当であろう。[18]

4 質権の設定・移転・変更・消滅に関する登録手続請求

不動産を目的とする担保権に関する登記手続請求の算定方法を準用する。

不動産を目的とする担保権に関する登記手続請求の訴額については，→〔665〕〔440〕以下。

5 差止請求訴訟

(1) 特許権者等の差止請求権

特許権者は業として特許発明の実施をする権利を有するので（特許68条），〔666〕他人が正当な権限なしに，その技術的範囲に属する発明を業として実施する行為は，特許権者の特許発明に関する専有権を侵害するものであり，特

---

16) 兼子・体系343頁；松本博之「既判力の対象としての『判決主文に包含するもの』の意義」大阪市立大学法学雑誌62巻1号（2016年）1頁，53頁参照。
17) *Schneider/Herget/Monschau*, Rn.1228; *Stein/Jonas/Roth*, §6 Rn.32.
18) Vgl. *Stein/Jonas/Roth*, §6 Rn.32.

許権の侵害となる。専有実施権も同様に専有権を有する。それゆえ，特許権者または専用実施権者は，特許権侵害者に対し侵害の停止を請求すること（差止請求）ができる（特許100条１項）。

実用新案権者または専用実施権者は，自己の実用新案権または専用実施権を侵害する者または侵害するおそれがある者に対しその侵害の停止または予防を請求することができる（新案27条１項）。同様に，意匠権者または専用実施権者も権利の侵害またはそのおそれに対し，その侵害の停止または予防を請求することができる（意匠37条１項）。

(2) 訴額の算定

〔667〕　東京地裁の訴額算定式の問題は，前述のとおりである。そこでの検討を踏まえ，私見によれば，訴額は裁判長または裁判所の合理的な裁量により算定されるべきであるが，その手がかりは次の点にあるように思われる。

差止訴訟の訴額は，訴え提起時の原告の売上高の４分の１を出発点とし，被告の企業規模が大きくかつ被告の侵害行為の危険性が大きい場合には最大，原告の売上高の４分の１を加算する方法で訴額を算定するのが適切ではなかろうか。被告企業の規模および危険性が大きくない場合は，この要素を考慮する必要はないのであろう。特許権の存続期間を訴額にどのように反映させるかは困難な問題ではあるが，特許権の残存期間と被告の侵害行為の継続期間が同じではないことにも留意しなければならない。反復的給付請求の訴額算定の方法につき，**私見**は訴え提起後の請求権部分の訴額を３年間分の給付請求権の総額と解しているが（→〔80〕），ここでもこれに準じて，権利の存続が訴提起後３年を超え，かつ被告企業の危険性が大きくない場合には，売上高の４分の１の額の３年間分の合計額を訴額算定の基礎とし，被告企業の危険性が大きな場合には，最大売上高の４分の１を加算して，売上高の２分の１の３年間分の総額を訴額算定の基礎とするのが適切なように思われる。そして，このようにして算出される訴額算定の基礎額に原告の期待利益率を乗じて得られる金額を訴額とするのが合理的であると解する。

たとえば，原告の訴え提起時の年間売上額が１億円で，被告の企業規模が大きく侵害行為の危険性が高く，原告の訴え提起時の利益率が20パーセントの場合には，訴額は｜１億円×４分の１＋１億円×４分の１｜×３年×20％＝3000万円となる（この場合，訴え提起の手数料は11万円となる）。これ

に対し，被告の企業規模が大きくなく，危険性が高くない場合には，訴額は，｜1億円×4分の1｜×3年×20％＝1500万円となる（この場合，訴え提起の手数料は6万5,000円となる）。

6　差止請求権の不存在確認請求

(1)　差止請求権不存在確認の訴え

特許権等に基づく差止請求権不存在確認の訴えは，自分が特許権者等で 〔668〕
あると主張するYがXの製造販売する製品が自己の特許権等を侵害すると
警告して，同製品の製造販売の差止めを命ずる判決を求めて訴えを提起し
ようとしているので，Xが先制的にYに対し，YはXに対して差止請求権
を有しないことの確認を求めて提起する訴えである。この訴えは，たとえ
ば，ある製品が具体的に受注競争のために見積仕様書に記載され，発注が
あれば現実に製造する態勢にあるが，競争業者Yから特許権等の侵害を主
張され受注に失敗するような事態になっている場合にも，YのXに対する
差止請求権の不存在を確認する判決を得て，Yの差止請求権の主張を封ず
ることにより，Xの法的地位の安定を図るためにも提起することができる。

(2)　訴額の算定

差止請求権不存在確認の訴えの訴額について，東京地方裁判所は次のよ 〔669〕
うに算定すべきだとする。

> 原告の訴え提起時の年間売上高×原告の訴え提起時の利益率×被告の権利の
> 残存年数×8分の1

この算定式は，差止請求権不存在確認の訴えは被告による原告の製造販
売の差止請求のために原告が製造販売をすることができなくなるという事
態を防止することを目的とするので，原告が勝訴することによって得る経
済的利益は，被告の差止請求権の行使によって原告が製造販売を差し止め
られた場合に実現できなくなる収益の額の総額であるとみる。[19]

この算定式は，被告Yが原告Xに対し製品の製造販売を差し止める判決
を取得した場合のYの権利の残存年数と，Xが得られなくなるであろう年

---

19)　訴額算定研究165頁；小川／宗宮／佐藤編・手引357頁。

間収益額を基礎に，低減率を掛けて訴額を算定するものである。たとえば訴え提起時のＸの同製品の年間売上額が１億円で，訴え提起時の利益率が15パーセント，Ｙの権利の残存期間が２年であるとすると，１億円×15%×２年×1/8（低減率）＝375万円が訴額だとする。原告の年間売上高およびその利益率について疎明書類の提出は求められていない。

(3) 問題点

〔670〕　この訴額算定の考え方は，ＸがＹの差止請求権の不存在確認判決を取得することにより，ＹのＸに対する差止請求権の主張を封じることにより，自己の製品の販売による収益を確保することについてＸが有する利益を訴額算定において重視するものである。

　　たしかに，知的財産権の領域における消極的確認の訴えは，通常の消極的確認の訴えと異なる特徴を有する。通常の消極的確認の訴えにおいては，被告の僭称する請求権の価額がそのまま訴額となるが，知的財産権の領域における消極的確認の訴えの訴額は，対応する被告の給付の訴えと同じ訴額でなければならないものではないからである。というのは，知的財産権の分野では，異なる経済的規模をもつ両当事者がある知的財産権をめぐって対立し，それに応じて各当事者の市場地位に応じて差止めによって異なる経済的損失が差し迫るからである。そのため，この損失を防止する利益に照準を合わせて訴額を算定する見解が主張される[20]。東京地裁の上記の算定式も，このような考え方に基づいていると思われる。

　　しかし，東京地裁の訴額算定式にも問題がある。この算定式によれば，特許権の侵害を主張して相手方に対しこれを止めるように警告する者は，警告を受けた，企業規模の大きな相手方が提起する，警告者の特許権に基づく差止請求権の不存在確認の訴えにおいて敗訴する場合には，高額の費用負担を余儀なくされるからである。警告者が小規模の企業である場合には，この費用危険はこの者の勝訴の場合のメリットと権衡が取れないほど大きくなりうる。このような不都合を避けるべく，別の見解によれば，この訴訟の訴額は被告の差止請求権に基づいて算定されなければならない。消極的確認訴訟の攻撃者は，訴えを提起する者ではなく，この訴訟の被告

---

20) BGH WM 2004, 352; BGH NJW-RR 1991, 957は消極的確認の訴えの原告が被告の主張する差止請求権を否定し，その行使により原告に生ずる不利益を防止することに有する経済的利益を基礎に訴額を算定する。Vgl. *Schneider/Herget/Noethen*, Rn.2310.

である。訴額は原告の経済的利益を基礎にするものではなく，攻撃者が勝訴する場合の利益であるから（→[65]），ここでは被告が勝訴した場合の利益が訴額でなければならないとみる[21]。

このように，原告と被告の企業規模の違いによって訴額の算定に関する観点に差異が生じうる。原告の企業規模が大きくない場合には原告の売上高を出発点とするのが妥当であるが，被告の企業規模が小さい場合には，被告の差止請求権の価額を出発点とするのが妥当であろう。結局，個別の事件について裁判長または裁判所がいずれの算定式が妥当かを判断すべきである。なお，原告の売上高を出発点とする場合にも，競争業者間の差止請求権をめぐる争いであることを重視せず，損害賠償の観点を前面に出すのは妥当とは思われない。

私見によれば，原告の売上高を基礎に訴額を算定する場合には，原告の売上高は，種々の要因によって影響を受けるので，被告の僭称する特許権に関連を有しうる技術のみによってもたらされうるものではない。それゆえ，売上高の4分の1程度を年間売上高とし，被告主張の特許権の残存期間が長い場合にはその3年分を訴額算定の基礎額として，これに原告の利益率を乗じて得た額を訴額とするのが適切なように思われる。

7　信用回復措置請求

Yの製品がXの特許権を侵害していると主張する広告を行っていたXに [671] 対して，YはXの特許権の侵害を否定し，Xの特許権侵害差止請求権の不存在確認の訴えと同時に○○新聞紙上に謝罪広告を掲載することをXに命ずる判決を求めて訴えを提起しようと考えている。このような謝罪広告請求訴訟の訴額について，東京地方裁判所は次のように算定すべきものとする。

---

21) KG JurBüro 2009, 194は，被告（脚本家）が著作権法と原告（映画製作社）との脚本契約に基づく権利を主張して金銭支払い請求権があると主張し，問題がはっきりするまでの間，映画の利用の差止めを裁判所に求めると脅したのに対し，原告が提起した被告の差止請求権不存在確認の訴えの訴額について判示した。カンマーゲリヒトは，差止請求を防止する原告の経済的利益は撮影されたテレビ映画の高額な制作費を無駄にしない点にあるが，被告の経済的利益はその主張する12,000ユーロの請求権の実現にあり，被告が完成した脚本を他に利用する点にはないので，原告の経済的利益を基準に訴額を算定すべきではなく，被告の差止請求権の価額によって差止請求権不存在確認の訴えの訴額を算定すべきだとした。

412 第7章 知的財産権関係

> 信用回復のための広告等その措置に要する費用が認定できる場合はその額と
> し，措置の性質上，要する費用が認定できない場合，又は，算定が著しく困
> 難な場合は160万円とする。

特許法106条は「故意又は過失により特許権又は専用実施権を侵害した
ことにより特許権者又は専用実施権者の業務上の信用を害したことにより
特許権者又は実施権者の請求により，損害の賠償に代え，又は損害の賠償
とともに，特許権者又は専用実施権者の業務上の信用を回復するのに必要
な措置を命ずることができる」と定める。必要な措置として実務において
は，新聞雑誌等に謝罪広告の掲載を請求することが多い。名誉毀損の場合
の謝罪広告請求訴訟において，広告料の見積額を訴額とするのが従来の判
例・実務であることから（→〔334〕），ここでも広告料の見積額を訴額とす
るものとされ，措置の性質上費用の認定ができない場合，またはその算定
が著しく困難な場合は160万円を訴額とするものである。

上記の例では，差止請求権不存在確認訴訟と謝罪広告請求訴訟は別個の
利益を求めるものであるので，各々の訴額は合算される。

第3款　商標権

〔672〕　商標法は，「文字，図形，記号若しくは立体的形状若しくはこれらの結
合又はこれらと色彩との結合（以下「標章」という。）であって」，①「業
として商品を生産し，証明し，又は譲渡する者がその商品について使用す
るもの」および②「業として役務を提供し，又は証明する者がその役務に
ついて使用するもの（①に掲げるものを除く）」を商標と定義し（商標2条
1項），商標権は設定の登録によって発生する（同法18条1項）。

1　権利の帰属の確認請求，移転登録手続請求

〔673〕　(1)　原告が商標権が自己に帰属していることの確認を求めて訴えを提起
する場合，商標権の価格が訴額である。この訴額の算定について，東京地
裁は特許権等の場合と原則的に同様の次の算定式を示している。

> ア　次のいずれかによる。
> 　(ア)　訴え提起時の年間売上高×訴え提起時の利益率×10年×5分の1

(イ) 原告が，鑑定評価書等により，権利の評価額，取引価格を疎明したときは，その額による。
イ 権利の範囲全部につき専用使用権が設定されている場合には，次のいずれかによる。
(ア) 訴え提起時の専用使用権者の年間売上高×使用料率×10年×5分の1
(イ) 年間使用料×10年×0.8

　商標権の存続期間は，設定登録の日から10年であるが（商標19条1項），商標権者の更新登録の申請により更新することができるため（同条2項），訴え提起時には権利の存続年数を確定することが困難であり，更新の繰返しにより権利が永久に存在することになるという理由から，これを10年と仮定するとされ，低減率は5分の1とされている。しかし，存続期間10年の仮定といい，5分の1の低減率といい，これらが合理的なのかどうかを判断する手がかりがない。
　この算定式ア(ア)によれば，原告の訴え提起時の年間売上高1億円，訴え提起時の利益率8パーセントとすると，1億円×8％×10年×1/5＝1600万円が訴額ということになる。この場合，年間売上高や訴え提起時の利益率についての疎明書類の提出は，不要とされている。

(2)　問題点

　この訴訟の訴額は，商標権の取引価額である。したがって，ア(イ)の方法〔674〕で（擬制的）取引価額が明らかにされ，これにより訴額が算定されるのが通常の方法であると思われる。問題は，ア(ア)，イ(ア)，イ(イ)の算定式により商標権の価額を算定することの合理性である。この点については，特許権の場合と同じ問題がある（→〔661〕）。

2　使用権の確認請求，設定登録手続請求，移転登録手続請求

　使用権の確認請求等については，東京地裁は次の算定式を示している。〔675〕

訴え提起時の使用権者の年間売上高×訴え提起時の使用権者の利益率×使用権の残存年数×5分の1　ただし，使用権の残存年数が10年以上の場合，又は，使用権設定契約の更新等により使用権が訴え提起時から10年以上継続する可能性が高い場合には，「使用権の残存年数」は10年とする。

414 第7章 知的財産権関係

3 抹消登録手続請求

〔676〕 商標権の移転登録，使用権の設定登録，移転登録の抹消登録の請求につき，東京地裁は「前記1，前記2の算定結果×2分の1」を訴額と定めている。これについては，→〔436〕以下，〔439〕。

4 質権の設定・移転・変更・消滅に関する登録手続請求

〔677〕 この請求につき，東京地方裁判所は，訴額の算定につき次のように定めている。

> 不動産を目的とする担保権に関する登記手続請求の算定方法を準用する。

これについては，→〔440〕以下。

5 差止請求
(1) 商標権侵害差止請求

〔678〕 商標権者である原告Xが，Yが製造し，Zが販売する製品がXの商標権を侵害していると主張して，YおよびZに対して侵害の差止めを命ずる判決を求めて訴えを提起する場合，東京地裁の訴額算定式は，次のいずれかにより訴額を算定すべきものとする。

> 次のいずれかによる。
> ア 原告の訴え提起時の年間売上減少額×原告の訴え提起時の利益率×10年×10分の1
> イ 被告の訴え提起時の年間売上推定額×被告の訴え提起時の推定利益率×10年×10分の1
> ウ 年間使用料相当額×10年×0.8

これによれば，訴え提起時のYの年間売上推定額800万円，推定利益率25パーセント，Zの年間売上推定額1000万円，推定利益率15パーセントとすると，訴額は，｜(800万円×25％)＋1000万円×15％)｜×10年×1/10＝350万円となる。この場合，年間売上高や訴え提起時の利益率についての

疎明書類の提出は，不要とされている[22]。

(2) 問題点

東京地裁の訴額算定式の基本は，特許権に基づく差止請求訴訟の訴額算〔679〕定式のそれと同じであり，商標権自体の価値の算定は前記１を前提にしている。それゆえ，両者の問題点をすべて抱え込んでいるということができる。

この算定式の基本的な問題は，この訴訟の訴額が原告の製品の売上げまたは被告の製品の売上げが侵害行為によって影響を受けたパーセンテージによって決まるかどうかである。上記の東京地裁の算定式は，特許権に基づく侵害差止訴訟の場合と同様，訴え提起時の原告の年間売上減少額と利益率，侵害者（被告）の年間売上推定額と推定利益率を基礎に訴額を算定することを認めるものであるが，商標権侵害の差止手続において訴額を決めるのは，商標を継続使用できる侵害者の経済的利益ではない。訴額は，攻撃者（ここでは原告）が侵害者の侵害行為によって生ずることをおそれる損害を避ける利益である。原告の利益は，主張された原告の差止請求権を行使することによる原告の経済的利益に照準が合わされなければならないので，「被告の訴え提起時の年間売上推定額×被告の訴え提起時の推定利益率」を基礎にする東京地裁の算定式イは，この点ですでに問題である。

訴額は，もっぱら攻撃者（この場合は原告＝差止請求者）が差止請求権の行使について有する利益を基準にして算定されなければならない。そして，原告の差止請求権行使の利益は被告の行為が継続すれば原告に生ずるおそれのある売上高の減少を回避し，それまでの売上を増大させる利益であるが，この売上高の減少の不利益・売上増進の可能性は被告の侵害行為の種類・規模，危険性の大きさによって著しく影響を受けるということができる[23]。したがって，訴額は，原告の企業規模および原告の市場における地位，

---

22) 小川／宗宮／佐藤編・手引366頁参照。

23) OLG Zweibrücken, Beschl. v. 7. 5. 2001, JurBüro 2001, 418; OLG Karlsruhe, Beschl. v. 21. 2. 1972, JurBüro 1972, 503（「訴額決定ファクターとして，ラント裁判所が行ったように，侵害者が誰であるか，並びに侵害行為の態様および範囲（Schramm, Streitwertberechnung im gewerblichen Rechtsschutz, GRUR 1953, 104の意味での侵害ファクター）が用いられるべきである。しかし，訴額規定ファクターとして，それと並んで，原告の企業の意味および保護された標章を備えた製品における原告の売上げも用いられるべきである。侵害者の人および侵害行為の態様および範囲は，絶対的なものでなく，被侵害者の企業と売上げとの関係でみられ，評価されなければならないからである。」と判示し，訴額を１万マルクと算定し

416 第7章 知的財産権関係

ならびに，被告の企業規模および商標権侵害行為の関係商標商品の販売に
対する危険性の大きさに依存する。[24] それゆえ，原告のそれまでの売上高の
減少と利益率に照準を合わせる**ア**の算定方式も，満足の行くものではない。
もちろん，以上の種々の要素を考慮して具体的な差止請求訴訟の訴額を算
定することは，将来の不確実な出来事を考慮しなければならないので，事
柄の性質上当然困難であるが，事案の具体的な内容に基づき裁判所の裁量
によって算定することは可能である。要するに，この差止請求訴訟が通常
競争業者による不正競争の差止めを目指すという目的を考慮せず，もっぱ
ら将来の損害賠償の観点から訴額の算定が論じられていることが問題であ
る。

　私見によれば，特許権の侵害差止請求の訴額算定と同じ算定方式による
べきである（→〔667〕）。

6　差止請求権の不存在確認請求

〔680〕　被告の商標権に基づく差止請求権不存在確認の訴えの訴額は，東京地裁
の訴額算定式によれば，次のように算定されるべきである。

> 原告の訴え提起時の年間売上高×原告の訴え提起時の利益率×10年×10分の
> 1

　特許権等に基づく差止請求権不存在確認訴訟について述べたように（→
〔670〕），知的財産権の分野では，異なる経済的規模をもつ両当事者がある
知的財産権をめぐって対立し，それに応じて当事者に異なる経済的損失が
差し迫るので，これを訴額の算定のさいに考慮に入れなければならない。
ところが東京地裁の算定式は，原告の1年間の利益を訴額とするものであ
る。商標権の侵害を主張して相手方に対しこれを止めるように警告する者
は，警告を受けた，企業規模の大きな相手方が提起する，警告者の商標権
に基づく差止請求権の不存在確認訴訟において敗訴する場合には，高額の
訴訟費用負担を余儀なくされるからである。警告者が小規模の企業である

　た原決定を取り消し，訴額を5万マルクに引き上げた）。
24) OLG Zweibrücken, Beschl. v. 7. 5. 2001, JurBüro 2001, 418; OLG Koblenz, GRUR 1996, 139;
　BGH GRUR 1990, 1052, 1053.

場合には，この費用危険はこの者の勝訴の場合のメリットと権衡が取れないほど大きくなりうる。このような不都合を避けるべく，この訴訟の訴額は被告の差止請求権を基礎に算定されなければならないとみる見解も生ずる。

このように，原告と被告の企業規模の違いによって訴額の算定に関する観点に差異が生じうる。原告の企業規模が大きくない場合には原告の売上高を出発点とするのが妥当であるが，被告の企業規模が小さい場合には，被告の差止請求権の価額を出発点とするのが妥当であろう。結局，個別の事件について裁判長または裁判所がいずれの算定式が妥当かを判断すべきである。

7 信用回復措置の請求

この請求について東京地裁の訴額算定基準は，次のように定めている。〔681〕

> 信用回復のための広告等その措置に要する費用が認定できる場合はその額とし，措置の性質上，要する費用が認定できない場合，又は，算定が著しく困難な場合は160万円とする。

これについては，〔671〕で述べたことを参照。

第4款　不正競争防止法に基づく請求

不正競争防止法3条1項および2項は，不正競争によって営業上の利益〔682〕を侵害され，または侵害されるおそれがある者は，その営業上の利益を侵害する者または侵害するおそれがある者に対し，その侵害の停止または予防を請求することができる旨定め，差止請求権を被侵害者に与えている。

1 不正競争防止法2条1項1号，2号，16号の不正競争行為の差止請求

(1) 商品等表示に関する不正競争行為

被告が原告の商品等表示と同一もしくは類似の商品等表示を使用し，ま〔683〕たはその商品等表示を使用した商品を譲渡し，引き渡し，譲渡または引渡しのために展示し，輸出し，輸入し，もしくは電気通信回線を通じて提供して，原告の商品または営業と混同を生じさせる行為（不正競争2条1項1号），自己の商品等表示として他人の著名な商品等表示と同一もしくは

418 第7章　知的財産権関係

類似のものを使用し，またはその商品等表示を使用した商品を譲渡し，引き渡し，譲渡もしくは引渡しのために展示し，輸出し，輸入し，もしくは電気通信回線を通じて提供する行為（同項2号），パリ条約の同盟国，世界貿易機関の加盟国または商標法条約の締約国において商標に関する権利を有する者の代理人もしくは代表者またはその行為の日前1年以内に代理人もしくは代表者であった者が，正当な理由がないのに，その権利を有する者の承諾を得ないでその権利に係る商標と同一もしくは類似の商標をその権利に係る商品もしくは役務と同一もしくは類似の商品もしくは役務に使用し，または当該商標を使用したその権利に係る商品と同一もしくは類似の商品を譲渡し，引き渡し，譲渡もしくは引渡しのために展示し，輸出し，輸入し，もしくは電気通信回線を通じて提供し，もしくは当該商標を使用してその権利に係る役務と同一もしくは類似の役務を提供する行為（同項16号）が差止訴訟の対象となる。

(2)　東京地裁の訴額算定式

〔684〕　東京地裁は，この不正競争行為の差止め請求が商標権に基づく差止請求と類似することから，商標権に基づく差止請求に準じた訴額算定をすべきだとして，次のいずれかによって訴額を算定すべきものとする。

次のいずれかによる。
ア　訴え提起時の，原告の原告表示を使用した商品，営業，役務の年間売上減少額×原告の訴え提起時の利益率×10年×10分の1
イ　訴え提起時の，被告の被告表示を使用した商品，営業，役務の年間売上推定額×被告の訴え提起時の推定利益率×10年×10分の1
ウ　原告表示の年間使用料相当額×10年×0.8

たとえば，原告Ｘがその製造販売にかかる○○（以下原告商品）につきその表面およびその容器包装に自己の製造および販売する商品たることを示す表示として別紙目録記載の標章を付しているところ，被告Ｙはこの標章を使用した△△（商品名）を製造し，これを関東地方および中部地方の一般消費者に販売していると主張して，Ｙに対し△△の製造販売の差止めを命ずる判決を求めて訴えを提起するとする。

訴え提起時のＸの○○という表示を使用した商品の年間売上減少額を2000万円，Ｘの訴え提起時の利益率を12パーセントとすると，訴額は2000

万円×0.12×10年×1/10＝240万円であるとされる[25]。この場合，年間売上高や訴え提起時の利益率についての疎明書類の提出は不要とされている。

(3) 問題点

　この算定式は，商標権に基づく差止請求の訴額についての東京地裁の算〔685〕定式と同じ問題を含んでいる。

　第1に，算定式**イ**は被告の推定利益額に照準を合わせ訴額を算定するものであるが，被告の不正競争行為による被告の被告表示を使用した商品，営業，役務の年間売上推定額は訴額算定の基準となるべきではないので，この算定式には問題がある。なぜなら，訴額は，攻撃者（ここでは原告）が被告の不正競争行為の差止めについて有する利益を基礎に算定されなければならないからである。すでに述べたように，差止請求の訴額を損害賠償の観点から算定することは妥当でない以上，被告の不正競争による利益を原告の訴額算定の基礎にすることはできないからである。

　第2に，攻撃者である原告が被告行為の差止めについて有する利益は，原告の原告表示を使用した商品，営業，役務の，訴え提起時における年間売上減少額を基準に算定することもできないことである。原告の差止請求権行使の利益は，被告の行為が継続するとすれば原告の蒙るおそれのある売上高の減少を回避し，売上高の増大を図る利益であるが，原告の売上高は被告の企業規模の大きさおよび不正競争防止法2条1項1号，2号，16号の不正競争行為の危険性の規模によって著しく影響を受ける。したがって，訴額は，原告の企業規模ならびに，被告の不正競争行為が原告表示を使用した商品の販売，営業，役務に対して有する危険性の大きさに依存するということができる。したがって，被告の企業規模が大きく，不正競争行為の，原告表示を使用した商品の販売，営業，役務に対する危険性が大きければ大きいほど，訴額はそれだけ多額となり，被告の企業規模が小さい場合には，逆に訴額は少なくなると考えられる。

　私見によれば，特許権の侵害差止請求の訴額算定と同じ算定方式によるべきである（→〔666〕）。

---

25) 小川／宗宮／佐藤編・手引369頁による。

420 第 7 章 知的財産権関係

2 不正競争防止法 2 条 1 項 3 号の不正競争行為の差止請求

(1) 模倣商品

〔686〕 「他人の商品の形態（当該商品の機能を確保するために不可欠な形態を除く）を模倣した商品を譲渡し，貸し渡し，譲渡又は貸渡しのために展示し，輸出し，又は輸入する行為」（不正競争 2 条 1 項 3 号）は，不正競争行為として差止請求の対象となる。

(2) 東京地裁の訴額算定式

東京地裁は，この不正競争行為の差止訴訟の訴額を次のいずれかによって算定すべきものとする。

次のいずれかによる。
ア 訴え提起時の，原告の原告商品の年間売上減少額×原告の訴え提起時の利益率×請求可能年数×6 分の 1
イ 訴え提起時の，被告の被告商品の年間売上推定額×被告の訴え提起時の推定利益率×請求可能年数×6 分の 1
ウ 原告商品形態の年間使用料相当額×請求可能年数×0.9
　ただし，アないしウの「請求可能年数」とは，訴え提起時から，同号所定の「他人の商品」に該当する原告商品が最初に販売された日から 3 年後の日までの期間をいう。

不正競争防止法 2 条 1 項 3 号により請求が可能な期間は，訴え提起時から，この規定にいう「他人の商品」に該当する原告商品が最初に販売された日から 3 年後の日までの期間に限られるため，ア〜ウの訴額算定式もこのことを考慮して最長 3 年分の原告の売上減少額，被告の年間売上推定額および原告商品形態の年間使用料相当額を訴額算定の基礎とするものである（ウについては中間利息の控除のために新ホフマン係数等を考慮して0.9を乗じるとされている）[26]

アおよびイの算定式は，商品等表示の侵害行為の差止請求の場合と同じ問題を含んでいるので，〔685〕を参照していただきたい。

---

26) 八木・前掲注(5)10頁。

第2節　手数料訴額　*421*

3　不正競争防止法2条1項4号ないし10号の不正競争行為の差止請求

(1)　営業秘密

　不正競争防止法は,「秘密として管理されている生産方法,販売方法そ〔687〕
の他の事業活動に有用な技術上又は営業上の秘密であって,公然と知られ
ていないもの」を営業秘密と定義し（不正競争2条6項）,この営業秘密に
ついてなされる以下のような行為を不正競争行為とする。

① 「窃取,詐欺,強迫その他の不正の手段により営業秘密を取得する
行為（以下,「不正取得行為」という。）又は不正取得行為により取得し
た営業秘密を使用し,若しくは開示する行為（秘密を保持しつつ特定
の者に示すことを含む。以下同じ。）」（不正競争2条1項4号）

② 「その営業秘密について不正取得行為が介在したことを知って,若
しくは重大な過失により知らないで営業秘密を取得し,又はその取得
した営業秘密を使用し,若しくは開示する行為」（同項5号）

③ 「その取得した後にその営業秘密について不正取得行為が介在した
ことを知って,又は重大な過失により知らないでその取得した営業秘
密を使用し,又は開示する行為」（同項6号）

④ 営業秘密を保有する事業者（以下,「保有者」という。）からその営業
秘密を示された場合において,不正の利益を得る目的で,又はその保
有者に損害を加える目的で,その営業秘密を使用し,又は開示する行
為」（同項7号）

⑤ その営業秘密について不正開示行為（前号に規定する場合において同
号に規定する目的でその営業秘密を開示する行為又は秘密を守る法律上の
義務に違反してその営業秘密を開示する行為をいう。以下同じ。）である
こと若しくはその営業秘密について不正開示行為が介在したことを
知って,若しくは重大な過失により知らないで営業秘密を取得し,又
はその取得した営業秘密を使用し,若しくは開示する行為」（同項8
号）

⑥ 「その取得した後にその営業秘密について不正取得行為があったこ
と若しくはその営業秘密について不正開示行為が介在したことを知っ
て,又は重大な過失により知らないでその取得した営業秘密を使用し,
又は開示する行為」（同項9号）

⑦ 「第4号から前号までに掲げる行為（技術上の秘密（営業秘密のうち,

422　第7章　知的財産権関係

技術上の情報であるものをいう。以下同じ。）を使用する行為に限る。以下この号において『不正使用行為』という。）により生じた物を譲渡し，引き渡し，譲渡若しくは引渡しのために展示し，輸出し，輸入し，又は電気通信回線を通じて提供する行為（当該物を譲り受けた者（その譲り受けたときに当該物が不正使用行為により生じた物であることを知らず，かつ，知らないことにつき重大な過失がない者に限る。）が当該物を譲渡し，引き渡し，譲渡若しくは引渡しのために展示し，輸出し，輸入し，又は電気通信回線を通じて提供する行為を除く）」（同項10号）

(2)　東京地裁の訴額算定式

〔688〕　以上の営業秘密についての不正競争行為の差止めを求める訴えの訴額の算定式として，東京地裁は，次のように定めている。

当該営業秘密の性質上**ア**ないし**ウ**のいずれかの方法により算定できるものは，**ア**ないし**ウ**のいずれかの方法により，算定できないもの，又は，算定が著しく困難なものは160万円とする。

ア　訴え提起時の，被告の当該営業秘密の使用等による原告の年間売上減少額×原告の訴え提起時の利益率×8年×8分の1

イ　訴え提起時の，被告の当該営業秘密の使用等による年間売上推定額×被告の訴え提起時の推定利益率×8年×8分の1

ウ　当該営業秘密の年間使用料相当額×8年×0.8

たとえば，X会社を退職した従業員Yが，X会社が営業秘密として管理している顧客名簿を持ち出し，これを利用して営業活動をしていると主張して，同顧客名簿を利用したYの営業活動の差止めを求める訴えを提起するとする。この訴訟の訴額は，YがXの顧客名簿を用いて営業活動をしたことによるXの年間売上減少額が3000万円，Xの訴え提起時の利益率が20パーセントであり，Yの当該営業秘密の使用による年間売上推定額が5000万円，Xの訴え提起時のYの推定利益率が20パーセントであるとすると，

上記の算定式**ア**によると，3000万円×20％×8年×1/8＝600万円となる。

上記の算定式**イ**によると，5000万円×20％×8年×1/8＝1000万円となる。

この場合，訴え提起時の年間売上減少額，年間売上推定額や訴え提起時

の利益率，推定利益率についての疎明書類の提出は，不要とされている。[27]

(3) 問題点

以上の訴額算定式は，営業秘密の侵害の差止訴訟であるにもかかわらず，〔689〕不正競争による原告の売上げの落ち込みを阻止し売上の増進を図るという差止請求の目的を重視せず，将来の損害賠償の観点から訴額を算定しようとするものである。この点で，特許権侵害の差止訴訟について詳しく述べたような疑問がある（→〔656〕以下）。

次に，**イ**の算定方式は，攻撃者（通常は原告）の差止めについての利益により訴額を算定するという民訴法の原則を無視するものである。原告が営業秘密についての不正競争行為の差止めについて有する利益は被告の不正な営業利益の取得を阻止する点にあるというよりは，営業秘密の侵害のない状態での企業活動による原告の利益を確保することにあるというべきであるから，被告の営業利益を基礎に訴額を算定することは問題である。さらに**イ**の算定式によると，原告が小規模企業であり，被告の企業規模が大きく，不正競争行為の危険性が大きい場合には，訴額はそれだけ大きくなり，原告の手数料納付額はそれだけ増大する。

訴額算定式**ア**は，被告の当該営業秘密の使用等による不正競争により生ずる原告の売上げの落ち込みを阻止し，売上の増進を図るという差止請求の目的を重視せず，将来の損害の賠償の観点から訴額を算定し，しかも，営業秘密の有効期間を8年とし，低減率を8分の1とすることにより，結果として，被告の当該営業秘密の使用等による不正競争行為による1年間の損害額を訴額とするものである。そこでは，差止判決により被告の不正競争行為が禁止され，判決は将来に向けて差止請求権の存在につき既判力をもつ点は考慮されていないし，当該営業秘密が売上げに対して有する有効期間を8年とし，8分の1の低減率を定める合理性も明らかにされていない。

私見によれば，営業秘密の侵害行為の危険性は当然高いので，特別の事情がない限り，特許権の侵害の危険性が大きい場合の特許権侵害差止請求の訴額算定と同じ算定方式（→〔667〕）によるべきであると解する。上記の例において，X会社の訴え提起時の年間売上額が5000万円であったとす

27）小川／宗宮／佐藤編・手引373頁。

424 第7章　知的財産権関係

ると，5000万円×（4分の1＋4分の1）×3年間×20％＝1500万円が手数
料訴額であり，これに対応する第一審の手数料は6万5,000円である。

4　不正競争防止法2条1項11号，12号の不正競争行為の差止請求
(1)　技術的制限手段に対する不正競争行為

〔690〕　不正競争防止法2条1項11号は，「営業上用いられている技術的制限手
段（他人が特定の者以外の者に影像若しくは音の視聴若しくはプログラムの実
行又は影像，音若しくはプログラムの記録をさせないために用いているものを
除く。）により制限されている影像若しくは音の視聴若しくはプログラム
の実行又は影像，音若しくはプログラムの記録（以下この号において『影像
の視聴等』という。）を当該技術的制限手段の効果を妨げることにより可能
とする機能を有する装置（当該装置を組み込んだ機器及び当該装置の部品一
式であって容易に組み立てることができるものを含む。）若しくは当該機能を
有するプログラム（当該プログラムが他のプログラムと組み合わされたものを
含む。）を記録した記録媒体若しくは記憶した機器を譲渡し，引き渡し，
譲渡若しくは引渡しのために展示し，輸出し，若しくは輸入し，又は当該
機能を有するプログラムを電気通信回線を通じて提供する行為（当該装置
又は当該プログラムが当該機能以外の機能を併せて有する場合にあっては，影
像の視聴等を当該技術的制限手段の効果を妨げることにより可能とする用途に
供するために行うものに限る。）」を不正競争行為と規定し，同項12号は，
「他人が特定の者以外の者に影像若しくは音の視聴若しくはプログラムの
実行又は影像，音若しくはプログラムの記録をさせないために営業上用い
ている技術的制限手段により制限されている影像若しくは音の視聴若しく
はプログラムの実行又は影像，音若しくはプログラムの記録（以下この号
において『影像の視聴等』という。）を当該技術的制限手段の効果を妨げる
ことにより可能とする機能を有する装置（当該装置を組み込んだ機器及び当
該装置の部品一式であって容易に組み立てることができるものを含む。）若しく
は当該機能を有するプログラム（当該プログラムが他のプログラムと組み合
わされたものを含む。）を記録した記録媒体若しくは記憶した機器を当該特
定の者以外の者に譲渡し，引き渡し，譲渡若しくは引渡しのために展示し，
輸出し，若しくは輸入し，又は当該機能のみを有するプログラムを電気通
信回線を通じて提供する行為（当該装置又は当該プログラムが当該機能以外

の機能を併せて有する場合にあっては，影像の視聴等を当該技術的制限手段の効果を妨げることにより可能とする用途に供するために行うものに限る。）」を不正競争行為と規定している。

(2) 東京地裁の訴額算定式

東京地裁は，この不正競争の差止めを求める訴えの訴額の算定式を次の〔691〕ように定めている。

> 原告の訴え提起時の年間売上高減少額×原告の訴え提起時の利益率×8年×8分の1

(3) 問題点

この訴額算定式も，差止請求の訴額の算定ではなく，損害賠償の観点か〔692〕ら訴額を算定しようとするものであるから，営業秘密の侵害行為の差止請求の訴額算定と同じ問題がある（→〔689〕）。

5 不正競争防止法2条1項13号の不正競争行為の差止請求

(1) ドメイン名の不正取得行為

不正競争防止法2条9号は「ドメイン名」について，「この法律におい〔693〕て『ドメイン名』とは，インターネットにおいて，個々の電子計算機を識別するために割り当てられる番号，記号又は文字の組合せに対応する文字，番号，記号その他の符号又はこれらの結合をいう」と定義し，不正競争防止法2条1項13号は，「不正の利益を得る目的で，又は他人に損害を加える目的で，他人の特定商品等表示（人の業務に係る氏名，商号，商標，標章その他の商品又は役務を表示するものをいう。）と同一若しくは類似のドメイン名を使用する権利を取得し，若しくは保有し，又はそのドメイン名を使用する行為」を不正競争行為としている。

(2) 東京地裁の訴額算定式

この不正競争行為の差止めを求める訴えの訴額の算定式を，東京地裁は〔694〕次のように定めている。

> 次のいずれかによる。
> ア 訴え提起時の，被告ドメイン名使用による原告の商品，営業，役務の年

間売上減少額×原告の訴え提起時の利益率×10年×10分の1
イ　訴え提起時の，被告ドメイン名使用による商品，営業，役務の年間売上
　　推定額×被告の訴え提起時の推定利益率×10年×10分の1
ウ　ア又はイにより算定できない場合，又は，算定が著しく困難な場合は，
　　160万円とする。

　たとえば，原告○○株式会社が被告が○○を要部とするドメイン名を使
用しているので，このドメイン名の使用差止めを求める訴えを提起する場
合，原告の訴え提起時の年間売上減少額6000万円，原告の利益率15パーセ
ントとすると，東京地裁の訴額算定式**ア**によると，訴額は，6000万円×
0.15×10×1／10＝900万円である。この場合，原告の年間売上減少額や訴
え提起時の利益率についての疎明書類の提出は不要とされている。

(3)　問題点

〔695〕　算定式**イ**については，被告の年間売上推定額を出発点とするものであり，
訴額は攻撃者の利益を基準とするという法律上の原則に反する。また，被
告の企業規模が大きく，被告の営業活動の範囲が広範に及び，その危険性
が大きい場合，被告の年間売上推定額は原告の年間売上減少額をはるかに
上回ることが生じ，これを基準に原告が裁判所手数料を支払わなければな
らないのは不合理である。

　訴額算定式**ア**は，被告のドメイン名の不正取得行為による不正競争によ
り生ずる原告の売上げの落ち込みを阻止し，売上の増進を図るという差止
請求の目的を重視せず，将来の損害賠償の観点から訴額を算定し，しかも，
結果として訴え提起時の1年間のドメイン名の不正取得行為による損害額
を訴額とするものである。そこでは，差止判決により被告のドメイン名の
不正取得行為が禁止され，判決は差止請求権の存在につき既判力と執行力
をもつ点は考慮されていない。

　算定式**ウ**は，原告，被告の業種やドメインの使用状況によっては原告の
年間売上減少額や被告の年間売上推定額による訴額の算定ができない場合
や著しく困難な場合もあるという理由によって，160万円を訴額とみなす
ことを許すものといわれている。[28]

　私見によれば，被告のドメイン名の不正取得行為による不正競争の危険

28）小川／宗宮／佐藤編・手引378頁。

性は当然高いので，特別の事情がない限り，特許権の侵害の危険性が大きい場合の特許権侵害差止請求の訴額算定と同じ算定方式（→〔667〕）によるべきであると解する。原告の年間売上減少額ではなく，年間売上額を出発点とすれば，年間売上減少額の算定が著しく困難という事態は生じない。

6　不正競争防止法2条1項14号の不正競争行為の差止請求
(1)　誤認惹起行為

不正競争防止法2条1項14号は，「商品若しくは役務若しくはその広告　〔696〕若しくは取引に用いる書類若しくは通信にその商品の原産地，品質，内容，製造方法，用途若しくは数量若しくはその役務の質，内容，用途若しくは数量について誤認させるような表示をし，又はその表示をした商品を譲渡し，引き渡し，譲渡若しくは引渡しのために展示し，輸出し，輸入し，若しくは電気通信回線を通じて提供し，若しくはその表示をして役務を提供する行為」と規定し，誤認惹起行為を不正競争行為としている。

(2)　東京地裁の訴額算定式

以上の誤認惹起行為の差止めを求める訴えの訴額を，東京地裁は次のよ　〔697〕うに定めている。

次のいずれかによる。

ア　訴え提起時の，被告表示の使用による原告の商品，営業，役務の年間売上減少額×原告の訴え提起時の利益率×10年×10分の1

イ　訴え提起時の，被告の被告表示を使用した商品，営業，役務の年間売上推定額×被告の訴え提起時の推定利益率×10年×10分の1

たとえば，Yが自己の商品がXの製造する商品と同一の品質であるかのような表示を商品の広告においてしているので，XがYに対し，この商品の販売およびこのような広告の差止めを求めて訴えを提起する場合の訴額は，

上記アによると，訴え提起時の，Y表示の使用によるXの商品の年間売上減少額2000万円，Xの訴え提起時の利益率20パーセントの場合，2000万円×20％×10年×1/10（低減率）＝400万円

上記イによると，訴え提起時のY商品の年間売上推定額6000万円，Yの訴え提起時の推定利益率が20パーセントの場合，6000万円×20％×10年×

428 第7章 知的財産権関係

1/10（低減率）＝1200万円である。

　この場合，年間売上減少額，年間売上推定額や訴え提起時の利益率，推定利益率についての疎明書類の提出は不要とされている。

(3) 問題点

〔698〕　算定式イは被告の10年間の推定利益に照準を合わせるのであるが，原告が被告の誤認惹起行為の差止めによって受ける利益が基準になるべきであるから，この算定式が妥当でないことは明らかである。とりわけ，Ｙの企業規模が大きく，Ｙの広告活動の範囲が広範に及び，その危険性が大きい場合，Ｘの当初の年間売上減少額をはるかに上回る売上減少額が生じ，Ｘはこの事態を阻止することに利益を有するからである。

　算定式アは，誤認惹起行為の差止訴訟であるにもかかわらず，不正競争による原告の売上げの落込みを阻止し売上の増進を図るという差止請求の目的を重視せず，将来の損害の賠償の観点から訴額を算定し，しかも，結果として訴え提起時の1年間の誤認惹起行為による損害額を訴額とするものである。そこでは，差止判決により被告の誤認惹起行為が禁止され，判決は原告の差止請求権の存在につき既判力および執行力をもつ点は考慮されていない。

　私見によれば，被告の誤認惹起行為の危険性は当然高いので，特別の事情がない限り，特許権の侵害の危険性が大きい場合の特許権侵害差止請求の訴額算定と同じ算定方式（→〔667〕）によるべきであると解する。

7　不正競争防止法2条1項15号の不正競争行為の差止請求
(1) 信用毀損行為

〔699〕　不正競争防止法2条1項15号は，「競争関係にある他人の営業上の信用を害する虚偽の事実を告知し，又は流布する行為」を不正競争行為としている。

　たとえば，Ｘの製造販売する製品ＡがＹの特許権を侵害する物件であるとＹが宣伝・広告をするのはＸの営業上の信用を害する虚偽事実の告知または流布に当たるとして，Ｘがその差止めを求める訴えの訴額はどのように算定されるのであろうか。

(2) 東京地裁の訴額算定式と問題点

〔700〕　東京地裁の訴額算定式によれば，この不正競争行為の差止請求の訴額は，

算定不能であり，訴額は160万円とみなされる。しかし，他人の営業上の信用を害する虚偽の事実を告知または流布する行為は不法行為であり，不法行為法においては被告の信用毀損行為の態様および規模が問題になるのに対し，[29] 不正競争防止法においては被告が行った競争関係にある他人の信用を毀損する虚偽事実の告知または流布の差止めが求められ，不正競争の禁止という目的の性格が重要だという違いがあるが，いずれも財産権上の訴えである。

　その訴額は，裁判長または裁判所の裁量により算定されるべきである。不正競争行為として，原告が他の競業者による営業上の信用の毀損行為の差止めを求める場合には，他の知的財産権の侵害差止めの訴えと同様，信用毀損行為の態様および規模，競争関係，および原告の売上高が考慮されるべきである。[30] このような方法での訴額の算定は，本来知的財産権訴訟の訴額算定においてつねに予定されているものである。もちろん，このような算定方法は個別事件の原告の訴訟における利益を個別的に算定するものであり，一律の算定式に纏めることは困難であろう。しかし，それが法律の予定する訴額算定方法である以上，信用毀損行為の差止めの訴えの訴額は，他の知的財産権侵害訴訟の場合と異なり算定不能というのはあり得ないはずである。

　なお，東京地裁の訴額算定法により訴額算定を不能とみる場合にも，上訴の手数料訴額については上訴人の利益が出発点となるべきである。敗訴被告が控訴を提起する場合には，もはや差止めを命じられないことについての利益により不服額，したがって不服申立額が決まる。ところが，この不服申立額は，差止命令を維持することについての原告の利益によって限界づけられるが，後者が160万円だとすれば，被告の上訴の不服申立て額も160万円を超えることができず，不当な結果になりうることは必定である。このような事態を防ぐためにも，第一審の手数料訴額は算定されなければならないであろう。

---

29) *Hillach/Rohs*, S.177 ff.
30) *Hillach/Rohs*, S.417 ff.

430 第7章 知的財産権関係

8 不正競争防止法14条に定める信用回復措置の請求

〔701〕 不正競争防止法14条は，「故意又は過失により不正競争を行って他人の営業上の信用を害した者に対しては，裁判所は，その営業上の信用を害された者の請求により，損害の賠償に代えて，又は損害の賠償とともに，その者の営業上の信用を回復するのに必要な措置を命ずることができる」と規定する。東京地裁は，この訴訟の訴額の算定基準を次のように定めている。

> 信用回復のための広告等その措置に要する費用が認定できる場合はその額とし，措置の性質上，要する費用が認定できない場合，又は，算定が著しく困難な場合は160万円とする。

9 不正競争防止法19条2項に定める請求

〔702〕 不正競争防止法19条1項は，形式的には同法2条に規定された「不正行為」に該当する場合にも，差止請求権や罰則等の規定の適用されない場合を定め，他方で，同法19条2項はこのような行為によって営業上の利益を侵害され，または侵害されるおそれのある者は，当該行為をする者に対して自己の商品または営業との混同を防ぐのに適当な表示を付すよう請求することができる旨定めている。

東京地裁は，この請求の訴額を160万円とみなす。

第5款 商号権

1 商 号

〔703〕 商号は，商人がその営業活動において自己を表示する名称である。商人は，商号を自由に選定することができ，その商号を登記することができる（商11条2項）。何人も，不正の目的をもって，他の商人であると誤認されるおそれのある名称または商号を使用することを禁止される（同法12条1項）。この禁止に違反する名称または商号の使用によって営業上の利益を侵害され，または侵害されるおそれがある商人は，その営業上の利益を侵害する者または侵害するおそれのある者に対し，その侵害の停止または予防を請求することができるほか（同条2項），当該商号登記の抹消を請求することもできる。

2 商号権侵害の差止請求と訴額

(1) 東京地裁の訴額算定基準

この侵害の停止または予防の請求が, 差止請求である。これは財産権上[704]の争訟であり, 訴額が算定されなければならない。訴額算定の基準となる観点は, 商号侵害の程度と範囲, 地域的な広がり, および原告の売上および失われた収益である。しかし, 東京地裁の訴額算定式よれば, 当事者双方が会社の場合と当事者の双方またはいずれか一方が会社でない場合とが区別され, 前者の場合には, 商号侵害の差止訴訟の訴額は次の算定式により算定されるべきである。

（当事者双方が会社の場合）
　基準額×修正率＝訴額
　ただし, この計算式によって求めた訴額が, 直近下位の基準額の範囲で求められる訴額の最高額に満たないときには, その最高額と同一の額を訴額とする。
ア　基準額
　(ア)　原告会社の資本額≧被告会社の資本額の場合
　基準額＝被告会社の資本額×2
　(イ)　原告会社の資本額＜被告会社の資本額の場合
　基準額＝原告会社の資本額×2
イ　修正率
　5分の1　（基準額≦1000万円）
　7分の1　（1000万円＜基準額≦5000万円）
　10分の1　（5000万円＜基準額≦1億円）
　20分の1　（1億円＜基準額≦3億円）
　30分の1　（3億円＜基準額≦5億円）
　50分の1　（5億円＜基準額）

たとえば, A株式会社が同一の商号を使用している株式会社A'に対して, 被告商号の使用差止めを求める訴えを提起する場合, 原告会社の資本金は5000万円で, 被告会社の資本金は2100万円とすると, 東京地裁の訴額算定式よれば, 上記の訴額算定式ア(ア)により, 被告会社の資本金の2倍の額である4200万円が基準額となり, 修正率7分の1を掛け, 訴額は600万円である。

これに対し, 当事者の双方またはいずれか一方が会社でない場合には,

432 第7章 知的財産権関係

不正競争による差止請求の訴えの場合と同じように，次の算定式によると
されている。

（当事者の双方又はいずれか一方が会社でない場合）
次のいずれかの計算式による。
(ｱ)　原告の訴え提起時の年間売上減少額×原告の訴え提起時の利益率
(ｲ)　被告の訴え提起時の年間売上推定額×被告の訴え提起時の推定利益率

---

(2)　問題点

〔705〕　当事者双方が会社である場合，東京地裁の訴額算定式は，原告会社の年
間売上減少額を問題とせず，原告会社と被告会社の資本金を比べ，低い方
の会社の資本金の2倍額を基準額とし，これに修正率を掛け訴額を求める。
　しかし，訴額の算定にとっては原告が被告による名称または商号の使用
によって自己の商号の名声を損ね，およびその商号を用いた業務から得ら
れる売上高を失うことが重要であるので，このような原告が蒙る不利益を
避ける利益が訴額の基礎をなすのでなければならない。それゆえ，資本金
の額の比較を出発点とすることの合理性には，疑問がある。東京地裁の訴
額算定式については，なぜ資本金の額が重要なのか説明されていない。資
本金の額に売上高が比例するとは限らない。差止めに対する原告の利益は，
商号侵害のない場合の売上高の確保にあるから，訴え提起時の原告の売上
高と利益の喪失額が出発点とされ，さらに被告の企業規模，市場における
地位および商号侵害の強度と範囲，被告の業務の地域的な広がりが考慮さ
れなければならないであろう[31]。ドイツでは，大銀行が資本金の小さなロー
ン金融会社（Teilzahlungsbank）に対して誤認混同のおそれのある商号名
の使用の差止めを求めた訴訟の訴額を申立会社の年間売上額（約1700万マ
ルク（850万ユーロ）を考慮して10万マルク（5万ユーロ）と査定した）を考慮
して10万マルク（5万ユーロ）と査定した裁判例[32]がある。もっとも原告
がみずから訴額を低い額で提示した場合には，この額の提示は実際の原告
の利益の徴表でありえ，この場合には通常問題となる訴額の4分の1への

---

31)　*Schnerider/Herget/Noethen*, Rn.2726も参照。
32)　OLG Frankfurt, Beschl. v. 18. 12. 1963, JurBüro 1964, 277（仮処分事件）.

減額は排除されないとされている[33]。

次に，当事者の一方が会社でない場合には，東京地裁の算定式は原告または被告の利益減少額または推定利益額を基準としているが，被告の推定利益額を基準にすることは訴額が攻撃者の利益を基準にするとの原則に反することを指摘しなければならない。また，算定式ア(イ)については，規模の大きな原告会社が規模の小さな会社でない被告に対して訴えを提起する場合，被告のより少ない年間売上推定額を基礎に訴額を算定することは合理的なのだろうか。

3 商号登記の抹消登記手続請求

この訴訟について，東京地裁は，商号侵害の差止訴訟の訴額と同じ方式 〔706〕で算定すべきだとする。

第6款 併合訴訟
1 差止請求と侵害行為を組成する物の廃棄等の請求の併合

請求の併合の場合は各別に手数料訴額を算定し，これを合算するのが原 〔707〕則であるが（民訴費4条1項；民訴9条1項本文），複数の訴訟物が存在するが経済的にみて一体性を有するときは，訴額は合算されてはならない（民訴9条1項ただし書，→〔120〕以下）。

差止めを求められる侵害行為を組成する物の廃棄等を求める訴え（特許100条2項；新案27条2項；意匠37条2項；商標36条2項；不正競争3条2項；著作112条2項）が差止請求の訴えと併合提起される場合，訴訟物は異なるが，前者は後者を実効あらしめるための請求であり，両者とも侵害行為の停止・予防という共通の目標を目指すものであり，それゆえ両者は経済的にみて一体性を有するので，訴額の合算は禁止される。廃棄等の請求によって原告が得る利益は差止判決の利益を超えないので，差止請求の訴額のみがこの併合訴訟の訴額となる[34]。

---

33) *Schneider/Herget/Noethen*, Rn. 2728.
34) 訴額算定研究159頁；高部眞規子「著作権訴訟の訴額と管轄」斎藤博／牧野利秋編・裁判実務大系27　知的財産関係訴訟法（1997年・青林書院）3頁，8頁；八木・前掲注(5)17頁。

434　第7章　知的財産権関係

2　差止請求と損害賠償請求の併合

〔708〕　原告が知的財産権侵害行為の差止めの訴えと侵害行為によって生じた損害の賠償を求める訴えを併合する場合には，複数の訴訟上の請求が存在し，かつ複数の請求が経済的に一体性を有していないので，訴額は合算されなければならない。

3　差止請求と権利確認の訴えの併合

〔709〕　たとえば特許権侵害に基づく差止請求訴訟の係属中に，原告が同一特許権の確認の申立てを追加した場合，事後的に訴えの客観的併合が生じ，両請求は経済的にみて一体性を有するので多額の方の請求の訴額が変更後の訴訟の訴額である。東京地裁の訴額算定式によれば，権利の確認訴訟の訴額の方が多額であるので，必ず手数料の不足が生ずるので，差額の追納が必要となる。これに対し，私見によれば，差止請求訴訟の訴額の方が後に追加申立てされた権利確認の訴額より多額であるので，手数料の追納の必要は生じない。

第8章

労働訴訟

第1節　はじめに
第2節　賃金支払請求
第3節　解雇無効確認，従業員の地位確認または雇用関係の確認
第4節　配転命令，出向命令の無効確認
第5節　制裁処分の無効確認
第6節　労働審判手続の申立て
第7節　不当労働行為の救済命令および救済申立棄却命令の取消訴訟
第8節　労働者災害補償保険法による遺族年金不支給処分の取消訴訟

〔**文献**〕　最高裁判所事務総局・労働審判手続に関する執務資料〔改訂版，2013年・法曹会〕；司法研修所編・救済命令等の取消訴訟の処理に関する研究〔改訂版〕（2009年・法曹会）；菅野和夫・労働法〔第9版〕（2010年・弘文堂）；中村満・労働訴訟の実務（1976年・新日本法規）；西谷敏・労働法〔第2版〕（2013年・日本評論社）

第1節　はじめに

第1款　労働事件

　種々の労働事件について裁判所の裁判が求められるが，法律は訴額につ〔710〕いて事件の特殊性を考慮した規律を行っていない。事件の特殊性というのは，労働事件が人の生存に関わる労働関係を対象にしていることである。たとえば解雇の効力が争われる場合，存続期間の定めのある労働契約についてはその残存期間に平均賃金を乗じた額を訴額とする見解があるように，労働関係の特徴を考慮しない見解もある。しかし高額な手数料額の算定により，労働者が納付すべき手数料が高くなることはこの訴訟の目的に適合しない。本来は，労働関係の社会的性質を顧慮した手数料の定めが法律により規定されることが望ましいが，そのような規定は現在のところ存在しない。訴額問題の検討のさい，このことを十分念頭に置く必要がある。

436　第8章　労働訴訟

第2款　労働審判手続の登場

〔711〕　労働審判法（平成16年法律第45号）により新設された労働審判制度は，個別労働関係をめぐる民事紛争について簡易迅速に紛争の解決を図ることとを目的として地方裁判所に設置された労働審判委員会が労働審判を行い，かつ，労働審判に対し適法な異議の申立てがあった場合および労働審判法23条により労働審判が取り消された場合（さらに，労働審判委員会が事案の性質に照らし労働審判を行うことが紛争の迅速かつ適正な解決のために適当でないと認め，労働審判事件を終了させた場合〔労審24条1項〕）には，この労働審判手続の申立時に，当該労働審判事件が係属していた地方裁判所（または労働審判事件が終了したさいに当該労働審判事件が係属していた地方裁判所）に，労働審判手続の申立てに係る請求につき訴えの提起があったものとみなし（同法22条・24条2項），通常訴訟を保障する。

第3款　管轄訴額

〔712〕　以上のように労働審判に対し適法な異議があった場合その他の場合に当該地方裁判所に訴えの提起があったものとみなされるが，労働審判を経ることなく初めから訴えが提起される場合にも，争点が複雑多岐になりうる労働事件の性質上，多くの場合，地方裁判所での審理がふさわしい。簡易裁判所の事物管轄に属する労働事件について訴えの提起を受けた簡易裁判所は，相当と認めるときは，申立てによりまたは職権で，訴訟の全部または一部をその所在地を管轄する地方裁判所に移送することができる（民訴18条）。労働事件の事物管轄については，多くの場合，この簡易裁判所による裁量移送の方法により対処することができる。

第2節　賃金支払請求

第1款　未払い賃金と判決確定までの賃金を請求する場合

〔713〕　労働者が解雇無効等の主張に基づき未払い賃金の支払い請求と判決確定までの賃金を請求する場合，両者の請求の合計額が訴額である。訴え提起時までに発生している賃金請求権の価額は容易に算定できる。これに対し，訴え提起後，判決確定までの賃金請求権の価額については，労働契約の残存期間や判決確定時期が明確でないため算定に問題が生ずる。

この問題について，①訴え提起後，第一審の平均審理期間経過時までに
発生する請求権の額を訴額とする見解[1]と，②労基法14条に基づき訴え提
起後1年間に発生する請求権の額を訴額と見る見解[2]が対立している。
①説は，②説が妥当でないことを主張し，解雇後の賃金請求も定期的な金
銭給付請求であるという点で未払い賃料請求などの反復的給付請求と異な
らないことを理由に，後者と同じく平均審理期間1年間の賃金額を基準に
すべきであると主張する。②説は，仮に訴え提起時に労働契約を締結した
としても労基法14条が適用され，契約期間は1年間を超えることができな
い以上，訴え提起後の賃金請求によって原告が得るべき利益の最大は1年
分の賃金額に限られると主張する。これに対しては，①説から，労基法14
条の目的は労働者が長期間契約に拘束されることを防止することにあるか
ら，期間が満了しても労働者がそれを主張しない限り，期間の定めのない
契約として存続する以上[3]，同条により契約期間を限定することは妥当でな
いのであり，労働者が不確定な期限を定めて賃金請求をする場合も同じだ
と批判されている[4]。

　①説が平均審理期間を12か月とする限り，①説によっても②説によって
も結論は異ならないが，この問題については労働者の賃金請求がその生存
に関わる重大な問題であることから，社会政策的見地から訴額の軽減が要
請されるのであり，このような観点から1年間の賃金請求権の額を訴額と
みるべきである。単に第一審の平均審理期間が問題なのではない。

第2款　解雇予告手当てを請求する場合

　労働基準法20条1項本文は，「使用者は，労働者を解雇しようとする場〔714〕
合においては，少なくとも三十日前にその予告をしなければならない。
三十日前に予告をしない使用者は，三十日分以上の平均賃金を支払わなけ
ればならない」と定めている。

　解雇された労働者が解雇予告手当てを請求する訴えを提起する場合，3
か月分の平均賃金を計算して請求すべきである。**平均賃金**は「これを算定

1）訴額算定研究299頁；小川／宗宮／佐藤編・手引293頁以下。
2）民事実務の研究(1)8頁；中村満・労働訴訟の実務（1976年・新日本法規）35頁。
3）有泉亨・労働基準法（1963年・有斐閣）114頁。
4）訴額算定研究299頁；小川／宗宮／佐藤編・手引293頁。

438 第8章 労働訴訟

すべき事由の発生した日以前3箇月間にその労働者に支払われた賃金総額をその期間の総日数で除した金額」（労基12条1項）である。「算定すべき事由の発生した日」は解雇の日であり，この3か月の期間は賃金締切日がある場合には，解雇日直前の締切日から起算する（同条2項）。この場合，締切日は算入される（民140条ただし書）。たとえば，解雇日が平成29年1月31日（即日解雇）で，賃金締切日が毎月20日，同月25日支払いの場合には，平成28年10月21日から平成29年1月20日までの3か月間に支払われた賃金が103万5,000円と仮定すると，30日分の平均賃金は，

103万5,000円÷90日×30日＝34万5,000円となる[5]。

この額の解雇予告手当を請求すると，手数料訴額は34万5,000円である。

第3節　解雇無効確認，従業員の地位確認または雇用関係の確認

第1款　解雇無効確認の訴え

〔715〕　解雇無効確認の訴えは，使用者のした解雇の無効を理由として労働者と使用者との間に労働関係がなお存続していることの確認を求める訴えである。労働契約は労働者の人格的な面に関係するとはいえ，労働者の労働契約上の地位は賃金請求権などの財産権上の請求権を主要な要素として含むものであるから，労働関係の確認を求める訴えは財産権上の訴えである。

この訴えの訴額について見解の対立がある。①非財産権上の請求として，訴額は160万円とみなされるとする見解[6]，②訴額の算定は極めて困難であるので，民訴費用法4条2項後段により160万円とみなされるとする見解[7]，③存続期間の定めのある労働契約については労働者が残存期間に受けるべき賃金額を基準とし，契約期間の定めのないものについては当該企業における従前の同種被用者の雇用期間の平均により残存期間を基準に算定すべきものとする取扱い，④労働基準法12条の定める解雇前3か月の平均賃金を基礎に算定すべきとする見解。④の見解には，平均賃金に雇用期間の残

---

5) 小川／宗宮／佐藤編・手引296頁。

6) 牧山市治「懲戒解雇をめぐる諸問題」司法研究報告書第16輯第2号（1965年）5頁。この論文は，「労働契約はまさに一種の人格関係法的要素を具有し，労働と賃金の支払が対価関係に立つところの単なる債権関係とは異った特色がある」という。

7) 民事訴訟費用研究267頁；訴額算定研究299頁；書記官事務の研究Ⅱ48頁；民事実務講義案Ⅰ49頁；小川／宗宮／佐藤編・手引286頁。

存期間（期間の定めのないものについては同法14条により１年間）を乗じて得た額を訴額とみる見解（④-１）[8]と，平均賃金に第一審既済事件の平均審理期間（ただし，労働契約上の残存期間が平均審理期間よりも短いときは契約期間の終期までの期間）を乗じて得た額を訴額とし，解雇期間中に被解雇者が他の職について得た収入した額（いわゆるバックペイ）は原則として控除した額によるべきだとする見解（④-２）[9]がある。

　④説に対しては，②説から次のような批判がなされている。労働者の地位を賃金請求権に限って一面的に捉えた見解であるという批判である。すなわち，労働法の想定する労働者の地位は賃金・給与をはじめ，諸々の債権債務関係を包摂した地位の取得を目的とする労働契約により取得されるものであるので，これを金銭をもって評価することはすこぶる困難というほかないのであって，「賃金請求権の一面を抽象して訴額算定の基準とするのは疑問」[10]なこと，また平均賃金を基礎にバックペイなどを考慮したうえで，解雇が無効とされた場合に原告の得るべき賃金額を計算するのは簡易迅速の要請から望ましくない[11]，と主張されている。

　たしかに，解雇無効確認の訴えは将来の賃金請求訴訟ではないから，〔716〕④-１のように，平均賃金に雇用期間の残存年数を乗じた額を訴額とすることは合理性を欠くことは明らかである[12]。しかし，②説のように賃金・給与額の如何を問わず算定の困難を理由に一律に手数料訴額を160万円とみなすことも合理性を欠く。解雇無効訴訟は使用者のした無効な解雇によって労働者の法的地位に生じた不安を除去することを目的とする訴訟であるから，原告がこの訴訟によって得る利益はこの不安を除去する利益である。これは裁判官の裁量によって評価できる利益である。そのさい，明確に手がかりになるのは，平均賃金の額である。労働契約の効果として労働者に賃金請求権のみならず，就業規則により諸々の権利が生ずるけれども，賃金請求権は裁判長または裁判所が公平な裁量により訴額を算定する上で最も確実な手がかりであり，他の権利の価額の算定困難や簡易迅速の要請を

8）訟廷執務資料５号276頁。
9）民事訴訟印紙研究70頁；民事訴訟費用研究268頁。
10）訴額算定研究298頁；小川／宗宮／佐藤編・手引286頁。
11）訴額算定研究298頁；小川／宗宮／佐藤編・手引286頁。
12）④-２説は，④-１説によると，労働契約が口頭弁論の終結の後も続く場合に訴額が多額になって相当でないと批判した。民事訴訟印紙研究70頁。

理由に安易に，算定が「極めて困難」という扱いをすることはできないで
あろう。判決確定までの賃金の支払いを求める訴訟の訴額を１年間の賃金
請求権の額と解すべきであるので（→〔713〕），ここでも，平均賃金に１年，
または法政策的観点を重視するならば６か月程度を乗じて得られる金額[13]
を訴額算定の基礎とするのが合理的であろう。このような訴額の算定基礎
は，この訴えが賃金支払い請求の訴えでないことと矛盾しない。できるだ
け客観的な訴額を裁判官の裁量により評価算定する目的のために，平均賃
金を基準にするからである。労働者たる地位が賃金請求権のみならず諸々
の債権債務関係を包摂した地位であることを理由に，原告の請求が認容さ
れた場合の原告の経済的利益の評価が「極めて」困難であるというのは，
訴額算定の最有力な手がかりが存在する以上，本末顛倒であろう。バック
ペイの問題は④－１の見解にとっては重要であるが，平均賃金の12か月分
を原則的な訴額とみる④－２の見解の規範的な観点からはバックペイの控
除をしない扱いも可能であるから，②説の批判も当たらないし，バックペ
イの控除が必要というのであれば原告の主張からこれを算定すれば足りる
ので，受付段階での訴額算定を困難ならしめるともいえないであろう。

　解雇無効確認の訴えは労働関係の存続の確認を求める訴え，したがって
積極的確認の訴えであるので，１年間（または６か月間）の平均賃金の合
計額の80パーセントを訴額とすべきである。

第２款　解雇無効確認の訴えと賃金支払請求の併合

〔717〕　この賃金支払請求が解雇日以前の賃金の支払いを目的とする場合には，
　　　　解雇前の賃金請求権と解雇無効確認とは別個独立の経済的利益を対象とす
　　　　るものであるから一体性を有しない。それゆえ，各請求の訴額は合算され
　　　　なければならない。[14]

　13）ドイツの裁判費用法42条２項１文は「労働関係の存在，不存在又は告知に関する労働事件
　　についての裁判所の面前での訴訟における価額の算定については，最大４半期の期間につき
　　給付されるべき賃金（Arbeitentgelder）が基準となる。一時金（Abfindung）は算入され
　　ない。」と定め，労働事件の社会的性格に考慮を払っている。これは訴訟が従属的な地位に
　　基づく継続的給付を対象とする場合には同条１項により３年分の額が訴額とされるのに対し，
　　労働関係の存在，不存在又は解雇告知に関する労働事件における労働裁判所の面前における
　　手続の手数料訴額の軽減を定めるものである。
　14）民事実務の研究(1)8頁。

解雇日以後の賃金の支払請求の訴額は，第1節第1款で述べた基準により算定される。そして，解雇無効による労働関係の存在の確認を求める申立てと解雇日以後の賃金の支払請求とは，同一法律関係の存在の確認とそこから発生する給付請求権に基づく給付請求であり，経済的利益を共通にするものであるので，訴額の合算はなされるべきではなく，多額の方の請求の訴額が決定的である。[15] そして以上において述べた解雇無効確認の訴えの訴額の算定によれば，解雇後訴え提起までの賃金請求の部分の訴額が賃金支払い請求には含まれており，当然賃金支払い請求の方の訴額が解雇無効確認の訴額より多額であるので，前者の訴額がこの併合訴訟の訴額となる。

第4節　配転命令，出向命令の無効確認

第1款　配転命令・出向命令

1　配転命令

使用者は労働契約上の職務内容および勤務地決定権限（配転命令権）に〔718〕基づき，長期雇用の労働関係において従業員の配置を変更することができる。これを配転と呼ぶが，同一勤務地内の勤務箇所の変更を「配置転換」と称し，勤務地の変更を「転勤」と呼ぶ。多くの場合，就業規則に「業務の都合により出張，配置転換，転勤を命じることがある」などの一般条項が定められる。

配転命令がなされた場合，それは使用者の配転命令権の範囲内のものであるか否かが争われ（労働契約上，労働者の職種や勤務場所が限定されていた場合など），また，配転命令が業務上の必要性でなく不当な目的や動機でなされた場合には権利濫用になるので，この観点から配転命令の効力が争われうる。配転命令権の範囲を超える配転命令や配転命令権の濫用がある場合には，配転命令は無効である。[16]

労働者が配転命令の効力を争う訴えの申立内容は，配転命令の無効確認である。文献によっては，「配転先における就労義務のない労働契約上の

15）民事実務の研究(1)8頁；中村・前掲注(2)35頁。
16）以上，菅野和夫・労働法〔第11版〕（2016年・弘文堂）684頁以下による。

442 第8章 労働訴訟

地位の確認」,「配転先における就労義務不存在確認」[17]とか,「配転前の職種ないし勤務地において就労する地位の確認」[18]を申し立てるべきとするものがあるが,配転命令は法律行為であるが,その無効の確認を求める訴えも法律関係に関する訴えであり,確認の利益が存在する限り適法であるから,配転命令自体の無効確認を求めることができる。

2　出向命令

〔719〕　出向は,企業（甲）がその従業員に対し,その企業の従業員たる地位（労働契約関係）を維持したまま,他の企業（乙）の従業員（または役員）となって乙企業の業務に従事させる人事異動をいう。出向者の勤務形態（労働時間,休日,休暇など）は乙企業の就業規則によって定められ,指揮監督権も乙企業にある。

　出向は,転籍とは異なる。転籍は,甲企業がその従業員に対し,甲企業との労働関係を終了させ,新たに乙企業との労働関係を成立させる人事異動であり,法律上の手段は現労働関係の合意解約と新労働契約の締結（または労働契約上の使用者の地位の譲渡）であるが,いずれも労働者の同意が必要である。[19]

　企業間の人事異動である出向は従業員の労務提供の相手方の変更を生じるため,たとえ密接な関連企業との間での日常的な出向でも,就業規則や労働協約上の根拠規定や採用時の同意などの明示の根拠がない限り出向命令権が労働契約の内容となっているとはいい難く,出向命令は効力を欠くとされる。[20]また出向命令も権利濫用法理による制約を受け,「使用者が労働者に出向を命ずることができる場合において,当該出向の命令が,その必要性,対象労働者の選定に係る事情その他の事情に照らして,その権利を濫用したものと認められる場合には,当該命令は,無効」とされる（労働契約14条）。

17）西谷敏・労働法〔第2版〕（2013年・日本評論社）216頁。
18）菅野・前掲注(16)685頁。同旨,中村・前掲注(2)39頁。
19）以上,菅野・前掲注(16)690頁以下：西谷・注(17)226頁以下による。
20）菅野・前掲注(16)691頁。

第2款　手数料訴額

　労働者が配転命令や出向命令を受け，その無効の確認を求めて訴えを提〔720〕
起する場合，その無効の確認によって原告労働者が得ることのできる利益
は，従前の職種や勤務地，または従前の勤務先において勤務することがで
きるという点にある。このような利益は，非財産権上の利益であるとみら
れ，訴額は160万円とみなされる（民訴費4条2項前段）。[21]

第5節　制裁処分の無効確認

第1款　制裁処分

　従業員の企業秩序違反行為に対する制裁として，懲戒解雇，諭旨解雇，〔721〕
出勤停止，減給，戒告，訓告などの懲戒処分がある。

　出勤停止は，労働契約を存続させながら労働者の就労を一定期間禁止す
る，服務規律違反に対する制裁である。通常，期間中は賃金は支給されず，
勤続期間にも算入されない。

　減給処分は，使用者が従業員に本来支払うべき賃金額から一定額を減じ
ることにより賃金上の不利益を課する制裁処分である。減給額については，
労働基準法91条の規定による制限がある。すなわち，一回の規律違反につ
いて平均賃金（→〔714〕）の半日分以内，一賃金支払期に数回規律違反が
繰り返される場合にはその総額が当該賃金支払期の賃金総額の10分の1以
内でなければならない。

　戒告，訓告はとくに職務上または経済上の不利益を生じない軽度の処分
であり，将来の行動への戒めという意味を有する。

第2款　管轄訴額／手数料訴額

1　出勤停止処分の無効確認の訴えの訴額

　出勤停止処分の無効確認訴訟の訴額の算定については，①出勤停止期間〔722〕
中は解雇と同様の状態にあるとして，処分が無効であったならば支給され
るはずの賃金を基礎に訴額を算定する見解[22]と，②労働者には労働契約の

21）民事訴訟費用研究268頁；中村・前掲注(2)39頁；訴額算定研究121頁；小川／宗宮／佐藤
　　編・手引291頁。
22）小川／宗宮／佐藤編・手引288頁参照。

444　第8章　労働訴訟

効果として労働者に賃金請求権のみならず，就業規則等により諸々の権利が生ずるので，労働者たる地位は経済的利益を含むけれども金銭をもって評価することは極めて困難であるとして，解雇無効訴訟の訴額算定と同じように，民訴費用法4条2項後段により手数料訴額を160万円とみなす見解[23]が対立しうる。

解雇無効訴訟の訴額算定と同じ問題であるが，訴額の算定は裁判長または裁判所が裁量によって判断すべきであり，処分が無効であったならば支給されるはずの賃金という具体的な算定の手がかりが存在する以上，労働者地位のもつその他の債権債務を顧慮しないで訴額を算定することは許されるので，②説は妥当性を欠く。①説に従って訴額を算定すべきである。

2　減給処分の無効確認の訴えの訴額

〔723〕　この訴えは財産権上の請求であり，訴額は処分の無効確認によって原告が受ける利益によって決まる。すなわち，原告は処分の無効が確定すると減給分の賃金額を受け取ることができるので，減給額が訴額である[24]。

3　訓戒処分の無効確認の訴えの訴額

〔724〕　この訴えは非財産権上の訴えであり，それゆえ，訴額は160万円とみなされるという見解が多い[25]。しかし，この訴訟を非財産権上の訴訟とみて160万円という高額な訴額を設定することは，処分の軽さに適合しないであろう。訓戒処分は経済上の不利益を生じない軽度の処分であるので，訴額算定が必要かどうか疑問があるが，民訴費用法は訴額ゼロを認めていないので，最低訴額をもってこの訴額と擬制するのが適切なのではなかろうか。

4　出勤停止処分，減給処分および訓戒処分の無効確認を求める併合訴訟

〔725〕　この併合訴訟の訴額の算定に問題がある。1つの見解によれば，各々の処分は異なる事由に基づく以上，民訴費用法4条3項の適用はなく，各々

23）訴額算定研究120頁：小川／宗宮／佐藤編・手引288頁。
24）訴額算定研究120頁：小川／宗宮／佐藤編・手引289頁。
25）訴額算定研究121頁：小川／宗宮／佐藤編・手引289頁。

の請求の訴額の合算がなされるべきである。[26]

　たとえば，これらの訴えを併合提起する，処分を受けた労働者の給与月額を30万円，減給期間である３か月間の給与の減給額を１か月５万円，賞与の減給額を10万円とすると，出勤停止処分の無効確認訴訟の訴額の算定につき②説に立ち，訓戒処分の無効確認の訴えを非財産権上の訴えとみる見解によれば，出勤停止処分につき160万円，減給処分につき５万円×３月＋10万円＝25万円，訓戒処分につき160万円，合計345万円がこの併合訴訟の訴額となる。

　しかし，上述のように出勤停止処分の無効確認訴訟の訴額を算定困難とし，訓戒処分の無効確認の訴えを非財産権上の訴えとみることはできないと考えるが，各々の処分事由が異なる場合には訴額の合算自体は妥当である。しかし，合算の結果，訴額が当該労働者の年間賃金を超える場合には，訴額は平均賃金の１年間分の額を限度とすべきだと解される。解雇無効訴訟の訴額は前述のように平均賃金の12か月分の額とするのが妥当だとすると，このもっとも重大な労働訴訟の訴額を超えて訴額を算定することは，全く不合理であり，妥当性を欠くからである。

第6節　労働審判手続の申立て

第１款　労働審判手続の申立て手数料

　個別労働関係をめぐる民事紛争について，地方裁判所に設置された労働〔726〕審判委員会に労働審判手続の申立てをすることができる。申立て手数料は「労働審判を求める事項の価額」に応じて，民訴費用法別表第１の14の項の下欄の定めるところに従って，訴訟の場合の訴額と同様の方法で算出した額である。労働審判手続は，調停の成立による紛争の解決を試みつつ，当事者間の権利関係を審理し労働審判を行う手続であることから，裁判所の負担は調停よりも重い反面，迅速性を重んじ，３回以内の期日で手続を終結するのでより多くの時間をかけることを予定する民事調停よりも時間的コストは低いという理由で，民事調停の申立て手数料と同一基準にした

26）小川／宗宮／佐藤編・手引289頁。

446　第8章　労働訴訟

といわれている。[27]

　もっとも賃金支払請求の審判申立てについては，労働審判確定の日までなどと条件を付さず，また終期を明らかにしない場合には，労働審判手続の申立て時までに発生している賃金請求権の未払額と申立後3か月間に発生する賃金請求権の額の合計額を「労働審判を求める事項の価額」とみるのが相当とされている。[28]

　労働審判手続中に請求額の増額等の申立ての変更が生じたときは，民事訴訟における訴えの変更の場合と同じように，変更後の申立てに関し民訴費用法別表第1の14の項に基づき算出した手数料額から変更前の申立ての手数料額を控除した額を追加納付しなければならない（民訴費別表第1の14の2の項下欄）。

第2款　通常手続への移行のさいの手数料の追加納付

〔727〕　労働審判に対し適法な異議の申立てがあった場合および労働審判法23条により労働審判が取り消された場合（さらに，労働審判委員会が事案の性質に照らし労働審判を行うことが紛争の迅速かつ適正な解決のために適当でないと認め，労働審判事件を終了させた場合〔労審24条1項〕）には，この労働審判手続の申立時に，当該労働審判事件が係属していた地方裁判所（または労働審判事件が終了したさいに当該労働審判事件が係属していた地方裁判所）に，労働審判手続の申立てに係る請求につき訴えの提起があったものとみなされ，通常訴訟に移行する。この場合，訴訟に移行する請求についての訴額を基準に算出される訴え提起の手数料から労働審判手続申立ての手数料を控除した差額の納付が必要になる（民訴費3条2項2号）。

第7節　不当労働行為の救済命令および救済申立棄却命令の取消訴訟

第1款　不当労働行為の救済命令

〔728〕　不当労働行為につき労働組合の申立てにより労働委員会が救済命令を発

27）近藤昌昭／斎藤友嘉・司法制度改革概説2　知的財産関係二法／労働審判法（2004年・商事法務）332頁。

28）最高裁判所事務総局行政局監修・労働審判手続に関する執務資料（改訂版，2013年・法曹会）39頁。

した場合，または申立棄却命令がなされた場合，救済命令または救済申立棄却命令に不服のある労使双方は命令を発した労働委員会の所属する国（中央労働委員会命令の場合）または都道府県（都道府県労働委員会命令の場合）を被告として命令の取消し求める行政訴訟を裁判所に提起することができる（労組27条の19，行訴8条・9条）。

　この訴訟において取消事由を認め労働委員会の命令を取り消す判決は，確定すると労働委員会を拘束し（行訴33条1項），命令はあらゆる面でその効力を失う。

　救済申立てを棄却した命令に対して労働組合または労働者から取消訴訟が提起され，判決によって，これが取り消された場合には，労働委員会は判決の趣旨に従って新たな命令を発しなければならない（行訴33条2項，労委規48条）。

第2款　訴　額

　救済命令取消訴訟および救済申立棄却命令の取消訴訟は，行政訴訟であ〔729〕るから，地方裁判所の管轄に属し，管轄訴額の問題は生じない。それゆえ，純粋に手数料の観点から訴額の算定をすべきである。

1　救済命令取消訴訟

⑴　複数の救済方法と訴額

　労働委員会が1つの救済命令において複数の具体的な救済方法を命ずる〔730〕場合，たとえば，①争議行為を理由とする懲戒解雇を不当とし，原職復帰，バックペイの支払いおよびこれに対する遅延損害金の支払いを命じ，②争議行為を理由とする配置転換命令を不当とし，配置転換命令を取り消し，原職復帰を命じ，③争議行為を理由とする懲戒処分を不当とし，これを取り消し，この処分が行われなかったものとして扱うよう命じ，④争議行為を理由として給与から控除された金員（諸手当）の支払いを命じ，⑤争議行為を理由とする不当な賃金格付けが行われたことによる差別を不当とし，正当な賃金格付けがなされていたならば得られたであろう賃金額および賞与額と現実の支払額との差額およびこれらに対する支払日の翌日から完済までの年5分の割合による金員の支払いを命じ，⑥労働組合の組合員であることを理由に不利益な扱いをすること，および脱退勧奨により労働組合

448　第8章　労働訴訟

の組織，運営に対する支配介入をしてはならない旨を命じ，⑦労働組合の団結権の侵害内容を記載した文書の手交および掲示を命ずる（ポスト・ノーティス命令）というような具体的な救済方法を命ずる場合，この命令の取消しを求める行政訴訟の訴額をどのように算定すべきかという問題が生ずる。

(2)　従来の見解

〔731〕　訴額の捉え方として，①非財産権上の請求として，または財産権上の請求ではあるが訴額の算定が極めて困難な場合として，160万円のみなし訴額によるとの見解と，②労働組合法7条1号，4号の定める不利益扱いに関しては不当労働行為がなければ各組合員が得たであろう金員との差額を算出しこれを合算し，同法7条2号の団体交渉拒否および同条3号の支配介入については非財産権上の請求とし，これらの訴額を合算するとの見解があるとされる[29]。

　さらに，①説には，救済命令の数を基準とする見解（①-A），不当労働行為の数を基準とする見解（①-B），救済命令の申立人の数を基準とする見解（①-C）があり得，②説には不利益扱いと労働組合法7条2，3号の不当労働行為に関する救済命令の間では，同一機会における不当労働行為に関するため訴額の合算は禁止され，いずれか多額の訴額によるとする見解（②-A），労働組合法7条2，3号に関しては具体的救済態様数を考慮することなく非財産権上の請求とみなし訴額1個とし，これと不利益扱いの救済命令の取消請求についての訴額とを合算する見解（②-B），具体的救済方法の態様数ごとに非財産権上の請求としてみなし訴額を算定し，これらの訴額を合算するという見解（②-C）があるとされる[30]。

　②説の中では②-A説が有力である。これによると，懲戒解雇のような従業員の地位の得喪に関する不利益取扱いについての救済命令の取消し申立ての訴額は算定困難により160万円，賃金等経済的待遇上の不利益取扱いについての救済命令の取消し申立ての訴額は従業員が不利益を受けたその額が訴額をなすとされる。「解雇の翌日から就労させるまでの間，同人が得たであろう賃金相当額及びこれに対する各月分の賃金支払日の翌日か

29）小川／宗宮／佐藤編・手引301頁。
30）小川／宗宮／佐藤編・手引302頁。

ら完済までの年5分の割合による金員の支払いを命ずる」救済命令の取消
し申立ては，実質的には減給処分の無効確認と同様に考えることができ，
それゆえ訴額は不利益を受けた金額とするのが妥当だとされる。たとえば，
解雇処分を受けた従業員Aの給与は月額30万円，解雇月から取消しの訴え
提起後1年間の期間が37か月とすると，30万円×37か月＝1110万円が訴額
になるとされる。その他の不当労働行為についての救済命令の取消しは，
これによって原告が受ける利益は非財産権的利益であるとして，訴額は
160万円だとされる[31]。

(3) 検 討

訴額は訴訟物について攻撃者（通常は原告）が勝訴する場合に得られる [732]
利益の金銭的評価であるので，当該訴訟の訴訟物が何であるかが出発点で
ある。①説と②説の対立にも，訴訟物について対立を反映している面があ
ろう。

不当労働行為救済命令の取消しの訴えは行政訴訟であるので，訴訟物は
救済命令の違法性であることになるが，訴訟の審理は労働組合または労働
者が不当労働行為と主張する具体的な事実が不当労働行為に該当するかど
うか，および労働委員会のした救済方法の妥当性である。1通の命令書に
おいて複数の不当労働行為について判断されている場合には，複数の行政
処分が存在し，原告がその一部の行政処分についてのみ取消しを求める場
合には，その行政処分のみが訴訟物になると解される[32]。

次に，1個の不当労働行為についてなされた救済命令において複数の具
体的な救済方法が講じられている場合，その救済方法の数だけ訴訟物が存
在するかどうかが問題となる。②説は救済方法の数だけ訴訟物の存在を想
定し，訴訟物を細分化する見解である。しかし，不当労働行為救済制度の
制度目的からみて救済方法ごとに取消しの申立てをしなければならないこ
とは適切とは思われない。複数の救済方法が命じられ，それらが個別に履
行できるものであっても，不当労働行為は1個であり，救済命令は全体と
して1個の行政処分であり，個々の救済方法は1つの不当労働行為に対す
る救済という目的にために命じられているのであるから，救済方法の数に

---

31) 訴額算定研究123頁；小川／宗宮／佐藤編・手引306頁。

32) 司法研修所編・救済命令等の取消訴訟の処理に関する研究（改訂版）（今井功／髙橋利文／
遠山広直／藤山雅行著，2009年・法曹会）17頁参照。

450 第 8 章 労働訴訟

よって訴訟物を細分化することは妥当でないからである[33]。加えて，不当労働行為を認定して種々の具体的な救済方法を命じた救済命令に対する使用者の取消訴訟において，不当労働行為の存在が否定されると，具体的な救済方法もその基礎を失い，当然維持できない関係にある。すなわち，当事者が具体的な救済方法についての労働委員会の命令の取消しを求めている場合にも，この申立ては，固有の法律効果に向けられておらず，単に不当労働行為の認定を争い，労働委員会の救済命令取消申立てを詳しく書き換えたにすぎないということができる。それゆえ，個々の救済方法についての取消申立てごとに訴訟物は個別化されないというべきである。原告が特定の救済方法のみ取消しを求めている場合にも，訴訟物は不当労働行為ごとに決まり，個々の救済方法についてのみ取消しが求められている場合には，裁判所による請求認容の限界を画するものと解される。

　②説は，以上のような訴訟物の理解に合致しない。②説は，不当労働行為制度が団結権侵害に対する包括的な救済を与えるものであることを軽視するところに問題がある。それゆえ，この訴訟の訴額は①－Ｂ説によって算定されるべきである。団結権の侵害の除去についての労働者側の利益が訴額の算定の基礎とされるべきであり，この利益の金銭評価は必ずしも極めて困難というわけではないが（救済命令において命じられたバックペイなど，裁判長または裁判所がすべき訴額算定の算定の手がかりは存在する），この事件の社会的な性格を考慮して訴額を軽減すべく，規範的訴額説の観点から，全体として160万円を訴額とみなすのが適切である。したがって，不当労働行為が１つであれば，訴額は160万円とみなされるべきであり，労働委員会が１つの救済命令において別個数の不当労働行為についての救済命令を発している場合には，原告がその取消しを求める不当労働行為に関する救済命令の個数によって訴額が算定され，合算されると解すべきである。

　以上のような見方は，労働委員会が個々の救済方法を命じているのに不必要に使用者側を訴額上優遇する結果になっているようにみえるかもしれない。しかし，救済命令取消訴訟の訴額が高額に評価されると，労働側が第一審判決に対して控訴を提起する場合の裁判所手数料の増大をもたらす

33）司法研修所編・前掲注(3)220頁。

ほか，労働者側が支払う弁護士費用にも影響を与えることに注意しなければならない。

2　救済申立棄却命令の取消訴訟

不当労働行為の救済申立棄却命令に対して労働側から取消訴訟が提起される場合の訴額は，救済命令取消訴訟の訴額と同じく160万円のみなし訴額と解すべきである。救済命令申立てにおいて申立人が具体的な命令の内容を提示して申立てをしている場合にも，取消訴訟においては不当労働行為の有無や手続違反の有無が審理の中心であるので，具体的な救済の内容に応じた訴額の算定はなされるべきでない。 〔733〕

第8節　労働者災害補償保険法による遺族年金不支給処分の取消訴訟

第1款　労災保険制度

労働者災害補償保険法は「業務上の事由又は通勤による労働者の負傷，疾病，障害，死亡等に対して迅速かつ公正な保障をするため，必要な保健給付を行い，あわせて，業務上の事由又は通勤により負傷し，又は疾病にかかった労働者の社会復帰の促進，当該労働者及びその遺族の援護，労働者の社会復帰の促進，当該労働者及びその遺族の援護，労働者の安全及び衛生の確保等を図り，もって労働者の福祉の増進に寄与することを目的とする」（同法1条）。この法律による保険給付には，①労働者の業務上の負傷，疾病，障害または死亡（以下「業務災害」）に関する保険給付，②労働者の通勤による負傷，疾病，障害，死亡（以下「通勤災害」）に関する保険給付，および③二次健康診断等の給付がある（同法7条1項）。 〔734〕

業務災害に関する給付には，ⓐ療養補償給付，ⓑ休業補償給付，ⓒ障害補償給付，ⓓ遺族補償給付，ⓔ葬祭料，ⓕ傷病補償年金，ⓖ介護補償給付がある（同法12条の8第1項）。

通勤災害に関する保険給付には，ⓐ療養給付，ⓑ休業給付，ⓒ障害給付，ⓓ遺族給付，ⓔ葬祭給付，ⓕ傷病年金，ⓖ介護給付がある（同法21条）。

452　第8章　労働訴訟

第2款　訴額の算定
1　審査請求前置
〔735〕　被災者またはその遺族が労災保険法に基づく保険給付の申請をしたところ，労働基準監督署長が不支給処分をした場合，決定に不服のある者は労働者災害補償保険審査官に対して審査請求をし，その決定に不服のある者は，労働保険審査会に対して再審査請求をすることができる（同法38条1項）。遺族補償年金不支給処分取消しの訴えは，当該処分についての審査請求に対する労働者災害補償保険審査官の決定を経た後でなければ，提起することができないが（審査請求前置，同法40条），審査請求をしている者は，審査請求をした日から3か月を経過しても審査請求についての決定がないときは，労働者災害補償保険審査官が審査請求を棄却したものとみなすことができるので（同条2項），審査請求をした日から3か月を経過しても審査請求についての決定がないときは，不支給処分取消しの訴え（行政訴訟）を提起することができる。

　　不支給処分が裁判所によって取り消されると，取消判決の拘束力によって支給決定を受けることができるので，この訴えは財産権上の訴えである。不支給処分が取り消されることによって，原則として原告の法的地位に関する確認が除去され，被告は取消判決の判断に拘束される。以上を前提に，訴額の算定について検討しよう。

2　遺族補償年金不支給処分の取消訴訟の訴額
(1)　種々の解決案
〔736〕　遺族補償年金の年額は労災保険法16条の3別表第1により定まるが，原告が終局的に受領する年金総額を正確に算定することはできない。なぜなら，年金受給権の消滅事由を事前に予知することができず，そのため期間の終期が不確定であるほか，年金額の改訂も生ずると予想されるからである。このような困難がある場合に，訴額の算定方法について，いくつかの提案がなされている。
　　① 統計的確率的処理の方法を用いて年金支給期間等の変動要因についても合理的に推定し，訴額を算定する方法。
　　　これは，受給権の消滅事由である受給権者の死亡時期を受給権者の年齢に従い平均余命表を用いて推定し，年金額の改訂は平均賃金の平

均上昇率を利用するものである。以上の方法を用いても，訴額算定の重要な諸要因を具体的に確定することが極めて困難で，客観的合理的な算出基準を見出すことができない場合には，裁量による算定の一方法として，民訴費用法４条２項所定の非財産権上の請求についてのみなし価額（160万円）に準じ，これと同額と解することも許されないわけではないとしつつ，このような取扱いはあくまで例外的なものに限られるべきであり，安易に算定不能とすべきではないという[34]。

② 反復的な給付請求の場合と同様，訴え提起までに給付されるべき金額と訴え提起後12か月（第一審の平均審理期間）以内に給付されるべき金額の合計額を訴額とみなす方法[35]。

③ 処分が取り消されることにより原告が支給を受けるべき金額が明らかな場合はその額を訴額とし，そうでない場合には，財産権上の請求であるが，算定が極めて困難な場合として，民訴費用法４条２項後段により160万円を訴額とみなす方法[36]。

(2) 問題点

①説に対して，将来起こることが必ずしも明確ではない受給権消滅事由〔737〕のうち殊更に死亡の場合だけを取り出し訴額算定の基礎とするのは不明確であること，および受給権者の平均余命等による場合，年金の受給期間が比較的長いので他の見解に比べ訴額が多額になると批判されているが[37]，この批判はもっともである。これは継続的給付を内容とする請求一般に生ずる問題であり，そのような問題として解決されるべきである。反復的給付請求については，１年間や３年間の給付額によって訴額を算定することが主張されており（→〔80〕），また労働訴訟では判決確定までの賃金の支払いを求める訴訟の訴額を１年間の賃金請求権の額と解すべきであるので（→〔713〕），これらと均衡のある解決であることが要請されるほか，遺族補償年金という社会的性質を考慮した訴額算定であることが必要である。

②説に対しては，年金の支給は当該支給決定によって始期および金額が具体化するので，当該支給決定がなされていない時点では給付の始期が不

---

34) 行政事件訴訟実務的研究48頁以下。
35) 訴額算定研究125頁。
36) 訴額算定研究125頁；小川／宗宮／佐藤編・手引314頁。
37) 小川／宗宮／佐藤編・手引314頁。

454　第8章　労働訴訟

明であるため，訴え提起までに給付されるべき金額の算定ができないと批判されている。[38] ③説は，原告はこの不支給処分の取消訴訟の請求の特定のために年金支給金額を特定する必要性はないほか，支給金額の算定には労災法に関する専門知識を必要とするから常に支給金額の特定を要求することは当事者の過重な負担をもたらすので，処分が取り消されることにより支給を受けるべき金額が明らかでない場合には民訴費用法4条2項後段により訴額を160万円とみなすのが正当であると主張する。

　訴額は裁判長または裁判所が裁量によって算定すべきだとの出発点からすれば，②説も③説も成り立つであろう。とくに，②説に対する批判は必ずしも当たらない。なぜなら，年金支給の始期が定まらないことは，訴え提起前の支給額の算定ができないだけであり，これを除外して12か月の支給額によって訴額を算定することができるからである。結果として，訴額算定の極めて困難を理由として160万円の訴額を擬制するより，遺族年金の社会的性格を考慮して12か月分の給付額をもって訴額とすべきであろう。

3　葬祭料の算定方法

〔738〕　葬祭料は，通常葬祭に要する費用を考慮して厚生労働大臣が定める金額である（労災18条）。現在は31万5,000円に給付基礎日額の30日分を加えた額（ただし，その額が給付基礎日額の60日分に満たない場合には，給付基礎日額の60日分）である（労災規17条）。なお，給付基礎日額とは，労働基準法12条にいう平均賃金（→〔714〕）に相当する額とされる（労災8条）。ただし平均賃金に相当する額を給付基礎日額とすることが適当でないと認められるときは，厚生労働省令で定めるところによって政府が算定する額が給付基礎日額とされる（労災8条2項）。

4　併合訴訟

〔739〕　遺族補償年金の不支給処分の取消訴訟と葬祭料不支給処分の取消訴訟を併合する場合には，各請求の価額を合算した額が訴額である。

38）小川／宗宮／佐藤編・手引314頁。

第9章
行政訴訟

第1節　総　説
第2節　税務訴訟
第3節　地方自治関係
第4節　公用負担関係
第5節　農地関係
第6節　公務員関係
第7節　環境行政訴訟
第8節　その他

〔**文献**〕　阿部泰隆「基本科目としての行政法・行政救済法の意義(5)」自治
研究77巻9号（2001年）91頁以下；泉徳治／大藤敏／満田明彦・租
税訴訟の審理について（司法研究報告書第36輯2号，1984年）；司法
研修所編・改訂行政事件訴訟の一般的問題に関する実務的研究
（2000年・法曹会）；園部逸夫編・注解行政事件訴訟法（1989年・有斐
閣）；時岡泰「審理手続」小川一郎ほか編・現代行政法大系第5巻
行政争訟Ⅱ（1984年・有斐閣）139頁以下；藤田耕三「環境行政訴訟
の諸問題」新実務民訴(10)128頁以下；渡辺吉隆／園部逸夫編・行政
事件訴訟法体系（1985年・西神田編集室）

第1節　総　説

第1款　行政訴訟

　行訴法2条は，「行政庁の公権力の行使に関する不服の訴訟」である抗〔**740**〕
告訴訟（行訴3条1項），「当事者間の法律関係を確認し又は形成する処分
又は裁決に関する訴訟で法令の規定によりその法律関係の当事者の一方を
被告とするもの及び公法上の法律関係に関する確認の訴えその他の公法上
の法律関係に関する訴訟」（同法4条）である当事者訴訟，「国又は公共団
体の機関の法規に適合しない行為の是正を求める訴訟で，選挙人たる資格

456　第9章　行政訴訟

その他自己の法律上の利益にかかわらない資格で提起するもの」である民衆訴訟（同法5条），および「国又は公共団体の機関相互間における権限の存否又はその行使に関する紛争についての訴訟」である機関訴訟（同法6条）を行政訴訟とする。

　この行政訴訟については，他の法律に特別の定めがある場合を除き，行訴法が適用されるが（同法1条），行訴法に定めがない事項については民事訴訟の例によるとされ（同法7条），民訴法の規定が準用される。

　行政訴訟には，抗告訴訟，当事者訴訟，民衆訴訟および機関訴訟がある。現行行訴法は，行政庁の公権力の行使に関する不服の訴訟である抗告訴訟として，次の6つの種類，すなわち処分取消しの訴え，裁決取消しの訴え，無効確認の訴え，不作為の違法確認の訴え，義務付けの訴え，差止めの訴えを定め（行訴3条），またこれら以外の抗告訴訟（無名抗告訴訟）を認める余地もあるとされる。

第2款　行政訴訟における訴額

〔741〕　行政訴訟については，簡易裁判所の事物管轄は存在しないから，管轄訴額の問題は生じない。問題は手数料訴額である。これまで，行政訴訟の手数料訴額について特則は存在しないので，民事訴訟の一般原則と異なるところはない[1]。

　行政訴訟においても，財産権上の争訟と非財産権上の争訟が区別される。選挙に関する訴え，旅券発行不許可処分に関する訴え，国籍に関する訴えなどは，非財産権上の訴えである。したがって，手数料訴額は160万円とみなされる。これに対し，租税関係の訴え，農地関係の訴え，公用負担関係の訴えは，財産権上の訴えである。公有水面埋立免許処分取消しの訴えや不作為の違法確認の訴えが財産権上の訴えか，非財産権上の訴えかについては，議論がある。財産権上の訴えについては，訴額は請求の内容に応じて算定されなければならない。

1）最判昭和34・8・28民集13巻10号1348頁＝訟月5巻12号1722頁；最判昭和35・4・5民集14巻5号738頁参照。

1 訴額算定の基礎

行政訴訟の手数料訴額は，原告の申立てから明らかになる原告にとって [742] の事件の意味によって決まるということができる。民事訴訟では，原告が訴えをもって主張する訴訟の目的（訴訟物）の利益によって訴額が算定されるが，行政訴訟では，たとえば処分取消訴訟の訴訟物は当該行政処分の違法性が訴訟物であるとされても，違法性確定の利益は処分の取消しと取消判決の効力が原告にもたらす利益であるから，訴訟物の利益という代わりに原告にとっての「事件の意味」という方が適切であろう。

(1) 原告の利益

訴額算定の基礎は事件についての原告の利益であるが，これは原告の訴 [743] えの申立てに基づき客観的に判断されるところから明らかになる利益である。事件の規模や裁判所の負担，関係人の経済的事情や行政処分に対する公的な利益のような他の事情は，訴額の算定にとっては重要ではない。裁判が被告に対して及ぼす影響は，それがどれほど重大であっても考慮されるべきではない。

(2) 事件の意味

事件に対する原告の利益として，原告の客観的な利益が重要であり，愛 [744] 好家的な利益のような精神的な利益は重要ではない。通常，事件が原告にとって有する意味は，原告の求める規律の経済的な意味内容によって決まる[2]。

(a) 行政処分取消しの訴え この訴えは，当該行政処分が効力を失 [745] うこと，正確には，行政処分が原告に負担を負わせる効力の不発生または除去について原告が有する利益によって決まる。そして，この利益は，行政処分によって行われる規律の種類と内容，および原告自身が行政処分の名宛人であるか，原告は他人を名宛人とする行政処分を争っているのかどうかによって区々でありうる[3]。

(aa) 原告が行政処分の名宛人である場合 原告が行政処分の名 [746] 宛人である場合には，「処分の名宛人である原告の利益は原告に対する作為，受忍または不作為の命令を免れること，行政上の許可・認可・免除の

---

2) BVerwG NVwZ-RR 2003, 904.
3) *Anders/Gehle/Kunze*, Stichwort „Verwaltungsgerichtliches Verfahren" Rn.16.

458　第9章　行政訴訟

ような原告に割り当てられた法的地位の法形成的な変更または剥奪を生じ
させず，またはその法的領域に関する確認を除去すること」にある[4]。たと
えば租税債権について行われた滞納処分として名宛人の財産の差押えを受
けた場合には，後述のように，原告がその存在または履行期を争う租税債
務の額が訴額をなすと考えられる。

〔747〕　　　**(bb)　他人が行政処分の名宛人である場合**　　　原告が他人を名宛
人とする行政処分の効力を争う場合としては，①原告が競業者・競願者で
ある場合と，②原告が地域住民や近隣の住民である場合，一般の消費者で
ある場合，または処分の名宛人と特殊な関係を有する者である場合などが
ある。電波法8条に基づく免許処分に対し同一周波数をめぐって競願関係
にある放送局を開設しようとする者，国有財産の払下げが買受人になる法
定の適格を欠く後順位の申請人に対する違法な売渡処分であると主張して
当該払下処分の取消しを求める競願関係にある者[5]は，競願者の例である。

この場合には，原告は，みずからが有利な地位を手に入れるために，ま
たは少なくともそのための自己のチャンスを確保するために行政処分の取
消しを求める。原告が行政処分の受益者である第三者の侵害
（Beeinträchtigung）に曝されることをおそれる場合，または教科書の検定
不合格処分に対し当該教科書の執筆者がその取消しを求める場合は，②の
場合にあたる。

原告が他人を名宛人とする行政処分の効力を争う場合，訴額の算定に当
たって，①の場合なのか，②の場合なのかを区別すべきである[6]。①の場合
には，問題になっている行政処分が原告を名宛人として行われる場合とす
れば原告がこれによって受ける利益が訴額をなす。この利益は，たとえば
当該周波数の免許や国有財産の払下げという行政処分の価額によってでは
なく，原告がその免許の取得から取得できると考える収入によって算定さ
れるべきである。この原告の収入は，継続的または反復的収入が目指され
る場合には，反復的給付請求の訴額算定方法（→〔80〕）が考慮されるべき
である[7]。②の類型の場合については，このような行政処分取消しの訴えの

4）*Anders/Gehle/Kunze*, Stichwort „Verwaltungsgerichtliches Verfahren" Rn.17.
5）前掲注(1)最判昭和35・4・5は，競願者の取消訴訟に関する判例である。
6）Vgl *Anders/Gehle/Kunze*, Stichwort „Verwaltungsgerichtliches Verfahren" Rn.23 ff.
7）Vgl. *Anders/Gehle/Kunze*, Stichwort „Verwaltungsgerichtliches Verfahren" Rn.24, 29.

訴額の算定のさいは，当該行政処分によって行われる規律が広範な人々に影響を及ぼし，かつ処分の取消しに有する原告の利益が原告の個々の財産権を超えた生存条件の維持というような社会的な利益であり，しかも，そのような利益は多数の原告にとって共通のものであることが多い。訴額の算定に当たって，このような事件の性質と内容が十分斟酌されなければならない（→〔832〕）。

(b) **無効等確認の訴え**　　この訴えは「処分若しくは裁決の存否又は〔748〕その効力の有無の確認を求める訴訟」（行訴3条4項）である。現行法上，無効等確認の訴えは当該処分等に続く処分により損害を受けるおそれのある者その他当該処分等の無効の確認を求めるにつき法律上の利益を有する者で，当該処分等の存否またはその効力の有無を前提とする現在の法律関係に関する訴えによって目的を達することができない場合に限り提起することができるが（行訴36条），この無効等確認の訴えの訴額は当該処分または裁決の無効の確認に原告が有する利益を裁判所が評価することによって定まる。

(c) **不作為の違法確認の訴え**　　「行政庁が法令に基づく申請に対し，〔749〕相当の期間内に何らかの処分又は裁決をすべきであるにかかわらず，これをしないことについての違法の確認を求める訴訟」（行訴3条5項）である。

(d) **義務付けの訴え**　　この訴えは「行政庁がその処分又は裁決をす〔750〕べき旨を命ずることを求める訴訟」（行訴3条6項）である。義務付けの訴えには，非申請型と申請型がある。前者は「行政庁が一定の処分をすべきであるにかかわらずこれがされないとき」に提起することができるものであり（同項1号），後者は「行政庁に対し一定の処分又は裁決を求める旨の申請又は審査請求がされた場合において，当該行政庁がその処分又は裁決をすべきであるにかかわらず，これがされないとき」に提起できるものである（同項2号）。

義務付け訴訟の訴額は，申請型の場合には，原告が申請した行政処分によって原告が得ることのできる利益の評価によって決まる。この利益は，たとえば行政処分によって承認されるべき原告への給付を対象としうる[8]。この場合には，その給付の価額が訴額をなす。また，原告の行政処分の申

---

8) Vgl. *Anders/Gehle/Kunze*, Stichwort „Verwaltungsgerichtliches Verfahren" Rn.28.

460 第9章 行政訴訟

請が建築確認の付与を内容とするような場合には，行政処分によって生ずる当該土地の利用価値の増大が訴額をなすとみることができる[9]。非申請型の場合には，行政庁がなすべき処分または裁決につき原告が有する利益の評価により決まる。

〔751〕　　(e)　**差止めの訴え**　　この訴えは「行政庁が一定の処分又は裁決をすべきでないにかかわらずこれがされようとしている場合において，行政庁がその処分又は裁決をしてはならない旨を命ずることを求める訴訟」（行訴3条7項）である。差止めの訴えは「一定の処分又は裁決がされることにより重大な損害を生ずるおそれが場合に限り，提起することができる」が（同法37条の4第1項本文)，「その損害を避けるため他に適当な方法があるときは，この限りでない」（同項ただし書）。たとえば，任命権者がある職務命令に違反した場合には懲戒処分をする方針を示しているとき，当該職務命令を違法と考える公務員が当該懲戒処分の差止めを求めることができる。

　この訴訟の訴額は，処分または裁決の差止めについての原告の利益を評価することによって定まる。処分または裁決がなされたとすれば原告が蒙るであろう不利益が，処分又は裁決の差止めについての原告の利益の評価の手がかりとなる。

2　裁判所の裁量

〔752〕　訴額の算定が裁判長または裁判所の義務的裁量によって行われることも，民事訴訟と同じである。事件が原告にとって有する意味を判断するさい，裁判所の判断余地がある。

　事件が訴額算定の十分な手がかりを与えない場合，訴額の算定が極めて困難な場合として160万円が訴額とみなされることになろう。しかし，この額はとりわけ違法な行政に対する国民の権利保護を目的とする行政訴訟にとって適切なのかどうか疑問がある。ドイツの裁判費用法52条2項は，このような場合，手数料訴額を5,000ユーロとしてよいことを定めている。

---

9) Vgl. *Anders/Gehle/Kunze*, Stichwort „Verwaltungsgerichtliches Verfahren" Rn.29.

第1節　総　説　*461*

第3款　行政訴訟における訴えの併合と訴額

1　関連請求の併合

(1)　行政訴訟における訴えの併合

　行訴法は，その16条において請求の客観的併合の要件を定め，17条にお〔753〕いて共同訴訟の要件を定めるほか，18条において第三者による請求の追加的併合を，19条1項において原告による請求の追加併合を定めている。これらの場合に併合できる請求は，条文から明らかなように，いずれも「関連請求」である。行訴法が関連請求の併合を許す場合，民事訴訟とは異なり，同種の訴訟手続によって審理すべきか否かを問わず，併合を許し，関連請求を同一訴訟手続によって裁判する道を拓いている。

(2)　関連請求

　ここに関連請求とは，事件の移送に関する行訴法13条の定める「関連請〔754〕求」と同義である。同条によれば，次の①～⑥の請求が，関連請求である。

──**当該処分または裁決に関連する原状回復または損害賠償の請求**（行
　　訴13条1号）

　　　ここにいう損害賠償請求は，国または公共団体等を被告とする民
　　事訴訟である。この関連請求が当該処分または裁決を原因とする場
　　合，その取消しまたは変更を先決問題とする場合，または関連請求
　　の請求原因が取消訴訟の原因と主要部分において共通する場合に，
　　関連性が認められる。民事訴訟では同種の訴訟手続においてのみ請
　　求の併合が許されるが，行政訴訟と民事訴訟は同種の訴訟手続では
　　ないが，この要件を具備する場合，請求の併合を許している。

──**当該処分とともに1個の手続を構成する他の部分の取消しの請求**
　　（行訴13条2号）

　　　土地収用法に基づく事業認定（→〔789〕）と収用委員会の裁決の
　　ように，2つ以上の処分が行政目的の実現のために1つの手続を構
　　成する場合，これらの処分の取消しの請求は関連請求である。

──**当該処分に係る裁決の取消しの請求**（同条3号），**当該裁決に係る
　　処分の取消しの請求**（同条4号）

　　　原処分の取消しの請求と原処分に対する行政不服審査手続におけ
　　る裁決の取消しの請求との間で関連請求の関係を認めたものである。

──**当該処分または裁決の取消しを求める他の請求**（同条5号）

462　第9章　行政訴訟

　　　同一の処分または裁決についてその取消しを求める複数の者の請
　　求を関連請求と認めるものである。複数の周辺住民の提起する原子
　　炉設置許可処分の取消し請求はその典型である。
　――その他当該処分または裁決の取消しの請求と関連する請求（同条6
　　号）

〔755〕　行訴法13条1～5号の要件に該当しない場合にも，当該処分または裁決
　　の取消し請求と一定の関連性を有する請求も関連請求とされる。どの程度
　　の関連性があれば足りるかについて，実務では争点と証拠の共通性が存在
　　する場合には関連性を認める柔軟な運用がされているといわれている[10]。判
　　例は，同一敷地にあって1つのリゾートホテルを構成している複数の建物
　　（21棟）の固定資産課税台帳の登録価格についてなされた審査申出の棄却
　　決定の取消しを求める各請求（21の請求）につき，「本件訴訟に係る各請
　　求の基礎となる社会的事実は一体としてとらえられるべきものであって密
　　接に関連しており，争点も同一であるから，上記各請求は，互いに行政事
　　件訴訟法13条6号所定の関連請求に当たるものと解するのが相当である。
　　したがって，上記各請求に係る訴えは，同法16条1項により，これらを併
　　合して提起することができるものというべきである。このように解するこ
　　とが，審理の重複や裁判の矛盾抵触を避け，当事者の訴訟提起・追行上の
　　負担を軽減するとともに，訴訟の迅速な解決にも役立つものというべきで
　　ある」[11]と判示し，訴額の合算を認め，訴額の合算により手数料を算出し
　　た原告の手数料の納付につき不足はないとした。
　　　以上の請求が行訴法にいう関連請求ではあるが，具体的な請求が関連請
　　求に当たるかどうかの判断が区々になることがある。関連請求に当たる場
　　合には，後述のように請求の併合により訴額が合算され（請求が経済的に
　　同じ目標を有している場合には合算は禁止され，いずれか多額の方の訴額によ
　　る），訴額においても差が生ずる。

　　(3)　関連請求の要件を具備しない場合

〔756〕　原告が，関連請求として併合訴訟を提起し，たとえば訴額を合算し，裁
　　判所手数料を算定し納付している場合，または複数の訴訟物が存在するが

---

　10)　行政事件訴訟実務的研究237頁。
　11)　最判平成17・3・29民集59巻2号477頁＝判時1890号43頁。

その経済的目標が同一であるので，訴額は合算されないとして，経済的に同一の訴訟対象として額の多い方の請求の訴額により手数料を算出してこれを納付している場合がある。この場合には，併合された請求が実際には関連請求の要件を具備しないときは，受訴裁判所は併合要件を欠くものとして弁論を分離し，その段階で各請求について訴額を算定し，不足分の手数料の追納を求める必要が生ずる。裁判実務では，訴状の受付のさい，併合が不適法であるとして，裁判所書記官が各別の訴額算定により各請求ごとに手数料の納付を原告に促すことができるかどうかが問題となる。請求の併合が適法であるか否かは，受訴裁判所が判断すべき事項であるから，裁判所書記官によるこのような補正の促しはできないと解される[12]。

2　訴えの客観的併合

(1)　意　義

　取消訴訟を提起する原告は，同一被告に対し上述の関連請求に係る訴え〔757〕を併合することができる（行訴16条）。民事訴訟においては，訴えの客観的併合は数個の請求が同種の訴訟手続によって審理裁判できることを要件（の1つ）とするが（民訴136条），行訴法は，関連請求であれば，同種の訴訟手続によって審理裁判できる場合に限らず請求の併合を許す。たとえば，民事訴訟により審理裁判される損害賠償請求を行政処分の取消訴訟に併合することも，関連請求であれば適法である。

(2)　手数料訴額

　行政訴訟における訴額の算定には，原則として民訴法9条1項の準用が〔758〕ある。これによれば，1つの訴えにおいて主張された数個の請求の価額は，経済的にみて独立の価値を有する場合には，合算されなければならない（原告は合算による利益を得ることができる）。併合態様は問わないし，原始的併合の場合に限らず，事後的に請求の併合が生ずる場合をも含む（ただし，併合要件の具備が必要。→〔115〕）

　これに対し，「訴えで主張する利益が各請求について共通である場合」には，請求の価額は合算されてはならず，額の大きい方の請求の価額が訴額となる。たとえば，課税処分の取消訴訟とすでに納付された額の返還請

---

12) 同旨：訴額算定研究126頁。

464 第9章 行政訴訟

求訴訟が併合される場合，返還請求の価額は訴額の算定のために独立して評価されるべきでない。両者は経済的にみて共通の利益を追求するものだからである。

3 訴えの主観的併合 (共同訴訟)

(1) 意 義

〔759〕 　1人または数人の原告が取消訴訟を提起するさい，当該取消訴訟の被告以外の者に対する関連請求に係る訴えを当該取消訴訟に併合して提起することができる (行訴17条)。民訴法上の訴えの主観的併合とは異なり，同種の訴訟手続によって審理裁判すべき場合に限られない。私人が都道府県を被告とする行政処分の取消申立てと当該処分にかかる裁決をした国に対する裁決取消申立てを併合する場合は，このような共同訴訟である。

(2) 手数料訴額

〔760〕 　訴えの主観的併合の場合にも，民訴法9条1項の準用により個々の請求の訴額の算定が必要になる。その場合に訴額の合算が行われるかどうかは，その複数の請求が経済的に独立した請求であるか，それとも経済的に一体性のある請求であるか否かに依存する。複数の請求が経済的に独立した請求である場合には，訴額は合算され，手数料額が算出される。[13]

　これに対し，複数の請求が経済的にみて独立しておらず一体性を有している場合には訴額は合算されてはならず，多額の方の請求の訴額によって手数料額が算出される。たとえば，土地に対する課税処分に対して土地共有者の提起する取消訴訟において，共有者は経済的に共通の利益を追求するので，訴額は人数分合算されてはならない。

4 第三者による請求の追加的併合

(1) 意 義

〔761〕 　当事者間に取消訴訟が係属している場合に，第三者が取消訴訟の当事者の一方を被告として，取消訴訟の関連請求に係る訴えを追加的に併合することができる。たとえば，競願者の1人 (X_1) がAに対する許可処分の

---

13) 神戸地判昭和30・3・15行集6巻3号578頁 (事業税賦課処分の無効確認を求める数人による共同訴訟について)。

取消しを求めて提起した取消訴訟の係属中に他の競願者（X₂）が被告に対してこの許可処分の取消訴訟を併合提起する場合は，第三者による請求の主観的追加的併合である。取消訴訟が高等裁判所に係属しているときは，関連請求に係る訴えにつき被告の同意が必要である（行訴18条後段）。関連訴訟についての被告の審級の利益を害さないためである。

(2) 訴 額

　第三者による請求の追加的併合は，第三者が当事者の一方を相手方とし〔762〕て自身の請求について裁判を求めるものである。従来は，これは通常の行政訴訟の提起と異なるところはないとして，第三者の請求の内容に応じて訴額を算定し，これにより手数料額を算出すればよいとされている。[14]

　しかし，第三者が原告の側に立つ場合には，追加的共同訴訟が成立するから，民訴法9条1項により，追加された請求が独自の経済的利益を有する限り，手数料訴額は合算され，手数料額を算出すべきである。経済的独立性を有しない場合には額の大きな方の請求の訴額により手数料を算出する。

5　原告による請求の追加的併合

(1) 意 義

　取消訴訟の係属中に，原告は被告または第三者を相手方として関連請求〔763〕を追加的に併合提起することができる（被告に対するものを客観的追加的併合といい，第三者に対するものを主観的追加的併合という）。取消訴訟が高等裁判所に係属しているときは，関連請求に係る訴えにつき被告の同意が必要である（行訴18条後段）。被告の審級の利益を害さないためである。

(2) 訴 額

　原告による請求の客観的追加的併合によって事後的な請求の客観的併合〔764〕が成立するので，追加された請求が経済的に独立性を有する限り，訴額は合算されるべきである。追加された請求が経済的に独立性を有しない場合には，訴額は合算されるべきでなく，額の大きな請求の訴額によって手数料額の算出が行われるべきである。

　原告による請求の主観的追加的併合によって事後的な共同訴訟が成立す

---

14) 民事訴訟費用研究313頁。

466　第9章　行政訴訟

るので，この場合には原始的共同訴訟の場合と同じように，第三者に対する請求が経済的に独立した請求である場合には，訴額は合算され，手数料額が算出される。これに対し，第三者に対する請求が経済的にみて独立しておらず一体性を有している場合には，訴額は合算されてはならず，多額の方の請求の訴額によって手数料額が算出される。

第4款　行政訴訟における訴えの変更

〔765〕　行政訴訟の係属中に種々の事情によって，原告が訴えを変更する必要が生ずることがある。行訴法21条1項は「裁判所は，取消訴訟の目的たる請求を当該処分又は裁決に係る事務の帰属する国又は公共団体に対する損害賠償その他の請求に変更することが相当であると認めるときは，請求の基礎に変更がない限り，口頭弁論の終結に至るまで，原告の申立てにより，決定をもって，訴えの変更を許すことができる」と定め，この規定は取消訴訟以外の抗告訴訟にも準用されている（同法38条1項）。たとえば，行政処分の取消訴訟の係属中に訴えの利益が消滅した場合，原告は，裁判所が相当と認めれば，請求の基礎に変更がない限り，当該処分に起因する損害賠償請求に請求を変更することができ，それまでの審理結果を利用することができる。原告は前述の請求の追加的併合によって関連請求を提起し，取消訴訟を取り下げれば同じ目的を達することができるが，訴えの変更は関連請求に限らず可能であること，旧請求の取下げについての被告の同意が不要であること，控訴審においても訴えの変更は被告の同意が不要であるという特徴がある。

　裁判所手数料も，訴えの変更の手数料についての規律が適用される。すなわち，訴え変更後の新請求についての訴額に基づき算出された手数料額から，旧請求についてすでに納付された手数料額を控除した差額を納付すれば足りる（民訴費別表第1の5の項の下欄）。

第5款　第三者または行政主体の訴訟参加

〔766〕　係属中の訴訟に訴訟の結果に利害関係を有する第三者が自己の権利利益を擁護するために訴訟に参加することを訴訟参加というが，行訴法は第三者の訴訟参加と行政庁の訴訟参加について規定している。

1　第三者の訴訟参加

「裁判所は，訴訟の結果により権利を害される第三者があるときは，当〔767〕事者若しくはその第三者の申立てにより又は職権で，決定をもって，その第三者を訴訟に参加させることができ」（行訴22条１項），この規定により訴訟に参加した第三者は，民訴法40条１項から３項までの規定の準用により，必要的共同訴訟人に準じた地位を取得する（同条４項）。

参加申立ての手数料は，民訴費用法別表第１の17の項ニにより500円である。

2　行政庁の訴訟参加

「裁判所は，処分又は裁決をした行政庁以外の行政庁を訴訟に参加させ〔768〕ることが必要であると認めるときは，当事者若しくはその行政庁の申立てにより又は職権で，決定をもって，その行政庁を訴訟に参加させることができ」（行訴23条１項），この規定により訴訟に参加した行政庁は，民訴法45条１項および２項の規定の準用により，補助参加人に準ずる地位を取得する（同条３項）。

参加申立ての手数料は，民訴費用法別表第１の17の項ニにより500円である。

次節以下では，いくつかの典型的な行政事件訴訟の訴額の算定について検討したい。

第2節　税務訴訟

〔**文献**〕　泉徳治・租税訴訟の審理について（1984年・司法研究報告書36輯２号）；松沢智・租税争訟法（1977年・中央経済社）；山田二郎／石倉文雄・税務争訟の実務（1978年・新日本法規出版）

第１款　賦課決定処分（変更決定処分を含む）および更正処分の取消しを求める訴え

これらの訴えにより税務署長のした賦課決定処分が裁判所により取り消〔769〕されると，納税者は賦課された税の納付を免れることができる。それゆえ，

468 第9章 行政訴訟

この訴えは直接経済的利益の取得を内容とする請求であり，財産権上の請求である。[15] 原告が勝訴判決によって受けることができる経済的利益は，原告が処分の取消しによって納付を免れる税額，すなわち賦課決定額または更正決定額から原告主張の税額を差し引いた残額であり，これが訴額をなす。[16] 延滞税および利子税は賦課決定処分，更正処分に附帯するものであるから，訴額に算入されない。

　本税についての賦課決定処分，更正処分の取消しの訴えに，過少申告加算税，無申告加算税または重加算税などの附帯税の取消しの訴えが併合提起された場合，附帯税の取消しの訴えは附帯請求とみられ，訴額に算入されないのかどうかが問題となる。訴額への算入を否定するのが多数説である。[17] 附帯請求であるかどうかはともかく，加算税は，本税が取り消されることにより，加算税の納付義務もその基礎を失い当然消滅する関係にある。[18] そのため，加算税の取消しの申立ては，固有の法律効果に向けられておらず，単に本税の賦課処分または更正処分の取消しの申立てを詳しく書き換えたにすぎず，固有の経済的利益を伴っていないので，民訴法9条1項本文の適用がなく，それゆえ訴額に算入されないと解すべきである（→〔117〕）。[19]

　数年にわたる課税処分の取消申立てを併合して訴えを提起した場合，訴えの併合要件である関連請求（行訴13条）に当たるか否かについて見解の対立がある。関連性を欠くという見解によれば，訴えの併合は許されず（行訴16条1項），受訴裁判所は弁論を分離し，各取消申立てごとに手数料訴額を算定し，これに基づき別々に手数料を算出しなければならない。これに対し，関連請求に当たるという見解によれば，訴えの併合が許されるので，手数料訴額を合算して手数料額を算出することになり，原告は手数

---

15) 行政事件訴訟実務的研究46頁。

16) 前掲注⒀神戸地判昭和30・3・15；訴訟費用研究269頁；時岡泰「審理手続」小川一郎ほか編・現代行政法大系第5巻行政争訟Ⅱ（1984年・有斐閣）139頁，141頁；園部編・注解行訴法446頁〔大田幸夫〕；訴額算定研究127頁；行政事件訴訟実務的研究51頁；小川／宗宮／佐藤編・手引318頁。

17) 昭和48年1月25日法曹会決議，曹時25巻7号167頁；行政事件訴訟実務的研究51頁注⑵。

18) 東京地判昭和50・1・31行集26巻1号108頁参照。

19) 訴額算定研究302頁は，加算税の賦課決定処分の取消しによって原告の得る利益は本税の更正処分の取消しによる経済的利益との関係では副次的な利益だとし，民訴法9条2項の違約金に含まれるとするが，本文で述べたように加算税の取消しの申立ては，申立てとして独自の経済的利益を伴っておらず，本税の更正処分の取消しの申立ての書換えにすぎないという点に求められるべきである。

料の逓減の利益を受けることができる。[20]

第2款　滞納処分の取消しを求める訴え

1　滞納処分取消しの訴え

　滞納処分は，租税債権の滞納が生じた場合に行われる，債務者の財産を〔770〕差し押さえ，これを強制的に換価し，租税債権の満足に充てる強制換価手続である。

　滞納処分取消しの訴えは，原告が滞納処分の違法を主張して裁判所にその取消しを求める抗告訴訟である。

2　手数料訴額

　租税債権の滞納があり，不動産または動産が差し押えられた場合，債務〔771〕者等が滞納処分取消しの訴えを提起し，裁判所により滞納処分が取り消されると，滞納処分による目的物の処分禁止が解かれ，債務者等はその所有権の喪失を防止することができる。この債務者等の利益は財産権上のものであるから，滞納処分取消しの訴えは財産権上の請求である。[21]

⑴　債務者が提起する滞納処分取消しの訴え

　滞納処分取消しの訴えを提起するのが債務者である場合には，差押えの〔772〕目的物が不動産や動産のときは，①当該不動産または動産の価額をもって訴額とする見解，[22]②具体的執行行為の排除を求める請求異議訴訟のごとく，滞納税額と目的物件の価額を対比し低額の方を基準として算定すべきだとする見解，[23]③この訴訟の訴額を訴額通知7⑴（所有権に基づく物の引渡し（明渡し）訴訟）に準じて，差押物件の価額の2分の1とすべきとし，差押えの目的物が債権のときはその債権の額をもって，有価証券が差押えの目的物であるときは当該有価証券の表章する権利の価額をもって訴額とみる

20）訴額算定研究128頁は，訴状の受付段階としては，合算して得た額を訴額とするのが相当だという。同書によれば，東京地裁，大阪地裁はじめアンケートに回答した7割以上の裁判所が合算を肯定しているという。

21）前掲注⑴最判昭和34・8・28。

22）東京地判昭和33・1・11行集9巻1号43頁；園部編・注解行訴法447頁〔大田〕；行政事件訴訟実務的研究51頁。

23）民事訴訟費用研究271頁；時岡・前掲注⒃142頁；渡辺／園部編・行訴法体系330頁〔廣木重喜〕。

470　第9章　行政訴訟

べきだとする見解が有力に主張されている。もっとも，③説は，その主張する基準によって算定された価額よりも滞納処分に係る滞納税額の方が少額のときは，訴額は滞納税額を限度とするという[24]。そして，この見解は，その理由づけとして「滞納者の提起する訴えは，民事訴訟事件の具体的執行行為の排除を求める請求異議事件に比肩できる」[25]とか，訴訟物についての債務者の利益は所有権に基づく妨害排除請求が認容されることによる利益と共通性を有すると主張されている[26]。

〔773〕　このうち，請求異議比肩説は，請求異議の訴えは判例・通説によれば原則として債務名義の執行力の排除を目的とする訴訟であるが，実務は具体的執行処分の排除のためにも請求異議の訴えを提起することを許し（→〔581〕），その場合の訴額を執行対象たるものの価額を基礎に算定するとしているので，滞納処分の取消訴訟も具体的執行処分の排除を目的とする請求異議の訴えと同視するものである。この請求異議訴訟の訴額は，通常の請求異議訴訟の訴額とは異なり，差し押さえられた目的物の価額とされることから，滞納処分取消しの訴えの訴額も具体的執行処分の排除のための請求異議訴訟の訴額と同じように算定すべきものとするのであるが，このような請求異議訴訟を適法とすることに疑問があるので（→〔581〕），滞納処分取消しの訴えの訴額を，この請求異議訴訟の訴額に準じて算定することには問題がある。また，所有権に基づく妨害排除請求の訴額と同じように算定することにも問題がある。滞納処分取消訴訟の請求認容判決が確定しても，原告の所有権が既判力により確定しないことはもちろんのこと，所有権に基づく妨害排除請求権の存在も既判力により確定しない。この訴えは，所有権に基づく妨害排除請求ではない。それは，租税債権の存在またはその履行期を争い，滞納処分が不当であることを主張する訴訟であり，請求が認容されると，裁判所は当該滞納処分を取り消す。したがって，この訴訟の訴額は原告がその不存在または履行期の未到来を主張する当該租税債権の額（滞納税額）であると解すべきである。

24）民事訴訟費用研究271頁；訴額算定研究130頁；小川／宗宮／佐藤編・手引322頁；行政事件訴訟実務の研究51頁。

25）民事訴訟費用研究271頁。

26）渡辺／園部編・行訴法体系330頁［廣木］；訴額算定研究130頁；小川／宗宮／佐藤編・手引322頁。

⑵　第三者が提起する滞納処分取消しの訴え

　第三者が滞納処分の目的物に対する所有権等を主張してその取消しの訴　〔774〕
えを提起する場合には，滞納処分が取り消されることにより，第三者が被
差押財産に対する権利の喪失を防止する利益を得るので，この利益は第三
者異議訴訟の原告の利益に比肩することができ，したがって訴額も第三異
議訴訟の訴額算定方法に準拠すべきであり，その結果，訴額は滞納処分の
目的物の価額が基準となると主張されている。[27] この見解によれば，不動産
または動産の差押えの場合には，訴額通知7⑴または⑶を準用して，原則
として被差押不動産または被差押動産の価額の2分の1（所有権の場合）
または3分の1（占有権の場合）が訴額であり，債権または有価証券の差
押えの場合には，債務者による滞納処分の取消しの訴えの場合と同じく，
原則として債権額または当該有価証券の表章する権利の価額が訴額である。[28]
ただし，滞納税額が以上の方法で算定された訴額に満たない場合には，換
価代金のうち差押債権である租税債権に配当されるのは滞納税額に限定さ
れることを理由に，訴額は滞納税額によって限界づけられるとする。[29]

　第三者異議訴訟の訴額に準じて，この訴訟の訴額を算定することは合理　〔775〕
的であろう。しかし，上記の見解は，第三者異議の訴えの訴額の理解自体
に問題があるので（→〔585〕以下），これを支持することができない。第三
者異議の訴えにおいて，第三者が執行目的物の譲渡または引渡しを妨げる
権利を有することは訴えの理由具備要件ではあるが，第三者異議の訴えは，
第三者の譲渡または引渡しを妨げる権利の存在それ自体の確定を目的とす
るのではなく，執行目的物に対する具体的な執行の排除を目的とする。し
たがって，譲渡または引渡しを妨げる権利は，訴額の決定にとって何らの
役割をも果たさない。それゆえ，目的物の価額を出発点とし，所有権に基
づく妨害排除請求の訴額を類推することは基礎を欠く。訴額算定の基礎に
なるのは，差し押さえられた目的物の価額が執行債権の額を下回るのでな
い限り，訴え提起の時点における執行債権の額でなければならない。第三
者異議の訴えが執行の阻止を目的とし，したがって執行によって債権者に

27）　前掲注⑴最判昭和34・8・28；民事訴訟費用研究322頁；時岡・前掲注⒃142頁；渡辺／園
　　部編・行訴法体系330頁［廣木］；小川／宗宮／佐藤編・手引322頁。

28）　訴額算定研究131頁。

29）　訴額算定研究131頁；小川／宗宮／佐藤編・手引322頁。

472 第9章　行政訴訟

生ずる利益の阻止を目的とするのであるから，訴え提起時の執行債権の価
額が訴額でなければならない（→〔587〕）。それゆえ，第三者異議の訴えの
訴額に準じて考える場合，第三者が目的物についての自己の権利を主張し
て滞納処分の取消しの訴えを提起する場合の訴額は，正しい見解によれば，
訴え提起時における滞納処分によって実現されようとしている滞納税額で
ある。もちろん，被差押財産の価額がこの滞納税額に満たない場合には，
訴額は目的物の価額によって限界づけられる。

第3款　青色申告承認取消処分の取消しの訴え

〔776〕　納税者が青色申告書の提出について税務署長の承認を受けると，青色申
告制度を利用することができ，この場合，所得計算上の特典（たとえば青
色申告特別控除〔租特措25条の2〕，純損失の繰越控除〔所得70条〕など）や課
税手続上の特典（純損失の繰越による還付請求〔所得140条〕，更正の制限・更
正理由の付記〔所得155条〕など）を受けることができる。

　青色申告承認取消処分を受けた納税者がその取消処分の取消しを求めて
訴えを提起する場合，この訴訟の請求認容判決によって原告が受ける利益
は財産権上のものなのか，非財産権上のものなのかがまず問題となる。1
つの見解によれば，原告の受ける利益は非財産権的利益であり，[30]訴額は民
訴費用法4条2項前段により160万円とみなされる。他の見解は，所得計
算上の特典や課税手続上の特典を受ける利益は財産権的利益であるとみた
うえで，その算定は極めて困難であるから，民訴費用法4条2項後段によ
り，訴額は160万円とみなすのが妥当だとする。[31]

　青色申告の承認取消処分の取消しの訴えは，税務署長の更正処分の取消
しの訴えと併合して提起されることが多いとされる。これは，青色申告の
承認が取り消されると，白色申告に引き直した更正処分が行われるためで
ある。これらの処分によって原告が受ける不利益は青色申告制度の特典の
喪失に起因するものであり，したがって，これらの訴えによって原告が回
復する利益は両者に共通であるから，訴額の合算は行われるべきではない。

30）民事訴訟費用研究272頁；園部編・注解行訴法446頁［大田］；渡辺／園部編・行訴法体系
　　330頁［廣木］；条解行訴法592頁［青木康／今村哲也］。
31）泉徳治／大藤敏／満田明彦・租税訴訟の審理について（司法研究報告書36輯2号，1984年）
　　68頁［泉］；松沢智・租税争訟法（1977年・中央経済社）250頁；訴額算定研究132頁。

第2節　税務訴訟　*473*

多額のほうの訴えの訴額が，この併合訴訟の訴額となる。

第4款　固定資産評価額に関する審査決定の取消しの訴え

1　固定資産評価額に関する審査決定の取消し

　固定資産税の課税は，固定資産課税台帳に登録された不動産価格（固定〔777〕資産評価額）に基づき行われる（地税349条）。そして特例として，この固定資産評価額に一定の修正を施した額が課税標準額とされることが多い（地税349条の3の21ほか）。

　固定資産評価額に不服のある納税者は，地方税法432条の規定により固定資産評価審査委員会に対して審査の申出をすることができる。同委員会がした審査決定に不服があるときは，納税者はさらにその取消しの訴えを提起し，これを争うことができる（地税434条1項）。固定資産評価審査委員会の決定が判決により取り消されると，委員会は判決の内容に従って改めて決定を行い，その決定を市町村長に通知する（同法433条12項）。通知を受けた市町村長は，固定資産課税台帳に登録された価格等を修正する必要があるときは，その通知を受けた日から10日以内にその価格等を修正して登録し，その旨を当該納税者に通知しなければならない（同法435条1項）。この場合，市町村長は，固定資産税の賦課後であっても，その修正した価格等に基づいて，すでにした賦課額を更正しなければならない（同条2項）。

2　審査決定の取消しの訴えの訴額

　この訴えの手数料訴額は，審査決定が取り消された場合に原告が得る利〔778〕益である。この利益は，固定資産評価審査委員会がした固定資産評価額により算定される課税標準額により算出した税額から，原告主張の固定資産の価格より算定される課税標準額により算出される税額を差し引いた差額であり，[32] 原告がみずから正しいと思う評価額を何ら主張しないで単純に審査決定の取消しを申し立てている場合には，課税された税額全部を訴額と見ざるを得ないという見解が主張されている。[33]

　この見解によれば，たとえばY市固定資産評価審査委員会が，X所有不

---

32) 訴額算定研究133頁；行政事件訴訟実務的研究52頁；小川／宗宮／佐藤編・手引327頁。
33) 小川／宗宮／佐藤編・手引327頁。

動産の固定資産評価額を2億円とする審査決定をした（これにより算出される課税標準額は1億4000万円）ところ，Xは評価額は1億4000万円（これに基づき算出される課税標準額は1億500万円）であるべきだと主張して審査決定の取消しを求める訴えを提起した場合の訴えは，固定資産税と都市計画税は納税義務者と課税標準が同じで，原則として同時に賦課される場合には，（1億4000万円－1億500万円）×（固定資産税率1.4％＋都市計画税率0.3％）＝595,000円である。

　しかし，以上の見解にはいくつかの疑問点がある。1つは，固定資産評価審査委員会がした固定資産評価額が高過ぎ，取り消される場合には，新たな固定資産評価額は次期（3年後）の評価替えまで適用されるのであるから，審査決定の取消しについての原告の利益は，税額の差額の1年分ではなく，3年分でなければならないのではないかという点である。上記の見解はこの点については，固定資産評価額は決定後3年間据え置かれるとは限らず，毎年評価し直される可能性があること（地税349条）を指摘し，単年度の税額の差額を基準にするのが相当とするのであるが，[34]実際には毎年評価替えが行われることは殆どないのであるから，この理由づけは不十分であるように思われる。とはいえ，固定資産評価委員会の審査決定が判決によって取り消されると，委員会は判決の内容に従って改めて決定をしなければならないので，審査決定の取消しについての原告の利益も審査決定の取消し申立ての時点を基準とすべきであると考えられる。第2に，原告が自己の主張する評価額を示さない場合，課税された税額の全部を訴額とみるのは原告の意思に反する。原告は妥当な固定資産評価額の算出を求めているので，裁判所の裁量により妥当な訴額を算定すべきであると考えられる。手がかりは，固定資産評価審査委員会がした固定資産評価額により課税される税額と前年度の固定資産税の税額との差額であり，これを考慮して裁判長または受訴裁判所が裁量で定めるべきであろう。

34）訴額算定研究133頁。

第3節　地方自治関係　*475*

第3節　地方自治関係

第1款　住民訴訟

1　住民訴訟

　地方自治法によれば，普通地方公共団体の住民は，当該普通地方公共団〔779〕
体の長もしくは委員会もしくは委員または当該普通地方公共団体の職員に
ついて，違法もしくは不当な財務会計行為があると認めるとき，または違
法もしくは不当に公金の賦課もしくは徴収もしくは財産の管理を怠る事実
（「怠る事実」）があると認めるときは，当該行為があった日または終った日
から原則として1年以内にこれらを証する書面を添えて監査委員に対し監
査を求め，当該行為の防止，是正または当該怠る事実を改めること，また
は当該行為もしくは怠る事実によって普通地方公共団体がこうむった損害
の補填に必要な措置を講ずべきことを請求することができる（地方自治242
条1項）。

　住民監査請求を行った住民は，監査委員の監査結果または勧告等に不服
がある場合，監査結果または勧告等の通知を受けた日から30日以内に，違
法な財務会計行為等の差止めの請求（同法242条の2第1項1号），行政処分
たる当該行為の取消しまたは無効確認請求（同項2号），「怠る事実」の違
法確認請求（同項3号），当該職員または当該行為もしくは怠る事実に係
る相手方に損害賠償または不当利得返還の請求をするよう当該普通地方公
共団体の執行機関または職員に対して求める請求（ただし，当該職員がま
たは当該行為もしくは怠る事実に係る相手方が地法自治法243条の2第3項の規
定による賠償命令の対象となる者である場合には，当該賠償命令をすることを
求める請求）をすることができる（同項4号）。これが**住民訴訟**であるが，
住民訴訟を提起するには必ず住民監査請求を経なければならない（監査請
求前置主義）。

2　住民訴訟の手数料訴額

　手数料訴額については，地方自治法242条の2第1項4号が損害賠償請〔780〕
求や不当利得返還請求を定めているので，同号の問題として論じられるこ
とが多い。この場合の訴額算定方法として，①この訴訟の訴訟物である権
利の帰属主体は当該地方公共団体であり，住民訴訟は代位訴訟の形式をと

476 第9章 行政訴訟

るものであるから，訴額は当該地方公共団体が受ける利益を基準として算
定すべきだから，その請求金額が訴額をなすとする見解，[35] ②住民訴訟は代
位訴訟の形式をとるけれども，住民訴訟の特殊な目的性格を考慮し，訴額
算定の基礎となる原告の利益は当該地方公共団体の損害が回復されること
によって原告を含む当該地方公共団体の住民全体の受けるべき利益である
とし，しかしその算定の客観的合理的な基準を見出すことは困難であるか
ら160万円を訴額とみなす最高裁判例の見解，[36] ③裁判所の合理的裁量によ
るという見解がある。最高裁は「住民訴訟の特殊な目的及び性格にかんが
みれば，その訴訟の訴額算定の基礎となる『訴を以て主張する利益』につ
いては，これを実質的に理解し，地方公共団体の損害が回復されることに
よってその訴の原告を含む住民全体の受けるべき利益がこれにあたるとみ
るべきである。そして，このような住民全体の受けるべき利益は，その性
質上，勝訴判決によって地方公共団体が直接受ける利益すなわち請求に係
る賠償額と同一ではありえず，他にその価値を算定する客観的，合理的基
準を見出すことも極めて困難であるから，結局，費用法4条2項（旧法
──引用者）に準じて，その価額は35万円（現行法上は160万円──引用者）
とすることが相当である」[37]と判示した。

　職員や相手方に対する損害賠償請求や不当利得返還請求は，明らかに財
産権上の請求である。しかし住民訴訟は原告住民の個人的な権利利益の保
護・実現を目的とするものではなく，普通地方公共団体の長や職員等の違
法行為の抑止や是正が問題なのである。この訴訟の勝訴判決によって得ら
れる直接の利益は当該普通地方公共団体に帰属するので，原告住民の受け
る利益は住民全体と平等の割合で算出される額にすぎない。この原告住民
の利益を金額で表示することは極めて困難であるため，民訴費用法4条2
項後段により，訴額は160万円とみなされる。

　今日では，この手数料訴額は算定の極めて困難な場合として160万円と
みなすのが裁判実務である。もっとも，判例の事案においては約8億円の

---

35) 名古屋地判昭和51・7・14行集27巻7号1024頁＝判時834号27頁。
36) 最判昭和53・3・30民集32巻2号485頁＝判時884号22頁；同旨：名古屋高判昭和51・10・
　　18判時834号30頁。注釈民訴(1)230頁〔佐藤〕は，①説では訴額が「極めて高額になってしま
　　うことがあるので，地方行政の適正な運営を維持することを目的とする住民訴訟の提起を結
　　果的に閉ざすことになりかねない」等と，①説を批判している。
37) 民集32巻2号488頁以下。

支払請求がなされたのであるが，請求金額が160万円未満のものについて
も訴額の算定が困難な場合として160万円を訴額とみなすべきか否かとい
う問題が残る。判例が請求額と訴額の関連性を認めない立場に立つことを
理由に，このような場合にも訴額は160万円とするのを妥当とする見解が
主張されているが[38]，請求額が160万円未満の場合には，請求が全部認容さ
れても，原告住民の訴訟の結果に係る利益が160万円に達しないことが明
らかであるから，請求金額を限度とするのが通常の見方であろう[39]。

　以上のように損害賠償請求や不当利得返還請求について訴額の算定困難
を理由に，原則として160万円が訴額とみなされる以上，地方自治法242条
の2第1項1号ないし3号の定める請求にも，判例の説示は妥当するので，
訴額は民訴費用法4条2項後段により160万円とみなされることになる[40]。

　多数の住民が同一の違法な財務会計行為を対象として共同訴訟を提起す
る場合，各人の請求が全部認容されても実現するのは1つの結果だけであ
るから，各原告が提起する訴えには経済的に一体性がある。したがって，
原告が何人でも訴額は160万円ということになる[41]。

3　地方自治法242条の2第7項に基づく訴え

　地方自治法242条の2第1項の規定による訴訟を提起した者は，勝訴し〔781〕
た場合，弁護士または弁護士法人に報酬と支払うべきときは，その報酬額
の範囲において相当と認められる額の支払いを普通地方公共団体に請求す
ることができる（地方自治242条の2第12項）。この訴えの訴額は，通常の給
付訴訟と同様，原告の請求額である[42]。

第2款　情報公開，個人情報保護

1　情報公開

　情報公開法（行政機関の保有する情報の公開に関する法律および独立行政法〔782〕

38）判解民昭和53年度145頁；訴額算定研究135頁；小川／宗宮／佐藤編・手引329頁。
39）訴額算定研究136頁注4）は，裁判所に対するアンケートの結果として，算定不能のため95
　　万円（現行法では160万円）とするのは51パーセント，請求金額とするのが26パーセントで
　　あったと報告している。
40）判解民昭和53年度146頁；訴額算定研究135頁。
41）小川／宗宮／佐藤編・手引329頁。
42）行政裁判資料51号91頁；訴額算定研究137頁。

478 第9章 行政訴訟

人等の保有する情報の公開に関する法律）に基づく，当該行政機関の保有する行政文書の開示請求に対してなされた不開示決定または開示決定（以下，「開示決定等」という。）または開示決定等に係る不服申立てに対する裁決もしくは決定に対して，開示請求者は裁判所にその取消しを請求することができる（情報公開21条1項参照）。

　この取消訴訟は，非財産権上の請求と解され[43]，訴額は取消しを請求する処分1つにつき160万円とされている（民訴費4条2項前段）。地方公共団体の情報公開条例による開示決定等の場合も同じである。

　しかし，この取消訴訟をつねに非財産権上の訴えということができるのであろうか。行政情報の取得を目指す原告の目的は様々であるが，一定の目的のもとに情報公開を求め，そこから一定の利益を得ることができる。原告は，たとえば行政の活動を監視するために必要な情報を他の方法で取得しようとすれば必要となる出費を，情報公開によって節約することができる。また，情報取得についての原告の利益は，得られた情報から原告が引き出すであろう利益に照らして評価することができる。たとえば，原告がその製品の製造のためにその情報の取得が不可欠な場合に，情報が得られて製造が行われ，製品を市場に出すことから得られる利潤は情報取得の利益の内容をなしうる。このような原告の利益の捉え方は，情報請求訴訟において一般的な見方である（→〔278〕）。このように，ここで問題になっている取消訴訟をつねに非財産権上の訴えということはできないであろう。

　複数の文書についてなされた開示請求について処分がなされている場合，処分の個数が問題となる。1つの処分で一括して決定がなされている以上，取消請求の対象となる処分も1つとみなされるべきであろう[44]。

2　個人情報保護

〔783〕　行政機関や独立行政法人の保有する個人情報について，何人も，行政機関や独立行政法人の長に対し，自己を本人とする保有個人情報の開示請求，訂正請求，利用停止請求をすることができる（行政機関の保有する個人情報の保護に関する法律12条・27条・36条；独立行政法人等の保有する個人情報の

43）訴額算定研究137頁；小川／宗宮／佐藤編・手引331頁。
44）同旨，小川／宗宮／佐藤編・手引331頁。

保護に関する法律12条・27条・36条）。これらの請求に対する決定に不服のある請求者は，この決定の取消しを求める訴えを提起することができる。

この訴えは，財産的利益を内容とするものではないので，非財産権上の請求と解される。したがって，手数料訴額は取消しを求める決定1つにつき160万円である（民訴費4条2項前段）。もっとも，個人情報保護の重要性に鑑みて，160万円という訴額が適正な額なのかどうか疑問がある。個人情報保護法の立法目的に合致した規律が必要と思われる。

第3款　その他

次の処分は非財産権上の訴えとされ，その訴額は160万円とみなされる。〔784〕
　── 議員の地位，資格に関する訴訟（地方自治第10節の議員の懲罰に関する訴訟）
　── 普通地方公共団体に対する国または都道府県の関与に関する訴え（地方自治251条の5または252条）
　── 地方議会の会議録の閲覧，謄写，謄本の交付を求める訴え（地方自治123条）
　── 解職請求者署名簿等の署名の効力に関する決定の取消しの訴え（地方自治74条の2等）

第4節　公用負担関係

第1款　公用収用

公益事業を実施するために新たに土地の取得が必要となる場合に，個々〔785〕の土地所有者等が種々の理由から買収に応じない場合にも事業の実施のために必要と認められるときは当該土地の利用を可能にするための制度として設けられているのが**土地収用制度**である。

土地収用法は「公共の利益となる事業」に必要な土地等の収用または使用に関して「その要件，手続及び効果並びにこれに伴う損失の補償等」について規定している（土地収用1条）。この土地等の収用または使用の手続は，大別して，具体的な事業の公益性とその事業のために収用または使用する必要性を認定する「事業の認定」の手続（同法16条以下）と，被買収者のために「正当な補償」を確保する「収用又は使用の裁決」の手続（同

480 第9章　行政訴訟

法35条以下）の２つからなる。

　事業認定の手続の流れは，公共事業の主体となる起業者がその事業が公用収用にふさわしいことの認定を受けるために国土交通大臣または都道府県知事に対してする事業認定の申請に基づき行われる。要件が具備する場合，国土交通大臣または都道府県知事は申請された事業を認定し告示する（事業認定処分）。事業認定の告示によって，企業者は公用収用権を付与され，差し当たり収用の対象となる土地の範囲が決まる。企業者は事業認定の告示から１年以内に都道府県の収用委員会に収用または使用の裁決を申請することができ，被収用者は告示後起業者に対し補償金の前払いを請求することができる。

　収用または裁決の手続は，起業者の申請に基づき開始される。申請を受けた収用委員会は審理を開始し，収用の裁決または申請却下の裁決をする。収用委員会のする収用または使用の裁決は，定められた権利取得の時期または明渡しの期限までに補償金を払い渡しまたは供託をすることを条件に，起業者に収用の目的物に対する支配権を取得させる。

1　損失補償に関する訴え

〔786〕　土地収用法133条２項は，収用委員会の裁決のうち損失の補償に関する訴えは裁決書の正本の送達を受けた日から６か月以内に提起しなければならないと定め，同条３項は，この訴えを提起した原告が起業者であるときは土地所有者または関係人を，土地所有者または関係人であるときは起業者を，それぞれ被告とすべき旨定めている。したがって，この訴えはいわゆる形式的当事者訴訟と解される。

⑴　原告が土地所有者または関係人である場合

〔787〕　損失補償の訴えの法的性質について，給付訴訟（ないし確認訴訟）説と形成訴訟説の対立がある。各説の内容は論者によって必ずしも一致しないが，基本的な争点は次のようにいうことができる。

　給付訴訟（ないし確認訴訟）説によれば，土地収用法133条２項は収用により憲法29条３項に従って当然に発生する具体的損失補償請求権を，裁判所が積極的に確認する構造を採用したものであり，したがって，本来の補償額を主張するためには収用裁決の取消しまたは変更を求めることなく，裁決の補償額を増額した金員の給付を求め（土地所有者または関係人が原告

の場合），または減額した損失補償額の確認を求める（起業者が原告の場合）申立てをすれば足りる。これに対し，形成訴訟説は，裁判所が損失補償についての収用裁決を取り消し，正当な損失補償額を確定して具体的な損失補償請求権を形成する訴えであるとみる。[45] 形成訴訟説によると，土地所有者または関係人が収用裁決における補償額の変更を求めることなく，補償金の差額の給付を命ずる判決を求め，または起業者が過払分の返還を命ずる判決を申し立てることは不適法である。[46] この見解の対立は，請求の趣旨において裁決の取消しまたは変更を求めまたは判決主文においてこれを行う必要性の有無という形で現われる。[47]

法的性質について，いずれの見解に立つにせよ，この訴えの訴額は，原告が勝訴すれば得られる利益によって定まるので，原告の主張する補償額と収用委員会の裁決した補償額の差額が訴額であるとする見解[48] が有力である。しかし，形成訴訟説によれば，裁判所により具体的な損失補償請求権が形成されてはじめて，土地所有者または関係人は具体的な損失補償請求権を取得するのであるから，原告の利益は形成判決による具体的損失補償請求権の形成の利益，すなわち原告が主張するその請求権の金額であると解するのが論理一貫する。だが，原告の実際の意図は原告の主張する補償額と収用委員会の裁決した補償額との差額を獲得することにあるから，このことは，この訴訟が処分権主義や弁論主義が適用される当事者訴訟と解されることと形成訴訟説が調和しないことを示している。もちろん，原告の主張する補償額と収用委員会の裁決した補償額との差額を訴額と解するべきことに変わりはない。

(2) 起業者が原告の場合

この場合には，起業者は，勝訴すれば，その主張する補償額と収用委員〔788〕会の裁決した補償額との差額の支払いを免れるので，この差額が訴額であ

---

45) 最高裁判所事務総局・公用負担関係事件執務資料（1985年・法曹会）70頁。

46) 小高剛・土地収用法（1980年・第一法規）625頁以下；行政事件訴訟実務研究会編・判例概説土地収用法（2000年・ぎょうせい）402頁以下参照。

47) もっとも，法的性質についての学説の対立にもかかわらず，いずれの説に立っても取消し・変更を求める訴えを不適法としたり，給付または確認を求める訴えを不適法とするものではなく，請求の趣旨の記載がどちらになっていても，権利救済の道を閉ざさない方向での処理について，判例も学説も一致しているとされる。西埜章／田辺愛壱・損失補償の理論と実務（2005年・株式会社プログレス）304頁参照。

48) 訴額算定研究138頁。

482 第9章 行政訴訟

る。[49]

2 土地収用裁決または事業認定処分の取消しの訴え

〔789〕 （1） 土地収用委員会の土地収用裁決またはその前提となる国土交通大臣または都道府県知事による事業認定処分の取消しを求める訴えは，行政訴訟法上の抗告訴訟である。

　この訴えの訴額につき，従来，次のような見解が主張されている。すなわち，土地収用法は「権利取得裁決において定められた権利取得の時期において，企業者は，当該土地の所有権を取得し，当該土地に関するその他の権利並びに当該土地又は当該土地に関する所有権以外の権利に係る仮登記上の権利及び買戻権は消滅し，当該土地又は当該土地に関する所有権以外の権利に係る差押え，仮差押えの執行及び仮処分の執行はその効力を失う。但し，第七十六条第二項又は第八十一条第二項の規定に基く請求に係る裁決で存続を認められた権利については，この限りでない」（土地収用101条1項）と定め，権利取得裁決の効果として，土地の所有権は所有者から起業者に移転し，当該土地に対するその他の権利等は消滅する。それゆえ，起業地内の土地所有者または関係人は最終的には権利を失うことになるので，これらの者が収容裁決等の取消しを求める訴えを提起する場合，訴えをもって主張する利益は，所有権等に基づく妨害予防請求の範囲にとどまるものではなく，所有権等の権利そのものであるから，この場合の訴額は，訴額通知1ないし3により，原告の有する権利に応じて，所有権ならば当該土地の価額そのもの，その余の権利であるならば土地の価額の2分の1または3分の1であるという見解[50]である。

〔790〕　しかし，この見解は，収用裁決の取消しの訴えの原告が訴えによって主張する利益を正しく捉えていないように思われる。この訴えについての原告の利益は違法な収用裁決によって原告の所有権またはその他の権利が消滅させられることを防止または阻止する利益であり，これは当該土地の所有権またはその他の権利を取得する利益とは異なる。そのことは，もし訴えが理由なしとして棄却された場合にも，原告は収用処分によって予定さ

49）訴額算定研究139頁。
50）訴額算定研究139頁：小川／宗宮／佐藤編・手引335頁。

れている損失補償を受けることができることにも現われている。このような訴訟の訴額を訴額通知1ないし3により原告の有する権利に応じて訴額を算定することは誤りではなかろうか。

原告がこの訴訟について有する，違法な収用裁決によって所有権またはその他の権利が消滅させられることを防止する利益は，裁判所の裁量的な評価によって算定されることになるが，手掛かりになるのは，固定資産評価額と予定される（または見込まれる）損失補償額である。この場合，目的物の価額（固定資産評価額）から予定される（または見込まれる）損失補償額を差し引いた差額を訴額と評価すべきであると思われる。また，通常の不動産に関する訴訟とは異なり，土地の評価の減額措置は適切ではないと考えられる。

(2) 起業地内に土地の所有権その他の権利を有していない近隣住民が良〔791〕好な生活環境の悪化を主張して，生活環境の保全を目的として収用裁決の取消しの訴えや事業認定処分の取消しを求める訴えを提起する場合，これらの者に提訴権能があるかどうか争われる[51]。訴額は，訴えが不適法な場合にも，算定されなければならない。

近隣住民の良好な生活環境を保持する利益を金銭によって算定することは極めて困難であるので，民訴費用法4条2項後段によって訴額を160万円とすることは適切である。しかし，複数の住民が訴えを提起した場合には，原告1人につき160万円の人数分を訴額とする見解[52]は誤りであると考えられる。なぜなら，この訴えについての原告らの利益は良好な住環境の保持の利益であり，この利益の評価は極めて困難であることは間違いないが，原告が複数であっても取消しが求められているのは同一の行政処分であり，複数の原告住民が受ける利益は別個独立ではなく，全員に共通のものであるから，各原告の利益分を合算することはできず，民訴費用法4条1項，民訴法9条1項ただし書によって額の多い請求の訴額によるべき

---

51) 起業地内に土地の所有権その他の権利を有していない者の事業認定取消しの訴えにつき提訴権能を否定する裁判例として，東京地判昭58・11・11行集34巻11号1903頁＝訟月30巻6号952頁＝判タ534号141頁；東京地判昭和59・7・6行集35巻7号846頁＝訟月31巻2号243頁＝判時1125号25頁＝判タ532号90頁；東京高判昭和59・7・18行集35巻7号941頁；東京地判平成2・4・13判例地方自治74号63頁；東京高判平成4・10・23判時1440号46頁がある。行政事件訴訟実務研究会編・判例解説土地収用法（2000年・ぎょうせい）150頁以下参照。
52) 訴額算定研究139頁；小川／宗宮／佐藤編・手引335頁。

484 第9章　行政訴訟

であるが，ここでは各原告の訴額はすべて160万円であるから，160万円が
この訴訟の訴額であるとみなければならない。

第2款　土地区画整理関係
1　土地区画整理
⑴　意　義
〔792〕　土地区画整理事業は，土地区画整理法に基づき，都市計画区域内の土地
について，道路，公園，上下水道などの公共施設の整備改善および宅地の
利用の増進を図るために行われる，土地の区画形質の変更および公共施設
の新設または変更に関する事業である（土地区画2条1項）。そのため，土
地の一部収用（減歩）や換地が行われる。

〔793〕　⑵　**換地処分**
　　換地処分は，土地区画整理事業によって，従前の宅地を換地計画で定め
られた新しい土地に換えることである。換地処分は，関係権利者に換地計
画において定められた関係事項を通知して行われる（土地区画103条1項）。
換地処分は，原則として，換地計画に係る区域の全部について土地区画整
理事業の工事が完了した後に遅滞なく行われなければならない（同条2項）。
国土交通大臣は換地処分をした場合にはその旨を公告しなければならず，
都道府県知事は，都道府県が換地処分をした場合または個人施行者，組合，
区画整理会社，市町村または機構等から換地処分の届出があった場合にお
いて換地処分があった旨を公告しなければならない（同条4項）。この公
告があった場合，換地計画で定められた換地は公告のあった日の翌日から
従前の宅地とみなされ，換地を定めなかった従前の宅地に存する権利は公
告があった日が終了した時に消滅する（同法104条1項）。また，この公告
があった場合には，従前の土地に存した所有権および地役権以外の権利ま
たは処分の制限について，換地計画において換地について定められたこれ
らの権利または処分の制限の目的となるべき宅地またはその部分は，その
公告があった日の翌日から従前の宅地について存したこれらの権利または
処分の制限の目的である宅地またはその部分とみなされるものとされ，換
地計画において換地について目的となるべき宅地の部分を定められなかっ
たこれらの権利は，その公告があった日が終了した時において消滅するも
のとされる（同条2項）。

このように，換地計画において定められた換地は，その公告があった日の翌日から，従前の宅地とみなされ，所有権等が移転し，精算金が確定する。また，保留地は施行者が取得し（換地計画において取得希望者に所有権を帰属させる旨の定めはできない），土地区画整理事業の施行により設置された公共施設は，換地処分の公告のあった日の翌日に，別段の定めのない限りその所在する市町村の管理に属する（土地区画106条1項）。

施行者は，換地処分の公告があった場合には，直ちにその旨を換地計画区域を管轄する登記所に通知しなければならない（土地区画107条1項）。また施行者は，施行区域内の土地および建物に土地区画整理事業の施行により変動があったときは，政令で定めるところにより，遅滞なく，その変動に係る登記を申請しまたは嘱託しなければならない（同条2項）。換地処分の公告があった日後においては，原則として，施行区域内の土地や建物に関しては，上記の変動に係る登記がなされるまでは，他の登記をすることができない（同条3項本文）。

(3) 仮換地の指定

仮換地の指定は，換地処分を行う前に，土地の区画形質の変更もしくは〔794〕公共施設の新設もしくは変更に係る工事のために必要がある場合，または換地計画に基づき換地処分を行うために必要がある場合において，施行区域内の宅地について仮に使用または収益することができる土地（仮換地）を，施行者が指定するものである（土地区画91条1項前段）。従前の宅地について地上権，永小作権，賃借権その他の宅地を使用し，または収益することができる権利を有する者があるときは，施行者は，その仮換地について仮にそれらの権利の目的となるべき宅地またはその部分を指定しなければならない（同項後段）。

仮換地指定の効果は，従前の宅地について権原に基づき使用し，または収益することができる者は，仮換地指定の効力発生の日から前述の換地指定の公告がある日まで，仮換地または仮換地について仮に使用し，もしくは収益することができる権利の目的となるべき宅地もしくはその部分について，従前の宅地について有する権利の内容である使用または収益と同じ使用または収益をすることができ，従前の宅地を使用しまたは収益することはできないことである（土地区画99条1項）。

486　第9章　行政訴訟

2　換地処分の取消し・無効確認の訴えの訴額

〔795〕　換地処分の取消しまたは無効確認の訴えの訴額については，①換地処分前の土地（従前地）の権利を回復する訴訟とみて，従前地自体についての所有権またはその他の権利の価額とする見解[53]と，②原告の主張する利益は，換地処分の取消しによって従前地の使用収益が可能になる利益であるということができるので，この訴えは従前地の所有権等に基づく明渡請求と共通性を有するとして，訴額通知7⑴ないし⑶を準用して当該土地の価額の2分の1または3分の1を訴額とするのを妥当とするとの見解[54]がある。②の見解は，これによって仮換地指定処分の取消しまたは無効確認の訴えの訴額と統一的に扱うことができるという長所があるという[55]。

　しかし，いずれの見解にも問題がある。これらの見解は，収用裁決の取消しの訴えの場合と同様，原告がこの訴訟で主張する利益を正しく捉えていないように思われる。この訴訟についての原告の利益は違法な換地処分によって原告の所有権またはその他の権利が換地上に移ることを防止または阻止する利益であり，これは従前地の使用収益が可能になる利益とは同じではない。このことは，もし訴えが理由なしとして棄却された場合にも，原告は換地処分によって予定されている換地を取得することにも現われている。従前地を減歩の上そのまま換地として指定する，いわゆる現地換地の場合にも，換地処分の取消しによって原告が得る経済的利益は，従前地の使用収益が可能になる利益ではない。減歩部分を除く従前地の使用収益は影響を受けない。それにもかかわらず，このような場合に②説がいうように従前地の価額全体を基礎に原告の権利に応じて訴額通知7⑴ないし⑶に準じて訴額を算定することは不合理である。

　換地処分の取消しまたは無効確認の訴えによって原告が主張する利益は換地処分自体が原告にもたらす不利益を防止する利益であるから，この利益を裁判所または裁判所の公平な裁量によって算定するのが正しい。具体的には，従前地と換地の利用価値の差額ということになろう。この利用価値の差額は従前地の価額の2分の1と評価されることがあるかもしれない

53）訴額算定研究142頁注⑴は，17パーセントの庁が従前地の価額を訴額としているという。

54）民事訴訟費用研究278頁；渡辺／園部編・行訴法体系333頁；訴額算定研究141頁；行政事件訴訟実務的研究53頁；小川／宗宮／佐藤編・手引336頁以下。

55）訴額算定研究141頁。

が，通常はそれをはるかに下回る（たとえば4分の1や5分の1）であろう。現地換地の場合は，減歩部分の土地価額を訴額と評価することもできるであろう[56)]。

3　仮換地指定処分の取消しまたは無効確認の訴えの訴額

（1）　土地区画整理法98条による仮換地の指定を受けた段階で，従前の宅〔796〕地について権原に基づき使用または収益をすることができる者は，従前の宅地の使用収益をすることができなくなるが，従前の宅地について有する権利の内容である使用または収益と同じ使用または収益を仮換地についてすることができる（区画整理99条1項）。

（2）　従前の宅地の権利者が仮換地指定処分の取消しまたは無効確認の訴〔797〕えを提起する場合，仮換地指定処分が取り消されまたは無効確認がなされることによって原告が受ける経済的利益は，従前地に対する使用収益の禁止の解除であるので，この訴えは所有権に基づく妨害排除請求の訴えと共通性を有することを理由に，訴額通知7(1)ないし(3)を準用して，原告が従前地に対して有する権利に応じ，当該土地の価額の2分の1または3分の1が訴額であるとする見解が主張されている[57)]。

　しかし，ここでも，原告はこの訴えによって新たに従前地の使用または収益ができる状態を生み出すことを求めているのではない。違法な仮換地指定処分によって従前地の使用収益を否定される原告が処分の取消しまたは無効確認によって従前地の使用収益関係の原状回復を目指すものである。この従前地の使用収益を回復する利益を裁判長または裁判所の公平な裁量によって算定するのが正しい。具体的には，従前地と仮換地の利用価値の差額ということになろう。この利用価値の差額は従前地の価額の2分の1と評価されることがあるかもしれないが，通常はそれをはるかに下回る（たとえば4分の1や5分の1）であろう。原告は仮換地の使用収益を望んでいないという理由で，仮換地を使用収益し得る利益を差し引く必要はないとの主張[58)]がみられるが，訴額は原告（攻撃者）が主観的に何を望んだ

---

56)　大阪高判平成2・12・12判タ752号73頁。
57)　民事訴訟費用研究277頁；渡辺／園部編・行訴法体系334頁［廣木］；訴額算定研究141頁；行政事件訴訟実務の研究53頁；小川／宗宮／佐藤編・手引338頁以下。
58)　行政事件訴訟実務的研究53頁；小川／宗宮／佐藤編・手引337頁，339頁。

488　第9章　行政訴訟

かによって定まるものではなく，原告（攻撃者）の客観的な利益が問題に
なっているので，原告が仮換地の使用収益を望んでいないことは訴額の算
定にとって重要ではない。したがって，この批判には理由がない。

〔798〕　(3)　仮換地について権利を有する者が仮換地指定処分の取消しまたは無
効確認の訴えを提起する場合にも，仮換地の価額の2分の1または3分の
1を訴額とするのが妥当だと主張するのが多数説であるが[59]，ここでも訴額
は仮換地の利用価値の確保の利益によって裁判長または裁判所により算定
されるべきであり，仮換地の価額の4分の1または5分の1程度が訴額と
されるべきではなかろうか。

4　換地計画認可の取消し・無効確認の訴えの訴額

〔799〕　換地計画の認可の取消しの訴えまたは無効確認の訴えについては，換地
処分が行われても土地所有権その他の権利が消滅するのではない以上，所
有権またはその他の権利が訴訟の対象ではないので，目的物たる土地の価
額を訴額とみることはできず，原告が現に権利を有する土地について換地
処分によって使用収益ができなくなることを防止する利益によって訴額を
算定すべきである[60]。問題は，従来の実務の取扱い[61]のように，この原告の
利益が所有権に基づく妨害排除請求と共通性を有するという理由で訴額通
知7(1)ないし(3)を準用して，原告が権利を有する土地の価額の2分の1ま
たは3分の1を訴額とすることが正当であるかどうかである。換地計画認
可の取消し，または無効確認判決が確定しても原告の所有権に基づく妨害
排除請求権の存在が既判力により確定するのではないし，原告の所有権の
存在について争いのないところで，所有権をめぐる争訟についての訴額に
依拠するのは全く不合理である。

　私見は，この訴訟の判決が出されるまでの間の当該土地の使用収益の額，
したがって賃料相当額をもって訴額とすべきであると考える。具体的には，
原告が所有者である場合には，1年間の賃料相当額がこの訴えの訴額をな

59）渡辺／園部編・行訴法体系333頁［廣木］；行政事件訴訟実務的研究53頁；小川／宗宮／佐
　藤編・手引339頁。
60）訴額算定研究142頁。
61）最高裁判所事務総局・民訴費用法に関する執務資料（1973年）55頁；民事訴訟費用研究277
　頁；訴額算定研究142頁。

第4節　公用負担関係　*489*

すと解する。それゆえ，土地の価額を訴額とみたり，訴額の算定が不能として160万円を訴額とみることはできない。

5　土地区画整理事業計画の無効確認の訴えの訴額

　土地区画整理事業計画が決定・公告された段階では，土地区画整理事業〔800〕計画自体は当該事業の青写真たる性質を有するにすぎず，理論上も訴訟事件として取り上げるに足るだけの事件の成熟性を欠くのみならず，実際上も訴えの提起を認めることは妥当ではなくその必要性もないとするのが判例[62]であるが，訴額は訴えが適法であるか否かとは関係ないので（→〔44〕），このような訴えの訴額の算定も必要である。

　訴額の算定について，裁判実務では，①計画の決定または公告により原告が蒙る不利益を算定することはできなとして民訴費用法4条2項（ただし旧法——筆者）を類推して160万円を訴額とすべきだとする見解と，②この訴えによって原告が得る利益は自分が権利を有する土地について換地処分等が行われことを事前に防止する利益であり，これは所有権に基づく妨害排除請求と共通性を有するという理由で，訴額通知7(1)ないし(3)を準用して，原告が権利を有する土地の価額の2分の1または3分の1を訴額とするの妥当であるとする見解[63]がある。

　しかし，いずれの見解も不合理である。①説は，裁判長または裁判所の公平な裁量によって訴額を算定することは可能であるから，妥当ではない。②説は，所有権の妨害が生じていないところで所有権妨害排除請求の訴額を類推するものであり，妥当ではない。裁判長または裁判所が換地処分等の実施の阻止についての原告の利益を評価するさい，仮換地指定処分がなされ，その取消しが求められる場合の訴額の算定方法（前述3）と同じ算定方法によることが適切であろう。原告の利益は，仮換地指定処分の取消しの場合に類似するからである。

---

62)　最判昭和41・2・23民集20巻2号271頁＝訟月12巻4号518頁＝判時436号14頁。
63)　訴額算定研究142頁。

490　第9章　行政訴訟

第5節　農地関係

第1款　農地所有権移転不許可処分の取消しの訴え

〔801〕　農地または採草放牧地の所有権の移転，または地上権，永小作権，質権，使用貸借による権利，賃借権もしくはその他の使用および収益を目的とする権利の設定もしくは移転については，原則として農業委員会の許可を受けなければならない（農地3条）。

　　たとえば農地の所有権移転について不許可処分を受けた農地の買主が，不許可処分の取消しを求めて訴えを提起する場合の訴額はどのように算定されるべきであろうか。1つの見解は，この訴訟の請求認容判決によって不許可処分が取り消されると，農業委員会は改めて判決に従った処分をしなければならず，所有権の移転が許可され，買主に所有権が移転するので，譲受人の所有権取得期待利益がこの訴えで主張される利益であり，したがって当該農地の価額が訴額であると主張する[64]。

〔802〕　この見解は，この訴訟をたとえば売買による物の引渡しを求める訴訟と同じように捉え，目的物の価額を訴額とみるものである。しかし，この訴訟で原告が得ることができる利益は，農業委員会の不許可処分という所有権移転の障害を除去されることにある。この利益は，目的農地の所有権の取得の利益と同じではない。また，この訴訟で原告の請求を認容する判決がなされても，農業委員会は別の理由により不許可処分をすることは禁止されない。この利益は，裁判長または裁判所の裁量によって評価され算定されることになるが，目的物の価額のほんの一部分（たとえば4分の1とか5分の1）が訴額と評価されるべきであろう。

　　売主が所有権移転について農地所有権移転不許可処分の取消しを求める場合（たとえば許可処分が代金支払いの停止条件となっている場合に，このような訴えがありうる），代金支払いを受け得るという売主の期待的利益が原告の利益であり，したがって売買代金額を訴額とみる見解[65]が多い。しかし，ここでも原告の利益は売買の完結の障害を除去するについての利益であり，それは売買代金額と同じではない。この利益は，裁判長または裁判

64）民事訴訟費用研究274頁；訴額算定研究143頁；小川／宗宮／佐藤編・手引341頁。

65）訴額算定研究144頁；小川／宗宮／佐藤編・手引341頁。

第5節　農地関係　　491

所の裁量によって評価され算定されなければならないが，目的物の価額の
ほんの一部分（たとえば4分の1とか5分の1）が訴額と評価されるべきで
あろう。

第2款　農地転用不許可処分の取消しの訴え

　農地を宅地または農地以外のものにしようとする者は，都道府県知事の〔803〕
許可（4ヘクタール以上の農地を農地以外のものにする場合には，例外を除き，
農林水産大臣の許可）を受けなければならない（農地4条）。

　農地を宅地にしようとして都道府県知事（または農林水産大臣）に許可
申請をしたが，不許可処分を受けた者が処分の取消しを求めて訴えを提起
し，処分を取り消す判決を得，これが確定すると，都道府県知事（または
農林水産大臣）は判決に従った処分をしなければならない。したがって，
原告が不許可処分の取消しによって得ることができる利益は，転用により
増加する土地の価額であり，それゆえ，訴額は転用後の土地の利用目的に
沿った土地価額と現在の土地価額との差額であるとみることができる[66]。も
ちろん，転用前に転用後の土地の価額を確実に知ることは困難であるが，
転用後の価額は同種の近隣の土地の価額を参考にして推測することになる。

　差額が計算上，ゼロやマイナスになる場合，民訴費用法3条1項，別表
第1の1の項の最低額10万円を訴額として扱うのが実務である[67]。

第3款　転用のための所有権移転不許可処分の取消しの訴え

　農地を農地以外のものにする場合または採草放牧地を農地を除く採草放〔804〕
牧地以外のものにするため，これらの土地について農地法3条1項本文に
掲げる権利を設定しまたは移転する場合には，当事者は都道府県知事の許
可（これらの権利を取得する者が同一の事業の目的に供するため4ヘクタール
を超える農地またはその農地と併せて採草牧草地について権利を取得する場合
には，例外を除き農林水産大臣の許可）を受けなければならない（農地5条）。

　農地または採草放牧地の転用のため，たとえば所有権移転許可申請をし
たが不許可処分を受けた者が処分の取消しを求めて訴えを提起し，処分取

66）民事訴訟費用研究274頁；訴額算定研究144頁；行政事件訴訟実務的研究52頁；小川／宗
　宮／佐藤編・手引343頁。
67）民事訴訟費用研究274頁；訴額算定研究144頁；小川／宗宮／佐藤編・手引343頁。

492 第9章 行政訴訟

消しの確定判決を取得すると，都道府県知事は判決に従った処分をしなければならない。譲受人が不許可処分取消しの訴えを提起する場合の訴額の算定が問題になる。①譲受人が当該農地または採草放牧地の所有権を取得しうる期待利益が訴えをもって主張される利益だとして，当該農地の価額を訴額とする見解[68]と，②転用により増加する経済的利益も訴額に算入すべきだし，転用後の目的土地の価額が訴額であるという見解[69]の対立がある。②の見解に対しては，農地法5条の許可・不許可の処分は所有権移転等の許可を対象としており，農地転用の許可・不許可の処分とは異なり，転用後の土地の価額の増加は所有権等の移転の許可処分の直接的な利益でないとして，これを訴額に算入することは必要ではないと批判された[70]。

　しかし，ここでも原告の利益は売買の完結の障害を除去するについての利益であり，それは目的物の価額と同じではない。この利益は，裁判官または裁判所の裁量によって評価され算定されることになるが，目的物の価額の一部分（たとえば4分の1とか5分の1）になるのではなかろうか。

第4款　所有権移転許可処分の取消しの訴え

〔805〕　農地法3条および5条による農地の所有権移転許可処分がある場合に，当該農地の譲渡契約が無効であったり，取消しまたは解除により効力を失うと，所有権移転許可処分を取り消さなくても，農地の所有権は当然に譲渡人に復帰する。

　当該農地の譲渡人等が所有権移転許可処分の取消しの訴えを提起する場合，原告が勝訴判決によって得ることができる利益は，形式的に存続するに過ぎない許可処分を消滅させ，法律関係を明瞭ならしめる点にある。この利益は，裁判長または裁判所の裁量により評価されるべきである。この訴えが所有権に基づく妨害排除請求と共通性を有するという理由で，訴額通知7(1)を準用して当該農地の価額の2分の1を訴額とみるのが相当だとする見解[71]が主張されているが，妥当性を欠く。この訴えは所有権の妨害排除請求訴訟ではないので，訴額通知7(1)を準用する基礎はなく，訴額は

68）訴額算定研究144頁。
69）渡辺／園部編・行訴法体系327頁［廣木］；行政事件訴訟実務的研究52頁。
70）訴額算定研究144頁。
71）訴額算定研究145頁。

第5節　農地関係　493

目的物の価額の一部分（たとえば4分の1とか5分の1）と評価されるべきである。

第5款　買収処分

1　農地買収処分の取消しまたは無効確認の訴え

農業生産法人が農業生産法人でなくなった場合，その法人またはその法〔806〕人の一般承継人が所有する農地もしくは採草放牧地があるとき，または，その法人およびその法人の一般承継人以外の者が所有する農地もしくは採草放牧地でその法人もしくは一般承継人の耕作もしくは養畜の事業に供されているものがあるときは，原則として，国がこれを買い取る（農地7条）。

国が買収令書に記載の買収の期日までにその買収令書に記載の対価の支払いまたは供託をしたときは，その期日に，その農地または採草放牧地の上にある先取特権，質権および抵当権ならびにその農地または採草放牧地についての所有権に関する仮登記上の権利は消滅し，その農地または採草放牧地についての所有権に関する仮処分の執行はその効力を失い，その農地または採草放牧地の所有権は国に移転する（同法21条1項）。

この買収処分により農地または採草放牧地の所有権を失う者が買収処分の取消しまたは無効確認の訴えを提起する場合，従来の見解によれば，処分が取り消されまたはその無効が確定されることによる当該農地または採草放牧地の所有権そのものの回復が原告の利益であり，したがって訴額は当該農地または採草放牧地の価額全額である[72]。

しかし，この見解に従うことはできない。処分が取り消されまたはその〔807〕無効が確定される場合，原告の所有権は結局国に移転しなかったのであり，原告は自己の所有権を失わなかったことになる。原告は改めて所有権を取得するのではなく，当初の所有権を継続的に保持することになる。したがって，原告が新たに所有権を取得する場合と同じように訴額を算定するのは誤りと考えられる。この訴訟の訴訟物は，買収処分の違法性一般である。したがって，訴額はこの違法性を確定する手続の目的について原告が有する利益である。この利益は，裁判長または裁判所が裁量により評価す

72）民事訴訟印紙研究80頁；民事訴訟費用研究273頁；訴額算定研究146頁；行政事件訴訟実務的研究52頁。

494 第 9 章 行政訴訟

べきであり，処分の対象となった農地または採草放牧地の価額のほんの一
部分（たとえば 4 分の 1 とか 5 分の 1）であると解される。

2 対価等の額の増減（農地55条）

(1) 対価等の増減請求の訴え

〔808〕 以下の対価，借賃または補償金の額に不服のある者は，その増減請求の
訴えを提起することができる。

① 農地法 9 条 1 項 3 号（12条 2 項において準用される場合を含む）の規
定する，国による農地もしくは採草放牧地の買収の場合の対価

② 農地法39条 2 項 4 号の定める，遊休農地についての特定利用権の設
定のさいの借賃

③ 所有者等を確知することができない場合における遊休地の利用権の
設定裁決の場合につき農地法43条 2 項において読み替えて準用される
同法39条 2 項 4 号に規定する補償金

①の対価の額についての増減請求の訴えは国を被告とし，②の借賃の額
の増減請求の訴えについては遊休農地についての特定利用権の設定の申請
をした者またはその申請に係る遊休地の所有者等を被告とし，③の補償金
の額についての増減請求の訴えについては遊休地の利用権の設定を申請し
た者またはその申請に係る遊休地の所有者等を被告としなければならない
（同法55条 2 項）。

(2) 訴 額

〔809〕 ①の買収対価の増減請求の訴えの訴額は，農林水産大臣が定めた買収対
価と，これに不服のある当事者が対価であるべきと考える価額の差額であ
る。

②の借賃，③の補償金の増減請求は，通常の賃貸借の賃料増減額請求
（→〔302〕）の場合と基本を同じくするので，この訴えの訴額は，都道府県
知事が定めた借賃または補償金の額と，これに不服のある当事者が正当な
借賃または補償金の額と考える価額の差額の 1 年分と解すべきである。

第 6 款 農地競買適格者証明書交付申請に対する却下処分の取消し
の訴え

〔810〕 農地または採草放牧地の所有権の移転のためには，競売等による場合に

も，当事者は農業委員会の許可を受けなければならない（農地3条）。この農業委員会の許可について，実務では，農業委員会または都道府県知事が発行する農地競買適格者証明書を有する者だけが民執法64条，同規則33条により買受申出をすることができるとして，競売手続の安定を図っている。[73] 証明書の交付を申請した者が却下処分を受けた場合には，却下処分の取消しの訴えを提起することができる。

この取消しの訴えの訴額について，議論がある。1つの見解は非財産権上の訴えとして，手数料訴額は160万円とみなされるとし[74] 別の見解は財産権上の訴えではあるが，この訴訟に勝訴して証明書の交付を受け競買適格者となっても競落できる可能性は高くないので，目的農地の価格を訴額とすることは正当でないことを指摘し，訴額算定困難な場合として，160万円を手数料訴額とみなす。[75]

私見によれば，この訴えによって原告は買受人資格を取得し，競売手続により農地の所有権を取得しうる可能性が生ずるのであるから，この訴えは財産権上の訴えである。そして，この訴えの原告が競買人資格を認められて競売手続に参加する利益を裁判長または裁判所が裁量により評価することにより算定することができるから，算定が極めて困難ということもないであろう。目的農地の価額の10分の1ないし5分の1の額を訴額とみなすことができよう。

第6節　公務員関係

第1款　懲戒処分の取消し・無効確認の訴え

公務員の懲戒処分には，免職，停職，減給または戒告がある（国公82 [811] 条；地公29条）。

1　財産権上の訴えか，非財産権上の訴えか

(1)　まず，**懲戒免職処分の取消しまたは無効確認の訴え**が財産権上の訴 [812]

---

73) 平成10年10月29日付け民三第545号高等裁判所長官，地方裁判所長あて民事局長通知「民事執行法による農地等の売却の処理方法について」。
74) 民事訴訟費用研究275頁；行政事件訴訟実務的研究47頁。
75) 民事訴訟印紙研究81頁；訴額算定研究148頁。

496　第9章　行政訴訟

えであるか，非財産権上の訴えであるかが問題となる。

　非財産権上の訴えとみる見解は，公務員の地位はその任用および勤務関
係等の義務の特殊性から私的な労働契約関係とみるべきでなく，懲戒も人
格権の毀損にあたり，懲戒処分の取消しによって得るべき利益は懲戒を受
けない公務員たる地位の回復に当たるという理由で，非財産権上の訴えと
みる。[76] これに対し，懲戒免職処分が取り消され公務員たる地位の回復によ
り得る原告の利益は主として給与，退職手当等の経済的権利であるという
理由で，財産権上の訴えとみる見解は，給与，退職金等の支給は公務員関
係法上の制約を受けるものの，少なくとも訴額に関しては民間の労働関係
と同様に考えてよいとみる。しかし，この見解も，民間労働者の解雇無効
訴訟の訴額の算定は極めて困難とするのと同じ理由（→〔715〕）から，公
務員たる地位の存続が確認されることによる原告の利益を金銭的に評価す
ることは極めて困難なので，民訴費用法4条2項後段により，訴額は160
万円となるという。[77]

〔813〕　(2)　**停職処分の取消しまたは無効確認の訴え**について，非財産権上の訴
えとみる見解はその訴額の算定が不能であるため160万円とみ，財産権上
の訴えとみる見解も原告が訴えによって主張する利益を金銭的に評価する
ことは極めて困難だとして，訴額は160万円になるとする。

〔814〕　(3)　**減給処分の取消しまたは無効確認の訴え**の訴額について，懲戒処分
の取消しまたは無効確認の訴えを非財産権上の訴えとみる見解は，算定不
能として160万円とする。この見解は，減給処分による不利益が160万円以
下であるときに不合理が生ずることを認めるが，戒告処分が訴額算定不能
とされることを指摘し，給与上の不利益を訴額算定の基礎にすることを拒
否する。[78] これに対し，財産権上の訴えとみる見解は民間企業の労働関係と
同様，取消しにまたは無効確認によって支給されることになる減給額の総
額をもって訴額とみる。[79]

---

76)　民事訴訟費用研究276頁；渡辺／園部編・行訴法体系331頁［廣木］。
77)　訴額算定研究149頁，303頁以下；小川／宗宮／佐藤編・手引344頁。
78)　民事訴訟費用研究276頁。
79)　訴額算定研究149頁；行政事件訴訟実務的研究54頁。

2　検　討

　懲戒免職処分の取消しまたは無効確認の訴えを非財産権上の訴えとみる〔815〕見解は，公務員関係の特殊性を強調し，ことに公務員の懲戒は当該公務員の人格権の毀損にあたると指摘する。しかし，この論拠は妥当とは思われない。民間の労働者の場合にも，懲戒は人格的な問題の側面を有するが，ここでは労働関係を非財産権上の関係だとは誰もいわない。それゆえ，公務員の勤務関係も公務の面からの特殊性は加わるにしても，訴額の問題について民間の労働関係と区別することは妥当ではない。その限りで，財産権上の訴えとみる見解が妥当であるが，この見解は結局，減給処分の取消し・無効確認を除き，訴額の算定は極めて困難とみる点に問題があろう。

　たしかに，財産権上の訴えとみても，訴額を正確に算定することは困難である。しかし，裁判長または裁判所の合理的な裁量によりこれを評価算定することは不可能ではないし，極めて困難というものでもなかろう。通常の労働者の懲戒免職の場合に，本書は規範的訴額の観点から1年間の賃金総額を処分取消しの訴えの訴額と解しているが（→〔716〕），公務員の懲戒免職処分の場合にもこれと同じように1年間の給与総額を訴額算定の手がかりとすることができる。停職処分の取消しまたは無効確認の訴額も，1年間の給与総額を訴額の基準とすることができるが，停職期間がこれより短い場合には停職期間に支払いを受けるべき給与の額を訴額とすることができる。戒告処分の取消し・無効確認の訴えの訴額は算定が不能または極めて困難とされ，160万円が手数料訴額とされているが，現在の裁判実務における懲戒免職処分の取消しまたは無効訴訟の訴額と同額というのは全く不合理である。

　戒告処分の取消しまたは無効確認によって原告が得ることのできる利益は，裁判長または裁判所の裁量的評価によって算定することができ，その場合，懲戒免職処分の場合の12分の1，15分の1というような形で訴額を算定することができるから，極めて困難というようなことにはならない。

　減給処分の取消し・無効確認の訴えによって原告が求めているのは，処分が原告にもたらす不利益の除去であるから，まさに減給額が訴額算定の妥当な手がかりである。

498　第9章　行政訴訟

3　取消しを求める処分または原告が複数の場合

〔816〕　この場合の訴額は，処分ごとまたは原告ごとに算定され，合算されるべきなのかどうか問題がある。合算できるためには，併合された処分取消しの申立てが行訴法13条各号にいう関連請求に当たり，訴えの客観的併合（行訴16条1項）または共同訴訟（同法17条1項）が適法であることが必要であるが，この点について見解の対立がある。原告が訴額を合算して手数料を算出している場合，裁判長または裁判所が問題を感じれば，この点について判断する必要がある。

第2款　分限処分の取消し・無効確認

〔817〕　次の場合のいずかに該当するときは，人事院規則の定めにより，公務員をその意に反して降任または免職することができる（国公78条。地公28条も類似の規定である）。

　　　── 人事評価または勤務の状況を示す事実に照らして，勤務実績がよくない場合
　　　── 心身の故障のため，職務の遂行に支障があり，またはこれに耐えない場合
　　　── その他官職に必要な適確性を欠く場合
　　　── 官制もしくは定員の改廃または予算の減少により廃職または過員を生じた場合

　　分限処分は，任命権者に裁量の範囲の逸脱があった場合，司法審査の対象となる[80]。判決によって処分が取り消され，または無効の確認がなされると，公務員は分限処分前の地位を回復する。取消しの訴えまたは無効確認の訴えの訴額については，懲戒処分取消しまたは無効確認の訴えに準じることができる。免職処分の取消しの訴えは財産権上の請求であり，その訴額は1年分の給与の総額を基礎に算定することができ，休職処分の場合は1年分の給与総額を基準とすることができるが，休職期間が1年より短い場合は休職期間中の給与の総額を訴額とすることができる。降任処分の取消しの訴えを非財産権上の訴えとみて，訴額は160万円とする見解[81] があ

80）最判昭和48・9・14民集27巻8号925頁＝判時716号27頁＝判タ301号173頁。
81）民事訴訟費用研究150頁以下。

るが，裁判長または受訴裁判所が降任処分により公務員が受ける不利益を評価して算定することができる。評価の手がかりとして処分の前後における給与月額の差額を基準に，その12か月分を訴額とみることができる。

第3款　その他の処分の取消しの訴え

1　配置転換，専従休暇不承認，出勤停止の各処分の取消し

これらの訴えは非財産権上の訴えであり，その訴額は160万円とされる。〔818〕

2　給与の減額処分，超過勤務手当不支給処分の取消し

これらの処分は給与または手当ての支給に関する処分であり，財産権上〔819〕の訴えである。取消しの訴えは処分による不利益を回復することを目的とするから，給与の減額処分の場合，訴えは減額される給与の額の1年分，超過勤務手当ての不支給の場合は本来支給されるべき期間の超過勤務手当ての額が訴額となる。

3　災害補償

補償実施機関の行う公務上の災害または通勤による災害の認定，療養の〔820〕方法，補償金額の決定その他補償の実施について不服のある者のした人事院に対する審査申立て（国公災24条1項）に対し，人事院は速やかに審査・判定をしなければならないが（同条2項），この判定に対する抗告訴訟が適法であるかどうか，見解の対立がある。しかし，不適法な訴えであっても手数料の納付は必要であるから，訴額が算定されなければならない。

たとえば，補償額について不服のある原告がこの訴えが認容された場合に受ける利益が訴額であり，原告の主張する補償額を基準に算定すべきである。補償実施機関が補償額を示している場合には，これと原告主張の補償額との差額が訴額となる。

第7節　環境行政訴訟

〔**文献**〕　藤田耕三「環境行政訴訟の諸問題」新実務民訴講座(10)109頁以下；阿部泰隆「基本科目としての行政法・行政救済法の意義(5)」自

500 第9章 行政訴訟

治研究77巻9号（2001）3頁以下

第1款　環境行政訴訟

〔821〕　環境被害をもたらしうる各種の行政処分の瑕疵を争う訴訟を環境行政訴
訟と呼ぶことができる。従来の裁判例に現われた主要な訴訟として，公有
水面埋立免許，土地収用手続における事業認定および収用裁決等の効力を
争う訴訟において違法原因として公害・環境侵害が主張される抗告訴訟，
都市計画における市街化区域および市街化調整区域の決定，各種住居地域
等の用途地域・高度地区・特定街区等の地域・地区の決定，原子炉設置許
可処分，道路・公園・ごみ焼却場等の都市計画決定・都市計画事業認可等
に対して違法原因として公害・環境侵害を主張する抗告訴訟がある。この
ような抗告訴訟は，民事訴訟にはない種々の手続法上の問題（当事者能力，
提訴資格や訴えの利益などの問題）をもたらすほか，実務的な問題として，
これらの抗告訴訟の訴額についてどのように考えるのかという問題も生ず
る。

第2款　環境行政訴訟の訴額

1　裁判例と学説

⑴　財産権上の訴え

〔822〕　訴額は訴訟物の価額である。通説は，抗告訴訟の訴訟物を，取消しや無
効確認が求められる行政処分の違法性一般であると解している。したがっ
て，抗告訴訟の原告が訴訟物について有する利益は行政処分の取消しまた
は無効の確認の結果もたらされる利益である。この利益は，精神的な利益
（ideelle Interesse）ではなく，現実の経済的な利益である。

　　この利益は算定不能だという見解[82]があるが，正当ではない。これは，
裁判長または受訴裁判所が合理的な裁量によって評価算定することができ
るからである。もっとも，行政処分が取り消されその効力を失っても，現
状が維持されるだけであり，原告は新たな利益を得ることができるもので
はないことに注意しなければならない。ところが，従来の裁判例や学説は，

---

82) 阿部泰隆「基本科目としての行政法・行政救済法の意義(5)」自治研究77巻9号（2001年）
3頁以下。

この点についての配慮が十分でないように思われる。

(2) 裁判例と学説

従来の裁判例および学説の多くは，次のように解している。　　　　〔823〕

(a) 私法上の権利の侵害を主張して抗告訴訟を提起する場合　　原告が所有者，賃借権者等の私法上の法的地位に基づき抗告訴訟を提起している場合には，土地建物の所有者，賃借人としての利益の保全のために訴えを提起しているという理由で，通常の民事訴訟と同様の方法で利益を算定することが可能であると主張されている[83]。

たとえば，公共施設の建設差止めを目的とする場合には原告の所有権等に基づく私法上の妨害排除請求の事例と同様に考えることができるとされ，公有水面埋立免許処分の取消しを求める原告が漁業被害を主張して抗告訴訟を提起する場合には，埋立海域で操業する漁民が原告の場合には，漁業権を失うことなく継続して埋立予定海域において操業することができることによって得られる利益の価額をもって訴額とすることが主張されている[84]。多数の原告が森林法10条の2の規定に基づく同一林地開発行為の許可処分の取消しを求める訴えについて，最高裁判所は，原告らが訴えによって主張する利益は行政処分の取消しによって回復される利益であり，具体的には本件では水利権，人格権，不動産所有権等の一部をなす利益であることを指摘し，これらの利益は各共同訴訟人がそれぞれ有する利益であるから，原告主張利益によって算出される額を合算すべきものとする[85]。

(b) 人格権または環境権の侵害を主張して抗告訴訟を提起する場合〔824〕
近隣住民が人格権または環境権を主張して道路，ごみ焼却場等の都市計画事業認可や原子炉設置許可処分の取消しを求めて抗告訴訟を提起する場合[86]について，原告が訴えをもって主張する利益は，公害発生源の差止請

83）藤田耕三「環境行政訴訟の諸問題」新実務民訴講座⑽109頁，129頁。
84）藤田・前掲注⒀129頁；時岡・前掲注⒃143頁；渡辺／園部編・行訴法体系335頁〔廣木〕；金沢地決昭和54・11・26訟月26巻2号250頁。なお，札幌地決昭和48・9・10下民集24巻9～12号621頁＝判タ300号296頁は，北海道電力の伊達火力発電所建設工事の差止めを求める民事訴訟であるが，裁判所は埋立予定海域で操業する漁協組合員たる原告について，漁業権の存続期間内にこれを行使してあげうる漁業純利益の2分の1を訴額として算定した。
85）最〔小2〕決平成12・10・13訟月47巻10号3088頁＝判時1731号3頁＝判タ1049号216頁（評釈として，長屋文裕・NBL 212号（2002年）61頁；同・判タ1096号（2002年）262頁；乙部哲郎・民商125巻2号205頁；川嶋四郎・法セミ564号（2001年）111頁；六社明・行政判例百選Ⅱ〔第6版〕（別冊ジュリ211～212号・2012年）454頁などがある）。
86）松山地命昭和48・11・8訟月25巻8号2115頁は，伊方原発訴訟（原子炉設置許可処分取消

502　第9章　行政訴訟

求訴訟の請求原因として物権的請求権，人格権，不法行為，環境権などが主張される民事の差止請求の場合と同様，そこで主張されるのは広い意味で「生活利益」と呼ぶべきものであって，被侵害利益ごとの訴額を算出すべきでないとする見解が主張されている。具体的には，物権に対する直接的な侵害を理由とする場合（たとえば，地盤沈下による土地所有権の侵害を理由に工場による地下水の汲上げの差止めを求める場合）には，法律構成のいかんにかかわらず物権的請求権に基づく妨害排除・予防請求の場合と同様に訴額通知7(1)ないし(3)を準用して訴額を算定し[87]，これに対し，生活利益の妨害の差止めを求めている場合には，原告が物権的請求権という法律構成をとっている場合であっても原告の利益を金銭的に評価することは極めて困難であるという理由で，訴額160万円と算定すべきだとされる[88]。

〔825〕　　(c)　共同訴訟の場合　　多数の近隣住民が1つの行政処分の取消しを求めて抗告訴訟を提起する場合，裁判所手数料は原告ごとに各別に算定され，原告の数だけ合算されるべきであろうか。1つの見解は，そのために妨害の差止めが求められる生活利益は原告ごとに考えられるという理由で，各別に訴額を算定した上でその合算額が訴額になると主張する[89]。

2　検　討

〔826〕　以下では，裁判例および学説の訴額の算定方法について検討しよう。

(1)　私法上の権利の侵害を主張して抗告訴訟を提起する場合

〔827〕　　(a)　種々の環境行政訴訟について原告の主張する土地や建物の所有権，賃借権あるいは漁業権の侵害を基準にその価額に基づき訴額を算定するのは正しいのであろうか。

　このような行政訴訟の訴訟物は行政処分の違法性一般であると解する以上，原告の所有権，賃借権あるいは漁業権は訴訟物の位置にはなく，原告の請求が認容され当該行政処分が取り消された場合にも，原告のこれらの権利は，提訴権能を基礎づけているのみである。原告の所有権，賃借権，

　訴訟）において，本件訴訟における原告の利益は「生命健康生活の保全」とし，訴額は現在の段階では算定することはできないから共同原告1人につき35万円（現行法では160万円）をもって訴訟物の価額だとした。

87)　民事訴訟費用研究153頁。

88)　民事訴訟費用研究155頁，153頁以下。

89)　民事訴訟費用研究155頁，154頁。

漁業権の存在には当事者間において多くの場合争いがなく，原告が勝訴した場合にも，これらの権利の存在が既判力により確定しない。そして，原告の利益は口頭弁論終結時点において違法な行政処分が取り消されることによる利益であり，この利益は既判力により確定しない，口頭弁論終結後の原告の権利の存続とは法律上関係しないことがらである。それゆえ，原告が所有権，賃借権あるいは漁業権を主張して行政処分取消しの訴えを提起している場合にも，原告の所有権等の価額を基準に訴額を算定することは不合理である。原告の行政処分取消しの利益は，当該行政処分により原告に生じうる不利益を回避することができる利益であり，それが裁判長または受訴裁判所により裁量により評価されるべきものである。評価の手がかりは行政処分の内容によって異なるであろう。

　(b)　いわゆる嫌気施設の設置許可の行政処分の場合には，当該行政処〔828〕分により生ずると予想される不動産価額の減少が手がかりとなる。もちろん，施設の設置後の不動産価額の推移を事前に予測することは極めて困難というしかないので，訴額が160万円と評価されることも生ずる。

　(c)　漁民が公有水面埋立免許処分の違法を主張してその取消しを求め〔829〕る処分取消訴訟の訴額について，裁判実務は原告が漁業権の侵害と人格権の侵害を主張した場合，両方の訴額を算定し合算し，しかも多数の共同原告について人数分の手数料の納付を求めた。たとえば，昭和54年11月26日の金沢地裁の決定[90]は，本件の「訴額算定の基礎となるべき訴をもって主張する利益は，漁業（行使）権及び環境利益にほかならない」とし，漁業権について「A漁業組合，B漁業組合の組合員一人当りの平均漁業収入から漁業経費（各漁業組合の実態に応じ，経費率に区別を設けた。）を控除し，各漁業共同組合の漁区面積（従って原告らがそれぞれ漁業権を行使しうる面積）と，本件埋立工事区域及びその付近海面の面積との比率，漁業権の存続期間を考慮して算定すると，A組合所属の組合員たる原告らの漁業純利益は一人当り25万円，B漁業共同組合の組合員たる原告らの漁業純利益は一人当り10万円となる」とした。環境被害については，「これを経済的に評価，算定するについては原告一人当り金35万円と認めるのが相当であ

90)　金沢地決昭和54・11・26訟月26巻2号250頁。

504 第9章 行政訴訟

る」とした。[91] その上で，裁判所は本件訴訟は通常共同訴訟であるから，原告らの各請求相互間には経済的利益の共通性は認められないとして，原告らの各自の請求の価額を合算すべきものとした。[92]

〔830〕　しかし，以上の裁判所の判断およびこの判断を支持する学説には，いくつかの疑問がある。まず，原告らの漁業権の侵害を独自に訴額算定の基礎にすることが妥当かどうかである。訴額は訴訟物についての原告の利益に基づき算定されるべきである。行政訴訟の場合は訴訟物についての訴訟手続がもつ影響を訴額の算定にさいし考慮することができるとしても，あくまで訴訟物をめぐる手続の意味が重要であることを確認しなければならない。本件において，訴えを提起する埋立海域で操業する漁民は，漁業権を失うことなく継続して埋立予定海域において操業することができることによって得られる利益の補償を求めているのではない。原告が勝訴しても漁業補償を受ける権利は，既判力によって確定しない。この訴訟は，違法な行政処分の効力を除去し，それによって埋立予定海域が汚染されることなく漁場が確保されることを目的とする。訴訟物についての原告の利益は，操業によって得られる利益（純益）とは同じではない。当該公有水面埋立免許処分が広範な人々に影響を及ぼし，かつ処分の取消しに有する原告の利益は原告の個々の財産権（漁業権）を超えた自然環境や生活基盤の維持というような基本的な環境・生活利益である。そして，この環境・生活利益は，人格権や環境権の侵害を主張して訴えが提起される場合の利益と異ならない。人格権や環境権の侵害を理由とする公有水面埋立免許処分が取り消されると，結果として，原告の漁業権の侵害回避の利益も間接的に実現するにすぎない。後者の主張は，前者の主張と異なる利益を原告らにも

91）最高裁判所事務総局編・公物・営造物関係行政事件執務資料（1987年・法曹会）315頁以下によれば，1979年2月に名古屋地裁から提出されたこの問題を，金沢地裁決定の少し前に扱い，金沢地裁決定と同じく，「原告が受ける利益の一方は漁業による営業利益であり，他方は環境の悪化防止による人格的利益であって，両者は相互に重複しているとは認められないから，訴額を合算すべきである」との見解を出していた。金沢地裁決定がこの見解に影響されたとは断言できないが，漁業権の侵害が行政処分取消しの提起権能（訴訟追行権）を基礎づけるために主張されただけで，これが訴訟物であるかのように訴額算定するという方向を示したのはこの裁判官会同であった。訴額は飽くまで訴訟物についての利益であり，漁業補償が求められているのでないところで，これが求められているのと同じように訴額を算定するのは不可解である。

92）この点についても，最高裁判所事務総局編・前掲注(91)316頁が同じ結論を示していた。

たらすものではない[93]。本件の原告の訴訟物についての利益は，環境悪化の防止に尽きるといえる。裁判所は，この一体的な利益の価額を裁量により算定すべきであった。それゆえ，金沢地裁は同一訴訟物について二重に訴額を算定するという誤りを犯したことになる。

　また，複数当事者が同一の行政処分の取消しを求めている場合，求められているのは１つの同一の行政処分の取消しであって，多数の原告に共通の利益であることを無視すべきでない。本件では，原告らは漁業権の侵害を主張していたけれども，これは提訴権能を根拠づける事由の主張であり[94]，それは訴訟物ではなく，訴訟物は行政処分の違法性であるから，原告らの漁業権の確認やその侵害の賠償が求められている場合とは異なるので，各原告らの漁業利益は訴額算定の基礎にならない以上，原告の人数分の訴額が合算の対象にもならないことは当然ではなかろうか。

(2) 物権，人格権または環境権の侵害を主張して抗告訴訟を提起する場合

　(a) 生活利益の侵害を防止するため，物権に対する直接的な侵害を理〔831〕由として抗告訴訟が提起される場合，物権に対する妨害排除・予防請求の場合と同様に訴額通知7(1)ないし(3)を準用して訴額を算定することは全く不合理である。行政処分の取消しによって物権に対する直接的な侵害を回避する原告の利益が訴額を基礎づける利益であり，この利益は財産権上の利益である。評価は裁判所の裁量によってなされるべきであり，評価の手がかりは行政処分により生ずると予想される不動産価額の低下である。もちろん，この価額低下は現実には訴え提起時点では未だ生じていないので，これを具体的に算定することは性質上極めて困難である。それゆえ，訴額の算定が性質上極めて困難な場合として，160万円を手数料訴額とみなすことができる。

　(b) 物権に対する直接的な侵害を理由とするのでなく，行政処分の直〔832〕接の名宛人以外の者（たとえば計画されている原子力発電所から一定範囲内に居住する住民）が提起する行政処分取消しの訴えは環境利益のような人の

---

93) 時岡・前掲注(16)143頁は，漁業権侵害の回避の利益と環境悪化防止の利益は重複しないとするが，漁業権侵害が独自に訴訟物になっていない以上，前者も後者に包摂されているということができる。

94) 阿部・前掲注(8)218頁。

506　第9章　行政訴訟

生存にとって基本的な生活利益の妨害の差止めを求めているので，この利益を評価すべきではあるが，これは金銭的に評価することが極めて困難なので，これまで裁判所が行ってきたように，160万円を手数料訴額とみなすことは是認できる。

　問題は，行政処分の直接の名宛人でない多数の住民が共同して同一の行政処分の取消しを求める場合である。この場合，取り消される行政処分は1つの同一のものであり，多数の原告を各宛人とするその数だけの行政処分が存在するのではない。原告らの利益は，しばしばその個々の財産権を超えた生存条件の維持という社会的利益である。このような，原告らの利益は多くの場合同一方向の利益であり，そこには利益の共通性が存在するので，原告の人数分の訴額を合算することは不当である。[95] しかし，判例の多数は，人数分の訴額を合算する扱いである。[96] 仮に，判例のいうように各人の生活利益が別個のものであったとしても，たとえば株式会社の多数の株主が同一の株主総会決議の取消しを求めて訴えを提起する場合，または多数の株主が株主代表訴訟を共同して提起する場合，訴えの申立てに現われた原告らの利益は共通であることから訴額の合算は行われない（→〔105〕）のと同様に，生活利益は内容的に異ならない，多数の原告に共通のものであり，しかも新たな経済的利益を取得するというようなものではなく現状の環境利益ないしは生活利益の保全の利益にすぎない以上，訴額の合算は

95）上村明弘・判評435号56頁（判時1521号218頁）は，後掲注⑰大阪高判平成5・12・21に対する評釈において，原告らが差止判決によって得られる利益は広範な公共の利益だとし，原告らに共通の包括的な利益であるという理由で人数分の訴額の合算をすべきでないとする。これに対し，畑郁夫・私法判例リマークス19号（1999年）119頁，122頁は，後掲注⑯広島高決平成10・3・9に対する評論において，原告が1人でも300人でも訴額が同じというのは常識的ではないという。しかし本文で述べたように，原告らの利益が個人的な利益に止まらない以上，原告が1人でも多数でも，訴額が1つであることは何ら非常識ではないであろう。合算に対して反対または批判的なものとして，川嶋・前掲注㊄；六車・前掲注㊄；乙部・前掲注㊄も参照。なお，池田辰夫「管轄と移送」竹下守夫／今井功編・講座新民事訴訟法⑴（1998年・弘文堂）93頁，100頁；梅本吉彦・民事訴訟法〔第4版〕（2009年・信山社）55頁；金子40頁；川嶋四郎「差止的救済と訴訟」法政研究68巻4号（2002年）1頁以下；佐上善和「現代型訴訟と裁判手続」法学セミナー36巻9号（1991年）16頁，19頁；谷口安平「集団訴訟における諸問題」新実務民訴講座⑶157頁，175頁以下；服部敬「訴額の算定」滝井／田原・清水編・論点18頁，30頁参照。

96）東京地命平成3・5・27判時1391号156頁；東京地決平成4・2・10判タ789号251頁；東京地決平成4・2・10判タ789号255頁；東京高決平成4・7・29判時1436号18頁＝判タ796号211頁；東京高決平成4・7・29東京高民時報43巻1～12号54頁＝判タ796号216頁；前掲注㊄最決平成12・10・13；広島高決平成10・3・9判タ977号260頁など。

行われるべきではない。[97]

第8節　その他

第1款　営業許可に関する処分

1　営業許可に関する処分の効力を争う抗告訴訟

　社会公共の安全と秩序にとって有害な結果をもたらすおそれのある営業　[833]
活動を取り締まる警察作用は，営業警察と呼ばれる。各種の風俗営業，古
物営業等に関する許可制は，風俗秩序の維持，防犯，公衆衛生の確保など
を目的とする。

　許可を要する営業を行うため営業許可を申請し，申請却下処分を受けた
者や，営業許可の取消処分を受けた者は，処分の違法を主張して抗告訴訟
を提起することができる。そして，その場合の訴額算定の困難が指摘され
ている。

2　訴　額

(1)　競業者による訴え

　第三者に有利な営業許可処分の効力を争う競業者の提起する訴えは，第　[834]
三者に営業許可処分がなされることによって原告が蒙る営業上の損失額を
訴額とする財産権上の訴えである。この場合には，原告は第三者への営業
許可によって蒙る売上高の減少を防ぐために訴えを提起するのであるから，
原告のこの訴訟に対する利益は売上高の減少による損失を防止し利益を確
保することにあるから，原告が確保しようとする利益が訴額である。もっ

---

97)　たとえば，大阪高決平成5・8・9判タ834号218頁は，自衛隊員のカンボジアへの派遣の
　差止めを求めた民事訴訟である。裁判所は「この訴えをもって主張する利益は，抗告人らに
　おいて違憲とする自衛隊のカンボジア派遣が中止されること自体であるから，その利益は抗
　告人ら全員を通じて共通のものと認めるのが相当というべきである。抗告人らは，差止めを
　求める根拠として，『平和的生存権』や『納税者基本権』と名付ける『権利』を主張してい
　るけれども，個々の抗告人らに帰属するというそれらの『権利』が侵害されることによって
　現に発生している各人固有の不利益の発生の予防・回復を本件において求めているわけでは
　ないから，抗告人らが右のような権利を主張しているからといって，本件訴えをもって主張
　する利益が各抗告人ごとに別個独立に存在するものといわなければならないものではない」
　と判示した。大阪高判平成5・12・21判時1503号85頁は，複数の原告の人格権・環境権に基
　づくゴルフ場建設工事の差止請求訴訟について，同じ裁判官がほぼ同旨の判断を示し，合算
　禁止を判示した。

508　第9章　行政訴訟

とも，この利益を適確に証する資料が得られないため，実務上は算定が極めて困難として扱われることが多いといわれる[98]。

(2)　営業許可取消処分の取消訴訟

〔835〕　この訴訟によって原告が受ける利益が，営業許可取消処分の取消しによって継続して当該営業による利益を確保することができることである。したがって，訴額はこの利益によって決まる。訴額の算定が困難な場合は，裁判長または裁判所が一定の手がかりによって裁量で算定すべきである。

(3)　申請却下処分の取消訴訟

〔836〕　申請却下処分を受けた営業許可申請者が提起する申請却下処分の取消訴訟については，①許可に伴い原告が事実上受ける利益が単なる反射的利益であるか否かにかかわらず，財産権上の請求として観念すべきであるが，営業許可があってはじめて営業を開始できるのであるから，営業上の利益は未知数に属し評価は容易でないという見解[99]，②財産権上の訴えか否かの認定は困難であり，仮にそう認定できたとしてもその金銭的評価は更に困難だと指摘し，許可等に伴い事実上受ける利益，不利益は単なる反射的効果であると考えられるという理由で，この訴えは非財産権上の訴えと観念してよいという見解[100]が主張されてきた。

　　しかし，営業許可申請をした者が申請却下処分の取消訴訟を提起する場合にも，営業許可を得て営業を始めることによって期待される収入は存在し，そして通常この期待される収入を目的として営業許可の申請がなされているのであるから，これは反射的利益ではない。それゆえ，許可を得て営業を実際に開始した後でなければ，収入を想定することができないものではない。この期待される収入は，原告の陳述を基礎に裁判長または裁判所が裁量により評価することができる[101]。

第2款　不作為の違法確認訴訟

〔837〕　法令に基づく申請に対して行政庁の処分または裁決を得る利益が原告の利益であるが，不作為の違法確認訴訟において請求が認容されても，行政

98）時岡・前掲注(16)144頁。
99）民事訴訟印紙研究24頁；時岡・前掲注(16)144頁；渡辺／園部編・行訴法体系334頁［廣木］。
100）民事訴訟費用研究278頁。
101）Vgl. *Anders/Gehle/Kunze*, Stichwort „Verwaltungsgerichtliches Verfahren", Rn. 268.

庁の不作為の違法が確認されるだけであり，原告の望む処分または裁決が得られるのではない。訴訟係属中に原告に不利なものであれ処分または裁決がなされると，訴えの利益は消滅するとみられる。このような特徴があるため，学説においては，①不作為の違法確認の訴えは行政庁の処分を攻撃しているのではなく，行政庁の不作為の違法の確認を求めるものであるから，申請を認容した場合の処分からこの訴訟の訴額を算定することを疑問とし，非財産権上の請求と考えるべきだとする見解[102]，②この訴訟の訴額は非財産権上の請求に準ずるべきだという見解[103]と，③不作為の違法状態の排除によって具体的な予防利益が考えられる場合には算定は可能であるが，そうでなければ算定は困難だとの指摘[104]④原告が不作為の違法確認判決を得ても申請どおりの行政処分が得られるわけではなく，したがってその行政処分によって原告が狙っている利益が得られるわけではないことを認めつつ，なお訴額は不作為に係る申請を行政庁が認容した場合に原告の受ける利益を基準に算定すべきだとする見解[105]がある。

　原告が望んでいる行政処分または裁決が財産的価値を内容とする場合に，不作為の違法確認の訴えを非財産権上の訴えとみるのは不合理であるから，財産権上の請求である。この場合には，裁判長または裁判所がその裁量によって訴額を査定すべきであるが，その手がかりは原告が望む処分または裁決の内容であり，その価額の5分の1から10分の1が訴額としてふさわしいのではなかろうか。

---

102) 石川正「不作為の違法確認の訴え」新実務民訴講座(9)81頁，111頁；阿部・前掲注(82)15頁。
103) 時岡・前掲注(16)143頁；園部編・注解行訴法449頁［大田］。
104) 行政事件訴訟実務的研究55頁。
105) 注釈民訴(1)229頁［佐藤］；菊井／村松・全訂Ⅰ128頁。泉／大藤／満田・前掲(31)69頁［泉］は，更正の請求に対する不作為の違法確認の訴えについて，原告が当該申請によって得ようとする利益が直ちに得られることになるわけではないとしながら，更正により減額を求める税額を基準にすべきだと主張する。

付録　*511*

付　録

東京地方裁判所

知的財産権法に基づく請求等の訴額の算定基準

平成28年10月1日

　東京地方裁判所の知的財産権部に係属する知的財産権法に基づく請求等の訴額の算定方法の原則的な取扱いは以下のとおりです。

※侵害行為の差止めとともに侵害行為を組成する物の廃棄等を請求する場合（特許法100条2項，実用新案法27条2項，意匠法37条2項，商標法36条2項，不正競争防止法3条2項，著作権法112条2項，半導体集積回路の回路配置に関する法律22条2項，種苗法33条2項）には，差止請求の訴額のみによる。

※「残存年数」，「請求可能年数」については，月単位まで計算する。

※計算の根拠とする金額，料率，年数等の数値は原則として資料によって疎明する必要があるが，年間売上高・利益率等については疎明資料は不要で，訴額計算書を提出すれば足りる。

1　特許権，実用新案権，意匠権

(1)　権利の帰属の確認請求，移転登録手続請求

　ア　次のいずれかによる。

　　(ア)　訴え提起時の年間売上高×訴え提起時の利益率×権利の残存年数×4分の1（低減率）

　　(イ)　原告が，鑑定評価書等により，権利の評価額，取引価格を疎明したときは，その額による。

　イ　権利の範囲全部につき専用実施権が設定されている場合には，次のいずれかによる。

　　(ア)　訴え提起時の実施権者の年間売上高×実施料率×権利の残存年数×4分の1

　　(イ)　（年間実施料×権利の残存年数）－間利息

(2)　実施権の確認請求，設定登録手続請求，移転登録手続請求

　　実施権者の年間売上高（又は予想年間売上高）×訴え提起時の実施権者の利益率×実施権の残存年数×4分の1

(3)　抹消登録手続請求

　　(1)，(2)の算定結果×2分の1

(4) 質権の設定・移転・変更・消滅に関する登録手続請求

不動産を目的とする担保権に関する登記手続請求の算定方法を準用する。

(5) 差止請求

次のいずれかによる。

ア　原告の訴え提起時の年間売上減少額×原告の訴え提起時の利益率×権利の残存年数×8分の1

イ　被告の訴え提起時の年間売上推定額×被告の訴え提起時の推定利益率×権利の残存年数×8分の1

ウ　(年間実施料相当額×権利の残存年数)－中間利息

(6) 差止請求権の不存在確認請求

原告の訴え提起時の年間売上高×原告の訴え提起時の利益率×被告の権利の残存年数×8分の1

(7) 信用回復措置の請求

信用回復のための広告等その措置に要する費用が認定できる場合はその額とし，措置の性質上，要する費用が認定できない場合，又は，算定が著しく困難な場合は160万円とする。

2　商標権

(1) 権利の帰属の確認請求，移転登録手続請求

ア　次のいずれかによる。

　(ア)　訴え提起時の年間売上高×訴え提起時の利益率×10年×5分の1

　(イ)　原告が，鑑定評価書等により，権利の評価額，取引価格を疎明したときは，その額による。

イ　権利の範囲全部につき専用使用権が設定されている場合には，次のいずれかによる。

　(ア)　訴え提起時の専用使用権者の年間売上高×使用料率×10年×5分の1

　(イ)　年間使用料×10年×0.8

(2) 使用権の確認請求，設定登録手続請求，移転登録手続請求

訴え提起時の使用権者の年間売上高×訴え提起時の使用権者の利益率×使用権の残存年数×5分の1

ただし，使用権の残存年数が10年以上の場合，又は，使用権設定契約の更新等により使用権が訴え提起時から10年以上継続する可能性が高い場合には，「使用権の残存年数」は10年とする。

(3) 抹消登録手続請求

(1)，(2)の算定結果×2分の1

(4) 質権の設定・移転・変更・消滅に関する登録手続請求

不動産を目的とする担保権に関する登記手続請求の算定方法を準用する。

(5) 差止請求

次のいずれかによる。

ア 原告の訴え提起時の年間売上減少額×原告の訴え提起時の利益率×10年×10分の1

イ 被告の訴え提起時の年間売上推定額×被告の訴え提起時の推定利益率×10年×10分の1

ウ 年間使用料相当額×10年×0.8

(6) 差止請求権の不存在確認請求

原告の訴え提起時の年間売上高×原告の訴え提起時の利益率×10年×10分の1

(7) 信用回復措置の請求

信用回復のための広告等その措置に要する費用が認定できる場合はその額とし，措置の性質上，要する費用が認定できない場合，又は，算定が著しく困難な場合は160万円とする。

3 不正競争防止法に基づく請求

(1) 不正競争防止法2条1項1号，2号，16号の不正競争行為の差止請求

次のいずれかによる。

ア 訴え提起時の，原告の原告表示を使用した商品，営業，役務の年間売上減少額×原告の訴え提起時の利益率×10年×10分の1

イ 訴え提起時の，被告の被告表示を使用した商品，営業，役務の年間売上推定額×被告の訴え提起時の推定利益率×10年×10分の1

ウ 原告表示の年間使用料相当額×10年×0.8

(2) 不正競争防止法2条1項3号の不正競争行為の差止請求

次のいずれかによる。

ア 訴え提起時の，原告の原告商品の年間売上減少額×原告の訴え提起時の利益率×請求可能年数×6分の1

イ 訴え提起時の，被告の被告商品の年間売上推定額×被告の訴え提起時の推定利益率×請求可能年数×6分の1

ウ 原告商品形態の年間使用料相当額×請求可能年数×0.9

ただし，アないしウの「請求可能年数」とは，訴え提起時から，同号所定の「他人の商品」に該当する原告商品が最初に販売された日から3年後の日までの期間をいう。

⑶　不正競争防止法２条１項４号ないし10号の不正競争行為の差止請求
　　当該営業秘密の性質上アないしウのいずれかの方法により算定できるものは，アないしウのいずれかの方法により，算定できないもの，又は，算定が著しく困難なものは160万円とする。
　ア　訴え提起時の，被告の当該営業秘密の使用等による原告の年間売上減少額×原告の訴え提起時の利益率×８年×８分の１
　イ　訴え提起時の，被告の当該営業秘密の使用等による年間売上推定額×被告の訴え提起時の推定利益率×８年×８分の１
　ウ　当該営業秘密の年間使用料相当額×８年×0.8
⑷　不正競争防止法２条１項11号，12号の不正競争行為の差止請求
　　原告の訴え提起時の年間売上高減少額×原告の訴え提起時の利益率×８年×８分の１
⑸　不正競争防止法２条１項13号の不正競争行為の差止請求
　　次のいずれかによる。
　ア　訴え提起時の，被告ドメイン名使用による原告の商品，営業，役務の年間売上減少額×原告の訴え提起時の利益率×10年×10分の１
　イ　訴え提起時の，被告ドメイン名使用による商品，営業，役務の年間売上推定額×被告の訴え提起時の推定利益率×10年×10分の１
　ウ　ア又はイにより算定できない場合，又は，算定が著しく困難な場合は，160万円とする。
⑹　不正競争防止法２条１項14号の不正競争行為の差止請求
　　次のいずれかによる。
　ア　訴え提起時の，被告表示の使用による原告の商品，営業，役務の年間売上減少額×原告の訴え提起時の利益率×10年×10分の１
　イ　訴え提起時の，被告の被告表示を使用した商品，営業，役務の年間売上推定額×被告の訴え提起時の推定利益率×10年×10分の１
⑺　不正競争防止法２条１項15号の不正競争行為の差止請求
　　160万円とする。
⑻　不正競争防止法14条に定める信用回復措置の請求
　　信用回復のための広告等その措置に要する費用が認定できる場合はその額とし，措置の性質上，要する費用が認定できない場合，又は，算定が著しく困難な場合は160万円とする。
⑼　不正競争防止法19条２項に定める請求
　　160万円とする。

4 著作権

(1) 権利の帰属の確認請求，移転登録手続請求

ア 著作権の帰属の確認請求，移転登録手続請求

原告の訴え提起時の年間売上高×原告の訴え提起時の利益率

イ 出版権の確認請求，設定登録手続請求，移転登録手続請求

(ｱ) 取引価格による

(ｲ) 取引価格が明らかでない場合は，原告の訴え提起時の年間売上高×原告の訴え提起時の利益率

(2) 抹消登録手続請求

(1)のア，イの算定結果×2分の1

(3) 質権の設定・移転・変更・消滅に関する登録手続請求

不動産を目的とする担保権に関する登記手続請求の算定方法を準用する。

(4) 実名・第一発行年月日等・創作年月日の抹消登録手続請求

160万円とする。

(5) 著作権法上の権利に基づく差止請求

ア 著作権（著作財産権）に基づく差止請求

次のいずれかによる。

(ｱ) 原告の訴え提起時の年間売上減少額×原告の訴え提起時の利益率

(ｲ) 被告の訴え提起時の年間売上推定額×被告の訴え提起時の推定利益率

(ｳ) 著作権者が通常1年間に受けるべき金銭の額

イ 著作者人格権に基づく差止請求

160万円とする。

ウ 出版権に基づく差止請求

次のいずれかによる。

(ｱ) 原告の訴え提起時の年間売上減少額×原告の訴え提起時の利益率

(ｲ) 被告の訴え提起時の年間売上推定額×被告の訴え提起時の推定利益率

エ 著作隣接権に基づく差止請求

アと同様に算定する。

(6) 著作者人格権侵害の場合の名誉回復措置の請求

名誉回復のための広告等その措置に要する費用が認定できる場合はその額とし，措置の性質上，要する費用が認定できない場合，又は，算定が著しく困難な場合は160万円とする。

516 付録

5 商号権

(1) 差止請求

（当事者双方が会社の場合）

基準額×修正率＝訴額

ただし，この計算式によって求めた訴額が，直近下位の基準額の範囲で求められる訴額の最高額に満たないときには，その最高額と同一の額を訴額とする。

ア 基準額

(ア) 原告会社の資本額≧被告会社の資本額の場合

基準額＝被告会社の資本額×2

(イ) 原告会社の資本額＜被告会社の資本額の場合

基準額＝原告会社の資本額×2

イ 修正率

5分の1 （基準額≦1000万円）

7分の1 （1000万円＜基準額≦5000万円）

10分の1 （5000万円＜基準額≦1億円）

20分の1 （1億円＜基準額≦3億円）

30分の1 （3億円＜基準額≦5億円）

50分の1 （5億円＜基準額）

（当事者の双方又はいずれか一方が会社でない場合）

次のいずれかの計算式による。

(ア) 原告の訴え提起時の年間売上減少額×原告の訴え提起時の利益率

(イ) 被告の訴え提起時の年間売上推定額×被告の訴え提起時の推定利益率

(2) 商号登記の抹消登記手続請求

(1)と同様に算定する。

6 半導体集積回路の回路配置に関する法律に基づく請求

特許権の場合に準じて算定する。

7 種苗法に基づく請求

特許権の場合に準じて算定する。

8 行政訴訟

160万円とする。

付録　517

ただし，当事者訴訟等訴額の算定が可能な場合には，その方法により算定する。
以上

（出典：裁判所ホームページ）

大阪地方裁判所

知財訴訟の訴額算定基準（平成28年4月1日現在）

当庁では，下記のとおり，知的財産権訴訟の訴訟物の価額（訴額）算定基準を定めています（東京地裁での取扱いと同内容です。）。

訴えを提起する場合は，この算定基準による「訴額計算書」を作成して，訴状とともに1階受付センター（民事訟廷事件係）に提出してください。

不明な点があれば，知的財産権専門部書記官室宛てお問い合わせください。

・（第21民事部　TEL06-6316-2872，FAX06-6361-4779）

・（第26民事部　TEL06-6316-2881，FAX06-6361-4779）

知的財産権に基づく請求等の訴額の算定基準

大阪地方裁判所知的財産権専門部に係属する知的財産権法に基づく請求等の訴額の算定は以下の方法によることを原則とする。

＊侵害行為を組成する物の廃棄等を差止請求と併合して請求する場合（特許法100条2項，実用新案法27条2項，意匠法37条2項，商標法36条2項，不正競争防止法3条2項，著作権法112条2項，半導体集積回路の回路配置に関する法律22条2項，種苗法33条2項）には，差止請求の訴額のみによる。

＊「残存年数」，「請求可能年数」については，月単位まで計算する（月数に端数が生じる場合は，切り捨てる。）。

1．特許権，実用新案権及び意匠権に基づく請求

(1)　権利の帰属の確認請求，移転登録手続請求

1．次のいずれかによる。

1．訴え提起時の年間売上高×訴え提起時の利益率×権利の残存年数×4分の1（低減率）

2．原告が，鑑定評価書等により，権利の評価額，取引価格を疎明したときは，その額による。

2．権利の範囲全部につき専用実施権が設定されている場合には，次のいずれかによる。

1．訴え提起時の実施権者の年間売上高×実施料率×権利の残存年数×4分の1

２．（年間実施料×権利の残存年数）－中間利息

(2) 実施権の確認請求，設定登録手続請求，移転登録手続請求

訴え提起時の実施権者の年間売上高×訴え提起時の実施権者の利益率×実施権の残存年数×４分の１

(3) 抹消登録手続請求

(1)，(2)の算定結果×２分の１

(4) 質権の設定・移転・変更・消滅に関する登録手続請求

不動産を目的とする担保権に関する登記手続請求の算定方法を準用する。

(5) 差止請求

次のいずれかによる。

１．原告の訴え提起時の年間売上減少額×原告の訴え提起時の利益率×権利の残存年数×８分の１

２．被告の訴え提起時の年間売上推定額×被告の訴え提起時の推定利益率×権利の残存年数×８分の１

３．（年間実施料相当額×権利の残存年数）－中間利息

(6) 差止請求権の不存在確認

原告の訴え提起時の年間売上額×原告の訴え提起時の利益率×被告の権利の残存年数×８分の１

(7) 信用回復措置の請求

信用回復のための広告等その措置に要する費用が認定できる場合はその額とし，措置の性質上，要する費用が認定できない場合，又は，算定が著しく困難な場合は160万円とする。

２．商標権に基づく請求

(1) 権利の帰属の確認請求，移転登録手続請求

１．次のいずれかによる。

１．訴え提起時の年間売上高×訴え提起時の利益率×10年×５分の１

２．原告が，鑑定評価書等により，権利の評価額，取引価格を疎明したときは，その額による。

２．権利の範囲全部につき専用使用権が設定されている場合には，次のいずれかによる。

１．訴え提起時の専用使用権者の年間売上高×使用料率×10年×５分の１

２．年間使用料×10年×0.8

(2) 使用権の確認請求，設定登録手続請求，移転登録手続請求

訴え提起時の使用権者の年間売上高×訴え提起時の使用権者の利益率×使用権の残存年数×5分の1

ただし，使用権の残存年数が10年以上の場合，又は，使用権設定契約の更新等により使用権が訴え提起時から10年以上継続する可能性が高い場合には「使用権の残存年数」は10年とする。

⑶ 抹消登録手続請求

⑴，⑵の算定結果×2分の1

⑷ 質権の設定・移転・変更・消滅に関する登録手続請求

不動産を目的とする担保権に関する登記手続請求の算定方法を準用する。

⑸ 差止請求

次のいずれかによる。

1．原告の訴え提起時の年間売上減少額×原告の訴え提起時の利益率×10年×10分の1

2．被告の訴え提起時の年間売上推定額×被告の訴え提起時の推定利益率×10年×10分の1

3．年間使用料相当額×10年×0.8

⑹ 差止請求権の不存在確認

原告の訴え提起時の年間売上額×原告の訴え提起時の利益率×10年×10分の1

⑺ 信用回復措置の請求

信用回復のための広告等その措置に要する費用が認定できる場合はその額とし，措置の性質上，要する費用が認定できない場合，又は，算定が著しく困難な場合は160万円とする。

3．不正競争防止法に基づく請求

⑴ 不正競争防止法2条1項1号，2号，16号の不正競争行為の差止請求

次のいずれかによる。

1．訴え提起時の，原告の原告表示を使用した商品，営業，役務の年間売上減少額×原告の訴え提起時の利益率×10年×10分の1

2．訴え提起時の，被告の被告表示を使用した商品，営業，役務の年間売上推定額×被告の訴え提起時の推定利益率×10年×10分の1

3．原告表示の年間使用料相当額×10年×0.8

⑵ 不正競争防止法2条1項3号の不正競争行為の差止請求

次のいずれかによる。

1．訴え提起時の，原告の原告商品の年間売上減少額×原告の訴え提起時

の利益率×請求可能年数×6分の1
2．訴え提起時の，被告の被告商品の年間売上推定額×被告の訴え提起時の推定利益率×請求可能年数×6分の1
3．原告商品形態の年間使用料相当額×請求可能年数×0.9

　　ただし，1ないし3の「請求可能年数」とは，訴え提起時から，同号所定の「他人の商品」に該当する原告商品が最初に販売された日から3年後の日までの期間をいう。

⑶　不正競争防止法2条1項4号ないし10号の不正競争行為の差止請求
　　当該営業秘密の性質上1ないし3のいずれかの方法により算定できるものは，1ないし3のいずれかの方法により，算定できないもの，又は，算定が著しく困難なものは160万円とする。
1．訴え提起時の，被告の当該営業秘密の使用による原告の年間売上減少額×原告の訴え提起時の利益率×8年×8分の1
2．訴え提起時の，被告の当該営業秘密の使用による年間売上推定額×被告の訴え提起時の推定利益率×8年×8分の1
3．当該営業秘密の年間使用料相当額×8年×0.8

⑷　不正競争防止法2条1項11号，12号の不正競争行為の差止請求
　　原告の訴え提起時の年間売上高減少額×原告の訴え提起時の利益率×8年×8分の1

⑸　不正競争防止法2条1項13号の不正競争行為の差止請求
　　次のいずれかによる。
1．訴え提起時の，被告ドメイン名使用による原告の商品，営業，役務の年間売上減少額×原告の訴え提起時の利益率×10年×10分の1
2．訴え提起時の，被告ドメイン名使用による商品，営業，役務の年間売上推定額×被告の訴え提起時の推定利益率×10年×10分の1
3．1又は2により算定できない場合，又は，算定が著しく困難な場合は，160万円とする。

⑹　不正競争防止法2条1項14号の不正競争行為の差止請求
1．訴え提起時の，被告表示の使用による原告の商品，営業，役務の年間売上減少額×原告の訴え提起時の利益率×10年×10分の1
2．訴え提起時の，被告の被告表示を使用した商品，営業，役務の年間売上推定額×被告の訴え提起時の推定利益率×10年×10分の1

⑺　不正競争防止法2条1項15号の不正競争行為の差止請求
　　160万円とする。

⑻　不正競争防止法14条に定める信用回復措置の請求

信用回復のための広告等その措置に要する費用が認定できる場合はその
額とし，措置の性質上，要する費用が認定できない場合，又は，算定が著
しく困難な場合は160万円とする。

(9) 不正競争防止法19条2項に定める請求

160万円とする。

4．著作権法上の権利に基づく請求

(1) 権利の帰属の確認請求，移転登録手続請求

1．著作権の帰属の確認請求，移転登録手続請求

原告の訴え提起時の年間売上高×原告の訴え提起時の利益率

2．出版権の確認請求，設定登録手続請求，移転登録手続請求

1．取引価格による。

2．取引価格が明らかでない場合は，原告の訴え提起時の年間売上高×
原告の訴え提起時の利益率

(2) 抹消登録手続請求

(1)の1，2の算定結果×2分の1

(3) 質権の設定・移転・変更・消滅に関する登録手続請求

不動産を目的とする担保権に関する登記手続請求の算定方法を準用する。

(4) 実名・第一発行年月日等・創作年月日の抹消登録手続請求

160万円とする。

(5) 著作権法上の権利に基づく差止請求

1．著作権（著作財産権）に基づく差止請求

次のいずれかによる。

1．原告の訴え提起時の年間売上減少額×原告の訴え提起時の利益率

2．被告の訴え提起時の年間売上推定額×被告の訴え提起時の推定利益
率

3．著作権者が通常1年間に受けるべき金銭の額

2．著作者人格権に基づく差止請求

160万円とする。

3．出版権に基づく差止請求

次のいずれかによる。

1．原告の訴え提起時の年間売上減少額×原告の訴え提起時の利益率

2．被告の訴え提起時の年間売上推定額×被告の訴え提起時の推定利益
率

4．著作隣接権に基づく差止請求

522 付録

1と同様に算定する。

(6) 著作者人格権侵害の場合の名誉回復措置の請求

名誉回復のための広告等その措置に要する費用が認定できる場合はその額とし，措置の性質上，要する費用が認定できない場合，又は，算定が著しく困難な場合は160万円とする。

5．商号権に基づく請求

(1) 差止請求

（当事者双方が会社の場合）

基準額×修正率＝訴額

ただし，この計算式によって求めた訴額が，直近下位の基準額の範囲で求められる訴額の最高額に満たないときには，その最高額と同一の額を訴額とする。

1．基準額

1．原告会社の資本額≧被告会社の資本額の場合　基準額＝被告会社の資本額×2

2．原告会社の資本額＜被告会社の資本額の場合　基準額＝原告会社の資本額×2

2．修正率　基準額の範囲修正率

・1000万円以下5分の1

・1000万円超5000万円以下7分の1

・5000万円超1億円以下10分の1

・1億円超3億円以下20分の1

・3億円超5億円以下30分の1

・5億円超50分の1

（当事者の双方又はいずれか一方が会社ではない場合）

次のいずれかの計算式による。

1．原告の訴え提起時の年間売上減少額×原告の訴え提起時の利益率

2．被告の訴え提起時の年間売上推定額×被告の訴え提起時の推定利益率

(2) 商号登記の抹消登記手続請求

(1)と同様に算定する。

6．半導体集積回路の回路配置に関する法律に基づく請求

特許権の場合に準じて算定する。

付録　523

7．種苗法に基づく請求　特許権の場合に準じて算定する。

（出典：裁判所ホームページ）

明治23年民事訴訟用印紙法（明治二十三年八月十六日　法律第六十五号）

朕民事訴訟用印紙法ヲ裁可シ茲ニ之ヲ公布セシム此法律ハ明治二十四年一月一日ヨリ施行スヘキコトヲ命ス

民事訴訟用印紙法

第一條　民事訴訟ノ書類ニハ以下数條ノ規定ニ従ヒ其正本ニ印紙ヲ貼用ス可シ
　　但裁判所書記ニ口述シテ調書ヲ作ラシメタルトキハ其調書ニ印紙ヲ貼用ス可ヘシ

第二條　財産権上ノ請求ニ係ル第一審ノ訴状ニハ訴訟物ノ価額ニ應シ左ノ区別ニ従ヒ印紙ヲ貼用ス可シ（四十三年法律第十五號ヲ以テ本條中改正）

訴訟物ノ価額　金五圓マテ		二十五銭
同	十圓マテ	四十銭
同	二十圓マテ	八十銭
同	五十圓マテ	一圓八十銭
同	七十五圓マテ	二圓五十銭
同	百圓マテ	三圓五十銭
同	二百五十圓マテ	七圓
同	五百圓マテ	十二圓
同	七百五十圓マテ	十五圓
同	千圓マテ	十八圓
同	二千五百圓マテ	二十五圓
同	五千圓マテ	三十圓
同	五千圓以上ハ千圓ニ達スル毎ニ三圓ヲ加フ	

　　訴訟物ノ価額ヲ算定スルニハ民事訴訟法第三條乃至第六條ノ規定ニ従フ

第三條　財産権上ノ請求ニ非サル訴訟ニ付テハ其訴訟物ノ価額百圓ト看做シ印紙ヲ貼用ス可シ

　　財産権上ノ請求ニ非サル訴訟ト其訴訟ニ因テ生スル財産権上ノ訴訟ト併合スルトキハ其多額ナル一方ノ訴訟物ノ価額ニ依リ印紙ヲ貼用ス可シ

第四条　本訴ト反訴ト其目的カ同一ノ訴訟物ナルトキハ反訴ノ訴状ニ印紙ヲ貼用スルヲ要セス

第五條　控訴状ニハ第二條ノ規定ニ従ヒ其半額上告状ニハ其全額ノ印紙ヲ加貼

ス可シ

第六條　支払命令ノ申請ニシテ訴訟物ノ価額十圓以下ナル場合ニ於テハ二十銭
　　ノ印紙ヲ，十円ヲ超過スル場合ニ於テハ第二條ニ依リ第一審ノ訴狀ニ貼用ス
　　可キ印紙金額ノ半額ノ印紙ヲ貼用ス可シ（四十三年法律第十五号ヲ以テ改正）

第六條ノ二　左ニ掲クル申立又ハ申請ニシテ訴訟物ノ価額又ハ請求ノ価額二十
　　圓以下ナル場合ニ於テハ二十銭ノ印紙ヲ，二十圓ヲ超過スル場合ニ於テハ
　　四十銭ノ印紙ヲ貼用ス可シ（同上）

　　　一　　期日ノ変更，弁論延期又ハ弁論期日ノ指定ノ申立
　　　二　　中断又ハ中止シタル訴訟手続ノ受継ノ申立
　　　三　　從参加ノ申請
　　　四　　忌避ノ申請
　　　五　　和解ノ申立
　　　六　　訴訟費用額確定ノ申請
　　　七　　假執行宣言ノ申立
　　　八　　強制執行ノ停止若クハ續行又ハ執行処分ノ取消ノ申立
　　　九　　配当要求
　　　十　　家資分散ノ申立又ハ家資分散ノ復権ノ申立
　　　十一　強制競賣又は強制管理ノ申立
　　　十二　債権又ハ他ノ財産権差押ノ申請
　　　十三　民事訴訟法第七百三十二條乃至第七百三十四條ノ申立

第六條ノ三　左ニ掲クル申立又ハ申請ニシテ訴訟物ノ価額又ハ請求ノ価額二十
　　圓以下ナル場合ニ於テハ五十銭ノ印紙ヲ，二十圓ヲ超過スル場合ニ於テハ一
　　圓ノ印紙ヲ貼用ス可シ（同上）

　　　一　抗告
　　　二　故障
　　　三　證據調ノ申立
　　　四　假差押又ハ假処分ノ申請
　　　五　判決送達ノ申立
　　　六　執行力アル正本ヲ求ムル申立但シ二通以上ヲ求ムルトキハ一通毎ニ印
　　　　紙ヲ貼用ス可シ

第七條　和解及ヒ督促手續ニ付キ民事訴訟法第三百八十一條第三項及ヒ第
　　三百九十條ノ規定ニ依リ訴カ区裁判所ニ繋屬スルトキハ第二條第三條ノ規定
　　ニ從ヒ印紙ヲ貼用ス可シ民事訴訟法第三百九十條ノ規定ニ依リ訴カ区裁判所
　　ニ繋屬スル場合又ハ第三百九十一條第二項ノ規定ニ依リ地方裁判所ニ訴ヲ起
　　ス場合ニ於テハ第六條ニ依リ貼用シタル印紙ノ額ハ訴訟ニ付キ貼用ス可キ印

紙ノ額ニ之ヲ通算ス可シ（四十三年法律第十五號ヲ以テ本項追加）

第八條　再審ヲ求ムルノ訴狀ニハ其訴ヲ為ス可キ裁判所ノ審級ニ依リ相當ノ印紙ヲ貼用ス可シ

第九條　原狀回復ノ申立ニハ其書面ヲ差出ス可キ裁判所ノ審級ニ依リ相當ノ印紙ヲ貼用ス可シ

第十條　答辯書其他前數條ニ掲ケサル申立又ハ申請ニシテ訴訟物ノ價額又ハ請求ノ價額二十圓以下ナル場合ニ於テハ二十錢ノ印紙ヲ，二十圓ヲ超過スル場合ニ於テハ二十五錢ノ印紙ヲ貼用ス可シ（四十三年法律第十五號ヲ以テ改正）

第十一條　民事訴訟法第九十七條第一號ノ場合ノ外此法律ニ從ヒ印紙ヲ貼用セサル民事訴訟ノ書類ハ其效ナキモノトス但印紙ヲ貼用セス又ハ貼用スルモ不足アルトキハ裁判所ハ相當印紙ヲ貼用セシメ之ヲ有效ナラシムルヲ得

第十二條　印紙ノ種類及ヒ貼用方ハ明治十七年第四號布達ニ依ル

第十三條　印紙ハ管轄廳ノ許可ヲ得タル売捌所ニ於テ發売セシム其他ニ於テ売買スルコトヲ許サス

第十四條　官許売捌所外ニ於テ印紙ヲ販売シタル者ハ二十圓以上二百圓以下ノ罰金ニ處シ仍ホ現在ノ印紙ヲ没收ス其情ヲ知テ之ヲ買取シタル者ハ十圓以上百圓以下ノ罰金ニ処シ仍ホ現在ノ印紙ヲ没收ス

第十五條　前條ノ規定ヲ犯シタル者ハ刑法ノ減輕，再犯過重及ヒ數罪倶發ノ例ヲ用キス

第十六條　非訟事件ニ関スル申立又ハ申請ニシテ請求ノ價額二十圓以下ナル場合ニ於テハ二十錢ノ印紙ヲ，二十圓ヲ超過スル場合ニ於テハ二十五錢ノ印紙ヲ貼用ス可シ但第六條ノ三ノ規定ハ非訟事件ニ之ヲ準用ス（同上）

　　左ニ掲クル申立又ハ申請ニシテ請求ノ價額二十圓以下ナル場合ニ於テハ五十錢ノ印紙ヲ，二十圓ヲ超過スル場合ニ於テハ一圓ノ印紙ヲ貼用ス可シ

　　一　裁判上ノ代位ノ申請

　　二　競賣法ニ依ル競賣ノ申立

　　三　競賣法ニ依ル競賣又ハ不動産登記ニ関スル抗告

　　非訟事件ニ関スル申立又ハ申請ニシテ請求ノ價額ナキモノハ其請求ノ價額二十圓以下ノモノト看做ス

第十一條及ヒ第十二條の規定ハ之ヲ非訟事件ニ準用ス

526　凡例

凡 例

［1］ 法令の略語

家事手続	家事事件手続法（平成23・5・25法律52号）
行訴法	行政事件訴訟法（昭和37・5・16法律139号，最終改正平成23法律39号，54号，94号）
区画整理	土地区画整理法
国公	国家公務員法
収用	土地収用法
消費者裁判手続特例法	消費者の財産的被害の集団的な回復のための民事の裁判手続の特例に関する法律（平成25年12月11日法律第96号）
人訴法	人事訴訟法（平成15・7・16法律109号）
特許	特許法
地公	地方公務員法
都形	都市計画法
破産	破産法（平成16年法律75号）
不正競争	不正競争防止法
民執法	民事執行法
民訴法	民事訴訟法（平成8・8・26法律109号，最終改正平成24年法律30号）
民訴規	民事訴訟規則
民訴費用法	民事訴訟費用等に関する法律（昭和46・4・6法律40号，最終改正平成25法律48号，61号，72号，96号）
労組法	労働組合法（昭和24・6・1法律174号），最終改正平成26年法律67号，69号）

［判例集・雑誌の略語］

民集	最高裁判所民事判例集
民録	大審院民事判決録
裁判集民事	最高裁判所裁判集民事
高民集	高等裁判所民事判例集
下民集	下級裁判所民事判例集

行集	行政事件裁判例集
訟月	訟務月報
判解民	最高裁判所判例解説民事篇
判時	判例時報
判タ	判例タイムズ
曹時	法曹時報
ジュリ	ジュリスト

［3］引用文献等略語表

伊藤	伊藤眞・民事訴訟法〔第5版〕（2016年・有斐閣）
内田編・解説	内田恒久編・民事・刑事訴訟費用等に関する法律の解説（1974年・法曹会）
小川／宗宮／佐藤編・手引	小川英明／宗宮英俊／佐藤裕義編・〔三訂版〕事例からみる訴額算定の手引（2015年・新日本法規）
藤田／小川編・不動産訴訟	藤田耕三／小川英明編・不動産訴訟の実務〔7訂版〕（2010年・新日本法規）
兼子・体系	兼子一・新修民事訴訟法体系〔増訂版〕（1965年・酒井書店）
兼子・研究(1)	兼子一・民事法研究第Ⅰ巻（1950年・酒井書店）
兼子・条解上	兼子一. 条解民事訴訟法上（1955年・弘文堂）
兼子／畔上／古関編・判例民訴(上)	兼子一／畔上英治／古関敏正編・増補判例民事訴訟法上巻（1962年・酒井書店）
金子・訴訟費用	金子宏直・民事訴訟費用の負担原則（1998年・勁草書房）
菊井／村松・全訂Ⅰ・Ⅱ・Ⅲ	菊井維大／村松俊夫・全訂民事訴訟法Ⅰ〔補訂版〕・Ⅱ・Ⅲ（1986〜1993年・日本評論社）
菊井／村松・新コンメⅠ〜Ⅵ	秋山幹男／伊藤眞／加藤新太郎／高田裕成／福田剛久／山本和彦〔菊井維大／村松俊夫原著〕・コンメンタール民事訴

	訟法Ⅰ〔第2版追補版〕Ⅱ〔第2版〕，Ⅲ，Ⅳ，Ⅴ，Ⅵ（2006〜2014年・日本評論社）
行政事件訴訟実務的研究	司法研修所編・―改訂―行政事件訴訟の一般的問題に関する実務的研究（2000年・法曹会）
講座民訴(1)〜(7)	新堂幸司編集代表・講座民事訴訟1〜7巻（1983〜1985年・弘文堂）
新実務民訴講座(1)〜(14)	鈴木忠一／三ケ月章監修・新実務民事訴訟講座1〜14巻（1981〜1984年・日本評論社）
条解行訴法〔執筆者〕	南博方／高橋滋編・条解行政事件訴訟法〔第3版〕（2006年・弘文堂）
条解民訴〔執筆者〕	兼子一原著　松浦馨／新堂幸司／竹下守夫／高橋宏志／加藤新太郎／上原敏夫／高田裕成・条解民事訴訟法〔第2版〕（2011年・弘文堂）
書記官事務の研究Ⅱ	新民事訴訟法における書記官事務の研究Ⅱ（平成9年度・書記官実務研究）
新堂	新堂幸司・新民事訴訟法〔第5版〕（2011年・弘文堂）
訴額算定研究	裁判所書記官研修所編（金井繁二／小野和夫／寺尾英明）・訴額算定に関する書記官事務の研究〔補訂版〕（裁判所書記官研修所実務研究報告書，2002年・法曹会）
訴額通知	昭和31年12月12日付け高裁長官・地裁所長あて民事甲第412号最高裁判所民事局長通知「訴訟物の価額の算定基準について」
園部編・注解行訴法〔執筆者〕	園部逸夫編・注解行政事件訴訟法（1989年・有斐閣）
高橋・重点講義(上)(下)	高橋宏志・重点講義民事訴訟法（上〔第2版補訂版〕）（下〔〔第2版補訂版〕（2013年，2014年・有斐閣）

滝井／田原／清水編・論点	滝井繁男／田原睦夫／清水正憲編・論点新民事訴訟法（1998年・判例タイムズ社）
注解民執(1)〜(8)〔執筆者〕	鈴木忠一／三ケ月章編・注解民事執行法(1)〜(8)（1984〜1985年・第一法規出版）
注解民訴(1)〜(11)〔執筆者〕	斎藤秀夫／小室直人／西村宏一／林屋礼二編著・注解民事訴訟法1〜11巻〔第2版〕（1991〜1996年・第一法規）
注釈民訴(1)〜(6)〔執筆者〕	新堂幸司／鈴木正裕／竹下守夫編集代表・注釈民事訴訟法Ⅰ〜6巻（1991〜1998年・有斐閣）
注釈民執(1)〜(8)〔執筆者〕	香川保一監修・注釈民事執行法(1)〜(8)（1983〜1995年・金融財政事情研究会）
深沢／小神野編・簡裁民事実務	深沢利一／小神野利夫編・簡裁民事の実務（1985年・新日本法規）
法律実務講座(1)〜(6)	岩松三郎／兼子一編・法律実務講座民事訴訟編1〜6巻（1958〜1963年・有斐閣）
細野・要義Ⅰ	細野長良・民事訴訟法要義第1巻〔5版〕（1931年・巌松堂）
松本・執行保全	松本博之・民事執行保全法（2011年・弘文堂）
松本・人訴法	松本博之・人事訴訟法〔第3版〕（2012年・弘文堂）
松本・立法史と解釈学	松本博之・民事訴訟法の立法史と解釈学（2015年・信山社）
松本／上野	松本博之／上野泰男・民事訴訟法〔第8版〕（2014年・弘文堂）
三ケ月・全集	三ケ月章・民事訴訟法〔法律学全集〕（1959年・有斐閣）
三ケ月・双書	三ケ月章・民事訴訟法〔法律学講座双書，第3版〕（1992年・弘文堂）
民事実務講義案Ⅰ・Ⅲ	裁判所職員総合研修所監修・民事実務講義案Ⅰ〔4訂補訂版〕，Ⅲ〔4訂補訂

	版〕（2014年・司法協会）
民事実務の研究(1)(2)	裁判所書記官研修所編・民事実務の研究(1)（改装版第1刷，1976年・法曹会）；(2)（1976年・法曹会）
民事訴訟印紙研究	裁判所書記官研修所編（川谷昭著）・民事訴訟用印紙の研究（1963年・法曹会）
民事訴訟費用研究	裁判所書記官研修所編（杉原圭三／脇定義／菊池晨著）民事訴訟における訴訟費用等の研究（1976年・法曹会）
民事上訴審書記官事務	山田浩子／池田友・民事上訴審の手続と書記官事務の研究（裁判所書記官実務研究報告書，2014年・司法協会）
山木戸・人訴法	山木戸克己・人事訴訟手続法〔法律学全集〕（1958年・有斐閣）
山田・日本民事訴訟法論(1)	山田正三・日本民事訴訟法論第1巻〔第9版〕（1937年・弘文堂）
渡辺／園部編・行訴法体系〔執筆者〕	渡辺吉隆／園部逸夫編・行政事件訴訟法体系（1985年・西神田編集室）

ドイツ法

AnwBl	Anwaltsblatt
BGH	Bundesgerichtshof
BGHZ	Entscheidungen des Bundesgerichtshofes in Zivilsachen
FamRZ	Zeitschrift für das gesammte Familienrecht mit Betreuungsrecht, Erbrecht, Verfahrensrecht und Öffentlichem Recht
GRUR	Gewerblicher Rechtsschutz und Urheberrecht
JurBüro	Das Juristische Büro
JZ	Juristenzeitung
LG	Landgericht
MDR	Monatsschrift für Deutsches Recht
NJW	Neue Jiristische Wochenschrift

NJW-RR	NJW-Rechtsprechungs-Report Zivil-recht
NVwZ-RR	Neue Zeitschrift für Verwaltungsrecht, Rechtsprechungs- Report
NZM	Neue Zeitschrift für Miet-und Woh-nungsrecht
OLG	Oberlandesgericht
RGZ	Entscheidungen des Reichsgerichts in Zivilsachen
Rpfleger	Der deutsche Rechtspfleger
VersR	Versicherungsrecht – Zeitschrift für Versicherungsrecht, Haftungs-und Schadensrecht
WuM	Wohnungswirtschaft und Mietrecht
ZEV	Zeitschrift für Erbrecht und Vermö-gensnachfolge
ZIP	Zeitschrift für Wirtschaftsrecht
Anders/Gehle/Baader	*Anders/Gehle/Baader,* Handbuch für den Zivilprozess, 1.Aufl., 1992
Anders/Gehle/Kunze	*Anders/Gehle/Kunze,* Streitwert Lexi-kon 4. Aufl., 2002
Binz/Dörndorfer/Petzold/Zimmermann	*Binz/Dörndorfer/Petzold/Zimmermann,* GKG・FamGKG・JVEG, 3. Aufl., 2014
Hartmann	*Hartmann,* Kostengesetze, 43.Aufl., 2013
Hillach/Rohs	*Hillach/Rohs,* Handbuch des Streitwerts in bürgerlichen Rechtsstreitigkeiten, 8. Aufl., 1991
MünchKommZPO/*Bearbeiter*	Münchener Kommentar zur Zivilpro-zessordnung, 5.Aufl., Bd.1, 2016
Rosenberg/Schwab/Gottwald	*Rosenberg/Schwab/Gottwald,* Zivilpro-zessrecht, 16. Aufl., 2004; 17.Aufl., 2010
Schilken	*Schilken,* Zivilprozessrecht, 7.Aufl., 2014
Schneider/Herget/Bearbeiter	*Schneider/Herget,* Streitwert-Kom-

	mentar für Zivilprozess und Fam-FG-Verfahren, 14. Aufl., 2016
Stein/Jonas/Bearbeiter	*Stein/Jonas*, Kommnentar zur Zivilprozessordnung, 23.Aufl., Bd.1, 2014
Thomas/Putzo/Bearbeiter	*Thomas/Putzo*, Zivilprozessordnung, 37. Aufl., 2016
Wieczorek/Schütze/Bearbeiter	*Wieczorek/Schütze*, Zivilprozessordnung und Nebengesetze, 1. Bd., Teilband 1, 4. Aufl., 2015
Zöller/Bearbeiter	*Zöller* Zivilprozessordnung, 31.Aufl., 2016

事 項 索 引

【あ行】

青色申告承認取消処分の取消し … 472
遺骨や祭祀供用物の引渡し……… 214
遺言無効確認の訴え……… 304, 305
遺産分割協議の無効確認の訴え … 308
囲繞地通行権訴訟 ……………… 247
囲繞地通行権訴訟の管轄訴額／
　手数料訴額………………… 248
遺族補償年金不支給処分の取消
　訴訟の訴額………………… 452
一部請求訴訟……………… 29, 68〜
井戸等の廃止・変更請求の訴額 … 252
委任状の返還を請求する訴えの
　訴額……………………… 216
遺留分減殺請求 ………………… 309
印章の引渡請求の訴えの訴額…… 218
請負代金の支払いを求める訴え … 192
訴え提起前の証拠収集処分……… 161
訴えの客観的併合 ……… 83, 223, 463
訴えの客観的併合における訴額
　の算定…………………… 85
訴えの主観的併合（共同訴訟）…… 464
訴えの選択的併合 ……………… 84
訴えの単純併合 …………… 83, 130
訴えの変更 ……………………… 30
訴えの予備的併合 ………… 84, 131
売渡請求事件（民事調停）……… 155
営業許可取消処分の取消訴訟 …… 507
営業秘密 ……………………… 421
同じ類型に属する人事訴訟上の
　請求の併合………………… 283
親子関係不存在確認の訴え……… 296
温泉権……………………… 244

【か行】

会員名簿の名義書換請求訴訟…… 384
解雇無効確認の訴え……… 73, 438
解雇無効確認の訴えと賃金支払
　請求の併合………………… 440
解雇予告手当ての請求………… 437
会社訴訟………………… 373
価額一定の原則………………… 100
確定判決変更の訴え…………… 342
確認の訴え ……………………… 71
確認の訴えの対象 ……………… 71
家事事件の申立手数料………… 159
家事調停・家事審判…………… 157
果実 ……………………… 94
瑕疵の修補を求める訴え ……… 192
過納手数料の還付 ………………… 6
株主権確認の訴え ……………… 379
株主代表訴訟…………………… 377
株主名簿等の閲覧・謄写請求の
　訴え……………………… 381
株主名簿の書換請求の訴え……… 380
仮換地指定処分の取消しまたは
　無効確認の訴えの訴額 ……… 487
仮執行宣言の失効に伴う原状回
　復の申立て………………… 333
仮登記に基づく本登記請求……… 270
仮登記の抹消登記手続請求……… 271
簡易確定手続………………… 201
環境行政訴訟………………… 500
環境行政訴訟の訴額…………… 500
環境民事訴訟………………… 205
換地計画認可の取消し・無効確
　認の訴えの訴額 ……………… 488
換地処分の取消し・無効確認の
　訴えの訴額………………… 486

期限付き請求権‥‥‥‥‥‥‥‥‥‥ 65
期日指定申立てによる和解無効
　主張の手数料訴額‥‥‥‥‥‥‥ 338
技術的制限手段に対する不正競
　争行為‥‥‥‥‥‥‥‥‥‥‥‥ 424
起訴前の和解‥‥‥‥‥‥‥ 140, 341
規範的訴額説‥‥‥‥‥‥‥‥‥‥ 55
義務付け訴訟の訴額‥‥‥‥‥‥‥ 459
救済命令取消訴訟‥‥‥‥‥‥‥‥ 447
救済申立棄却命令の取消訴訟‥‥‥ 451
求償権に基づく訴え‥‥‥‥‥‥‥ 194
給付の訴え‥‥‥‥‥‥‥‥‥‥‥ 61
給与の減額処分，超過勤務手当
　不支給処分の取消し‥‥‥‥‥‥ 499
境界確定の訴えの訴額‥‥‥‥‥‥ 256
境界線付近の建築の中止・変更
　請求‥‥‥‥‥‥‥‥‥‥‥‥‥ 251
協議上の離縁の無効の訴え‥‥‥‥ 290
行政処分取消しの訴え‥‥‥‥‥‥ 457
行政訴訟における訴えの併合‥‥‥ 461
行政訴訟における訴えの変更‥‥‥ 466
行政訴訟における訴額‥‥‥‥‥‥ 456
行政庁の訴訟参加‥‥‥‥‥‥‥‥ 467
供託金の払渡しまたは供託物の
　取戻しへの同意を求める訴え
　の訴額‥‥‥‥‥‥‥‥‥‥‥‥ 166
供託を求める訴えの訴額‥‥‥‥‥ 165
共通義務確認の訴え‥‥‥‥‥ 201〜
共同住宅の賃貸借における共益
　費‥‥‥‥‥‥‥‥‥‥‥‥‥‥ 96
共同訴訟‥‥‥‥‥‥‥‥‥‥ 78, 502
共同訴訟参加‥‥‥‥‥‥‥‥‥‥ 331
共同訴訟における訴額‥‥‥‥‥‥ 80
共同訴訟の種類‥‥‥‥‥‥‥‥‥ 78
共有物分割訴訟の訴額‥‥‥‥‥‥ 234
共有物分割訴訟‥‥‥‥‥‥‥‥‥ 233
共有物分割訴訟と共有関係確認
　の訴え‥‥‥‥‥‥‥‥‥‥‥‥ 235
共有物分割訴訟と共有物分割を

理由とする持分移転登記請求‥‥ 235
漁業権‥‥‥‥‥‥‥‥‥‥‥‥‥ 245
金額不特定請求の訴え‥‥‥‥‥‥ 67
金銭支払請求の訴え‥‥‥‥‥‥‥ 26
訓戒処分の無効確認の訴えの訴
　額‥‥‥‥‥‥‥‥‥‥‥‥‥‥ 444
経済的訴額説‥‥‥‥‥‥‥‥‥‥ 51
形式的形成訴訟‥‥‥‥‥‥‥‥‥ 248
形式的不服‥‥‥‥‥‥‥‥‥‥‥ 109
形式的不服の原則に対する例外‥ 297
形成の訴え‥‥‥‥‥‥‥‥‥‥‥ 76
係争物の譲渡／訴訟承継‥‥‥‥‥ 329
契約の改訂を求める訴え‥‥‥‥‥ 164
契約の締結を求める訴えの訴額‥ 163
減給処分の取消しまたは無効確
　認の訴え‥‥‥‥‥‥‥‥‥‥‥ 496
減給処分の無効確認の訴えの訴
　額‥‥‥‥‥‥‥‥‥‥‥‥‥‥ 444
原告側の共同訴訟参加‥‥‥‥‥‥ 332
原告による請求の追加的併合‥‥‥ 465
現在の給付の訴え‥‥‥‥‥‥‥‥ 61
建築の中止・変更請求の訴額‥‥‥ 251
鉱業権‥‥‥‥‥‥‥‥‥‥‥‥‥ 245
攻撃者の利益‥‥‥‥‥‥‥‥‥‥ 60
抗告‥‥‥‥‥‥‥‥‥‥‥‥ 17, 135
抗告および抗告許可の申立ての
　手数料‥‥‥‥‥‥‥‥‥‥‥‥ 136
公示催告‥‥‥‥‥‥‥‥‥‥‥‥ 159
控訴‥‥‥‥‥‥‥‥‥‥‥‥‥‥ 16
控訴審における訴えの変更‥‥‥‥ 134
控訴審における反訴の提起‥‥‥‥ 325
控訴の手数料訴額‥‥‥‥ 115, 126, 326
個人情報保護‥‥‥‥‥‥‥‥‥‥ 478
固定資産評価額‥‥‥‥‥‥‥‥‥ 213
固定資産評価額に関する審査決
　定の取消しの訴え‥‥‥‥‥‥‥ 473
異なる類別に属する人事訴訟上
　の請求の併合‥‥‥‥‥‥‥‥‥ 282
誤認惹起行為‥‥‥‥‥‥‥‥‥‥ 427

子の養育費の支払いを命ずる申
　立て……………………………287
固有の取引価額のある文書………217
ゴルフクラブ会員権確認の訴え …383

【さ行】

災害補償……………………………499
債権執行……………………………142
債権者代位訴訟……………………174
債権者の配当異議の訴え ………363
債権譲渡または譲渡の差止めを
　求める訴えの訴額……………168
債権の担保をめぐる訴訟の訴額 …165
再抗告………………………………18
財産開示手続実施の申立て………146
財産権上の争訟……………………21
再審の訴えについての裁判に対
　する不服申立て ………………139
再審の訴えの手数料……………139
再審申立て手数料………………138
採石権………………………………246
裁判所書記官による訴額の調査 …104
裁判長の訴状審査…………………3
裁判長または裁判所の裁量によ
　る訴額の算定…………………105
裁判費用……………………………1
債務者が提起する滞納処分取消
　しの訴え ………………………469
債務者（または所有者）の配当
　異議の訴え……………………364
債務の免責を求める訴えの訴額 …167
債務の履行猶予事件（民事調
　停）………………………………155
債務弁済協定調停………………153
債務保証の保証証書……………215
詐害行為取消しの訴えの訴額… 171～
差額主義………………………31, 322
差止請求権不存在確認の訴えの

訴額…………………………………409
差止請求と権利確認の訴えの併
　合 ………………………………434
差止請求と侵害行為を組成する
　物の廃棄等の請求の併合………433
差止請求と損害賠償請求の併合 …434
参加承継……………………………329
産業廃棄物の不法投棄による土
　地の所有権侵害による妨害排
　除請求……………………………231
執行文付与に対する異議の訴え …349
執行文付与の訴え ………………347
執行申立て …………………………142
実施権の移転登録手続請求………406
実施権の確認請求 ………………406
実施権の設定登録手続請求………406
実親子関係の存否確認の訴え ……294
実体的不服説………………………110
自動車検査証の引渡請求の訴え …216
支払督促……………………………141
支払督促の申立手数料…………141
事物管轄の基準としての訴額
　（管轄訴額）………………………12
私法上の権利の侵害の主張によ
　る抗告訴訟の提起……………502
借地非訟事件における申立て……150
謝罪広告請求………………………197
住居の明渡しの債務名義に対す
　る請求異議の訴えの訴額………353
集団的損害賠償請求訴訟…………200
住民訴訟の手数料訴額…………475
出勤停止処分，減給処分および
　訓戒処分の無効確認を求める
　併合訴訟………………………444
出勤停止処分の無効確認の訴え …443
準再審………………………………140
少額訴訟債権執行の申立て………143
少額訴訟の基準としての訴額
　（少額訴訟訴額）………………20

536　事項索引

消極的確認の一部請求‥‥‥‥‥ 75
消極的確認の訴え‥‥‥‥‥‥‥ 74
条件付き給付請求権‥‥‥‥‥‥ 65
証拠証書‥‥‥‥‥‥‥‥‥‥‥215
商号権‥‥‥‥‥‥‥‥‥‥‥‥430
商号権侵害の差止請求と訴額‥‥431
商号登記の抹消登記手続請求‥‥433
上告‥‥‥‥‥‥‥‥‥‥‥‥‥ 17
上告受理申立て‥‥‥‥‥‥‥‥ 17
上告・上告受理申立ての手数料
　訴額‥‥‥‥‥‥‥‥‥‥‥‥116
上告の手数料訴額‥‥‥‥‥‥‥117
証拠証書‥‥‥‥‥‥‥‥‥‥‥215
証書真否確認の訴え‥‥‥‥‥‥314
上訴‥‥‥‥‥‥‥‥‥‥‥‥‥ 16
上訴手料の納付の時期‥‥‥‥‥111
上訴の効力‥‥‥‥‥‥‥‥‥‥ 18
上訴の手数料‥‥‥‥‥‥‥110, 299
上訴の手数料訴額
　‥‥‥‥‥‥16, 19, 113, 227, 259
上訴の手数料訴額算定の基準時‥102
上訴要件としての不服‥‥‥‥‥108
使用貸借の目的物の引渡しまた
　は返還を求める訴えの訴額‥‥189
消費貸借契約の確認の訴えの訴
　額‥‥‥‥‥‥‥‥‥‥‥‥‥190
消費貸借の予約に基づく消費貸
　借契約の締結を求める訴え‥‥189
商標権侵害差止請求‥‥‥‥‥‥414
商標権に基づく差止請求権不存
　在確認の訴え‥‥‥‥‥‥‥‥416
商標権の帰属の確認請求‥‥‥‥412
商標権の移転登録手続請求‥‥‥412
商品等表示に関する不正競争行
　為‥‥‥‥‥‥‥‥‥‥‥‥‥417
情報公開‥‥‥‥‥‥‥‥‥‥‥477
情報請求訴訟の請求認容判決
　（情報判決）に対する請求異
　議の訴えの訴額‥‥‥‥‥‥‥352

情報請求等の管轄訴額‥‥‥‥‥169
将来の給付の訴え‥‥‥‥‥‥‥ 63
将来の給付の訴えの訴額算定‥‥ 64
所有権移転許可処分の取消し‥‥492
所有権移転登記請求‥‥‥‥‥‥259
所有権移転登記の引取請求‥‥‥261
所有権移転登記の抹消登記請求‥262
所有権確認の訴え‥‥‥‥‥‥‥223
所有権に関する争訟‥‥‥‥‥‥219
所有権に基づく返還請求訴訟‥‥221
所有権に基づく妨害排除請求‥‥229
審査決定の取消しの訴えの訴額‥473
人事訴訟‥‥‥‥‥‥‥‥‥‥‥279
人事訴訟と関連損害賠償請求の
　併合‥‥‥‥‥‥‥‥‥‥‥‥281
人身保護法に基づく請求‥‥‥‥156
申請却下処分の取消訴訟‥‥‥‥508
真正の予備的併合‥‥‥‥‥‥‥ 84
新訴訟物理論‥‥‥‥‥‥‥‥‥ 26
信用回復措置請求‥‥‥‥‥411, 417
信用毀損行為‥‥‥‥‥‥‥‥‥428
水利権‥‥‥‥‥‥‥‥‥‥‥‥242
水利権に基づく妨害差止請求の
　訴額‥‥‥‥‥‥‥‥‥‥‥‥243
スパンメールの差止請求‥‥‥‥208
請求異議の訴え‥‥‥‥‥‥‥‥350
請求の選択的併合‥‥‥‥‥‥‥132
請求の追加的併合‥‥‥‥‥‥‥224
請求の追加的変更の時点での目
　的物の価額の変動‥‥‥‥‥‥224
請求の併合‥‥‥‥‥‥‥‥‥‥258
請求の併合を伴う離婚の反訴‥‥285
税務訴訟‥‥‥‥‥‥‥‥‥‥‥467
生命保険契約の締結を求める訴
　えの訴額‥‥‥‥‥‥‥‥‥‥387
積極的確認の訴え‥‥‥‥‥‥‥ 71
先決的法律関係‥‥‥‥‥‥‥‥ 30
占有権に基づく妨害排除請求の
　訴え‥‥‥‥‥‥‥‥‥‥‥‥218

事項索引　　537

占有権に基づく物の引渡（明
　渡）請求 ……………………212
占有権の価額……………………211
増減額賃料確認の訴え …………181
増減額賃料確認の訴えの訴額……183
相続回復請求の訴額……………301
相続放棄無効確認の訴え ………302
相当額の金銭支払請求事件（民
　事調停）……………………153
双務契約の無効または不成立の
　確認を求める訴えの訴額………164
訴額 ……………… 11, 62, 64, 74, 77
訴額合算の原則 …………………86
訴額算定の基準時 ………………100
訴額通知 ………………38, 58, 213
訴額に関する民事訴訟法規定の
　沿革 ……………………………31
訴額の算定機関 …………………99
訴額の算定手続 …………………103
租鉱権……………………………246
訴訟上の和解……………………335
訴訟上の和解の手数料…………337
訴状の補正命令 …………………3
訴訟物……………………25, 449
訴訟物の経済的一体性 …………60
訴訟物の特定……………………26
損害賠償…………………………97
損失補償に関する訴え …………480

【た行】

対価等の増減請求 ………………494
第三者異議の訴え ………………356
第三者異議の訴えの手続料訴額 …358
第三者が提起する滞納処分取消
　しの訴え ……………………471
第三者による請求の追加的併合 …464
第三者の訴訟参加 ………………467
代替執行…………………………145

滞納処分の取消しを求める訴え …469
竹木の剪除 ………………………250
短期賃貸借解除請求の訴え………76
担保物権の設定登記または移転
　登記の抹消を求める訴えの訴
　額 ……………………………267
担保物権の設定登記または移転
　登記を求める訴え ……………265
地役権……………………………239
地役権の存在確認の訴え ………240
地下水の汲上げの差止めを求め
　る訴え ………………………231
地上権，永小作権，賃借権に基
　づく不動産の引渡請求の訴額 …237
地上権，永小作権，賃借権の設
　定登記請求の訴額……………263
地上権に基づく妨害排除請求 ……237
知的財産権訴訟…………………393
地方自治法242条の２第７項に
　基づく訴え……………………477
中間確認の訴え …………………313
中間利息控除説 …………………64
懲戒免職処分の取消しまたは無
　効確認の訴え ………………495
調停無効確認の訴え……………337
調停を申し立てる事項の価額……152
貸金の交付を求める訴えの訴額 …189
貸金の返済を求める訴えの訴額 …190
賃借権確認の訴えの訴額 ………180
賃借人の調停申立 ………………154
賃貸借契約の解除による目的物
　の返還請求の訴えの訴額………238
賃貸借契約の終了による明渡請
　求 ……………………………186
賃貸借目的物の修繕請求 ………187
賃料改訂事件……………………154
通常共同訴訟……………………79, 132
定期金賠償請求…………………199
停止条件付き給付請求権 ………65

538　事項索引

停職処分の取消しまたは無効確
　認の訴えの訴額 ················496
抵当権または質権の存在または
　不存在の確認を求める訴えの
　訴額 ························241
手形金支払請求 ················388
手形不渡処分 ··················389
手形不渡処分取止請求の訴えの
　訴額 ························390
手形返還請求 ··················388
適格消費者団体による差止請求
　訴訟 ························204
手数料 ··························2
手数料額算出の基礎としての訴
　額（手数料訴額） ·············15
手数料額を決める機関 ············6
手数料支払義務 ··················4
手数料訴額 ····················314
手数料の徴収確保 ················5
手数料の納付の方法 ··············6
転用のための所有権移転不許可
　処分の取消しの訴え ··········491
東京地方裁判所・大阪地方裁判
　所の訴額算定式（知的財産権
　訴訟） ·····················396
倒産手続等の申立て ············149
動産の引渡請求 ················214
当事者費用 ·····················1
同時審判の申出を伴う共同訴訟 ··82
督促異議の申立て ··············141
特定調停事件 ··················153
独立当事者参加 ················326
土砂崩落等の防止請求 ··········253
土地境界確定訴訟 ··············255
土地区画整理事業計画の無効確
　認の訴えの訴額 ··············489
土地収用裁決または事業認定処
　分の取消しの訴え ············482
土地賃貸借契約の終了を理由と

　する建物収去土地明渡請求 ·····222
土地の所有権に基づく建物収去
　土地明渡請求 ················221
特許権侵害の差止請求訴訟 ···396, 407
特許権等に関する訴えの管轄集
　中 ·························394
特許権等の確認訴訟 ············402
特許権等の移転登録請求訴訟 ·····402
特許権者等の差止請求権 ········407
特許権等の抹消登録手続請求 ·····406
ドメイン名の不正取得行為 ·······425
取締役等の違法行為差止めの訴
　え ·························378
取締役の地位の存否の確認を求
　める訴え ····················375

【な行】

二重算定の禁止 ················16
二分肢説 ······················26
入漁権 ·······················245
認知無効の訴え ················296
認定司法書士 ··················13
認定司法書士の訴訟代理 ·········69
農業委員会の許可を条件とする
　所有権移転登記請求の訴え ·····275
農地競買適格者証明書交付申請
　に対する却下処分の取消しの
　訴え ·······················494
農地所有権移転不許可処分の取
　消しの訴え ··················490
農地転用不許可処分の取消しの
　訴え ·······················491
農地の所有権移転登記請求の訴
　額 ·························277
農地買収処分の取消訴訟，無効
　確認訴訟 ····················493
農地法5条の規定による許可申
　請手続請求の訴額 ·············277

農地法3条の規定による農地の
　所有権移転許可申請手続請求
　の訴えの訴額 ·················275

【は行】

排水設備設置の承諾請求 ··········250
排水，通水施設設置請求 ··········249
配置転換，専従休暇不承認，出
　勤停止の各処分の取消しの訴
　え ····························499
配転命令や出向命令の無効確認
　の訴えの訴額 ·····················443
配当異議の訴えの手数料訴額 ······363
売買契約の存否確認の訴え ········178
売買代金の支払請求訴訟 ··········177
売買目的物の引取請求の訴額 ······178
反訴 ·················119, 225, 319, 322
反対給付の控除禁止の原則 ········316
反復的給付を命ずる判決に対す
　る上訴の手数料訴額 ············126
反復的給付請求についての債務
　名義に対する請求異議の訴え ···353
反復的給付を求める訴え ············66
引受承継 ··························330
引換給付判決 ················123, 316
被告側の共同訴訟参加 ·············333
非財産権上の請求と財産権上の
　請求 ·······················24, 284
非財産権上の争訟 ···················22
必要的共同訴訟 ···············79, 133
費用 ······························97
ファックスの送付の差止請求 ······208
賦課決定処分（変更決定処分を
　含む）および更正処分の取消
　しを求める訴え ················467
不作為の違法確認の訴え ······459, 508
不真正予備的併合 ···············84, 90
不正競争防止法2条1項1号，

2号，16号の不正競争行為の
　差止請求 ·······················417
不正競争防止法2条1項3号の
　不正競争行為の差止請求 ········420
不正競争防止法2条1項4号な
　いし10号の不正競争行為の差
　止請求 ··························421
不正競争防止法2条1項11号，
　12号の不正競争行為の差止請
　求 ····························424
不正競争防止法2条1項13号の
　不正競争行為の差止請求 ········425
不正競争防止法2条1項14号の
　不正競争行為の差止請求 ········427
不正競争防止法2条1項15号の
　不正競争行為の差止請求 ········428
不正競争防止法14条に定める信
　用回復措置の請求 ···············430
不正競争防止法19条2項に定め
　る請求 ··························430
附帯控訴の手数料訴額 ·············115
附帯債権 ··························92
附帯処分の申立て ·················281
附帯処分の申立ての併合 ··········286
附帯請求 ··························117
附帯請求の訴額不算入 ·············92
物権，人格権または環境権の侵
　害を主張する抗告訴訟の提起 ···505
不動産上の負担 ·····················220
不動産の範囲 ······················15
不当労働行為の救済命令 ··········446
不服対象の額 ·····················114
分限処分の取消し・無効確認 ······498
法定地上権の地代確定の訴え ······238
保険金の支払いを求める訴え ······387
保険契約の存在の確認を求める
　訴え ···························385
保険契約の不存在の確認を求め
　る訴え ·························387

保険料の支払いを求める訴え……388
保証義務からの解放および保証
　債務の存否の確認を求める訴
　え……………………………193
保証債務の履行を求める訴え……194
保証証書の返還請求の訴え………194
保証人の設定を求める訴え………193
補助参加……………………………334
補助参加人の控訴の手数料………334
保全命令の申立手数料……………147
本訴と反訴の目的が異なる場合…325
本訴と反訴の目的が同一の場合…324
本登記承諾請求……………………273

【ま行】

抹消された仮登記の回復請求……272
抹消登記に代わる所有権移転登
　記請求……………………………260
未払い賃金と判決確定までの賃
　金の請求…………………………436
未払い賃料の請求…………………95
民事訴訟費用等に関する法律……50
民事訴訟用印紙法…………………49
民事調停の申立て…………………152
民事保全……………………………146
民訴費用法上の訴訟の「目的」
　概念………………………………322
無効等確認の訴えの訴額…………459
名誉毀損の差止め請求……………197
目隠し設置請求……………………253
目隠し設置請求の訴額……………254
免責証券の引渡しを求める訴え…215
申立ての客観的併合………………147
申立ての主観的併合………………148
物の製作と引渡しを求める注文
　者の訴え…………………………192
模倣商品……………………………420

【や行】

有価証券……………………………214
用益物権等に関する登記の抹消
　請求………………………………264
用益物権等の設定・移転登記手
　続請求……………………………263
養子縁組事件………………………288
養子縁組無効の訴え………………288
養親子関係存否確認の訴え………293
余水排泄権…………………………249
予備的相殺の抗弁…………………124

【ら行】

離婚の反訴…………………………284
留置権………………………………121
留置権の抗弁………………………317
留保所有権に基づく返還請求……232
留保所有権の確認の訴え…………232
隣地使用請求………………………247
例外としての合算の禁止…………89
連帯債務……………………………175
労働事件……………………………435
労働審判手続………………………436
労働審判手続の申立て手数料……445

【わ行】

和解の無効…………………………196
和解の有効・無効の確認を求め
　る訴えの訴額……………………195
和解無効確認の訴えの管轄訴額
　／手数料訴額……………………339
和解無効を理由とする請求異議
　の訴え……………………………340

判 例 索 引

大判明治30年6月19日民録3輯6巻53頁‥‥‥‥‥‥‥‥‥‥‥‥‥282

大判明治33年4月17日民録6輯4巻84頁‥‥‥‥‥‥‥‥‥‥‥‥‥295

大判明治38年12月5日民録11輯1629頁 ‥‥‥‥‥‥‥‥‥‥‥‥‥293

大阪控判大正2年3月24日新聞870頁12頁 ‥‥‥‥‥‥‥‥‥‥‥‥172

大判大正2年7月11日民録19輯662頁‥‥‥‥‥‥‥‥‥‥‥‥‥‥233

大〔連〕判大正3年3月10日民録20輯147頁‥‥‥‥‥‥‥‥‥‥‥234

大判大正5年9月6日民録22輯1681頁 ‥‥‥‥‥‥‥‥‥‥292, 295

大判大正6年3月20日民録23輯502頁‥‥‥‥‥‥‥‥‥‥‥‥‥‥357

名古屋控判大正7年5月28日評論7巻民訴259頁‥‥‥‥‥‥‥‥‥335

大判大正8年3月28日民録25輯507頁‥‥‥‥‥‥‥‥‥‥‥‥‥‥301

大判大正8年9月13日民録25輯1624頁‥‥‥‥‥‥‥‥‥‥‥‥‥215

大阪区判大正8年9月30日評論9巻民訴545頁‥‥‥‥‥‥‥‥‥‥197

大判大正8年10月9日民録25輯1777頁‥‥‥‥‥‥‥‥‥‥‥‥6, 259

大（連）判大正12年6月2日民集2巻345頁‥‥‥‥‥‥‥‥‥‥‥‥255

大判昭和3年8月8日民集7巻891頁‥‥‥‥‥‥‥‥‥‥‥‥‥‥‥17

大判昭和6年4月22日民集10巻380頁‥‥‥‥‥‥‥‥‥‥‥‥‥‥336

大判昭和6年5月2日新聞3272号17頁＝評論20巻民訴331頁‥‥‥‥215

大判昭和7年4月13日評論21巻諸法241頁 ‥‥‥‥‥‥‥‥‥‥‥‥98

大決昭和7年7月27日民集11巻1689頁‥‥‥‥‥‥‥‥‥‥‥‥‥351

大判昭和7年11月9日民集11巻2277頁‥‥‥‥‥‥‥‥‥‥‥‥‥253

大判昭和7年11月25日民集11巻2125頁‥‥‥‥‥‥‥‥‥‥‥‥‥336

大判昭和8年8月9日判例体系21巻280頁 ‥‥‥‥‥‥‥‥‥‥‥‥364

大判昭和9年1月23日民集13巻47頁‥‥‥‥‥‥‥‥‥‥‥‥‥‥295

大判昭和9年7月31日民集13巻1438頁‥‥‥‥‥‥‥‥‥‥‥‥‥331

大判昭和9年11月14日（総合判例研究叢書民訴2, 51頁）‥‥‥‥‥355

大判昭和10年9月3日民集14巻1886頁‥‥‥‥‥‥‥‥‥‥‥‥‥336

大判昭和11年6月30日民集15巻1281頁‥‥‥‥‥‥‥‥‥‥280, 295

大判昭和12年3月10日民集16巻255頁‥‥‥‥‥‥‥‥‥‥‥‥‥239

大判昭和12年11月19日民集16巻1881頁‥‥‥‥‥‥‥‥‥‥‥‥253

大判昭和13年6月6日民集17巻13号1207頁‥‥‥‥‥‥‥‥‥‥‥381

大決昭和14年3月29日民集18巻365頁‥‥‥‥‥‥‥‥‥‥‥‥‥113

大判昭和15年12月6日民集19巻2182頁‥‥‥‥‥‥‥‥‥‥‥‥290

最判昭和25年12月28日民集4巻13号701頁‥‥‥‥‥‥‥‥280, 295

最判昭和27年2月8日民集6巻2号63頁‥‥‥‥‥‥‥‥‥‥‥‥‥338

最判昭和27年12月25日民集6巻12号1282頁‥‥‥‥‥‥‥‥‥‥67

東京地判昭和28年4月21日下民集4巻4号546頁 ‥‥‥‥‥‥‥‥‥198

東京高判昭和28年9月28日高民集6巻10号649頁‥‥‥‥‥‥‥‥198

神戸地判昭和30年 3 月15日行集 6 巻 3 号578頁 ························· 464, 468
東京高決昭和30年 3 月23日東京高民時報 6 巻 3 号45頁························355
最判昭和30年 7 月 5 日民集 9 巻 9 号1002頁 ······························260
最判昭和30年 9 月30日民集 9 巻11号1491頁＝家月 7 巻11号52頁＝判タ53号
　36頁··302
最判昭和30年12月 1 日民集 9 巻13号1903頁 ······························263
最判昭和31年 4 月10日民集10巻 4 号367頁 ································ 3
京都地判昭和31年 9 月 7 日下民集 7 巻 9 号2426頁 ·················· 197, 198
最判昭和32年 5 月30日民集11巻 5 号843頁 ······························260
東京地判昭和33年 1 月11日行集 9 巻 1 号43頁 ··························469
最判昭和33年 6 月14日民集12巻 9 号1492頁 ······························336
最判昭和33年 8 月 8 日民集12巻12号1921頁 ······························198
最判昭和34年 2 月12日民集13巻 2 号91頁································260
最判昭和34年 7 月 3 日民集13巻 7 号905頁＝家月11巻 9 号85頁 ·················290
最判昭和34年 8 月28日民集13巻10号1348頁＝訟月 5 巻12号1722頁 ··· 456, 469, 471
最判昭和35年 4 月 5 日民集14巻 5 号738頁 ························ 276, 456
最判昭和36年11月24日民集15巻10号2573頁 ······························261
最判昭和38年 1 月18日民集17巻 1 号 1 頁································259
最判昭和38年10月15日民集17巻 9 号1220頁 ······························255
最判昭和38年11月28日民集17巻11号1554頁 ······························357
熊本簡判昭和39年 3 月31日判時371号56頁 ······························248
水戸地判昭和40年12月 4 日判タ202号186頁 ······························390
最判昭和41年 2 月23日民集20巻 2 号271頁＝訟月12巻 4 号518頁＝判時436
　号14頁···489
最判昭和41年 4 月12日民集20巻 4 号560頁 ······························73
最判昭和41年 4 月19日裁判集民事83号225頁···························· 4
最判昭和41年 4 月22日民集20巻 4 号783頁 ····························· 5
最判昭和41年10月25日判時465号44頁＝裁判集民事84号733頁············· 5
最判昭和42年12月26日民集21巻10号2627頁 ························ 255, 256
最判昭和43年 2 月15日民集22巻 2 号184頁 ······························340
最判昭和43年 2 月22日民集22巻 2 号270頁 ························ 255, 256
最判昭和44年 2 月27日民集23巻 2 号441頁 ······························98
最判昭和44年 6 月24日民集23巻 7 号1109頁 ··························40, 271
京都地判昭和44年 9 月 6 日判時591号83頁＝判タ241号118頁·············· 341, 354
新潟地長岡支判昭和44年 9 月22日下民集20巻 9 ・10号684頁＝判時603号69
　頁···243
最判昭和45年 7 月15日民集24巻 7 号861頁 ······························295
東京地判昭和46年12月17日判時665号72頁＝判タ275号319頁·················281
最判昭和47年 2 月15日民集26巻 1 号30頁＝家月24巻 8 号37頁＝判時656号
　21頁··304

最判昭和47年12月26日判時722号62頁 ・・・・・・・・・・・・・・・・・・・・・・・・・・・・ 40, 86, 89, 101, 108
最判昭和48年 4 月12日民集27巻 3 号500頁 = 家月25巻 9 号76頁 = 判時714号
　　179頁 ・・289
札幌地決昭和48年 9 月10日下民集24巻 9 〜12号621頁 = 判タ300号296頁・・・・・・501
最判昭和48年 9 月14日民集27巻 8 号925頁 = 判時716号27頁 = 判タ301号173
　　頁 ・・・498
松山地命昭和48年11月 8 日訟月25巻 8 号2115頁・・・・・・・・・・・・・・・・・・・・・ 206, 501
最判昭和49年 2 月 5 日民集28巻 1 号27頁・・・・・・・・・・・・・・・・・・・・・・・・・・・・・・・ 43, 99
最判昭和49年 9 月30日判時760号59頁・・・・・・・・・・・・・・・・・・・・・・・・・・・・・・・・・・・・357
東京地判昭和50年 1 月31日行集26巻 1 号108頁 ・・・・・・・・・・・・・・・・・・・・・・・・・・468
最判昭和51年 3 月18日民集30巻 2 号111頁 = 家月28巻10号50頁 = 判時811号
　　50頁・・・306
名古屋地判昭和51年 7 月14日行集27巻 7 号1024頁 = 判時834号27頁 ・・・・・・・476
最判昭和51年 8 月30日民集30巻 7 号768頁 = 家月29巻 2 号92頁 = 判時826号
　　37頁・・・310
名古屋高判昭和51年10月18日判時834号30頁・・・・・・・・・・・・・・・・・・・・・・・・・・・・・476
最判昭和52年11月24日民集31巻 6 号943頁 = 判時874号42頁 ・・・・・・・・・・・・・347
最判昭和53年 2 月21日家月30巻 9 号74頁 = 金商555号33頁・・・・・・・・・・・・・・・287
最判昭和53年 3 月 9 日家月31巻 3 号79頁 = 判時887号72頁・・・・・・・・・・・・・・・290
最判昭和53年 3 月30日民集32巻 2 号485頁 = 判時884号22頁 ・・・・・・・・81, 82, 476
金沢地決昭和54年11月26日訟月26巻 2 号250頁 ・・・・・・・・・・・・・・・・・・・ 501, 503
最判昭和56年 6 月16日民集35巻 4 号791頁 = 家月33巻11号95頁 ・・・・・・・・・・296
最判昭和56年 9 月11日民集35巻 6 号1013頁 = 家月34巻 1 号67頁 = 判時1023
　　号48頁 ・・・304
最判昭和56年12月17日民集35巻 9 号1328頁 ・・・・・・・・・・・・・・・・・・・・・・・・・・・・361
最判昭和57年 3 月 9 日判時1040号53頁 ・・・・・・・・・・・・・・・・・・・・・・・・・・・・・・・・・234
横浜地判昭和57年10月19日家月36巻 2 号101頁 = 判時1072号135頁 ・・・・・・・281
最判昭和57年12月 2 日判時1065号139頁 ・・・・・・・・・・・・・・・・・・・・・・・・・・・・・・・259
最判昭和58年 2 月24日判時1078号76頁 = 判タ497号105頁 ・・・・・・・・・・・・・・・361
最判昭和58年 3 月10日家月36巻 5 号63頁 = 判時1075号113頁 = 判タ495号77
　　頁 ・・・29
東京地判昭和58年11月11日行集34巻11号1903頁 = 訟月30巻 6 号952頁 = 判
　　タ534号141頁 ・・・483
東京地判昭和59年 7 月 6 日行集35巻 7 号846頁 = 訟月31巻 2 号243頁 = 判時
　　1125号25頁 = 判タ532号90頁・・・・・・・・・・・・・・・・・・・・・・・・・・・・・・・・・・・・・483
東京高判昭和59年 7 月18日行集35巻 7 号941頁 ・・・・・・・・・・・・・・・・・・・・・・・・・483
最判昭和60年 4 月12日裁判集民事144号461頁 ・・・・・・・・・・・・・・・・・・・・・・・・・133
最判昭和61年 3 月13日民集40巻 2 号389頁 ・・・・・・・・・・・・・・・・・・・・・・・・・・・・305
最判昭和62年 7 月17日民集41巻 5 号1402頁 ・・・・・・・・・・・・・・・・・・・・・・・・・・・・87
大阪高決昭和63年 5 月30日高民集41巻 2 号65頁 = 判タ670号234頁 ・・・・・・・・・76

名古屋地判昭和63年9月29日判タ694号165頁 ………………………………234
最判平成元年3月7日判時1315号63頁＝判タ699号183頁 ………………160, 335
最判平成元年3月28日民集43巻3号167頁 …………………………………305
最〔2小〕判平成元年12月11日民集43巻12号1763頁＝判時1337号56頁 ………287
高松高判平成2年3月29日判時1359号73頁 ………………………………302
東京地判平成2年4月13日判例地方自治74号63頁 ………………………483
最判平成2年7月19日家月43巻4号33頁 …………………………………295
大阪高判平成2年12月12日判タ752号73頁 ………………………………487
東京地命平成3年5月27日判時1391号156頁 ……………………………506
東京地決平成4年2月10日判タ789号251頁 ………………………………506
東京高決平成4年7月29日東京高民時報43巻1〜12号54頁＝判時1436号18
　頁＝判タ796号211頁・216頁 ……………………………………………506
東京高判平成4年10月23日判時1440号46頁 ………………………………483
東京高決平成5年3月30日判タ857号267頁 ………………………………101
大阪高決平成5年8月9日判タ834号218頁 ………………………………507
大阪高判平成5年12月21日判時1503号85頁 ………………………………507
最判平成8年1月26日民集50巻1号132頁＝家月48巻6号40頁＝判時1559
　号43頁 ………………………………………………………………………310
最〔1小〕判平成9年4月10日民集51巻4号1972頁＝家月49巻9号92頁＝
　判時1620号78頁 ……………………………………………………………288
広島高決平成10年3月9日判タ977号260頁 ………………………………506
最判平成10年8月31日家月51巻4号33頁 …………………………………295
最判平成12年3月14日家月52巻9号85頁 …………………………………295
最〔小2〕決平成12年10月13日訟月47巻10号3088頁＝判時1731号3頁＝判
　タ1049号216頁 ……………………………………………………501, 506
最判平成14年10月15日民集56巻8号1791頁＝判時1809号26頁 …………249
東京高判平成15年6月26日東高高民時報54巻1〜12号10頁＝判時1855号
　109頁 …………………………………………………………………………281
最判平成16年6月3日家月57巻1号123頁＝判時1869号33頁＝判タ1159号
　138頁 …………………………………………………………… 29, 282, 299
最判平成17年3月29日民集59巻2号477頁＝判時1890号43頁 ……………462
東高家判平成19年9月11日家月60巻1号108頁＝判時1995号114頁 ………281
最〔小〕決平成23年2月17日家月63巻9号57頁 …………………………133
最〔2小〕決平成23年5月18日民集65巻4号1755頁＝判時2120号3頁 ………86
最〔2小〕決平成23年5月30日判時2120号5頁＝判タ1352号154頁 …………86
東京地判平成25年9月17日TKC文献番号25514885 ……………………302
最〔1小〕判平成26年9月25日民集68巻7号661頁 ………………………182
東京地判平成27年4月20日TKC文献番号25525663 ……………………355
最判平成27年9月18日民集69巻6号1729頁 ………………………………104

著 者 紹 介

松 本 博 之 （まつもと　ひろゆき）

1968年　大阪市立大学法学部卒業
　　　　大阪市立大学法学部教授，龍谷大学法学部教授を経て
現　在　大阪市立大学名誉教授，法学博士（大阪市立大学），名誉法
　　　　学博士（フライブルグ大学）

主　著　証明責任の分配（1987年・有斐閣）
　　　　民事自白法（1994年・弘文堂）
　　　　証明責任の分配〔新版〕（1996年・信山社）
　　　　既判力理論の再検討（2006年・信山社）
　　　　訴訟における相殺（2008年・商事法務）
　　　　民事執行保全法（2011年・弘文堂）
　　　　人事訴訟法〔第3版〕（2012年・弘文堂）
　　　　民事訴訟法〔第8版〕（上野泰男氏との共著，2015年・弘文堂）
　　　　日本立法資料全集10〜15，43〜46，61〜66，191〜198（共編
　　　　　　著，1993〜2015年・信山社）
　　　　民事訴訟における事案の解明（2015年・日本加除出版）
　　　　民事訴訟法の立法史と解釈学（2015年・信山社）
訳　書　ペーター・アーレンス著・ドイツ民事訴訟の理論と実務（吉
　　　　　　野正三郎氏との共編訳，1991年・信山社）
　　　　ハンス・フリードヘルム・ガウル著・ドイツ既判力理論（編
　　　　　　訳，2003年・信山社）
　　　　アルブレヒト・ツォイナー著・既判力と判決理由（訳，2009
　　　　　　年・信山社）
　　　　ディーター・ライポルド著・実効的権利保護（編訳，2009
　　　　　　年・信山社）

訴訟における裁判所手数料の算定
―― 訴額算定の理論と実務 ――

定価：本体8,400円（税別）

平成29年4月26日　初版発行

著　者　松　本　博　之

発行者　尾　中　哲　夫

発行所　日本加除出版株式会社

本　　社　郵便番号 171-8516
東京都豊島区南長崎 3 丁目 16 番 6 号
ＴＥＬ　（03）3953 - 5757（代表）
　　　　（03）3952 - 5759（編集）
ＦＡＸ　（03）3951 - 8911
ＵＲＬ　http://www.kajo.co.jp/

営　業　部　郵便番号 171-8516
東京都豊島区南長崎 3 丁目 16 番 6 号
ＴＥＬ　（03）3953 - 5642
ＦＡＸ　（03）3953 - 2061

組版・印刷　㈱郁文　／　製本　牧製本印刷㈱

落丁本・乱丁本は本社でお取替えいたします。
Ⓒ Hiroyuki Matsumoto 2017
Printed in Japan
ISBN978-4-8178-4388-3 C2032 ¥8400E

JCOPY　〈出版者著作権管理機構　委託出版物〉
　本書を無断で複写複製（電子化を含む）することは，著作権法上の例外を除き，禁じられています。複写される場合は，そのつど事前に出版者著作権管理機構（JCOPY）の許諾を得てください。
　また本書を代行業者等の第三者に依頼してスキャンやデジタル化することは，たとえ個人や家庭内での利用であっても一切認められておりません。

〈JCOPY〉　ＨＰ：http://www.jcopy.or.jp/，e-mail：info@jcopy.or.jp
電話：03-3513-6969，ＦＡＸ：03-3513-6979

当事者の義務及び相手方の協力義務について
その根拠と意義・機能を考究した意欲作

民事訴訟における事案の解明

松本博之 著

2015年3月刊 A5判上製 400頁 本体5,800円+税 978-4-8178-4214-5 商品番号:40579 略号:民解

- 当事者の具体的事実陳述責任ないし義務の観念の必要性および有効性とその根拠を明らかにし、この概念の確立に寄与することを目的とする一冊。
- 当事者間の実体関係に即した方法で、事実や証拠の偏在という現実に対処できる解釈を展開。
- 最近の要件事実論との関連についても言及。

序 章	問題の所在と本書の課題
第1章	民事訴訟における証明責任を負わない当事者の具体的事実陳述=証拠提出義務
第2章	製造物責任訴訟における証明責任と証明軽減
第3章	保険金請求訴訟における証明責任と具体的事実陳述義務
第4章	不当利得返還請求における法律上の原因の欠缺および利得についての証明責任と具体的事実陳述義務
第5章	安全配慮義務違反に関する証明責任の分配と具体的事実陳述義務
第6章	ドイツにおける当事者の具体的事実陳述=証拠提出義務論の意義と展開
終 章	要約と展望

日本加除出版

〒171-8516 東京都豊島区南長崎3丁目16番6号
TEL(03)3953-5642 FAX(03)3953-2061(営業部)
http://www.kajo.co.jp/